《西安城市史》编委会

主　任

李炳武

副主任

甘　晖　党怀兴　侯甬坚

编　委

（以姓氏笔画为序）

王子今	王双怀	王社教	王学理	尹夏清
尹盛平	田　野	史红帅	吕卓民	朱士光
朱永杰	任云英	刘庆柱	刘淑虎	安介生
孙家洲	李　浩	李令福	李健超	李裕民
李毓芳	杨恒显	肖爱玲	邹　贺	张晓虹
周宏伟	赵世超	荣新江	胡　戟	侯海英
耿占军	徐卫民	郭雪妮	黄留珠	萧正洪
梁克敏	韩光辉			

主　编

侯甬坚

陕西师范大学西北历史环境与经济社会发展研究院、
陕西师范大学中国史一流学科建设基金资助出版

"十三五"国家重点图书出版规划项目

国家出版基金项目
NATIONAL PUBLICATION FOUNDATION

陕西出版资金资助项目

主编 侯甬坚

西安城市史

秦都咸阳卷

王学理 著

陕西师范大学出版总社

图书代号：SK21N1494

图书在版编目（CIP）数据

西安城市史. 秦都咸阳卷 / 王学理著；侯甬坚主编. — 西安：陕西师范大学出版总社有限公司，2022.12

"十三五"国家重点图书出版规划项目　国家出版基金项目

ISBN 978-7-5695-2516-8

Ⅰ. ①西… Ⅱ. ①王… ②侯… Ⅲ. ①城市史—西安—秦代 Ⅳ. ①K294.11

中国版本图书馆CIP数据核字（2021）第197321号

西安城市史·秦都咸阳卷

Xi'an Chengshi Shi · Qindu Xianyang Juan

王学理　著

出 版 人	刘东风
选题策划	侯海英
责任编辑	杜莎莎　谢勇蝶　赵荣芳
责任校对	张　姣　王丽敏
出版发行	陕西师范大学出版总社 （西安市长安南路199号　邮编710062）
网　　址	http://www.snupg.com
电　　话	（029）85307864
印　　刷	中煤地西安地图制印有限公司
开　　本	787 mm × 1092 mm　1/16
印　　张	41.75
插　　页	2
字　　数	790千
版　　次	2022年12月第1版
印　　次	2022年12月第1次印刷
书　　号	ISBN 978-7-5695-2516-8
审 图 号	陕S（2020）014号
定　　价	290.00元

读者购书、书店添货或发现印刷装订问题，请与本公司营销部联系、调换。

电话：（029）85307864　85303629　　传真：（029）85303879

目录

绪论······001

第一章 商鞅变法与定都咸阳······015

第一节 秦人出陇，向关中腹地挺进······017
一、徘徊陇右······017
二、沿渭东进······020
三、秦人逐戎，实有关中······024

第二节 秦献公的改革与孝公定都咸阳······026
一、秦国艰难的处境······026
二、初试锋芒······029
三、"求贤令"与商鞅入秦······030
四、定都咸阳······031
五、"咸阳"释义······035

第三节 市政建设的开端······041
一、筑冀阙宫庭······041
二、更筑宫城······051

三、编制户口···052

第二章　咸阳在秦统一事业中扩大·····················053

　第一节　咸阳日趋繁荣的社会风貌·····················055
　　一、秦国封建经济的迅速发展·····················055
　　二、秦国新兴地主阶级政权的巩固·················064
　　三、秦国对外战争的胜利展开·····················072
　第二节　嬴政的统一与咸阳对六国文化财富的接纳·······079
　　一、咸阳是统一之战的指挥中心···················079
　　二、咸阳的繁荣·································083
　第三节　咸阳范围的扩大·····························095
　　一、国都地域的拓展·····························095
　　二、首都形制···································096
　　三、内史之地···································106

第三章　咸阳城、宫殿与宗庙·························111

　第一节　关于"咸阳城"的辩证·······················113
　　一、理当有城···································113
　　二、何以寻觅不得咸阳城·························116
　第二节　巍峨的宫殿建筑·····························122
　　一、咸阳宫殿知多少·····························122

二、秦宫殿台观的分布与考存……124
  第三节　诸庙……186
　　一、都咸阳以后的庙制……186
　　二、渭北宗庙……188
　　三、昭王庙……188
　　四、从信宫到极庙……189
　　五、秦始皇的陵庙……192

第四章　皇家园林与城市商业……195

  第一节　苑囿园池……197
　　一、苑囿……197
　　二、汤池……204
  第二节　市肆……207
　　一、商业政策……207
　　二、管理与集市……215
　　三、开市时限与商人地位……223

第五章　都下陵墓……225

  第一节　毕陌陵区……227
　　一、最早规划的咸阳王陵区……227
　　二、陵区的墓葬概况……229

三、文、武二王陵与子傒陵…………………………231
　　四、误秦陵为周陵的再订正…………………………236
第二节　芷阳陵区…………………………………………239
　　一、东陵——咸阳新辟的又一秦王茔域………………239
　　二、东陵区的秦王宗室陵墓…………………………241
　　三、芷阳陵园属主的确认……………………………250
第三节　丽山与丽山园——秦始皇帝陵园………………258
　　一、择地建陵…………………………………………258
　　二、丽山园……………………………………………259
　　三、陵墓………………………………………………261
　　四、陵园建筑…………………………………………265
　　五、从葬坑……………………………………………270
　　六、陪葬墓……………………………………………283
第四节　亡国之君的陵墓…………………………………291
第五节　夏太后墓园………………………………………292
　　一、墓园形制…………………………………………292
　　二、从葬坑及其主要内容……………………………293
　　三、对墓主的推断……………………………………294
第六节　平民墓地…………………………………………295
　　一、渭北区秦人墓……………………………………295
　　二、渭南区秦人墓……………………………………303
　　三、骊山区的几处秦墓………………………………310
　　四、户县禹王庙秦墓…………………………………312

第六章　城市管理 ... 313

第一节　人口管理 ... 315
一、首都人口的构成 ... 315
二、管理制度 ... 320

第二节　行政区划 ... 322
一、地方行政管理系统 ... 322
二、咸阳的行政建制 ... 326

第三节　市政设施 ... 344
一、供排水系统 ... 344
二、绿化管护 ... 350
三、宫廷的取暖与食品冷藏 ... 352

第四节　仓库府藏 ... 354
一、府库的设置 ... 354
二、府库管理制度 ... 363

第五节　城防与治安 ... 369
一、禁卫军 ... 369
二、由"亭"组成的社会治安网 ... 371

第七章　以首都为中心的道路交通网 ... 375

第一节　首都的道路与桥梁 ... 377
一、御道 ... 377

二、桥梁…………………………………………381
第二节　内史通天下的大道……………………………389
　　一、陆路交通……………………………………389
　　二、内河水道……………………………………409
第三节　关隘……………………………………………413
第四节　路政与邮传……………………………………417
　　一、路政立法……………………………………417
　　二、咸阳的邮传…………………………………422
第五节　交通工具………………………………………427
　　一、陆路乘载工具与行车礼仪…………………427
　　二、水上交通工具………………………………432

第八章　咸阳的社会风尚与文化科技活动……………435

第一节　咸阳的社会风尚………………………………437
　　一、政治生态……………………………………437
　　二、社会风尚……………………………………442
第二节　咸阳的宗教信仰活动…………………………447
　　一、多神崇拜……………………………………447
　　二、信仰…………………………………………453
第三节　诸子在咸阳的活动及其地位…………………456
　　一、在咸阳推行的文化政策……………………456
　　二、咸阳诸子及其学术成就……………………458

  三、焚书坑儒……470

第四节 文化艺术……476
  一、国家藏书……476
  二、文学……481
  三、音乐、歌舞与杂技……485
  四、绘画、雕塑……493
  五、书法艺术……508

第五节 科学技术……530
  一、天文历法……530
  二、地理……536
  三、建筑技术……540
  四、陶瓷……545
  五、冶金与机械制造……547

第九章 秦咸阳的毁灭与当代考古收获……553

第一节 起义的烽火与咸阳的毁灭……555
  一、社会处于动荡中……555
  二、秦帝国的覆灭与项羽的暴行……561

第二节 当代考古收获……567
  一、秦都咸阳考古的意义……567
  二、当代考古收获……569
  三、秦都咸阳考古的期待与希望……597

结语··············599

参考文献··············605

秦世系表··············617

大事记··············619

索引··············629

后记··············637

Contents

Introduction /001

Chapter 1
Reforms of Shang Yang and Establishment of the Capital Xianyang /015

Section 1　The Early Ancestors of Qin Advancing toward the Hinterland of Guanzhong /017
　　　　1. Wandering at Longyou /017
　　　　2. Marching Eastward along the Wei River /020
　　　　3. Qin Deporting Rong and Occupying Guanzhong /024
Section 2　Qin Xiangong's Reforms and Qin Xiaogong's Resolve on Xianyang as Capital /026
　　　　1. Tough Situation of the Qin State /026
　　　　2. Qin Xiangong Displaying His Talent for the First Time /029
　　　　3. The Command of Seeking Talents and the Arrival of Shang Yang to Qin /030
　　　　4. Founding Xianyang as Capital /031
　　　　5. Interpretation on Xianyang /035
Section 3　The Beginning of Municipal Construction /041
　　　　1. Construction of the Jique Palace /041
　　　　2. Recasting the Palace City /051
　　　　3. Registering the Residents /052

Chapter 2
Xianyang's Expansion during the Unification Process of Qin /053

Section 1   The Social Landscape of Xianyang's Gradual Prosperity /055
    1. The Rapid Development of Qin's Feudal Economy /055
    2. The Consolidation of the Emerging Landlord Class Regime in Qin /064
    3. The Smooth Development of Qin in Conquering Wars /072

Section 2   The Unification under Ying Zheng and the Absorption of Cultural Wealth from the Six States by Xianyang /079
    1. Command Center of the Unification War: Xianyang /079
    2. The Prosperity of Xianyang /083

Section 3   The Expansion of Xianyang /095
    1. The Expansion of the Capital Area /095
    2. Shape and Structure of the Capital /096
    3. The Neishi's Jurisdiction /106

Chapter 3
Xianyang City and Its Palaces、Ancestral Temples /111

Section 1   Discussion on "Xianyang City" /113
    1. Reasonable: A City Here /113
    2. Xianyang City: A Painstaking Search /116

Section 2   Lofty Palace Architecture /122
    1. Xianyang Palaces: Cognition and Understanding /122
    2. The Investigation on the Distribution and Relics of Qin Palaces /124

Section 3   The Temples /186
    1. The Temple System after Xianyang Being the Capital /186
    2. Weibei Ancestral Temple /188
    3. Temple of Qin Zhaowang /188
    4. From Xingong to Jimiao /189
    5. Mausoleum of the First Emperor of Qin /192

Chapter 4
Imperial Gardens and Urban Commerce /195

Section 1   Imperial Gardens and Ponds /197
    1. Imperial Gardens /197

    2. Ponds /204

Section 2 Markets /207

    1. Commercial Policy /207

    2. Market under Management /215

    3. Trading Hours and Merchants' Position /223

Chapter 5
Mausoleum Sites around Xianyang /225

Section 1 The Mausoleum Area of Bimo /227

    1. The Earliest Mausoleum Area in Xianyang /227

    2. The Mausoleums' General Situation /229

    3. Zixi's Tomb and the Mausoleums of Two Kings: Wen and Wu /231

    4. The Re-correction on Mistake Qin for Zhou Mausoleum /236

Section 2 The Mausoleum Area of Zhiyang /239

    1. Dongling: Another Newly Mausoleum /239

    2. The Royal Clan's Mausoleums of Qin in Dongling Area /241

    3. Zhiyang Mausoleum: Confirmation of Vesting Rights /250

Section 3 Lishan and Lishan Park — Mausoleum of the First Emperor of Qin /258

    1. Choosing Suitable Site for Building the Mausoleum /258

    2. Lishan Park /259

    3. Mausoleum /261

    4. Architecture /265

    5. Attendant Grave Pits /270

    6. Satellite Tombs /283

Section 4 The Mausoleum of the Fallen Emperor /291

Section 5 The Mausoleum of Xia Empress Dowager /292

    1. Shape and Structure of the Mausoleum /292

    2. Attendant Grave Pits and Their Burial Objects /293

    3. Inference about the Mausoleum's Owner /294

Section 6 The Public Cemetery /295

    1. Qin Cemeteries in Weibei District /295

    2. Qin Cemeteries in Weinan District /303

    3. Several Qin Cemeteries in Lishan District /310

    4. Qin Cemetery of Yuwang Temple in Hu County /312

Chapter 6

City Management /313

Section 1 Population Management /315

1. The Composition of the Capital's Population /315

2. Management System /320

Section 2 Administrative Division /322

1. Local Administrative Management System /322

2. Administrative System of Xianyang /326

Section 3 Municipal Facilities /344

1. Water Supply and Drainage System /344

2. Management and Protection of the Afforestation System /350

3. Heating and Food Refrigeration at the Imperial Palace /352

Section 4 Government Warehouse /354

1. The Setting of the Government Warehouse /354

2. Management System of Government Warehouse /363

Section 5 City Defense and Public Security /369

1. Praetorian Troops /369

2. Social Security Network Consisted of "Ting" /371

Chapter 7

The Road Network Centered on the Capital /375

Section 1 The Roads and Bridges of the Capital /377

1. Imperial Roads /377

2. Bridges /381

Section 2 Roads from Neishi to the Ends of the Earth /389

1. Overland Routes /389

2. Inland Waterways /409

Section 3 National Defence Checkpoints /413

Section 4 Road Administration and Transmission /417

1. Highway Legislation /417

2. Mail System in Xianyang /422

Section 5 Vehicles /427

1. Overland Vehicles and Traffic Etiquette /427

2. Aquatic Vehicles /432

Chapter 8
Social Ethos and Political Ecology and Scientific Activities in Xianyang /435

Section 1   Social Ethos in Xianyang /437
      1. Political Ecology /437
      2. Social Customs /442

Section 2   Religious Activities in Xianyang /447
      1. Polytheism /447
      2. Religion Belief /453

Section 3   Activities and Status of Various Philosophers in Xianyang /456
      1. Cultural Policy Implemented in Xianyang /456
      2. Philosophers of Xianyang and Their Academic Achievements /458
      3. Burning Books and Burying Confucian Scholars Alive /470

Section 4   Culture and Art /476
      1. National Library /476
      2. Literature /481
      3. Music, Dance and Acrobatics /485
      4. Painting and Sculpture /493
      5. Calligraphic Art /508

Section 5   Science and Technology /530
      1. Astronomical Calendar /530
      2. Geography /536
      3. Architectural Technology /540
      4. Ceramics /545
      5. Metallurgy and Machinery Manufacturing /547

Chapter 9
The Destruction of Xianyang during the Qin Dynasty and Achievements of Contemporary Archaeology /553

Section 1   The Beacon-fire of the Uprising and the Destruction of Xianyang /555
      1. Society in Turmoil /555
      2. The Fall of Qin and the Revenge Atrocities of Xiang Yu /561

Section 2   Achievements of Contemporary Archaeology /567
      1. Archaeological Significance of Xianyang /567
      2. Achievements of Contemporary Archaeology /569

3. Archaeological Expectations of Xianyang, the Capital of Qin /597

Conclusion /599

References /605

Genealogy Table of Qin /617

Chronology /619

Index /629

Postscript /637

插图目录

绪图1　临淄齐国故城遗址平面图 / 003

绪图2　燕下都故城遗址平面图 / 004

绪图3　郑韩故城遗址平面图 / 005

绪图4　邯郸赵故城遗址平面图 / 006

绪图5　云梦楚王城遗址平面图 / 008

绪图6　楚都郢（纪南城）遗址平面图 / 008

图1-1　秦公壶及其铭文拓片 / 019

图1-2　甘肃礼县以东秦汉遗址分布示意图 / 020

图1-3　秦人都城迁徙路线图 / 021

图1-4　洛河下游秦长城图 / 029

图1-5　魏国西长城图 / 031

图1-6　"秦"字和"咸"字陶文 / 038

图1-7　后赵"石安"陶文与北周货币 / 038

图1-8　咸阳宫城与北阪宫殿遗址探测图 / 039

图1-9　咸阳宫城与冀阙遗址探测图 / 043

图1-10　冀阙遗址整体复原南立面图 / 044

图1-11　西阙遗址（一号宫殿）底层复原平面图 / 044
图1-12　西阙遗址上层探测图 / 045
图1-13　冀阙宫庭复原图 / 046
图1-14　秦始皇陵园西门阙遗址平面图 / 051
图2-1　都江堰地区图 / 057
图2-2　郑国渠示意图 / 058
图2-3　秦虎符 / 071
图2-4　秦统一六国进军路线图 / 081
图2-5　沙坑出土诸侯国货币 / 087
图2-6　齐币 / 088
图2-7　楚陈爯金币 / 089
图2-8　中山国铜鼎铭文 / 090
图2-9　公朱鼎铭文拓片 / 091
图2-10　秦都咸阳布局示意图 / 102
图2-11　秦都咸阳城区示意图 / 103
图2-12　咸阳邻近的内史诸县 / 107
图2-13　秦封宗邑瓦书铭文拓片 / 109
图3-1　关中秦宫分布示意图 / 123
图3-2　冀阙宫庭（西部）复原南立面图 / 125
图3-3　北宫封泥印文 / 128
图3-4　章台封泥印文 / 129
图3-5　汉未央宫前殿遗址 / 131
图3-6　"南宫郎丞"封泥印文 / 134
图3-7　"华阳丞印"封泥印文 / 135
图3-8　阿房宫遗址平面图 / 136
图3-9　阿房宫概念示意图 / 140
图3-10　阿房前殿基础部分设计方案 / 141
图3-11　"上天台"遗址排水管道 / 141

图3-12　"烽火台"建筑夯土（上林苑二号遗址）/143

图3-13　"安台丞印"封泥印文/147

图3-14　步高宫、步寿宫位置图/157

图3-15　长杨宫、五柞宫位置图/160

图3-16　林光宫遗址与文字拓片/164

图3-17　谷口宫铜鼎铭文拓片/166

图3-18　梁山宫、梁宫与甘泉宫位置图/169

图3-19　羽阳宫瓦当拓片/172

图3-20　大郑宫之雍太寝平面图（瓦窑头）/173

图3-21　大郑宫之凌阴遗址平面图/174

图3-22　雍城文字瓦当拓片/176

图3-23　"櫜泉宫当"瓦当/177

图3-24　成山宫文字瓦当拓片/179

图3-25　黄山宫遗址出土瓦当与陶文拓片/181

图3-26　貌宫瓦当拓片/183

图3-27　秦始皇陵园陵寝范围示意图/194

图4-1　"宜春禁丞"封泥印文/199

图4-2　"杜南苑丞"封泥印文/200

图4-3　"东苑丞印"封泥印文/201

图4-4　"阳陵禁丞""阳陵口丞"封泥印文/201

图4-5　"具园""白水之苑"封泥印文/202

图4-6　"麋圈"封泥印文/203

图4-7　商鞅方升/210

图4-8　秦半两铜钱/212

图4-9　秦两诏文拓片/214

图4-10　亭、市陶文/217

图4-11　市井画像砖/218

图4-12　市楼画像砖/218

图4-13 "平市"陶文 / 220

图4-14 "丽市"陶文 / 220

图4-15 杜亭、杜市陶文 / 221

图5-1 毕陌秦陵分布示意图 / 230

图5-2 公陵陵园布局图 / 232

图5-3 严家沟秦陵陵园平面图 / 235

图5-4 "芷阳丞印"封泥印文 / 241

图5-5 "芷"字陶文 / 241

图5-6 秦东陵陵园遗迹位置平面图 / 243

图5-7 芷阳一号陵园两座"亚"字形大墓 / 244

图5-8 东陵一号陵园二号墓漆豆与刻文 / 253

图5-9 秦始皇陵园分区示意图 / 260

图5-10 秦始皇陵 / 262

图5-11 "丽山食官"刻文 / 268

图5-12 "丽山食官"建筑（东段）复原鸟瞰图 / 268

图5-13 秦俑坑平面示意图 / 270

图5-14 一号坑兵马俑布置示意图 / 271

图5-15 二号坑兵马俑布置示意图 / 271

图5-16 三号坑俑位示意图 / 272

图5-17 一号坑矩阵结构示意图 / 273

图5-18 二号坑驻营与校场结构示意图 / 273

图5-19 三号坑军幕结构示意图 / 273

图5-20 秦陵马厩坑器物上的厩名 / 275

图5-21 秦御厩封泥印文 / 275

图5-22 陵西马厩坑、苑囿坑鸟瞰图 / 275

图5-23 铜车马坑位图 / 276

图5-24 一号车（立车）/ 277

图5-25 二号车（安车）/ 277

图5-26　石铠甲坑 / 279

图5-27　天子车府坑（K0006）平、剖面图 / 280

图5-28　禁苑水禽坑（K0007）平面图 / 281

图5-29　禁苑坑青铜水禽 / 281

图5-30　上焦村陪葬墓平面图 / 284

图5-31　居赀役人墓地平面图 / 287

图5-32　居赀役人墓坑 / 288

图5-33　居赀役人瓦志 / 289

图5-34　秦二世陵墓 / 291

图5-35　夏太后陵园平面图 / 293

图5-36　夏太后大墓 / 293

图5-37　塔儿坡秦墓平面图（部分）/ 300

图5-38　十九年商鞅殳及镦铭 / 301

图5-39　西安北郊尤家庄秦墓发掘点分布示意图 / 304

图5-40　西安南郊秦墓位置图 / 305

图5-41　半坡战国墓葬分布图 / 308

图6-1　咸阳亭陶文 / 324

图6-2　屈里陶文 / 328

图6-3　完里陶文 / 329

图6-4　右里陶文 / 329

图6-5　泾里陶文 / 330

图6-6　当柳里陶文 / 330

图6-7　芮柳里陶文 / 330

图6-8　"咸亭阳安驿器"陶文 / 330

图6-9　沙寿里陶文 / 331

图6-10　"咸亭沙里□器"陶文 / 331

图6-11　"咸亭东里䧹器"陶文 / 331

图6-12　直里陶文 / 331

图6-13　"咸櫟阳戏"陶文 / 331

图6-14　咸里陶文 / 332

图6-15　"咸市阳牛"陶文 / 332

图6-16　阊里陶文 / 333

图6-17　少原里陶文 / 333

图6-18　蒲里、故仓里、成阳里、如邑里陶文 / 334

图6-19　巨阳里陶文 / 335

图6-20　多里陶文 / 336

图6-21　"咸高止郝"陶文 / 336

图6-22　"咸当里□"陶文 / 336

图6-23　利里、反里、重成里、平泆里陶文 / 337

图6-24　"咸卜里戎"陶文 / 338

图6-25　"咸白里公"陶文 / 338

图6-26　"咸戎里旗"陶文 / 338

图6-27　多里陶文 / 339

图6-28　"咸阳丞印"封泥印文 / 342

图6-29　水井结构图（滩毛村北）/ 347

图6-30　秦井水位下降图（滩毛村南）/ 347

图6-31　陶下水管与地漏 / 348

图6-32　四管并列排水管道（咸阳十三号建筑旁）/ 348

图6-33　排水管道（秦始皇陵园）/ 349

图6-34　青石水道 / 349

图6-35　暖炉复原图 / 352

图6-36　冷藏井（三号建筑）/ 353

图6-37　"太仓""太仓丞印"封泥印文 / 356

图6-38　陶囷（上焦M7:10）/ 357

图6-39　五年相邦吕不韦戈铭 / 359

图6-40　"少府"封泥印文 / 360

图6-41　左、右司空陶文 / 361

图6-42　"御府"封泥印文 / 362

图6-43　"中府丞印"封泥印文 / 363

图6-44　"武库丞印"封泥印文 / 366

图6-45　卫尉属官封泥印文 / 370

图6-46　"咸阳亭印"封泥印文 / 372

图7-1　褒斜谷中的阁道 / 378

图7-2　冀阙遗址整体复原与复道南立面图 / 379

图7-3　和林格尔汉墓渭水桥壁画 / 383

图7-4　厨城门外渭河桥在发掘中 / 385

图7-5　沇水桥遗址位置示意图 / 387

图7-6　"长夷泾桥"印 / 387

图7-7　褒斜道北口——斜峪 / 394

图7-8　函谷关（灵宝） / 400

图7-9　秦直道 / 404

图7-10　富县桦沟口直道及盘山道 / 406

图7-11　关中、关内范围示意图 / 413

图7-12　大散关（宝鸡） / 415

图7-13　郡级官署及内史属县封泥印文 / 424

图7-14　关外县名封泥印文 / 425

图7-15　木辇车与墓室剖面图（边家庄五号春秋墓） / 429

图7-16　木辇车平面图（边家庄五号春秋墓） / 429

图7-17　车舆示意图 / 430

图7-18　秦汉时期常见的几种马车 / 430

图7-19　甲骨文、金文中"舟"字写法举例 / 433

图7-20　船形壶 / 433

图7-21　秦汉时期的船模型数种 / 434

图8-1　秦公钟 / 485

图8-2　秦公镈 / 485

图8-3　秦乐府编钟的花纹 / 490

图8-4　秦乐府封泥印文 / 490

图8-5　杂技百戏画像石像 / 493

图8-6　壁画残块（一号建筑）/ 495

图8-7　壁画图案 / 495

图8-8　十二铜人模拟像（部分）/ 497

图8-9　秦陵彩绘铜车马 / 500

图8-10　秦俑一号坑俑群侧视 / 501

图8-11　铜构件图案 / 504

图8-12　花纹砖纹样 / 504

图8-13　水神骑凤空心砖残片 / 504

图8-14　龙抱璧空心砖纹样 / 504

图8-15　宫殿遗址出土的瓦当图案 / 505

图8-16　模印画像砖 / 505

图8-17　带钩与车軎花纹 / 506

图8-18　鎏金铜虎 / 506

图8-19　丝绸图案 / 507

图8-20　将甲衣饰花纹 / 507

图8-21　秦公钟（2号）铭文拓片 / 508

图8-22　秦公钟（甲）铭文拓片 / 508

图8-23　秦公簋铭文拓片 / 509

图8-24　高奴铜石权铭文拓片 / 509

图8-25　铜椭量上的秦始皇诏文拓片 / 510

图8-26　大騩铜权两诏文拓片 / 510

图8-27　旬邑铜权两诏文拓片 / 510

图8-28　石鼓文字选 / 510

图8-29　泰山刻石与琅邪台刻石拓片（局部）/ 512

图 8-30　峄山刻石拓片（局部）/512

图 8-31　戳印和刻画的陶文 /513

图 8-32　陶量上廿六年诏文拓片 /514

图 8-33　铜戈与长铍铭文摹本 /515

图 8-34　秦简文字选（云梦秦墓）/516

图 8-35　秦都咸阳出土的私印 /518

图 8-36　江陵秦墓出土的"泠贤"印章 /518

图 8-37　不其簋铭文拓片 /523

图 8-38　秦十二字砖拓片 /524

图 8-39　虫书 /524

图 8-40　秦俑刻文、印文与戳印文字的书法风格 /525

图 8-41　星象图 /532

图 8-42　秦都咸阳规划中"法天"意识示意图 /535

图 8-43　战国秦邦县地理全图 /537

图 8-44　望峰与秦始皇陵园控制关系示意图 /538

图 8-45　骊山走向与始皇陵选穴位置图 /539

图 8-46　建筑夯土 /541

图 8-47　秦咸阳一号宫殿遗址复原剖面图 /542

图 8-48　秦俑一号坑建筑结构示意图 /543

图 8-49　错金银铜戈镦 /551

图 8-50　蟠螭纹铜镜 /551

图 8-51　铜镜 /551

图 8-52　带钩 /552

图 9-1　秦末农民起义图 /559

图 9-2　始皇诏版拓片与铜铺首 /570

图 9-3　铜镞 /571

图 9-4　秦二世诏版拓片 /571

图 9-5　一号宫殿遗址平面图 /573

图9-6　三号宫殿遗址平、剖面图 / 574

图9-7　二号宫殿遗址平面图 / 575

图9-8　秦封泥印文（部分）/ 584

图9-9　上林铜鉴与铭文 / 589

图9-10　上林铜鼎与铭文 / 590

图9-11　上林共府钫 / 590

图9-12　上林八棱钟 / 590

图9-13　上林单柄铜椭量 / 590

图9-14　秦始皇陵城内遗迹分布图 / 592

图9-15　秦始皇陵城外重要遗迹分布图 / 595

绪论

一、秦咸阳的发展与阶段特征

（一）秦以前城市的起源与发展特征

随着中华文明篇章的掀开，城市的产生顺理成章。随着中心邑聚的形成，原始部落的一个个居民点——氏族公社的聚落，其功能不再是单纯的防御。如果有专供住在邑聚内的统治者享有的手工业，还有市场和商贸活动，再加上统治和管理机构，邑聚就可能成为一座城市。此时，都、鄙分开，城、乡对立。西安半坡、临潼姜寨等仰韶文化的村落遗址都有宽、深各5～6米的土沟围绕。作为一种防御性设施，这些土沟出现在距今6700年前的东方大地上，我们不妨把其视作城墙的早期形态。当然，随着夯筑技术的采用，地下之"沟"升为地上之"墙"，就宣告了"城"的诞生。郑州西山遗址已经发现了仰韶文化晚期的古城，其绝对年代距今已经5000年了。因此，有的研究者根据文献并结合秦王寨类型的仰韶文化晚期遗址分布范围（西起河南洛阳，东抵中牟，南自许昌，北至黄河淹没区）中有100多处氏族聚落而唯独西山遗址有城的事实，认为这足以反映出它的领导地位，也符合黄帝有熊国在今河南新郑市的推断，从而断定其为"黄帝城"。

伴随着私有制的出现，氏族部落解体，国家形成，自然也就有了国都的选定。夏、商、周三代的都邑之制，已在传说时代的都邑基础上臻于完备。西周都镐，分封诸侯200余国，又各自有都。公元前770年，平王东迁，见载的诸侯大国就有170多个。但由于大国争霸，战争频仍，许多诸侯国相继灭亡，其国夷为废墟。进入战国时期，华夏大地仅剩下齐、楚、燕、韩、赵、魏、秦等7个大国和一些中小诸侯国。

姜尚（系伯夷的后裔，因其先祖曾助禹治水被封在吕地，故以吕为氏）因辅佐周武王灭商有功，被封在齐，都营丘（今山东淄博市临淄区北）。后来，胡公静徙都薄姑（今山东博兴县境内）。齐献公"率营丘人袭攻杀胡公而自立"，随后都治临淄（今山东淄博市临淄区西部和北部）。临淄先后做姜齐和田齐的国都，自公元前9世纪中叶，历经春秋战国时期（公元前770—前221年），到公元前221年秦灭齐为止，时间长达630多年。因为临淄城处于淄水冲积扇的前沿地带，东西分别有淄水与系水经过，南傍牛山和稷山，北当黄河三角洲的南端，东北面对莱州湾，既有优越的地理条件，又富渔盐矿产之利，因此，很快就发展成为齐国政治、经济、文化的大都会，在当时的东方都有重大的影响。经勘探试掘，已查明临淄故城的平面略呈长方形，分为大小两城，而小城又是套嵌在大城的西南隅。大城的东垣墙有多处曲折，南北二城垣平行则呈西北—东南向倾斜，南北长4.5公里，东西宽约4公里，城周长14158米；小城南北长度大于东西长度，周长7275米，城垣基宽30米左右，整个临淄城占地15平方千米。（见绪图1）文献记载，临淄城有门13座，已探明的有11座，门道宽度多在10米以上。城内10条交通干道虽纵横交错，但同城门对直，城内的供排水和城防系统也有周到的安排。小城是君主、贵族的聚集地。以桓公台为主，多有高台建筑基址，当是齐国的宫殿区。附近还发现铸造"齐法化"铜币的作坊

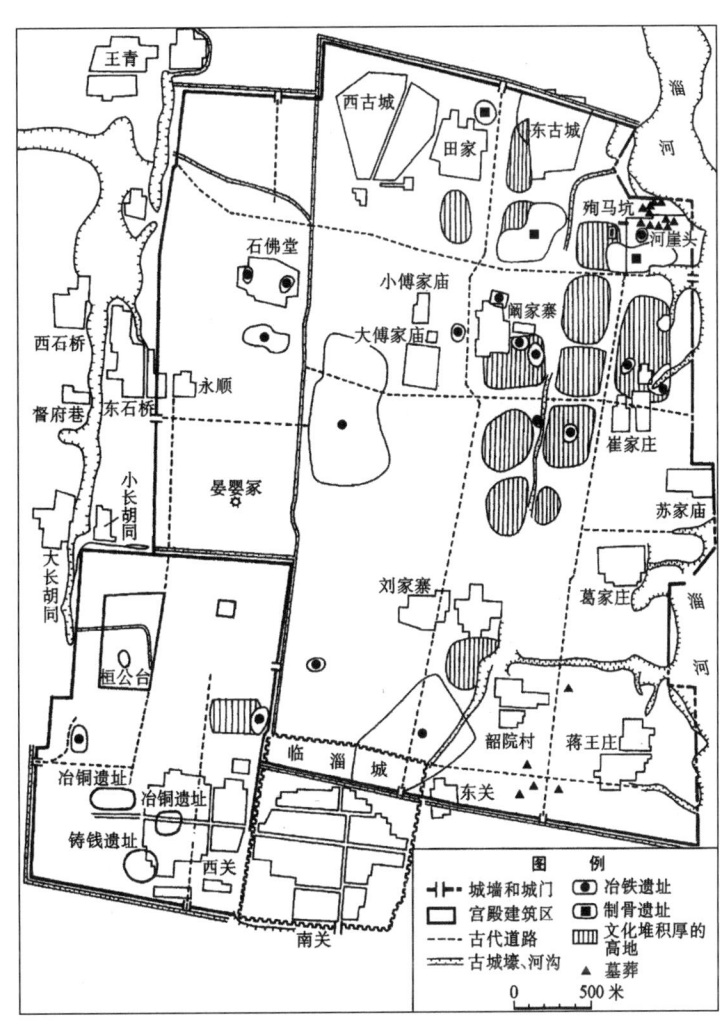

绪图1　临淄齐国故城遗址平面图

遗址。大城是平民居住与活动的区域，所见也有冶铁和其他手工业作坊遗址。大城内的南北两端分布着多处春秋时期（公元前770—前476年）的墓群和车马坑，城周围也有大量的墓冢，如二王冢、四王冢、三士冢等。从临淄故城的遗存不难想象它当年享名诸侯的雄姿。纵横家苏秦对其繁华和富有曾做过绘声绘色的描述："临淄之中七万户……临淄甚富而实，其民无不吹竽、鼓瑟、弹琴、击筑……临淄之途，车毂击，人肩摩，连衽成帷，举袂成幕，挥汗成雨，家殷人足，志高气扬。"（《史记·苏秦列传》）

燕国在周初的版图还只局限在今河北省北部和辽宁省西部，到了东周时代（公元前770—前256年）就扩张到了北方草原和辽东一带。燕的祖先是辅助周武王灭商的召公奭，他同周公一样，留住在京都，并没有就国，他的长子为第一代燕侯。最初的国都设

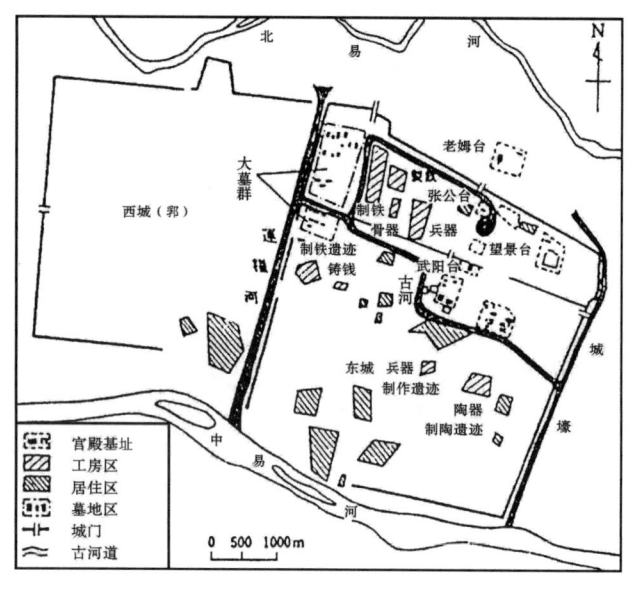

绪图2　燕下都故城遗址平面图

在蓟（今北京城西南），燕桓侯（即燕桓公，公元前697—前691年在位）曾徙都临易（在今河北雄县）。战国晚期，政治上有作为的燕昭王（公元前311—前279年在位）又在今河北易县的武阳营筑了新都。相对蓟城而言，武阳称"下都"。燕下都故城处于北易水和中易水之间，东西长约8公里，南北宽约4公里。城垣为土筑，经夯打，宽10米。（见绪图2）中有一条运粮河及其东侧的墙纵贯南北，把燕下都分成东西两个梯形的小城，使它从平面上构成了磬折的形式。东城是内城，在其北部四分之一处又有一道东西长4460米的隔墙隔出一个小区来。在北隔墙的两侧和北城垣外，从北边老姆台到南边武阳台之间，留有多处建筑遗存，而在武阳台的周围又分布着一些建筑群。其中，武阳台高达11米，面积达上万平方米，是燕王的宫殿基址，当为宫殿区的主体。其他如张公台是历史上有名的置黄金招贤纳士的黄金台。显而易见，此东城就是都城设计上规划的宫殿区。内城的西部和南部是冶铁、铸钱、制骨和制作兵器等手工业作坊区。西北隅则是以虚粮冢和九女台两大封土为明显标志的贵族墓区。地面保存有封土堆的还有23座，其中最大者基部周长55米，高可11米。不用说，此间也当是燕王的长眠之地。从东城规划明确、供水系统完善（如从古运粮河引水入城后分成南北二渠，使之同城区的南北二垣墙平行，既供水又防御）、城防设施严密（隔墙及北城垣上有高台建筑）来看，它显然是战国中期建成的一座完整的城堡。而西城（即外城）的文化遗存甚少，仅见两处建筑遗址和一些墓葬，有可能是出于战争防御目的而于战国末期增修的附郭。燕下都南北临易水，西北侧倚靠群山，东南面向平原，既是上都蓟通齐、赵的咽喉要道，又是燕国南向的门户。其位置重要、商业发达、人口众多的情景，虽时过2000多年，至今仍给人留下对"风萧萧兮易水寒，壮士一去兮不复还"的悲歌壮士的追思。

韩国原是晋国的"六卿"之一，早先是封在韩原（在今山西芮城县）并以此为邑的。春秋晚期,韩、赵、魏势力增强,遂有控制晋室的趋势。战国初年,韩、赵助晋灭智伯分其地,韩宣子迁都于州(今河南沁阳市东南、温县东北)。当时,韩虽已占据了今山西省南部、河南省西北部,试图向河南中部发展以扩大地盘,但从战略目标考虑,暂时放弃了这种追求,而积极从内部参与分裂、削落晋国的活动。于是,韩景侯(公元前408—前400年在位)又将都邑迁回一度作为晋都的平阳(治今山西临汾市西南)。公元前403年,韩、赵、魏三家分晋,周威烈王正式任命他们为诸侯。次年,韩国正式建立,为图谋中原,定都阳翟(今河南禹州市)。公元前375年,韩哀侯兼并郑国,据郑都有之。郑(今河南新郑市)之为都,先后经历了郑、韩两国,从公元前770年郑武公建都到公元前230年秦灭韩,计540年时间。郑韩故城位于今河南省新郑市双洎水(古名洧水)和黄水之间,基本呈平行四边形。城中有一南北向隔墙,使之成为东西两城相并的格局,同燕下都颇有相似之处。城东西最长处5000米,南北最宽处4500米。(见绪图3)西城是内城,属宫殿和官署建筑集中的皇城。内城中还套筑了一座宫城,东西长500

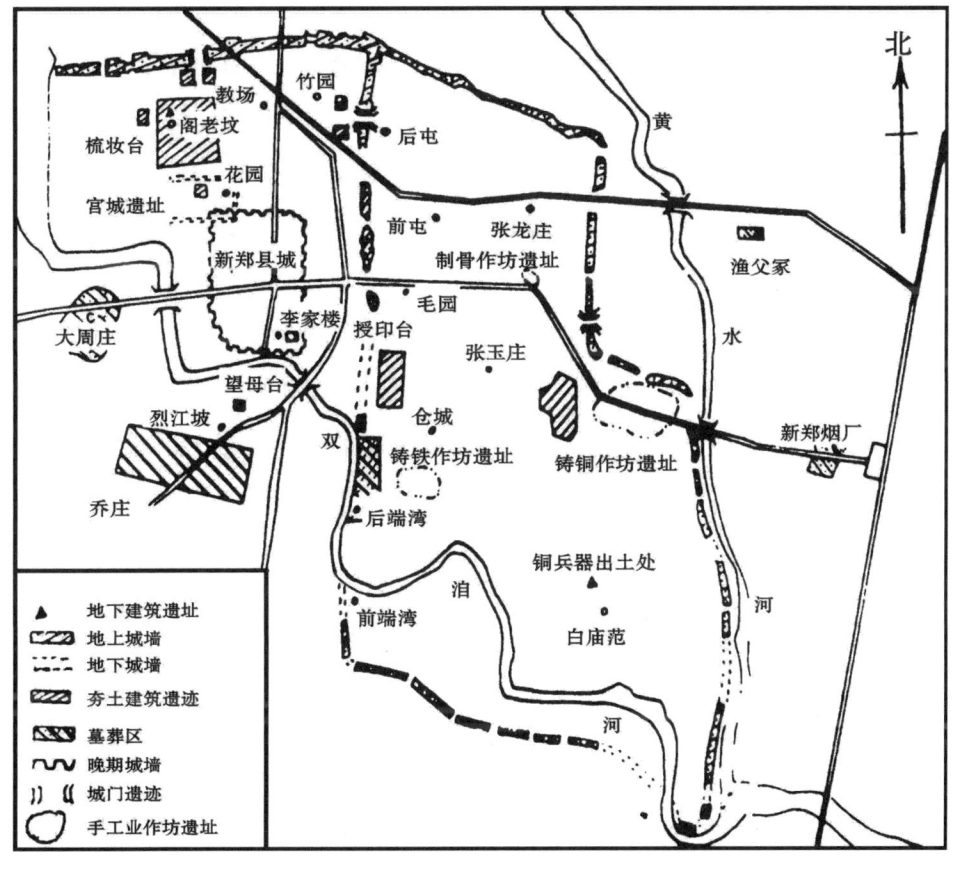

绪图3 郑韩故城遗址平面图

米，南北宽320米。地面上除很多高台建筑遗迹，如高8米的"梳妆台"外，还发现有冷藏肉食的半地穴式建筑。东城为外城，也即郭城，其面积比西城约大一倍，可能是韩国时期增修的新城，为铸铜、冶铁、制骨、作陶、琢玉等手工业作坊的集中之区。仓城的冶铁遗址面积达40000平方米，白庙范村也发现了残废的青铜兵器窖藏，可修复的在200件以上，90%的刻铸纪年和工官名的铭文，多属于秦灭韩前夕的桓惠王和韩王安时期。据此，不难想象当年流行的"天下之宝剑韩为众"之说绝非虚语。春秋时期的贵族墓多集中在隔墙南端的两侧，春秋战国时期的平民墓则多分布在城外。

赵是东夷族嬴姓伯益之后，与秦同祖。在周灭商之后，因迁居赵地，故姓赵。后因周幽王无道，赵氏去周事晋。战国时期，赵作为晋室的"六卿"之一，势力已相当强大。公元前458年，赵襄子建都晋阳（今山西太原市西南）。公元前425年，又迁都中牟（今河南鹤壁市西）。公元前386年，赵敬侯才定都邯郸（今河北邯郸市）。邯郸故城包括赵王城和大北城两个西南同东北相对的城址。（见绪图4）曲尺形的赵王城由"丁"字形隔墙分成东、西、北三部分，近似"品"字形，每个小城的长宽都在1000米左右，总面积505万平方米。墙残高仍有8米，城内有龙台、南北将台等十几处夯土台基。其中龙台最大，高达9米，长宽都在260米以上，这表明赵王城是宫殿建筑区。大北城除西北垣为斜边走向外，基本呈长方形，南北长约4800米，东西宽约3200米，墙基宽20米左右，是铸铁、制陶、制骨等手工业集中的区域。王陵位于城外西北的邯郸市和永年区境，市民墓区则在西北的近郊。从整体布局看，邯郸故城规模宏大，赵王城为宫城，大北城为外郭城，形制与性质近似齐都临淄，其建筑基址体积之大、保存之完整是东周时期其他列国都城遗址无可比拟的，其精美遗物也是先进文化和精湛技艺的结晶。邯郸城人口集中，商业发达，当时被誉为"万家之都"实不为过。

魏国本系周文王庶子毕公高的后裔毕万在自己的邑地上建立的，初都魏邑。魏悼子徙治霍（今山西霍州市）。公元前394年，魏武侯选择了地理条件较为优越的安邑（今山西夏县西北）筑城营建新都。公元前364年，魏惠王为了向东

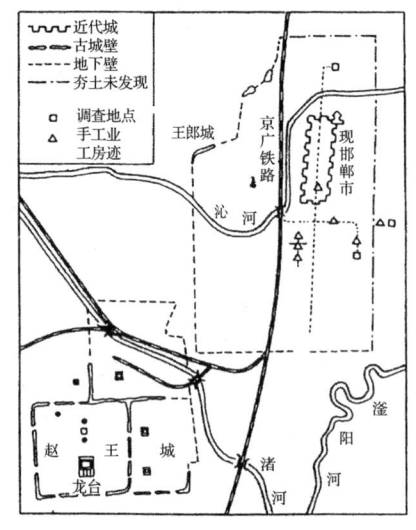

绪图4　邯郸赵故城遗址平面图

发展，把政治中心移到了大梁（今河南开封市）。这时，安邑作为陪都仍发挥着重要作用。除黄河泛滥淤积导致大梁城址被掩埋外，其他魏都差不多都有了考古的证实。据《史记·魏世家》的正义与索隐记，魏邑"在陕州芮城县北五里"。经山西省考古研究所同志调查，它是版筑的夯土城，呈方形，周长约4500米，墙基部宽13～15米，残高仍有3～6米。安邑故城地跨青龙河，于战国前期随地势筑有郭城。在大城中部有一周长3000米的正方形小城，可能是与大城同期建筑的宫城，而小城的北垣西伸和南垣南折分别接大城墙，从而形成中城，位于大城的西南部，可能为秦汉时期所筑。

商末，鬻熊曾为周文王之师，率其部族参加过武王伐纣之战，受封为楚子，立国于今陕西商洛市商州区、丹凤县一带。其子熊丽率族沿丹水向下游迁至河南淅川县老城、马蹬镇一带。周成王时，封熊绎（熊丽孙）"于楚蛮，封以子男之田，姓芈氏，居丹阳"（《史记·楚世家》），统治着今豫西南和鄂北一带。其国都不但沿袭商州、丹阳（今河南淅川县丹江之北）的旧称，而且也是地在丹水之阳。不过，这个新都地当今河南淅川县李官桥下寺一带，在下寺东北数公里处已发现了古城的线索。丹阳作为楚国早期的都城，存在时间可以说同西周时代相始终，跨越了近300年。春秋战国时代，楚国曾多次迁都：春秋初年，楚文王（公元前689—前677年在位）为求得发展，把国都从丹阳迁到农业条件优越，又能扼守中原、连接长江要道的郢（今湖北荆州市北纪南城）；公元前506年，楚昭王败于柏举之战，被吴军攻陷郢都，吃尽了逃亡之苦，两年后再次面对吴军的水陆并进，"楚国大惕，惧亡"，为避免失郢悲剧的重演，便急急忙忙迁都到了鄀（又称"鄀郢"，今湖北宜城市东南），不久，又由鄀返郢；公元前278年，秦将白起攻陷郢都，楚顷襄王就东迁于陈（也称"郢陈"，今河南周口市淮阳区）；公元前241年，以楚考烈王为纵长的各国合纵伐秦失败，为避开秦的威胁，楚把国都又从郢陈迁到了寿春（今安徽寿县）。频繁的迁都，同楚国的政治、军事形势密切相关，正是楚国势力消长和盛衰变化的反映。进入战国时期后，楚所迁之鄀都、陈、寿春都属流亡政府的歇脚地，带有临时性质，其规模和历史作用都远远比不上郢都。郢，因在纪山之南，又称"纪郢"，后世则连称为"纪南城"。（见绪图5、绪图6）如果从公元前689年楚文王"始都郢"算起，到公元前278年白起"拔郢"，郢都前后绵延了411年，楚国先后有20个国君在这里执政，是楚国政治、经济、文化的中心。文王初城的规模较小，春秋晚期或春秋之际的城址略呈东北、西南向的横长方形。城垣为土筑，由墙身和内外护坡构成。东墙长3706米，南墙长4502米，西墙长3751米，北墙长3547米，周长

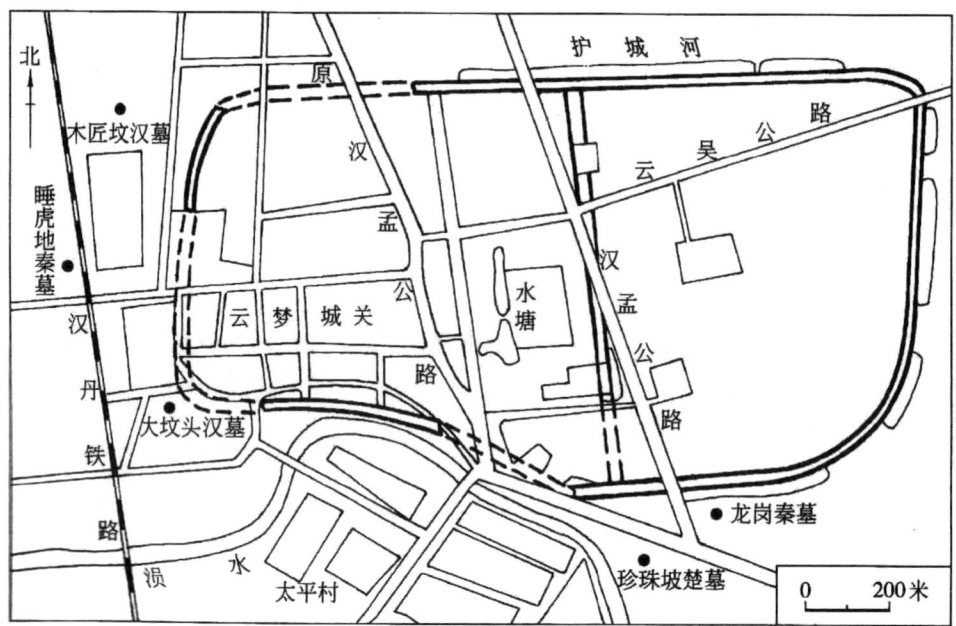

绪图 5　云梦楚王城遗址平面图

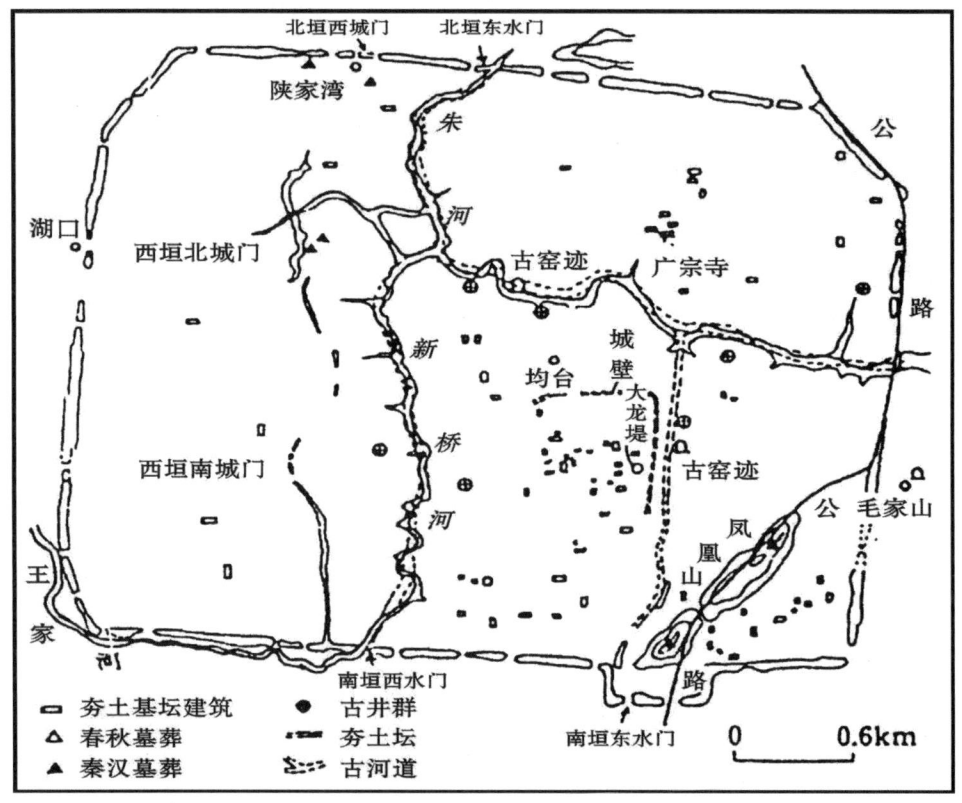

绪图 6　楚都郢（纪南城）遗址平面图

15506米，总面积达16平方公里。墙的宽度10～14米，地面残高4～7.5米。城门7座，其中有水门2处。城四周围以护城河，宽为40～80米。朱河和新桥河从北方南下，分别穿过北、南二墙，在城中汇合成龙桥河，又出东墙流入长湖。城有夯土台墓100余处，以东南部最为集中，是为宫殿区。东侧台基分布整齐，竟有10个成一线排列，也有宫墙和"御沟"的发现。城西南部为冶铸作坊区，城东北部的龙河两岸则是制瓦和制陶手工业区。城郊四面都有军防遗址。居民区集中在城西和城北。墓葬在城周围，北有纪山和川店2个墓区，西有八岭山墓区，南有拍马山墓区，东有雨台山、孙山和观音垱3个墓区。其中，八岭山和纪山一带可能是国君和王室的墓地。整个郢都布局有一定的规律，其建筑宏伟，列肆铺陈，当年的繁盛正如东汉人桓谭所描述的那样："楚之郢都，车毂击，民肩摩，市路相排突，号为朝衣新而暮衣弊也。"（《新论》）

从前面介绍的几个中国战国时期的都城遗址，大致可以看出它们的一些共同点，我们可以得出如下认识：

第一，东周时期，列国之都曾有过多次迁徙，但其中必有一处或几处是更重要的，在其国家的政治生活中具有重大作用，产生过深远的影响。

第二，在形制上多是两城相并或斜式相依，两城相比必是一大一小。按古人"内为之城，城外为之郭"（《管子·度地》）的说法，小城就是常说的内城，大城就是外郭城，因而战国时期的都城多是郭附于城的状态。

第三，在性质上，小城住有君主、贵族，建有官署，并掌握着君主、贵族所需要的手工业作坊。今见之夯土台基多是当年作为高台建筑的宫殿遗址。大城里则住着一般官吏、私营手工业者、平民和农民，商业活动也多于此进行。这种城与郭的区别，正是"筑城以卫君，造郭以守民"（《吴越春秋》）的功能要求在城市设计中的体现。

第四，虽有君主、贵族同平民百姓住区的分离，有"前朝后市"的大体规划，也有"凡仕者近宫，不仕与耕者近门，工贾近市"（《管子·大匡》）的安排等，但从整体布局上看，还没有把宫殿区、平民区、手工业作坊区、商业集市区、墓葬区、苑囿等构成城市主要内容的诸因素做整齐划一的布置。同后来唐长安城、明清北京城的规范化、礼制化比起来，在建设上带有很多的自然主义和堆砌性。这，当然是中国城市建设史阶段性的一种反映。

第五，国都是一国的政治中枢，因此，统一国家对"择天下之中而立国"（《吕氏春秋·慎势》）以便统治四方是极为重视的。而东周时期的周天子只是名义上的"共主"而已，在诸侯割据的情势下，各诸侯国的国都也多有迁徙。迁都必然涉及选址，从国家开拓的前途着眼，就需要多借助交通方便和地理位置便当，从军事目的考虑，就需重视其防卫功能，为战争形势所迫，则要易地而安。当然，一般说来国都作为首府，是一个国家政治、经济和文化的中心，城市的设计者是不能不考虑这些综合因素的。

时代特征无疑也是历史的烙印，而秦都咸阳在异彩纷呈的列国都城中除共性之外，带有更多的特殊性。

（二）秦咸阳的发展阶段与主要特征

距今2340多年之时，也就是中国社会处于战国时代中期偏晚的一段时间，秦的新都咸阳在渭河下游的黄土地上诞生了。它从秦孝公起，经过秦国7代国君长达144年（公元前350—前206年）的惨淡经营和扩展充实，特别是在公元前221年秦始皇以武力灭六国，结束了中国封建割据的局面，建立起中央集权的统一的多民族的封建国家之后，由秦国的都城一跃而成为秦王朝的首府，可说是其前进历程上的一次大变化。它的规模之宏大、宫殿建筑之巍峨、立体交通之发达，是中国先秦时期的国都无法比拟的，在国外的早期都城中也是少见的。即以作为城市所特有的那种豪华景象而言，咸阳不仅商业发达、手工业规模大、水平高，而且城市人口数量多、成分复杂，人事活动频仍，极富于戏剧色彩。有多少政治家、外交家、军事家、思想家、艺术家以咸阳为舞台，或出谋划策，或领命率军，个个叱咤风云，演出过一幕幕威武雄壮的活剧。咸阳的热闹之隆盛，的的确确是战国时期商品经济急剧发展下的任何一个城市都望尘莫及的。咸阳，这座秦帝国的都城，作为"天下辐辏"的中心，达到了它自己繁荣发达的顶点，不愧为当时世界东方的一颗明珠。同样，作为我国历史上著名的古都之一，咸阳独特的历史地位、作用和影响，是永远光耀史册的。

1. 秦咸阳的发展阶段

咸阳在它存在的一个半世纪里，经历了从战国时期的秦"王都"到秦统一天下的"帝都"这两个时期。它从兴到废的全过程可划分成四个阶段。

（1）初创期：从秦孝公十二年到二十四年的12年（公元前350—前338年）

这一阶段，秦孝公同商鞅对内忙于变法，完成一系列政治改革，对外则通过修好楚、韩关系，与赵、齐结盟，配合军事进攻，从魏国收回河西地。出于便于变法、摆脱旧势力束缚的考虑，秦国既不能留在临魏前线的临时都城栎阳，也不能返回旧都雍城，就决定重新择地建都。于是，便选定咸阳，"筑冀阙，秦徙都"（《史记·秦本纪》)。战国时期的咸阳，比起渭河之南，无论在自然环境、地貌平阔、物产丰盈等方面都略逊一筹。那么，秦孝公、商鞅为什么不选渭南为都呢？其中最主要的原因并非犬戎烧毁了丰镐城与宫殿建筑，而是出于政治、军事形势的考虑才另有打算。因为一是东邻魏国的威胁并未完全解除，一旦他们越过洛河直驱渭北，秦都就岌岌可危；二是渭北原有东去的蒲坂大道，一旦时机成熟，秦国即可东取河西，进而跨过黄河，东至蒲坂，就可直捣魏国的腹心。秦孝公所建渭水北岸的咸阳为这座城市以后的发展奠定了基础。

（2）发展期：从秦惠文王元年起，终庄襄王之世，历经五王的90年（公元前337—前247年）

经过这一阶段的发展，秦国已成为一个"带甲百余万，车千乘，骑万匹，虎贲之士、跿跔科头贯颐奋戟者，至不可胜计"（《史记·张仪列传》）的军事大国。同时，因有"西有巴蜀汉中之利，北有胡貉代马之用，南有巫山黔中之限，东有殽函之固"，"沃野千里，蓄积饶多，地势形便"的有利条件（《战国策·秦策》），国力不断增强，咸阳也同步发展成当时中国的一大都会。

在这一阶段，咸阳的城市建设呈现出三大特点：第一，城市建设纳入了统一的总体规划之中，把宫殿建筑、手工业作坊、商业市肆、居民区、王陵及市民墓区等构成城市的主要因素都组织在一个合理的布局中；第二，首都范围急骤扩大，完全突破了局促于渭北一隅的狭小范围，跨过渭河向周都丰镐之侧的广阔地域发展；第三，政治重心也随之有了向渭河南岸转移的趋势。

（3）鼎盛期：嬴政在位37年（公元前246—前210年）

嬴政13岁为秦王，39岁统一中国称"始皇帝"，50岁病死在出巡途中，这37年间，他"奋六世之余烈，振长策而御宇内，吞二周而亡诸侯，履至尊而制六合，执敲扑以鞭笞天下，威振四海"（贾谊《新书·过秦论》）。其胆识和功业"自上古以来未尝有，五帝所不及"（《史记·秦始皇本纪》）。

秦始皇对首都咸阳的建设取得了光辉的成就。这一时期的咸阳作为秦帝国的首府，已有了市中区、近郊和远郊的划分，达到了繁荣昌盛的顶点。

（4）衰败期：秦二世执政的3年

秦始皇死后，赵高、秦二世阴谋集团在政治上倒行逆施，首都咸阳处在腥风血雨之中，在市政建设上当然不会有什么建树。项羽在农民反秦的浪潮中领兵进入咸阳，携走宫女，掠去财富，一把火竟把这座都城烧成瓦砾遍地、焦土累累的废墟。而这一急剧变化，发生在秦二世执政到秦亡期间，时间才不过3年（公元前209—前207年）。

2. 秦咸阳的城市发展特征

（1）巧用"咸阳"，冀阙高竦，彰显改革气度

中国处在北半球，早已形成"山南水北为阳"的共识。那么，孝公选取了渭河之北、咸阳原南坡这块双"阳"地域，新都就取名"咸阳"。在今窑店北原的阳坡地带建立都城，把峥嵘显赫的冀阙筑在二道原的南缘，东有"泾渭分明"的自然景观，西有任家咀临近渭河形成"地峡"的屏障，北依原巅，向南可俯瞰滔滔东去的渭水和河南的广阔平原，在在彰显出秦国新兴统治者力图改革取胜进而东向诸侯的决心与把握。

（2）引水改流，供应城市，美化环境

秦都建在旱原和渭北一级阶地上，尽管南临渭、北近泾，但当时还不能直线高程引水。解决供水的办法有二：一是凿井汲水，二是开源引水。据查，在今眉县西北渭水北岸开渠，东引至咸阳，一支在原上供都市建筑、池沼，一支走原下流入兰池。引水渠流经的今扶风、武功、兴平、咸阳都有战国秦代水渠遗迹，即是最有力的证据。

（3）设哨望夷，预防不测，常为警戒

赵武灵王曾化装潜入咸阳地界，引起秦王的担忧。于是，秦王在秦都咸阳西北的原顶修建了望夷宫，北临泾水。遗址在今泾阳县东南高庄镇蒋刘村和西咸新区正阳街道韩家湾交界处，作为群体建筑东西长达6.6公里。名为宫，实际是泾河之外又一道军事防卫设施。汉代仍在沿用，可知其对保卫秦汉都城的重要性。

（4）诸侯宫式，徙民散置，人口鼎盛

秦始皇每破诸侯，写放宫室，作之咸阳北阪上。在窑店北原上，西起聂家沟、东到刘家沟，不同形式的宫殿建筑基址重重叠叠，当有仿照六国宫殿的存在。

秦统一六国之后，曾徙天下豪富12万户于咸阳。这些人未必全部集中在都城，大多是分散安置的。徙民从不同地区而来，社会阶层不同、身份各异、文化有别，对文化交流起到了积极作用。

（5）北陵营殿，星斗为上，皇权唯一

秦始皇在建立秦帝国之初，曾想以咸阳北原为基础，重新改造都城。按照天象，以咸阳宫为中心，对应天帝居住的"紫宫"，北陵营殿，端门四达。俨然是上有天帝，下有始皇帝，从现实考虑，突出皇权凌驾一切才是真实的用意。

二、本卷的材料来源与研究条件

（一）材料来源

有关秦咸阳的基本文献资料，还是《史记》。《汉书》是对前者有关史实的重复，不过在个别传记中有所涉及。《水经注》《括地志》等多是对咸阳位置的考释。

关于秦都咸阳的研究，过去没有专著。马非百先生的《秦集史》《秦始皇帝传》两书，对秦的史料搜罗详细、全面，分门别类，方便备查。书中也有作者评述，可知其学术观点。林剑鸣先生的《秦史稿》《秦汉史》两书，内容翔实，但属今人写的断代史性质，可做背景参考。

至于专题性的论文也散见一些，但受条件限制而深入有限，甚或陈陈相因。一些专题著作，如建筑史、美术史、工艺史等，涉及有秦一代往往空白，只好归之于汉，使"秦汉"并提。涉及咸阳时，也是引用《史记》的几条文献记载，后文不便展开，使人怅然若失。

对秦都咸阳的实际考古，是20世纪50年代后期由陕西省考古研究所进行的。1959年后季，吴梓林带领陕西省考古研究所渭水队在窑店至滩毛一带做地面调查，笔者于大学毕业后加入考古队伍。1961年，出土第一批沙坑铜器，试掘一号建筑，给予定性，秦代壁画也首次面世；1962—1963年，在滩毛南发掘制陶作坊遗址，第二批沙坑铜器出土。随后，咸阳考古工作停工10年。

1973年，秦都咸阳考古工作站成立，笔者开始复查秦都咸阳地面遗存。随后展开窑店北原的普遍钻探与测绘，正式发掘一号建筑遗址（冀阙之一的西阙）。1975年，笔者离开咸阳工地，开始对秦都咸阳遗址进行间歇性考古工作，艰难地获取零星的考古资料。

秦都咸阳遭到彻底焚毁，加之项羽"掳妇女宝货东去"，留下的文物遗存稀缺难觅。多年发掘秦遗址，所见都是支离破碎的景况。写秦都咸阳时，在前无凭借的情况下，凤毛麟角的考古资料就是唯一的依据。

（二）前期研究

笔者是秦都咸阳考古前期工作的参与者。其时，研究园地里可以说前无古人。在发掘秦俑的间隙，笔者集散拾零，发表过几篇关于秦咸阳遗址的简报，并于1985年出版了《秦都咸阳》一书（陕西人民出版社）。该书记述了建都起因、发展规模、文化风尚、都城毁灭及文物遗存，虽只有简单轮廓，但毕竟初步勾画出了秦都咸阳的框架。当然，在这一领域里算是研究秦咸阳的第一部学术专著。

《秦都咸阳》出版14年间，秦咸阳研究领域除几篇引申文字外，仍是一片沉寂。于是，笔者又在1999年出版了《咸阳帝都记》（三秦出版社）。在运用材料、研究认识方面，从广度和深度上都向前迈了一步。

《咸阳帝都记》的出版，激发了学者关注秦咸阳的热情。既有同一题目的重构，也有某一方面的发挥。这些都对我了解研究动态有所帮助。

此次撰写《秦都咸阳卷》，除继续深化过去的研究成果外，补入了更多更新的考古资料，也更多地阐明了自己的主要学术观点。提出：咸阳是个有宫城而无郭城的集聚型城市，中轴线关系呈朦胧的散点交错型结构；秦始皇对首都咸阳的建设，是其"法天"意识的实践；始皇陵园不是对秦咸阳城的模仿；首先从"亭里"陶文解读中，破译了工匠的里居……这些既是自己的研究所得，也为学者切磋提供线索。

三、本卷的章节结构

本卷主要采用循序渐进的方式安排章节。全书共分11章，各章具体内容如下：

第一、二章讲秦咸阳的兴起与发展。在中央集权制的古代，都城最显著的建筑莫过于宫殿。所以，秦的宫殿在本卷专列为第三章。秦咸阳区别于战国同期诸侯国都城、历史上各代京师的最大特点是没有郭城。对此问题，笔者首先提出自己的观点，进而用较多文字申述根据。

随后各章节是对秦都咸阳城市内容研究的展开。如：皇家园林、城市商业、城市管理、道路交通、社会风尚、文化科技活动、陵墓等等。专论的展开、后期的综合，就可以看出咸阳反映的是秦人、秦国、秦帝国形成"秦文化"的高度概括与浓缩。

秦都咸阳在项羽的焚毁中消失。为了复原这在中国乃至世界历史上曾显赫一时的帝国都城，陕西省考古研究所在秦咸阳故址上追寻咸阳的历史脚步，展开了考古调查与发掘。这应说是新中国成立后开展城市考古比较早的一个，随后有陕西省文管会、咸阳市文物考古研究所、中国社会科学院考古研究所汉长安城工作队在渭河南北广阔的地面，辛勤考古60余年，取得了丰富的成果。从本卷最后一章可以看到，最终恢复秦都咸阳的历史面貌大有希望。

第一章 商鞅变法与定都咸阳

大约在商末、周初和周中期，秦人先后分三批入驻今甘肃省的东部。最早到达陇右地区的，是秦人的祖先中潏。《史记·秦本纪》有中潏于商代末期"在西戎，保西垂"的记载，看来是可以相信的。周公东征，把"殷顽民"和反周的东夷秦人迁往成周雒邑和宗周"九毕"监管之外的地方，清华简《系年》说还把一些"商奄之民"迁到了朱圉（在今甘肃甘谷县）。秦非子为周孝王养马，进入甘肃清水流域。这三批秦人把东夷文明带到了中国的西部，又同当地戎、狄、周文化融合，不断发展壮大着自己。

公元前770年，秦襄公兵送周平王东迁洛阳，自己被立为诸侯之后，越过陇山，重返关中。从春秋初年起，秦国几度搬迁自己的政治中心，最后才定都咸阳。在这里，秦孝公通过商鞅变法取得成功，推行耕战政策，使国家从小变大、由弱转强，从此奠定了咸阳作为统一天下指挥台的基础。

同殷人、周人一样，秦人曾多次搬迁自己的政治中心。其原因并不是受到外族的威胁，也不是遭受战争的毁坏，也不是外部某些因素的干预，而是随其内部经济发展和政治形势的变化而采取的积极措施，体现着秦人开拓进取的精神。

第一节
秦人出陇，向关中腹地挺进

一、徘徊陇右

秦人源自东方，后到西方，中间经历了商、周两代的风风雨雨，自己也演绎着丰富多彩的历史故事。

生活在陇右地区的嬴姓部族，一开始是过着游牧流动的生活，最早散居在天水、甘谷一带，随后遍及西和、礼县、清水、秦安、张家川等县。后世流传的秦州（今甘肃天水市）、秦城、秦安、秦亭、秦谷、秦水、秦川等地的取名，当同秦人早期生活于渭水上游及其支流葫芦河、牛头河，以及嘉陵江支流西汉水等的沟谷有关。20世纪50年代和90年代初，对甘肃东部的考古调查表明：在天水地区发现了数百处西周时期的秦文化遗址。特别是对甘谷县毛家坪和天水市董家坪秦遗址的发掘，获得了西周早期延续到战国中晚期秦文化的物证。若从其文化内涵中包含有周文化的因素（陶器形态等）这一融合过程上溯，秦人祖先中潏于商代末期"在西戎，保西垂"的记载还是可以信从的。

由于天水地域土壤肥沃，水美草丰，气候温和，秦人遂转向农业经济兼畜牧的相对稳定的定居生活。尤其是礼县的盐官、永兴一带，黄土台塬发育，临近水源，水草丰美，具有宜农宜牧（马）的良好条件。

政治上本能地早熟，使秦人为自己寻找出路。蜚廉有三子，其中恶来革早死，就剩下恶来和季胜二人。但弟兄两人在政治上分道扬镳，蜚廉和恶来父子"助桀为虐"的结果是在周武王伐纣中或隐名潜逃，或被杀，而季胜一支始终同周人保持着良好的关系，先后有孟增"幸于周成王"、造父"善御幸于周缪王"，五世威烈，后来别居于赵。恶来革的后人，虽没有加入殷顽民反周的行列，但也没有亲周的表示，在周公东征中唯恐成为反周的怀疑对象，从女防开始就投靠到叔父季胜的门下。自女防至非子，尽管五世"皆蒙赵城"，但随政治形势的稳定，为结束寄人篱下的生活，就开始向西迁移。

至非子时，"居犬丘"。非子以"好马及畜，善养息之"的技艺，为周孝王"主马于汧渭之间，马大蕃息"，以勤谨的态度与些许政绩博得了信任，周王竟"分土为附庸"，"邑之秦，使复续嬴氏祀，号曰秦嬴"。尽管申侯先是追述其"先郦山之女，为戎胥轩妻，生中潏，以亲故归周，保西垂"，后申明自己"复与大骆妻，生适子成"，可以说是"申骆重婚，西戎皆服"，功莫大焉，但这不过是为争得居留西犬丘（今甘肃礼县盐关堡东南的西汉水两岸），"不废申侯之女子为骆适者，以和西戎"（《史记·秦本纪》）的空洞称号而已。非子虽不是大骆正妻所生，又为庶子，但因有周孝王做政治后台，"邑之秦"，封妻荫子，得以发展。

到西周中期（约公元前10世纪中叶至公元前9世纪中叶），甘肃东部的秦族已经形成了两个秦君常住的活动中心，这就是非子继其父大骆而居的西犬丘和后来受周孝王封赏"分土为附庸"，作邑而居的秦（今甘肃清水县东北、张家川回族自治县南）。从西汉水迁到了渭河（古称秦川）北岸广阔的台地上，奠定了发展的基础，非子就修建了"秦川宫"（董说《七国考》）。甘肃兰州东刘家坪秦墓出土有谷灰、动物骨骸、骨珠，显示了农牧兼营的生活形态，更为西犬丘、秦邑两都邑的确认提供了有力的证据。

随着与周王廷政治接触的增多，非子一支的秦人极力汲取周文化的营养，保持着进取的态势，但同时也付出了血的代价。周厉王无道，诸侯或叛，西戎反王室的同时，也在杀戮犬丘的大骆之族。秦仲为周宣王大夫，诛伐西戎，也为西戎所杀。秦仲有子五人，领宣王命，率兵七千，破戎复地，立下赫赫战功。秦仲的长子庄公居西犬丘，为西垂大夫。太子襄公继位，兵送周平王避犬戎之难去雒邑，有功，封为诸侯，赐以"岐西之地"，秦从此正式成为国家，十二年（公元前766年）伐戎至岐山而亡。秦自襄公二年（公元前776年）越过陇东高原起，正式进入关中。不过，早期的几位秦君死后都归葬到陇右的祖居之地去。

秦公墓地的确认，揭开了认识秦人立国前后的历史与文化面貌的铁幕。秦公墓地可称作"西垂墓地"，位于甘肃礼县永兴镇大堡子山，近年由于盗墓猖獗而遭到严重破坏，大部分珍贵文物已被走私到国外。经钻探知，有1座"中"字形墓和3座大墓坑（其中"目"字形1、曲尺形2），另有9座中小型墓。同大堡子山相对的赵坪（位于西汉水南岸）又发现秦墓3座，出土有青铜器、陶器。散失的秦公文物计有：上海博物馆从香港购回的四鼎二簋[①]，美国纽约拉利（James Lally）行所存秦公壶一对（见图

---

① 1993年底，香港的文物市场出现了一批有铭文"秦公"的青铜器，还有一些与之相同但无铭文的青铜器。这批青铜器，是盗墓贼从甘肃礼县大堡子山秦公墓地盗掘，走私运出卖到美、法等国的。上海博物馆馆长马承源在香港把有铭文的四鼎二簋抢救出，收藏在馆。鼎中最大者高47厘米，口径42.3厘米，腹内铸（转下页）

图 1-1　秦公壶及其铭文拓片

1-1）[1]，礼县公安局缴获的秦公鼎、簋10余件，礼县出土而由上海博物馆帮助修复的壶1件，香港坊肆商的百余件秦公器，还有法国私人收购的作鸱鸮形、虎形等的用作棺饰的金箔片44件。除上述铜器有铭文外，据说上海博物馆新近又收有同形、同纹而无铭的铜簋1件，大概也属礼县的秦公墓中之物。对于这些数量大，形制、纹饰与铭文存有差异的秦公器，从"秦"字的写法上有"䅺"和"䅹"的区别来看，多数学者疑其非一人之作。具体属主的争议也颇大，以金箔而定为秦仲和庄公者，固然符合越早越好的主观愿望，也先声夺人，但不为真正的学者所接受。此外，有据秦公壶定为秦庄公者，有据两组秦公器定为襄公、文公二世的[2]，还有定为宪公者。不过，从考古钻探出的坑形看，"中"字形墓（通长87米，墓室面积12米×11米，深11米，有殉人6具）和两座曲尺形车马坑（深7米，最长边3.7米，有残存马骨）是确定无疑的。但在这里不能把"目"字坑也看作车马坑，因为没有1座主墓附3个车马坑的例证，况且竖穴土坑墓，坑形就是"目"字形（通长110米，宽10米，深9米多）。既有两座秦公墓，也符合《史记·秦本纪》中襄、文二公"葬西垂"的记载。事实上，因为秦庄公生前只是西垂大夫，不是诸侯，不得称"公"，"庄公"只是对他的追尊之号，故而说他不是这批秦公器的属主。秦宪公"居西新邑"，葬"西山大麓，故号秦陵山"（秦陵山或曰"衙"），况且他活了22岁，其中当政的12年又是多事之秋，故也应排除他作器入西垂

（接上页）铭二行六字，作"秦公乍铸用鼎"；最小的鼎高24.2厘米，口径24.2厘米。一簋高23.5厘米，口径18.8厘米，器、盖对铭各有五字，作"秦公乍宝簋"。这批铜器的研究成果见《上海博物馆集刊》第7期（1996年9月）。

[1] 李学勤、艾兰：《最新出现的秦公壶》，载1994年10月23日《中国文物报》。
[2] 白光琦：《秦公壶应为东周初期器》，载《考古与文物》1995年第4期；李朝远：《新出秦公器铭文与簋文》，载《考古与文物》1997年第5期。

的可能性。所以，在西垂墓地上埋葬的除秦人其他未称公的先祖外，还有立国后的秦襄公和秦文公，把这批秦公器断定为此二公墓中的随葬礼器，看来是可从的。

这些古朴敦厚、精美绝伦的青铜器、金玉器、铁器，既透露出秦人"立国"早期在金属铸造和手工制作上已具有相当成熟技术的信息，又作为一件件珍贵的艺术品反映着秦人追求华丽堂皇的审美情趣，也表现出秦人善于开拓进取的精神，而这都是源自其内部蕴含的文化底蕴。从陇东沟谷孕育、发展着的秦人正是从这里走出，又不停地反顾着老祖宗创业的这一块圣地。（见图1-2）

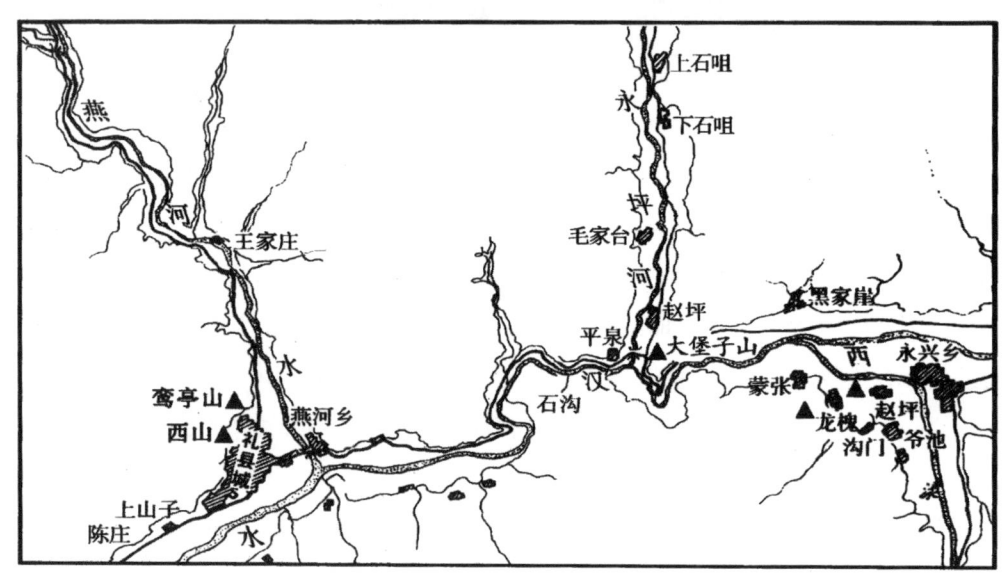

图1-2 甘肃礼县以东秦汉遗址分布示意图

二、沿渭东进

秦人同殷人、周人一样，多次搬迁自己的政治中心。其原因不是出于外族的威胁，不是遭受战争，也不是外部某些因素的干预，这是随其内部经济发展和政治形势的变化而采取的积极措施。

秦国自襄公（公元前777—前766年在位）开始，离开陇东高原，越过陇阪进入今陕西境内，便沿着汧水、渭水向关中平原的腹地运动。国君所居的政治中心城邑的形成及多处都城的建立，明显地勾勒出它七次播迁的轨迹。（见图1-3）咸阳是秦国最后选定的一个都址。前后七都简况如下：

第一次，秦襄公二年（公元前776年）"徙都汧"，故城在今陕西陇县东南汧水右

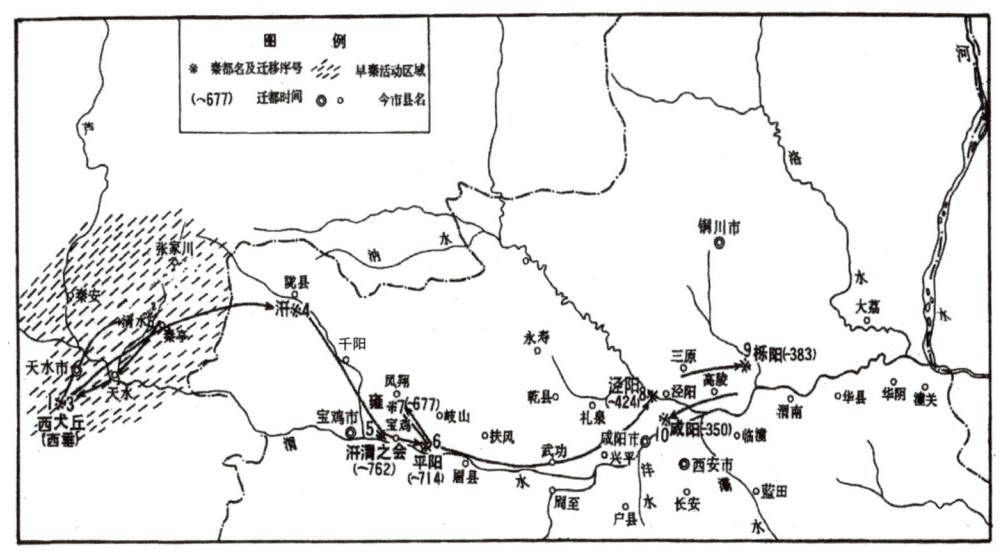

图 1-3 秦人都城迁徙路线图

(王学理绘制)

岸的磨儿塬上,当汧河与川口河的交汇处。①立都14年(公元前776—前762年)。②

第二次,秦文公四年(公元前762年)卜居"汧渭之会",地当今陕西宝鸡市东卧龙寺西北的陈仓故城。③立都48年(公元前762—前714年)。

---

① 《史记·秦本纪》襄公二年(公元前776年)下正义引《括地志》云:"故汧城在陇州汧源县东南三里。《帝王世纪》云'秦襄公二年徙都汧',即此城。"清康熙五十二年(公元1713年)修《陇州志》:"襄公,庄公子,二年徙都汧城,在陇州汧源县。"《隋书·地理志》扶风郡"汧源,西魏置陇东郡及汧阴县,后改县曰杜阳,后周又曰汧阴。开皇三年(公元583年),郡废,五年(公元585年)县改曰汧源。"《陇州志》(康熙本)、《陇州续志》(乾隆三十一年)载,汧源一名沿用至元延祐四年(公元1317年),遂"省汧源县入陇州"。民国二年(公元1913年)撤陇州,始设陇县。名称在沿革,州县址也有变化。西魏在县城兼设陇州,《陇州续志》引《通志》曰:"西魏所置在今州东南八里,北周明帝二年(公元558年)移州及汧阴县于今所。"可知今陇县县城原是北周时州县的治所,《括地志》所言的陇州汧源县即此,但所谓汧城在"县东南三里"的话与考古调查的结果不符。

考古工作者在陇县东南10里的边家庄西汧河南岸台地上发现了春秋早期的秦国墓地,在1977年、1982年、1986年和1989年几次清理的33座墓中,出土青铜礼器的墓就有11座。而占总数三分之一的铜礼器贵族墓中,有五鼎四簋的大夫级墓8座,三鼎二簋的士级墓3座。青铜礼器的基本组合是鼎、簋、壶、盘、匜。在秦墓地东南3里的磨儿塬,经尚志儒、赵丛苍等调查,城故址东濒汧河,南临川口河。在东南的台地断崖还可看见部分夯土墙,其中东墙南段保存有100米,南墙东段还保存有约200米,东南角残高1~2米,城的其他部分不清。参见王学理主编:《秦物质文化史》,三秦出版社,1994年。

② 从边家庄秦墓地出土器物(像青铜器形成鼎、簋、壶、盘、匜的器物组合;纹饰为窃曲纹、重环纹、瓦纹、鸟纹及蟠螭纹)分析,多数墓属于春秋早期,少数墓可到春秋中期。足见汧城在秦文公迁都"汧渭之会"后,至德公迁雍间,仍起着后方墓地和沟通陇东与关中枢纽的作用。

③ 《史记·秦本纪》:"文公元年(公元前765年),居西垂宫。三年,文公以兵七百人东猎。四年,至汧渭之会……乃卜居之,占曰吉,即营邑之。"汧、渭交汇处在今宝鸡千河镇西、卧龙寺东。正当渭河之北、汧河以西的贯村塬南缘有秦陈仓故址,《元和郡县志》载陈仓"有上下二城相连,上城是秦文公筑,下城是郝昭筑"。从秦文公三年"东猎",四年"营邑",十六年"以兵伐戎",十九年得"陈宝","于陈仓北阪城祠之"可知,在"汧渭之会"营邑只能是陈仓上城。显然《括地志》是把汧县故城误作(转下页)

第三次，秦宪公二年（公元前714年）徙居平阳，故城在今陕西宝鸡市陈仓区东关街道太公庙村一带。①立都37年（公元前714—前677年）。

第四次，秦德公元年（公元前677年）"卜居雍"，故都遗址在今陕西凤翔县城南，其城市、王陵、国人墓地、宫殿及礼制建筑等遗址均有发现。②雍都历时294年（公

（接上页）了秦文公"卜居"之邑。

汧河入渭处的两岸，春秋时期秦遗址星罗棋布，以河口地带最为集中，其中以汧河东岸、渭河北岸的陈家崖遗址为最大。陈家崖西及魏家崖，南到冯家嘴村，夯土、灰坑、建筑文物在这一带农田中有多处发现。2008年11月至2009年4月，梁云一行首先对王家崖水库之南汧河两岸做了周详的调查。在河西岸的贾村塬下阶地上，五星、王家崖、肖村、闵家崖、全家沟、三星的秦遗址南北相接，但面积都在5万平方米以下；汧河东岸的高嘴头和蒲家沟两遗址，远在王家崖水库之东，接近马道口，不予考虑。而南端的陈家崖遗址北起宝鸡陈仓区千河镇陈家崖，南到冯家嘴，西至魏家崖，东西长500米，南北宽400米，面积大可20万平方米。遗址上多见槽形板瓦、筒瓦和半瓦当等建筑遗物及夯土遗迹，还采集到陶范、秦式鬲足、陶盂。在春秋早期的灰坑中还发现背面有细斜绳纹与抹光弦纹带交错的筒瓦。从陈家崖遗址地处汧河入渭的东北角方位看，再结合遗址包含物的内容与年代，这里更符合秦文公"汧渭之会"营邑的条件。我们是否可以这样认识："汧渭之会"并不是一个具体的城邑之名，只是一个有地理范围的统称而已。那么，狭义的"汧渭之会"当然指汧河入渭的三角地带，广义的"汧渭之会"就应该包括汧、渭交汇的附近地域。那么，秦文公到达"汧渭之会"后，所营之邑当是陈仓上城。2007年6月和8月，地处戴家湾和长乐塬之间的团结村两次发现的西汉青铜鼎上，都镌刻有"陈仓"二字的铭文，这就进一步证明了秦汉均有"陈仓"但不在一地的记载是正确的。

① 《史记·秦本纪》："宁（宪）公二年，公徙居平阳。""武公……居平阳封宫。"平阳封宫在平阳，一直沿用到汉代。《史记正义》："《帝王世纪》云秦宁公都平阳。按：岐山县有阳平乡，乡内有平阳聚。《括地志》云：'平阳故城在岐州岐山县西四十六里，秦宁公徙都之处。'"
今岐山县西南渭河北岸有个阳平镇，但已划归宝鸡市陈仓区所辖。1978年1月下旬，宝鸡县杨家沟公社太公庙村出土窖藏铜器，其中有秦武公初即位时（约公元前697年后）铜编钟5件、编镈3件，均有铭文，同组连文通篇计一百三十五字。铭文作"秦公曰：我先祖受天命，赏宅受或（国）。剌剌卲（昭）文公、静公、宪公不豢（坠）于上，卲合皇天，曰（以）虩事蛮（蛮）方"。从中可知，既是文公、静公、宪公三位秦君前后相继，那么《秦本纪》和《十二诸侯年表》把"静公"作"靖公"，把"宪公"作"宁公"，显系传抄致误。窖藏秦公钟和秦公镈这样的公室重器的太公庙村，同20世纪60年代发掘过秦墓的秦家沟不远，而且此间还发现不少的灰坑，显系长期居住所致。其位置北距古岐州岐山县城50里，同《括地志》"西四十六里"的记述近似，可见秦宪公、出子、武公所居平阳就在太公庙村一带。那么，后人把"平阳"改成"阳平"也就可以理解了。平阳地区历年多有秦墓发现，也有城址线索，参见王学理主编：《秦物质文化通览》，科学出版社，2015年。

② 《史记·秦本纪》："德公元年，初居雍城大郑宫。以牺三百牢祠鄜畤。卜居雍。"《括地志》："岐州雍县南七里故雍城，秦德公大郑宫城也。"
对雍都的考古调查，最早是1933年，由国立北平研究院史学研究所、国立中央研究院历史语言研究所开始进行。1959年，陕西省考古研究所凤翔考古队成立，野外勘查、试掘时有发现。1976年，陕西省文管会、省考古研究所联合组建雍城考古队成立，经过10多年大量的工作，取得了很大成就。现已探明，秦雍城坐北朝南，城址南临雍水，北至今凤翔县城南，东临凤凰河，平面呈平行四边形，东西长3300米，南北宽3200米，总面积11平方公里，有大规模的宫殿建筑23处。有名的大郑宫、咸阳宫、蕲年宫、宗庙、朝寝遗址已被发现或发掘。雍城南郊雍岭原（也称"凤翔原"）上是以大型兆沟围成的独立的秦公陵园区。至1996年，在陵区共探出陵园14座。每座陵园外周同样围以中型兆沟，而每一分陵园内有"中"字形大墓一座或数座，并附以车马坑，有些大墓本身又以小型兆沟围着墓室。大墓共发现22座（"中"字形的18座、"甲"字形的3座，刀形的1座），经发掘的一号大墓东西长达300米，深24米，墓主秦景公的骨殖仅有零星残存，而殉人却达166个。雍城的平民墓地则分布在雍水两岸，近于都城。雍城南郊、西南郊发现多处宫殿遗址，在今凤翔县西雍山发现秦汉祭祀遗址——血池遗址。

元前677—前383年）。

第五次，秦灵公元年（公元前424年）"居泾阳"，地当今陕西泾阳县境。①

第六次，秦献公二年（公元前383年）"城栎阳"（《史记·秦本纪》），十一年（公元前374年）"县栎阳"（《史记·六国年表》）。经勘探，栎阳故城在今陕西西安市东北阎良区东南武屯街道的关庄、御宝村一带。2017年已勘探出秦栎阳城（三号城址）北墙和西墙，发现4座大型夯土建筑台基、地下室建筑、浴室等，出土大量空心砖、筒瓦、瓦当等遗物。②秦在栎阳居留了33年（公元前383—前350年）。

第七次，秦孝公十二年（公元前350年）"筑冀阙，秦徙都之"，地在今西咸新区窑店北原。公元前207年，秦王子婴奉天子玺，秦亡。项羽杀子婴，屠咸阳，火烧宫室。次年，西汉政权建立。咸阳立都144年（公元前350—前206年）。

从上述秦都迁徙的史实中可以看出，春秋时期秦人越过陇阪后，奴隶制的生产关系已逐步确立。而这个擅长游牧、驭马、驾车的武装集团，在驱逐戎人的战争胜利进行之中，由关中腹地不停地挪动着自己的政治中心。不过，自秦襄公"始国"，历文公、宪公三世所建的都邑均设在汧、渭河谷的台地上，虽然易于持守，却难于进一步发

---

① 王国维《观堂集林·秦都邑考》："厉共公以后，秦方东略。灵公之时，又拓地于东北，与三晋争霸，故自雍东徙泾阳。泾阳者，当在泾水之委，（今之泾阳县地。）决非汉安定郡之泾阳也。"泾水在毕原北麓，水北即为泾阳之地。这里地势平坦，农业发达，属周之近畿，春秋时期为秦所有，而在秦国势力一度衰弱的情况下，晋军两次渡过黄河西进到泾阳。面对魏国的军事威胁，秦灵公为了反击方便起见，把军事指挥中心从雍都迁到了泾阳，距双方争战的河西一线较近。也正因为灵公居泾阳完全是出自军事的需要，所以也没有着意建设泾阳城，至今也没有发现任何考古线索，同王国维"灵公虽居泾阳，未尝定都"的判断是契合的。

② 《括地志》："栎阳故城一名万年城。在雍州栎阳东北二十五里，秦献公之城栎阳，即此也。"唐栎阳县即今西安市临潼区渭河北的栎阳街道，原系后魏之广阳县，隋名万年，唐改称栎阳，元省县，地名仍旧。秦栎阳故城经查现在今西安市阎良区武屯街道的关庄、御宝村一带，西南距栎阳街道20余里，石川河绕经城的北部和东部向南入渭。

经陕西省文管会、中国社会科学院考古研究所勘探和发掘知，栎阳故城保留仅有南垣和西垣的残迹。东垣和北垣可能毁于汉白渠的水患。复原后，其形制应是东西长约2500米、南北宽约1600米的长方形，同《长安志》所记"东西五里，南北三里"大致接近。发现东西向干道6条，南北向干道7条，城门3座，秦汉时期的建筑、手工业作坊遗址9处。参见中国社会科学院考古研究所栎阳发掘队：《秦汉栎阳城遗址的勘探和试掘》，载《考古学报》1985年第3期。经第三次考古勘探知，前此的城址为汉城，只有三号古城才是秦栎阳城。参见中国社会科学院考古研究所、西安市文物保护考古研究院编：《栎阳考古发现与研究》前言，科学出版社，2020年。

从出土的战国晚期至西汉前期的遗迹和遗物分析，栎阳城当兴盛于秦献公建都和汉高祖十年（公元前197年）葬太上皇于北原的这一段时间，随后析栎阳置万年。东汉以后此城完全废弃，至宋代人们看到的只是一座"南面、西面崇一丈五尺，东面、北面无墙"（《长安志》卷十九"富平县"）的故城遗址。

展。从德公"卜居"雍都之后，在这地势开阔、土壤肥沃、交通便利、郑井古国①所在的周畿故地，国力日益强盛，遂有称霸西戎、子孙饮马于河之举，也博得了周天子的致贺。战国初年，由于秦国封建主义因素出现，加之它在并灭诸戎之后，有了安定的大后方，便要实现其南下荆楚、问鼎中原的贪求。如此一来，处于关中西部的雍都就难以胜任指挥中心的历史使命，于是先迁都于泾阳，做短暂的停留之后，继而搬到栎阳这"北却戎翟，东通三晋"的伐魏前线，最后才定都"四方辐凑并至而会"（《史记·货殖列传》）的咸阳。定都咸阳同当时的政治形势和秦国的处境及其对策有关，当然也是在社会变革时期秦国都市发生变化的结果。

三、秦人逐戎，实有关中

西周末年，统治阶级内部危机四伏，处于宗周附近的以猃狁为首的戎、狄等少数部族也乘虚而入。西戎的一部分武装力量不但占据了周人早期的岐周之地（今陕西岐山、扶风一带的周原），而且还在宗周所在的丰地称起丰王来。周幽王以"善谀好利"的虢石父为卿，引起国人的不满，又加上废申后、去太子，更加激起申后父亲申侯（周宣王改封元舅申伯于河南南阳盆地，建立申国）的愤怒。西夷犬戎受到申侯的约请，会同缯国（"缯"也作"曾"或"鄫"，在今河南方城县一带）起兵，把周幽王杀死在骊山之下，占据了骊山一带，摧毁了宗周，还"居于泾渭之间，侵暴中国"（《汉书·匈奴传》）。这时，咸阳地区也不可避免地沦陷于戎人之手。宗周灭亡，平王东迁雒邑。秦襄公因为护驾有功，被封为诸侯，周王还把岐西之地赏赐给他。这时的关中中部和东部在名义上虽然还属于东周所有，实际上却是在诸戎的控制之下。羸弱的东周王廷鞭长莫及，既对戎奈何不得，也管不了秦。于是，在"以夷制戎"的方针指导下，周平王对秦襄公如此许诺："戎无道，侵夺我岐、丰之地。秦能攻逐戎，即有其地。"（《史记·秦本纪》）尽管平王对秦襄公的封赏不是"授国授民授疆土"，无异于开出一张空头支票，但在当时形势下，也算得上是两全其美之策：一方是求安宁还能落个顺水人情；另

---

① 据研究，周室封建后的井方在穆王时，称"奠井"。其都邑也就是金文中的下溅、溅（长甶盉等）、䵼林（戒簋）。这里建有周王室的行宫、太室、庙寝，穆王还建有郑宫。周宣王封郑桓公于此，直至周室东迁，都为郑国的都邑。据考古资料及文献研究，作为西周时代郑、䵼林两个诸侯方国的都邑，地当今凤翔县田家庄镇古械山南麓的西劝读村一带。参见尚志儒：《郑、械林之故地及其源流探讨》，见中国古文字研究会、陕西省考古研究所、中华书局编辑部编：《古文字研究》第13辑，中华书局，1986年；《奠井国铜器及其史迹之研究》，见《中国考古学研究论集》编委会编：《中国考古学研究论集——纪念夏鼐先生考古五十周年》，三秦出版社，1987年。

一方则是望西土，找借口，求之不得。

嬴秦为了发展自己，不得不先迈出第一步——艰苦的伐戎之战。据《史记·秦本纪》载，秦人开拓国土的对戎战争主要有：

秦襄公十二年（公元前766年），"伐戎而至岐"。

秦文公三年（公元前763年），"以兵七百人东猎。四年，至汧渭之会……即营邑之"，十六年（公元前750年），"以兵伐戎，戎败走。于是文公遂收周余民有之，地至岐，岐以东献之周"。

秦宪公二年（公元前714年），"遣兵伐荡社。三年，与亳战，亳王奔戎，遂灭荡社①。……十二年，伐荡氏取之"。

秦武公元年（公元前697年），"伐彭戏氏，至于华山下"，十年（公元前688年）"伐邽、冀戎，初县之"，十一年"初县杜、郑。灭小虢"。

经过四世80年对关中丰、亳、彭戏氏三戎和陇东之戎的扫荡，秦不但夺回了被犬戎侵占的岐以西之地，控制了关中西部地区，而且其势力已东及华山一带。至此，秦人取得了关内周地的大部分，当然咸阳也从戎人之手转到了秦的实际控制之下。

---

① 《史记·殷本纪》太史公言：殷契子姓，以后封国为氏者不少，其中有"北殷氏"。《史记索隐》："北殷氏盖秦宁（宪）公所伐亳王，汤之后也。"《史记·秦本纪》把徙居平阳和伐荡社事记作"宁公"，据宝鸡市太公庙村出土秦公钟铭文知，应为"宪公"。《史记索隐》："西戎之君号曰亳王，盖成汤之胤，其邑曰荡社也。徐广云：一作'汤杜'，言汤邑在杜县之界，故曰汤杜也。"又《史记正义》："《括地志》云：'雍州三原县有汤陵。又有汤台，在始平县（今陕西兴平市）西北八里。'按其国盖在三原、始平之界矣。"实际上，北殷氏以国而姓，都在杜（今陕西西安市雁塔区杜城村），周灭商，才迁今三原、兴平间。顾颉刚在其《史林杂识·秦与西戎》一文中说："汤都于亳，或汤之子孙有散在西戎者，或西戎有以'汤'为标帜者，故有汤社、汤台、汤陵于其地而其自号则曰'亳'。其部族所居，或为渭南之杜，或为渭北、泾东之三原，或为泾西之兴平，莫能详也。"郭沫若在《两周金文辞大系》中据《小盂鼎》"从商"一语，认为"商当指北殷，亦即秦宁公所灭之荡社亳王。其地近戎，盖殷为周所灭，其遗民之一部分逃窜于西北者。是为北殷氏，奉汤之祀，而不臣服于周，且串诱戎人与周为难也"。

第二节
秦献公的改革与孝公定都咸阳

一、秦国艰难的处境

春秋末年到战国初期，铁制农具已经出现①，牛耕得以推广②，水利灌溉扩展，社会生产力大大提高。由于大量开辟荒地，私田的数量不断增加，在土地私有制发展的同时，以井田制为标志的奴隶制开始动摇，不同于奴隶身份的"隐民""私属徒""宾萌"和"族属"的出现反映了封建制关系正在形成。此时，奴隶制的生产关系在没有根本改变的情况下成为生产力进一步发展的桎梏，阶级矛盾日益尖锐，齐、梁、沈、陈、卫、郑、晋、楚、鲁、秦等国都发生过民众逃亡流徙的"民溃"事件、工匠（工奴）或役人暴动。自由民阶级的"国人"（国都内的平民和一些贵族）地位下降以至沦为奴隶，这时也起而反对旧贵族的统治。各国新兴的封建势力利用被压迫阶级和阶层的反抗斗争，经过长时间同奴隶主贵族集团的浴血奋战，先后建立了封建政权。

各新兴地主阶级统治的国家为了巩固政权、铲除旧日奴隶主贵族的势力和经济特权，相继进行了一系列政治改革，即所谓"变法"。尽管这些变法运动带有很大的妥协性，有的甚至遭到了失败，但符合历史发展和人民根本利益的某些革新措施总算多少获得了一点成就，从而也出现过一个时期的繁荣景象。魏文侯（公元前445—前396年在位）任用李悝为相变法，废除奴隶主贵族的世袭禄位制，推行"尽地力之教"（《汉

---

① 关于用铁的最早记载是西周时期，《诗·秦风·驷驖》有"驷驖孔阜"的句子，形容驾车的四马颜色如铁，故而把金属的"铁"写成"驖"。《诗·大雅·公刘》有"取厉取锻"之句。
秦国是最早用铁的国家之一。《诗·秦风·驷驖》就是赞颂秦襄公的诗篇。1992年在宝鸡市益门村秦墓出土金柄铁剑3件，通长27.4厘米，金环首铁刀13件，通长22厘米。
② 孔丘有学生冉伯牛名耕、司马耕字子牛，晋国有力士名牛子耕。"牛"与"耕"相连，并用作人名，说明以牛耕田受到人们的重视。

书·食货志》），发展生产，创"平籴法"把农民固着在土地上，还任用吴起、西门豹、乐羊等人或统兵或治理一方，使魏国成为战国初年最强盛的国家；齐威王（公元前356—前320年在位）以邹忌为相，发展生产，整饬吏治，使得"齐国大治""田野辟，民人给"（《史记·田世家》）；吴起在楚国以令尹的身份变法，从政治上和经济上沉重地打击了奴隶主贵族，裁免冗官，富国强兵，也曾"南收扬越，北并陈蔡"（《战国策·秦策三》），公元前381年出兵攻魏救赵，竟越过黄河，长驱直入河北地区①。

春秋战国期间，各国相互攻伐，旨在兼并土地，掠取劳力和封建租税，②从而形成了强凌弱、众暴寡的政治局面。战争的冲击波也同样波及封闭在关中的秦国的门扉。秦国的社会改革远远迟于中原各国，如秦简公七年（公元前408年），开始向私田征收租税，实行"初租禾"，这表明对新兴地主阶级私有土地的承认，但比起鲁国的"初税亩"来已晚了186年。在"初租禾"之后30年（即公元前378年）才"初行为市"（《史记·秦始皇本纪》）。但从根本上讲，奴隶主的土地所有制未变，仍居支配地位，世卿世禄制度依旧存在，奴隶主贵族仍然控制着国家的政权，连国君的废立也完全由庶长们裁决，太后和宦官专权，数易国君，政局动荡，内乱迭起，③给人民带来了不安和痛苦。

战国初年，秦国在军事上也处于劣势。秦厉共公二十六年（公元前451年），秦的左庶长取得依附楚国的南郑，并筑城，但只过了10年（即公元前441年），南郑就反叛了，而当政的秦躁公却奈何不得。（《史记·秦本纪》《史记·六国年表》）秦厉共公十六年（公元前461年）攻伐大荔戎"取其王城"，戎残部逃往河陇，关中再无戎寇。对于占据洛水和无定河之间黄土高原上的义渠戎，秦厉共公于三十三年（公元前444年）主动进行军事进攻，俘虏了义渠王（《史记·秦本纪》），但只安定了15年，

---

① 《史记·赵世家》："（赵敬侯）六年，借兵于楚伐魏，取棘蒲（今河北赵县）。"《战国策·齐策五》记苏秦说齐闵王："楚人救赵而伐魏，战于州西，出梁门，军舍林中，马饮于大河。"

② 《墨子·公孟》："广辟土地，著（籍）税伪材（财）。"

③ 公元前428年，秦怀公被从晋国迎回来继位，但仅仅经过4年就受到庶长晁与大臣的围攻，被逼自杀。接着大臣们又拥立了怀公的孙子为君，是为灵公。灵公在位10年，死后，子师隰（即公子连）不得立，于是在争位的内乱中出奔魏国。大臣们从晋国迎来了怀公的儿子悼子，扶上台，这就是简公。当师隰出奔28年后，秦国大臣又拥立了一位年龄不到两周岁的出子（或称出公）为国君，政权实际完全落入了其母及宦官之手。《吕氏春秋·当赏》记述："群贤不说自匿，百姓郁怨非上。"这时，庶长改（即菌改）就迎回师隰，"杀出子及其母，沉之渊旁"（《史记·秦本纪》），从此秦国才有了新的转机。

秦躁公十三年（公元前430年）义渠戎就反扑过来，一直打到了渭南，①引起雍都朝野的震惊。

对秦国的直接威胁，主要还是来自东邻的魏国，其威胁使秦国如芒刺在背，骨鲠在喉。秦灵公六年（公元前419年），魏在河西筑起少梁城（今陕西韩城市南少梁村），秦虽反击，仍是得而复失。（《史记·六国年表》）秦简公二年（公元前413年）起，魏国出兵攻秦郑县（今陕西渭南市华州区），魏公子击围繁庞（今陕西韩城市东南），逐虏百姓，吴起率军攻克临晋（原名王城，秦于公元前461年灭大荔戎，因"筑高垒以临晋"，故名。今陕西大荔县东）、元里（今陕西澄城县南），并占领了洛阴（今陕西大荔县西）、合阳（今陕西合阳县东南）两城。魏国在洛河以东、南至临晋、华阴以北的占领区设立了河西郡，治临晋。魏文侯任用名将吴起为郡守"以拒秦韩"（《史记·孙子吴起列传》）。

秦国失去了河西地这大片领土以及作为天然屏障的黄河防线，被迫退守洛河一线。秦简公七年（公元前408年），秦在河西岸修"堑洛"这一军事防卫工程，并筑重泉城（今陕西蒲城县东南龙池镇重泉村），屯驻重兵，防御魏国。（《史记·秦本纪》《史记·六国年表》）从"堑洛"遗迹知，它是利用洛河右岸的地形，上夯筑城墙，下堑削外侧的洛河岸，相对地增加城的高度，从而形成一条秦长城。防魏的秦长城，起自华阴西南，即华山北麓的朝元洞，濒长涧河西岸，直抵城西北3.5公里的古城村，向北过渭河，傍洛河右岸西北行，经蒲城龙池镇北城南，绕过洛河大弯，折而向东北，再直北，过白水、宜君，直达黄陵。（见图1-4）在今华阴城西，从华山北麓朝元洞至凤翔城一段有6公里，地面上的长城遗迹存留12处，最长处700米，最高的地方还有18米。今华阴市西关村还有同长城相连的烽火台夯土基址。蒲城县龙池镇晋城村（秦重泉县治）东北一段长约400米，人称"外洛城"；蒲城县洛滨镇前阿村一段超过400米，南黎起村一段长1000米。白水县西固镇方山塞石长城，长550米，高1.2~2米，外有石堑壕；雷牙镇耀家河石长城，总长约2000米，石块有重达200公斤的；雷牙镇西沟村至北干村的石长城，有"之"字形的上下城道。黄陵县田庄镇的南城村，在洛河向外突出的内湾处，

---

① 《史记·秦本纪》："（躁公）十三年，义渠来伐，至渭南。""渭南"，《史记·六国年表》作"渭阳"，《后汉书·西羌传》作"渭阴"。原来义渠戎在战国初年占据着洛河流域和无定河之间的广大地区，虽然在公元前444年遭到秦厉共公的打击，戎王被俘，不得不向北退去，同秦修好，但在秦厉共公之后，又在魏强秦弱的军争形势下向南侵袭，所以《后汉书·西羌传》有"泾北有义渠之戎"的记载。也正因为义渠戎的势力已达渭北高原的南缘，而沿洛河向南攻至今渭南是完全可能的。"渭南"即"渭阴"，两处记载一致，可见"渭阳"系传抄致误。

有大量的秦墓群,正是戍守长城的见证。①

显然,这条边城是秦国丧失河西地之后自划的东界,其国力之衰竭可见一斑。

二、初试锋芒

秦献公(公元前384—前362年在位)是秦国最早的改革家。早在公元前384年,他一上台,就颁布了"止从死"的法令,废除了自武公以来实行了长达294年的人殉制度。次年,秦国迁都到地处泾渭中心、交通便利、经济发达,又便于伐魏的军事前沿地带的栎阳。接着,实施了有利于手工业、商业发展的"初行为市"(设立市场,允许商品出售)、"为户籍相伍"(按五家为"伍"的军事单位编制户口,使军政合一)的法令,又推广县制,集权于国君。

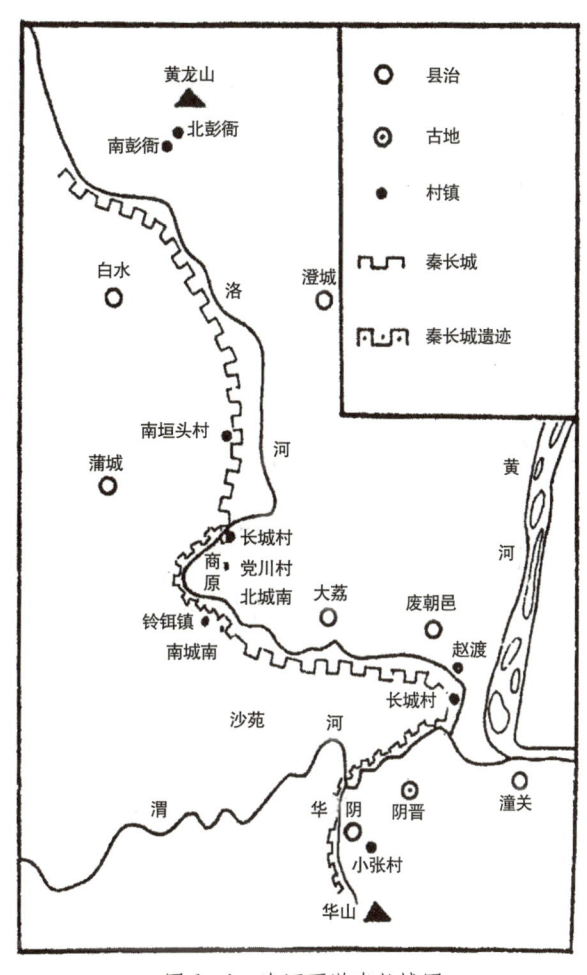

图 1-4 洛河下游秦长城图

秦献公的初步改革收到了显著效果,国力增强,对魏的军事斗争也有所进展。公元前366年起,为收复河西地,秦国曾主动出击,于洛阴、合阳初战告捷。(《史记·六国年表》)公元前364年,秦过黄河,在魏地又取得石门(今山西运城市西南)大捷,"斩首六万",使关东诸侯震惊,连那徒具"天子"虚名的周显王也给予祝贺,并赐秦献公以"伯"的称号。(《史记·秦本纪》)因为秦国的军事进攻,魏惠王为摆脱秦、赵、韩三国对都城安邑(今山西夏县西北)的威胁,更为了向中原发展,于公元前364

---

① 中国社会科学院考古研究所陕西工作队:《陕西华阴、大荔魏长城勘查记》,载《考古》1980年第6期;陈孟东、刘合心:《魏国西长城调查》,载《人文杂志》1983年第6期;彭曦:《秦简公"堑洛"遗迹考察简报》,载《文物》1996年第4期。

年徙都到大梁（今河南开封市）。（《竹书纪年》）公元前362年，秦与魏战少梁（今陕西韩城市南少梁村），俘虏了魏将公叔痤（《史记·秦本纪》《史记·六国年表》《史记·赵世家》），收回庞城（即繁庞，《史记·魏世家》）。面对正在崛起的秦国，为了守住西线，魏国便在洛河东岸筑起了一条防秦的西长城①（见图1-5），而且在固阳（今陕西合阳县）设立深沟壁垒的要塞进行防守②。

正当秦国数挫魏师之际，秦献公死去，即位的是年仅21岁的太子渠梁。这位血气方刚的青年国君，就是历史上有名的秦孝公（公元前361—前338年在位）。

三、"求贤令"与商鞅入秦

尽管秦献公生前的政治改革曾收到一定成效，自厉共公以来积弱的局面有所改

---

① 《史记·秦本纪》载，孝公元年（公元前361年）"魏筑长城，自郑滨洛，以北有上郡"。"郑"即今陕西华阴，"洛"，指洛水。《史记正义》："魏西界与秦相接，南自华州郑县，西北过渭水，滨洛水东岸向北有上郡鄜州之地，皆筑长城以界秦境。""鄜州"即今陕西富县；"上郡"则有两说，一是魏国河西地的郡名，一是秦国的上郡，治肤施（今陕西榆林市东南鱼河堡），为秦昭襄王三十五年（公元前272年）所设立。以筑城时间与当时形势而言，还是以魏筑长城的时间为准，据《竹书纪年》说是魏惠王十一年（公元前359年），"龙贾帅师筑长城于西边"，而《史记·魏世家》作十九年（公元前351年）。但因为《秦本纪》是在孝公元年记述当时形势的，已看到魏国新败后筑长城的事实，所以建筑西长城的起始时间应以公元前361年为准。

关于魏国的西长城，经调查可以确认的是：渭河北，自大荔县境内的高城村起，经县西的埝城村、东长城村、西长城村、党川堡、长城沟，北登许原，再到洛河岸边的长城村，断断续续都是长城遗迹。自澄县起，魏长城分为两支，一支向东到韩城的黄河岸边，一支向北到富县。前者经合阳到韩城一段的地面上，也有多处长城遗迹的保留，一些地名也同长城有关，但对从渭河南起的一段（即"自郑滨洛"），从调查到结论，在学者之间是有很大分歧的。许多学者把华阴长涧河左岸的"秦长城"当作"魏长城"，有的还把洛河绕过"商原"从长城村到北城南一段长城当作"秦长城"，说秦长城"两过洛河"，显然是不对的，这已得到考古材料的证实。

在魏长城南端的起点上，除把华阴长涧河西岸的长城"误秦为魏"需要纠正外，应该指出的是：魏的"西长城"在华阴城东，即由城南小张村起，向东经战国时期的阴晋城遗址（今陕西华阴市东），跨沙渠河，抵达渭河滩，这就是王先谦校《水经注》上说"长城自华阴达于河"的那一条。史念海先生说，还能"看到华阴庙东东城子东北的一段残迹。这段残迹相当短促，又复低矮，然夯土层分明可见，当地人犹以古城相称"，可惜他又把这说成是秦长城的南端起于陕西华阴东南华山之下的小张村，以致弄成"秦东魏西"的倒置。

② 《史记·魏世家》记载惠王十九年（公元前351年）"筑长城，塞固阳"。《史记正义》："《括地志》云：'梱阳县，汉同县也，在银州银城县界。'按魏筑长城自郑滨洛，北达银州，至胜州固阳县为塞也。固阳有连山，东至黄河，西南至夏、会等州。梱音固。"

在此，固阳有两说，一在今陕西米脂、佳县的唐银州（治今陕西榆林市东南），一在今内蒙古包头市和托克托县一带黄河南岸的隋唐胜州。其实，魏筑长城时，陕北依然是魏地，用不着建立城塞防秦。至于内蒙古的那个固阳，距秦、魏边境太远，更谈不上防秦。可见以上两说均不足凭信。所谓"筑长城，塞固阳"是魏国设防的两个措施，当在河西地上。有学者已辨明"固阳"本是"合阳"之误。因为战国时，合阳在今合阳县东南洽川镇莘里、莘野两村（《水经注·河水》），这里黄河河道窄而稳定，一直是重要渡口。因此，魏在失去少梁之后就力保合阳，深沟壁垒，加强设防。

变，但由于奴隶制的生产关系未解除，奴隶主贵族的政治势力和经济实力还顽固地盘踞在各个领域，秦国还没有从根本上摆脱困难的处境，像河西地仍在魏国之手，一旦魏兵西出长城，冲决秦国的洛水防线，就会直逼泾渭地区，不但新都栎阳难保，就是旧都雍也将岌岌可危。于是，秦孝公登基的头一年就下了"求贤令"，说："宾客群臣有能出奇计强秦者，吾且尊官，与之分土。"（《史记·秦本纪》）

重赏之下，必有勇夫。"少好刑名之学"的商鞅（原名卫鞅，又名公孙鞅，约生于公元前390年，卒于公元前338年），当时是29岁的才思敏捷的青年人，

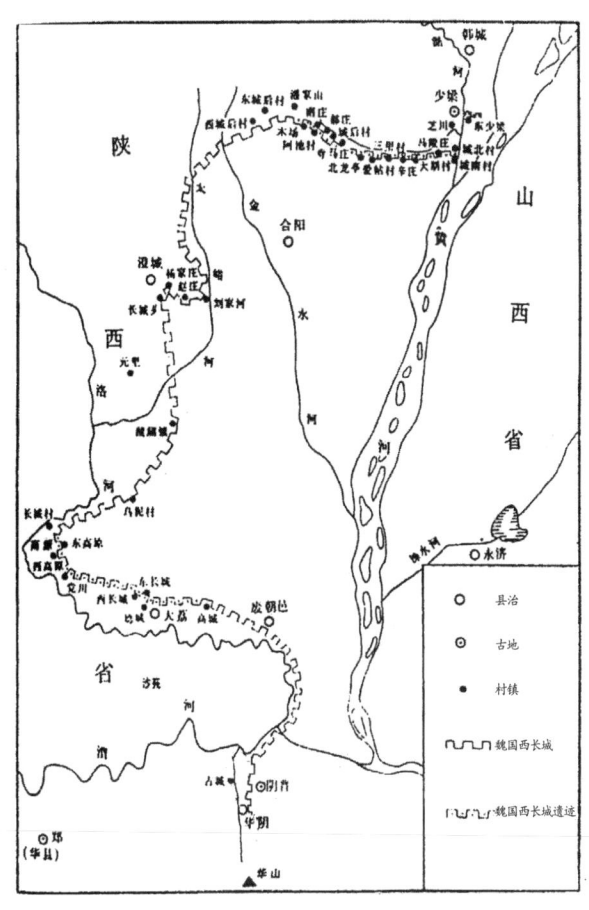

图1-5 魏国西长城图

听说秦孝公礼贤下士，就带着李悝的《法经》，从魏国来到秦国。

商鞅受到秦孝公的信任和支持，经过6年的舆论和组织准备，由国家颁布法令，改革户籍组织，奖励军功，实行"连坐法"，打破了僵化的思想状态和习惯势力，使秦国萎靡不振的社会面貌为之一新。公元前352年，商鞅由左庶长（秦爵第十级，相当于国卿）升任大良造（秦爵第十六级，相当于相国）。他率军东渡黄河，围降了魏的别都安邑。次年又攻下魏的西长城要塞固阳，从而缓和了东境的军事压力，转而向内，大刀阔斧地进行第二次改革，把变法运动推向纵深发展。（《史记·商君列传》）

四、定都咸阳

公元前350年，商鞅进行第二次变法的一项重大措施就是把国都从栎阳迁到了咸阳。至于迁到咸阳的时间，《史记·秦本纪》载："十二年，作为咸阳，筑冀阙，秦

徙都之。"《史记·秦始皇本纪》秦世系孝公条是"其十三年，始都咸阳"。这两条引文的时间不同，也未明载徙自何处，而《史记·商君列传》说，商鞅"居三年，作为筑冀阙宫庭于咸阳，秦自雍徙都之"。"居三年"，指的是从商鞅将兵围降魏都安邑时起，秦孝公十二年开始动工筑冀阙宫庭，建设新都。"十三年"就正式把国都迁到了咸阳。秦献公都栎阳，孝公也应是在栎阳继位的，迁都理当由栎阳而来。但《商君列传》说"自雍徙都之"，何故？原来秦献公为收复河西地而把指挥中心由泾阳搬到临洛的前线后部——栎阳，并进行了初步改革。因此，无论泾阳或栎阳，都属临时性质。像秦泾阳故都，考古工作者尚未发现其踪迹，而栎阳故城，平地起夯，不挖基槽，版筑也较疏松，便是有力证明。雍城情况则与此不同，那里是秦人立国后发展壮大的根据地，既是先王宫殿和陵寝的所在，也是祀天的中心①，宗庙重器仍留雍都，所以把徙都咸阳说成"自雍"，是有道理的。晚此100多年（公元前238年），嬴政的加冠典礼仍要到雍城去举行，就足以说明雍都政治地位的重要。

雍都有根深蒂固的基础，栎阳有国防意义，为何又要在咸阳营筑新都，而且不是择地渭南，却要放在渭北？

秦徙都咸阳应是结合商鞅变法，经过认真比较之后而做出的一种选择。秦将咸阳同栎阳相比，再结合秦国的长远目标和眼前利益，大概是做了这样考虑的：

第一，就当时军事斗争形势而言，魏是战国初期的强国之一，是秦国向东发展的直接障碍，而且占有秦的河西之地，隔水同秦对峙。秦献公徙治栎阳的目的，在于

---

① 《史记·封禅书》："雍州积高，神明之隩。"说明人们很早就认为这里是立畤祭天帝的好地方。自秦德公迁都雍之后，"雍之诸祠自此举"，如：密畤，宣公作，祭青帝；吴阳上畤，灵公作，祭黄帝；下畤，灵公作，祭炎帝。凤翔南原至今仍称"三畤原"，就是因有秦的三畤而得名。实际上，早在秦文公卜居"汧渭之会"立鄜畤之前，这里原先还有"雍旁"的吴阳武畤和"雍东"的好畤，大概属秦人早期的祭祀之处。因武畤和好畤早就"已皆废无祠"，才另立鄜畤祀白帝（在此之前，秦人还立过西畤于西垂，祀白帝，不但地远，而且早已废弃），在汧渭之间，距雍不远。所以，祭白、青、黄、炎（赤）四帝的四都集中在雍都及其附近。以后献公作的畦畤远在栎阳（由于天"雨金"，以为得金瑞而作）。即使到了汉代，仍承认雍地的四畤。汉高祖又立北畤祠黑帝。至此，凑够"五帝"，就祠之不绝，如汉武帝也曾"幸雍，郊见五帝"。

雍地五畤表

畤名	祭祀对象	立畤人	地点
密畤	青帝	秦宣公	三畤原
吴阳上畤	黄帝	秦灵公	三畤原
吴阳下畤	炎（赤）帝	秦灵公	三畤原
鄜畤	白帝	秦文公	汧渭间
北畤	黑帝	汉高祖	雍地

"东伐"，但随着秦进魏退的变化，双方争锋的焦点已由河西地移到函谷关以东，原处于第一防线偏后的栎阳，战略地位不再像原来那样重要，其所在位置当然也就不能完全适应变化了的要求。于是，服从于军事斗争目标的这一都城已完成其临时性的任务。而咸阳则与之相反，前有泾渭交汇，环绕东壁，形成天然屏障，后有广阔平原赖以资助，守在中央，有居高临下的黄土台塬，确实具备"据河山之固，东向以制诸侯"的战略条件。

第二，以地理条件论，栎阳地势高亢，距渭河又远，无险可凭，况且东近"泽卤之地"，生产、生活条件都不甚理想。而咸阳位当关中平原的中心地带，恰在沣、渭交汇以西的大三角地带。①这里有着大片的良田沃土，早为人们所开发利用，是个农产丰富的"隩区"。"南山檀柘"（《汉书·地理志》），"有条有梅"（《诗·秦风·终南》），是诗人们称颂终南山能提供丰富的山货和林产品的赞语。咸阳依仗着这衣食之源，更加有利于秦国基地的稳固。

第三，从交通状况看，咸阳濒临渭水，是南北两岸东西并行的大道交叉处：由渭北的一条古道可东出临晋关（又称蒲津关，魏置，在今陕西大荔县东黄河西岸），渡河可东至蒲坂（今山西永济市西蒲州），直抵魏的腹地；由渭南的一条古道东出崤函关隘（东自崤山，西到潼津，通函谷，关址在今河南灵宝市西南），便可同诸侯争锋中原。同时，渭河又具漕运之利，顺流而下可直入黄河，早在春秋时代就用作漕运。②所以，咸阳正当水陆津梁，形势险要，有进退战守的军事作用和立国守成的政治作用，无疑是符合建都条件的。

第四，从变法实际考虑，雍都是宗族贵族集团旧势力盘踞的老窠，迁都咸阳就可摆脱旧势力的包围，避免干涉与阻挠，便于新法迅速推行。

具体到从今长陵车站东到窑店一带的地理位置，就更能体现秦孝公、商鞅的要求。因为这里由渭河台地、黄土台塬和介于两者之间的二道原组成。东自泾、渭交汇处后

---

① 《诗·大雅·文王有声》："丰水东注，维禹之绩。"据清人胡渭《禹贡锥指》考证，在古代，不仅沣水东流，而且涝、滈、潏、灞诸水也注入沣水东流。而今灞河是在泾水入渭处才注入渭河。汉代，沣水独自北流，于今咸阳市东南入渭。北魏时，沣水是在咸阳市西南的短阴山下入渭的。

② 《左传·僖公十三年》载：秦穆公十三年（公元前647年），"晋荐饥，使乞籴于秦。……秦于是乎输粟于晋，自雍及绛相继，命之曰泛舟之役"。历史上称这一救援活动为"泛舟之役"，表明古代渭河水量大而平稳，适宜漕运。这种状况，可说是历代不绝。但也因季节性而水位落差较大，所以过河就形成"冬自桥梁夏自舟"的状况。近多年来，由于生态失衡，水量骤减，以至夏季涉足而过，几近断流。

退，向西到了柏家咀，最佳的地势就出现在眼前：从这里开始，直至渭城湾，东西长达10公里，由原底至当时渭河岸则宽达6公里多，都是河川台地。地面坦荡宽阔，临水宜农，且有舟楫之利。台塬标高450～500米，只有在窑店一带才"让"出了南北宽达1500米、东西长约9000米（窑店—刘家沟）的二道原（标高400～420米）。这块"北陵"之地，背山面川，泾渭环带，是理想的建都之处。

定都咸阳，对秦国来说，是一项具有战略意义的措施。秦在咸阳发布的一系列政令和措施，带有根本的性质。根据《史记·秦本纪》和《史记·商君列传》记载，其主要内容包括经济和政治两方面，即"开阡陌封疆"，在田间修建南北与东西相交的道路（阡陌），树立田界的标志（封），并连接以矮墙（疆）。田制规正了，国家依田亩收取租税，按壮丁征收军赋，从而做到"赋税平"；"集小乡、邑、聚为县，置令、丞"，集权于中央，从而消除了奴隶主贵族的割据势力；"平斗桶权衡丈尺"，由国家颁布标准器，统一度量衡制度；"令民父子兄弟同室内息者为禁"，革除社会陋习，建立新风尚，按丁男确立家庭单位，有利于耕战政策的推行。

商鞅变法前后达12年，在咸阳轰轰烈烈度过了有重要意义的后6年。其重大改革的完成，收到了显著效果："秦民大悦，道不拾遗，山无盗贼，家给人足。民勇于公战，怯于私斗，乡邑大治。"（《史记·商君列传》）

秦国的军事力量因商鞅变法的胜利而大大加强，诸侯国也不得不刮目看待这个崛起于西土的强国。秦孝公十九年（公元前343年）"天子致伯"，次年"诸侯毕贺"。秦国还派公子少官带军队参加逢泽（今河南开封市东南）的诸侯集会，并朝见了周天子。接着，商鞅率军攻魏，俘虏了魏将公子卬，还迫使魏国交还了一部分西河郡地，魏国不得不把自己的政治重心从安邑最后撤到大梁①。

商鞅变法主要是以首都咸阳为司令台的，对外战争的胜利，国威的增强，也是以首都咸阳为出发点的。徙都咸阳，可说是秦国政治形势、社会面貌发生根本变化的转折点。

---

① 魏国的首都原在安邑，魏惠王为了巩固自己的东部地区，并企图夺取宋国的土地，便与楚、齐争锋，就于公元前364年徙治大梁（今河南开封市）。这时的安邑只是作为别都（也可说是陪都）而存在，起着对付秦国的军事前哨和指挥中心的作用。后因商鞅变法而强盛起来的秦国，在多次战争中挫败魏国，魏国就不得不于公元前339年撤去安邑这个据点。所以《史记·魏世家》说"安邑近秦，于是徙治大梁"。《史记·商君列传》也说："魏遂去安邑，徙都大梁。"详辨参见王学理：《魏徙大梁与秦陷安邑》，载《文博》1984年第3期。

卓有成效的变法把商鞅推到了政治前台，咸阳期的文物遗留，记载了他的这段业绩。见于著录的传世品有量器商鞅铜方升（现藏上海博物馆），兵器商鞅戟[1]、商鞅矛镦和商鞅殳镦[2]。1995年，在咸阳塔儿坡秦墓地的27063号墓里又出土了一件商鞅殳镦，铭刻"十九年大良造庶长鞅之造殳镦郑"十四个字。[3]商鞅封邑的城址，位于陕西丹凤县城西2.5公里处的古城村。经陕西省考古研究所探测与发掘，发现战国中期的城墙一段，残长1000余米，出土了大量的建筑文物和陶器，其中完整的"商"字瓦当和戳印"商"字陶文的筒瓦，就是秦孝公二十二年（公元前340年）卫鞅因功而封商邑的有力证据。[4]

五、"咸阳"释义

咸阳—西安的地理位置在关中盆地的中部偏南，诸利皆备。建固若金汤之首府，立天下之雄国，是历代开国之君立国守成的理想。秦都咸阳正同西周、西汉、新莽、东汉（献帝）、西晋（愍帝）、前赵、前秦、后秦、西魏、北周、隋、唐等12个王朝定都长安一样，都是经过一番宏观上的选择和精心的设计、施工，才在这"陆海"和"天府"的中央确立了自己的政治中枢的。

"咸阳"一名最早载于《史记·商君列传》，但取名应早于秦孝公定都（公元前350年）之前。而具体说到秦都咸阳的地理形胜，清修《咸阳县志》（乾隆十六年藏应桐本）有"南临渭水，北倚九嵕，左挟崤函，右控陇蜀"的句子。实际上，此话不但说得笼统，而且概念不清。因为从关中地域讲，确实是"左挟崤函，右控陇蜀"的，但南北以渭水和九嵕山为限说咸阳，就极不恰切了。秦都咸阳兴建的历史表明，它曾有过一个由北而南的发展过程。即以统一六国前后为例，咸阳早已扩展到渭河南岸的广阔地域，不再是"南临渭水"的状态，而有了"渭水贯都"的规模。从比对着眼，咸阳渭南区优于渭北区是显而易见的。《诗》有"滮池北流，浸彼稻田"（《小雅·白华》）

---

[1] 罗振玉：《三代吉金文存》20.21，中华书局，1983年；罗振玉：《贞松堂集古遗文》12.6，北京图书馆出版社，2003年；容庚：《秦汉金文录》41，1931年。
[2] 矛镦一件，收录在罗振玉《三代吉金文存》20.60；殳镦两件，参见于省吾《双剑誃古器物图录》49，1940年。
[3] 咸阳市文物考古研究所编著：《塔儿坡秦墓》，三秦出版社，1998年。
[4] 陕西省考古研究所、商洛市博物馆编著：《丹凤古城楚墓》，三秦出版社，2006年。

句，是说居于丰、镐和渭水之间的"滮池"北流，灌溉着那里的稻田，实属稻粱丰稔的反映。文王"既伐于崇，作邑于丰"，武王时"镐京辟雍，自西自东，自南自北，无思不服"（《大雅·文王有声》）。沣河在远古时期就是一条有名的益河，"丰水东注，维禹之绩"被认为是大禹导流的功劳。既有崇侯虎先在水边建立崇国的都城，后又有周文王灭崇在沣水西滨建了丰京，武王在水东修了镐京。至今丰镐之地多有周代宫室建筑的遗迹存留，沣西的客省庄、马王村，沣东的斗门镇，分别是当时的宗庙中心与政治中心。当时这里水流充沛，林木茂密，确实是一块美丽而富饶的地区，汉代"丰、镐之间，号为土膏，其贾亩一金"（《汉书·东方朔传》）。这块宝贵的地方被认为是"九州之上腴""天地之陕区"（班固《西都赋》）。再从便于进可攻、退可守的军事目的考虑，渭河南的战略地位更是不容忽视。周文王为实施剪商计划，灭崇后从岐迁丰；项王入关，在咸阳未敢停留，即屯兵霸上（今陕西西安市灞桥区西北桥梓口）；周亚夫等兵守长安时，屯兵在霸上、细柳（今陕西咸阳市西南两寺渡）和棘门；等等。这些例子都说明：渭河南更具备立国建都的条件。那么，秦孝公选都址时并没取"文王作丰，武王理镐"（《书传》）之地，定的却是渭北的咸阳，这是为什么？其原因之一就是周王室东迁之后，丰镐残破不堪，几乎成了一片废墟。对孝公说来，没有力量也没有必要恢复这个烂摊子。而更重要、更深层的原因，还是同当时的政治形势和国际环境有关。

我国古代人把山的南坡、河的北岸这些最早受光又日照时间长的地方称作"阳"，如阳坡、向阳、泾阳、汧阳、洛阳等。相对者为"阴"，如华阴、汉阴、江阴等。而咸阳一地为山南水北，有着山水俱阳的地理特点，故而因地名城取名"咸阳"。这实际上原指今陕西咸阳市渭城区的渭河北岸到咸阳原之间的开阔地带，但古人的不同解释却引发了长期的歧异。

咸阳处于渭水之阳，含义是较为明确的，但说到山之阳则持据不同。此间的"山"，向来有三说。一指北山（《元和郡县志》），因为此间没有紧靠山之南麓，故而所指含混，难以为据。又一说是指九嵕山，辛氏《三秦记》："咸阳，秦所都也，在九嵕山南，渭水北，山水俱阳，故名咸阳。"再一说是北阪，《史记·吕不韦列传》索隐："咸训皆，其地在渭水之北，北阪之南。水北曰阳，山南亦曰阳，皆在二者之阳也。"后两说究竟孰是孰非，确须辩证。九嵕山（俗称"笔架山"）在今礼泉县北，向东延伸到泾阳、三原一带北部，高峰则有北仲山、嵯峨山等，但这些山都距咸阳较远，最近者距离也在32公里以上，也无险可凭，若再说"阳"，实则无义，显然属于宋人借唐昭陵盛名附会，有"附骥"之嫌。退而言之，即论"北山"，也有广义和狭义的区别。前者，即是上面说到的诸县北部桥山山脉的泛称；后者，显然是指"咸阳原"了。《尔雅·释地》说"广平曰原"，但这指的是广阔平坦的地方，原野、原隰都是从这一意义引申出来的，《诗·小雅·常棣》有"脊令在原，兄弟急难"之句，而咸阳原的"原"应该指的就是高平宽敞的地方，属于黄土地带由于水流切割作用而形成的独有的一种地质地貌，所以又写作"塬"。人们如果站在原下往上望，就会看到陵谷起伏的地势，有如山立，其南坡也当然属"阳"了。至此，我们再回头来看唐人司马贞以"渭水之北，北阪之南"解释"咸阳"，就觉得是有道理的见解。所以，山南之阳，实际上是指咸阳原之南坡。

　　咸阳原处渭河北岸，是泾、渭两条大川的分水岭，所以又名"洪渎原"。西接兴平市北的"始平原"（又名"黄山""北邙崖"），东到高陵区西南泾渭街道，东西长32.1公里，南北宽13.5～15公里，总面积350平方公里。西周（公元前1070—前771年）①、春秋时期称"毕陌""毕原"；秦称"咸阳北阪"，大约专指今咸阳市东渭城湾到杨家湾之间的北原，又称"池阳原"；汉武帝改名"渭城北阪"，汉世又统称"长平阪"。咸阳原上西自兴平市南位镇、东至高陵区泾渭街道，有西汉9座皇帝及祔葬的皇后陵墓，其中的长陵、安陵、阳陵、茂陵和平陵附近设有守陵的陵邑，故别称"五陵原"。后赵石勒曾于此建石安县，遂名"石安原"。"洪渎原"是隋唐时期的称呼，此后统称"毕原"，也称"咸阳原"或"北原"。至于区域性的称呼，还有"长陵阪"（长陵附近）、"康陵阪"（康陵附近）、"姜原"（平陵南）、"鹿苑原"（长陵以东）、"睦城阪"（泾河南）等名字。不过，把"咸阳"作为地名，以至很方便地移作秦国都名，应该说是在战国中期（秦国变法完成）以后的事了。在今咸阳市渭城区东20里的长陵车站附近，东至西咸新区窑店一带，历年多出土带"咸""咸阳"一类印文（见图1-6）的陶器，其时代早不过战国中期，说明早期的秦都咸阳就在这一区域之内。1973年11月，笔者在测绘咸阳宫城时于牛羊村南夯土墙基上找到北朝与秦地层的打破关系，出土有后赵时的"石安"印文砖瓦和北周"永通万国"货币（见图1-7），这

---

① 李仲操：《西周年代》，文物出版社，1991年。

图1-6 "秦"字和"咸"字陶文

瓦文："石安宗土"

砖文："石安曹五亭（？）"　　北周静帝铸币"永通万国"

图1-7 后赵"石安"陶文与北周货币

就很清楚地反映出咸阳原一带的历史变迁。

逝川如斯，陵谷变迁。古代咸阳的地貌同我们今日看到的情形有着显著的不同，其最明显的变化就是在这一带由于渭水的侧蚀，河岸崩塌，北侧地面逐渐减少，而南侧不停地让出河漫滩。渭河北移的趋势即以长兴村经滩毛村到店上村而言，笔者目睹30年间的变化，岂止在千米之数！秦汉时代，渭河流经地偏南，大约还在今西安市草滩农场的南侧。[①]另外，渭河北岸的二道原，即今咸阳原的南缘台地上，由渭城区东到正阳街道的杨家湾一线，过去仅仅在任家咀、石桥、胡家沟、聂家沟、柏家咀等处有新石器时代遗址的发现，见有陶盆、陶罐、陶钵和尖底瓶等仰韶文化的遗物，遗址面积不大，文化层堆积较薄，内涵也单纯。这种情况说明，在这一带没有小溪、泉流的存在，西南面那滚滚东去的渭河在当时的条件下还未能给原始人类提供饮用和捕捞鱼类的便利。因此，在这一狭长靠原的区域里只能存在一些稀疏的晚期的居民点而已。而像柏家咀遗址在传为汉高祖戚夫人家的东南，当二道原上，东西长约150米，南北宽70米左右，文化层厚1米左右，仰韶文化层上叠压着客省庄二期文化，能采集的遗物就有陶盆、陶缸、陶罐、尖底瓶及陶环等残片。遗址东部的渭河电厂区原是一处低洼的下湿之地，有湖泊的存在，1972年在杨家湾村南打井时于地下6米深处还发现鱼骨、船板等。秦始皇曾引渭水入兰池，就近筑兰

---

① 《三辅黄图》记汉"长安城北出西头第一门曰横门，……门外有桥曰横桥"，又引《三辅旧事》："秦造横桥，汉承秦制。"横桥在汉时称渭桥，也就是以后常说的"中渭桥"，其位置据《汉书·文帝纪》苏林注，"在长安北三里"。汉长安故城位于今西安市西北郊，其横门遗址在今六村堡街道曹家村之西。那么，由此北去3里（苏林系三国时魏人，其所载里程按东汉晚期1里合今433.56米）即1300.68米，就是秦汉时期的渭河南岸。

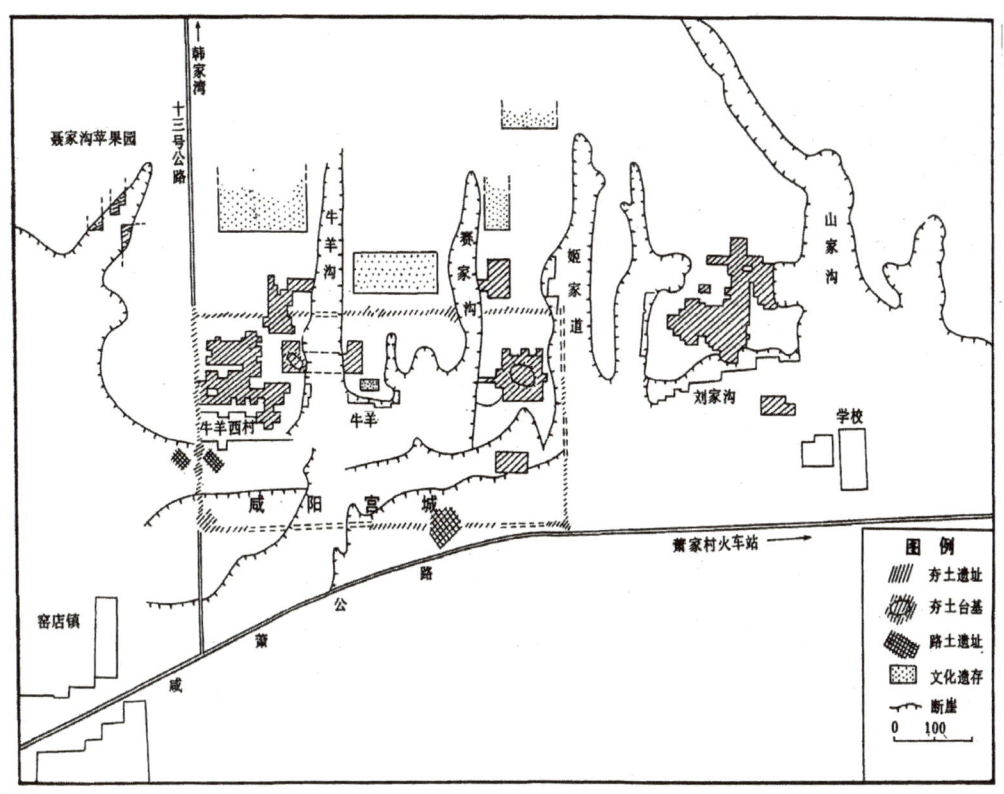

图 1-8　咸阳宫城与北阪宫殿遗址探测图
（王学理测绘）

池宫，把这里变成风景秀丽的游览区。那么，柏家咀的原始聚落之所以能拥有相当的时空，就是赖以存活的水源问题早已解决。这，在此间当然属于一种特殊的情况。无论如何，渭河南北两岸，包括咸阳原上下在内，确是一个树茂草丰、鸟兽出没的地带。（见图1-8）在秦人建都咸阳之前相当长的时间里，这里多为葱茏的林莽所覆盖，无怪荀况在秦昭襄王时来到咸阳后，发表了一通感慨，极力称赞"山林川谷美，天材之利多"（《荀子·强国》）。

"咸阳"的名称固然是秦时起用的，但早在西周初年这里就因成为周的乡邑而兴盛起来①。据说，周的季历（王季）在商王文丁时灭了商的方国程，其子姬昌，也就是后来的周文王，在建立丰都之前，曾经由周原迁徙于程（《逸周书·大匡解》《逸周书·序》），建立程邑（《括地志》），并以程为都。汉惠帝的安陵邑就设在程邑的

---

① 在咸阳市东有多处周代遗址的发现。秦代北阪宫殿遗址集中的牛羊村西部，即西咸新区窑店街道附近，发现有西周遗址，东西长约80米，文化层堆积厚约1米，见有陶鬲、陶盆等残片。

故址上（《太平寰宇记》《陕西通志》）。程也即郱，《地理通释》："郱故城在雍州咸阳东二十一里，周之郱邑也。"地当今西咸新区正阳街道的白庙村一带。文王时，周族力量逐渐强大，对商王朝采取进攻的态势，消灭了商在西方的方国之后，并把方国人民迁到程邑来。《竹书纪年》："（帝辛）三十三年，密人降于周师，遂迁于程。"史佚伐纣有功，周武王时封于王季程都故地，称程伯，或曰程伯国。周文王的第十五子姬高是随同周武王灭商、辅佐周武王的元老重臣，封于毕，建立毕国，因以为姓，称毕公高。①毕国版图包括今咸阳市秦都区北部和渭城区的大部，也正因为毕国包括程邑在内，才在"程"前冠上"毕"而成了"毕程"。因毕而遂有"毕郱"（《孟子·离娄下》）、"毕陌"、"毕原"②等诸种称谓。周人虽盛赞"周原膴膴，堇荼如饴"（《诗·大雅·绵》），但为了剪商而不能不向渭河下游发展。当他们看到程居渭河之滨，不但土壤肥沃，而且地理位置适中，远在周原之上，于是就有了从王季都程开始的一系列活动。而这些，都对咸阳地区的开发起了很重要的作用。

  商鞅变法之后，秦的国力强盛，都城范围也向渭河南岸扩展。如果说秦惠文王在渭南建造的宫室还带有离宫别馆性质的话，那么从昭襄王开始，政治重心则有了向南转移的倾向。在这种情况下，"咸阳"一名就不再局限于渭河北岸那一块狭小的区域了。特别是在秦始皇统一中国之后，渭河南岸成为国都咸阳的"新区"，开始实施建造"朝宫"于上林苑中的计划。因此，这时的"秦都咸阳"实际上指的是包括渭河南北两岸的广阔地域。咸阳作为秦都的代名词，成了一个符号，人们就不应该再去循名责实了。

---

① 《左传·僖公二十四年》："富辰谏曰：'……昔周公吊二叔之不咸，故封建亲戚以蕃屏周。管、蔡、郕、霍、鲁、卫、毛、聃、郜、雍、曹、滕、毕、原、酆、郇，文之昭也。邗、晋、应、韩，武之穆也……'"毕是20个封国之一，伯婴父隦鼎有"伯婴父作毕姬隦鼎"的铭文，说明毕为姬姓国，同《尚书·毕命》《史记·周本纪》《史记·魏世家》记姬高封毕是一致的。毕公在周康王时曾治理东郊。

② 清人孙星衍《毕原毕陌考》一文认为毕原在渭水南，毕陌在渭水北。对此，有待商榷。但他认定周文王、周武王、周公葬渭南，秦文王、秦武王葬渭北，是对的。两毕一在"镐东南杜中"（《史记·周本纪》），一在渭北，即今咸阳原（见《史记·秦本纪》集解引《皇览》）。实际上，两毕并存，并无正误。在西安市西南"杜中"的毕原是周王陵墓区的所在，《史记·周本纪》说"武王上祭于毕""周公葬毕"，即此地。从西安西南杜城村到长安区韦曲之间出土唐墓志上知，毕原即在这一带，如1980年秋，南郊三爻村发掘的崔墓志，就有"葬于万年县之毕原"的铭文。而郭杜周围的原地，为寻找周王陵墓区提供了线索。

第三节
市政建设的开端

一、筑冀阙宫庭

（一）政治用意

秦孝公先修筑了冀阙宫庭后，才正式把国都迁到了咸阳。《史记·秦本纪》载："十二年，作为咸阳，筑冀阙，秦徙都之。"筑冀阙，既是定都的标志，又是为这座历史名城行了奠基礼。作为先期工程和国君权威的标识，"冀阙"的营建，其政治作用和历史意义在秦孝公和商鞅的意识中是绝对重要的。

"阙"，始称"象魏"。出现于先秦时期，是立于城门和宫门外的一对多层建筑物，故而有"城阙"（又称"门阙"）、"宫阙"的称呼。①因为君主往往于此处公布法令，告示于民，以便于观瞻，因此有把阙直呼为"观"或"门观"的。（《说文解字》）晋崔豹《古今注》给阙下的定义是："阙，观也。古每门树两观于其前，所以标表宫门也。其上可居，登之则可远观，故谓之观。人臣将朝，至此则思其所阙多少，故谓之阙。其上皆丹垩，其下皆画云气仙灵、奇禽怪兽，以昭示四方焉。"由于君主常在这里出列教令，臣下也常在这里上朝或待诏，又是出入的必经通道，不但设阙于"门两旁，中央阙然为道"（《释名·释宫室》），而且也高大其建筑体量与形制，以别君臣之尊卑，警示入朝的臣下到达帝王的宫禁之地当恭敬严肃。显然，从位置、形制、作用

---

① 《诗·郑风·子衿》："纵我不往，子宁不来？挑兮达兮，在城阙兮。"这是关于阙的最早记载，位于城门前。也有人认为城阙就是门楼，因而就成了城门建筑的代称。故《谷梁传·桓公三年》有"礼，送女，父不下堂，母不出祭门，诸母兄弟不出阙门"的话。起初，阙、观不分。阙，一名"观"。《三辅黄图》载："阙，观也。周置两观以表宫门，其上可居，登之可以远观，故谓之观。人臣将朝，至此则思其所阙。"阙先是建在都城之门、宫门，到了汉代，从汉景帝陵园起，陵城四门高起三出阙，是为"陵阙"。此后，连祠庙、宅第之前也设阙。

看，阙无不是君权威仪的象征物。

至于秦孝公所筑的"冀阙"，又做何解释呢？①《史记·商君列传》索隐："冀阙，即魏阙也。冀，记也。出列教令，当记于此门阙。"这是较为接近孝公原旨的一种说法，因为他迁都咸阳首先是从"筑冀阙"开始的，对政治前途充满着希望，不仅用这一庄严场所宣布一系列改革法令，而且重要的用意就是向世人宣示他进行政治改革的决心。正因为栎阳没有阙，雍都也不可能有，这就从另一个侧面帮助我们明白了咸阳开始筑阙的道理。

（二）考古发掘所揭示的面貌

"冀阙"作为一个特殊的建筑，出自其政治作用，是被单独提及的，商鞅自伐其功时就说"大筑冀阙，营如鲁、卫"。既然"冀阙宫庭"连称，浑然为一，这又是什么意思呢？

考古发掘所揭示的回答是：此遗址在今西咸新区窑店街道牛羊村北的原边上，考古工作者名之曰"秦咸阳第一号宫殿遗址"。它是一个地跨牛羊沟、东西向展开177米、南北最宽处45米、平面呈"凹"字形、两端由夯土筑起两层的高台建筑。（见图1-9）西端夯土台基部分（西阙）东西长60米，南北纵深45米，现存高度6米。复原建筑的高度，由地面到屋脊可达17米左右。现在的牛羊沟是秦汉以后地面流水冲刷而成的，由此建筑遗址中部自北而南穿过。实际上，原来这里是一条南北向的坡道（"御道"），冀阙宫庭的主体建筑则是以它为中轴线，东西各有高起的阙楼对峙，二者之间以飞阁复道相连，

---

① "冀阙"名称的得来，有几种说法。一说是记事于阙。唐司马贞说："冀阙，即魏阙也。冀，记也。"张守节也说："刘伯庄云：'冀，犹记事。阙，即象魏也。'"所以《左传·庄公二十一年》杜预就确指："阙，象魏也。"又一说是古冀州之地而名阙。宋程大昌《雍录》："案《史记》孝公十一年，卫鞅围安邑，降之。十二年作冀阙。冀者，冀州也。安邑即冀州之邑也。冀之为州，尧、舜、禹皆尝都焉。今孝公已得冀州而作冀阙，其必放古阙存者而创立此名也。"明董说的《七国考》也力主此说。还有一种解释是：冀读魏，阙高巍然，故名之为"魏阙"。（《吕氏春秋·审为》、孙贻让《周礼正义》）以上三说，各自持理，但都有牵强片面的成分。实际上，阙在原先是公布政府文告法令"象"的地方。《周礼·天官冢宰》："正月之吉，始和，布治于邦国都鄙，乃县治象之法于象魏，使万民观治象，挟日而敛之。"郑司农曰："象魏，阙也。"《吕氏春秋·审为》载："中山公子牟谓詹子曰：'身在江海之上，心居乎魏阙之下，奈何？'"可见"象魏"（也称"象阙"）、"魏阙"之称早已有之，与阙之称"冀"无涉。至于"孝公已得冀州"之说，是不符合历史事实的，因为在筑冀阙的前三年，升任大良造的商鞅曾率军攻降魏的旧都安邑，但并不等于得到冀州。合理的解释应该是：孝公、商鞅既把阙看作王权和胜利的象征，在变法图强取得初步成效的情况下营筑新都，就有了记功于实用、雪耻于争锋的寓意。希望在前，胜利已得，是秦孝公、商鞅变法图强的愿望。那么，一组八座雄伟的宫殿建筑居高临下，前有巍然双阙，就统称为"冀阙宫庭"了。在这里，时而合称，时而单称，就可以理解。或合或分，均可说明在形式上它似阙非阙，似宫非宫，其特点就很突出。

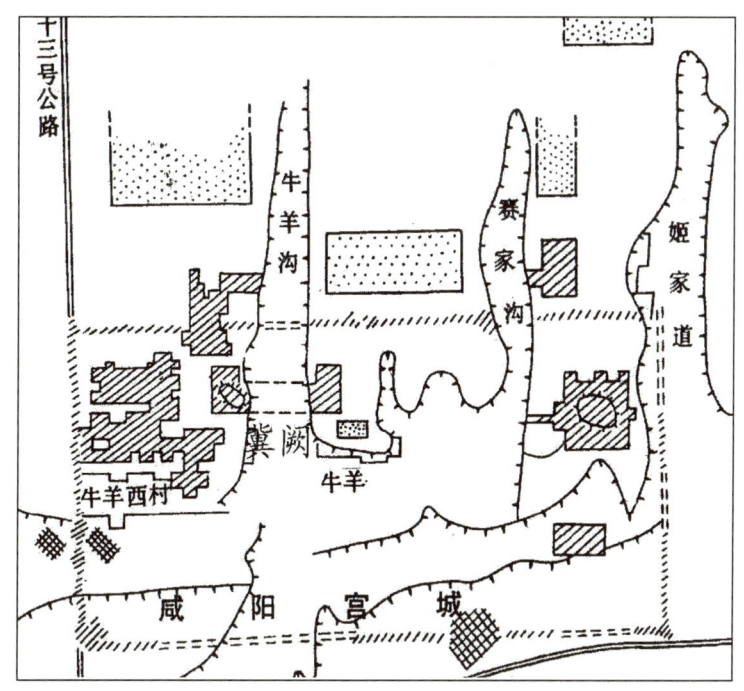

图 1-9　咸阳宫城与冀阙遗址探测图
（王学理测绘）

从而形成二元构图的两观形式。①庞大巍峨的建筑体量、重叠繁重的高台宫室、凌空干云的飞阁复道，雄踞于北陵（咸阳原）之地，又有宽阔的"御道"由原下拾级而上。这观居两旁、中央阙然为道的高大建筑（见图1-10），不属"冀阙"岂有他哉？

1974年，我们对冀阙遗址的西段（牛羊沟以西）进行了考古发掘。从其建筑结构知，这个曲尺形西端的夯土台（西阙）原来是由底到顶分两层依台建屋的。简要的情况是：

底层：围绕台基建房，在夯土台基南侧西段有5个单室，坐北朝南，一线排开，自东而西的编号为8—12室，北朝南开。北侧中部有两个单室相邻，坐南面北，自西而东编号为6室、7室，门前出檐设廊形成廊道。再围绕底层的台前、7室前，建回廊一周，便利各室间的往来。（见图1-11）

上层：正中是主体居室的大厅（1室），平面近方形，东西长13.4米，南北宽12米。南北壁各有两门，分别可达露台（在南底层5室之上）和榭（14室，在北底层2室之上）。东壁留一门，通曲阁（2室），还可沿阁道往东至"凹"字形东端部分（东阙）。主室（大厅）东西两端辟有卧室，在东南是门向南的3号室，西侧有卧室（4室）和盥洗室（5

---

① 杨鸿勋：《秦咸阳宫第一号遗址复原问题的初步探讨》，见杨鸿勋：《建筑考古学论文集》，文物出版社，1987年。

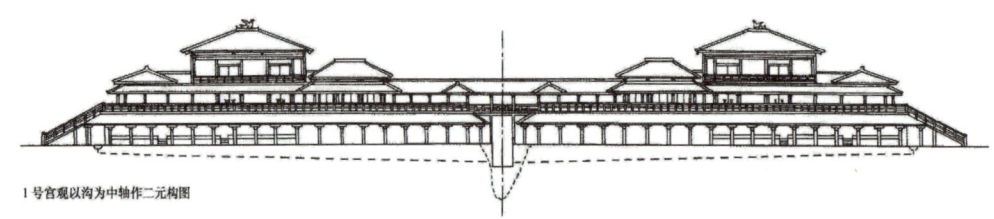

图 1-10 冀阙遗址整体复原南立面图
（杨鸿勋图）

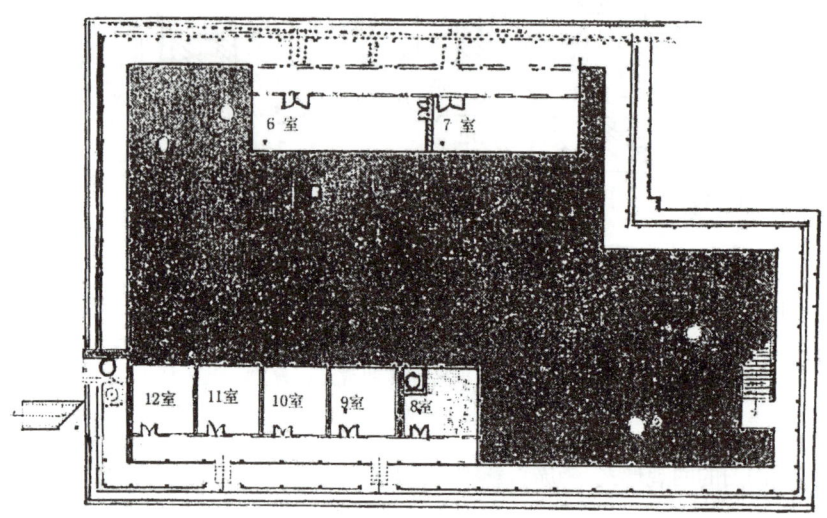

图 1-11 西阙遗址（一号宫殿）底层复原平面图

室）。在作为大厅的主室之外，西南方有坡道（陛），是登主室的楼阁。1室当是西阙楼的最高层，内部净高约3.5米。若从台下回廊地面算起，西阙最高处可达17米。各室内地面平整、光滑、坚硬而呈暗红色，大概是《三辅黄图》上所谓的"土被朱紫"。墙壁上多有黑色"壁带"及墨绘几何纹图案或彩色壁画。不但在室内设置有冷藏食品的竖井和取暖的壁炉，而且还有一套由倾水池、引水陶管和渗井组成的供水、排水系统，很符合古代的室内卫生要求。西阙楼整体结构特殊，空间组织多变，而居室、卧室和设有栏杆与平座的榭、曲阁及四望的楼阁排列灵活，显示着一种生机勃发的建筑风格。[①]把不同用途的室、台、榭、廊、道有机、灵活地安排在一个多层次的高台建筑物内，结合为一个整体，又使通风、采光、供排水等设施得到合理的运用，从平面到空间布局自由灵活，在中国建筑史上具有重要意义。（见图1-12）

发掘取样，经碳-14测定，此建筑的绝对年代是公元前340年左右。出土的包含物中

---

① 秦都咸阳考古工作站：《秦都咸阳第一号宫殿建筑遗址简报》，载《文物》1976年第11期。

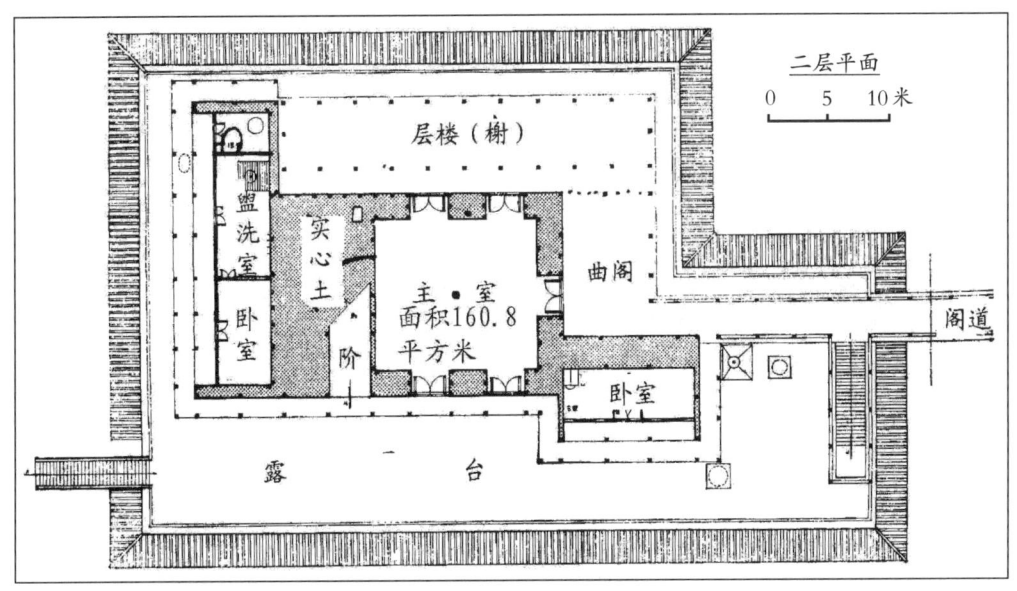

图 1-12　西阙遗址上层探测图
（王学理测绘）

有战国时期的葵纹瓦当和云纹瓦当，排水管道只见圆筒不见五角形的，但又伴出各式云纹瓦当和陶文，从而确定了这一组建筑始造于战国中期，沿用于秦统一之后，毁于秦末的大火。但是，在此要对"冀阙"做出合理的解释，确也颇费辞说。商鞅曾自诩"大筑冀阙，营如鲁、卫"，而鲁、卫之阙是什么样式，史乘无载。虽有鲁炀公"筑茅阙门"（《史记·鲁世家》）一句，仍使人不得其详。后来的秦始皇建造阿房宫时，竟"表南山之颠以为阙"（《史记·秦始皇本纪》），同样是不可为据的描述。汉宫有阙者，如长乐宫的东阙和西阙、未央宫的东阙和北阙、建章宫的凤阙、北宫门的圆阙等，记载不少，但保留无一。西汉陵墓双阙立于陵园的司马门之外，可惜阙顶无存，阙身残破，成了"土阙"台基。而汉代画像石、画像砖，特别是陵墓石阙则为我们提供了单阙、二出阙的完整形象。已发掘汉阳陵的三出阙，使我们看到了门塾、廊道的底层结构与高中低三级的外部形象。不过，从阙本身的发展历程看，就有一个由阙、观分离到正副组合的完善过程。冀阙既继承了春秋时期墩台上建屋可以登临远观的形制，又不同于后世汉阙的样式，连取名都反映出它既非旧阙式的抄袭，也不纯是象征性的设施，而是出于寓标识于实用的考虑，把冀阙宫庭当作一个整体建筑来设计的。一座巍峨峥嵘的大型高台建筑物屹立于咸阳北阪之前沿，面临滔滔东逝的渭水，更显得庄严博大，气势夺人，大有"岂容诸侯小我秦国"的味道。东西两观上飞架阁道，下有从原底北上的御道通过，两观高耸，阙然为门，再加上两翼铺陈以大小不同、形式各别的其他建筑物，从而形成高低错落、参差有致、主次分明、统一和谐的整体。（见图1-13）这就是秦人独有的、具有创新意义的冀阙宫庭！

图 1-13　冀阙宫庭复原图

（杨鸿勋图）

在冀阙宫庭遗址的后部和东西两翼，分布有8处大型的宫殿遗址。经部分发掘的第二号和第三号建筑基址都是高台建筑，上有主体宫室，下有曲折的廊道或回廊，各自是独立的宫殿，彼此又有甬道或复道同冀阙相连，其中出土的彩色壁画尤为珍贵。[1]这些建筑遗址中，既有战国的也有秦的文化遗存，显然是多年修葺和新建的宫殿在一处，杂陈错落，已不易分辨宫名及其建筑年代。可见冀阙宫庭本身就是一个群体建筑的总称。

（三）定性"咸阳宫"之不能成立

1973年，经我们亲手发掘、测绘的秦都咸阳一号宫殿遗址（原编六号），还没来得及组织亲历者编写"简报"，就被用来配合"文革"的"评法批儒"而急于命名成了"秦咸阳宫"。既然秦始皇被定性为"法家人物"，"咸阳宫"又是"荆轲刺秦"的地方，于彼时唱响此"主旋律"对选定者自然是有益的。

考古结论靠实证说话，不为政治所谋，这是研究者起码的良知。对秦都咸阳一号宫殿遗址的错误定性，影响所及，40多年未歇。鉴于误导依然延宕，应该说"时过境未迁"，纠正讹误不容再缓。

《文物》1976年第11期刊载有以"秦都咸阳考古工作站"的名义写的《秦都咸阳第一号宫殿建筑遗址简报》，在其"结语"中把该遗址定性为"咸阳宫"。在"简报"之后的《秦都咸阳几个问题的初探》一文中，才讲出结语定性的根据是"横门正对刘家沟大队的纪家道"。

---

[1] 秦都咸阳考古工作站：《秦咸阳宫第二号建筑遗址发掘简报》，载《考古与文物》1986年第4期；咸阳市文管会、咸阳市博物馆、咸阳地区文管会：《秦都咸阳第三号宫殿建筑遗址发掘简报》，载《考古与文物》1980年第2期。

笔者以为，秦都咸阳一号宫殿遗址绝不是"荆轲刺秦"的咸阳宫。

固然，《三辅故事》有"咸阳宫在渭北，兴乐宫在渭南，秦昭王通两宫之间，作渭桥"的记载，但这只是就大方向而言。如把"正对"当作"就是"，显然是经不起推敲的。而把秦都咸阳一号宫殿遗址作为"咸阳宫"，起码在当年就遭到非议，根据是：

首先，室内面积狭小，不足以展开搏斗。作为主体殿堂的一室，位于夯土台的顶部，平面近方形，东西13.4米，南北12米。固然房子中央有一"都柱"，可以使"秦王环柱而走"，荆轲在后面穷追不舍地"逐秦王"，若果二人真的要在这面积只有160.8平方米的范围之内"以手共搏之"（《史记·刺客列传》），岂能不胜负立见？若要再加上侍医夏无且和荆轲的副手秦舞阳，那不但难有回转的机会，恐怕连秦王所设的"九宾"和陈列殿下执兵的"诸郎中"也没有容身之地！由此可见，文献记载的"非常时刻"与"非常地方"都同一号遗址挂不上号。

其次，同记载秦王接见荆轲的环境条件不符。据载，燕使进入咸阳宫，"荆轲奉樊於期头函，而秦舞阳奉地图柙，以次进。至陛，秦舞阳色变振恐"。但一号遗址是个高台建筑，分上下两层，围绕夯土台筑屋，并没有"次进"的纵深，也不存在符合礼仪的"陛"，更谈不上给依次传呼的傧相留下空间。如果硬要把秦王安排在这个狭小的高台接见荆轲的话，那只能是今人的一厢愿望。

再次，此高台建筑不是宫殿建筑形式。按《史记》记载，燕使奉献叛将之头和督亢的地图，在秦王说来更关心的是后者。而以此视燕，"愿举国为内臣，比诸侯之列，给贡职如郡县，而得奉守先王之宗庙"，属于归顺的一种表示。秦王之所以"乃朝服，设九宾，见燕使者咸阳宫"，以高规格接见来使，是有其政治用意的，因为统一之战的残酷性显而易见，接后的魏、楚、齐如能仿效燕国纳地称臣，未必不是一桩"免战"的好事。那么，在大朝之地的咸阳宫接见燕使，便是顺理成章的选择。

咸阳宫建于秦昭襄王时，是历代秦王处理政务、宴会群臣、接见来使的重要场所。秦始皇统一天下后，"因北陵营殿，端门四达，以则紫宫象帝居"（《三辅黄图》），对咸阳宫进行了全方位的扩建，被后人视为穷极奢侈的行为。三十四年（公元前213年），秦始皇"置酒咸阳宫，博士七十人前为寿"，次年在起造阿房前殿的同时仍"听事，群臣受决事，悉于咸阳宫"。（《史记·秦始皇本纪》）咸阳宫的政治地位既如此重要，其建筑从格局到体量一定是严谨而巍峨的。但今天我们看到的秦都咸阳一号宫殿遗址，是个东西只有31.1米、南北最宽13.3米的夯土台子。围绕土台子，分上下两层筑屋，下大上小，间次下多上少。底层平剖面最大，有房七室，南五北二，既不对称，也不相通；上层平剖面缩小，有房五室，以中部一室最大，南北和东面有门，但只通走廊与曲阁。从总体看，主室居高，视野开阔，但各房分散又形式各别，既不见主体宫殿建筑那横大的"面阔"，冲着夯土实心也形成不了纵的"进深"。那么，再对照一下秦昭襄王当年接见赵使蔺相如的章台，同样是"秦王斋五日后，乃设九宾礼于廷"（《史记·廉颇蔺相如列传》）的地方。那个"章台"就是今汉都长安城遗址中的前殿基址，南北长400米，东西宽200米，高可15米。虽说它是萧何改建秦章台后的结果，但毕竟不失原型。现在回头再看秦都咸阳一号建筑遗址，既不像一般的宫殿，也绝不像朝会的前殿。由此可见，荆轲刺秦王的事，也绝不会在这里发生。

一号宫殿遗址既然不是"咸阳宫"，那是什么呢？正确的定性应该是冀阙宫庭中的西阙。

所谓的咸阳宫（即一号宫殿遗址）实际上只是原六号建筑遗址的西部。因为后期咸阳原上的天雨洪流自北而南，从中穿过，形成了一条纵深的牛羊沟，沟西的夯土台向东延伸的部分在沟两侧的断崖上还清晰可见。可惜的是，沟东的夯土台基由于历年的破坏已荡然无存。但是，沟两侧的夯土基础在平面上呈"凹"字形，东西177米，两端南北最宽45米。若以牛羊沟在中部做南北轴线，就成了两个完全相等又对称的几何图形。因此，古建筑专家杨鸿勋先生在他作的"整体复原南立面图"上，就画成了"以沟为中轴作二元构图"。[①]那么，沟两侧的遗址既是一个整体，而要把沟西夯土台编为"秦都咸阳第一号宫殿建筑遗址"，那在研究上就不够严谨科学。同样，把它定为"荆轲刺秦"的"咸阳宫"而置沟东的高台建筑于不顾，也是很难自圆其说的。

经复原的整体建筑，以沟为中轴，东西对称布置，上有飞阁复道连接。那么，它既是"二元构图"的两观形式，属于宫门双阙，显然就不是宫殿建筑，而所谓的咸阳宫（即一号宫殿遗址）也只能属于东西双阙中的西阙了。

即以整体位置而言，秦的"棘门"就很值得我们注意。《史记·绛侯周勃世家》正义引《括地志》说"棘门在渭北十余里"，而《长安志》和《读史方舆纪要》均作在今咸阳"东北十八里"。这两相不同的原因，就在于各自计算的起点有别。若以今咸阳市东任家咀附近的唐宋咸阳城为例，按唐大里（1里=531米）折算，则棘门在其"东北十八里"约合9558米，正当今牛羊村附近。那么，《括地志》的作者以唐长安城为基点来标示方位，也正好表明棘门在其相对的渭水之北。"棘"与"冀"同音。冀阙呈两观

---

① 陶复：《秦咸阳宫第一号遗址复原问题的初步探讨》，载《文物》1976年第11期。

相对的形式，中间阙然为道，可见棘门就是冀阙宫庭南正门，也证实了唐宋人把棘门当作"秦时宫"门、"秦王门名"的准确性。西汉建都长安，棘门成了地名，对保卫首都仍具有重要的军事意义，所以文帝后元六年（公元前158年）即派"河内守周亚夫为将军，居细柳，宗正刘礼为将军，居霸上，祝兹侯（徐悍）军棘门，以备胡"（《史记·孝文本纪》）。

从发掘的西阙上层遗迹知：北有层楼（榭），两侧立有整齐的廊柱，具有较大的空间，并与曲阁相连，再经飞阁，直达东阙；与榭处于同一水平的建筑设施是回廊一周，随布局作多处曲折的变化，甚富艺术趣味；在南回廊的外侧，有东西长达50米、宽4~7米的露台。不难想象，立于长廊的榭中，面对北陵秀色，看云卷云舒，别有一番情趣。曲廊通幽，环视关中平原，看滔滔东去的渭水，一切尽收眼底。站在露台上，遥望终南层峦叠嶂，极容易勾起"连山到海隅"的联想。那么，奇妙的建筑布局与极目四望的结构，除"安居"的功能之外，最突出的要算是"乐视"了。本来，在建筑的本源上"阙"与"观"具有共存与衍生的关系。《古今注》说"阙者，观也"。"阙"是入口的标志物，"观"是阙上的建筑。"观"实际上由"阙"而来，登临观上，凭眺远望，并非完全出于军事目的，而更多的是带有贵族闲情逸致的雅兴。那么公元前350年，秦孝公用商鞅变法，"筑冀阙，秦徙都之"，把"阙"作为政治标志物，应该说是决心与力量的表达。西阙遗址出土的建筑文物，其中以各式瓦当最具特色，是战国中晚期的代表，反映了商鞅变法以来延续的历史，这对此建筑的定性有着重要的意义。对遗迹做碳-14测定，可知此建筑的绝对年代是公元前340年左右，使得它最初建造的时间落在秦孝公执政之时，也同商鞅变法联系在一起。

商鞅也曾自诩"大筑冀阙，营如鲁、卫"，把"筑冀阙"当作一项伟大工程和非常荣耀的事来看待。但是，要使秦的君臣生活在这冀阙上，显然是不现实的。所以，往往"冀阙""宫庭"连用，就成了"冀阙宫庭"一词，这才有了"秦自雍徙都之"的发生。1973年11月至次年4月，秦都咸阳考古工作站围绕冀阙遗址做大面积钻探。探测出的宫城呈长方形，在宫墙之内分布着8处大型的宫殿建筑遗址，其中的"冀阙"位于城北部偏西处，居高临下，气势非凡；城南半部在原下，地势较为开阔平坦，发现多处路土和小面积夯土。那么，把这道城墙围着的诸多宫殿、冀阙等建筑遗址联系起来看，一个冀阙宫庭的立体形象不是就赫然在目了？经发掘的那个一号宫殿遗址，不但不像"咸阳宫"，反倒显示的正是冀阙的另一半——西阙。

阙，又名"象魏"。商鞅说"大筑冀阙，营如鲁、卫"，而鲁、卫之阙是什么样式，史乘无载。虽然《史记·鲁世家》中有鲁炀公"筑茅阙门"一句，仍使人不得其解。阙作为都城、宫殿、陵墓、祠庙、衙署、贵邸前的标志性建筑，应源于春秋战国时期的台观，但并无实物凭据。秦始皇修筑阿房宫"表南山之颠以为阙"，只是把南山之巅作为阙的表识，同样是不可为据的。至于汉画像砖、石中的图像，以及现存的河南登封市太室阙、少室阙、启母阙，山东济宁市嘉祥武氏阙，四川渠县冯焕阙、沈府君阙，四川绵阳市平阳府君阙，四川雅安市高颐阙，重庆忠县乌杨阙、丁房阙、无铭阙，等等，都是些成熟了的定型化的汉阙，而它们的时代又多在东汉前后。那么，复原了的秦都咸阳一号建筑遗址，是否为我们提供了战国秦阙的实据呢？笔者以为是可以的。

商鞅所筑的秦阙称为冀阙，《史记》中没有解释。《雍录》的作者说："何以标名为冀也？案《史记》孝公十一年，卫鞅围安邑，降之。十二年作冀阙。冀者，冀州也。安邑即冀州之邑也。"此说是勉强的，如从阙的作用上分析还是唐人说得有道理。张守节引刘伯庄的话是："冀，犹记事。阙，即象魏。"司马贞说得更明白："冀，记也。出列教令，当记于此门阙。"（《史记·商君列传》索隐）他们从字面上做的解释，实际上是有历史根据的。

《周礼·天官冢宰》说大宰佐王治邦国时，于正月初一"乃县治象之法于象魏，使万民观治象，挟日而敛之"。意思是说，在一年之始，把用文字形式写成的法令（"治象"）悬挂在阙门（"象魏"）上，用10天时间让百姓观览，使大家都知道天子的号令赏罚，从而遵照执行。由此可见，商鞅深知这一传统做法在国家政治生活中的作用，也就特别重视阙这一权力与威严的象征物，所以就要"大筑冀阙"。事实上，秦孝公在此门阙颁布政令，宣示于民，收到了风气大变、秦国富强的效果。而后，商鞅对变法时采取的这一重大措施怎能不念念不忘呢？

冀阙复原图显示的这一阙式，在很大程度上呈现了观的功能，是对商鞅用意的最好诠释。而它对以后的用阙也产生着影响。经探测，在秦始皇陵园的东西内外城之间都发现有阙门遗址。以西城为例，阙作南北相对的三出阙，形制基本相同。阙门宽29米。南阙46米，主阙（即母阙）长29.5米，宽15米。在主阙和第一子阙的中部，有一"甲"字形夯土台基，长34.5米，宽4.5~10米，从周围发现的大量筒瓦、板瓦、红烧土和木炭判断，上面原来有建筑，而且还绕以回廊。① （见图1-14）

秦始皇陵园的阙，既可以看作陵阙，也可以视作门阙。它应是冀阙之后最高等级

---

① 陕西省考古研究所、秦始皇兵马俑博物馆编著：《秦始皇帝陵园考古报告（2000）》，文物出版社，2006年。

的阙制。在两主阙之间是否有空中的飞阁,不得而知,但有共通的一点是不容置疑的,即保留着观的作用。从形制上看,我们也不能不承认:秦始皇的陵阙是冀阙的继承与发展。两汉时代是用阙的鼎盛期。我们既看到两阙之间有罘罳,也看到更多的简化了屋形的标志性阙。前者延续时间长,一直用在皇帝的都城与陵墓上,像汉长乐宫、未央宫、建章宫都有阙。未央宫曾经"东阙罘罳灾"(《汉书·文帝纪》)。唐懿德太子墓壁画上,仍保留有三出阙的建筑形象。后者的实物材料较多,大多保留在寺院和达官显贵者的墓前,又以单阙独存者为多。2001年发掘出土的乌杨阙是保存最好的石质汉阙,为重檐庑殿顶双子母阙,通高5.4米,宽1.7

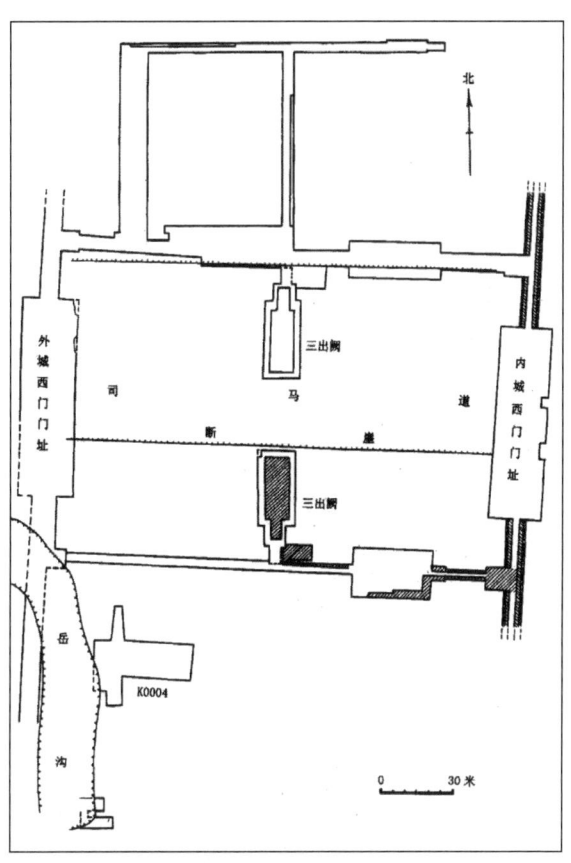

图1-14 秦始皇陵园西门阙遗址平面图

[选自陕西省考古研究所、秦始皇兵马俑博物馆编著:《秦始皇帝陵园考古报告(2000)》,文物出版社,2006年]

米,主要由顶盖、阙体和基座三大部分构成。顶盖出檐宽,阙体收分大,构造简洁,显得挺拔、巍峨。建造年代在汉末、魏晋之间。

由秦冀阙起,尔后出现最高等级的三出阙,一直延续到隋唐,当是皇帝用阙的主线。模型化了的阙式,应用广泛,应是先秦以来阙式在发展中产生的另一支脉。

二、更筑宫城

1973年11月至次年4月,秦都咸阳考古工作站围绕冀阙宫庭做大面积钻探。由笔者亲手操作大平板测量仪,把宫城测绘在图纸上,但长时间里并没有引起人们的注意。

探测出的宫城呈长方形,西墙紧压在窑店去韩家湾的十三号公路上,东墙在姬家道,南北两道墙分别位于牛羊村的原下和原上。在宫墙之内分布着8处大型的宫殿建筑遗址，其中的冀阙位于城北部偏西处，西南有三号宫殿遗址，西北方包括了二号宫殿遗址的南中部，城东北部的姬家道西则是高6米的咸阳宫别殿遗址。城南半部在原下，地势较为开阔平坦，发现多处路土和小面积夯土。此道城墙的东墙和南墙的基部保存较差，断断续续，但走向明确。南墙长902米，北墙残长843米，西墙长576米，东墙426米，估计全城周长2747米。墙基宽5.5～7.6米，距地表深1.4～2.2米。经试掘知，在墙基中夹杂有战国时期的瓦砾和鬲、釜、盆、罐等生活陶器残片，说明此道夯土墙和冀阙宫庭建筑属于同一时代。

《水经注·渭水》："渭水又东北径渭城南。文颖以为故咸阳矣，秦孝公之所居离宫也。……至孝公作咸阳，筑冀阙，而徙都之，故《西京赋》曰：'秦里其朔，实为咸阳。'"薛综注："里，居也；朔，北也。秦地居其北，是曰咸阳。"由冀阙宫庭的城内布局看，宫庭建筑位于城的北半部，居高临下，当是秦公及诸王处理政务的朝寝区；南半部在原下，是大道和一般性建筑。因为城的范围不太大，作为宫城的作用和性质也较为明显。此城持续时间长，咸阳再无郭城的发现，从这个意义上讲，它作为"故咸阳"的早期之城，笔者以为未尝不可。

三、编制户口

商鞅"令民为什伍"，即五家编制为一个基层单位——伍，两伍编为一"什"，其长曰"伍长"（或曰"伍老""伍伯"）、"什长"。[①]按军队组织编制户籍的作用在于：一是在地方上"相牧司连坐"，实行"连坐法"，五家担保，十家相连，要什伍之内各家人人相互监督，随时告发"奸邪"，对告者行赏，对知而不举者处腰斩的极刑，对隐匿者除诛其身外，还要没收其妻子为奴，以确保社会秩序的安定；二是由于"卒伍政定于里，军旅政定于郊"（《管子·小匡》），兵、民组织对口，便于什伍赴战，适应快速征兵和军中同伍人相保的需要。

咸阳市民的户籍，同样是以一个壮男为主组成的家庭单位。为实现按人口征收赋税，商鞅变法还规定："民有二男以上不分异者，倍其赋。"迁都咸阳后，再次"令民父子兄弟同室内息者为禁"。（《史记·商君列传》）当然，这种禁令对改造聚族而居的落后习俗也具有一定的积极意义。

---

① 《管子·立政》："十家为什，五家为伍。什伍皆有长焉。"《韩非子·外储说右下》："王因使人问之何里为之，营其里正与伍老屯二甲。"

第二章 咸阳在秦统一事业中扩大

商鞅变法之后，秦国的封建制已经确立，生产力得以解放，社会经济飞速发展。秦王已经有了冲出函关，问鼎中原的企图。伴随着对外战争的胜利展开，咸阳在秦孝公奠定的基础上，经过惠文王、武王、昭襄王、孝文王和庄襄王五世近百年时间的营建，规模急骤扩大，已经越过渭河向南、向东发展。宫殿台观、阙庙苑囿分布在渭河两岸，星罗棋布，蔚为壮观。

公元前350年，秦孝公筑冀阙宫庭形成了首都咸阳的雏形，秦惠文王"取岐雍巨材，新作宫室。南临渭，北逾泾，至于离宫三百"，对咸阳做了新的开拓。

昭襄王对国都的建设有新建树，他的功绩表现在：一是在渭河上架设横桥，便利了南北的往返；二是放弃渭北王陵区，在渭南另辟芷阳陵区；三是在近郊和远郊修建了很多离宫别馆，把咸阳国都的统辖范围推到了更大的地域；四是对秦国内治外拓，卓有成效，其磁石般的吸引力使得很多诸侯国士子西向入秦。

自昭襄王始，秦王朝的政治中心逐渐南移。咸阳地跨渭河南北，"咸阳"一名原来的意思"山南水北俱阳"再也不能概括发展变化了的地理特点。秦始皇之前，秦都咸阳的布局是：政治重心仍然主要在渭北，而寝庙和皇家苑囿则分列于渭南的东、西两区，诸多宫殿建筑都是以渭水为东西轴线向南北伸展开来的。到了秦始皇时代，国都规模进一步扩大，内容更加丰富，在布局上甚具浪漫色彩，这就是《三辅黄图》说的："始皇兼天下，都咸阳，因北陵营殿，端门四达，以则紫宫象帝居。渭水贯都以象天汉，横桥南度以法牵牛。"沿着北原高亢的地势，营造屋宇，殿门朝四个方向开着，处于中心的正殿是按天帝常居的"紫宫"规划的。咸阳雄伟壮观的规模，充分显示着帝国的威力，实际上也是王权意识在都城建设上的具体反映。

第一节
咸阳日趋繁荣的社会风貌

一、秦国封建经济的迅速发展

(一)农业生产

公元前338年,秦孝公去世,即位的秦惠文王就是在商鞅变法初期触犯禁令的那位太子驷。他在被夺爵削职的宗族贵戚和犯法受罚者的包围下,受到复仇情绪和报复思想的煽动,出于君权集中的考虑,无情地逮捕了元老重臣商鞅,并把他处以车裂的极刑,还残酷地杀害了他的全家。

商鞅虽死,秦法未改。封建制的生产关系既经确定,生产力得到解放,秦国的封建经济随之就有了长足的发展。

商鞅变法时"为田开阡陌封疆",取消了奴隶制土地占有制的标志,实行军功赏田和授田制,使土地从国有制迅速向私有制转化。随着对外战争的不断,国家按赐爵等级给予"田宅""臣妾",使获爵者和服役者得到了土地与劳动者,并进而成为地主,封建的剥削关系也由之确立。农户通过授田得到的份地成为私产。国家还令百姓"任其所耕,不限多少"(《文献通考》),只向他们收取租税,并令"民得买卖"(《太平御览》)。承认土地私有,就从根本上废除了奴隶制土地占有制,确立起封建的土地私有制。推行重农抑商政策,强调"国之所以兴者,农战也""尊农战之士"(《商君书》),定使"耕织致粟帛多者复其身,事末利及怠而贫者举以为收孥"(《史记·商君列传》),有奖有罚,从而大大激发了获得土地的农民生产的积极性。秦昭襄王鉴于"三晋地狭人贫,秦地广人寡",除继续实施秦孝公颁发的《垦草令》,鼓励人民垦荒,发展生产外,还采纳了招徕"三晋之人,利其田宅,复三代无知兵事,而务本于内,而使秦人应敌于外"(《文献通考·田赋》)的建议,使其改变奴隶身份,既增加了农业劳动力的投入，又削弱了三晋的生产力和战斗力。本来，秦国早就采用了"以牛田，水通粮"（《战国策·赵策》），显然，牛耕的效率比耦耕提高了好几倍。秦国还比较早地用铁制作农具①，遂使更多地开辟荒地和深耕细作成为可能。此外，一些大型水利灌溉工程的完成，使粮食产量大面积提高，秦国国力得到增强，收到了巨大的经济效果。

秦昭襄王时，蜀守李冰看到岷江从上游丛山中夹带来的砂石一进入成都平原就随流速的减缓而堆积于河道，遇雨季则泛滥成灾，遇淡季又枯水干旱，于是，同儿子二郎察看地形，总结经验，发动群众，着手治理岷江。他在灌县一段的岷江鸡心滩脊上用卵石筑堤（即"分鱼嘴"），把来水分成内江（在东侧）和外江（在西侧）两支。再在内江的玉垒山嘴处凿开一条渠道（"宝瓶口"），其左侧开出若干支渠以引水灌田，右侧筑起可分流洪水的飞沙堰作为溢洪道。两江并用，交替疏浚，再同江边截水的"杩槎"设施（活动的竹木三脚架同装卵石的竹篓配合）配套，从而调节水量，保障了农田的灌溉和洪水的防治，使多种效益一体化。（见图2-1）都江堰工程的完成，"用溉田畴之渠以万亿计"（《史记·河渠书》），使成都平原300多万亩土地摆脱了长期来遭受水旱的困扰，变成肥沃良田，造就了"水旱从人，不知饥馑，时无荒年"（《华阳国志·蜀志》）、沃野千里的天府之国。至今还存于那里的二王庙，享受着祭祀，表达着历代人民对"为官一任，造福一方"、办实事、干好事的伟大的水利专家父子的崇敬之意。②

古代渭河南岸的丰镐地区，河流纵横，水量充沛，农业早已发达。《诗·小雅·白华》就有"滮池北流，浸彼稻田"的句子。但泾、渭以北的广大地域虽然地势平坦，却

---

① 秦国不但用铁制造农业生产工具的时间早，而且铁农具的使用也较为普遍。《诗·秦风》有"驷驖孔阜"的句子，是以铁来比喻马的颜色。周人已经"取厉取锻"（《诗·大雅·公刘》），学会了使用锻铁。秦继周，改用铸铁制造工具，在春秋战国的秦墓中多有出土。凤翔秦景公大墓中就出土有10多件铁铲、铁锸和铁削，其制作时间当在入葬的时间（公元前537年）之前。高庄的46座秦墓中就出土了铁器56件，其中仅起土的工具——铁锸就有7件。这些情况说明，自春秋晚期起，农具就渐次以铁质为主了。拙著《秦始皇陵研究》曾记，1970年冬在始皇陵园内城北门外，发现大铁铧1件，通长25厘米，有銎口的脊长5厘米，高1厘米。在秦俑坑、食官遗址、寝殿建筑遗址、居赀役人墓地、上焦村秦墓、马厩坑，出土铁锸46件、铁铲5件、铁锛20件、铁锤10多个，还有铁斧、刮刀、削、锛、錾、抬钩多件。此外，在西安半坡、咸阳、大荔、蓝田、凤翔、宝鸡等地，也有战国秦铁农具出土，其中农具、手工工具的种类齐全，基本满足了农业和手工业生产的需要。

② 1974年3月和1975年1月，先后在都江堰渠首发现了两尊石雕人像，前者是李冰像，身上题铭作："建宁元年闰月戊申朔廿五日都水掾尹龙长陈壹造三神石人珍水万世焉。"后者是一持锸的劳动者形象。"建宁元年"是公元168年，可知李冰雕像刻于东汉末年的灵帝时。"都水掾"和"长"都系水利工程维修和管理的专职官吏。《华阳国志·蜀志》载："于玉女房下白沙邮作三石人，立三水中，与江神要，水竭不至足，盛不没肩。"那么，此持锸石像可能是"三神石人"中的一个，系当时立的"水则"。参见文物编辑委员会：《文物考古工作三十年（1949—1979）》，文物出版社，1979年，第355页。

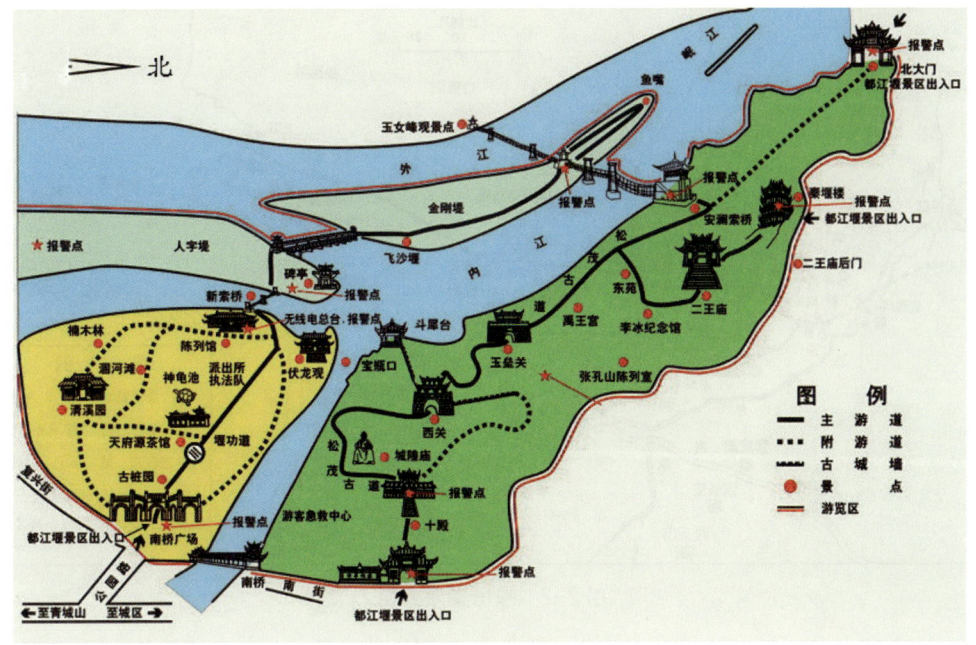

图 2-1 都江堰地区图

（旅游图改制）

不能灌溉而要等雨下种，而且东部的今蒲城县西南又有大片的"泽卤之地"不能种植。秦王政元年（公元前246年），韩国来了一位水利工程学家郑国，在渭北旱原开始施行一项沟通泾水与北洛水的凿渠工程，这就是著称后世的郑国渠（见图2-2）。

《史记·河渠书》载：郑国渠"凿泾水自中山（今陕西泾阳县西北），西抵瓠口为渠，并北山，东注洛，三百余里。欲以溉田……用注填阏之水，溉泽卤之地四万余顷"。"瓠口"，即古焦获泽（也作焦护泽、焦获泽，地在陕西泾阳县西北）；"北山"，指的是泾阳县的北仲山，三原县北的嵯峨山，富平县北的将军山、频山，蒲城县北的尧山、金粟山。在这里，我们结合《水经注》对郑国渠流经的具体地名的记载及考古调查材料，可以确认：引水的渠口在今泾阳县西北王桥镇船头村西北、礼泉县烟霞镇湾里王村东南之间的泾河东岸。渠口宽15～20米，深7米，渠堤自西北向东南延伸高约3～5米。总干渠向东，经王桥、石桥，东北经马家堡至云阳镇西北，后沿嵯峨山南麓向东，与冶峪河河道重。东至清峪河入冶峪河口，东北流经三原县北鲁桥镇南。向东，在楼底坡与自北而南的浊峪河重合，直至康家堡。继续向东，今泾惠一支渠到阎良区北的一段，仍是郑国渠的故道。渠水再沿富平县南原（荆原）的南侧东流，绕过原头向西北流，横绝石川河（沮水），于中合村、马家堡一线向东又横绝温泉河—苇子河（漆水），东过西安市

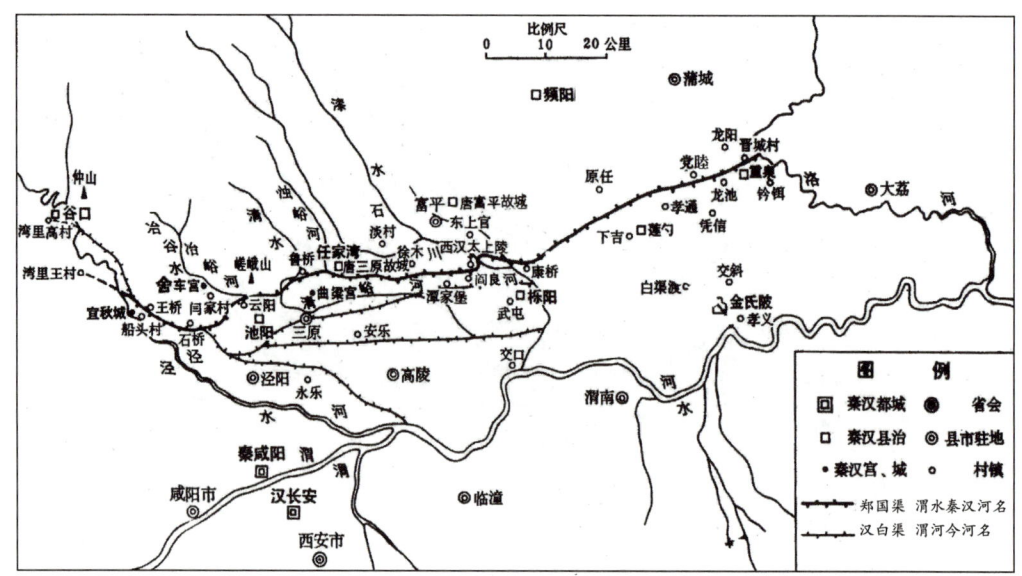

图 2-2 郑国渠示意图

阎良区康桥、关山街道北。向东北流，由蒲城县荆姚镇入境，经县南卤阳湖（唐后变成"卤泊滩"）南畔，过孝通、党睦、钤铒，在县东南的龙池镇晋城村（秦重泉县治）南入洛河。全长126.03公里。①

---

① 关于郑国渠渠首的引水方式，有两种说法。一种是《人民日报》（1986年7月3日）、《中国文物报》（1986年8月22日）和《农业考古》（1987年第2期）报道，说"发现拦河大坝2300多米，坝底宽100多米，顶宽10～20余米，离地面残高5～6米"，并说坝体"由60%黄沙土、30%黑红土、10%细砾石混合堆积而成"，是"未作夯砸的土坝"，在大坝内侧（北部）的"三角形地带为蓄水区，是我国已发现的最早的水库"。很明显，这一说法认为郑国渠是通过在泾河上筑坝建库蓄水而引水的。另一种是《文博》（1989年第1期）载文，说陕西省泾惠渠管理局组织水利专家在古瓠口地带，即泾河大湾口附近，发现渠口断面两处，间隔百米，高程一致。还在引水口东南发现长500余米、高7米左右的古渠道遗迹一处。其结论是"郑国渠是无坝自流引水"，并通过分析认为"筑坝建库蓄水"不能成立。因为《史记》记载是"凿泾水"为渠，而非"栏"或"截"。"用注填阏之水，溉泽卤之地"并不是塘库中的清水。且见"土坝"而没有溢洪道和渠道输水设施（将水库水引入渠道），是不符合建库蓄水工程的要求的。他如库区范围小，难以蓄洪和防淤，"土坝"质量和"水库"淤积的论证不足等。

对这两种说法，笔者以为前者所谓筑堤蓄水再引流是行不通的。因为在滔滔不绝的泾水上修筑拦河大坝谈何容易，这在古代是绝对办不到的。如此推断不符合"凿泾""填阏"的文献记载。如果这样做了，泥沙淤库之患也在所难免。这样一个明显的起码道理，在具有治水经验的郑国是绝对不会犯错的。所以，开渠自流是必然的引水方式。

在探讨郑国渠沿途所经之地时，文献依据是《水经注》，这无疑是对的。但如对文献理解有偏差，对古今地理变化缺乏历史性的了解，结论就会与事实出入很大。孙达人先生以为"自沮水以东，郑国渠的下段首先经过了今天富平县美原镇南面当时名叫当道城之南附近的地方，至少其中一部分渠道即为频水"（孙达人：《郑国渠的布线及变迁考》，见黄留珠、魏全瑞主编：《周秦汉唐文化研究》第1辑，三秦出版社，2002年）。首先，频水自东北向西南流，中下游即今温泉河、苇子河，郑国渠不可能逆流而上；其次，"美原镇南面当时名叫当道城之南附近的地方"，海拔486米，远远高于渠口（445米），比郑国渠横绝沮水处高了60多米，这在没有提水升高的古代，郑国渠怎么会爬高呢？所以，孙达人的看法有违常识，是绝对不能成立的。

郑国渠之所以成为世界水利工程史上的壮举，就在于设计科学，内容配套。它由引水渠、总干渠、支渠和"横绝"等主要工程项目组成。首先，渠口选在峡谷之口，使引水渠同泾水主流形成适当的夹角，并"立石囷以壅水"，加快了流速。干渠紧傍北山，就能最大限度而有效地控制南侧的全部灌区，扩大了灌溉面积。其次，测量精确，选线合理。测知渠口的海拔高程是445米，然后沿430米到入洛处365米间的二级阶地上自西而东径流，平均坡降6.4‰，就保证了各支渠自流引水、均匀浇灌。沿途接纳了北山南下的诸流（冶峪、清峪、浊峪、漆、沮等水），采用"横绝"工程措施，增加了干渠的总水量，又合理地利用泾水这"泥河"的特点，淤漫盐碱地，改变土壤，增加了产量。郑国渠建成后，经济效益是极为显著的，灌溉"四万余顷"（合今276.8万余亩[①]）土地，亩产量达到"一钟"（约合今251.1斤[②]），每年可获得谷子7亿斤左右，正如伟大的史学家司马迁说的，"于是关中为沃野，无凶年，秦以富强，卒并诸侯"。时隔40多年，楚汉相争，萧何"转漕关中，给食不乏"（《史记·萧相国世家》），把粮食运到荥阳前线，有力地支持刘邦，取得了战争胜利，被推为首功，足见郑国渠的作用。即使到了今天，泾惠渠及其某些支渠，还是沿用着郑国渠的故道。

秦国政府重视发展农业生产，把对农业的组织管理纳入法制化轨道。《商君书》中多处强调耕战政策和富国强兵的关系，并通过赏刑的办法来推行。云梦秦律竹简中的《田律》《厩苑律》《仓律》《徭律》《效律》《司空律》等，就是对农业全面管理的多种经济法规。在施行上，要求明确，办法具体，对各级官吏和生产者是有奖有惩的。"雨为澍，及秀粟，辄以书言澍稼、秀粟及垦田暘无稼者顷数。稼已生后而雨，亦辄言雨少多，所利顷数。旱及暴风雨，水潦、螽虫、群它物伤稼者，亦辄言其顷数。近县

[①] 秦制："六尺为步"（《史记·秦始皇本纪》），"二百四十（步）为亩"（《太平御览》卷七百五十引《一行算法》）。据测定，1秦尺为0.231米，那么，换算如下：

1秦亩＝$(6×0.231米)^2×240=461.039$米^2

合今市亩为461.039÷666.67=0.692（亩）

4万顷合今亩数为：4000000×0.692亩=2768000亩

[②] 《左传·昭公三年》："釜十则钟。"杜预注："六斛四斗。"据商鞅方升测知，秦1斛为20100毫升，今1升为1000毫升。则秦1钟=20100×6.4÷1000=128.64（升）。这实际是1秦亩（合今0.692亩）谷子的产量，合今亩产为128.64升÷0.692=185.9升=1.86石。

据知，1市石谷子重约135斤，亩产折为衡制为135斤×1.86=251.1斤。

从农业科研部门获知，1949年关中平原（含灌区）的产量是146.55斤/亩，1996年高达698.32斤/亩，但这是各种粮食的综合产量，如果是谷子的单产量，数字恐要下降。但无论如何，总可说明郑国渠浇灌后，谷子的产量提高，大大地超过了新中国成立前的产量。

令轻足行其书，远县令邮行之，尽八月□□之。"（《田律》）对于下雨与否、庄稼生长情况，影响农作物的各种灾害等，都要及时用书面形式报告，表现了秦政府对农情的重视。尽量挖掘劳动潜力，创造耕作条件，不违农时，都要管理官吏极力做到。《司空律》规定："居赀赎债者归田农，种时、治苗时各二旬。"意为对以劳役抵债的人，在播种和禾苗管理季节，可各给20天假。借用官府的铁农具，如因破旧而用坏的，可用文书上报消耗，"受勿责"，即官府收下原物而不要求赔偿。（《厩苑律》）对耕牛的饲养，每年内定期评比，满年要大考核，对"最"（优）、"殿"（后）进行奖罚。对养牛成绩佳者，"赐田啬夫壶酒、束脯，为皂者除一更，赐牛长日三旬"，即：赏给田啬夫酒1壶、干肉10条，赏给牛长资劳30天，还免除养牛人一次更役（30天）。但对评为劣等的，则要"訾田啬夫，罚冗皂者二月"，即要申斥田啬夫，罚养牛人资劳两个月。

由于秦国有重农思想及相应的农业政策，从长期实践积累的经验中也能反映出农业生产技术的提高。《吕氏春秋》一书中收有《上农》《任地》《辩土》和《审时》四篇论文，是公认的中国较早出现的总结农业的调研成果，其中除《上农》是讲农业政策外，其他三篇都是论述从播种到收获的一整套农业生产的经验和技术知识的。强调重农，制定禁令，使人民不害农时，主张"农攻粟，工攻器，贾攻货"（《上农》），显然是对商鞅"困末作而利本事"政策的一种修正，从中也不难看出秦国经济发展、国力增强的动因。

正因为耕战政策的贯彻和一系列先进生产措施的施行，秦国农业得到迅速发展。农业丰收，产量增加，不仅改善了人民的生活，也使国家有了更多的粮食储备。云梦秦简《仓律》说，首都咸阳的太仓一积（一个仓库单位）可盛粮"十万石"，栎阳仓一积盛粮"二万石"，即使一般的仓库，一积也能盛万石粮。粮多，草也多，咸阳的"刍稿"（饲牲畜的干草，主要是禾秆类）仓库是"二万一积"，也较地方的大一倍。这些粮草仓库有着严格的管理制度，不但有高高的墙垣，而且严禁烟火和闲杂人员接近。咸阳的太仓，还由职掌京师的内史派有重兵把守。（云梦秦简《内史杂》）由于农业丰收，秦国社会上也出现了"民殷富"、"蓄积饶多"（《战国策·秦策》）、"庶人之富者累巨万"（《汉书·食货志》）的新局面。《史记·货殖列传》说："关中之地于天下三分之一，而人众不过什三，然量其富什居其六。"此估计当否，值得探讨。因为汉初要从山东漕转粮食供应京师，岁输数十万石，武帝时最多达600万石。那么，秦国时期是否进粮？从陈留（今河南开封市祥符区陈留镇）敖仓（在今河南荥阳市敖山上）运漕粮大概是可以肯定的，但秦国粮草饶多也是不可否认的事实，再加上巴蜀地区的粮食通过秦岭和巴山中的"千里栈道"源源运入关中，就使得秦国"仓粟多"、"富十倍天下"（《史记·高祖本纪》），为"倾邻国而雄诸侯"（《汉书·食货志》）准备了物质前提。

（二）手工业制造

因为耕战对武器装备、生产工具的需要，以及统治阶级和一般人民衣食住行的需要，从实用的前提出发，秦国政府异常重视手工业的发展和管理，因此其手工业门类齐全，技术精进，产品质量也堪称上乘。

青铜铸造是传统的手工业。秦国据有西周故地，大量"周遗民"中多有掌握青铜制造技术的工匠，但因辖地小，铜材来源受限而并没能造出如西周那样厚重硕大、纹饰繁缛、器形多样而精美的青铜重器，即使有一些礼乐器，数量也极少，制作上并未摆脱西周之遗风。然而，秦国首先把有限的铜材用来制作数量最多、器形最小的戈、矛、镞、削类兵器，其次才是供少数贵族用的铜容器和生活用器、工具等，如鼎、簋、壶、钫、瓿、盘、匜、豆、鬲、盆、蒜头壶、带钩等。凤翔发现的铜钉，作为建筑的构件，应该说是一个特例。至于车马器、装饰品，数量也极少。

在秦孝公之后，战争的需要刺激了军工生产。兵器制造由国家统一掌握，从中央到郡县一级的政府都拥有相当数量和规模的官营手工业作坊，按三级（督造者、主造者和造者）监造制，遵照国家颁发的标准（"程"）进行生产。秦有"十三年少府工檐"铜矛，太原出土有秦王政五年相邦吕不韦少府戈。由铭文知，作为中央九卿之一的"少府"不但是全国手工业的最高领导机构，而且也设立作坊从事兵器和其他军需用品的生产。它的下属官署"中校署""掌舟车、杂兵仗、厩牧"（《通典·职官九》）。"寺工"则是专为王室造兵器和车马器的官署。秦俑坑出土有20多件寺工兵器（戈、矛、戟、铍等）和车马器。军工产品藏之于武库，但武库也可以造兵器。中央可以设武库，如雍、栎阳、咸阳都有武库，郡也可以设武库，设武库的郡有上郡、河东郡、蜀郡、陇西郡、上党郡。库冶地点也非一处，像咸阳就有"武库""北库"，上郡就有漆垣（今陕西佳县）、高奴（今陕西延安市安塞区西北）、图等。秦俑一号坑前五方、二号坑试掘方和三号坑共出土青铜兵器41924件，占兵器总数的1.28%，种类齐全，有当时冷兵器中的远射、长兵和短兵三大门类，其造型规正，冶铸和外加工技术也是高超的。剑的铜含量是71%～76.32%，锡含量是18.02%～22.13%，二者的比例接近3∶1，大体符合《考工记》关于"三分其金而锡居一，谓之大刃之齐"的配比要求。青铜戈、矛的光洁度达到9～10。三棱铜镞的三个棱都呈微凸的弧形，其横截面作等边三角形，用精度0.01毫米的外径千分尺校量，数量最多的Ic式镞三边误差为6.5%～8.5%至11.5%～33.5%。①至于秦始皇陵西侧出土的两乘驷马铜车，虽则只有原物的二分之一，但制作精细，结合严密，通过铸造成型，再经锉、磨、冲、凿、钻等手法，采用镶嵌、拉拔、焊接、套接、插接、铆接、活铰连接、销钉固定等机械技术，把423种计3700个零部件（其中一号车202种1828个零部件，二号车221种1872个零部件）组合成一体，表施彩绘，华丽鲜明，堪称彩绘的铜铸艺术佳作。事实雄辩地说明：秦的青铜制造业服从耕战的需要，制作技术高超。

战国末期，秦国已重视采矿和冶铁业。官府中专门设立了"左采铁""右采铁"（见云梦秦律竹简）的官吏。司马迁的四世祖父司马昌曾做过秦的"铁官"。但是，秦国产铁地少，且矿床贫，又多呈鸡窝状分布。在秦都咸阳的冀阙宫庭遗址中发掘出环首铁钉30个、三角活铰链6个，还有几件铁刀和铁环，但都是小件。只有西安半坡战国秦墓出土的24件铁器是个特殊，其中除锄、板片和凿各1件外，铁带钩就有21件，最长的达16.8厘米。其中铁锄是锻打锤成薄片，再将薄片折合锻接而成的。而始皇陵园出土的都是实用的工具，如起土的铁锤30件、铁铲5件、铁锛头20个、木工用的铁斧20件，还有铁凿、刮刀和削等，硬料加工工具有铁锤10个，铳、扒钩、抬钩近40件，还有铁拴板等。②秦简中也有百姓向政府"叚（假）铁器"的律文，说明铁器还不普遍，所以才把有限的铁用来制造农具和手工工具。带钩是用铁做成的佩饰，也说明铁的数量少而珍贵，还没有到代替铜器的时候。正因如此，秦的冶铁铸造还是由国家控制着，而且只能在官府手工业作坊中进行，后来也只是到了军事占领魏、赵等国的产铁地之后，情况才发生了根本性的变化。

与铜器制造业、冶铁铸造业并称"三大支柱产业"的制陶业，因为同国计民生直接关联，又多是就地取材，就显得特别普遍而活跃。作为中央官营制陶工场，除生产供皇室生活用的陶器外，为适应城市宫殿和陵墓建筑的需要，还大规模生产建筑用陶。在秦

---

① 王学理：《秦俑兵器刍论》《秦俑坑青铜兵器的科技成就管窥》等，见王学理：《秦俑专题研究》，三秦出版社，1994年。
② 王学理：《秦陵彩绘铜车马》，陕西人民出版社，1988年；王学理：《秦始皇陵研究》，上海人民出版社，1994年。

都咸阳和始皇陵园发现有大量的砖、瓦当、下水管道、漏斗、井圈等文物和窑群遗址。秦俑3个坑，用条砖230350块，墁铺地面9537.65平方米，可见用量之大。而7000多件陶武士俑和636匹陶马的制作，则是由雕塑、焙烧和彩绘等一套连续工艺组成的特殊的劳作，其烧成温度950～1050℃，均已烧结，表明了对陶土与砂的配比、焙烧中两次收缩的火候的掌握，都是成功的。至于民营制陶业，其产品多是以人民的日常生活用陶器为主要内容的商品。秦都咸阳遗址出土的陶器上多盖有"咸亭""□里"印戳，亭、里、工名连贯，标明它是某市署管辖下某里某人的产品，具有广告性的作用。在始皇陵区见有带"丽亭""丽市""焦亭"印戳的陶器。杜亭当在今西安市西南的杜城，但在渭北也发现带"杜亭"印戳的陶器。同样，在始皇陵又发现有带"咸亭"的陶器。这说明陶器作为一种商品，销售并不限于本地，是可以异地交换的。

他如金银细工、玉器雕琢、漆器制造、丝麻纺织等手工业门类，在有秦一代都有长足的发展。冀阙宫庭遗址的一处窖穴中曾出土有一包已经炭化了的衣服，均是平纹的丝绸织品，计有锦、绮、绢等种。单衣、夹衣、丝绵衣和包袱分别由平纹绢、丝绵、绢地锁绣、锦、麻布做成。虽然原来的颜色已经看不出来，但可以看出是由轵菱纹作为主体纹样，间以动植物纹、几何纹作二方连续图案，显得很华丽，表现了高超的织、染、绣技术。秦俑武士着革铠，秦律中又常见贳甲盾的条文，可知甲的数量是巨大的。秦政府专门设有皮革制作工场，"官府臧皮革，数炀风之"（云梦秦简《效律》），表明了制铠的原料也是专供的。

（三）商业活动

春秋时代早期的秦国，随着交换的发生已经有了商业贸易活动。在秦墓中多次发现以海贝与石贝随葬[①]，"用作装饰"显然是说不通的。海贝、石贝属于早期的货币形态，在社会商品流通过程中充当价值尺度进行支付，在死者无疑是一种拥有财富的反映。凤翔雍城秦市遗址的探出，是秦国设市贸易的最好说明。秦穆公曾允许"贾人"贩盐，并向他们征税，于国于民于商都有好处。栎阳处于"北却戎翟，东通三晋"的地理位置，"亦多大贾"。（《史记·货殖列传》）"栎市"陶文的发现，其与"初行为

---

① 1963—1964年，在宝鸡阳平镇秦家沟村秦墓中发现海贝3枚、石贝4枚（陕西省文物管理委员会：《陕西宝鸡阳平镇秦家沟村秦墓发掘记》，载《考古》1965年第7期）。1976年，陕西凤翔八旗屯秦墓中，出土海贝38枚、石贝5枚［陕西省雍城考古工作队吴镇烽、尚志儒：《陕西凤翔八旗屯秦国墓葬发掘简报》，见文物编辑委员会编：《文物资料丛刊》（3）］。1986年，在陇县边家庄五号墓出土石贝290枚（陕西省考古研究所宝鸡工作站、宝鸡市考古工作队：《陕西陇县边家庄五号春秋墓发掘简报》，载《文物》1988年第11期）。

市"记载的一致性，正是战国时期秦国商业活跃的证明。

商鞅变法时虽推行重农抑商政策，但并非禁绝一切合法的商业活动。他说"农、商、官三者，国之常食官（职）也。农辟地，商物，官法（治）民"（《商君书·弱民》），这表明他已明确地认识到商业是国民经济不可缺少的部门，能够起到沟通有无的作用。在分析金（货币）与粟（粮食）的矛盾运动时，他认为"金生而粟死，粟死而金生。……金一两生于竟（境）内，粟十二石死于竟外；粟十二石生于竟内，金一两死于竟外"（《商君书·去强》）。他虽强调财富的增加有赖于发展农业生产，但忽视了手工业生产的作用和商品流通对生产的促进作用，因而制定的抑商政策（如"使商无得籴，农无得粜"、"重关市之赋"使商人服徭役而"商劳"、"食贵，籴食不利"等）主张"市利尽归于农"（《商君书·外内》），就大大地打击了商人，限制了商业的发展。

秦国经过商鞅变法，农业、手工业发展起来了，同时也促进了商品经济的发展和商业交换的活跃。农民以家庭为单位的个体经济的发展，已经"农有余粟，女有余布"，为互通有无的商业活动提供了剩余产品。而《商君书·垦令》中有"以商之口数使商，令之厮、舆、徒、重（童）者必当名"的规定，叫商人劳作的仆役按名籍服徭役，足见私营商业生产规模之大。《史记·货殖列传》说"燕、秦千树栗""渭川千亩竹"之家，是富同"千户侯"封君的。《汉书·地理志》也说"鄠杜竹林，南山檀柘，号称陆海"。这些农副产品直接出售，或经过再加工，推上市场，才真正变成了财富。

秦国商品经济发展迅速，咸阳、栎阳、成都及其他通都大邑，依仗着具有相当规模的商品生产，辟有市场，进行专门的商贸活动，就连小地方也有集市的存在。金属铸币的广泛使用，在商品交换中充分发挥了它作为支付手段的功能。

战国时期，进入交换领域的商品只是剩余的农牧产品和手工业制品，包括粮食、家畜、家禽、蔬菜及各种陶器、木器、漆器、铁器和纺织品等。

二、秦国新兴地主阶级政权的巩固

（一）官僚体制的建立

商鞅变法确立了秦国新兴地主阶级的政治统治，其政权形式实际上是在以后的年代里逐渐完善和强化的。

"秦无所谓封建诸侯之制度也，但有武功封爵之法。"[1]秦孝公时，商鞅制定的爵位有二十级，其爵秩由小到大依次为：一曰"公士"，二曰"上造"，三曰"簪袅"，四曰"不更"，五曰"大夫"，六曰"官大夫"，七曰"公大夫"，八曰"公乘"，九曰"五大夫"，十曰"左庶长"，十一曰"右庶长"，十二曰"左更"，十三曰"中更"，十四曰"右更"，十五曰"少上造"，十六曰"大良造"（即"大上造"），十七曰"驷车庶长"，十八曰"大庶长"，十九曰"关内侯"，二十曰"彻侯"（又名"通侯"或"列侯"）。（《商君书·境内》《汉书·百官公卿表》）秦的爵制行的是军功爵，而且也不是商鞅变法时一次完善的，就连爵位名称也不是自成一体形成的，但是，官秩仍被纳入爵等的行次之中，就使得官职往往又同爵位不分，特别是十六级大良造以上的爵名往往还被借作官名，因而就出现了两爵相叠的现象。这时，秦国最高的官职是大庶长、大良造。传世的商鞅铜器有4件，即公元前349年的"十三年大良造鞅戟"、公元前346年的"十六年雍戈镦"、公元前344年的"十八年商鞅方升"和公元前343年的"十九年商鞅殳镦"。其中的十六年和十九年两器铭文中，都是大良造与庶长连称。由秦早期官职在前、爵位在后的铭例知，孝公十年（公元前352年）前的"大良造"是官名，与之相连的"庶长"则是爵称。

秦始皇统一六国之后，建立了一套中央集权制的国家机器，为历代所遵循。其中央政权组织形式采取的是皇帝之下的三公九卿制，即：丞相、太尉和御史大夫分管全国的行政、军事和监察，三权并立，统由皇帝节制；九卿则是中央政府的高级官职，分管皇室各方面的具体工作。这一政权组织的模式，实际上在商鞅变法后的秦国就逐步形成并臻于完善，遂使地主阶级政权日益稳固。

秦惠文王前元四年（公元前334年）有"相邦樛斿戈"（《贞松堂集古遗文》12.9），十年又任命张仪为"相"（《史记·六国年表》）。实际上，相的全称是"相邦"。[2]秦武王二年（公元前309年）"初置丞相"，令樗里疾和甘茂分别担任左、右丞

---

[1] 马非百：《秦集史·封爵表》，中华书局，1982年，第876页。
[2] 传世的四年相邦樛斿戈，据尚志儒从戈铭排列、戈形演变、监造制度方面比较，以为"四年"系秦惠文王的前元四年。此看法是可从的，再从惠文王四年封宗邑瓦书的"大良造庶长游"刻铭看，他就是樛斿。至于同年同人的官名两称（相邦、大良造），那只能认为时间有先后。因此，笔者以为刻瓦书在先，铸樛斿戈在后。
秦设相至迟在惠文王前元四年；自此起至秦王政十年（公元前237年）免吕不韦相位，"相邦"之称历时98年未变。出土的"相邦"兵器为我们提供了比文献记载更可靠的证据，因为它不存在后世避讳之嫌。如见有：1.四年相邦樛斿戈（秦惠文王前元四年，即公元前334年）；2.十三年相邦义戈（转下页）

相。（《史记·秦本纪》）相邦的地位在国君之下，是制定基本国策的决策者与实施的掌握者，为百官之长，其权力之大无出其右者。相邦和丞相为两职，相邦为长，丞相为副，丞相乃相邦的副手，两丞相并列，是右尊于左的。①秦相集军政大权于一身，不仅为最高行政长官，而且是军事统帅。商鞅、樗里疾、甘茂、向寿、魏冉等，都曾率兵作战。只是到统一六国之后，相权才略有变化。

秦国军权完全操于秦王之手，不在王下另设统管军事的最高武官。出兵时，临时命将，"凡兴士被甲，用兵五十人以上，必会王符，乃敢行之"（《新郪虎符》铭文），事毕即解除兵权，仍居原官。孝公时，最高的军官是大将，其次才是国尉。（《商君书·境内》）秦昭襄王任命魏冉为将军，此后将军才成为固定的官职。白起由左更"迁为国尉"，再"为大良造"。（《史记·白起王翦列传》）后去大良造，国尉才算是最高武官。特别是秦王政十年（公元前237年）以尉缭为秦国尉后，国尉的地位明显提高，但充其量也不过是秦王的谋士而已。②

（接上页）（秦惠文王十三年，即公元前325年）；3.十四年相邦冉戈（秦昭襄王十四年，即公元前293年）；4.廿年相邦冉戈（秦昭襄王二十年，即公元前287年）；5.卅一年相邦冉戈（秦昭襄王三十一年，即公元前276年）；6.三年相邦吕不韦矛（秦王政三年，即公元前244年）；7.三年相邦吕不韦寺工戟之戈头（秦王政三年，即公元前244年，出自秦俑坑，2件）；8.四年相邦吕不韦寺工戈（秦王政四年，即公元前243年，3件）；9.五年相邦吕不韦寺工戈（秦王政五年，即公元前242年）；10.五年相邦吕不韦少府戈；11.五年相邦吕不韦诏吏戈（2件）；12.七年相邦吕不韦寺工戈（秦王政七年，即公元前240年）；13.八年相邦吕不韦诏吏戈（秦王政八年，即公元前239年）；14.九年相邦吕不韦蜀守戈（秦王政九年，即公元前238年）。

"相邦"，文献记载中也写作"相国"。《史记·赵世家》载，赵武灵王传位于少子何，"肥义为相国"。《七国考》引应劭曰："相国之名始此，秦、汉因之。"《史记》记有"相国应侯"（《范雎蔡泽列传》）、"相国吕不韦"（《秦本纪》）者，《吕氏春秋·无义》称"樗里相国"。其实，《汉书·高帝纪》注引荀悦的话就已揭示了汉人改史的秘密，曰："讳邦，字季。邦之字曰国。"师古曰："邦之字曰国者，臣下所避以代也。"汉代为避刘邦之讳，改"邦"为"国"，从出土兵器刻铭有"相邦""丞相"而无"相国"也可得到证明。

① 秦武王在相邦之外，初置丞相，就分为左右，其任甘茂为右丞相也得到考古的证明，如1979年，在四川青川县出土的"更修田律"木牍，文曰："二年十一月己酉朔目，王命丞相戊、内史匽，民臂（臂）更修为田律。""丞相戊"即甘茂。西安北郊出土的秦封泥就有"丞相□印""左丞相印"和"右丞相印"。丞相地位、权力和职责都低于相邦，对国事没有决断权而要听从相邦的。所以应劭说："丞者，承也。相者，助也。"从字义上看，"丞"作"佐"（《广韵》）、"副"、"贰"（《正韵》）讲。至于秦武王设立丞相的理由，没有书载，但从《史记·张仪列传》及《战国策·齐策二》看，武王做太子时就不喜欢张仪，即位后群臣又攻击张仪"无信，左右卖国以取容"，再加之张仪作为相邦是权倾朝野的，其相权之大无形中对王权构成威胁，因此在"张仪惧诛"而离秦去齐的情况下，才设立丞相代行相邦的职权。马非百先生在《秦集史》中说秦"以权力集中于右丞相"。右丞相可以升任或代理相邦，如魏冉称"丞相"（《史记·六国年表》），也称"相邦"（兵器铭），吕不韦由右丞相升任相邦。

② 从秦国到秦朝，确有"国尉"一职，而是否有"掌武事"的太尉，并列三公，历来有怀疑。秦统一后议帝号、琅邪刻石等重大活动，只有丞相、御史大夫，独不见太尉。况且历次战争中，统军的是丞相、将军、庶长、大良造、左更、五大夫或客卿，并无太尉，可见太尉并不是常设的官职。

秦昭襄王时，已有御史一职，(《史记·廉颇蔺相如列传》）是跟随国王的记事官。秦始皇时，才正式加"大夫"头衔，设立御史大夫。因为同皇帝接近，掌管文书，转承命制，就成了"贰于丞相"的副丞相。

见载的一些秦国官职，还有郎中令（《战国策·韩策三》）、谒者（《史记·范雎蔡泽列传》）、卫尉（《史记·秦始皇本纪》）、少府《史记·秦始皇本纪》、佐弋（《史记·秦始皇本纪》）、廷尉（《史记·李斯列传》）、内史（《史记·秦本纪》）、尚书（《战国策·秦策五》）等，这些都为统一以后设置官僚体系奠定了基础。

地方行政系统逐渐形成郡、县两级制。县下依次是乡和里。起先，郡只设立在边境，其郡守常以武官充任。县有令（长），下设丞和尉，分管民政与军事。

秦国建立起一套从中央到地方的统治机构，促进了秦国君主集权制的形成。到秦始皇统一中国之后，就正式建立起了一套中央集权制的封建国家制度。

（二）形成一套完密的法律制度

为维护秦国新兴地主阶级的利益与新的生产关系，自商鞅变法开始就非常重视用法律的强制手段推行新法。当时，商鞅把入秦时带的魏国李悝编著的《法经》六篇（包括《盗法》《贼法》《囚法》《捕法》《杂法》《具法》）"改法为律"，成为《六律》。此后，根据统治阶级的意志，又不断推出新的法律，形成一套完备的法律制度。秦律过去散见于文献记载，而且零碎，但是1975年湖北云梦睡虎地秦墓法律竹简的出土，使我们对秦律制度、律令内容及治狱案例均获得了明晰而透彻的印象。从立法过程及秦国由弱转强、由贫而富、从小到大、社会安定、百姓质朴、百吏肃然、朝廷听决百事不留（《荀子·强国》）的实情看，不难发现秦国法律在维护封建统治方面发挥着重要的作用。

秦律从大的方面表现为两种形式：一是律令条文及其对刑律的解释、治狱爰书程式（有关审案准则、文书程式）、法规和文告；二是刑罚名称。云梦秦律简文包括《田律》（关于农田水利、山林保护）、《厩苑律》（关于牛马饲养）、《仓律》（关于国家粮食的贮存、保管和发放）、《金布律》（关于货币流通、市场交换）、《关市律》（关于关市收税）、《工律》（关于官营手工业）、《工人程》（关于官营手工业的生产定额）、《均工律》（关于手工业劳动者的调度）、《徭律》（关于徭役征发，工程兴建、管理）、《司空律》（关于司空管理工程的职务）、《军爵律》（关于军功爵）、《置吏律》（关于任用官吏）、《效律》（关于核验直属朝廷的都官及县等官府的物资财产）、《传食律》（关于驿传供给出差人饭食的定量）、《行书律》（关于传送文书）、《内史杂》（关于内史掌治京师的各种职务）、《尉杂律》（关于廷尉）、《属邦律》（关于少数民族地区）、《除吏律》（关于任用官吏）、《游士律》（关于游说之士）、《除弟子律》（关于任用弟子）、《中劳律》（关于从军劳绩）、《藏律》（关于府藏皮革）、《公车司马猎律》（关于君主卫队射猎）、《牛羊课》（关于考核牛羊饲养）、《傅律》（关于傅籍——对成年男子的登记）、《屯表律》（关于边防）、《戍律》、《捕盗律》、《厩律》、《赍律》等30余种。散见于文献记载的关于官吏、宗室、庶民、盗贼、军法的法律条文还有很多。总而言之，秦法内容已涉及刑法、民法、行政法、诉讼法、军法等方面，律条显得苛冗细繁，使人动辄得咎。

至于刑罚，其名目种类之多就反映出施刑的残酷性，例如：死刑就有腰斩、枭首、弃市、磔、剖腹、戮尸、生戮、定杀、坑、凿颠、抽胁、镬烹、车裂、体解、绞、赐死等；连坐而族刑者，可灭家、灭宗、灭族到灭里，夷三族、七族、九族，甚至十族；肉刑，有髌、黥、刖、劓、宫、笞、榜掠、膑、具五刑、髡钳、鋈足等；徒刑，判罪犯为城旦舂、鬼薪白粲、隶臣妾、司寇、侯等；还有一些刑罚虽不伤害身体，但也属于刑事处分，如髡（剃头）、耐（剃两鬓）、完（剃须）、迁、收（收录）、系、赀（交罚金或以徭戍顶替）、废（废除职务或身份）、谇（申斥）、连坐、逐、赎、居赀赎债、免、削籍（开除国籍）、倍赋等。①对罪犯用刑时，可以是单刑，也可几刑并用。严刑峻法给贪暴之吏、不逞之徒"擢进"提供了机会，只是刑戮妄加，罪非其人，苦了百姓！

（三）有一支强大的军队

商鞅变法后，秦国"内务耕稼，外劝战死之赏罚"（《史记·秦本纪》），以郡县为单位在全国实行普遍征兵制。获得土地的农民是军队的主要成分，"斗食"以下的小官吏、贬谪的官吏、赘婿、商人都得服兵役，就连隶臣、工隶臣这些判刑较轻的社会罪犯也能从军。军人可以通过军功晋爵升级，结果使秦国"全民皆兵"，从而保证了充分的兵源。

秦献公十年（公元前375年）"户籍相伍"，商鞅又"令民为什伍"，都是按

---

① 马非百：《秦集史·法律志》，中华书局，1982年；刘海年：《秦律刑罚考析》，见中华书局编辑部编：《云梦秦简研究》，中华书局，1981年。

"伍"的军事单位编制户籍。随之是对适龄青年"傅籍"（登记），像秦王政十六年（公元前231年）"初令男子书年"（《史记·秦始皇本纪》），云梦秦简《编年记》里有"自占年"。从15岁"始傅"到60岁"免老"，其间45年都是丁男的服役期。从有人（如喜）一生四次入伍当兵的情况看，可知秦的兵役形式有着预备役、现役和后备役的不同。①

早在秦襄公时，秦国就建立了正规武装部队。秦穆公又"作三军，设三帅"，以大国的编制组建了正规军。至迟在战国早期偏后一段时间，秦国就完全建立了正规化的常备军，其中中央军直接归朝廷掌握，统管着野战、边防和京都禁卫三部分军队，士卒称为"锐士"（或"奋戟"），是一支强大精锐、装备良好的武装力量。而地方军由各郡、县尉统率，对征发来的"傅籍"之男进行严格的军事训练，称之为"材官蹶张"之士，组成武装部队，平时担任地方的安全警卫，随时接受中央调遣或补充入中央军。

秦军在战国末期已经形成陆军和水军两大军种。陆军成立的时间长，主要活动在广阔的北中国，其数量多，作战频率高，属于军队的主力，可分为步、弩、车、骑四个兵种。秦俑坑有7000件左右陶质兵马俑和一些战车，呈现了"阵"（一号坑）、"营"（二号坑）、"战"（四号坑）、"幕"（三号坑）等几个有代表性的部队生活场景，既表现了军威，又反映了多兵种协同作战的实情。至于水军，那是后来为适应自巴蜀灭楚而建立的，其士兵称为"楼船之士"。

秦国兵强马壮，"虎贲之士百余万，车千乘，骑万匹"（《史记·张仪列传》）。士卒勇武，"虎挚之士，跿跔科头，贯颐奋戟者，至不可胜计也。秦马之良，戎兵之众，探前趹后，蹄间三寻者，不可称数也。山东之卒，被甲冒胄以会战，秦人捐甲徒裎以趋敌，左挈人头，右挟生虏。夫秦卒之与山东之卒也，犹孟贲之与怯夫也；以重力相压，犹乌获之与婴儿也；夫战，孟贲、乌获之士，以攻不服之弱国，无以异于堕千钧

---

① 云梦秦简《编年记》记喜的事迹有秦昭襄王四十五年（公元前262年）"喜产"，秦王政元年（公元前246年）"喜傅"。其间虽是17个年头，如果他生于前一年年底，又是后一年年初著名籍，就同"十五受兵"（《后汉书·班超传》）的说法相合。《汉旧仪》说"无爵为士伍，年六十乃免老"，说明秦人服兵役的年龄是15岁至60岁。喜曾分别于秦始皇三年、四年、十三年和十五年四次入伍。可见秦丁男在一生中要两次当兵，计两年（一次当正卒，守卫首都一年；一次当戍卒，戍守边疆一年），在郡县当"更卒"一月（《汉书·食货志》）。这些只是文献上的规定，而在实行中却是另一回事。

15岁"傅籍"并非当兵的现役年龄，而具有预备役的性质。当然，他有随时被征入伍的可能性，像公元前262年的秦、赵长平之战中，"年十五以上悉发"（《文献通考·兵考一》）。服役之后，国家根据军事需要还可再次征发后备役。

之重，集于鸟卵之上，必无幸矣"（《战国策·韩策一》）。秦的水军在黄河和长江上都掌握着主动权："乘夏水，浮轻舟，强弩在前，铦戈在后。决荥口，魏无大梁；决白马之口，魏无济阳；决宿胥之口，魏无虚、顿丘。陆攻则击河内，水攻则灭大梁。"（《战国策·燕策二》）"秦西有巴蜀，大船积粟，起于汶山，浮江已下，至楚三千余里。舫船载卒，一舫载五十人与三月之食，下水而浮，一日行三百余里"（《史记·张仪列传》），"乘夏水而下江，五日而至郢"（《史记·苏秦列传》）。"司马错率巴蜀众十万，大舶船万艘，米六百万斛，浮江伐楚"（《华阳国志·蜀志》）。秦军是一支进攻性、机动性极强的劲旅，其战士勇猛，组织严密，战斗力强，因此在多次战争中取得了攻战必克的效果。

军队是有组织的武装集团，作为国家机器的组成部分，对政治的支持作用极大。因此，秦国君主直接掌握军权，不假于人。军队的调动、县卒的征发，凡在五十人以上者，将帅都要以见到国君的虎符为凭信，否则，不受命，也不敢"擅发"。国君命令的信物——虎符，铜铸，由脊腹中分作两半，各自铸有相同的命令。国君命将时，将左半符交给统兵的主将，右半符自己留着。以后只有"合符"，主师才服从调遣。秦符实物见有惠文王时的杜虎符、昭襄王时的新郪虎符、秦始皇时的阳陵虎符，驻守地分别是杜（今陕西西安市雁塔区杜城村）、新郪（今安徽太和县北）和阳陵（今河南许昌市和禹州市之间）。[①]（见图2-3）

---

① 杜虎符于1973年出土于西安市南郊山门口乡北沈家桥村东500米的南关道。此处地势高隆，多见周秦时期陶鬲、陶釜残片。1962年春，在北沈家桥村东南1公里的长安县韦曲公社手帕张堡村西，出土红夹砂陶釜1件，内装先秦半两铜钱1000多枚，釜底有"杜市"戳记。在手帕张堡北、北沈家桥东南，有村名杜城，即是秦武公十一年（公元前687年）设立的杜县。《长安县志》（清康熙七年刻本）载：下杜城在城南15里，春秋时为杜伯国，秦为杜县，汉宣帝葬杜之东南为杜陵，更名此为下杜城。据传杜伯墓在杜城西南的沈水北岸。今沈家桥一带既是先秦杜县的中心地带，同杜虎符上"左在杜"铭文相契合，正表明杜虎符是颁发给驻军杜县统帅的。

杜虎符铜制，作走虎形，昂首，尾端卷曲，背面有槽，颈上有一小孔，身侧错金字九行，计四十字。铭作"兵甲之符，右才（在）君，左才（在）杜。凡兴士被甲，用兵五十人以上，必会君符，乃敢行之。燔队（燧）之史（事）虽毋（毋）会符，行殹（也）"。通长9.5厘米，厚0.7厘米，高4.4厘米。

新郪虎符著录于《小校经阁金文拓本》《秦汉金文录》《历代牌符录》中。原物藏法国巴黎陈氏。台北故宫博物院侯锦郎先生《新郪虎符的再现》一文（载《故宫季刊》1976年第10卷第1期）记述他1973年冬在巴黎一次中国古艺术品拍卖中见到新郪虎符："原器为模铸，作伏虎状，前后脚平蹲，虎头自然前伸，耳上竖，两眼平视，虎尾上卷。由鼻尖至尾弯处长八点八厘米，由后脚至耳尖之高为三点二厘米，由后脚至背部之高为二点二厘米，净重九十五克。"铭作"甲兵之符，右才（在）王，左才（在）新郪。凡兴士被甲，用兵五十人以上，必会王符，乃敢行之。燔队（燧）史（事）虽毋（毋）会符，行殹（也）"。

阳陵虎符著录同前，传出山东临城（今山东枣庄市薛城区），现存中国国家博物馆。铭作"甲兵之符，右才（在）皇帝，左才（在）阳陵"。

新郪虎符（背及两侧）　　阳陵虎符（背及右侧）

杜虎符

图 2-3　秦虎符

秦军的装备是在提高士兵作战素质的前提下别有讲究的。虽然在战国时期铁兵器已经登上战争舞台，一些诸侯国也能够制造出精良的钢铁兵器武装自己的队伍。楚之"宛之钜铁，施钻如蜂虿，轻利剽遫，卒如熛风"（《史记·礼书》），秦昭襄王也赞叹"吾闻楚之铁剑利而倡优拙"（《史记·范雎蔡泽列传》）；"天下之宝剑韩为众"（《史记·苏秦列传》索隐引《太康地记》）是天下皆知的，同"强弓劲弩皆自韩出"（《战国策·韩策一》）一样，足见韩国兵器之精良；即便是如中山国这样的小国，其战士也能用铁杖来作战了。而秦国把有限的铁资源用来制作农工工具，却对原来使用的铜兵器进行进一步研制，提高使用性能，发展到了青铜兵器制造的顶峰。秦兵器只能由中央和一些郡的官营作坊制造，民间是不允许私铸的。秦的青铜兵器差不多包括了当时盛行的兵器种类，如远射程兵器是弓、弩、箭相配套的，长兵器有戈、戟、矛、铍，短兵器有剑。其制作规正，坚利实用是根本的特点。他如军服装备合体，利于战斗动作的发挥，运载工具类的战车坚实耐用又整齐划一，也都是非常突出的。

三、秦国对外战争的胜利展开

咸阳作为军事指挥中心,对在对外战争中取得一系列胜利具有重大作用。同时,秦全国、全民赴战的行动,反过来对都城的建设也产生了深远的影响。在此,有必要阐述一下重大战争,从中不难看出秦统治者的指挥艺术及咸阳人力、物力对战争的支援。

(一)收复河西地,控制关中

经受政治磨炼而成熟起来的秦惠文王(一曰惠文君),坐拥咸阳,集权于君,安定内部之后①,就为收复河西地而向魏国开战。当魏惠王、齐威王与诸侯在徐州"相王"(相会彼此承认称王),苏秦又得到燕、赵的支持,约六国为纵长的第二年,即秦惠文王五年(公元前333年),秦派大良造公孙衍率军在雕阴(今陕西甘泉县南)打败魏军。次年,魏献阴晋(今陕西华阴市东)求和,改名"宁秦"。七年(公元前331年),公孙衍再次在雕阴同魏激战,俘获魏将龙贾,"斩首八万"(《史记·秦本纪》,但《魏世家》作"四万五千")。魏国被迫于秦惠文王八年(公元前330年)献出其占领的秦河西地。九年(公元前329年),秦军东渡黄河,向魏攻取汾阴(今山西万荣县西北)、皮氏(今山西河津市西)、焦(今河南三门峡市陕州区附近)和曲沃(今山西曲沃县)。次年,相邦张仪和公子桑率军又渡河攻占了蒲阳(今山西永济市北)。魏国受秦的攻击,连连败退,只有献纳河西北段的上郡十五县②。

秦国从此全部占有河西之地,实现了历代国君的夙愿。东线控制了黄河天险,摒诸侯于函谷关外;南隔秦岭,同楚、巴蜀为邻,实有关中。这时,秦国在政治、经济和军事上都处于十分有利的战略位置。

(二)惠文君称王与打败五国联军

获得军事上的胜利后,秦惠文君志得意满,既归还了魏地曲沃和焦,改"少梁"曰"夏阳",还出师万人同齐、燕、魏等大国为赵肃侯会葬,抖尽了威风。并在齐、魏、

---

① 秦惠文王做太子时,孝公用商鞅变法,"天子致伯,诸侯毕贺",受命率戎狄九十二国(《后汉书·西羌传》)和公子少官率师会诸侯,朝见周显王,参加所谓"逢泽之会"。19岁即位后,他同所有心地偏狭的政治家一样,为了集权,不惜残酷迫害元老重臣,无情地杀了商鞅全家。为以后伐楚又结好蜀王,也谢绝了苏秦"称帝而治"的游说。这些都反映了秦惠文王的政治谋略。

② 史念海说:"魏国的上郡其实就是黄河以西的地方。魏国纳上郡于秦时,南已无阴晋(今陕西华阴县),而北又无少梁(今陕西韩城县南)。现在这一带只有几个县,和所谓十五个县的数目不符。古今情势各异,设邑置县不能都是前后一律的。"参见史念海:《黄河中游战国及秦时诸长城遗迹的探索》,载《陕西师范大学学报》(哲学社会科学版)1978年第2期。

楚早已改"侯"称"王"之后，于十三年（公元前325年）也正式称王。这表明他要冲出关中，把兼并的目标瞄准了东方诸国，而近期攻击的对象，选定的仍然是魏国。

更元元年（十四年，公元前324年），秦惠文王命相邦张仪率军攻取魏的陕，"出其人"（《史记·秦本纪》），并在上郡建筑关塞，即所谓"上郡塞"（《史记·张仪列传》）。更元三年（公元前322年），出兵攻取魏的曲沃和平周。

更元六年（公元前319年），秦出兵攻取了韩的鄢。次年，在函谷关击败由魏相公孙衍（张仪得秦惠文王的信任为相，公孙衍再次投魏）策划，以楚怀王为纵长的五国（赵、燕、韩、楚、魏）伐秦联军。更元八年（公元前317年），秦派庶长樗里疾率军在修鱼（今河南原阳县西）打败三晋联军，在浊泽俘虏了韩将鲠、申差，击败赵公子渴、韩太子奂，"斩首八万二千"。秦国声威大震，倾动诸侯，也使公孙衍的五国伐秦之举终告失败。

（三）取巴蜀，胜义渠，败楚丹阳

秦在东方取胜后，掉头西向。一是更元九年（公元前316年）派司马错伐蜀，经石牛道，大战葭萌关，杀蜀王，灭巴苴，取得了富庶丰饶的巴蜀盆地；二是更元十年（公元前315年）对义渠戎作战，得徒泾，取二十五城。

巴蜀入秦，公子通为蜀侯，陈壮任相，张若为郡守。秦在安定后方之后，又挥师攻击三晋。更元九年，取赵中都（今山西平遥县西南）、西阳。次年，败韩，取石章。更元十一年（公元前314年），秦派樗里疾攻降了魏的焦和曲沃，还在岸门一战打败韩军，斩首万人，韩送太子仓入秦为人质求和。更元十二年（公元前313年），秦出兵攻赵，取蔺（今山西吕梁市离石区西），俘获主将赵庄、副将赵豹。

张仪用计拆散齐、楚联盟。楚怀王因未得到许诺的商（今陕西丹凤县西北）、于（今河南西峡县）间的六百里土地，负气攻秦。公元前312年，楚派大将屈匄率军同魏章率领的秦军在丹阳（今河南淅川县丹江之北）激战。秦、韩军夹击，楚军大败，被斩甲士八万，秦俘获楚将屈匄、裨将逢侯丑等七十余人，取上蔡。再败反扑而来的楚军于蓝田，进而攻取楚汉中地，设置了汉中郡，使巴蜀同秦的本土连接起来，从而奠定了强大的后方基地。

（四）拔宜阳，攻方城，囚楚怀王

公元前311年秦惠文王去世后，即位的是秦武王。他想"车通三川，窥周室"，图谋向中原扩展。于三年（公元前308年）派左丞相甘茂、庶长封攻韩的大县宜阳（今河南宜阳县）。次年"拔宜阳，斩首六万"（《史记·秦本纪》），渡过黄河又设置了武遂。从此，秦国打开了走向中原的通道。

秦武王"有力，好戏"，在攻取韩的宜阳之后，亲到周王城，同大力士孟说"举龙文之鼎"比力戏耍，不料鼎坠，"绝膑而死"，真的应了他以前说的"窥周室，死不恨矣"（《史记·秦本纪》）的话。武王的异母弟嬴则（又名稷）即位，是为昭襄王。因为武王诸弟争立君位，宣太后擅权，秦昭襄王初年朝廷内乱不已，秦国无暇东顾。虽说是"闭关十五年，不敢窥兵于山东"（《史记·范雎蔡泽列传》），但也经历了一些同楚结盟又兵戎相见、向三晋攻城略地的战争。像昭襄王四年（公元前303年），齐、韩、魏伐楚，秦派客卿通率兵救助，攻取了魏的蒲坂（今山西永济市西蒲州）、晋阳和封陵（今山西芮城县西南风陵渡），韩的武遂。公元前302年，由于为质于秦的楚太子横杀死了秦大夫而逃归，秦、楚以此结怨。次年楚受齐、韩、魏攻击，兵败垂沙，大将唐蔑（唐昧）被杀，而秦昭襄王不但坐视不救，还派华阳君芈戎、庶长奂领兵进攻楚的方城（楚国北境的长城，在今河南方城县至邓州市间），接着第三年又大败楚军，杀死楚将景翠及二万人，攻取了新城（又作襄城，今河南襄城县）。八年（公元前299年），秦使将军芈戎率军再次攻打楚国，占取了新市（今湖北京山市东北）等八城。随之，写信骗楚怀王到武关，并劫持至咸阳，以"割巫、黔中之地"相要挟。九年，秦昭襄王见楚立顷襄王，大怒，发兵出武关，攻楚，斩首五万，取析（今河南内乡县西北）等十五城。（《史记·楚世家》、云梦秦简《编年记》）楚怀王被囚禁，逃走又被捉回，竟于公元前296年死在秦国，秦、楚关系因此断绝。

秦昭襄王十二年（公元前295年），秦以魏冉为相代替楼缓。秦主动给楚国粮食五万石，也同齐结好，就开始进攻三晋了。

（五）伐三晋，破合纵，参与攻齐

秦昭襄王十三年（公元前294年），秦派向寿攻韩，取武始（今河北武安市南）。白起率军攻取韩的新城（今河南伊川县西南），并攻伊阙（今河南洛阳市龙门）。

秦昭襄王十四年（公元前293年），韩派公孙喜率韩、魏联军实施军事报复。秦找到借口，就派左更白起与之大战于伊阙，败韩、魏联军，斩首二十四万，虏公孙喜，拔五城（《史记·秦本纪》、云梦秦简《编年记》）。白起也因功升为国尉，随之又渡过黄河取安邑以东到乾河地（《史记·白起王翦列传》），初置河东郡（《水经注·涑水》）。

秦昭襄王十五年（公元前292年），大良造白起攻取魏的垣（今山西垣曲县南），后又归还。

秦昭襄王十六年（公元前291年），左更司马错取魏的轵（今河南济源市东南）及垣；白起攻韩，取得了原属楚后归韩、以冶铁著名的中原重镇宛（今河南南阳市）。

秦昭襄王十八年（公元前289年），魏冉为将，与白起、客卿错率秦军攻魏，重新占垣，取蒲坂等大小六十一城。

经受了秦的一系列沉重打击后，魏、韩求和。魏割让河东四百里地，韩献武遂二百里（今山西省垣曲县东南、黄河以北的地区），使秦的版图大大地向中原推进了一步。

关东各诸侯国为了自保，受苏秦鼓动，于秦昭襄王二十年（公元前287年）组成以赵的奉阳君李兑为主帅的韩、赵、魏、燕、齐五国伐秦联军，但由于五国内部各有打算（如齐想攻宋，燕在伐齐，韩、魏又新败），不能协力，兵到成皋而散。秦国反而乘机向外出击，攻取了魏的新垣、曲阳（在太行山之南），并向其旧都安邑进攻。次年，司马错全力进攻魏的河内地，并于夏山打败韩兵，魏国无力对抗，只有献出河内和安邑城。（《史记·六国表》《史记·韩世家》及云梦秦简《编年记》）①

三晋从齐灭宋感到了威胁，就向燕靠拢，图谋伐齐。秦昭襄王二十二年（公元前285年），派大将蒙骜首先向齐进攻，取得河东九城，改设为县。次年，秦除派御史起贾至魏策划伐齐（《战国纵横家书》十七）而外，还派尉斯离率军参加了在燕将乐毅指挥下的五国伐齐联军。在济西打败齐军，乐毅率军入临淄，"尽取齐宝，烧其宫室宗庙"。联军共占齐国七十余城，"不下者，独唯聊、莒、即墨，其余皆属燕"（《史记·燕世家》），齐湣王出逃莒也被齐相淖齿所杀。

齐国惨败，已无力同秦对抗。秦转而向三晋和楚进攻。秦昭襄王二十四年（公元前283年），秦军攻取魏的林（今河南新郑市东北）、安城（今河南原阳县西南），逼近魏都大梁，因有燕、赵援救而引去。随后两年，秦相继伐赵，取兹氏（今山西汾阳市东南）

---

① 云梦秦简《编年记》载秦昭襄王"廿年，攻安邑"，未说结果。而《史记·秦本纪》和《史记·六国年表》都记作昭襄王二十一年（公元前286年）"魏献安邑"。实际上并不矛盾，因为昭襄王二十年司马错向魏的河内发起进攻时已触及安邑，二十一年魏国就献出了包括安邑在内的河内地。详见王学理：《魏徙大梁与秦陷安邑》，载《文博》1984年第3期。

等二城及离石（今山西吕梁市离石区）。①

（六）拔鄢郢，攻三晋，消灭义渠

因为楚怀王死秦，顷襄王欲联系诸侯合纵攻秦，所以秦在败齐和三晋之后，即转而攻楚。此次军事行动是以夺取楚的郢都（今湖北荆州市北纪南城）为战略目标的。部署上兵分两路：一路由白起率领主攻部队走陆路，一路由司马错率领侧翼部队走水路。秦昭襄王二十七年（公元前280年），先派司马错率军从陇西出发，经由巴蜀之地补充兵力和给养后，带兵十万，大舶船万艘，米六百万斛，沿涪陵江攻入楚的黔中郡，迫楚割上庸（今湖北竹山县西南）、汉北地，并继续向巫、笮地区进攻。（《史记·秦本纪》《史记·楚世家》《史记·六国年表》《史记·司马错列传》）还派另一支部队，再次攻取楚的邓（今河南邓州市）。这些都大大牵制、消耗了楚的力量。次年，由大良造白起率大军出武关，南下攻郢都西北仅百余公里的重要门户——鄢（今湖北宜城市西南）。白起对鄢久攻不下，就决西山的鄢水（一名长谷水，即今之蛮河）灌城，百姓死者数十万，"城东皆臭"（《水经注·沔水》），楚军也损失数十万众。秦占据鄢城，迁入大赦的罪人。接着，白起于秦昭襄王二十九年（公元前278年）攻取了楚都的外围据点安陆（今湖北安陆、云梦一带）、竟陵（今湖北潜江市西北），随即很快攻破楚都郢，并纵火烧了楚先王的夷陵。次年，蜀守张若率军向南攻占了巫郡、黔中郡，拓土直至洞庭湖，秦就以郢为中心，新建了南郡。白起因功封武安君。

白起拔郢的第二年，楚国尽管夺回了黔中十五邑，但已于楚无补。此时，秦国又调兵东向三晋了。昭襄王三十二年（公元前275年），相国魏冉与白起率兵攻魏，拔两城，兵临魏都大梁城下，并打败韩国的救兵，斩首四万，占领了启封（今河南开封市附近），魏献出温地求和。次年，秦攻取了魏的蔡（今河南上蔡县西南）、中阳（今山西中阳县）等四城，斩首四万。三十四年（公元前273年），秦派魏冉、白起、胡伤率军攻赵、魏联军以救韩，大战于华阳（今河南新郑市北），斩首十三万，占华阳。又与赵将贾偃战，沉其卒二万人于黄河中，占领魏的卷（今河南原阳县西）、长社（今河南长葛市东），魏献出南阳（今河南获嘉县）求和。第二年，秦设立南阳郡（治设宛）。此

---

① 《史记·秦本纪》记秦昭襄王二十五年伐赵"拔二城"。云梦秦简《编年记》载"廿五年，攻兹氏"，可知兹氏是二城之一。《史记·六国年表》和《史记·赵世家》记载秦昭襄王二十六年拔赵石城。云梦秦简《编年记》记此年"攻离石"。《史记·周本纪》记此年苏厉对周君说："秦破韩、魏，扑师武，北取赵蔺、离石者，皆白起也。"《资治通鉴·周纪四》胡三省注指出石城就是离石。

后略魏地之战还有三十九年（公元前268年），五大夫绾伐魏，拔怀（今河南武陟县西南），四十一年（公元前266年）夏取邢丘（今河南温县东）。

昭襄王三十五年（公元前272年），秦宣太后诱杀义渠王于甘泉宫。秦遂起兵灭义渠戎，据地始置陇西、北地和上郡。（《后汉书·西羌传》）这对秦以后赖有巩固的后方全力进攻东方，意义重大。

（七）蚕食韩土，大战长平

韩为秦的近邻，国力衰弱，秦就采取蚕食的办法对付它。秦昭襄王四十二年（公元前265年），攻取少曲（今河南济源市东北）、高平（今河南济源市西南）。四十三年，白起攻取陉城（今山西新绛县东北）及汾水旁五城（有作九城），斩首五万级。四十四年，白起率军攻太行山以南地区。四十五年，派五大夫贲攻取野王（今河南沁阳市），断绝了韩国本土同上党郡的通道，使韩不得不"假道于魏"。四十六年，白起攻取缑氏（今河南偃师市东南）、蔺。

秦昭襄王四十七年（公元前260年），秦国派左庶长王龁攻韩的上党。上党降赵，秦因而攻赵。赵派老将廉颇驻守长平（今山西高平市西北），拒秦。秦以反间计使昏庸的赵孝成王撤换了廉颇，换上狂妄骄横、只会纸上谈兵的赵括为主帅。秦国即以白起为上将军、王龁为尉裨将，以诱敌、设伏、断绝粮道、穿插截击、围困等多种战术，射杀了赵括，坑杀了四十万降卒。（《史记·秦本纪》《史记·白起王翦列传》）①白起拟

---

① 长平之战遗址位于山西太行山南部的高平市西北丹河两岸，2000年来有关战争遗物和死伤遗骸多有暴露。1997年7月15日，笔者随《中国皇帝》电视片拍摄组经过高平市，曾到唐庄乡谷口村采访。这里有始建于唐、清光绪年间重修的骷髅庙，供奉着赵括及其夫人的塑像。据《重修骷髅庙碑记》知，早在唐代"明皇幸潞（唐潞州治今山西长治市），见头颅似山，骸骨成丘，触目伤心。……建庙，颜其额曰'骷髅庙'，易其谷曰'省冤谷'（注：原名'杀谷'）"。秦坑杀赵卒四十万于长平是一桩触目惊心的历史事件，世人尽知，连这处山谷也号称"杀谷"。由于是先杀后埋的乱葬坑，距地表不深，所以遗物、遗骸时有露出。唐明皇建庙以抚孤魂，诗人李贺在《长平箭头歌》中有"漆灰骨末丹水砂，凄凄古血生铜花。白翎金簳雨中尽，直余三脊残狼牙。……虫栖雁病芦笋红，回风送客吹阴火"之句，景象惨然可怖。明人刘基也在其《长平戈头歌》中有"长平战骨烟尘飘，岁久遗戈全不销。野人耕地初拾得，土花溃出珊瑚色"。现在的一些地名似乎还保留着那段历史的印记，如有的村叫"长平""三军""企甲院""谷口""箭头"。这些地方近年也有战国时期文物出土，如三棱铜镞、铜戈、戟、赵国和燕国的刀币、秦半两铜钱、安阳布、带钩、铁簪等。

山西省考古研究所会同晋城、高平两市于1995年10月对高平市西北约7公里的永录乡永录村周围做过调查，发现尸骨坑10余处。对发掘一号坑部分头骨统计，推测其中埋葬的个体有130多个。经鉴定，死者全为男性，年龄以30岁左右的最多，比例占三分之一以上，20岁以下的甚少，而45岁以上的占有相当比例。无一具完整的骨骼，从箭痕、刃痕、砸痕及骨折情况看，系被杀（射杀、斩杀、击杀等）后乱埋的。因此，《史记》所言的"坑杀"，实际是杀而后坑埋之。参见山西省考古研究所、晋城市文化局、高平市博物馆：《长平之战遗址永录1号尸骨坑发掘简报》，载《文物》1996年第6期。

用长平大战后的有利形势一举灭赵，于昭襄王四十八年在攻占上党的同时，兵分三路，一军由王龁统领攻赵的武安皮牢（今山西翼城县东北），另一军由司马梗统率北定太原，而白起自己率主力留上党，准备进攻赵都邯郸。但秦昭襄王派五大夫王陵替代了白起，在四十九年（公元前258年）攻邯郸，战事失利，又换上王龁代将。秦昭襄王五十年（公元前257年），范雎设计逼杀白起，举同党郑安平为将军与王龁率兵攻邯郸，但受到城内赵军和城外魏公子无忌、楚春申君所率援军的夹击而失败，王龁败逃，郑安平带二万人降赵。五十二年，河东守王稽因通敌被处死，范雎忧惧交加，不久病死。

从白起死到秦昭襄王去世前的一段时间内，秦国对外用兵只是小有胜利。五十一年（公元前256年），将军摎攻韩，取阳城（今河南登封市东南），斩首四万。攻赵，得二十余县，因楚、韩、魏救赵，秦罢归。摎攻西周，灭周赧王，得邑三十六城、人口三万，西周灭亡。五十三年（公元前254年），将军摎伐魏，取吴城（即虞城）。

（八）灭东周，地接三晋

秦庄襄王元年（公元前249年），相邦吕不韦率军灭东周。蒙骜率大军攻韩，取得军事要地成皋（今河南荥阳市氾水镇西）和荥阳（今河南荥阳市）二城，初置三川郡，使秦的东界推进到魏都大梁附近。庄襄王二年（公元前248年），蒙骜攻取赵之太原，魏国的高都（今山西晋城市）、汲，赵的榆次、新城、狼孟等三十七城。次年，王龁又攻取韩之上党，建太原郡。至此，秦地已东到赵国的西界。

到了战国末年，秦国经过长期推行耕战政策，无论在经济力量还是军事力量上，都堪称强国。统一战争形势的发展，也对秦国变得越来越有利。而首都咸阳，一直在重大的政治活动中起着发号施令的作用。

第二节
嬴政的统一与咸阳对六国文化财富的接纳

一、咸阳是统一之战的指挥中心

（一）相邦吕不韦与秦国的上层政治

公元前247年夏，秦庄襄王死，即秦王位的是他的儿子——年仅13岁的嬴政（也名赵政，即公元前221年以后所改称的秦始皇）。因为"王年少，初即位，委国事大臣"（《史记·秦始皇本纪》），也就是说，秦国的实际大权操纵在号称"仲父"的相邦文信侯吕不韦①的手里。直到秦王政十年（公元前237年）坐罪嫪毐之乱免相为止，吕不韦为秦的统一做了不少努力，也为统一后的政治路线等问题描绘了蓝图。

吕不韦在秦王政时的任相期内，对外的主攻目标仍是三晋。二年（公元前245年），派麃公率军攻取魏的卷（今河南原阳县西），斩首三万。三年（公元前244年），蒙骜攻韩，取十三城。又攻魏的畼、有诡两城，于下年取得。五年（公元前242年），将军蒙骜攻占魏的酸枣、燕、虚、长平、雍丘、山阳等二十城，初置东郡。第二年，在挫败韩、魏、赵、卫、楚五国联军的同时，灭卫（魏的附庸小国）占朝歌。七年（公元前240年），秦出兵攻取了赵的龙、孤、庆都，在还兵的路上又攻下魏的汲。九年（公元前238年），秦又攻占了魏的垣、蒲阳和衍氏。（《史记·秦本纪》）

---

① 传世的文信圜钱有10余枚，皆不详其出土地。新中国成立后，洛阳、咸阳、西安出土有此种钱及钱范5枚，使问题渐趋明朗。在咸阳三普的34号汉墓中出土文信钱1枚，方孔，无郭，穿四角向外各有一曲尺文，钱径2.4厘米。河南洛阳金村出土的文信钱钱径2.5厘米，穿径0.64厘米，重4.2克。1955年洛阳西工汉河南县城遗址出土文信钱残石范1件。这些足证此钱确为秦文信侯吕不韦在其封地所铸，流通时间约在公元前249—前237年的12年间，即从秦庄襄王元年受封相国为文信侯而"食河南洛阳十万户"到秦始皇十年"坐嫪毐免"。所谓"四角曲文"，经洛阳学者辨认为古文"行"字，字文连读，即"文信行"，取德行高尚的文信侯赐予民众流通使用的钱币之义。参见蔡运章、李运兴、赵振华等：《洛阳钱币发现与研究》，中华书局，1998年。

出身商人的吕不韦把投机本领用在政治上，居然权倾朝野，富到"家僮万人"。吕不韦在秦国的建树若还值得称道的话，宦官嫪毐的得势却近于荒唐。嫪毐因受帝太后宠爱，被封为长信侯，不但占有山阳地（今河南修武县西北、太行山东南），还以太原郡为"毐国"。有"家僮数千人，诸客求宦为嫪毐舍人千余人"，"宫室、车马、衣服、苑囿、驰猎"的阔绰自不消说，而权势竟大到"事无小大皆决于毐"的地步。（《史记·秦始皇本纪》《史记·吕不韦列传》）在咸阳秦廷，吕不韦和嫪毐两人各树山头，形成两大势力集团，争权夺利，钩心斗角，以至搅动了秦国的政治界。面对"仲父"和"假父"，从执法的大官到御车的小吏，在选择自己的政治靠山时，都忧心忡忡，陷于为难的境地，不知所从地说："与嫪氏乎？与吕氏乎？"（《战国策·魏策四》）表面上表现出的是吕、嫪两大集团的争斗，实际上反映了秦国在政治上存在着以吕不韦为代表的大臣和以嫪毐为代表的太后派之间的斗争。从根本上着眼，这关系着秦国的前途。

秦王政九年（公元前238年），正当嬴政22岁，按秦国的习惯，到了"王冠，带剑"亲政的时候。四月，秦王嬴政从咸阳到祖庙所在的旧都雍行过加冕礼后，留宿蕲年宫。这时，荒唐淫乱的嫪毐盗用王的御玺和太后的玺印，征发了近县和首都的警卫部队以及亲信党羽，向雍进发，准备围攻蕲年宫，加害秦王政。秦王政得到情报，即命令昌平君、昌文君率军堵截。两军激战于咸阳，王军取胜，斩首数百。接着，又捕获嫪毐，对他处以车裂的重刑，并灭其宗族。还把参与作乱的卫尉竭、内史肆、佐弋竭、中大夫令齐等二十人"枭首"，对嫪毐的"舍人"（即宾客）也分别判罪。因此案有牵连的"四千余家"被免除爵位，并流放到房陵（今湖北房县）。次年，吕不韦因被指控放纵嫪毐而获罪，免除相位。十一年，出居河南食邑，十二年又被迁往蜀郡，途中，吕不韦饮鸩自杀。秦王政还因吕不韦门下宾客偷办丧事，把吕不韦全家籍没为官奴。至此，秦王嬴政以咸阳为指挥中心，完全消灭了吕不韦和嫪毐两大集团，集中了秦国的全部权力。

（二）秦王政的统一之战

秦王政亲理政务之后，从十一年（公元前236年）至二十六年（公元前221年），前后经过15年，以首都咸阳作为军事指挥中心，接连对外用兵。其间，秦王政亲临前线，做实地考察[①]，对统一战争的形势及其发展实施明确部署和指挥。特别是自十七年（公

[①] 《史记·秦始皇本纪》载：十三年（公元前234年）"王之河南"，十九年（公元前228年）"王之邯郸。……从太原、上郡归"，二十三年（公元前224年）"秦王游至郢、陈"。

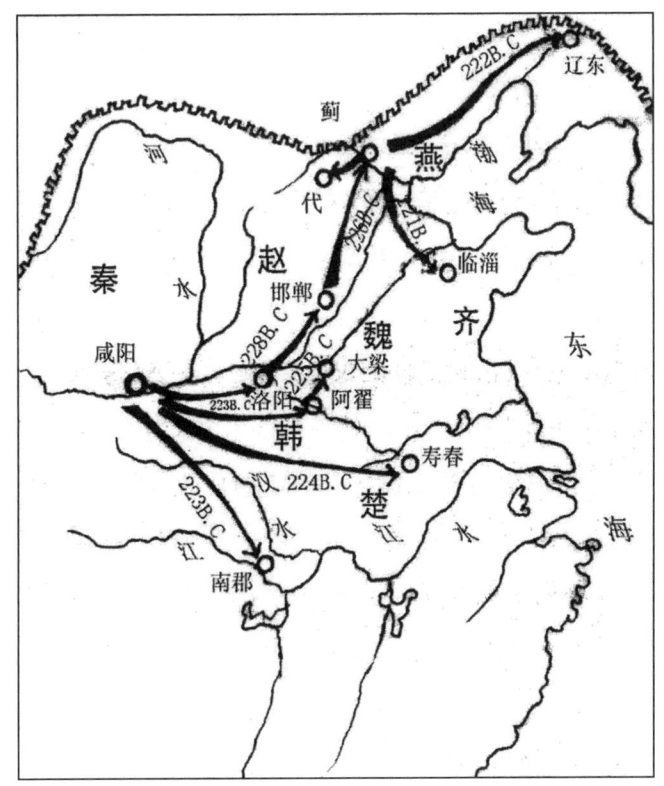

图 2-4 秦统一六国进军路线图

元前230元）灭韩国之后，秦国以雷霆万钧之力，摧枯拉朽，仅用了10年工夫，就次第削平六国，统一了中国。（见图2-4）

秦王政首先派兵进攻赵国，初试锋芒。十一年，派两路大军东进，王翦一路攻取了赵的阏与（今山西和顺县）、橑阳（今山西左权县），桓齮、杨端和一路攻取了赵的河间六城及邺（今河北磁县东）。然后，两路军合并，从"斗食"以下的军士中挑选十分之二的精锐，由王翦、桓齮率领攻下赵的安阳（今河南安阳市）。十三年（公元前234年）桓齮率兵攻占赵的平阳（今河北临漳县西）、武城（今山东武城县西北）两城，杀赵将扈辄，斩首十万。十四年（公元前233年），桓齮率军出上党，攻占赵的宜安（今河北石家庄市藁城区西南）。由于赵国的守边名将李牧驰援，在肥（今河北石家庄市藁城区西南）同秦军激战，才解了邯郸之围。十五年（公元前232年），秦军又兵分两路分别进攻邺和太原，因赵将李牧的反击才退兵。

秦四次攻赵，虽未能消灭赵国，却重创了赵国。秦王政利用政治形势，再选新的攻击点，于是矛头指向韩国。秦王政十六年（公元前231年），在全国登记适龄青年（"令男子书年"），置丽邑安排好修陵事宜①，也接纳了韩国献出的南阳地。次年，派内史腾率大军攻韩，俘获韩王安，迁之于南郡吱山。秦消灭韩国，建颍川郡。（《史记·秦始皇本纪》、云梦秦简《编年记》）

秦王政十八年（公元前229年），秦军兵分两路攻赵，大将王翦率上党郡兵直捣井陉（今河北井陉县西），杨端和将河内兵与羌瘣围邯郸。由于赵将李牧和司马尚抗秦，因此邯郸久攻不下。次年，赵王迁听信接受秦人贿赂的宠臣郭开的谗言，处死李牧、司马尚。三个月后，邯郸失守，赵王迁自己也当了俘虏，落得流放房陵的可悲下场。秦建邯郸郡。赵公子嘉率族人数百人逃到代郡（今河北蔚县东北），自立代王，负隅顽抗。（《史记·秦始皇本纪》《史记·赵世家》《史记·李牧列传》《淮南子·泰族训》）

秦王政十九年（公元前228年），秦灭赵之后，兵屯中山，计划攻燕。次年，燕太子丹派刺客荆轲作为使者，带着勇士秦舞阳做助手，携带秦国逃将樊於期（即桓齮）的头颅和燕国督亢（今河北涿州市、高碑店市、固安县等地）的地图，来到咸阳，在咸阳宫借献图欲行刺秦王。秦王政大怒，于二十一年（公元前226年）派王翦率大军攻燕，攻下燕都蓟城。燕王喜逃到了辽东。二十五年（公元前222年），秦将王贲率军追击至辽东，虏燕王喜，终于灭了燕国，建辽东郡。（《史记·秦始皇本纪》《史记·燕世家》《史记·刺客列传》）秦军在回师的路上攻代，虏代王嘉，建代郡，彻底灭赵。秦王政二十二年（公元前225年），秦派王贲攻魏国大梁城。王贲引黄河水淹大梁，经三月，城坏，魏王假出降，魏亡。秦在魏的东部建立砀郡，并杀魏王假及诸公子。（《史记·秦始皇本纪》《史记·魏世家》《水经注·睢水》）

秦王政二十三年（公元前224年），年轻的秦将李信率军二十万攻楚，七都尉被杀，败归。秦始皇又改派大将王翦带六十万大军伐楚，楚国也倾全国兵力以应。双方

---

① 有些史书上说丽邑是魏国献给秦国的，这其实是对《史记》"魏献地于秦，秦置丽邑"（《史记·秦始皇本纪》）一语的误解。"魏献地"同"秦置丽邑"是两码事，都是发生在秦王政十六年，所以断句应分开。同样的例子，还见有《左传·庄公二十八年》载："晋伐骊戎。"杜注："骊戎在京兆新丰县，其君姬姓，其爵男也。"实际上，在晋献公之前，秦国早占有关中的东部地区，如秦武公元年（公元前697年）"伐彭戏氏，至于华山下"，十年（公元前688年）已在这里设立了郑县（今陕西渭南市华州区），所以晋献公不可能越过秦的郑县到今之临潼伐骊戎。顾颉刚先生认为："骊戎之国当今山西南部……在晋都之东析城、王屋一带……故晋献得而伐之。"（《史林杂识·骊戎不在骊山》）秦始皇于十六年设丽邑是出于既要全力赴战，又要不误陵墓工程的考虑。详见王学理：《秦始皇陵研究》，上海人民出版社，1994年。

激战于蕲（今安徽宿州市东南）南，楚军大败，楚将项燕被杀。接着，秦军又攻取了楚旧都陈（今河南周口市淮阳区）以南到平舆（今河南平舆县）。王翦、蒙武乘胜追杀，至二十四年（公元前223年）攻克楚都寿春（今安徽寿县），俘虏了楚王负刍。次年又平定楚的江南地，设立九江郡和长沙郡。接着，攻入越地，原降服于楚的越君也向秦投降，秦设立会稽郡。至此，楚亡。（《史记·秦始皇本纪》、《史记·楚世家》、《史记·白起王翦列传》、云梦秦简《编年记》）

秦于二十五年（公元前222年）虏燕王喜，回军路上虏代王嘉后，挥戈南下，于二十六年（公元前221年）攻入齐都临淄，齐亡，在齐地建立齐郡和琅邪郡。昏庸腐朽的齐王建及其佞臣、齐相后胜被俘，迁于共松柏之间，饿死。（《史记·秦始皇本纪》《史记·田齐世家》）

至此，秦王政通过10年战争（公元前230—前221年），势如破竹，逐次消灭了韩、赵、魏、燕、楚、齐六国，结束了长期的封建割据、战乱连年、百姓死难的局面，建立起中国历史上第一个中央集权的统一王朝——秦朝，秦王政由此也成了秦始皇。秦都咸阳作为统一之战的司令台，随着秦国有利的政治、军事形势的发展而步入辉煌。

二、咸阳的繁荣

（一）《谏逐客书》的作用

秦始皇"奋六世之余烈，振长策而御宇内，吞二周而亡诸侯，履至尊而制六合，执敲扑以鞭笞天下，威振四海"（贾谊《新书·过秦论》）。就在他冀取周鼎、削平群雄的统一战争过程中，各国各地的物质财富和精神财富通过各种渠道源源不断地汇集到咸阳，大大地丰富了咸阳的物质文化内容，也给思想界注入了新的血液，从而激发了政治、外交、城市建设的活跃。

秦始皇解决吕不韦、嫪毐两大势力集团之后，心境并未得到多少宽慰。因为嫪毐同太后淫乱生子，宫闱秽事只瞒得秦王政一人，于他无疑是一桩奇耻大辱。他虽然镇压了嫪毐的武装叛乱，囊扑两弟，把太后迁出咸阳，但犹不解恨。偏偏韩国派出郑国借修渠施展"疲秦之计"一事又暴露了出来，还涉及曾是吕不韦舍人的李斯……令人心烦的事真是一件接着一件。恰在这时，秦宗室大臣纷纷借机进言，异口同声地说：来自各诸侯国的人，表面上看是为秦国在做事，实际上是各为其主。秦王政这时出于激愤，就下了个"非秦者去，为客者逐"的"逐客令"。作为楚国上蔡人的李斯当然也在被逐之列，他无可奈何地上了一份《谏逐客书》之后，就离开咸阳，悻悻东去。

李斯在这份谏书中列举出一些来自"异国"、"不产于秦"但为秦所用的物品，确使研究秦国这段历史的人长了见识，如"昆山之玉""随和之宝""明月之珠""太阿之剑""纤离之马""翠凤之旗""灵鼍之鼓""夜光之璧""犀象之器""骏良駃騠""江南金锡""西蜀丹青""宛珠之簪""傅玑之珥""阿缟之衣""锦绣之饰"等等。其内容包括礼仪性和装饰性的珠宝（和阗玉①、随侯珠、和氏璧②、夜明珠③、夜光璧、宛珠簪、傅玑珥④等）、衣服（齐鲁的丝织品⑤）、车马（翠凤旗、灵鼍鼓⑥、快

---

① 《史记·李斯列传》正义："昆冈在于阗国东北四百里，其冈出玉。"地当今新疆西南的和阗一带，而汉代西域国于阗（又名"于寘"）治西城（又作"西城山"，在今新疆和田县境），可见昆冈在"东北四百里"之说不确。和阗玉久负盛誉，至迟在商代晚期就进入了中原地区，质纯色白，"羊脂玉"为其精品，也因含不同的微量元素而呈现出黄、绿、青、墨等色调，至今仍在开采。

② "随侯之珠"与"和氏之璧"合称"随和之宝"，其价之高不可估量，《淮南子·览冥训》曾说："譬如隋侯之珠、和氏之璧，得之者富，失之者贫。"高诱注："隋侯，汉东之国，姬姓诸侯也。隋侯见大蛇伤断，以药傅之。后蛇于江中衔大珠以报之，因曰隋侯之珠，盖明月珠也。楚人卞和得美玉璞于荆山之下，以献武王。王以示玉人，玉人以为石，刖其左足。文王即位，复献之。以为石，刖其右足。抱璞不释而泣血。及成王即位，又献之。成王曰：'先君轻刖而重刻石。'遂剖视之，果得美玉，以为璧，盖纯白夜光。"
隋侯珠是传说中的宝珠，神话色彩过浓，不足于信。而和氏璧见载于《韩非子·和氏》《新序·杂事》《淮南子·修务训》《汉书·邹阳传》《后汉书·孔融传》《后汉书·陈元传》直至后来的《太平御览》中，各书对卞和三献楚王的王世所记不同，让人无所适从。但若从隋珠、和璧的故事中剔除杂芜，应该是真实的，李斯援引作例也是有所本的。早在秦昭襄王二十七年（公元前280年），秦昭襄王就曾许愿以十五城的代价换取赵惠文王得到的"楚和氏璧"，尽管蔺相如"完璧归赵"，但后来毕竟为秦所有。由此可见，史载和氏之璧事非虚设。

③ 夜明珠就是古人常说的"明月珠"（《史记·龟策列传》、《七国考》引鲁连子、裴氏《广州记》），也叫"夜光珠"（《太平御览》引《三秦记》），但它绝不是能够夜间发光的珍珠，因为珍珠是水中无脊椎动物分泌黏液的凝结物，是不会自行发光的。看来这个夜明珠同后边的夜光璧一样，是一种磷光型宝石。其中排除金刚石（我国在西晋时，才从天竺进口金刚石。而今山东、辽宁、贵州发现金刚石矿，还是近几十年的事），很可能是我国自产的萤石或特殊的水晶，经过白天自然光的照射，其内部特殊的微量杂质元素或离子的外层电子就会发生跃进，由能量低的基态跃入能量高的激发态。到夜间，当电子分阶段再返回基态时，就把原来获得的能量以相当的可见光的形式释放出来。这种光学效应特别好的珠和璧，自然是很珍贵的宝石。英国李约瑟（Joseph Needham）博士在其巨著《中国科学技术史》第七章中记载着一种绿萤石的夜光璧，经过加热或摩擦，会在黑暗中发出很强的磷光和荧光，可在6英寸（合15.24厘米）内看书。1982年11月，在广东钨矿山发现了一种含强磷光的萤石，到晚上隔3米仍能看到它发出的美丽光泽（1983年6月6日《北京晚报》）。

④ 玑也是珠，可以用来做耳饰。

⑤ 古代齐鲁之地出产的细缯很有名。

⑥ 用扬子鳄皮蒙的鼓称作"鼍鼓"。

马)、佩剑(吴越利剑太阿①)和紧俏矿藏(江南的铜锡②、巴蜀的丹青③)等五类,其名贵就在于稀有、精巧、富丽,为秦所缺而取自当时边远的北方草原、东南沿海、江南水乡、西域异邦。尽管这些物品多属于秦统治阶级的玩好,在秦地的出现却反映了当时商业贸易与交通的发达,表现出秦国能在诸侯割据的形势下通过各种渠道同各地加强联系的本领。

不要说"此数宝者,秦不生一",就连献策出计使秦富强的客卿士子也都是些"外来户"。这是李斯举例讽谏的又一个内容:由余、百里奚、蹇叔、丕豹、公孙枝(也作"公孙支")、商鞅、张仪、范雎等人,是你先人请来的,有些则是慕你们"礼贤下士"的大名而投奔来的,而个人建功立业的结果,使你秦国得利。若不是你先人海纳百川地吸引和重用人才,秦国恐怕还要停留在敲盆罐(演奏乐器:"击瓮叩缶弹筝")、拍屁股(跳舞:"搏髀")、一个调门的哼哼(唱歌:"歌呼呜呜")那种"真秦之声"的原始阶段,哪里还能享受到因文化交流而来的清新、活跃、自由的郑卫之音、《昭》、《虞》、《武》、《象》等"异国之乐"呢?如果重视"色乐珠玉"而轻视"人民"(即客卿)的话,那实际上是"借寇兵而赍盗粮",国家能没有危险?(《史

---

① "太阿"也作"泰阿",是楚国请吴、越的铸剑名匠干将和欧冶子铸造的三柄名剑之一,其他两柄称作"龙渊""工布"。楚王曾以太阿剑指挥作战,打败了晋、郑军队(《越绝书·越绝外传记宝剑》)。以后"太阿"成了宝剑的通称,如形容韩国剑的锋利作"龙渊、大阿,皆陆断马牛,水击鹄雁"(《战国策·韩策一》)。

② 中国的考古资料表明,古代的采矿、冶炼、铸造是分地进行的。秦国虽然有铜矿,但不能满足社会对铜的需求。像秦始皇陵兵马俑坑目前出土兵器数万件,都系青铜制品。1980年在陵侧发掘的两乘驷马彩绘铜车,就重达2302千克。在凤翔、咸阳、临潼零口等秦遗址都有巨型的建筑铜构件的发现,至于铸造货币、乐器、宫廷和社会用铜量就更大了。而大部分铜的获得,秦国不能不仰仗于"进口"。在湖北大冶铜绿山发现有春秋到西汉时期的矿冶遗址,其矿井深40～50米,留有春秋和战国时期的各种采矿工具及生活用具。矿井旁有几座春秋时期的炼铜竖炉,光炉渣的总量就有40万吨左右。此外,在湖北江陵、河南新郑等地的东周城址或其附近都有铸铜遗址的发现。可见李斯在《谏逐客书》中说秦国取"江南金锡"是有根据的,此处所谓"金"实际上指的是铜。

③ 丹青一般指丹砂与青䨼两种可制颜料的矿石。丹砂也叫朱砂,以湖南所产的辰砂最为名贵。丹是红色,䨼也是红色,二者连用实是两种颜色,正如《汉书·司马相如传》注:"丹沙,今之朱沙也;青䨼,今之空青也。"

丹青作为颜料对一个国家而言,是不足挂齿的。既然李斯以此说明"物不产于秦,可宝者多"的道理,可见其用量绝不是小数目。用丹青做什么用?笔者以为做涂料是其用途之一。除宫廷建筑内绘壁画、"土被朱紫"做"丹地"外,陵墓涂朱的丹砂用量是很大的。但更值得注意的是用丹砂制作水银。据测知,秦始皇陵的强汞范围12000平方米,笔者在《秦始皇陵研究》一书中推算出内储水银百吨左右,约需115.93吨丹砂来提炼。

除陕西的旬阳等地外,西南的重庆彭水、綦江和酉阳就是一个产丹砂的三角区,与彭水不远的贵州德江、思南、桐梓等县生产水银的历史也颇为悠久。那么,"巴蜀寡妇清,其先得丹穴,而擅其利数世,家亦不訾"(《史记·货殖列传》),秦始皇因此对她进行嘉奖,并为其筑"怀清台"的举动就可以理解了。

记·李斯列传》)

言辞恳切、说理透彻、举例浅近的一份《谏逐客书》，的确打动了秦王政。他派人赶到丽邑（今陕西西安市临潼区东），追回李斯，官复原位，还免杀水利学家郑国，收回逐客令。这，挽救了在秦的客卿，也保障了以后秦的统一事业。

（二）多方面获取六国的财富

财富的内容，既表现为"物"，又包含着"人"，还有"经验成果"。那么，秦国是怎么获取这些财富的呢？

1. 掠取各国财物

古代战争的目的之一，在很大的程度上是掠夺土地、人民和财产。秦国历代对外用兵，从诸侯国都取得了哪些"宝物"，今天是不得而知的。但在作为财富集中地的首都咸阳，以及关中地区，考古发掘所见诸侯国的文化遗物给我们提供了回答这一问题的线索。（见图2-5）

（1）魏国器物

魏国的货币见有铜铸的圆跨布"安邑二钚""梁奇钚全（百）当钚（锊）"和"梁正尚（币）全（百）当钚（锊）"三种各1枚（均于咸阳市东长陵车站出土）[①]及"漆垣一钚""半钚"两种圜钱（富县出土）等。铜器有安邑下官钟1件、中敀鼎1件、平鼎1件、半斗鼎1件、素鼎5件、带温酒器底盘的修武府温杯1件、提链炉2件、铜钫4件（以上系咸阳塔儿坡秦遗址出土），[②]荀邑鼎、下官素面鼎（以上为旬邑县马栏农场转角村出土）[③]、信安君鼎（武功县浮沱村出土）[④]等。

安邑原系魏国的都城，武侯二年（公元前394年）所筑，魏惠王六年（公元前364

[①] 咸阳滩毛村南的制陶作坊遗址，是笔者1961—1963年参与发掘的，1962年在长陵车站沙坑中笔者又清理了第二批铜器窖藏。1964年，写成简报，发北京，《考古》编辑部已发排，不巧"文革"来临，一搁就是10年，陕西省考古研究所已合并到了陕西省博物馆、文管会。大概是评法批儒的关系，秦始皇作为"法家"而走红，此稿得以先发。但为防止he长"名利思想"，陕西省博物馆、文管会革命委员会主任一句话，就把文章署名变成了"陕西省博物馆、文管会勘查小组"，结果就同文中的出土时间发生了抵牾。见《秦都咸阳故城遗址发现的窑址和铜器》，载《考古》1974年第1期。

[②] 据报道，这批铜器于1966年4月出土于塔儿坡，计有24件。当咸阳市博物馆派员赶到取土现场时，出土情况已非原貌。简报资料见咸阳市博物馆：《陕西咸阳塔儿坡出土的铜器》，载《文物》1975年第6期。据他们估计，是一处墓葬，但笔者根据这批器物无组合关系，附近有夯土迹象，再加之文献记载中秦宫的位置，以为这是被破坏了的秦雍门宫遗址。

[③] 卢建国：《陕西铜川发现战国铜器》，载《文物》1985年第5期。

[④] 罗昊：《武功县出土平安君鼎》，载《考古与文物》1981年第2期。罗文认为此铜鼎同上海、泌阳的平安君鼎相同，是卫国孝襄侯时期平安君之物，但经裘锡圭、黄盛璋诸先生考证，应属于魏信安君鼎，参见黄盛璋：《新出信安君鼎、平安君鼎的国别、年代与有关制度问题》，载《考古与文物》1982年第2期。

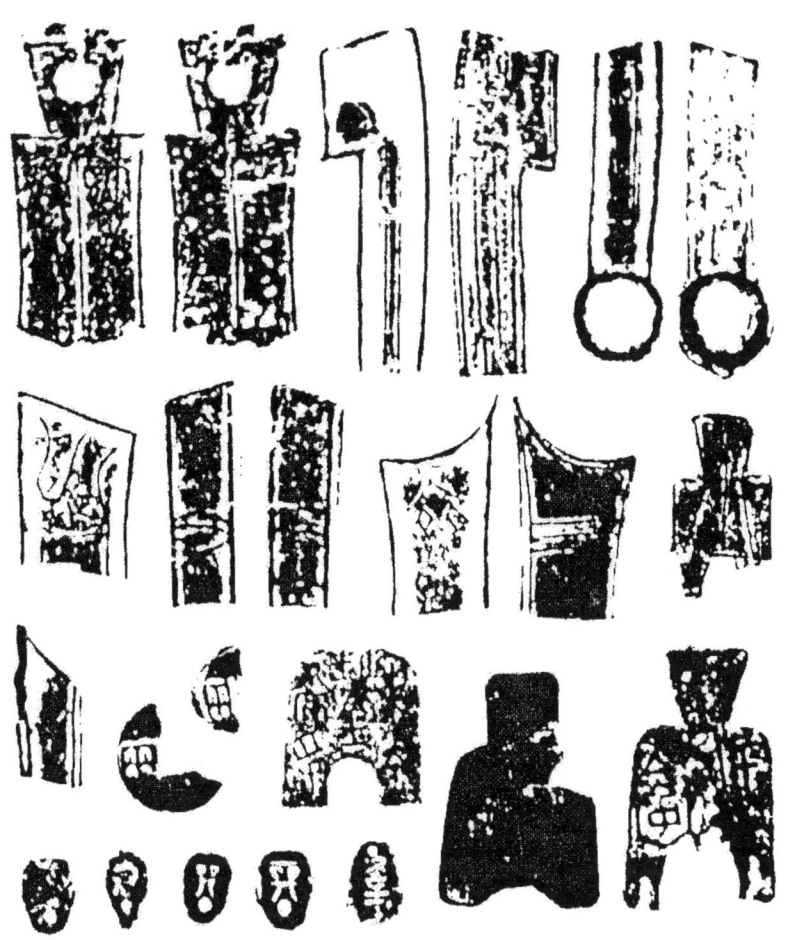

图 2-5 沙坑出土诸侯国货币

（王学理经手）

年）徙治大梁。安邑二钚铜布币和安邑下官铜钟当铸造于迁都之前的安邑。秦孝公十年（公元前352年），"卫鞅为大良造，将兵围魏安邑，降之"（《史记·秦本纪》）。是否有魏器入秦？可认为有此可能。秦昭襄王二十一年（公元前286年），派出司马错攻魏的河西地，魏昭王被迫献出安邑。"秦出其人"，于是一批魏国的宝器也就随之入秦，被带到了咸阳。信安君鼎被考定为魏安釐王十二年（公元前265年）私官所造，入秦时间当再晚一些。

秦人按照秦国的量制，对缴获的魏器重新校量，再刻上自重和容量。

旬邑之北原为魏之上郡，秦惠文王十年（公元前328年）"魏纳上郡十五县"（《史记·秦本纪》）。入秦的魏人携鼎随之，鼎上刻了"旬邑"的铭记，后作为随葬品放进了石室墓。

图 2-6 齐币

（2）韩国器物

战国晚期的一种小型方足布是通行于三晋的货币形式，也多铸有地名。秦咸阳遗址出土的一枚平首方肩方足小布（长陵车站出土，为咸阳市博物馆收藏，已调拨给安徽省博物馆），面文不清，背文三道，文曰"宅阳"，显然是战国时期韩国的铸币。

（3）齐国器物

货币有"齐去（法）化（货）"刀币3枚（残，长陵车站沙坑窖藏出土）、"賹四化"圜钱1枚（秦俑坑出土，见图2-6）、"賹益化"圜钱2枚（长安区韦曲街道首帕张堡村窖藏出土）。

"齐法货"是齐六种刀币中最多、铸造时间较晚的一种铜货币。齐国的"賹化"圜钱是战国末年齐襄王复国后铸造的铜币，其之所以出土于秦俑坑，当和征发"天下徒"修治丽山陵墓有关。在居赀役人墓地就有齐邑"博昌"的瓦文。此钱也许是役夫携入的，当然并不排除其为秦人战利品的可能性。

（4）燕国器物

燕国的货币有"明"刀和尖首刀两种3枚（残，长陵车站窖藏出土），兵器则见燕王职青铜剑一柄（洛川县严庄村出土）。

尖首刀属燕国早期的铸币，后演变出"明"刀。咸阳出土的这枚"明"刀燕币，因仅存身部，已不知其背部属弧形还是磬折，但从造型轻薄和边缘挺直的情况观察，当是晚出的磬折一类。在咸阳等秦地出土的燕币，同出土的其他国家的货币一样，都不具备流通的作用，是作为战利品带回秦国的。燕昭王职剑也一样，是作为战利品带回秦国的，或留咸阳，或赏赐给武将佩带。

（5）楚国器物

1962年，在长陵车站沙坑的窖藏器物中有铜贝（又名"蚁鼻钱""鬼脸钱"）124枚，"殊（铢）布（钱）当圻（斤）"布币1枚。1972年，窑店乡路家坡发现陈禹金币8枚。另外，陕西历史博物馆收藏有"仲盖碁"铜簠1件①。

---

① "仲盖碁"铜簠系陕西历史博物馆藏品。该器通体饰蟠虺纹，铭作"仲盖碁作愻（？）妃簠。其万年子子孙孙永宝用之"。《青铜器图释》一书把该器定为战国时期器物，但根据器形和书体，可断定其为楚器。

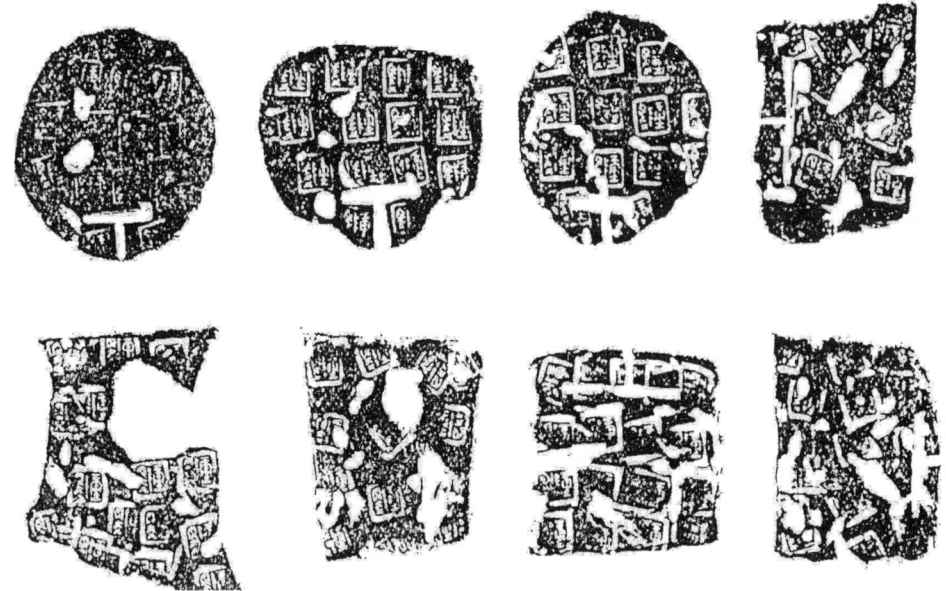

图 2-7 楚陈爯金币

蚁鼻钱是楚国铸行的一种铜贝化小钱。窖藏铜贝作上窄下宽、面凸背平的形状，面上模铸阴文，见有"琹""䇂""兴""咎"四种。经笔者实测，最大的长2.1厘米，宽1.3厘米，重2.9~3.6克，最小的长1.3厘米，宽0.7厘米，重0.6克。

楚国的金币是一种称量货币，呈版状或圆饼状。路家坡的楚金币作圆饼状和瓦状，前者重249~250克，后者重230~265克，含金量在95%~96%，表面钤印"陈爯"二字。每块钤打阴文方印数不等，少则10个，多达17个。（见图2-7）①

楚顷襄王为躲避秦国的攻打，于公元前279年由郢（今湖北宜城市东南）迁都到阳城（今河南信阳市）暂住后再次迁都到陈（今河南周口市淮阳区）。陈爯金币即楚国都陈之后铸行的货币。秦、楚两国历史上多有交往，时有战争发生，致有楚器入秦之事。

（6）吴国器物

吴国的"吴王孙无土"铜鼎，是秦雍都高王寺铜器窖藏里出土的唯一一件春秋时期的吴器。本来吴地偏处东南，去秦甚远，与秦似乎没有什么往来，但据《史记·秦本纪》记载，秦哀公三十一年（公元前506年），吴攻陷楚都郢，楚昭王奔随（今湖北随县），"楚大夫申包胥来告急，七日不食，日夜哭泣。于是，秦乃发五百乘救楚，败吴师。吴师归，楚昭王乃得复入郢"。这次救楚，秦国子蒲、子虎率兵长驱直入楚境，挫

---

① 咸阳市博物馆：《咸阳市近年发现的一批秦汉遗物》，载《考古》1973年第3期。

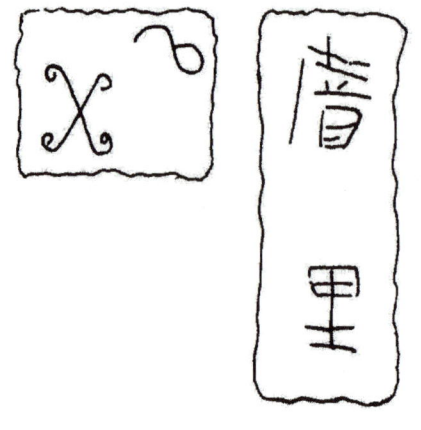

图 2-8 中山国铜鼎铭文

败吴师，胜利而归。那么，吴王孙无土自用的这种"脽（厨）鼎"大概是作为得之于吴人之手的战利品而被带回秦国的。此铜器窖藏里除3件铜鼎外，还有镶嵌射宴纹铜壶和球形铜敦各2件，带盖铜豆、铜匜、圆铜甗和提梁铜盉各1件。这11件铜器中，很多具有楚、吴特色，为研究秦同楚、吴的关系提供了新的资料。

（7）中山国器物

凤翔县高庄野狐沟一号战国晚期墓中发现了一件中山国的铜鼎，刻有中山国王䎿"十四祀"（公元前309年或前308年）纪年铭文。（见图2-8）公元前296年，赵灭中山国，此器很可能是一个名叫胜的中山国王族在东方五国（齐、韩、魏、赵、宋）攻秦时，投奔秦国带来的。①

（8）东周王室器物

西安南郊神禾原的夏太后墓中，曾出土铭刻"五十九"的车马器，这是秦昭襄王五十一年（公元前256年）从周赧王处得来之物。

九鼎作为国家政权的象征物，自"禹收九牧之金"（《史记·孝武本纪》）铸成后，代表着九州，历代相传。成汤迁于商邑，周武王迁都雒邑。战国时期，列强争霸，觊觎鼎代，楚子伐陆浑戎时曾至洛问鼎，但最终还是落到了秦人的手中。《史记·秦本纪》载：秦昭襄王五十二年（公元前255年）"周民东亡，其器九鼎入秦"。唐人张守节《史记正义》说："秦昭襄王取九鼎，然一飞入泗水，余八入于秦中。"的确，秦始皇于二十八年（公元前219年）东巡时经过彭城（今江苏徐州市）曾"斋戒祷祠，欲出

---

① 雍城考古工作队：《凤翔县高庄战国秦墓发掘简报》，载《文物》1980年第9期。又，同期李学勤：《秦国文物的新认识》。

周鼎泗水。使千人没水求之，弗得"。以后项羽西屠咸阳、烧秦宫室，八鼎也就不知去向了。①

咸阳市任家咀1984年曾清理过一座战国中期的殉人秦墓，出土的铜鼎、甗、敦、钫、壶，计10件，多属三晋之物。墓主显然是一位参加过对晋作战取胜的将领。②

此外，临潼博物馆收藏的一件战国铜鼎，盖铭作"公朱左自（官）"，腹外横刻"十一年十一月乙巳朔左自冶大夫杕（？）冶嘉（？）铸贞鼎（？），容一斛"。（见图2-9）从

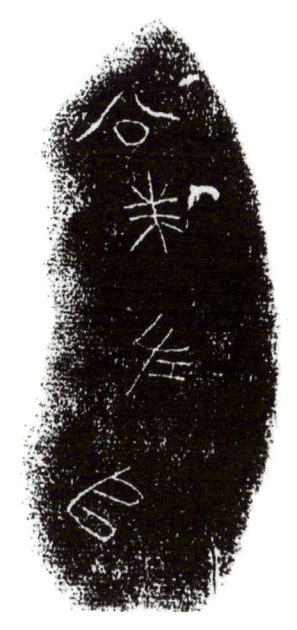

图2-9　公朱鼎铭文拓片

---

① 夏铸九鼎，确有其事。但记载颇多歧异，陷于不可解释的矛盾之中。第一，入秦与否，说法不一。《史记·秦本纪》载："周民东亡，其器九鼎入秦。"而《史记·封禅书》和《汉书·郊祀志》都作"宋太丘社亡，而鼎没于泗水彭城下"。第二，入秦鼎数有九鼎和八鼎的不同。像张守节《史记正义》就说"秦昭襄王取九鼎，然一飞入泗水，余八入于秦中"。以后确有秦始皇泗水捞鼎的举动。第三，鼎亡时间记载不一。《史记·秦本纪》作秦昭襄王五十二年（公元前255年），其前一年是周的末代之君赧王五十九年献城降秦的时间。而张守节却注作周赧王十九年（公元前296年）。第四，鼎没地点矛盾。既然九鼎存放在雒邑，何能"鼎没于泗水彭城下"？而张守节还说是"飞入泗水"，近乎神奇！

笔者以为周鼎入秦是确定无疑的事实，文献记载仍以《史记·秦本纪》为准。可确认的根据有两条：其一，秦昭襄王在公元前256年灭周，赧王死，随之取鼎入秦，同"宋太丘社亡"无关，鼎"飞"之事更不会发生。连太史公在写《史记·封禅书》时都作"周之九鼎入于秦，或曰宋太丘社亡而鼎没于泗水彭城下"，留有余地。显然，这话的前半句是肯定发生过的事实，后半句则是当时的一种说法，录以备考，因为毕竟有后来捞鼎之事。汉人新垣平曾上书文帝，说什么"周鼎亡在泗水中，今河溢通泗，臣望东北汾阴直有金宝气"，虽属欺诈，泗水有鼎却尽人皆知。其二，商亡后九鼎未必全部归周。周武王伐纣克殷，纣的庶兄微子启曾"持其祭器于军门"。周成王时，镇压了纣子武庚的叛乱，封微子为宋公，建立宋国，列春秋十二诸侯国之一。其都城虽在商之旧都宋城（今河南商丘市南），国境则奄有今河南省东部及山东、安徽、江苏三省间之地。微子的忠诚、武王的仁义，留一鼎使武庚、禄父"以续殷祀"是绝对可能的。泗水（又称"泗水河"）源自山东泗水县，经曲阜、鱼台、江苏徐州（古彭城），至洪泽湖附近入淮。宋的太丘又名"犬丘"，《左传》襄公元年（公元前572年）："郑子然侵宋，取犬丘。"此地在今河南永城市西北30里，距古彭城有200多里路程。该地社亡与政权象征的鼎亡，不应有什么联系，两件大事同时发生只能说是时间上的巧合。至于一鼎没于宋国的"泗水彭城下"，当另有缘故。

② 咸阳市博物馆：《咸阳任家嘴殉人秦墓清理简报》，载《考古与文物》1986年第6期。

铭文字体看，这件铜鼎也当是六国的器物。陕西历史博物馆还收藏了一件私官鼎，也是战国中期的诸国之器。①

在富县，还出土有斜肩弧足空首布，钱文有"武""武安""卢氏""三川䤈"等地名。

2. 网罗六国人力资源

秦国多方网罗、搜集六国的人力资源，来为自己的政治、外交、军事、经济、文化、城市建设和陵墓工程服务。坚持贯彻任人唯贤的人才路线，具备礼贤下士的诚恳态度，实行释疑信任的作风，使关东的宾客士子在一种强大的诱惑力驱动下看到施展抱负的希望，或只身闯荡，或互相延荐，自愿投奔到秦国来建功立业。秦国也通过强制的手段，从占领地区迁徙大量人口充实到关中，其中以劳动者最多。秦统一全国之后，则是以劳役的形式征发人民从事大型工程建设的。总的来说，主要的外来人力资源大致可分为下列四类。

（1）各层次的士人（既有纵横的"游说之士"，也有"通古达今"的"博士"等）、学子、宾客、客卿等"诸侯人"

秦国在春秋时期接纳的外来人士有由余、蹇叔、百里奚、丕豹、公孙枝、白乙丙、西乞术、孟明视、内史廖等，战国时期则有商鞅、张仪、公孙衍、司马错、乐池、魏章、甘茂、陈轸、楼缓、寿烛、蒙武、胡伤、王龁、司马梗、张唐、范雎、蔡泽、客卿灶、客卿通、将军摎、吕不韦、蒙骜、茅焦、尉缭、桓齮、李斯、李信、王绾、冯劫、蒙恬等。他们中有很多是出身微贱的布衣，却能通过实绩而封侯拜相。秦穆公因由余、百里奚、蹇叔、丕豹、公孙枝的襄助，才得灭国十二，开地千里，遂霸西戎；孝公用商鞅变法，才使秦国走上富国强兵之路；惠文王用张仪、司马错，方北收上郡，南取汉中，西并巴蜀，拔三川，制鄢郢，散合纵；昭襄王用范雎，远交近攻，蚕食诸侯，奠定了秦统一天下的基础；秦王政又能文用尉缭、李斯，武用王翦、蒙骜，离间各国君臣，攻城略地，横扫六合，才完成统一大业。正因为招贤纳士，秦国才由弱转强，由小变大，走向胜利。

---

① 公朱左官鼎参见丁耀祖：《临潼县附近出土秦代铜器》，载《文物》1965年第7期。私官鼎参见陕西省博物馆：《介绍陕西省博物馆收藏的几件战国时期的秦器》，载《文物》1966年第1期。考释参见朱德熙、裘锡圭：《战国铜器铭文中的食官》，载《文物》1973年第12期。

（2）身怀技艺的工匠、工程专家和术士

商鞅变法，发布《垦草令》，招徕三晋之人。秦务农的人群中也许不乏个别工艺人才，但毕竟发挥不了太大的作用。而以后情况就有了变化，像秦简中就有"工师"带徒教"新工"、有技艺的工匠不得改行的律文①。秦始皇陵墓工程就有来自郧阳（今湖北十堰市郧阳区）、高阳（今河北高阳县）、宜阳（今河南宜阳县）、新城（今河南伊川县西南）等地的工匠②。秦始皇起云明台，就曾"穷四方之珍木，搜天下之巧工"（《太平御览》卷一百七十八引《拾遗记》）。陵墓西侧出土的两乘精美绝伦的彩绘铜车马，固然是秦中央官府手工业的产品，其复杂的工艺作风从"失蜡法"铸件、焊接到机械加工，同中山王墓、蔡侯墓、曾侯乙墓的铜器相比，有异曲同工之妙，能说其中没有关东能工巧匠的参与？

郑国固然是韩国派来执行"疲秦"之计的，但作为水利工程专家，最终修成郑国渠，使秦获益。"以医名闻天下"的郑人扁鹊，在秦武王时来到咸阳，专治小儿疾病，有利于新一代人的健康成长。

（3）充实京师的徙民

在秦实施徙民政策的过程中，大规模迁移到秦本土的移民活动有两次：

秦始皇二十六年（公元前221年），"徙天下豪富于咸阳十二万户"（《史记·秦始皇本纪》）。正因为是"豪富"之家，人口必多，最少以每户五口算，总共就有六十万人之多。

秦始皇三十五年（公元前212年），"徙三万家丽邑，五万家云阳，皆复不事十岁"（《史记·秦始皇本纪》）。这次八万户约四十万人被安置在始皇陵区和直道的起点区，还给予免除10年徭役负担的优厚待遇。

秦始皇把百万徙民安排在以首都咸阳为中心的内史之地，既消除了原居地的对抗势力，又繁荣了京师，所以就出现了"富商大贾尽诸田"的局面。

另外，秦国还把有影响的人物以徙民的形式迁出本土，入秦之后则予以重用。秦王政十九年（公元前228年），秦灭赵，把赵将马服君赵奢的孙子马兴迁到了咸阳，让他

---

① 云梦秦简《均工律》："工师善教之，故工一岁而成，新工二岁而成。""隶臣有巧可以为工者，勿以为人仆、养。"

② 见于秦始皇陵区砖瓦上的印戳，参见王学理：《秦始皇陵研究》，上海人民出版社，1994年，第16页。

当了右内史①。

(4) 联姻而来的诸侯国之女及媵臣、婢侍、女乐人等

秦公、王多娶诸侯国之女为妻。孝公娶韩女,生樗里疾(《史记·樗里子列传》)。惠文王先后有两后,先娶魏女,称"魏夫人",生武王(《史记·六国年表》),武王尊其为"惠文后",后因支持季君(庶长壮)夺权"不得良死";后有楚女芈八子,生昭襄王,号"宣太后"(《史记·穰侯列传》)。悼武王娶魏女为后,无子,因参与庶长壮与诸公子之乱,被逐,归魏。(《史记·秦本纪》《史记·六国年表》《史记·穰侯列传》)昭襄王娶楚女,为"叶阳后"。(《史记·六国年表》)孝文王为安国君时,娶楚女为爱姬,为太子时,立为正夫人,称华阳夫人。孝文王立,"华阳夫人为王后"。另有夏姬,生异人(即子楚,后为庄襄王)。庄襄王早年在赵国当人质时,娶富豪家女,在邯郸生嬴政。庄襄王立,赵姬为王后。政立为王,尊赵姬为太后。

结亲虽然只是少数统治者个人的婚事,算不上是对外来人才的重用,也不是延用诸侯的主流,但这一政治行为毕竟对当时的政治活动产生过一定的作用和影响,因此也是不容忽视的。诸侯国之女来秦,也带来了本国的文化。"郑、卫之女"充后宫,"随俗雅化佳冶窈窕赵女"立于侧,改变着秦人的成分和习俗。即以声乐而论,就出现了"弃击瓮叩缶而就郑卫,退弹筝而取《昭》、《虞》"(《史记·李斯列传》)的新气象。当然,随之而来的也有某些负面影响,像嫪毐那样淫乱的丑类、赵高那样的流氓才子,都曾在秦的政治舞台上喧嚣一时,真可说是历史的不幸!

3. 博采众长为己所用

在秦初期到统一之前很长的历史时期,秦人都善于学习经验,充实自己,博采众长,不拘一格。这可说是秦的一个优秀传统。秦人初期的文化是接受羌戎影响的,西周到春秋前期则更多地吸收周文化。之后,是对关东文化的全方位选择。商鞅"大筑冀阙,营如鲁、卫","秦每破诸侯,写放其宫室,作之咸阳北阪上,南临渭",就是最明显的例子。

---

① 马非百:《秦集史》引《广韵》上声卷三马第三十五,中华书局,1982年。

第三节
咸阳范围的扩大

一、国都地域的拓展

（一）"首都"的概念

咸阳作为秦国的首都，人口集中，经济繁荣，交通发达，国事频繁，同战国时期其他国家的首都一样，在政治、经济、文化、交通上，都是本国最重要的中心。这种情况固然与西方一些国家的首都纯属政治中心（如美国首都华盛顿、澳大利亚首都堪培拉等）有所不同，但与中国古代都城的性质相一致。除这共性的一面之外，其较具特色的另一面就是：随秦国由小到大、从弱转强的变化，随时间进程的推移，咸阳都城要素的充实、规模范围的扩大，却是快速的、迅猛的、生机勃发的。

对于首都，理性的认识是绝不能把它看作一座孤立的城。因为它必须有一定的地域范围作为赖以支持的基础，所以它就很自然地由里和外两大部分组成，即所谓城与郊（先秦时期称为"国"和"野"）。郊，相对地有近郊和远郊的区别，其界限也颇难严格划出。因为以都城为中心，逐渐向外扩展，形成一圈圈同心圆，所以有学者把这形象地称为"首都圈"。圈内的近郊区在行政上归首都直辖，远郊则属于另一大行政系统的外围区了。渭河南北的地域都是首都咸阳的直辖区，而远郊区在统一后的秦帝国时期就属内史。

在这里，我们要明确的不单是首都的概念，而且还要有首都圈也是处在由小到大的变化中的认识。

（二）咸阳扩大的历史轨迹

商鞅变法，迁都咸阳，筑冀阙宫庭于今咸阳原一隅。以此为基点，在随后百多年的发展中，以惠文王、昭襄王和秦始皇等三代君主时的变化为最大。

《汉书·五行志》："先是文惠王初都咸阳，广大宫室，南临渭，北临泾，……

秦遂不改，至于离宫三百，复起阿房，未成而亡。"《三辅黄图·序》也有近似的话："惠文王初都咸阳，取岐雍巨材，新作宫室。南临渭，北逾泾，至于离宫三百。复起阿房，未成而亡。"这里我们剔除"灾异""报应"的成分，从中不难看出咸阳的土木工程建设和地域的扩大确实是从惠文王开始的，一直到秦亡而不改。咸阳固然是秦孝公定都的，班固未尝不知，传抄也不曾致误，"初都"一词用得恰切，妙不可言。

秦惠文王"广大宫室"已不仅是"南临渭"，实际上已经逾渭而初奠基业了。章台宫、长安宫具有相当规模，而且已成为在外交上显示秦国威仪的场所。[①]上林苑中也有宫殿，正处于初创的阶段。[②]昭襄王时，除大力充实渭河南岸的宫殿建筑，如兴乐宫、六英宫外，还在渭河上架设了横桥，使之同渭北的咸阳宫连接起来。在渭河南岸的广阔地域，向西延伸，继续修造离宫别馆（如棫阳宫、长杨宫、高泉宫等），向东到芷阳地界选定了东陵墓区。秦始皇统一六国之后，"咸阳之旁二百里内，宫观二百七十，复道甬道相连"（《史记·秦始皇本纪》）。关中宫殿三百，"北至九嵕、甘泉，南至长杨、五柞，东至河，西至汧渭之交，东西八百里，离宫别馆相望属也。木衣绨绣，土被朱紫，宫人不徙，穷年忘归，犹不能遍也"（《史记正义》引《庙记》）。

随着咸阳范围的扩大，渭南礼制建筑的兴起，政治重心也发生了偏转。国家庆典、礼宾、朝觐、犒赏、议事等一些大的活动，惠文王之前多在渭北诸宫进行，昭襄王时兼在南北，到秦始皇之后则主要在渭河南岸的诸宫了。

如果说秦孝公定都取名时，"山南水北"还能概括"咸阳"这一地理特征的话，在首都地跨渭水两岸的情况下，此一名称就不尽恰切了。当然，作为历史遗留下的这一符号性称谓也无须更改而沿用之了。

二、首都形制

（一）早期咸阳的位置、范围

公元前221年，秦始皇统一六国。咸阳作为首都，并没有另选新址，而只是按原来

---

① 章台宫是渭南的一处主要朝宫，苏秦曾对楚威王说："今乃欲西面而事秦，则诸侯莫不西面而朝于章台之下矣。"（《史记·苏秦列传》）楚怀王也确实朝过章台（《史记·秦本纪》）。长安宫虽说是离宫，但其范围很大，主要宫殿很可能是在距渭河不太远的地方。

② 《史记·秦始皇本纪》："三十五年……乃营作朝宫渭南上林苑中。"《三辅黄图》："阿房宫亦曰阿城。惠文王造，宫未成而亡，始皇广其宫规。"

规划所形成的定制加以充实和扩大。所以，现在我们探讨它的具体位置、范围和布局才有条件。《汉书·五行志》载秦惠文王时的咸阳是"南临渭，北临泾"。《水经注·渭水》载成国故渠在这一地段自西向东的流经是"又东径惠（文）帝安陵南，陵北有安陵县故城也，……渠侧有杜邮亭。又东径渭城北，……又东径长陵南"①。

"渭城"即秦咸阳②，据前引文献知，其方位在泾河南汉成国渠右侧、渭河之北，西有秦之杜邮亭，东临汉高祖长陵。

下面结合考古材料来考述其四界：

经调查知，成国故渠在咸阳原二道原（渭河二级阶地）的北部，其遗迹当今渭高干渠南侧约200米，沿420~435米等高线，自西而东横陈。咸阳原上从黄家沟至刘家沟一带的秦遗址确实分布在成国渠之南侧。

今之渭河在秦汉时期偏南一线。由于秦岭新构造运动、渭河南岸相对抬升及渭河支流的顶托作用，渭河向北移动。在今咸阳市以东，由于渭河向北侧蚀的结果，这段河床呈西南—东北向的平行北移，在南侧则让出越来越宽的河漫滩。由秦昭襄王造又经秦始皇扩建的渭河桥，原名横桥。后来汉建长安城于渭河南，其北城西起第一门正北对横桥，所以取名横门③。据《汉书·文帝纪》苏林注，渭桥"在长安北三里"，显然是指桥头所在的渭河南岸到横门的最短距离。"三里"（汉）确不算长，有意思的是汉成帝建始三年（公元前30年）七月，住在渭水边上的小女子陈持弓听说发洪水，受惊后一口气向南跑进横门，闯入未央宫，（《汉书·成帝纪》）可见秦汉时渭河距长安城是很近的。汉长安城横门遗址在今西安市西北六村堡街道相小堡村西侧，其门外有一条南北向、长约千米的秦汉大道遗迹。据《三辅旧事》引《三辅黄图》及《括地志》，横桥跨度"南北三百八十步"。那么，秦汉时期渭河北岸距汉长安城的距离是"三百八十步"（秦）与"三里"（东汉）之和。经折算，约1827.36米④。今西咸新区窑店南、东龙村东150米处有一条深埋地下1.4米的南北向大道，宽50米，路土厚30厘米，此路同秦冀阙宫庭遗址、汉横门在一条南北线上。村南的渭河北岸，距汉长安故城横门遗址的南北直

---

① 王国维校：《水经注校》，上海人民出版社，1984年。
② 《汉书·地理志》："渭城，故咸阳。高帝元年更名新城，七年罢，属长安。武帝元鼎三年更名渭城。"
③ 横门，又称横城门、光门，王莽改名朔都门左幽亭。
④ 秦是"六尺为步"，1尺合今23.1厘米。桥长380步=0.231米×6×380=526.68米。苏林是三国时魏人，其时度量制应与东汉晚期相同，东汉晚期1里合今433.56米，其所言"三里"合今1300.68米。

线距离是6200米。这即是说，秦咸阳南临的渭河在近200年内迅速向北移了4372.64米①。再就笔者从20世纪60年代以来的多次考古调查而言，在这一斜行的北岸地带，由西南的长兴村往东行，可以看到滩毛村到店上村之间的河岸地层是：战国至秦的文化层堆积厚度平均在2米左右。往东北行，秦文化层厚度逐渐减薄，包含物的密度也随之降低。西龙村以东接近原生土，而汉代遗物渐渐增多。1961年至1963年，经我们发掘滩毛村南的制陶手工业区，因河北岸崩陷，井圈、陶器随之露出。至1973年笔者重访故地时，原来的发掘区已沦入河底，去足下已百米矣！由此可见，早期咸阳"临渭"的南界，其西段在今滩毛一带向南突入4公里，是否全有文物遗迹，尚不可知，其东段在大寨村、邓家村一线的南北宽1800米的地带，今天所见确属空白。至于向南延伸的原来宽在4000多米的地面上有无战国到秦的建筑，恐怕永远都是一个难解之谜。

秦昭襄王大将白起死于杜邮亭，这个有具体里程的故地当是确定秦咸阳西界的重要根据。《史记·白起王翦列传》："武安君既行，出咸阳西门十里，至杜邮。……秦王乃使使者赐之剑自裁。"②《史记索隐》："杜邮，今在咸阳城中。"《旧唐书·地理志》也有咸阳"移置杜邮"的记载。《大清一统志》引《太平寰宇记》："武德六年，又移于便桥西北百步官路北，杜邮亭在县西南三十八步。"《咸阳县志》："明洪武四年县丞孔文郁移治今所。杜邮馆在县东五里。"今咸阳市东郊任家咀北3530工厂院内有封土堆高6米，底径19米，传为白起墓③。任家咀附近即是秦杜邮亭，由此东去"十里"（汉）合今4335.6米④，可知咸阳西界当在长兴村附近。这同地下文物遗迹分布的情况是

---

① 1973年，为在"文革"后恢复秦都咸阳的考古发掘做资料准备，笔者对今咸阳市以东直至灞河入渭处这一段渭河做了实地勘查，并到咸阳、渭南及三门峡库区的相关水文部门查询了相关记录资料，重点走访了汉长安北的高龄老人。据河边的老人讲，从他们父辈口中知道：距今一百五六十年前的清道光年间（公元1821—1850年），在贵家花园附近，有"木桥墩"露出水面，四根一排，每排南北间距六七米，桥宽可容两辆大车。贵家花园在今西安市汉城街道高庙村北2里多处，当汉长安故城的洛城门外，此桥必是唐贞观十年（公元636年）在秦渭桥旧址东10里修的中渭桥遗址。贵家花园村北对西咸新区窑店街道的左所村，因渭河的北移，该村在近百年来向后退，搬迁了四次。这些情况都说明渭河的迅速北移是近世的事，究其原因，当同大地构造变化及自然生态的失衡有关。

② 杜邮距咸阳的里程，记载有三。除《史记·白起王翦列传》作"十里"外，尚有"七里"和"十七里"的不同记载。《史记·樗里子甘茂列传》："甘罗曰：'应侯欲攻赵，武安君难之，去咸阳七里而立死于杜邮。'"《水经注·渭水》："渭水北有杜邮亭，去咸阳十七里，今名孝里亭，中有白起祠。"根据实地考古调查，结合文字学，"七里"之"七"字在秦汉时当同"十"形近而误，故"十七里"之"七"字必属衍入者。

③ 据《咸阳文物志》记述，白起墓封土呈圆形，底径19米，高6米，有夯筑垣墙，东辟门。20世纪70年代初，已做清理，"墓道、墓室为砖券，出土铁剑等物"。墓室既是砖券，封土又呈圆形，显然属于汉墓形式，但传说是白起之墓，是否为汉代重新掩埋？

④ 1东汉里=433.56米，参见陈梦家：《亩制与里制》，载《考古》1966年第1期。

吻合的，因为长兴村以西绝不见秦文化地层。汉高祖刘邦与吕后合葬的长陵位于今西咸新区正阳街道怡魏村南。两大冢，帝西后东，间距280米。长陵南正对咸阳原边的三义村，村西侧到刘家沟有秦宫殿建筑基址，迤逦而西，属于北阪宫区；三义村东侧是柏家咀村，除一些零星建筑夯土和遗物外，连同今杨家湾这一低洼地带，就是秦咸阳东郊的风景区——兰池。

由前述可知，文献记载只给我们提供了早期咸阳中心区的相对位置，而考古资料才给我们揭示了它的大致范围。因为渭河由西南向东北的流向，早期咸阳占据的渭河一级阶地及二级阶地（二道原）平行而呈斜行的狭长地带，从而决定了咸阳的地理特点：东西跨度虽大，但两端南北展开的距离不等，西界北起黄家沟，南越长兴村、滩毛村，南段已陷入河底，估计宽在6000米以上，东界南北较短，仅在三义村附近的二道原上下，长不过150米。其南北两边呈平行的"彡"形，即：北线西起黄家沟村原边东行，在胡家沟北折，到毛王沟沿成国渠故道南侧东北行，至山家沟以北；南线起自滩毛村以南渭河中心，东行，在西龙呈南北走向，过灰堵村，穿窑店街道，再沿牛羊村南至山家沟。这个东西宽6600米、南北长200～6000米的区域，即是早期咸阳的中心区。其间分布着战国和秦代各种类型的建筑基址、手工业作坊遗迹、窖藏，出土了大量的文化遗物，成为研究秦都咸阳的凭借。在这一"秦都文化带"的两侧，大体为农业区与郊野区。

早期咸阳遗迹和遗物的分布及其内容的差别，也给我们揭示了秦咸阳的六大分区：以北阪宫区为中心及中央官府控制的手工业作坊区形成的东北分区，也可称宫城区；由制作日用陶器的民营作坊、其他手工业工场和市民、商业集市组成的西南分区，也可统称工商区；在宫城西侧和居民区北端，紧临的是嫣王、黄家沟平民墓区；再向西推进是任家咀、塔儿坡两个墓地构成的西部墓区；西北为早期王陵区；工商区东、宫城区南的临渭地域，是居民与农业的杂居区。合并简述，就是东南部属阳区，西北部属阴区。

（二）统一后大咸阳的平面布局

秦始皇统一六国之后，首都范围急骤扩大。《史记正义》引《庙记》："（咸阳）北至九嵕、甘泉，南至长杨、五柞，东至河，西至汧渭之交，东西八百里，离宫别馆相望属也。"《长安志》引文竟具体到"始皇表河以为秦东门，表汧以为秦西门"的地步。显然，当时人是把秦内史在关中的地方都当作咸阳来看待的。实际上，它划定的范围在东西两侧已经超出了咸阳远郊的地域。以黄河与汧河作为京都之东西二门，其间相去八百里，不要说在中国，就是在全球范围内从古到今也不曾有。其实这里的"表"是作标识之义讲，同后面将讲到阿房宫"表南山之颠以为阙"的"表"字一样，具有象征的意义。所以,这个"东门"和"西门"也就不是实际存在的门。况且这两个所谓的门也不是就首都咸阳说的,而是就统一天下以前的秦国而言的,强调它有如关梁一般重要,仍是秦人气度的一种表现。

《三辅黄图》载:"咸阳故城自秦孝公至始皇帝、胡亥并都此城。始皇兼天下,都咸阳,因北陵营殿,端门四达,以则紫宫象帝居。渭水贯都以象天汉,横桥南度以法牵牛。"①这段文献资料说明了以下两个问题:

第一,秦都咸阳的历史系上起孝公,下迄胡亥,简明扼要地说明了秦都咸阳的史迹。

第二,秦始皇在统一六国过程中,除继续在先王宫城区营造新殿外,还把首都建设放在一个总体规划的指导下实施,避免随意"堆砌"带来的零乱感,从而形成了"渭水贯都"的规模。

在帝王思想的支配下,首都咸阳设计的指导方针首先是取法于天象的。②同时,从总体布局上赋予其美感,甚具浪漫情调:沿着咸阳原这高亢的地势("因北陵"),营造屋宇,殿门向四个方向伸展形成一个中心,正如天帝常居的"紫宫";滔滔东去的渭水穿过城市,恰似银河亘空,划破无垠的星野;而横桥飞架,把南北的阙庙宫观连接起来,正像在满天星斗的苍穹里飞过的鹊桥,使得牛女终于团聚。

首都范围扩大了,渭水成了城中河。但我们并没有发现一座能把渭河两岸众多宫殿建筑包围起来的咸阳城,更没有见到北起咸阳原宫区以北,越渭河,南到西安草滩农场以南,西自咸阳路家坡,东至杨家湾,大可290平方公里的"秦咸阳宫遗址"。③所以,笔者认为"渭水贯都"之"都",未必就是都城。

从文献记载到考古资料,二者辩证地结合,需全面研究。本人的结论最早就在《秦都咸阳》一书中写出来了,现在仍坚持这一观点。这就是:秦都咸阳是个有范围、有模糊轴线、有宫城而无郭城更不存在跨渭的大城;在布局上,宫殿、寺府、手工业区、商业区、居民区及墓葬等古都组成要素均呈散点交错状;政治中枢随时间进程在转

---

① 据孙星衍、庄逵吉校定本《三辅黄图》,见《丛书集成》。
② 这里的"紫宫"是"三垣"之一的星宿名称,系紫微宫(也称"紫微垣")的简称。它位于北斗(属大熊座)的东北,共有15颗星,以北极星(即小熊座α星)为中枢,东西分列,呈现出一种屏藩的形状。不过,古人观测天象除因农事季节需要外,还赋予了它神秘的色彩,使之同封建迷信的占星术联系在一起,既把地上的人事关系天象化,反过来,则认为天象的变化预示着人事的变动和吉凶。这就是早已流行的"天人相应说"。《晋书·天文志》:"紫微,大帝之座也,天子之常居也。"说明主宰整个宇宙的是天上的天帝或上帝,居紫宫,主宰人间的则是地上的天之骄子——君主,居京都。咸阳作为天子之都,就是始皇统一天下后,用"以则紫宫象帝居"的指导思想建设的。
③ 秦都咸阳考古工作站:《秦都咸阳第一号宫殿建筑遗址简报》,载《文物》1976年第11期。

移，中心建筑也处在未确定的状态，而这一状况的出现，是秦国处在特定历史条件下形成的。①

秦都咸阳是从战国都城到汉唐长安城的过渡类型，既有同时代都城的特点（如宫殿、作坊、市、墓葬等有特定的区域），又有在特定的历史环境中形成的特殊性。孝公时期，商鞅"筑冀阙宫庭"只是为了适应变法的需要，在大的方面有地理选择的考虑，却无总体的城市建设设想；惠文王至庄襄王时期，都市发展虽有趋向性，但带有随意性；而秦始皇时代，在战争年月，戎马倥偬，无暇顾及都市的总体规划，但统一天下后，天下太平了，他觉得自己功过三皇，德超五帝，尊荣至上，建立帝王之都，营造朝宫的计划就自然而然地提到议事日程上来。可是，他一方面既不能改变历史的遗留，不能百废俱兴；另一方面也无须迁都，只有在原有的基础上做扩建、充实。但很可惜的是，咸阳的阿房朝宫还不曾落成，咸阳都城的总体设想还没来得及完全实施的时候，秦朝就在短期内灭亡了。

考虑到秦都咸阳的形成特点，我们在研究咸阳城市史时，就会认识到"秦都咸阳"和"咸阳都城"是两个既有联系又有区别的不同概念，就不会在渭北一个小而又小的地段上探讨秦咸阳的布局。历史地、辩证地、全面地考察这座城市的诸问题，才是有益的。

咸阳作为秦帝国的首都，范围确实很大，其市中区至少包括了今西安市北郊、西郊和西咸新区窑店之间渭河两岸的广阔地域。渭北区以长兴到三义为东、西区间，北起咸阳原的二道原腹部，往南跨越渭河，至阿房、汉城、灞西一线，构成市中区。郊区延伸颇远，西北到今咸阳市东郊的塔儿坡、市北的公陵，东南可达今临潼区西斜口街道秦芷阳故地。南北长19公里，东西斜跨约63公里。（见图2-10）

---

① 城市发展史，包括广义和狭义两个范畴。前者是从城市的形成、发展到消亡而言；后者是专指一个具体的城市从兴到废的历程。两者显然有大和小、长和短的区别。在城市发展的历史长河中，城市的性质、地位、作用、规模等，因地理环境，特别是历史条件的不同，有很大的不同，即以中国城市的规划布局而论，就可以作为一个专题来研究。其中单以国都的布局而简言之，即可看出，根据统治阶级的设计要求，可分为两个阶段。在奴隶社会里，君主居"国"，卿大夫居"邑"——都，广大奴隶住"野"。这时，城的主要作用在于防御广大奴隶进攻和战争防卫，因此，它成为奴隶主势力盘踞的堡垒。城市的设计则体现"筑城以卫君，造郭以守民"（《吴越春秋》）的要求。在封建时代，随战争方式、武器的进步，城防的作用更为加强，中央集权的思想在城市布局上有着充分的体现，如战国的都城多是大、小两城，小者是城，大者属郭。如果说汉代长安城还基本上遵循着"左祖右社，面朝后市"（《周礼·考工记》）这一规范的话，那么到隋唐长安城就完全变成了另一种情况。大建筑设计家宇文恺因事先有整体规划，把皇城和外郭城置于宫城之南，东、西两市分列在皇城前方之两翼，坊里整齐如棋盘，城门、道路的分布有了轴线关系，这就充分表现了皇家至高无上、南面称王，臣民诚惶诚恐、俯首听命的统治者思想。及至明清时代的北京城，更是典型化了的都城，其完备规整的程度，可说是登上了中国古代城市规划史的顶峰。

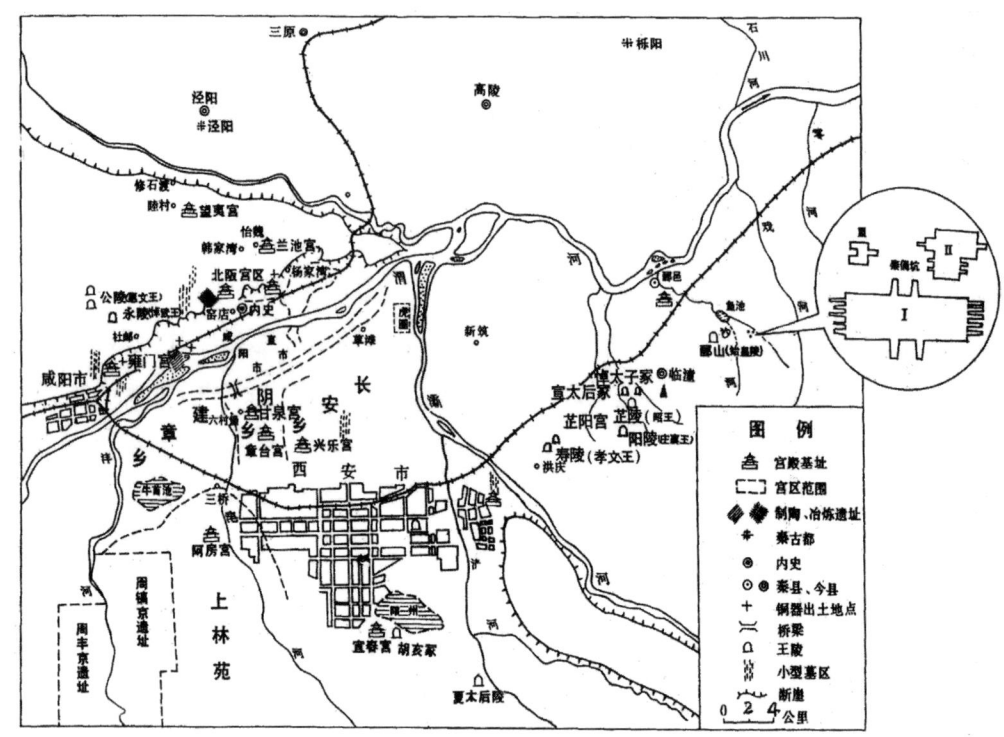

图 2-10 秦都咸阳布局示意图

（王学理标示）

俯瞰咸阳规划的景观，渭北是冀阙宫庭、仿六国宫殿、手工业作坊及商贸的集中地，渭南则是诸庙、苑囿、陵寝的分布区。朝宫阙观地处中北部，离宫别馆则环绕首都中心区由近及远地散布，陵墓划区置于市郊一隅。（见图2-11）

下面让我们具体看看秦都咸阳的布局及其所处地理位置的特点。

1. 七大宫廷建筑

七大宫殿建筑是朝典、祀天、正寝和后宫的所在。

（1）由宫城卫护的冀阙宫庭建筑群

以商鞅建造的冀阙宫庭为中心，形成一个群体的宫阙建筑群。今西咸新区窑店东北牛羊村的高台建筑，呈规正、对称、两观的形式，突兀、挺拔，雄踞原边，更显宏伟、博大的气魄。其余建筑遗址密布其两侧和后部，形式迥异。从战国到秦末，经过多次扩充、改建，使之完善、持久，并以宫城环护，是其构成特点。长期来，为人们称道的咸阳都城很可能就是指这座宫城的扩大而言的。

冀阙宫庭建筑群居高临下，背依北陵，泾水环带，南有浟浟渭水东去，两岸平畴沃

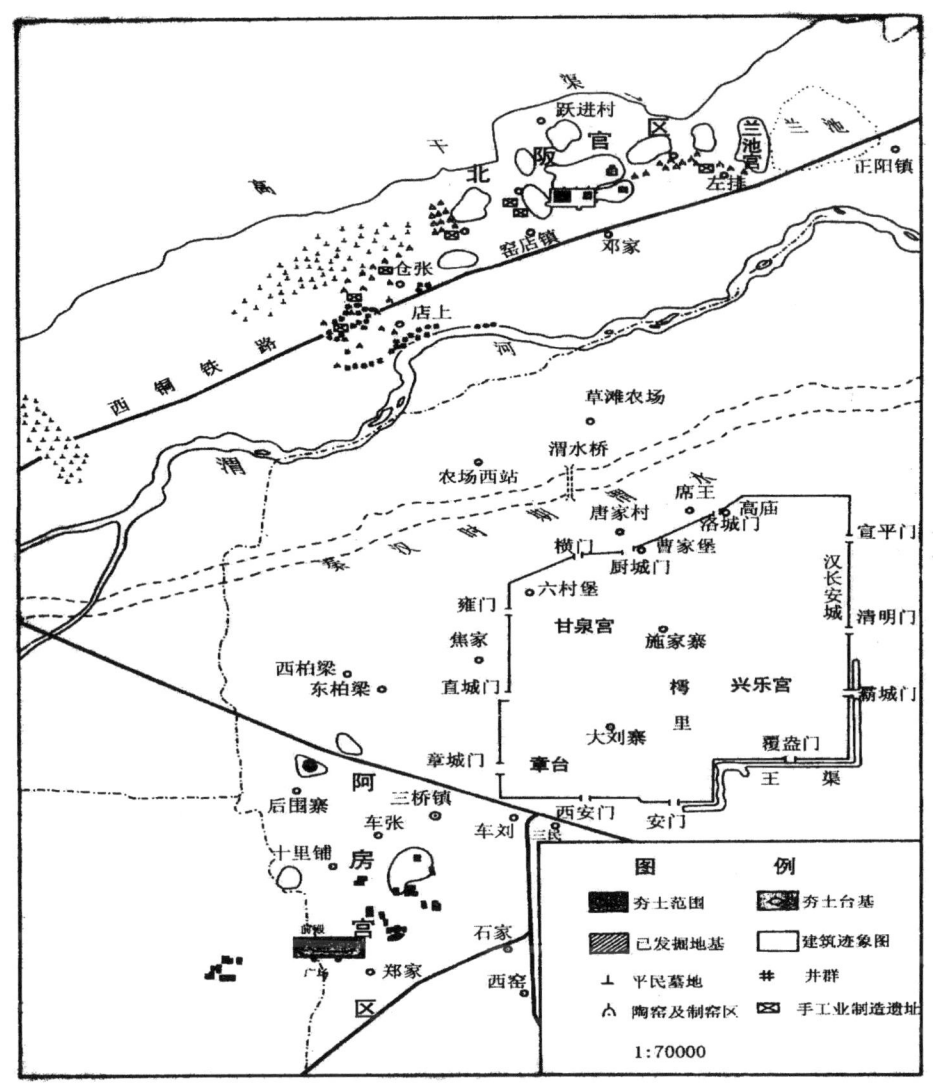

图 2-11 秦都咸阳城区示意图

野、终南叠嶂,尽收眼底,地势险要,风光独具,自奠基始,秦业兴盛,这不能说不是孝公、商鞅高人一等的选择。

(2)咸阳宫建筑群

受天帝居紫宫的法天意识支配,秦始皇增修咸阳宫"象帝居","北陵营殿",使"端门四达"。咸阳宫位居冀阙宫庭之侧,并与之连通,受宫城环护,晚于冀阙宫庭而后来居上,成为渭北诸宫之首。

(3)仿作之诸侯宫室建筑群

散布于咸阳原上,同咸阳北区的其他宫殿杂处,一字排开。西起聂家沟,经牛羊村、姬家道、刘家沟、山家沟、张陈村，到三义村，北至原巅的怡魏村，多有秦建筑基址的分布，形制各别，原来是"殿屋复道，周阁相属"，组成如网如织的经络体系。

（4）双子星座的章台、兴乐宫群

位当咸阳南区的中南部，西汉在此基础上建造未央宫和长乐宫。通过横桥，直接同渭北的咸阳宫发生联系。今长安故城有汉宫遗址。

（5）极庙（信宫）建筑群

规模宏大，甬道四出，连接着渭北诸宫、郦山和甘泉宫。位当汉长安城内长乐宫遗址西北。

（6）甘泉宫（南宫）建筑群

甘泉前殿是甘泉宫诸建筑之首，有甬道直通渭北区咸阳。南宫是相对渭北诸宫而言的，是汉桂宫的基础。

（7）阿房宫区建筑群

阿房宫是秦都诸宫中之后出者，地处渭南区的西南部，在上林苑中。"表南山之颠以为阙，络樊川以为池"（《三辅黄图》）是拟议中的建宫设想。阿房宫前殿基址宏大，时有文物出土，不难想象当年"上可坐万人"的雄姿。实际上，阿房宫前殿工程并未完成，仅具夯土基础与台基上三面围墙及前殿阿房，但阿房宫范围广大，上林苑中战国以来的宫殿台阁建筑都应包括在内。所以，有学者仅凭阿房宫前殿夯土基址来概括阿房宫是欠妥的。若把战国以来的秦宫殿台阁遗址说成是上林苑的建筑，使部分同全部对立，显然也是概念上的混淆。

咸阳除上述的七大宫殿建筑群之外，还有很多离宫别馆、行宫信宿性质的宫殿建筑，散布在泾水之南、渭河两岸的近郊。有些宫殿择地而建，以景取胜，如：兰池水色澄碧，回环曲折，悠然入渭，兰池宫掩映于万绿丛中，风景如画；宜春苑中水波涟漪，万花簇拥宜春宫；望夷宫居高临泾，危楼耸峙，望断烽烟；雍门宫华盖宝顶，金碧辉煌，出类拔萃。渭水之南，地域平阔，殿屋重重，星罗棋布，而曲台、六英、华阳、长安、芷阳、凌台、清台点缀其间，附以苑林清流，更具一番诗情画意。

2. 手工业生产区

手工业生产区主要在渭北区的北部和西南部，由中央、市府和民营的手工业组成，已发现有冶铜、铸铁、建材、制陶、琢玉、骨器等作坊遗址。因为生产目的、服务对象和性质不同，其分布地区、产品内容和组织规模也大不一样。

在牛羊村秦宫城附近主要分布着中央官署掌握的手工业生产区，直接为皇室服务。

其东侧的刘家沟到柏家咀一带陶窑密集，是制作宫廷砖瓦等建筑材料的生产区。宫城西侧的聂家沟附近是一处烧制砖瓦、铸铜、冶铁的大型手工业作坊区。胡家沟一带也分布着大量生产砖瓦的作坊遗址。总之，生产建筑用陶的作坊集中在自黄家沟至柏家咀的原边一线，光陶窑遗址就见有100余座。而西部的黄家沟南则是玉制品的加工地。至于金属制品的加工，如宫廷用具、兵器等的制作，未必与冶炼同地，长陵车站一带很可能是一处机械加工的作坊区。

官府管辖的手工业和民办的手工业以生产人民日常用品为主，主要集中在渭北区的西部和西南部。今长陵车站、滩毛村、店上村一带，水井和排水管道密集，其南侧灰土堆积较厚，出土了大量陶器，并有窑址发现。长陵车站一带是金属制品加工地，滩毛村南侧是规模很大的制陶作坊区。

南区的手工业主要分布在周围的市郊，如骊山、杜县等地。杜县生产的日常陶器，作为民窑的产品已运销到渭北。作为中央官署手工业，其规模和技术堪称一流，其集中地有两处，一处是在西南的阿房宫区，另一处是在东南的始皇陵区。秦始皇陵西侧窑址集中，属中央官署管辖的制陶业，为陵墓生产建筑用陶。陵墓周围还有很多分散的陶窑，主要生产生活用陶。至于制作7000左右的陶俑、陶马和铺地砖的生产场地，也当在陵区附近。

陶器同广大吏民的生活关系密切，使用普及而量大，故生产作坊的设立不限一处一地。像官府和居民集中地，多有设坊建窑的，或集中或分散，形式多种。在芷阳、丽邑等地多有陶窑及陶器的发现。

3. 商业区、市场与居民区

城市居民的主要成分是手工业者和商贩劳动者，其集聚地在渭北区的西部和西南部，南区的东部。阿房宫和丽山陵墓更多的则是服役劳动者。

农业劳动者散居于市中区近门的地方，在市郊则相对稠密一些。

手工业作坊区多半是市民居住地，其附近多有"市"的设立，也就形成了商业与之杂处的地域。见载的"咸阳市""直市""平市"可能散布于北阪宫殿与渭河之间的地方。渭南也有"宫市"的存在。骊山附近在焦亭下设立了市场。

4. 陵墓区

在规划上王陵已远离市中，设区于郊，和战国以前王墓近都的情况不同。咸阳王陵区有二，一处是渭北区西北郊的毕陌陵区，另一处是渭南区东郊的芷阳陵区（也即东陵）。秦始皇陵园则从东陵独立出来，自成一处丽山陵园。

平民（包括低爵位官吏）墓地主要安排在渭北的西北郊，有嫣王、黄家沟墓地，西郊则有任家咀上下两处墓地。渭南墓地早期多在尤家庄一带，以后扩至东郊。白鹿原西北坡一带的秦墓以半坡最为集中。

5. 连接各区的纽带

首都多处宫殿建筑、陵园寝庙及一些重要设施（仓、廪、府、库、市），都由四通八达的地面道路连接成为一个整体。而横桥是沟通渭河南北两区的枢纽，与其两端相接的大道则是市中区的主干道。

主要宫殿和陵庙间以阁道、甬道或复道相连，自然形成南北二区，再由横桥贯通，中间是专供秦始皇使用的御道，其两侧是南北往来的民道。

三、内史之地

（一）咸阳四邻的县邑

秦都咸阳周边同七个县相接：其北与池阳（今陕西泾阳县南部、泾水之北，治今县城西北2里）为邻；东北与弋阳（今陕西西安市高陵区西南部和咸阳市东北，南临渭水。汉景帝筑陵后改名阳陵县）最近[①]；自北而南依次是高陵（今陕西西安市高陵区西南为秦县治所在，秦孝公十二年置县）、芷阳（今陕西西安市灞河到临潼骊山间地，秦昭襄王因芷阳宫置县，治今临潼斜口街道油王村附近）绕其东；南有杜县（今陕西西安市南郊，长安区北部。秦武公置县，治今西安市西南15里的杜城村）；西南有鄠县（今陕西西安市西南丰镐以西的渭河南岸到秦岭北，秦孝公置县，治今西安市鄠邑区北1里）；废丘（今陕西兴平市地，治今南佐村附近）[②]在西。（见图2-12）

（二）内史

《三辅黄图》："秦并天下，置内史以领关中。" 内史作为行政区划的单位，是秦

[①] 公元前153年，汉景帝在秦弋阳县修筑寿陵，就取名 "阳陵"，并置阳陵邑。1990年5月，笔者作为陕西省考古研究所秦汉研究室主任率领汉陵考古队，对阳陵正式开展陵园考古，发现地下从葬坑、陪葬墓区及地面建筑遗址多处。当时，我们据《汉书·高惠高后文功臣表》载傅宽被封为阳陵景侯，有人认为阳陵系秦时名汉沿用之。实际上，秦之阳陵是东陵中秦庄襄王与帝太后合葬的陵名，同汉改弋阳为阳陵无关。

[②] 废丘，周名犬丘，懿王曾自镐迁都于此。周末为少数部族占领，秦伐犬戎取其地，因久废成墟，就改名废丘。地当今兴平市东南的阜寨镇南佐村一带。据说，此地存有秦废丘城址。经调查知，在南佐村东有古遗址200万平方米，采集所见有西周泥质灰陶绳纹盆、罐，秦汉时期的绳纹板瓦、筒瓦等。

第二章　咸阳在秦统一事业中扩大

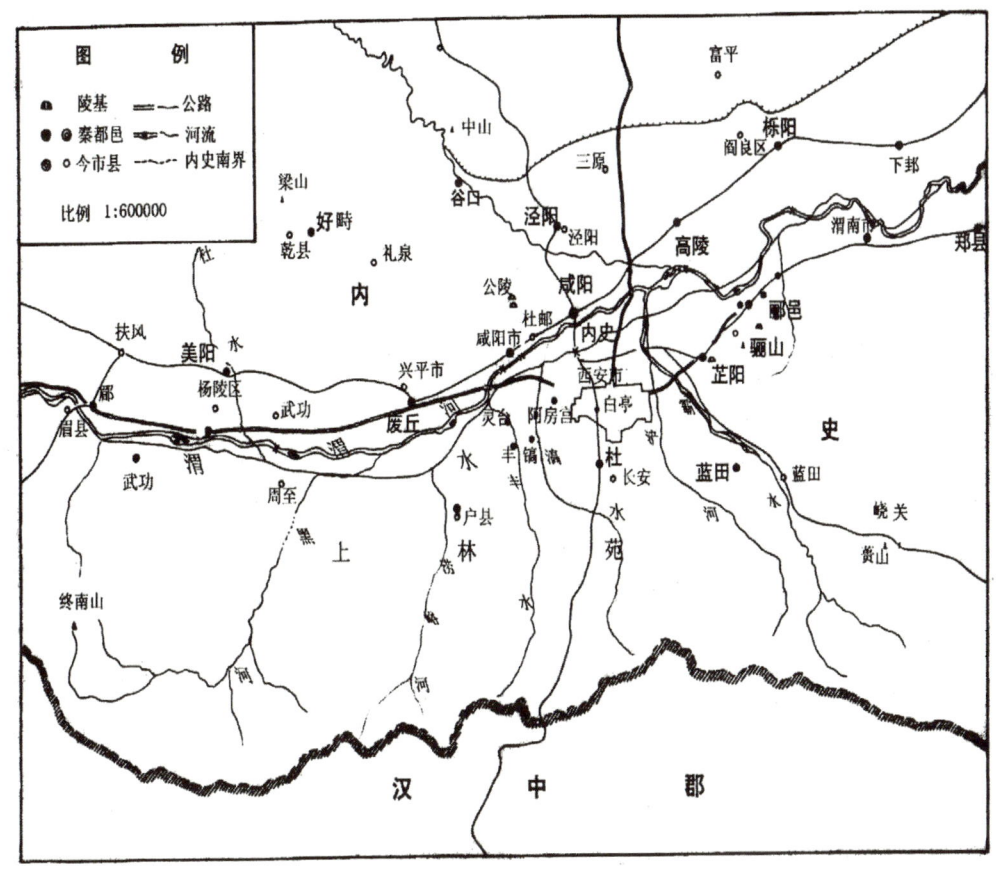

图 2-12　咸阳邻近的内史诸县

始皇统一全国之后才于京师之地设立的。它固然和郡同级，但不平行，而是直属中央，因此不当计算在郡数之内。所以，颜师古说："京师，天子所都畿内也。秦并天下，改立郡县，而京畿所统，特号内史，言其在内，以别于诸郡守也。"（《汉书·地理志》注）秦始皇"分天下以为三十六郡"（《史记·秦始皇本纪》），以后因边境开发和郡治调整，全国郡数多达四十六个[①]。而秦内史管辖的地域范围还比西汉"三辅"（京兆尹、左冯翊、右扶风）之地要大（即多出今陕西商洛市商州区、洛南一带的商鞅十五邑，陕西潼关至河南灵宝市之间地），东起秦函谷关，西达陇县、大散关一线，北界关中盆地的北缘（北山），南抵秦岭，东南伸及武关。辖县四十二，治设咸阳。

---

① 秦之郡数，历来说法不一，计有三十六郡（《史记·秦始皇本纪》《汉书·地理志》）、四十郡（《晋书·地理志》）、四十二郡（全祖望《汉书地理志稽疑》）、四十八郡（王国维《观堂集林·秦郡考》）、四十六郡（谭其骧《秦郡新考》，载《浙江学报》1948年第2卷第1期）五种。其中王国维考证详细，但也有欠当之处。谭其骧于王氏四十八郡中舍去陶郡、博阳、胶西、城阳四郡，另加常山、衡山二郡，并以河内易河间，定为四十六郡，审辨精当，其说后来居上。

因为畿内不设郡守，内史也成了一种官职。他虽未列入中央的三公、九卿之内，但因职掌京畿重地，故同中央有着直接和方便的联系。内史除主管内史事务外，也多与闻军国大计，权柄很重，非一般郡守所能比。

在这里还值得一提的是，在内史之地，还有一些相对独立的封君宗邑①，如孝公封"商君"（商鞅）十五邑②、惠文王在杜县内取鄠邱澧水间一部分土地作为右庶长寿烛的宗邑③。（见图2-13）另外，还有昭襄王封的泾阳君（公子

---

① 宗邑，《左传·庄公二十八年》："曲沃，君之宗也，……宗邑无主，则民不威。"杜注："曲沃，桓叔所封，先君宗庙所在。"《左传·襄公二十七年》："成请老于崔，崔子许之，偃与无咎弗予，曰：'崔，宗邑也，必在宗主。'"杜注："宗邑，宗庙所在。"《左传·哀公十四年》："（宋桓）魋先谋公，请以鞍易薄。公曰：'不可。薄，宗邑也。'"可见，宗邑就是宗庙所在之邑。

宗邑原本是奴隶主各级大家建立的宗庙之地，是宗法制的产物，但在商鞅变法时已经实行郡县制的秦国，竟由国君给功臣封邑，而且可以世袭（"子子孙孙以为宗邑"）。这究竟是何性质？

西周锡采是"授民授疆土"的，像康王时的大盂鼎铭记周天子一次锡盂"邦司四白（伯），人鬲自驭至于庶人六百又五十又九夫"；锡尸（夷）司王臣十又三白（伯），人鬲千又五十夫"，计不同身份的奴隶1709人。夷王时的敔簋铭记周王对追御南淮夷有功的敔锡"于敔五十田，于早五十田"，一田百亩，两处共有百"田"，即一万亩。春秋时诸侯兼并小国，扩大领土，因此卿大夫的封邑很难有个确定的界限。战国时，"封君"的邑数有多寡，邑的大小也有区别。但秦国的"封君"在自己的封邑之内只有征收赋税的权力，这就是《史记·货殖列传》说的"封者食租税，……朝觐聘享出其中"。《汉书·食货志》也载：汉初"自天子以至封君汤沐邑，皆各为私奉养，不领于天子之经费"。颜师古曰："言各收其所赋税以自供，不入国朝之仓廪府库也。"可见在战国以后，虽普遍推行了封建的郡县制，但同时还有封君、封邑的存在，然名称虽旧，实则性质已经变化。

② 梦斋封泥有"商丞之印"。陕西省考古研究所于1996年对丹凤县商城做了调查，见《中国文物报》1997年8月10日报道。

商鞅封邑所在的今陕西丹凤县（龙驹寨）原为楚邑。公元前632年，子西为"商公"（《左传·文公十年》），控制着丹江上游地区。后来秦国与楚争锋，孝公十一年（公元前351年）"城商塞"，十五年（公元前347年）封卫鞅于"商于十五邑"，二十二年（公元前340年）"为列侯，号商君"。《史记·商君列传》集解引徐广曰："弘农商县也。"《清一统志》："故城在商州东八十五里。"商州曾称商县，今改商洛市商州区，其"东八十五里"，正是今丹凤县西。经调查知，商鞅邑城位于丹凤县西2公里的龙驹寨镇古城村，坐落在丹江北岸的二级台地上，北依蟒岭，西临老君河，东靠山梁。东墙长1000余米，基宽8米，其他三面未见墙迹，不知是否利用山水地势作防御。城址中出土有战国中晚期筒瓦、板瓦及鬲、釜、豆、盆、罐等陶器。可贵的是有"商"字瓦当的发现，瓦上也有"商"字戳记。在城墙外东南的土岗上钻探出楚人墓地，东西长100米，南北宽约50米，发现墓葬100余座，排列有序。经发掘的72座墓葬全作长方形竖穴坑，多为单人仰身直肢葬式，头东脚西。单棺多有头箱，个别的有边箱。随葬品以成双的鼎、敦、壶、豆等陶器为基本组合。近半数墓随葬有铜剑、戈、镞，个别的有车马器。墓葬年代为战国中期早段。由此看出，楚墓在前，秦城在后，文献记载得到了考古的印证。

③ 陕西师范大学图书馆收藏一件秦惠文王前元四年（公元前334年）给右庶长歜（即寿烛）封地作宗邑的瓦书，据说1948年（又说在抗日战争期间）出土于今西安市鄠邑区界的沣河沙中，为段绍嘉先生所得。瓦书陶质，作长方板状，长24厘米，宽6.5厘米，厚0.5～1厘米，正背两面刻字，内填朱红色。文作："四年，周天子使卿夫＝（大夫）辰来致文武之/酢（胙），冬十壹月辛酉，大良造庶长游出命曰：'取〈杜才（在）鄠邱到澧水，以为右庶长歜宗/邑。'乃为瓦书，卑司御不更顝封之，曰：/'子＝孙＝以为宗邑。'顝以四年冬十壹月癸＝酉封之，自桑障之封以东，北到于桑匲。"（瓦书正面刻文）

"封一里，廿辑。（中空三行）大田佐敖童曰未，史ington初。/卜蛰，史刽手（秩），司御心，志是霍（埋）封。"（瓦书背面刻文）从瓦文可知，秦惠文王前元四年，周显王派卿大夫辰给秦国送来祭祀过文王、武王宗庙的祭肉。这使秦国深感荣耀，也恰值此时，秦的大良造庶长游在冬十一月辛酉日下命令："在杜县划出鄠邱到澧水间的一块土地作为右庶长歜的宗邑。"于是制作了这件瓦书，差遣司御不更顝到现场划定疆界，（转下页）

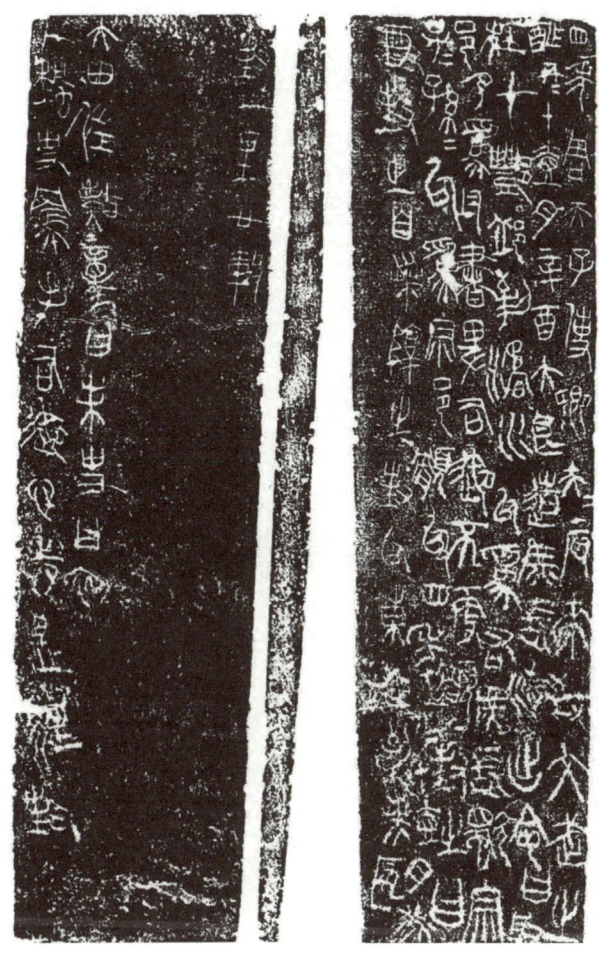

图 2-13 秦封宗邑瓦书铭文拓片

市）、高陵君（公子悝）；① 庄襄王以吕不韦为相，号"文信侯"，食蓝田十二

（接上页）说："子子孙孙，就以此为宗邑。"髋以癸酉日划定的宗邑疆界是：南起鄜邱的桑障，再向东一里，北至滴水边的桑匿为界。宗邑内有廿个聚落。参加这次宗邑划界的人员有：下级小吏司御（享四级爵）的主持下，由司御心担任记录，其他人是主管农业的小吏敖童未、文书史初、卜人垫、从事刻写的史骂。最后把瓦书埋在封垺之下。

这件战国秦封宗邑瓦书铭文最早由西北大学陈直老师释文并考证［见《秦陶券与秦陵文物》，载《西北大学学报》（人文科学）1957年第1期］，以后又在其《史记新证》和《汉书新证》里多次引证。而27年后，陕西师范大学郭子直教授写出《战国秦封宗邑瓦书铭文新释》一文，提交中国古文字学会1984年在西安举行的年会学术讨论会，并首次出示了瓦文拓本，随后收入大会论文集中（见陕西省考古研究所、中国古文字研究会、中华书局编辑部合编：《古文字研究》第14辑，中华书局，1986年）。以后后学之论，都是在前两位明师创论的基础上重述、补考而已。所见各有补益，非一人之明也。

① 《史记·秦本纪》：昭襄王"十六年……封公子市宛，公子悝邓"。《史记索隐》："悝号高陵君，初封于彭，昭襄王弟也。"其地可能在今西安市高陵区古彭城堰故址。1956年在陇县板桥沟出土有昭襄王十五年（公元前292年）铜鼎，文作"十五年高陵君丞趨，工师游，工□，一斗五升，大半"。

县;①始皇封其弟成蟜为"长安君",后世见有"长安"铜钱②。

---

① 吕不韦曾铸有铜币,所谓"四曲文钱",也称"文信钱"。名称的得来,前者因钱面上有四个向外的直角形纹样(井);后者则取自钱面上"文信"二字,但由于"信"字只有"言"旁而不见"人",过去误解为"计""都""阳"者。四曲文,过去也称"四屈文"或"四角曲文",经裘锡圭先生辨认,实为"行"字[《战国货币考(十二篇)》,载《北京大学学报》(哲学社会科学版)1978年第2期]。那么,文信钱钱面文字应是"文信行"三字的合文。行,为吉语,多为褒美之词,郑注《周礼》:"在心为德,施之为行。"

文信钱少见,传世不过10余枚。新中国成立以来,在洛阳、西安、咸阳出土仅有5枚,一般钱径2.4~2.5厘米,穿宽0.8~0.9厘米,重2.9~4.1克。1955年,在洛阳西工汉河南县城遗址中部出土一块文信钱残石范,留有两个半钱范文。

吕不韦于秦庄襄王元年(公元前249年)身为相国,封文信侯,"食河南洛阳十万户"(《史记·吕不韦列传》),又作"食蓝田十二县"(《战国策·秦策五》)。秦王政十年(公元前237)"坐嫪毐免"(《史记·秦始皇本纪》)。所以,钱币界也认为文信钱当铸造于公元前249—前237年的12年之间。

② "长安"铜钱也是一种方孔圜钱,因为铸造时的毛刺没有打掉而常被人认作是"柄"。钱文"长安"二字旋读,其"长"字在孔右侧,"安"字在孔下。钱径2.4厘米,穿长1厘米,宽0.9厘米,重4.4克。《史记·秦始皇本纪》载:"八年(公元前239年),王弟长安君成蟜将军击赵,反,死屯留。军吏皆斩死,迁其民于临洮。"所以,长安钱铸造的时间当在公元前239年之前封君期间。长安钱传世极少,在长安、洛阳有见。

第三章

咸阳城、宫殿与宗庙

有关秦都咸阳城建的文献记载甚少，且多语焉不详。尽管是笼统的描述或细节的赞美，但集零拾散、综合爬梳，也不难勾勒出这座久已淹没的城市的轮廓。

从现存文献中，我们可以发现：第一，咸阳具有城市、帝宫、市肆、苑囿、陵墓、交通等项内容，确已具备构成首都的基本要素；第二，大体确知其地理位置和分布；第三，咸阳有博大、雄浑的气势。如果再援引考古发现，给以确证、补充，这座帝王之都的历史面貌将更加明晰。

第一节
关于"咸阳城"的辩证

秦都咸阳考古从20世纪60年代展开,至今已经过去了半个多世纪,尽管野外工作时续时停,但始终没有找到都城。这,就不能不引起人们对咸阳城的有或无、存与毁的怀疑。

一、理当有城

(一)中国具有漫长的都城史,秦不该空白

原始部落的中心聚落,已经具备"都"的雏形。属于新石器时代中期的仰韶文化半坡、姜寨遗址的环沟是一种防御设施,它的出现被视为地上之城诞生的前奏。

城随奴隶制国家的出现而产生。夏王朝是我国建立的第一个奴隶制国家,豫西既是夏族的重要活动地域之一,又是夏建国后的统治中心。据载,"禹都阳城"(《续汉书·郡国志》注引《汲冢书》),"夏都阳城"(《太平御览》卷三十九)。《史记·夏本纪》集解引刘熙曰:"今颍川阳城是也。"河南省文物考古研究所于1975年起,在今嵩山南登封市告城镇王城岗龙山文化二期中发现东西相并的两个方形城址及其奠基坑。东城残,西城每边长约90米,转角近90°,有马面设施。测定年代距今4000±65年、3885±80年,约为公元前2050年和前1935年,正当夏代纪年范围(公元前22或前21—前17世纪)之内。①

商王朝早期处于一个居无定处的状态,"自契至汤八迁"(《史记·殷本纪》),"自汤至盘庚凡五迁都"②。今河南省偃师市尸乡沟发现的商城,除南墙被洛河破坏

---

① 河南省文物研究所、中国历史博物馆考古部编:《登封王城岗与阳城》,文物出版社,1992年。
② 《史记·殷本纪》集解引孔安国语。《史记正义》:"汤自南亳迁西亳,仲丁迁隞,河亶甲居相,祖乙居耿,盘庚渡河,南居西亳,是五迁也。"实际上,在灭夏之前,"自契至汤八迁",加上汤后五迁,所以说"无定处"(《史记·殷本纪》)。后"自盘庚徙殷,至纣之灭,二百七十三年,更不徙都"(《竹书纪年》)。

外，西墙长1710米，北墙长1240米，东墙长1640米。城中南部有小城3座，居中者内有宫殿建筑群。城门与道路相通，构成棋盘式的城市格局。①据碳-14年代测定，偃师商城距今3500年左右，当是汤都西亳。②20世纪50年代发现的郑州商城呈正方形，每边长1700米左右，城内东北属宫殿区，城周围分布着手工业作坊。郑州商城有被认为是仲丁王的亳都，郑州西北的小双桥遗址才是隞都③。安阳小屯一带的殷墟，从1928年至1937年做过十五次发掘，1949年之后的工作也很少间断，从而查清了这座商代晚期都城的分布范围。在西起北辛庄、孝民屯，东到大司空村，北至后小营，南达铁路苗圃的24平方公里的地域之内，宫殿、王陵、平民墓区、各类手工业作坊的分布非常清楚，但未找到城垣，是否也是一个例外？

周武王"自丰居镐"建立"宗周"（金文之称，即镐京），于公元前1057年灭商，至公元前770年平王东迁雒邑，其间历经十二王计287年。镐京有城有郭，非常规正，据说是"方九里，旁三门。国中九经九纬，经涂九轨。左祖右社，面朝后市"（《周礼·考工记》）。今西安市西南马王街道、斗门街道一带的沣河两岸，当是西周丰、镐两京的所在。位于沣东的镐京遗址发现了10余处西周宫殿建筑基址，其中五号宫室主体建筑面积达851平方米。④墓葬、车马坑、铜器窖藏和灰坑的出土，大大丰富了人们对这一城址及西周物质文化的认识。

在这里，我们似乎可以这样说：作为传说时代的炎黄都邑，调查成果已得到证实。三代都城，也陆续揭示了出来。汉代之后封建王朝的首都，更是明晰如镜。前后相接，形成中国都城史的链条。那么，秦都咸阳作为这一长链中的一环，岂能是空缺的？

（二）秦国以外的诸侯国均有都城，秦不应例外

东周时期的列国都城均已陆续发现，如东周的洛阳王城、鲁国曲阜、齐国临淄、燕

---

① 中国社会科学院考古研究所洛阳汉魏故城工作队：《偃师商城的初步勘探和发掘》，载《考古》1984年第6期。

② 对此城的时代，学者意见颇不一致。主张汤都西亳者，认为尸乡同文献记载一致，为二里头文化早期属早商文化的观点提供了新证据；主张郑亳者，认为此属商代初期太甲返政的桐宫所在地，偃师商城是商王的离宫。

③ 郑州小双桥商代遗址于1995年春起，由河南省文物考古研究所发掘。查知该遗址面积144万平方米，在中心区已发现夯土建筑基址3处，面积最大者有数百平方米。还出土有祭祀坑、铸铜遗存，以及青铜器、玉器、原始瓷器、象牙器、石磬和朱书陶文等。
小双桥遗址的商文化年代属商代的白家庄期，正是郑州商城废弃、小双桥都邑兴起的时间，前后相接，同仲丁自亳迁隞的文献记载相符。参见陈旭：《郑州小双桥商代遗址即隞都说》，载《中原文物》1997年第2期。

④ 陕西省考古研究所：《镐京西周宫室》，西北大学出版社，1995年。

下都、晋都新田、郑韩故城（位于新郑）、赵都邯郸、魏都安邑、中山国灵寿城、楚郢都纪南城都已被揭示。[①]这些都城的发现使我们了解了城的形制、布局、建筑工程及其反映的设计思想、技术水平，同时，大量的遗迹和遗物也从深层意义上显示了其物质文化面貌。

城市作为大型的防守性建筑工程，对保卫统治阶级政治的和经济的利益无疑是有效的军事手段。东周时代，强凌弱，众暴寡，国与国之间战争频仍，阶级矛盾尖锐，设防城市普遍出现，国都的城防更是固若金汤，秦都之有城也在情理之中。

（三）秦国历次迁都必筑城，最后定都咸阳也必然遵循老规程

秦自襄公"立国"徙都汧、文公居"汧渭之会"、宪公徙居平阳、德公居雍、献公城栎阳，既有文献关于都城及其地望的记载，也确有不少城址得到了考古的证实。而雍都及栎阳城经过考古钻探，已确知其形制与布局，虽不如列国都城遗址研究得那么清楚，但其走向、轮廓还是令人信服的。秦先公既是如此重视都城的建设，难道最后居咸阳长达144年的诸王及始皇帝就无动于衷？

（四）文献记载中的咸阳城也是极好的提示

关于咸阳都城的位置、形制、城垣结构、走向等问题，没有直接的文献记载，而且就笔者所知，古人啧啧称道者往往是详宫而略城的，因此，关于城的片言只语应当引起我们的重视。秦昭襄王信谗负气要把白起迁往阴密，使"不得留咸阳中。武安君既行，出咸阳西门十里，至杜邮"。秦二世奢想给咸阳城涂上漆，滑稽多智的优旃就风趣地讥讽道："善！主上虽无言，臣固将请之。漆城虽于百姓愁费，然佳哉！漆城荡荡，寇来不能上。"（《史记·滑稽列传》）

要漆城，说明有城，有城必有门。咸阳城是什么样子？在这里，我们只能求诸反证。《水经注·江水》："秦惠王二十七年（公元前311年），遣张仪与司马错等灭蜀。……仪筑成都以象咸阳。"成都如何象咸阳？《华阳国志·蜀志》载："仪与若城成都，周回十二里，高七丈。……造作下仓，上皆有屋，而置观楼、射栏（学理注：吴何本作'圃'）。成都县本治赤里街，若徙置少城内城，营广府舍，置盐铁市官并长丞……与咸阳同制。"《成都记》说成都城"每面三里"，按1汉里=417.53米折算，则成都是个周长5010.36米的方形城市。又据《文选·蜀都赋》李善注，汉代的成都有东西二

---

① 中国社会科学院考古研究所编著：《新中国的考古发现和研究》，文物出版社，1984年。

城。既然张仪、张若所筑的成都城有两个，"少城内城"作为蜀都的府舍与盐铁官之寺署，城之"每面三里"，是"象咸阳"的，那么，秦咸阳城也必然是大城包小城的方形城制了。当然，左思《蜀都赋》"亚以少城，接乎其西，市廛所会，万商之渊。列隧百重，罗肆巨千"之句，还可以说明咸阳是大小相并的两城制。

文献记载具体如此，考古发现也给出了答案。那么，再讨论咸阳城的有无似乎无此必要，但事实并不像人们想象的那么简单。

二、何以寻觅不得咸阳城

（一）存毁两说

当提到秦都咸阳城时，人们总是通过"山河千里国，城阙九重门"（骆宾王《帝京篇》）这样的诗句来想象它巍峨的雄姿。其实，在汗牛充栋的文献中有关咸阳城的记载却是少之又少。即使偶有涉及，也会出现两种情况：一种是比类相附，如"渭水贯都以象天汉，横桥南度以法牵牛""筑成都以象咸阳"等等；另一种则是不着边际的陈陈相因之词。再从田野考古工作来看，陕西省考古研究所自1959年秋天起就对秦都咸阳故城遗址开始了调查和试掘。半个世纪过去，由于机构人员变更，加上政治运动的冲击，工作多所延宕。同时，人为的因素加上技术原因，也拉大了目标与现实的距离。几多有决心、有能力的考古学者，早已认识到城市考古如不确定城的有无则近乎无皮之毛的空谈，在计划外采取了力所能及的考古调查手段，也获得了不少有价值的资料，但仍然没有获得有关咸阳城址的任何踪迹。

因为找不到城，对咸阳城的存毁问题就产生了两种截然不同的说法。一种认为"由于渭河的冲刷，咸阳古城遗址已很难究寻"[1]，咸阳宫以及咸阳城址已因渭水长期泛滥和不断向北移动而被冲毁[2]。此论可称为"水毁说"。另一种则针锋相对地指出，"渭河北移冲掉了秦咸阳城南边八里宽的一部分"，并断言秦咸阳城南界距渭河北岸在1500米左右。[3]此论可称为"临水说"。此外，还有一种新提法是在长陵车站一带存在一个

---

[1] 武伯纶编著：《西安历史述略》，陕西人民出版社，1979年，第87页。
[2] 杨宽：《西汉长安布局结构的探讨》，载《文博》1984年第1期，第20页；杨宽：《西汉长安布局结构的再探讨》，载《考古》1989年第4期。
[3] 刘庆柱：《秦都咸阳几个问题的初探》，载《文物》1976年第11期；刘庆柱：《论秦咸阳城布局形制及其相关问题》，载《文博》1990年第5期，第200页。

没有城墙的郭城，"采取四面环水的形式，并在出入的要冲之处，设有类似城门之类的建筑，以便把守"[①]。

尽管"水毁"和"临水"两说都很肯定，但事实根据不足，且有自相矛盾之嫌。如后说"尽管渭河北移，但其主要部分并未被冲掉"，似乎又承认了"水毁"之说，只是程度上有区别而已。况且绘制的"推测秦咸阳宫遗址范围"地跨渭河南北，其南界距汉长安城仅有3公里，竟把他所论的秦咸阳城挤得没有了空间！至于四面环水的无墙之郭城，历史上未见一例。如若有，那也就不称其为城了。

（二）王学理"有宫城无郭城"理论的提出

如果因渭水北移，秦咸阳城全部沦入河底，则渭北区诸宫殿和手工业作坊、商业区、居民区原来都处于咸阳城的北郊，其西段在今滩毛村一带向南突入4公里，这同城又是什么关系？显然，此论未经实测而又含义模糊，难于成立。

如果渭水北移冲去咸阳城的一部分，势必在今北岸的地层中留下东城垣和西城垣这两处墙基的断岔。但迄今为止，笔者多次踏查，在这一带并没有发现有关城的任何痕迹。显然，事实上"城"也不存在。

笔者从1961年起就来到咸阳故地，是一名早期到达又长期坚守的考古业务人员，从野外调查、试掘到积累资料，是从基础工作做起的，从开辟咸阳考古初期到后期发掘大遗址，是同民工一起干活的劳动者与测绘者。虽然在这多年考古项目中，有迫于"四清运动"和"文革"的中断，自己也被下放改行，但1973年再次回到这块故土后，又自觉地担当起建立咸阳考古工作站、恢复探清秦都咸阳的工作，以便给考古学术界做个交代的重任。岂知后来掀起了"评法批儒"斗争，为避开旋涡之险，1975年笔者离开咸阳，去参加秦始皇兵马俑博物馆的筹建工作和随后俑坑的发掘工作。基于已掌握的发现发掘历史及其动态，笔者交出了自己亲手整理形成的资料，后来根据多年的勘查与思考，在1985年挤时间写出了《秦都咸阳》一书。作为初步的探研成果，在书中笔者首先大胆地提出"咸阳根本不存在郭城"的结论。笔者是这么表述的：

> 早期的咸阳城是以孝公时的"冀阙宫庭"为基点向外展开的，而且仅有宫城，并不曾形成真正的外郭城，充其量只有向西南扩展的附郭。也许诸多宫城的连

---
① 孙德润：《秦都咸阳故城形制》，载《泾渭稽古》1995年第1期，第9页。

属，就是咸阳的大城。

下面，再从三方面来陈述笔者的根据。

首先，谈谈咸阳无郭城的历史根源。

公元前350年，秦孝公迁都咸阳，筑冀阙宫庭作为变法改革的政治指挥中心。在取得初步胜利的基础上，急切地为收复河西地而转向伐魏的战争中去。当秦控制了关中之后，自惠文王开始，取巴蜀、胜义渠，稳定后方，又有充足的资源支持，便东出函谷关，向诸侯国夺取土地。几乎是连年不断的战争，又多是节节胜利，于是，秦国君主"表河以为秦东门，表汧以为秦西门"（《长安志》引《三辅旧事》），竟把黄河和汧河当作国都的东门和西门，不但没有必要而且也无暇在渭北筑咸阳的外郭城了。秦始皇统一全国后，"收天下兵聚之咸阳，销以为钟鐻、金人十二，重各千石，置廷宫中"，表明刀枪入库，马放南山，已是天下太平。帝国疆域"地东至海暨朝鲜①，西至临洮、羌中，南至北向户，北据河为塞，并阴山至辽东"，在东海上朐界中立石为秦东门。（《史记·秦始皇本纪》）既然边界划定，国门高耸，又有重兵北筑长城，南戍五岭，一个巍然挺立的统一体内并无对立势力的存在，还有必要去建城防工程吗？秦始皇结束战争状态之后，立即转入另一种"建设"，那就是投入大量人力、物力和财力去修筑丽山陵墓和阿房宫，大概他以为筑起一座地跨渭河南北的大城是一种浪费。再从时间上看，商鞅变法后的秦国是伴随着战争这个吞噬大量人力、物力和财力的怪物而走到胜利的终点的，形格势禁，疲惫有加，所以没有时间也没有精力实施筑城工程。由敌国并立转到一统天下，这是当时历史条件下出现的一种极为特殊的情况。

其次，探讨一下秦统治者重宫不建郭的认识根源。

关东国家的都城在确立后，相对较为稳定。除燕下都立都只有89年之外，邯郸和郑韩故城都存在了一个半世纪左右的时间。楚之纪南城，从公元前689年楚文王"始都郢"，到公元前278年秦将白起"拔郢"，其间除昭王、顷襄王、考烈王一度迁都做流亡政府外，楚国在此建都达400年之久。齐国都城临淄从西周末年建立到亡国，竟长达

---

① 《三国志·魏书·韩传》注引《魏略》：燕将秦开攻朝鲜"取地二千余里，至满番汗（今朝鲜平安北道清川江下游西岸地区）为界，朝鲜遂弱。及秦并天下，使蒙恬筑长城，到辽东。时朝鲜王否立，畏秦袭之，略服属秦，不肯朝会"。马非百《秦集史》引谭其骧说，辽东郡"东南当逾今鸭绿江，有朝鲜半岛东北隅之地，南抵大同江"。《史记·朝鲜列传》载：汉与朝鲜以浿水为界。浿水即今朝鲜大同江。可知秦疆界"东至海暨朝鲜"，就是东到东海和朝鲜大同江一线。这里也是长城的终点。

638年。这些国家彼此为邻，领土相接，也有犬牙交错的情况，范雎曾形容说"秦韩之地形，相错如绣"（《战国策·秦策三》）。充足的时间、战争的叩问，使彼此又不能不深沟高垒以"御寇"。而秦都咸阳近有泾渭环带，远则黄河天险，秦巴阻隔，函关坚壁，多使联军铩羽。随着兼并战争的胜利推进，秦国地域不断扩大，而有利的军事形势更加助长了秦君的政治贪欲。这不但不遑形成咸阳城，而且使秦统治者大概从思想深处压根就没有或者不愿意考虑都城的防守功能。

再次，谈一下重宫城建设的思想根源。

有关咸阳的文献记载，多是详宫而略城的。前有冀阙宫庭建筑群的宫城，后有阿房宫的"阿城"，且都得到了考古的验证。其他如咸阳宫、兴乐宫、章台宫等，无不是单独叙事的，因此我们不应把它当作一个孤零零的宫殿来看待，它必然是各自由宫城卫护的建筑群。至于《水经注》《华阳国志》说成都城像咸阳，甚至称它为"小咸阳"①，那也只能是像秦惠文王时期扩大了的宫城。即使"象"，也只能说是同制，未必全等。秦王的政治重心、决事地点，早期在渭北的冀阙宫庭、咸阳宫，中期时在咸阳宫，时在渭南的章台宫、兴乐宫或朝宫，而全国统一后，初以咸阳宫为中心规划城建，随后又全力建筑庞大的阿房宫，显然有了政治中枢彻底南移的趋向。由此可以看出：秦王长期在宫殿群落处理政务，已经形成了习惯。点式活动，跳动性很大，是其无固定皇宫的特点。秦始皇曾"令咸阳之旁二百里内，宫观二百七十，复道甬道相连，帷帐钟鼓美人充之，各案署不移徙"（《史记·秦始皇本纪》）。在这里要分清宫殿的性质、作用，似乎已是很难了。宫自为城，长作稳定。阿房后起，取代必然。多设宫城，卫星点点，再加上首都地域辽阔，就未必更筑咸阳大城——外郭城。

由连属的宫城构成的咸阳城，只有一个，这就是咸阳原上的北阪宫城（参见本书第一章第三节的"更筑宫城"）。

（三）未能确知之秦门的考订

1. 咸阳西门

咸阳西门是唯一见载的一座城门。《史记·白起王翦列传》："武安君既行，出咸阳西门十里，至杜邮。"这个"杜邮"即是《水经注·渭水》中的"杜邮亭"。但郦道元说亭在"磁石门西"。磁石门是阿房宫之北门，地在渭水南，此说显然不确。秦杜邮

---

① 《续汉书·郡国志》："秦惠王二十七年，使张仪筑（成都）城以象咸阳，沃野千里，号曰陆海，所谓小咸阳也。"

地当今咸阳市的任家咀附近，往东10里，即今长陵车站西的长兴村附近。这里确实属于渭北区咸阳故址的西界，其南部为民营的制陶手工业作坊区，其北部水井分布稠密，又有三批铜器窖藏出土及大量铜料、铜渣发现，反映出这是一处市府制铜手工业和居民杂居区。那是否也有城的存在？起码白起所走的"咸阳西门"不可能是宫城之门，也不存在郭城之门，很可能是咸阳西界交通要道的出入口。

2. 棘门

《史记·绛侯周勃世家》记徐厉"荆棘门"。《史记正义》："孟康云：'秦时宫也。'《括地志》云：'棘门在渭北十余里，秦王门名也。'"《长安志》和《读史方舆纪要》均说棘门在"咸阳东北十八里"。

唐宋咸阳城约当今咸阳市东任家咀附近。唐宋里程变化不大，按唐大里（1里=531米）计，棘门在其"东北十八里"，约合9558米，正当今牛羊村附近。《括地志》的作者是以唐长安城为基点来标示方位，棘门也正好在其相对的渭水之北。"棘"与"冀"同音，棘门也就是冀阙宫庭的南正门。经考古探测知，冀阙宫庭建筑（一号宫殿选址）呈两观相对形式，中间阙然为道，另有宫城，南有干道，正是冀门之所在。

棘门既是秦的宫门，到了西汉就成了地名，对保卫首都长安城具有重要的军事意义。《史记·孝文本纪》载：后元六年（公元前158年）派"河内守周亚夫为将军，居细柳，宗正刘礼为将军，居霸上，祝兹侯（徐悍）军棘门，以备胡"。

3. 雍门

《史记·秦始皇本纪》说渭北咸阳宫殿的分布范围是"自雍门以东至泾渭，殿屋复道，周阁相属"。关于秦雍门的所在地，史籍颇多歧异。① 《汉书·外戚传》："（钩

---

① 关于雍门的所在地有五种说法：a."在高陵县"（《史记·秦始皇本纪》集解引徐广说）；b.在"今岐州雍县东"（《史记·秦始皇本纪》正义）；c.指汉长安城"西出北头第一门"（《三辅黄图》）；d."在长安西北孝里西南，去长安三十里"（《汉书·外戚传》颜师古注）；e.秦咸阳城的西门。
笔者以为上列诸说均不能成立，揭示如次：
"高陵"之说同"自雍门以东至泾渭"的记载矛盾很多。因为高陵在泾河之东，无论指县治或是指县境，都同咸阳背道而驰。
"雍县东"之说，似嫌笼统。因为以雍名县者再未见同时名门。况且在雍都至秦咸阳几近300里内，从未见秦宫的记载或遗址的发现，更不可能"殿屋复道，周阁相属"。
若以汉长安城雍门作为计算的起点，是不尽习惯的。很明白，汉雍门在渭南，咸阳在渭北，司马迁在叙写秦事时怎么会混用汉事？为说明渭北秦宫分布范围却要从位于西南方向的渭南汉门打头，如此不严谨之行文，应为太史公所不为也。
自咸阳西门起，向东至泾渭说秦宫，还不如直截了当说东郊。诚如是说，那西郊再无秦宫殿耶？况且以"雍"而名门的解释也颇涉望文生义之嫌。

弋夫人父）死长安，葬雍门。"颜师古曰："雍门在长安西北孝里西南，去长安三十里。""孝里"是个沿用较久的地名，《水经注·渭水》："渭水北有杜邮亭，去咸阳十七里，今名孝里亭，中有白起祠。"杜邮亭遗址在今咸阳市东郊任家咀一带，也即是汉时孝里的所在。所以元人骆天骧《类编长安志》也说"孝里在雍门东"。

今咸阳市东北部塔儿坡靠近咸阳原边，是一处战国到秦的建筑遗址，虽遭经年取土，地貌非旧，但仍有夯土遗迹和瓦当的存留，也时有建筑铜构件的发现。1966年曾出土有包括魏国的安邑下官钟、修武府温杯等在内的铜器20多件，1978年又在建筑遗址西南角扰土中出土铜錞于1件。多次出土铜器的这一地点，多年来并没有引起学者的注意。咸阳的同志推断为墓葬且遭到早年的破坏，实际上秦墓并不存在这种铜器组合。从地望看，周围再无战国、秦的宫殿遗址，而这里地当孝里之西，又遭历年取土的改变，所以很可能就是秦雍门宫的所在 。如果笔者这一推断无误的话，雍门显然就是雍门宫的东门。对此，还有一条文献可以支持：司马迁说"自雍门以东至泾渭，殿屋复道，周阁相属"，于此得到实际验证与合理的解释。

4. 司马门

《史记·项羽本纪》："章邯恐，使长史欣请事。至咸阳，留司马门三日，赵高不见，有不信之心。"《史记集解》："凡言司马门者，宫垣之内，兵卫所在，四面皆有司马，主武事。总言之，外门为司马门也。"在这里，司马门指的是帝王的外宫门，绝不是咸阳外郭城之门。况且司马门也并非一处，不知这里指的是哪一座帝宫之门。

第二节
巍峨的宫殿建筑

一、咸阳宫殿知多少

唐代著名诗人李商隐在《咸阳》一诗中写道：

咸阳宫阙郁嵯峨，六国楼台艳绮罗。

自是当时天帝醉，不关秦地有山河。

宫阙楼台嶕峣崔嵬，"辇路经营，修除飞阁"，至为壮观。秦始皇又修造六国楼台，居"妃嫔媵嫱"为秦宫人。这大概是天帝飨秦穆公以"钧天广乐"、赐之金策（《史记·赵世家》、张衡《西都赋》）之后，再次把这座落千重的宫殿楼台铺洒在了咸阳。看来天帝当时醉酒了，没有制止项羽的暴行，失却了对秦地美丽山河的关照。诗人在这里把秦咸阳的美与六国的佳丽结合在一起，使之美化、神化，让后人看到秦火之后的废址，怎能不怅然神伤？秦都咸阳壮观繁荣、宫殿建筑嵯峨艳丽，辉煌的往日怎能不激起历代诗人思古之幽情？

秦都咸阳在其鼎盛时期，宫殿楼台究竟有多少，各自的名称又是什么，由于文献资料所限，是难于立即找出答案的。但当我们梳理了所见的史料之后，就很自然地形成了这样一些印象和认识：

第一，不应以宫殿的座落为一个计算单位，而要把主殿及其附属建筑看作一个整体，也许它们原来就处在一个宫城之内。

第二，那些宫殿应当是原来各有专名的，但史书有具体名称者却远远少于宫殿的总数，这种矛盾现象的产生，很可能是古人把一些群体建筑拆开来计算，或者是工程未竣没有全部定名。

第三，史书上虽有名称，但今不见遗址，原因是废毁已久，沧海桑田，甚或永远也

第三章 咸阳城、宫殿与宗庙

找不到它们的踪迹了。

第四，在咸阳故址上，或在其外围，以至于更远的地界，我们发现了不少秦宫建筑基址，其名称、性质需要详考。

《史记·秦始皇本纪》载："关中计宫三百，关外四百余。"《汉书·贾山传》载：秦"起咸阳而西至雍，离宫三百"。《三辅黄图》载："南临渭，北逾泾，至于离宫三百"。这应该是包括首都的正宫、离宫别馆，以及京师以外的行宫在内的宫殿总数。《三辅黄图》有"惠文王初都咸阳""复起阿房，未成而亡"之语，显然有违史实，我们只能认为这些是都咸阳以来的笼统之说。但"离宫三百"一语，却应当是不易之论！（见图3-1）

《史记正义》引《庙记》："北至九嵕、甘泉，南至长杨、五柞，东至河，西至汧渭之交，东西八百里，离宫别馆相望属也。木衣绨绣，土被朱紫，宫人不徙，穷年忘归，犹不能遍也。"（《三辅黄图》文字同此）显然说的是关中宫殿建筑的分布范围。

关于咸阳的宫殿分布，《史记·秦始皇本纪》里有一条很重要的记载："诸庙及章台、上林皆在渭南。秦每破诸侯，写放其宫室，作之咸阳北阪上，南临渭。自雍门以东

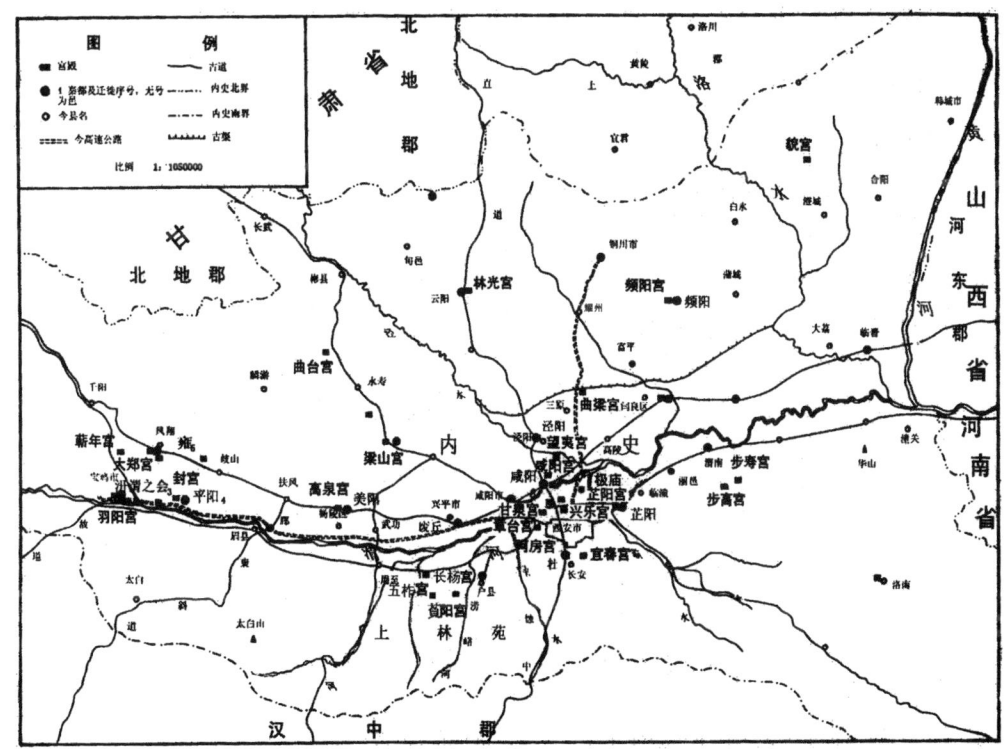

图3-1 关中秦宫分布示意图

至泾渭，殿屋复道，周阁相属。"对于这段文字，过去史学家广泛引用，却鲜有区别对待。实际上，这里有三点意思很值得我们注意，即：

第一，咸阳宫殿区可分为渭南、北阪和渭北临水三部分。

第二，咸阳的四至及地理分布是：渭水之北，西起雍门，东到泾渭交汇处，宫殿连绵不断；渭水之南，有诸庙、章台、上林。虽然地分南北，实属一个整体。

第三，仅仅举出刚统一天下时咸阳宫殿之大数，并未包罗秦都所有的宫殿在内，故有疏漏，需用考古发掘与研究成果来补充。

咸阳宫殿建筑密集，《史记·秦始皇本纪》载："咸阳之旁二百里内，宫观二百七十，复道甬道相连，帷帐钟鼓美人充之，各案署不移徙。"在这里，宫殿数目固然很具体，但所言"二百里"的数字同前面所引"自雍门以东至泾渭"的说法显然不符，若换作南北度量更不合适。这又是作何道理呢？

我们知道，西汉1里合今417.53米，则"咸阳之旁二百里"折合现在的距离为83506米，即约83.5公里。显然大于雍门至泾渭之交的距离。反之，算南北距离又不知起讫。在此，我们姑且仍以前者的东西直线距离计，南北以阿房、北陵为限，结果，测得这个范围的周长是80多公里。于此，文献记载同实测数字才两相吻合。可见"二百里内"是"宫观二百七十"的分布范围，"咸阳之旁"就是解开"二百里内"的奥秘所在。这个"二百里内"的范围大致是从今咸阳市塔儿坡（雍门宫的所在）起，循咸阳原（北阪）东北行，至泾渭之交，折而向南，过渭河，斜穿西安市的东北郊（阎家寺村秦宫殿遗址所在）和西北郊（兴乐、章台诸宫遗址），绕过三桥街道南的阿房宫遗址，再转往西北，北越渭河，返抵今咸阳市东郊。

二、秦宫殿台观的分布与考存

（一）市中区宫殿群

1. 冀阙宫庭

冀阙宫庭是秦都咸阳最早的宫廷建筑。商鞅先修既是政权的象征物又方便秦君处理政务办公的冀阙，随之，孝公就把国都定在咸阳。《史记·秦本纪》载：秦孝公十二年（公元前350年）"作为咸阳，筑冀阙，秦徙都之"，并开始了变法的政治改革。同时，作为咸阳建设的开端，也围绕冀阙，扩大规模修建宫庭，形成功能齐全的配套建筑，就其整体而言，称为"冀阙宫庭"（见图3-2）。再于这一群体建筑外围以宫墙，

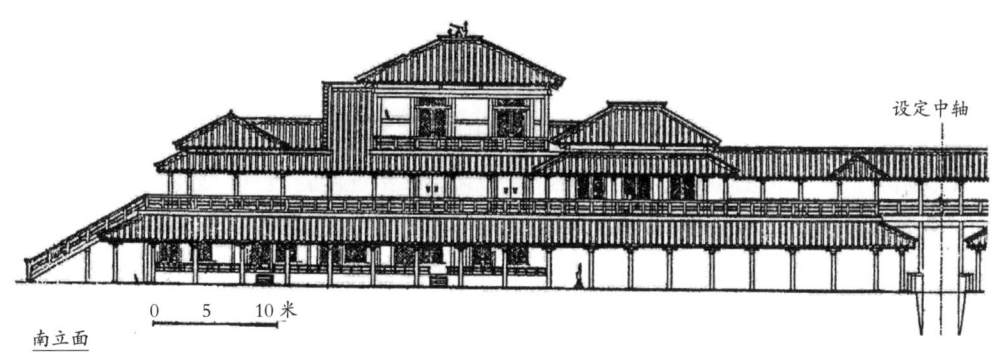

图 3-2 冀阙宫庭（西部）复原南立面图
（杨鸿勋图）

就被看作是秦咸阳。《水经注·渭水》："渭水又东北径渭城南。文颖以为故咸阳矣，秦孝公之所居离宫也。"汉的渭城就是秦的故都咸阳，隔了200多年就在时人眼里成了"离宫"，足见其城址范围不是很大。

秦孝公初都的咸阳在渭河之北，具体位置就在今西咸新区窑店街道牛羊村、姬家道的咸阳原上下。冀阙建筑呈高台建筑的形式，处于宫城中后部的二道原头上。既靠北陵，俯瞰渭川，又具宽大的两翼，居高临下，规模宏大，气势夺人。

处在宫城之内的建筑基址共发现8处，看来都是自秦孝公开始后陆续修建的宫殿，长时期作为秦王的大朝之所在。咸阳宫位于其中，也许就是冀阙宫庭扩大后的专名。

2. 咸阳宫

先有秦孝公筑冀阙宫庭，随之惠文王"取岐雍巨材，新作宫室"（《三辅黄图·序》），做了较大规模的扩建。大约在秦昭襄王时才有了咸阳宫之名，它是一个由多座宫殿组成的建筑群。昭襄王鉴于咸阳宫政治地位重要、国事活动频繁、渭南诸宫殿建筑兴起，就在渭河上架起了我国古代第一座多跨式长桥——横桥。《三辅故事》载："咸阳宫在渭北，兴乐宫在渭南，秦昭王通两宫之间，作渭桥，长三百八十步。"（《史记·孝文本纪》索隐引）

秦始皇对咸阳宫的建设是全方位的。《三辅黄图》载："始皇兼天下，都咸阳，因北陵营殿，端门四达，以则紫宫象帝居。"首先，在设计思想上法天，仿照天帝居住的"紫宫"，洞开四门；其次，凭借咸阳原高亢平坦的地形，扩大规模，使原来的宫殿建筑又有了新的外延。那么，我们先得找出咸阳宫的位置，再验证其吻合的程度，并给以考古学说明。

《太平寰宇记》载："长安，盖古乡聚名，在渭水南。隔渭水北对秦咸阳宫，汉于其地筑未央宫。"长安原本乡聚，此间已作汉都泛用。今未央宫遗址隔渭河，北同今西咸新区窑店街道牛羊村北原上的冀阙宫庭建筑遗址一线对直。而横桥的位置也处在南北两宫遗址连线的渭水之上，较之连接兴乐宫与咸阳宫的描述更接近一些。冀阙宫庭确实处在咸阳原上的"北陵"之地，始皇既"筑咸阳宫，因北陵营殿"，必是对原来冀阙宫庭建筑群的增修、改造与扩大。这里原本有方正的宫城，所谓"端门四达"，实际上也是经过大规模改造使宫门同城门直通畅达，其中既含"咸阳西门"，也包括南正门的棘门。出棘门南下，经横桥，进入秦咸阳的渭南新区，南抵极庙，再到兴乐、甘泉二宫和上林苑的阿房宫，走的是一条南北向的主干道。

根据文献记载，我们做以上复原推测，也是得到考古勘查资料验证的。今牛羊村的秦宫城，坐北朝南，地跨原之上下，符合"北陵"地望。其后部处于原上，有着密集又多连属的宫殿基址。一号建筑面阔130米，中部内凹，阙然为道，上架飞阁，可确知为冀阙建筑。在其两侧和后部，都有大型建筑，考古工作者已对二号和三号基址做过发掘。从这里东去400米还有一个夯土台基，仍高出地面8米多。这些原来的冀阙宫庭建筑群，大概是秦始皇"因北陵营殿"所建咸阳宫的新面貌。在咸阳宫城南的东龙村，有宽达50米的路土，当是棘门大道，过渭河正同横门外大道连接。这种地理与文献的吻合，正确认了咸阳宫的所在。

从冀阙宫庭到咸阳宫的变化，表明它时跨秦孝公到秦始皇140余年时间，为历代秦王处理政务、宴会群臣、接待来使的主要宫室。秦始皇前期的一些重大政治活动，都发生在这里。秦王政二十年（公元前227年），燕太子丹派荆轲使秦献图。"秦王闻之，大喜，乃朝服，设九宾，见燕使者咸阳宫。"（《史记·刺客列传》）秦始皇万万没有想到在这朝会大典的神圣之地，以九宾的隆重礼节迎来的却是"图穷匕见"，差点丢了性命。三十四年（公元前213年）秦始皇"置酒咸阳宫，博士七十人前为寿"，就分封与统一进行争论，引发了一桩焚书的文化灾难。不过，《论衡·语增篇》作"置酒咸阳台"而不作"咸阳宫"。想来，台在宫中，上有宫殿，当然可以设宴置酒的。三十五年（公元前212年），秦始皇在渭河南岸上林苑中营造阿房前殿的同时，因为工程远远没有完成，仍然"听事，群臣受决事，悉于咸阳宫"（《史记·秦始皇本纪》）。出土三十三年银盘，即是咸阳宫仍在沿用的物证。①

---

① 咸阳宫银盘的口沿背刻"卅三年"，据考为秦咸阳宫中之物，系1979年山东淄博市窝托村出土，现存中国国家博物馆。

3. 六国宫室

这是仿建六国宫室的一组群体建筑。《史记·秦始皇本纪》载，秦始皇"每破诸侯，写放其宫室，作之咸阳北阪上，南临渭。自雍门以东至泾渭，殿屋复道，周阁相属。所得诸侯美人、钟鼓，以充入之"。可见供那些"辞楼下殿，辇来于秦"的妃嫔媵嫱居住，是仿造六国宫室的基本用途。作为诸侯国建筑的精华，以宫馆的形式集中展现于咸阳北阪，不但为诸侯国之美人再现故国熟知的环境，不至于心理反差太大，而且也因建筑形体与风格的各异，给咸阳增添了别样的景致。

仿作的六国宫室散布在西至秦雍门宫、东到泾渭之交、南临渭水的咸阳北阪之上。"阪"同"坂"，属古地理学名词。《说文》："坡者曰阪。"高起的原同低洼的隰相对，阪即是二者之间的过渡地带，如入鸿门的斜坡称"鸿门坂"，骊山西麓的漫坡叫"芷阳阪"，泾河南岸上咸阳原的北坡呼作"长平阪"。所谓咸阳北阪就是指渭城湾到杨家湾之间的咸阳原南坡之地。由笔者参与的考古调查知，在西起毛王沟、东到杨家湾的咸阳原二级阶地上多有秦建筑遗址的分布，尤以聂家沟往东到三义村的一段最为稠密，达30处。由笔者操持大平板测绘仪，把钻探结果绘在图纸上。平面形式各异，无一相同，大概也因为是"周阁相属"，虽有建筑体量上的主次之分，却也难于分开各自的座落。这些就应是秦仿造之六国宫室。同样，它也和秦的其他宫殿混杂在一起，一定也不会距咸阳宫太远。宫城西侧的毛王沟附近出土过楚国形制的瓦当，路家坡出土过陈禹金版；东侧柏家咀，据说有燕国云山纹瓦当的发现；在宫城之北的正阳街道怡魏村附近，还出土有战国时期齐地风格的双兽树枝纹半瓦当，而且是同秦的素面半瓦当、太阳纹瓦当、云纹瓦当、空心砖及汉初瓦当混在一起的。这些情况既为确认仿建之六国宫室提供了考古学证据，也表明秦都咸阳有秦化，有杂糅，也有并蓄。在随后的时间里，只要秦宫未毁于火者，汉修葺之后，照样使用。

《后汉书·皇后纪》说："秦并天下，多自骄大，宫备七国。"当然，秦仿作之六国宫室绝不会是六处独立的照搬的建筑形式，也不可能标注其国号。既是"写放"，就是绘图仿造，取其所长为秦所用。应该说它是当时不同的建筑形式、不同的地域风格的融合和发展，代表着当时建筑学的新水平。过去在西安、咸阳曾发现带"卫"字和"楚"字的瓦当，有些学者认作是秦仿卫、楚宫殿上之物，并断言"秦作六国宫室，用其国号以别之"[①]。陈直教授指出："秦瓦皆为图画，有文字者绝少"，"卫字瓦现

---

① 宋敏求《长安志》，李好文《长安志图》，马非百《秦集史》《秦始皇帝传》，等等。

图 3-3　北宫封泥印文

皆出于汉城未央宫大殿遗址前永兴堡，或有涂朱及涂垩者，应为未央卫尉官署所用之瓦"。①汉甘泉宫、钩弋夫人云陵邑遗址也都有"卫"字瓦当出土，可见"卫"字瓦同秦仿卫国宫殿无关。同样，"楚"字瓦当也是汉物，是否同楚元王刘交建宫于京师有关，也很值得研究。

4. 北宫

在文献中，没有关于秦北宫的记载，但文物中多见有刻铭。上海博物馆藏有作"田"字界格的北私库印。1987年，陕西礼泉县出土有始皇与二世的两诏铜椭量，上刻"北私府"等字。可知二者系"北宫私库""北宫私府"之省文。特别是近年在汉长安故城中出土的秦封泥有"北宫""北宫斡丞""北宫宦丞""北宫私丞""北宫工丞""北宫弋丞"②等印文（见图3-3），就是秦有北宫的最好说明。

《周礼·天官·内宰》郑玄注："北宫，后之六宫。"因北宫系皇后之宫，才有宦者、私府、私库及其丞的设立。③汉因袭此制，在长安也有专供后妃居住的北宫。《三辅黄图》："（汉）北宫，在长安城中，近桂宫，俱在未央宫北，周回十里。高帝时，制度草创，孝武增修之。中有前殿，广五十步，珠帘玉户如桂宫。"但当汉武帝建成桂宫之后，汉的北宫专居贬废后妃的性质就更加明确了。据《汉书·外戚传》知，西汉初年，吕后死，诸吕被剪，孝惠张皇后（张嫣）废处北宫。哀帝时，王莽贬皇太后（赵飞燕）为孝成皇后，也退居北宫。不过，秦之北宫处在渭北区，因其专为后宫，同帝宫并相重要，距咸阳宫应当也不会太远。

---

① 陈直：《摹庐丛著七种·秦汉瓦当概述》，齐鲁书社，1981年，第338、350页。

② 《汉书·百官公卿表》载九卿之一的少府，其属官有考工室、左弋等十六官令、丞。秦封泥"北宫工丞"可能是"北宫考工"之省文。据《史记·秦始皇本纪》有佐弋竭、《秦汉瓦当文字》有佐弋瓦当知，"北宫弋丞"可能是"北宫佐弋丞"之省文。佐弋是佐助弋射之事的。颜师古释佐弋为地名，显然是错误的。

③ 《汉书·百官公卿表》："詹事，秦官。掌皇后太子家，有丞。属官有……中长秋、私府、永巷、仓、厩、祠祀、食官令、长、丞。诸宦官皆属焉。"吴式芬、陈介祺《封泥考略》卷一第47页有"长信私丞"，即"长信宫私府丞"或"长信宫私官丞"的省文。"私府"在西汉也名"中宫藏府"，或作"私官"，主宫中衣服。同书第48页有"长信宦丞"，即"长信宫宦者丞"的省文。宦者即阉人，春秋时谓之"寺人"（《诗·秦风》）。后宫内由宦者做杂役，设丞管理，有署。《续封泥考略》有"北宫宦者"封泥，所以，秦北宫私丞、北宫宦丞就是北宫私府和宦者之丞。

秦都咸阳在渭北有北宫，在渭南有南宫，二者并存，名称相对。

5. 曲台宫

《汉书·邹阳传》有邹阳奏书谏吴王的话："臣闻秦倚曲台之宫，悬衡天下，画地而不犯，兵加胡越。"应劭解释说："始皇帝所治处也，若汉家未央宫。"

由名称也可说明，曲折变化的高台是这一宫殿建筑的最大特征。秦始皇既居此宫能够"悬衡天下"，有似汉帝所居的未央宫，表明其政治地位相当重要。曲台宫大概位处北阪宫区之内，至于《畿辅通志》说秦在永寿留村，不明其所据，似不可靠。

6. 六英宫

董说《七国考》引《广记》："主父入秦，直至昭王所居六英之宫而人不觉。"主父就是在中原地区"变服骑射"、组建第一支骑兵部队的赵武灵王。据《史记·赵世家》记载，他在公元前299年传位于赵惠文王，自号"主父"，曾身着胡服，诈称使者来到秦都咸阳刺探情况，当秦昭襄王发觉时，"主父驰已脱关矣"。若在渭南，有大河阻隔，一旦发觉，岂可"脱关"！显然六英宫位于渭北的咸阳北阪之上，因为这里地势开阔，同陕北山塬相接，其间泾水易渡，单骑便于驰驱。

据说，帝喾时的一种乐曲名叫"六英"，也作"六茎"。（《周礼·春官·大司乐》疏引《乐纬》、《列子·周穆王》、《淮南子·原道训》）天帝也曾飨秦穆公"钧天广乐"，说明秦人已接受中原的礼乐教化。秦六英宫的取名，可能同此有关。

7. 章台宫

章台宫曾是秦王在渭河南新区设立的一处朝宫，曾出土有秦"章台"封泥（见图3-4），可证其存在。宫中因有章台而得名，在秦惠文王时期就具备了相当大的规模。战国以来涉及秦的国事活动，莫不与之有关。苏秦曾警告楚威王："今乃欲西面而事秦，则诸侯莫不西面而朝于章台之下矣。"（《史记·苏秦列传》）公元前299年，秦昭襄王骗楚怀王至武关，遂裹挟"西至咸阳，朝章台，如蕃臣，不与亢礼"（《史记·楚世家》《史记·六国年表》）。赵国使臣蔺相如带和氏璧"西入秦，秦王坐章台，见相

图 3-4　章台封泥印文

如"(《史记·廉颇蔺相如列传》),演出了一场舌战秦昭襄王的闹剧,留下了"完璧归赵"的历史典故。

章台宫在何处?《史记·秦始皇本纪》载:"诸庙及章台、上林皆在渭南。"但"渭南"地域广阔,此语过于笼统。东汉末年人繁钦在其《建章凤阙赋》中有句:"秦汉规模,廓然毁泯,惟建章凤阙,肖然独存。虽非象魏之制,亦一代之巨观也。"(《水经注·渭水》)《三辅黄图》说建章宫"在未央宫西长安城外",又引《三辅旧事》:"建章宫周回三十里。东起别风阙,高二十五丈,乘高以望远。又于宫门北起圆阙,高二十五丈,上有铜凤凰。"可以看出,一般人把"建章"和"章台"连在一起,从而认为汉武帝所建的建章宫是在秦章台宫的基础上起造的,宫址当今西安市西北高低堡子一带,至今仍有北双凤、南双凤两个地名,但这只是从字面上联系起来的推测之说。

《史记·樗里子甘茂列传》对上述推测做了否定:"昭王七年(公元前300年),樗里子卒,葬于渭南章台之东,曰:'后百岁,是当有天子之宫夹我墓。'……至汉兴,长乐宫在其东,未央宫在其西,武库正直其墓。"汉长安城内有大道取名章台街的,属八街之一。《汉书·张敞传》载,京兆尹张敞"无威仪,时罢朝会,过,走马章台街。使御吏驱,自以便面拊马"。其下注:"孟康曰:'在长安中。'臣瓒曰:'在章台下街也。'"很明白,秦章台位于长安城中,其下有街,有学者认为它就是南北向的安门大街。经考古探明,武库遗址确处于长乐、未央两宫遗址之间,其东隔安门大街当长乐宫城西墙的中部,其西当未央宫城外的东北角。武库之南,就是樗里疾墓的所在。按樗里疾墓在"章台之东",其西正直约1500米即是未央宫前殿遗址。① 因此,我们有理由说汉未央宫就是在秦章台宫的基础上建造的,汉未央宫前殿即是秦章台的重建与扩大。

未央宫前殿遗址位于今汉长安故城内西南部马家寨村西北、大刘寨村西南。(见图3-5)原系利用此间的丘陵(即所谓龙首山),在四周筑土加夯增高再建殿的。现呈南低北高的三重阶地,南北长400米,东西宽200米,高15米。这当然并不是秦章台的原貌。在前殿遗址之下,压有战国晚期与秦代文化层,出土有砖瓦类建筑文物,可以断定这里是秦章台的遗存。

---

① 汉武库遗址南围墙东西长710米,折半为355米,加上未央宫前殿距宫城东墙1150米,共1505米,约为樗里疾墓到未央宫前殿的距离。

图 3-5　汉未央宫前殿遗址

秦章台宫毁于秦末大火是毫无疑问的，但焚毁到何种程度却不好断定。汉江都易王刘非的太子刘建曾"游章台宫，令四女子乘小船，建以足蹈覆其船，四人皆溺，二人死"（《汉书·景十三王传》）。虽然未央宫早建于高祖七年（公元前200年，一说"八年"），但也许人们习惯于"章台宫"这一称呼，或因未央宫范围大，把存留着的章台宫包围在里面的缘故，总愿意用原来的名称呼之，只是以后才统称为未央宫。所以《大清一统志》引《演繁露》时说："汉章台即秦章台也。"刘建覆舟的水当是前殿西南的沧池（即苍池），水中原有渐台。其址今系一片洼地，深1～2.5米，平面呈不规则形，东西最大径为400米，南北最大径500米。①

8. 兴乐宫

《三辅故事》："咸阳宫在渭北，兴乐宫在渭南，秦昭王通两宫之间，作渭桥，长三百八十步。"说明兴乐宫至迟在秦昭襄王时代即已建成，也许它的创建年代还可早到惠文王"新作宫室"之时。至于《三辅旧事》和《三辅黄图》均作"秦始皇造，汉修饰之，周回二十余里"的记述，只能反映出一是规模后比前大，二是沿用时间久。

《史记·叔孙通列传》集解引《关中记》："长乐宫，本秦之兴乐宫也。"汉初，诸侯朝会高帝、刘邦接见大臣都是在长乐宫进行的，知其为当时的政治活动中心。待未央宫建成之后，从汉惠帝起，移居未央宫听政，未央宫便取长乐宫的正宫地位而代之。长乐宫于此之后，仅供太后常居，因其在未央宫之东，就被称为"东宫"或"东朝"。

秦兴乐宫及至汉世，不但改了名，连范围规模也较前扩大了，《三辅旧事》说长乐宫"周回二十里，前殿东西四十九丈七尺，两杼中三十五丈，深十二丈"。据考古探

---

① 中国社会科学院考古研究所编著：《汉长安城未央宫（1980～1989年考古发掘报告）》，中国大百科全书出版社，1996年。

测，宫城位于汉长安故城的东南隅，当今北到雷寨，南至阁老门，西迄讲武殿，东及霸城门遗址之西。平面略呈长方形，东西最长2950米，南北最宽2400米，周长10600米，面积6平方千米，约占汉长安城总面积的六分之一强，比秦兴乐宫"周回二十余里"的文献记载扩大了约三分之一。

兴乐宫中有"鸿台"。《三辅黄图》载："秦始皇二十七年筑，高四十丈（合94米）。上起观宇。帝尝射飞鸿于台上，故号鸿台。"

《庙记》载："长乐宫中有鱼池、酒池，池上有肉炙树，秦始皇造。汉武行舟于池中。酒池北起台，天子于上，观牛饮者三千人。"《水经注·渭水》载，长乐宫前殿东北有池，"池北有层台，俗谓是池为酒池，非也"。杨守敬《水经注疏》："长乐宫自有酒池，池北自有台，此盖别一池，而俗误以为酒池，故郦氏驳之。"汉武帝也泛舟酒池，还制作了重不可举的大铁杯，盛酒其中，并在层台上看少数民族使者和臣下"三千人"围绕酒池"牛饮"以取乐。统治者奢侈无度地享受，不知这是秦皇汉武自创的娱乐节目还是学自夏桀、妹喜玩的那一套（《新序·刺奢》《列女传·夏桀末喜》）。

秦鸿台毁于汉惠帝四年（公元前191年）的火灾，出土的飞鸿图像与"延年"文字结合的瓦当当是鸿台建筑的遗物。汉在秦兴乐宫基础上建造的长乐宫，幸免于汉末的战火，长期沿用，可能废弃于唐天宝年（公元742—756年）之后。

9. 南宫——甘泉宫

秦昭襄王三十五年（公元前272年），"宣太后诱杀义渠王于甘泉宫"（《后汉书·西羌传》），这是关于秦甘泉宫最早的记载。秦王政九年（公元前238年），假阴人嫪毐和太后私通的丑行败露后，秦王车裂嫪毐，灭其三族，囊扑其两个私生子，并把太后迁到雍都的棫阳宫去。次年，在吕不韦被免相后，嬴政接受了齐人茅焦的劝说，才把太后迎回咸阳，使之"复居甘泉宫"（《史记·秦始皇本纪》《史记·吕不韦列传》）。阴谋弄权的赵高，还曾使秦二世居禁中、近妇人，"在甘泉，方作觳抵优俳之观"。从宣太后到帝太后两次居甘泉宫，可知其最早是一处太后之宫，位在国都。①

---

① 帝太后入居咸阳的什么宫，有两种说法：一说"复居甘泉宫"（《史记·秦始皇本纪》）；一说"入南宫"（《史记·秦始皇本纪》及《史记·吕不韦列传》集解引徐广说）。清人梁玉绳在其《史记志疑》里说："窃意咸阳南宫必在兰池南，乃太后之宫，若汉称太后宫为东宫矣。"此话分两重意思，定作"太后之宫"是对的，由"复居"二字就不析自明。但做位"在兰池南"的判定，则矛盾甚多，比如：第一，甘泉宫同南宫，究竟是两宫还是一宫两名？如系前者，那么太后居咸阳9年多时间内（秦王政十年至十九年）就至少有两次搬迁（由雍入甘泉，再从甘泉到南宫，或者是次序倒过来）。况且史无明载此种过程，想来她的境况已是今非昔比，没有像秦王政那样的自由；若系后者，当然不能再说两地。第二，同文献记载的迟早有抵牾。谁对？（转下页）

第三章 咸阳城、宫殿与宗庙

秦在渭河南岸设有甘泉宫，这是绝对的历史事实。阴谋弄权、列势次主的赵高把庸弩的秦二世抓到手，使之居禁中、近妇人，隔离他同大臣的接触。丞相李斯招致逸言后去找皇帝，"是时，二世在甘泉，方作觳抵优俳之观"。这里的"甘泉"是甘泉宫的省称，因为秦始皇二十七年（公元前220年）起造"甘泉前殿，筑甬道，自咸阳属之"①，成了皇帝大朝的地方。《太平寰宇记》引《三秦记》，《初学记》引《关中记》，都说汉武帝造的桂宫"一名甘泉宫"。从中似可看出汉桂宫就是在秦甘泉宫的旧址上建造的，故而在时人眼里桂宫其实就是甘泉宫，在相当长的时间里还习惯于旧称呼。不过汉桂宫成了后妃之宫，位于长安城内，未央宫之北，北宫之西，地当今夹城堡、民娄村、黄家庄一带。测知汉桂宫遗址南北长1800米，东西宽880米，周长5360米。中日联合考古队在1997年11月至1998年5月对桂宫南部二号建筑遗址的发掘表明，其主殿与东西两侧的庭院建筑确为后妃使用的重要宫殿建筑。由此也不难确认秦甘泉宫的位置。

因为早在秦昭襄王时就于渭南建造起甘泉宫，开始也未必取名，便相对于渭北诸宫而称之为"南宫"。在西安市未央区相家巷秦遗址里曾出土大量秦封泥，其中就有多枚

（接上页）"复居甘泉宫"说明"原居甘泉宫"，只是因秽见迁。既是南宫，顾名思义不在渭北，因为自惠文王以来渭南就已兴建起很多宫殿建筑，"兰池南"也只是清人未申述何理由的一种臆测。看来，甘泉、南宫属于一宫两名，或是一群建筑中的两个宫殿。

宋敏求《长安志》和毕沅《关中胜迹图志》均以为太后入居的甘泉宫就是云阳的甘泉宫。这实际上也是难于成立的，因为：第一，云阳的甘泉宫是汉名，秦系林光宫。第二，太后回咸阳后对茅焦感激涕零地说："天下亢直，使败复成，安秦社稷，使妾母子复相见者，茅君之力也。"（《史记·秦始皇本纪》集解引《说苑》）如果由雍迁云阳，两地距咸阳都在数百里之外，谈何"母子复相见"？况且以改迁来对待太后，也有违茅焦建议的本意。所以，这里说的甘泉宫只能在咸阳，而不应在别处。

很明显，秦汉均有甘泉宫，但地非一处。而秦咸阳甘泉宫却因汉云阳甘泉宫的历史盛名，久被湮没，以致弄到了后人张冠李戴的地步。

至于程大昌在《雍录》中说"秦之甘泉在渭南"的话，从大的地域上笼统地说，还勉强成立，但又说"甘泉前后必近上林，即鄠县也。则秦之甘泉与隋之甘泉正同一地，安知隋宫不袭秦旧邪？"则大误。顾祖禹《读史方舆纪要》、清康熙二十一年《户县志》均从程说，有辩证的必要。第一，秦之甘泉宫既是太后所居之宫，在渭南称南宫，必位于市中区，而不能太远。隋之甘泉宫遗址位于今西安市鄠邑区西南12公里栗峪口西侧之老牛坡下（《户县文物志》，陕西人民教育出版社，1995年），渭南固然有秦上林苑，但其范围并不像汉上林那么大，所以不可能把甘泉前殿建于过远的牛首山麓。诚若此，其性质就成了离宫别馆。第二，在秦汉史乘（《史记》《汉书》）和诗赋、笔记中从未提及今西安市鄠邑区老牛坡一带有秦汉宫殿的存在，至今也没有得到考古材料的证实。所以，把秦甘泉宫和隋甘泉宫混同一地只能是望名的臆测。至于隋宫取名，是因涝峪河流出，其右岸有甘泉，水质甘洌，天旱不涸之故。明英宗正统元年（公元1436年）于此建明阳寺，武宗正德十五年（公元1520年）重修。寺已毁，今存《重修明阳寺记》石碑一通及残塔一座。

① 《史记·秦始皇本纪》："二十七年……作信宫渭南，已更命信宫为极庙，象天极。自极庙道通郦山。作甘泉前殿，筑甬道，自咸阳属之。"这就是说，始皇二十七年在渭南进行了两大建筑工程——信宫（极庙）、甘泉前殿。其附属工程则是甬道。但新标点本《史记》在断句上显有欠当之处，似乎甘泉前殿在郦山。这样一来，"筑甬道，自咸阳属之"一语就使人不明所"属"，更不知所"之"的半截话。所以，这段文字应改作："二十七年……作信宫渭南，已更命信宫为极庙，象天极。自极庙道通郦山。作甘泉前殿，筑甬道自咸阳属之。"

图 3-6 "南宫郎丞"封泥印文

"南宫郎丞"封泥。(见图 3-6)始皇从雍都迎回太后入咸阳,使"复居甘泉宫",晋人徐广说入居的是"南宫",可见到秦始皇时已经是两名并存了。汉高祖刘邦由洛阳迁都长安,在未央宫起造之前,就居住在"南宫"(《汉书·高帝纪》)。由此可见,秦的甘泉宫并不尽毁于秦火,所以就成了汉武帝太初四年(公元前 101 年)改建桂宫的基础。于此,我们可以就宫名与宫址的变化得出这样的结论:秦南宫→甘泉宫→汉桂宫。当然,在宫名更替的过程中,往往也有新旧名称并存的情况。

发掘汉桂宫遗址时,在北部发现汉地层之下压有秦建筑堆积,出土"南宫郎丞"封泥的相家巷就在附近。说明这座太后所居的"南宫"设郎官负责宿卫,其长为丞,必受郎中令的节制。

甘泉前殿是甘泉宫的正殿,有如阿房宫前有阿房前殿一样。同样,筑有甬道把甘泉前殿和渭北诸宫连接起来。我们所言的甘泉宫,绝不是孤立的一座建筑,而是一群功能不同、形式各别的建筑物的集合体。因此说,前殿是宫的正殿,当帝太后死后,在统一中国的第二年建造,是始皇一度大朝的地方。前有太后的入居,所以,"使妾母子复相见"(《说苑》载太后语)的话在此才有了着落。

10. 长安宫

长安宫系秦惠文王造,《太平御览》卷九百五十八引郭氏《玄中记》载:"长安宫面四百里,南至终南山。"不难看出此宫在渭河之南,而范围又极其广阔。

因为秦惠文王时的政治活动还是在咸阳的渭北区,所以在渭南建造的长安宫被当作离宫。《长安志》卷五:"《水经注》曰长安有秦离宫。"范雎来到咸阳就是在秦离宫见到昭襄王的,《史记·范雎蔡泽列传》正义明确指出"长安故城本秦离宫,在雍州长安北十三里也"。长安宫作为秦都咸阳早期的一处离宫,其范围大概包括今汉长安在内,远及终南的广大地域。主要宫殿则集中在以后的汉长安城内,地当秦的长安乡。但随着渭南宫殿的增多、政治活动的日益频繁,其宫区被分割,其名声也由显而隐。所以,《三辅黄图》说"高祖七年方修长安宫城,自栎阳徙居此城。本秦离宫也",已显得很笼统。元骆天骧《类编长安志》引《庙记》:"长安故城中有鱼池、酒池,池上有肉炙树。秦始皇造,汉武帝于池北起台。"文同于兴乐宫的记载,说明长安宫与兴乐宫有着直接的关系。

11. 华阳宫

《七国考》："秦太子妃曰华阳夫人。华阳，秦太子宫名，在陕西西安府旧长安城内。"汉长安城故址内，曾出土有"华阳丞印"封泥。（见图3-7）

"秦太子"，即后来的孝文王嬴柱，系昭襄王之子，初封为安国君，后立为太子。其爱姬是楚国人，称作"华阳夫人"。华阳宫以嬴柱的爱姬命名，可见这是一处太子宫，后成为华阳太后的专有宫殿。"华阳丞"就是华阳夫人的家丞。

图3-7 "华阳丞印"封泥印文

12. 阿房宫——朝宫

（1）朝宫性质

阿房宫在渭南秦上林苑中，位于今西安市西约15公里的三桥街道一带。（见图3-8）它东临皂河，西接沣水，南有周都丰镐故址。当秦咸阳渭南诸宫殿的西南隅，是代信宫而起，为皇帝大朝所设计的一座巍峨宏大的朝宫，乃秦王设朝施令的中心。

阿房宫为秦都咸阳宫殿建筑的后起者与最大者，充分体现了统一国家首府的气魄及皇权至上的威严。它同汉初的未央宫、汉武帝以后的建章宫、唐初的太极宫、唐高宗以后的大明宫、唐玄宗以后的兴庆宫一样，是帝王常居之宫，朝会、庆典、决事等都在这里进行。

关于阿房宫兴建的时间和方位、指导思想和总体设计、主体建筑的规模和进展等等，司马迁在《史记·秦始皇本纪》中着重做了介绍：

> 三十五年（公元前212年）……于是始皇以为咸阳人多，先王之宫廷小。吾闻周文王都丰，武王都镐。丰、镐之间，帝王之都也。乃营作朝宫渭南上林苑中。先作前殿阿房，东西五百步，南北五十丈，上可以坐万人，下可以建五丈旗。周驰为阁道，自殿下直抵南山。表南山之颠以为阙。为复道，自阿房渡渭，属之咸阳，以象天极阁道绝汉抵营室也。阿房宫未成。成，欲更择令名名之。作宫阿房，故天下谓之阿房宫。隐宫徒刑者七十余万人，乃分作阿房宫，或作丽山。发北山石椁，乃写蜀、荆地材皆至。……（二世元年，公元前209年）四月……复作阿房宫。

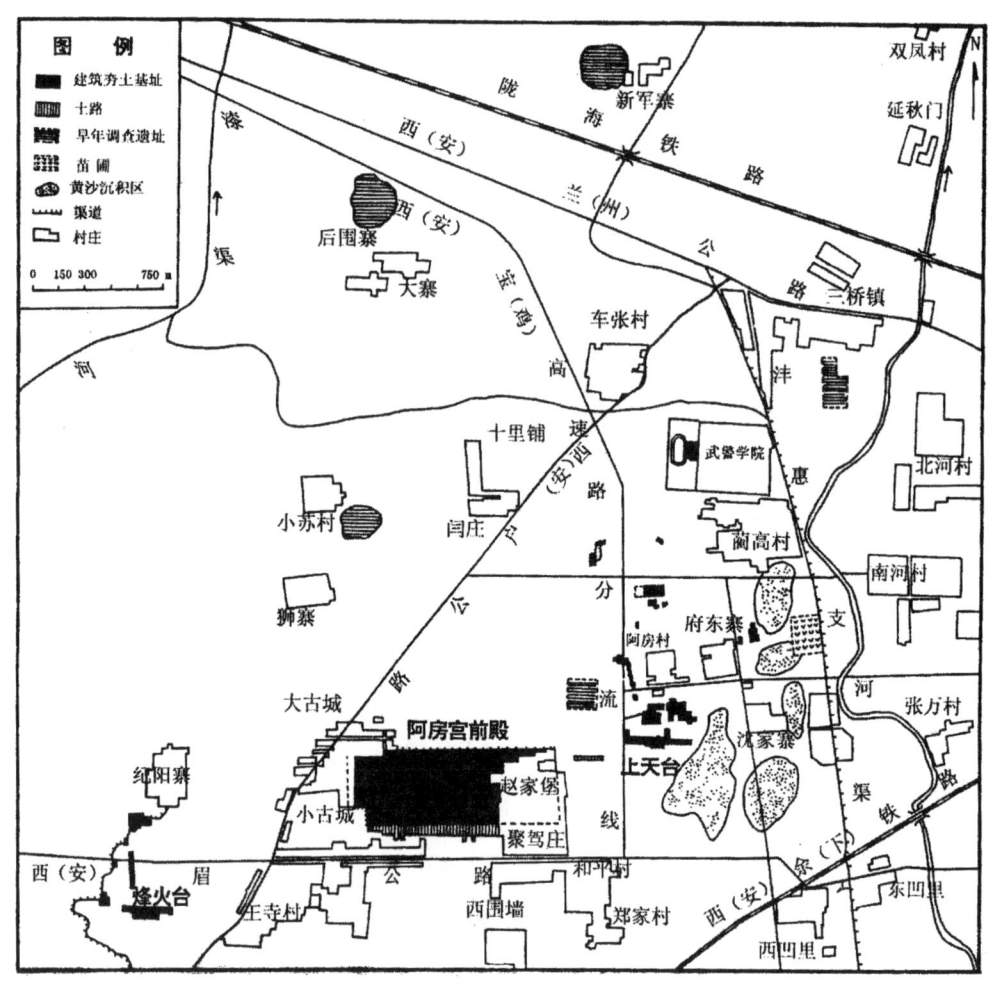

图 3-8 阿房宫遗址平面图

《三辅黄图》："阿房宫亦曰阿城。惠文王造，宫未成而亡，始皇广其宫规。"可见阿房宫是一处有主次、有配套设施的群体性建筑，绝不是单单指人们通常说的阿房宫前殿。在上林苑中起造宫殿建筑也绝不自始皇三十五年始。那么，秦始皇所做的工作，只不过是对惠文王以来的阿房宫做了扩建而已（"广其宫"）。同时，阿房宫地区建筑遗址的地层和出土文物，也给我们提供了这一时代的有力佐证。其地层关系很简单，在耕土、扰土层之下就是夯土，最下层是生黄土。夯层一般厚6～8厘米、窝径7.8厘米，表明建造时间上的一致性。出土的云纹瓦当、粗绳纹板瓦、回纹或网格纹铺地砖也基本是战国、秦流行的纹样。陶文有"左司""北司""大匠"等，和秦始皇陵区出土的陶文完全相同，属中央官署陶业作坊的产品。①

秦始皇因有"后嗣循业，长承圣治"（《东观刻石》）的思想，在他东巡的诸刻石上是广为宣传的。如"治道运行，诸产得宜，皆有法式。大义休明，垂于后世，顺承勿革"（《泰山刻石》）、"端平法度，万物之纪"（《琅邪台刻石》）、"普施明法，经纬天下，永为仪则。大矣哉！宇县之中，承顺圣意"（《之罘刻石》）。刻石的目的在于为后世"垂著仪矩"（《碣石刻石》），将治邦安民的政治思想和既定典章制度传于二世、三世以至万世，传之无穷，不可稍有变革。所以，在咸阳建设上，同样也体现着这一思想。他既要把首都的渭南地区作为他建设"帝王之都"的重点和体现圣治的"朝宫"，因之也就赋予了修建这一大型宫殿的性质。至于"咸阳人多，先王之宫廷小"的话，确属事实，虽然也称得上另筑宫廷的理由，但毕竟是服从于建设"帝王之都"这一总意图的。至于说建阿房宫可"车行酒，骑行炙，千人唱，万人和"（《长安志》引《三辅旧事》），纯属享乐之用，那是一种不完全正确的理解。

（2）阿房前殿

阿房前殿是阿房宫的主体建筑，列为一期工程，规模恢宏，是重威思想的反映。前殿地基用了3年时间夯筑，深厚稳固。在前殿台基之上，三面筑起围墙。其中在北墙中部先作的"前殿阿房"虽系附属工程，但样式奇特宏伟，从侧面已能反映出整体建筑巍峨的雄姿来。至于阿房前殿建起后，再把"销锋镝以为金人十二，以弱天下之人，立于宫门"（《三辅黄图》），气势磅礴，威仪万千，就充分展现了秦帝国凌驾群雄、独有天下的气魄。

《三辅黄图》说阿房宫"规恢三百余里，离宫别馆，弥山跨谷，辇道相属，阁道通骊山八十余里，表南山之巅以为阙，络樊川以为池"。我们只能认为这是包括原先上林苑建筑和新建朝宫的构想，实际上并未完全付诸实现。因为它尽管是在原有的基础上"广其宫"，又动员了几十万劳力，但正式营建才不过3年。而这排在第一位的工程，即先作的阿房前殿，还是"室堂未就"的，便因秦始皇的驾崩而停辍。即使在始皇陵覆土之后，秦二世有"复作阿房宫"之举，但不到一年时间，也因陈胜起义军攻入关中，直驱戏水，致使阿房宫前殿工程和骊山的后续工程不了了之。

---

① 西安市文物局文物处、西安市文物保护考古所：《秦阿房宫遗址考古调查报告》，载《文博》1998年第1期；阿房宫考古队：《咸阳上林苑1、2号建筑遗址考古发掘取得重要收获》，载2005年12月9日《中国文物报》第1、2版；阿房宫考古工作队：《陕西西安发掘上林苑3号和5号建筑遗址》，载2006年11月1日《中国文物报》第2版；李毓芳、王自力：《西安秦汉上林苑四号、六号建筑遗址发掘》，载2007年7月6日《中国文物报》第5版。

阿房宫工程虽然只进行了5年，但阿房前殿夯土台基广阔厚重，附属建筑雄伟壮观，可惜其中一些宫室廊观竟在项羽的炬火中化为灰烬。千百年来，人们只能在文学作品绘声绘色的渲染中，去想象它当年峥嵘艳丽的雄姿。而今，通过考古工作者对阿房宫文化遗存的揭示，我们研究其本来面貌才有了凭借。阿房宫遗址范围北起今西安市三桥街道西北之新军寨、后围寨，南至王寺村、和平村北缘一线，纵长5公里；东以皂河为界，西迄长安区小苏村、纪阳村，横宽3公里，占地约15平方公里。坐落在龙首原往西南延伸的台地上，海拔394.2～401.4米。建筑遗址密集区主要分布在三桥街道以南。在这一区间内，至今保留的地面夯土基址还有20余处，其中以阿房宫前殿遗址最大，又以阿房村和纪阳寨两地的台基最为稠密。建筑用的筒瓦、板瓦、瓦当、铺地砖、圆形和五角形陶质水道、漏斗、原石柱础等遗物随处可见。各类金属的、玉质的文物，历年来多有出土。阿房宫的第一期工程——阿房前殿，大体上是夯实前殿基础、宫城三面筑围墙、筑前殿阿房及其他附属建筑，第二期工程就是全力修建朝宫大殿，第三期工程必定是完成大殿广场、建五丈旗台之后，再夯筑南面围墙和修建门阙。遗憾的是，第一期工程还没有完成，秦王朝就覆亡了，留下的是永远不曾竣工的"施工现场"。

同秦孝公先筑冀阙宫庭一样，作为帝王威严的象征，阿房前殿是被当作阿房宫的前期工程先期进行的。

经调查，前殿基址是利用龙首原向西南延伸的余脉——台地，经夯筑而成，当地人称"郿坞岭"，东起赵家堡、聚驾庄，西至大古城和小古城，东西横长约1320米，南北宽约426米，总面积近55.44万平方米。长方形的巨型夯土台基南低北高，一般高3米，最厚处至今仍高出地面7～12米。夯层清晰整齐、密实，夯层厚7～8厘米。早年，在殿址周围特别是北部取土时，曾挖出云纹瓦当、板瓦、残砖、石柱础及红烧土、灰土、陶水管道等。

关于前殿的面积，文献记载各不相同，今列表比较如下：

表3-1　关于阿房宫前殿大小的文献记载列表

文献名称	原文	大小折算（东西×南北×高）（米）	旗高折算（米）	长度折算根据
《史记·秦始皇本纪》	先作前殿阿房，东西五百步，南北五十丈，上可以坐万人，下可以建五丈旗	693×115.5	11.55	秦"六尺为步" 秦1尺=23.1厘米[①] 1步=0.231×6=1.386米 1丈=2.31米

续表

文献名称	原文	大小折算（东西×南北×高）（米）	旗高折算(米)	长度折算根据
《三辅黄图》	作阿房前殿，东西五十步，南北五十丈，上可坐万人，下建五丈旗	69.3×115.5	11.55	1步=1.386米 1丈=2.31米
《关中记》	东西千步，南北三百步，庭中受十万人	1386×415.8		1步=1.386米
《三辅故事》	二世胡亥起阿房殿，东西三里，南北三百步，下可建五丈旗	1252.59×415.8	11.55	1里（汉）=417.53米[②] 1步=1.5米 1丈=2.31米
《史记·秦始皇本纪》正义引《三辅旧事》	阿房宫东西三里，南北五百步，庭中可受万人	1252.59×693		1里（汉）=417.53米 1步=1.386米
《汉书·贾山传》	殿高数十仞，东西五里，南北千步	2087.65×1500×16.3		1仞=7汉尺=1.63米 此处以十仞计算 1里（汉）=417.53米
《博物志·地理考》	殿东西千步，南北三百步，上可以坐万人，庭中受十万人	1386×415.8		1步=1.386米

注：
① 陈梦家：" 西汉尺由23.10稍长至23.30厘米"，参见《战国度量衡略说》，见河南省计量局：《中国古代度量衡论文集》，中州古籍出版社，1990年。
② 陈梦家：《亩制与里制》，载《考古》1966年第1期。

考古钻探资料显示，阿房宫前殿遗址东西长1270米，南北宽426米，面积达541020平方米。据此，同文献记载做一勘比来看看结果。在这里，首先应该指出的是，各书所言宫殿的名称并不统一，说阿房宫、阿房前殿和前殿阿房者均有之。实际上，这是三个不同的建筑单位，也即是应予区别的三个概念，（见图3-9）我们不应混淆。[①]另外，从上表可以看出的问题是：

第一，关于阿房前殿的大小，《史记·秦始皇本纪》同《三辅黄图》仅东西有

---

① 王学理：《"阿房宫"、"阿房前殿"与"前殿阿房"的考古学解读》，载《文博》2007年第1期，又见《王学理秦汉考古文选》，三秦出版社，2008年。

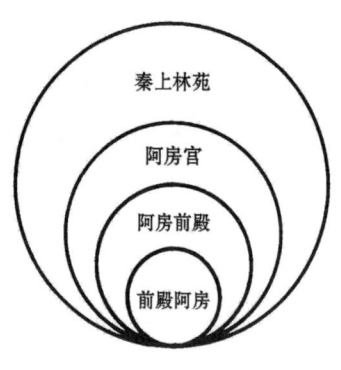

图 3-9 阿房宫概念示意图

"五百步"与"五十步"之差，显然是传抄漏字而造成的。而其余各书中除《汉书·贾山传》有故意夸大之嫌外，大多同考古探测的结果有着惊人的相似。这说明《关中记》《三辅故事》《三辅旧事》等书中记载的数据，足以据信。

第二，《史记·秦始皇本纪》原注本作："乃营作朝宫渭南上林苑中。先作前殿阿房，东西五百步，南北五十丈，上可以坐万人，下可以建五丈旗。"笔者以为，这里指的是两件事，因而应该重新断句。即："乃营作朝宫渭南上林苑中，先作前殿阿房；（主殿）东西五百步，南北五十丈……"前者，指已付诸施工了的"前殿阿房"；后者，指"阿房前殿"中"主殿"的规划尺码。

第三，笔者以为，应把"东西五百步，南北五十丈"断定为阿房前殿上的主殿的大小，而绝不是前殿上的阿房的大小。因为750米×116.5米是指建在东西横长的夯土台之上的建筑而言的，横小于纵是符合前堂后室进深的宫殿格局的。所以，《史记》上说的是阿房宫前殿中作为朝请之地的主殿，而其他史料只笼统地说是阿房前殿。因此，后世学者所理解的只能是那个夯土台子。只有做笔者这样的解释，才可明白殿前（下）树立11.65米高的"五丈旗"的空间与位置。

（3）附属宫观

秦始皇在上林苑中营作"朝宫"时，其主体应是阿房宫前殿。前殿打好地基，并在三面筑墙。在北墙的中部，已经建造起"前殿阿房"。（见图3-10）但在前殿工程进行的同时，阿房宫范围内的其他宫观建筑项目也在陆续展开，而且其中有些项目，实际上是对原先上林苑中建筑的扩大、改建和增建。但有些学者把战国时期秦上林苑的建筑从阿房宫中排挤出去，只认定所谓"半拉子工程"的"阿房宫前殿"是"阿房宫"，硬是强调"项羽没有火烧阿房宫"，声言"上了杜牧的当""委屈了司马迁""给项羽平反"等等。这显然是只见树木不见森林，把部分当成了整体。概念上混淆的结果，就大有专家误导之嫌。试想想：战国时期秦上林苑的建筑，能平白无故地跳过秦统一15年而不被利用？难道秦始皇就这么削足适履地狭隘？

在阿房宫前殿遗址东约500米的阿房村一带，原有单体建筑10多座，平面的夯基形状各不相同，从而组成一处密集的建筑群。其中五号建筑遗址被破坏殆尽，仅有断续残

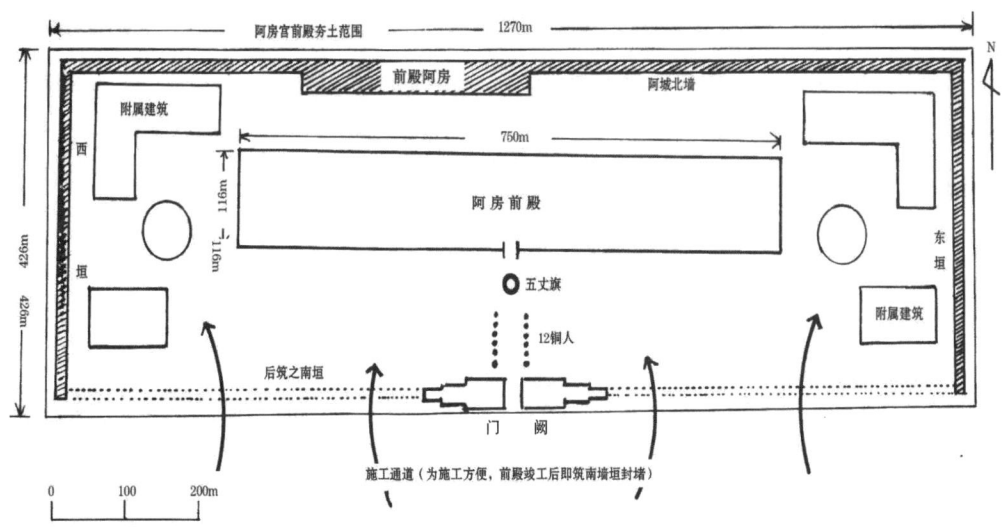

图 3-10 阿房前殿基础部分设计方案

（王学理复原）

存的夯土台基，现地表以下5.6米深处有排水管道，横剖面呈"品"字形，可分为东、西二组：东组管道呈曲尺形，已发掘69米（其中东西向59米，南北向10米）；西组管道呈南北向，现发掘长度18米。除出土排水管道外，还有砖、瓦和瓦当。有葵纹、连云纹、蘑菇形纹等纹样，还有不少素面瓦当。另外，在俗称"始皇上天台"（四号建筑遗址）的东面、北面、西面均有附属建筑，南面和东南面有池沼遗迹。夯土地基东西展开400米，南北宽110米。台基东西111米，南北74米，由西北向东南呈鱼脊状，分为三层，渐次升高15.2米。上部为宫殿建筑，底部周长230米，其北、西两侧都有大片夯土向外延伸，有门址和廊道，曾出土有石柱础、砖瓦、瓦当、下水管道（见图3-11）等遗物。考古资料表明，此宫殿建筑群建于战国时期，部分毁于秦末大火，汉代一度修葺沿用。

秧歌台遗址（八

图 3-11 "上天台"遗址排水管道

号建筑遗址）位于阿房宫前殿遗址北2300米处。20世纪70年代初，该建筑夯土台基仍高3米多，但平整土地时，已被破坏殆尽。现存基址东西95米，南北90米，夯土厚仅为0.1~0.3米。从遗址建筑形制、遗址内出土和采集的空心砖残块、子母砖残块、瓦当及厚重的圆形水管道残片等遗物看，该遗址建于战国时期，沿用到汉代。

后围寨遗址（三号建筑遗址）位于阿房宫前殿遗址北3800米处的后围寨村，1973年平整土地时，笔者去查看过：它以花纹空心砖砌筑的踏步层层叠叠直上建筑顶部；底部有屋脊式的五角形陶水管道鱼贯连接，向东南延伸30多米；石柱础纵向排列，井然有序。经探测，分为底部、中部、顶部三层建筑。下部夯土台基，现存东西84米，南北92米，残高7米。中部建筑残存有廊房遗迹；顶部建筑无存。出土了大量战国时期制作粗糙的板瓦片和筒瓦片、绳纹铺砖和山形云纹及素面的半瓦当。此外，在该座建筑的底部建筑中还出土了一些表面为斜粗绳纹、内面为素面的板瓦片和表面饰中粗绳纹的板瓦。在建筑中部倒塌的堆积中还出土了西汉五铢钱。

好汉庙遗址（七号建筑遗址）位于三号建筑遗址东北2000米处。其下部夯土台基东西长105米，南北宽42~62米，厚4米；上部建筑物无存，仅存基址，残高2.8米。该遗址出土了大量山形云纹半瓦当和个别文字瓦当，还出土了大量细密绳纹和粗绳纹的瓦片。该建筑遗址是战国时期的建筑，一直沿用到汉代。

后围寨的胡家村西南有一处600平方米的遗址，火烧寨北又有一处面积达8000平方米的遗址，都有建筑物出土，文化层厚达1.5米。

阿房宫村北去约200米，有一处"北司"建筑遗址（1974年冬平整农田取土，因最早发现"北司"陶文而定）。经笔者等人访查，并在1975年配合北京大学实习而做了发掘。此处建筑结构特殊，既有大的遮蔽空间，巨型石柱排列有序，使得间次繁复，又有螺旋形上升的环道之类的遗迹（可能是上登复道之路）。从地面几经整修的情况看，应是上林苑中一处时跨秦汉的高台建筑物。绳纹瓦片上多戳印"北司""宫""左宫""右宫""宫甲""宫寅""宫戌""宫辰""天官""大匠"等字。[①]小篆书体，同渭北区陶文比，似更加规正隽秀。显系秦少府、将作大匠领辖下由中央官署制陶作坊制造的产品。

上林苑六号建筑遗址，位于前殿遗址东北方向2000米处的武警工程大学内，是一处

[①] 西安市文物管理委员会李家翰：《阿房宫区域内的一个汉代建筑遗址》，载《考古与文物》1980年创刊号。

南北长、东西窄的高台宫殿建筑遗址。下部夯土台基形状不规则，现存南北最大长度57.5米，东西最大宽度48.3米，夯土厚3.7米；上部建筑物已无存，故仅存基址，南北最大长度45米，东西最大宽度26.6米，残高1.5～2.4米。局部发掘，出土了大量的板瓦、筒瓦及少量瓦当等建筑材料，既有

图3-12 "烽火台"建筑夯土（上林苑二号遗址）

战国时期的又有西汉前期的，澄清了长期把这里作为阿房宫磁石门遗址的讹传。

纪阳寨南200～500米的地方，有一处密集的建筑群，地当阿房宫前殿遗址的西部和西南部。这里起码包括7座大小不同、形制各异的建筑物，现仍有夯土台基、石柱础、砖瓦等遗迹、遗物的残留。其中纪阳寨遗址（一号建筑遗址）位于阿房宫前殿遗址以西1150米处，可分为南部宫殿区和北部园林区。部分夯土台基仍高出地表7米。纪阳寨遗址南500米处的"烽火台"遗址（二号建筑遗址）最大，其平面呈向南的"凸"字形，东西长265米，南北最宽处40米，总面积6354平方米，夯土台基残高4米。（见图3-12）另有一三层台式建筑遗址，夯土厚10米以上，面积达4019平方米。还有一长廊式建筑遗址，南北长约230米，宽2.5米，夯土厚0.6～1.3米。遗址内多有灰坑。

《三辅黄图》："云阁，二世所造。起云阁，欲与南山齐。"因为秦始皇建阿房宫"表南山之颠以为阙"，二世所造之云阁，想同南山等高，可知云阁一定在阿房宫内南部，属于宫内的高台楼阁之一。以上所举的阿房宫附属建筑中有没有云阁？如有，又是哪一个呢？《文选·东京赋》有"（秦）乃构阿房，起甘泉，结云阁，冠南山"之句。《三辅故事》也说云阁是二世起造的。这些同《史记》说始皇死后，秦二世"复作阿房宫"的记载符合，所谓"复作"的事实，笔者以为就是建造云阁。

（4）湖泊

阿房宫区原来水量丰沛，东有皂河，西有沣河，南有周之镐池，水位浮浅，形成多处湖泊。茂林修竹，花卉园圃，宫殿掩映，天然成趣。今日我们面对一片黄沙、处处取土烧砖、秦建筑遗址被涂抹得满目疮痍时，是很难想象它当年的盛容的。只见北自蔺

高村，向南经府东寨和苗圃、沈家寨，再到"上天台"东南，分布着5处形状各异、大小不同的湖泊遗址，总面积约27.14万平方米。其湖相沉积是在地表1.2米以下，有大面积黄色细沙、泥沙分布。原来也许是地下聚水的天然湖泊，但也不排斥引皂河之水的可能。

（5）阿城

《汉书·东方朔传》载：汉武帝建元三年（公元前138年）"举籍阿城以南，盩厔以东，宜春以西……以为上林苑，属之南山"。宋敏求《长安志》载："秦阿房宫一名阿城。在县西二十里。西、北、（东）三面有墙，南面无墙，周五里一百四十步。崇八尺，上阔四尺五寸，下阔一丈五尺，今悉为民田。"可见"阿城"这一名称早已有之，至于唐宋所言的"阿城"，都是同"阿房前殿"连在一起的，其由来正是颜师古说的"以其墙壁崇广，故俗呼为阿城"。这座阿城是阿房前殿及其附属建筑的宫城，它从东西两侧和北面围护着阿房宫前殿上的群体建筑，整体俨然形成一座厚重森严的城堡。之所以"三面有墙，南面无墙"，笔者认为是建"阿房前殿"时施工程序的安排，其南面无墙形成的空缺是为了施工期间建筑材料和人员出入的方便，一旦竣工，即筑南墙与门阙封堵之。

阿房宫中有些建筑可能毁于秦末，而"阿房前殿"基址上的"前殿阿房"可能幸免于难。所以，阿城地区在历史时期依然还是人事活动频繁的地方。《十六国春秋》载：苻坚建元二十年（公元384年），慕容冲据阿城。"谣曰：'凤凰、凤凰，止阿房。'坚以凤凰非梧桐不栖，非竹实不食，乃植桐竹数千万株于阿房城，以待凤凰之至。"北朝时，阿城曾是一座四方朝拜的寺院道场。在前殿遗址东端的赵家堡西有一巨大的缺头石像，高及4米。有人说是秦的翁仲，但细审此像，只见其着袈裟，右掌贴胸作"无畏印"，厚重的衣褶垂于足面，尽管因风雨剥蚀，漫漶过甚，但毕竟没有掩饰其为北朝佛像的真容。况且，这一带曾出土过北周时期的鎏金造像与唐代的八棱石经幢，说明从北朝到唐代，此间曾是佛教寺院的所在。隋末，李渊之子李世民入关，自泾阳趋司竹（今陕西周至县东南），也曾经屯兵阿城。（《旧唐书·高祖本纪》）

阿城东西两端的墙基遭到现在村庄建房或取土的破坏，原来在新中国成立初期还能看到南北向的墙体高出地面1米多，现在只是留在老一辈人的记忆中了。

（6）门阙

《三辅黄图》说阿房宫"以木兰为梁，以磁石为门"。《水经注》："门在阿房前，悉以磁石为之，故专其目，令四夷朝者，有隐甲怀刃入门而协之，以示神，故亦曰却胡门。"或称"却胡台"（《长安志·宫室》引《括地志》）。其实全用磁石做门，是不大可能的，因为经熔炼或敲击都会失去磁性。唯一的做法就是"累磁石为之"（《元和郡县志》）。当时利用磁石（主要成分是四氧化三铁）"召铁"的性能（《吕氏春秋》有"磁石召铁，或引之也"，又见《吕氏春秋·精通》高诱注）向少数民族来朝觐者显示神奇，以恐吓怀有二心者，若真要用以识别"隐甲怀刃"的刺客，那是不大可能的。

磁石门，说"门在阿房前"，显然指的是阿房前殿之前，但也有的说是阿房宫的北门（《元和郡县志》），还有的说是西门（《雍录》）。

《水经注·渭水》："鄗水北径清泠台西，又径磁石门西……鄗水又北注于渭。""径磁石门西"不等于西门，该门位当滈水入渭处。但滈水在今长安区西南香积寺汇潏而西流，并在秦杜入沣河，所以《长安志》引《括地志》说："今按镐池水又北流入永通渠，不至磁石门，亦不注渭矣。"可见滈水下游的地理古今变迁较大。古滈水在隋初因开凿永通渠入长安而消失。《元和郡县志》断定"秦磁石门，在（咸阳）县东南十五里"。中国科学院地理研究所黄盛璋先生确指在今双楼村（《中国古代地理名著选读·水经注·渭水》）。

磁石门作为阿房宫建筑群的北门，标示了宫区的北界，其地应该在今三桥街道之北。20世纪50年代文物普查时，在新军寨村西还有大面积的夯土基址存在，深入地下数米，也曾有一批石刻出土。这里南距阿房前殿遗址4公里，正处于阿房宫的南北中轴线上。经实测，主要遗址面积还有4000平方米，夯土台基高出地面1米多。西安市文物园林局姜开任先生根据方位判断，磁石门就在新军寨附近（《中国历史文化名城词典》条目）。

在三桥街道的武警工程大学内，有一宫殿建筑遗址，立标志作"秦磁石门"。1997年，笔者随《中国皇帝》拍摄组采风时，根据夯土台基形状没有门址，见有战国至秦汉时期的筒瓦和板瓦，即断定这是一处宫殿遗址，而绝非磁石门。

（7）交通

阿房前殿东通骊山，还"渡渭，属之咸阳，以象天极阁道绝汉抵营室也"。"天极"即北极，又谓之北辰，有星五，是天帝（泰乙）所居的星宿。横过天河的是"阁道"六星。所谓"营室"，实际上是北方玄武七宿中室宿二星（玄宫和清庙）同壁宿

（东壁）二星的连体。按照占星家的说法，天帝是从天极出来，经过阁道，横绝天河而直达营室的。那么，秦始皇重新规划咸阳以法天，咸阳宫象天帝的"紫宫"，阿房宫犹如"营室"，横跨渭水的横桥就成了绝汉的"阁道"。这种交通设计，足见是秦始皇刻意追求的。

（8）阿房宫的得名

对阿房宫的得名，历来有多种说法。有说"阿，近也。以其去咸阳近，且号阿房"（《史记·秦始皇本纪》正义引颜师古）；有说"作宫阿基旁，故天下谓之阿房宫"（《三辅黄图》）；有说"在山之阿"（《三辅故事》）；有说因前殿高广，"此以其形名宫也，言其宫四阿旁广也"（《史记·秦始皇本纪》索隐、《雍录》）；有说因"墙壁崇广"而得名（《汉书·东方朔传》颜师古注）；近人有说"言其用，则曰朝宫；言其方，则曰前殿。谓之阿房者，阿房乃一地名，故天下咸以此称之"（马非百《秦集史》）；有说"阿"字是名词的词头，并无意义；或有说"阿"是关中人的地方语，即"那里"的意思。古文字学者王辉先生据西周铜器中有"荼京"的铭文，以为是宗周（镐京）旁的丰京。荼，从方声，同房、方、旁音近相通，故而"房"是久无存在的地名。不过，在周末或春秋时称"方"，战国及秦才称"房"并加了没有含义的发语词"阿"就成了"阿房"。（《金文"荼京"即秦之"阿房"说》）

见仁见智之说，不一而足。但"阿房宫未成"，毕竟还是个临时的称呼。阿房宫处在西安之北呈东北—西南走向的龙首原（唐代之前称龙首山）西端，《诗·小雅·菁菁者莪》有"在彼中阿"的句子。其中的"阿"，就是指高起的地形。那么，阿房宫地势高、殿堂高，正与"大陵曰阿，言其殿高，若于阿上为房"（《汉书》颜师古注、《长安志》）的解释吻合。殷人居住的"四阿重屋"，就是一种四坡流水的重檐屋顶。在这里，阿房前殿巍峨，地势高亢，再加之四阿式重檐建筑作为范围既大作用又重要的朝宫，从设计到效果无形中就突出了这座庑殿的气魄。故而从"高广"的意思考虑，笔者以为还是较容易理解的。

（9）定性上的误区

2003年，当秦阿房宫考古队对前殿遗址做了一些钻探和试掘工作之后，在神州大地上竟刮起了一股不小的风潮。一些新闻媒体说"杜牧撒了个弥天大谎，传世名篇《阿房宫赋》——'骗'国人千年"。同时，"给项羽平反——没烧阿房宫""委屈了司马迁——火三月不灭"等奇谈怪论，不一而足。

对此，笔者以为在认识上陷入了一个误区。其实《史记》已经提醒人们切勿把阿房宫设计蓝图与施工程序混为一谈。所谓"阿房宫"，是个大概念，是就一组群体宫殿建筑的整体而言的。其地域范围很大，北起今西安市三桥街道西北之新军寨、后围寨，南至王寺村、和平村北缘一线，纵长5公里，东以皂河为界，西迄长安区小苏村、纪阳村，横宽3公里，占地约15平方公里。坐落在龙首原往西南延伸的台地上，海拔394.2~401.4米。建筑遗址密集区主要分布在三桥街道以南，说明阿房宫是以前殿为中心向外展开的，我们绝不能以偏概全。

北垣墙中段东西长323米，南北宽15米，现存高度2~3米。建筑倒塌后的堆积物在其南侧竟宽达7米，其中以板瓦、筒瓦残片为主。这里实际上就是《史记》中说的"前殿阿房"。可惜的是，长期以来人们并没有把它同阿房前殿区分开来。笔者以为它其实是阿房前殿的附属工程，即《史记》中所谓先作的前殿阿房。如果不加区别地把先作的前殿阿房当作未曾修建的阿房前殿，进而又把阿房前殿当成阿房宫，显然是概念上的混淆。如果还坚持阿房前殿基址就是阿房宫的观点，利用个人的影响力，硬要推上各种讲坛和电视台，那将是有意的误导。

阿城之所以三面有墙，南面无墙，笔者以为同施工技巧和政治形势有关。从工程学角度而言，合理安排、提高时效是一条重要的原则。筑阿城时，先三面围墙，既是阿房的前一道工序，也便于现场的管理。"南面无墙"，为的是给进出人员和材料留出通道。当阿房前殿建成、门阙完工之后，必然是再筑南墙加以闭合。可惜秦末乱世，形格势禁，阿房宫工程被迫废弃，还谈什么"南墙"！因此，笔者可以断言：阿城不是阿房宫的宫城，而是阿房宫前殿的特殊外垣而已。

图3-13 "安台丞印"封泥印文

13. 安台

安台是一处失载的秦台。汉城内的秦封泥中有"安台丞印"（见图3-13）多枚，再结合清人吴式芬、陈介祺著录的"安台丞印"和"安台左塈"封泥（《封泥考略》），就纠正了把"安台"当作县名的认识。实际上，安台是台，有如秦咸阳之章台（在章台宫）、鸿台（在兴乐宫）、咸阳台（在咸阳宫）等。台作为一种建筑形式在东周时期的各诸侯国已较普遍，秦的宫廷建筑已把高台建筑技术发展到了登峰造极的地步。左塈是主管筑土为台工程的官署。安台又设丞，可知同宫廷一样具有朝会、设宴的功能。

秦安台当距章台宫较近，因北、西、南三方没有太大的空间，很可能处于东南。因此，汉长安城南出三门中的中门取名安门，其北对直的就是城内的南北主干道安门大街。

（二）近郊（市中区外围）的宫殿建筑

1. 兰池宫与兰池

兰池，又叫"长池"，是人工形成的陂池，也即是现在说的"人工湖"。大约是因广植兰草而称兰池。《三秦记》载："秦始皇作长池，引渭水东西二百里，南北二十里。筑土为蓬莱山，刻石为鲸鱼，长二百丈。亦曰兰池陂。"在兰池陂岸边建造兰池宫，兼容山水，风光秀丽，从而构成秦都东郊一处游览休闲的名胜区。《史记·秦始皇本纪》：三十一年（公元前216年）"始皇为微行咸阳，与武士四人俱，夜出逢盗兰池，见窘，武士击杀盗，关中大索二十日"。也许兰池并非禁苑，吏民可以出入，可资日夜悠游。

《括地志》云："兰池陂即古之兰池，在咸阳县界。"秦之兰池汉改名为周氏陂、周氏曲或周曲。因为成国故渠"东径汉丞相周勃冢南，冢北有亚夫冢，故渠东南谓之周氏曲"（《水经注·渭水》）。《长安图》："周氏曲在咸阳县东南三十里，今名周氏陂。"《太平寰宇记》："周氏陂周回十三里，汉大尉周勃冢在陂，其子亚夫有功，遂赐此陂，故地以氏称之。"在今西咸新区正阳街道杨家湾村北原上有汉周勃、周亚夫父子墓。①墓南的原边向内收缩成弓形，底部平坦，属渭北的一级阶地，南以咸（阳）铜（川）铁路为限，西起柏家咀，东到九张村，北至杨家湾，这就应该是秦兰池陂、汉周氏陂的所在。其西界至唐宋咸阳县为30里，正符合《长安图》的记载。

陂，《说文解字》："一曰池也。"段玉裁注："陂得训池者，陂言其外之障，池言其中所蓄之水。"②兰池既是始皇引水作的人工池，又曰长池，究竟有多长？今渭河在秦时距柏家咀南北不过12里多，况且当时也不可能把渭水从正侧"引"上北岸来。如加上2000多年来渭河北移的距离，约合"南北二十里"之数。《三秦记》说"东西二百里，南北二十里"，可能由于错简，才导致理解的困难。这"东西二百里"，实际

---

① 此二墓已于1970—1976年发掘，编为杨家湾四号墓、五号墓，系长陵的陪葬墓。参见陕西省文管会、陕西省博物馆、咸阳市博物馆杨家湾汉墓发掘小组：《咸阳杨家湾汉墓发掘简报》，载《文物》1977年第10期。

② 陂同阪，在《说文解字》里都释作斜坡，后学作解歧异。段说陂较为合理，可从。应该说"陂"是池边之坡（包括人工之"障"，"阪"是山塬边之坡）。

上是引渭水的出水口到兰池的距离。那么，从终点的兰池，沿渭水上溯其经行路线。此引水渠很可能同今之渭惠渠与高干渠的流经地、方向基本保持一致。经度量，自眉县西北起，经扶风、武功、兴平，至咸阳杨家湾，计230里左右，这同"东西二百里"的文献记载基本契合。①这就是说，长池水的引水口在今眉县西之渭河上。大概也因为兰池源长曲折，人工筑"障"蓄水，又在主湖区之外，引水造景，形成渠网纵横，跨度宽达"二十里"。实际上，兰池（长池）的东西长度不会太大，当在柏家咀和九张村之间。由于沿陂池两岸广种兰蒲，这里也出土过"咸蒲里奇"陶文，从而就取了"兰池"或"兰池陂"的名字。秦兰池遗址的主要部分已为今渭河发电厂占有，其地下土质为很厚的淤泥层，30米以下才接触原始生土。1972年农民打井时，在6米深处发现1尺多长的鱼骨遗骸及船板、船钉等遗物，当是兰池存在的实物证据。在兰池中有"刻石为鲸鱼，长二百丈"的记述，实际上不可能有"二百丈"（约合462米）长的石鲸雕刻。笔者以为，那指的应是兰池主湖水面的长度，而不是石鲸之长，人们只是在断句上把两事混而为一。可惜，秦都咸阳考古工作站在20世纪80年代坐失良机，没有探测与清理，竟使渭河发电厂二期工程把遗址压在了厂下。

在原兰池岸畔，秦筑有兰池宫。《元和郡县志》："秦兰池宫，在（咸阳）县东二十五里。"此里数比今周氏曲所在地距唐咸阳县城址少了5里，说明秦兰池宫必定位于兰池之西。在今杨家湾（周氏曲）之西是咸阳原向南突出的三角地带，地名叫柏家咀，其西临渭城湾，系秦都咸阳的所在。据调查，柏家咀上有大片夯土区6处，在这一带仍散布有筒瓦、板瓦、瓦当、空心砖、铺地砖、水道及生活用品残片等遗物，其纹饰、质地、风格同秦都宫殿遗址的出土物无差别。很明显，位于兰池西岸的这处秦代建筑群，当是皇家赏景、游乐的兰池宫遗址。

---

① 兰池引水的渠道在史料中无见记载。近年来，在眉县杜家村西南1500米的东门渡、祁家河、河池、白家下村、下宋，武功县北6.5公里的今渭惠高干渠附近，兴平市、咸阳市多处，都发现了一条东西向的古渠道遗迹。考古工作者和地理工作者曾多次做过踏勘。这条古渠道在其中下段可能分为两支，分别在原上和原下东流，原下的是主流，原上的是支流。在兴平市东门外的窑头砖厂、咸阳市东北塔儿坡砖厂、西咸新区渭城街道石何杨村和窑店街道东西等处发现的古渠道遗址都较为明显。其中石何杨村南200米处的断崖上有暴露出来的渠道，东西长1000多米，渠截面上宽下窄的梯形，底宽11.5米，上口宽12.9米，深1.62米。渠底铺垫一层2～5厘米厚的石子，结合紧密，异常坚硬。此渠道穿过仰韶文化层，上口又为唐灰坑打破，渠内淤土中含有秦汉时代的陶片。窑店西之废品收购站南有一两米多高的断崖，暴露出一段渠道，被唐代灰坑打破，其上口宽18米，渠内填塞淤土厚达1.85米以上。因此地处于这条古渠的下游，渠深比石何杨段高差低23厘米以上。1974年，我们钻探宫城时，在窑店公社东门外通向渭河发电厂的公路与北去韩家湾公社的公路分道处，也探出一段渠道，应该是与窑店西、石何杨村渠道为同一条古渠的遗迹。

由于秦兰池宫在秦末遭到火焚，在汉景帝六年（公元前151年）就"伐驰道树，殖兰池"（《史记·孝景本纪》）。《史记集解》引徐广说："'殖'，一作'填'。"刘伯庄曰："此时兰池毁溢，故堰填。"后来因为汉太尉周勃与其子周亚夫将军死葬在兰池北之原上，遂呼之为"周氏陂""周氏曲"，或简称"周曲"。兰池两岸的秦兰池宫成为一片废墟，兰池也多有湮塞，水面所剩不多，约在汉武帝初年于陂南另筑新宫，这就是汉的兰池宫。《长安志》引李善曰："陂南一里，有汉兰池宫。"这里曾有"兰池宫当"出土，即是汉兰池宫存在的物证。（陈直《摹庐丛著七种·秦汉瓦当概述》）汉武帝欲令杨仆讨伐东越，曾责杨仆"受诏不至兰池宫"。《资治通鉴》载：公元624年，唐高祖"诏世民、元吉将兵出豳州以御突厥，上饯之于兰池"。宋人程大昌在其《雍录》里也说"秦于兰池侧造宫。至唐犹在，太宗出征，高祖至此宫饯之"。但正如《周书·宣帝纪》说静帝大象二年（公元580年）"幸仲山祈雨，至咸阳宫"一样，我们不能因此得出"南北朝时期仍存咸阳宫""秦兰池宫至唐犹存"的结论。名称虽同，地非一处，史例甚多，可见唐高祖饯行的兰池不是秦宫，也不是汉宫，而是兰池的旧地罢了。

2. 望夷宫

望夷宫"临泾水作之，以望北夷（匈奴）"（《史记·秦始皇本纪》集解），从宫名上就足以反映出建宫的意图及其作用。既是"望夷"，为保卫国都安全，必定要建成亭障以至于城塞一类军事工程设施，因为宫殿是不具备攻防性能的。那么，之所以取名"望夷宫"，大概是因为这里处于咸阳北阪上最北，又临泾水屏障的一线，确实起着首都外围哨所的作用。

望夷宫的位置，据《史记集解》引张晏的说法是"在长陵西北长平观道东故亭处是也"，《三辅黄图》作"在泾阳县界长平观道东"。长平观、故亭，均是些小地名，不知其处，但肯定在汉高祖长陵西北方向的今泾阳县界。泾阳县南部，秦设池阳县，前秦皇始二年（公元352年）增设泾阳县，北周建德三年（公元574年）才撤池阳尽归泾阳县。《泾阳县志》认为泾阳县治"在县东南三十里的故县村"。长陵西北的原边已属泾阳县界，可知《三辅黄图》同三国时魏人张晏的说法是一致的。从而可以确认秦望夷宫位于长陵西北最高处的泾阳地界。

经调查，在泾阳县东南高庄镇蒋刘村同西咸新区正阳街道韩家湾村交界的咸阳原边，有多处秦建筑遗址，呈东西向展开，长达6.6公里。西起泾阳的福隆庄、余家堡，到咸阳的东史村北、徐家寨等四处，都有大片夯土和建筑遗物的存在。① 笔者以为，为拱卫首都咸阳，确在其北境临泾一线的高地上建设有军事性的据点，用来"望夷"，其外侧有泾河环护，无疑是一道天然的城防。这些串珠似的军事建筑又是以宫殿的形式出现的，显然就带有双重性质。泾阳县高庄镇余家堡北临泾河河谷，又是秦式的高台建筑，遗址范围大，建筑遗物丰富，其东南有汉代建筑遗址，正反映出此处地理位置对拱卫秦汉首都的重要，判断这里是秦望夷宫的所在该不会有大的差错。

面对关东农民起义军的怒涛，又加上赵高指鹿为马，弄权惑主，秦二世神经错乱，先斋戒上林，以"日游弋猎"享乐，后又"斋于望夷宫"求泾水之神护佑。结果，贼势坐大的赵高及其弟郎中令赵成、女婿咸阳令阎乐，带吏卒千余人，里应外合，斩卫令而入，逼迫他自杀于"望夷宫殿门"。（《史记·秦始皇本纪》）秦二世以矫诏杀兄夺权得势始，最后自己也成为帮凶者的刀下之鬼！

3. 雍门宫

雍门宫是秦咸阳北区西郊一处很重要的宫殿，同兰池宫一样，夹辅秦咸阳，一西一东地相对。

帝太后与嫪毐私通，生二子，赏赐厚。秦王政九年（公元前238年）事发，秦王"验左右"，"下吏治，具得情实"（《史记·吕不韦列传》），又把母后"闭之于雍门宫"（《战国策·秦策四》）。九月，夷嫪毐三族，迁太后于雍。二年，才迎太后回咸阳，复居甘泉宫。由此可见，雍门宫确实是咸阳通往雍都大道上的一处行宫，所以秦始皇为部署铲除后党而一度把这里作为软禁太后的处所。

雍门宫在今咸阳市东北塔儿坡一带，这是笔者的推断。尽管此间没有宫殿的遗

---

① 临泾的几个秦建筑遗址的情况如下：

福隆庄在泾阳高庄镇蒋刘村之西，在此有大面积的秦建筑遗址及建筑遗物的分布。

余家堡北临泾河岸，因水向南侧蚀，南岸不断崩塌。秦宫殿建筑悬于60米高的断崖上，夯土有多处暴露。余家堡遗址由村北向东北分布，迤逦不断，长达1000米，南北宽100余米。在村东600米处有一大型宫殿建筑夯土基址，东西长98米，南北宽34米，中心厚达3.2米。经过火焚，为红烧土覆盖。地表有大量葵纹、云纹、素面的瓦当，回纹、素面的空心砖，回纹、光芒纹、素面的方砖，筒瓦和板瓦及春秋时期的槽形板瓦等。余家堡东南200米处，是一片汉代建筑遗址。

东史村位于西咸新区正阳街道，遗址东西长850米，南北宽500米。地下1.5米为瓦砾层，地表有大量板瓦、筒瓦、瓦当和铺地砖等遗物。时代为秦汉。

徐家寨西北50米有一处秦汉遗址，东西长150米，南北宽100米。地表有大量的建筑遗物，还发现一段长18米的瓦碴路面，显系秦宫汉葺者。

存，但曾有铜器窖藏的露出，像战国时期的安邑下官钟、修武府温杯、镎于等铜器即是出土物中最有名者。笔者判断这里当是秦雍门宫遗址，绝对不会是简报作者猜想的墓葬。①1980年，咸阳市文管会、博物馆在塔儿坡西南约千米处，发现不同时代的墓葬51座，其中有3座空心砖汉墓，不但发现吕不韦铸的文信铜钱，连有些空心砖也是来自前代建筑上的遗物。所以说，秦雍门宫遭到破坏，其遗物也被汉人所利用。结合《史记》所说的雍门，再以汉孝里之西的地望观察，此间当是秦雍门宫宫城的东门了。

4. 宜春宫

宜春宫是秦设立在宜春苑附近的一座离宫。司马相如随汉武帝猎于上林苑，经宜春宫，见到近旁秦二世墓时，触景生情，写了一首《哀秦二世赋》。赋中有"登陂陁之长阪兮，坌入曾宫之嵯峨。临曲江之隑州兮，望南山之参差"（《史记·司马相如列传》）之句。曾，郭璞曰："犹重也。""曾宫"意为宫殿重重叠叠，这里虽指的是汉宜春宫，实际上却是经过修葺后再用的秦宫。《三辅黄图》："宜春宫，本秦之离宫，在长安城东南杜县东，近下杜。"《汉书·司马相如传》颜师古注："宜春，宫名，在杜县东，即今曲江池，是其处也。"因此，要确定秦宜春宫的位置，就需要在杜县、下杜和曲江等方位上考辨文献记载并结合考古资料做出判断。

秦杜县故城在今西安市雁塔区杜城村，即汉的下杜。《汉书·宣帝纪》颜师古注明确指出："下杜即今之杜城。"《长安志》："汉宣帝时修杜之东原为陵，曰杜陵县，更名此为下杜城。《庙记》曰：下杜城杜伯所筑，东有杜原，城在底下，故曰下杜。"正因为杜县辖境较大，东到灞河，同芷阳、蓝田二县相接，所以《三辅黄图》说宜春宫"在长安城东南杜县东，近下杜"的话是对的。只有解作在杜县的东部，距下杜城不远，才可理会。杜城东南有黄土台塬，古名"杜县"，今作"凤栖原"。杜县之东的原称"杜东"或"杜东原"，原上有汉宣帝杜陵。《史记·司马相如列传》索隐引张揖曰："（宜春）苑中有曲江之象，中有长州，又有宫阁路，谓之曲江，在杜陵西北五里。"从地望知，汉杜陵之西北确是宜春苑中的曲江故址。再由"近下杜"判断，宜春宫位当曲江之南。今调查出西安市东南曲江春临村西南有秦汉建筑遗址，曾采集有"十二二月令"刻字的瓦（陈直《摹庐丛著七种·秦汉瓦当概述》）和"富贵毋央"瓦当（陈直《摹庐丛著七种·关中秦汉陶录提要》），也许这里就是宜春宫旧址。

---

① 王学理：《雍门宫室今安在 塔儿坡前寻踪迹》，载2011年12月15日《中国社会科学报》第12版。

5. 霸宫——芷阳宫

霸宫是一座历史悠久的秦离宫。春秋时期，秦穆公为了纪念他"益国十二，开地千里，遂霸西戎"（《史记·秦本纪》）的所谓"霸功"，就把发源于蓝田谷中的滋水（又名"谷水"）改名"霸水"，并在水旁营造了宫室，称之曰"霸宫"，宫城也名"霸城"。（《三秦记》）战国晚期，秦昭襄王在芷阳地为自己建造芷陵的同时，还修葺扩建了霸宫，因其地在芷阳县境，故改名"芷阳宫"。汉文帝筑霸陵于霸水西岸，遂将秦芷阳县改称霸陵县，王莽新朝又改作水章县。

《七国考》引《水经注》曰："（庄）襄王芷阳宫在霸上。"《陕西通志》也沿袭此说："芷阳宫在霸上。""上"作侧畔解，《论语·子罕》有"子在川上曰：'逝者如斯夫！不舍昼夜。'"的话。那么，"霸上"的本义是霸水之侧或霸水之畔。

西安市东的白鹿原上有汉文帝霸陵，而原称为霸陵原，所以也把"霸陵原之端"这块地方称作"霸头"。应该说霸上或霸头就是指今白鹿原北端的霸岸某地。但《太平寰宇记》却说"霸岸在通化门东三十里，秦襄王葬于坂，谓之霸上"。秦东陵（即芷阳陵区）的位置在唐通化门（在今西安东郊的陕西西北火电工程有限公司东南角）之东，二者相隔也只有30里，而所言的这个"霸上"反倒落在了灞河之东、骊山西麓的芷阳阪（即洪庆原）这一广阔地域。由此看来，历史上把"霸岸"同"霸上"混为一谈。不过，从军事地理学考虑，此处所说的"霸上"位于今西安市灞桥区西北的桥梓口附近[①]，芷阳宫则在霸水之东。

---

① 霸上是秦、汉、唐时期都城东部一处军事据点，对保卫咸阳—长安的安全具有重要作用，作为战略要地和交通枢纽，历来备受兵家的重视。《史记》记载：王翦率兵六十万伐楚，秦始皇亲送至霸上；刘邦攻入关中，先诸侯至霸上，后入咸阳，再还霸上；汉文帝后元六年（公元前158年）派将军分三处在长安外围驻防以备胡，其中周亚夫屯兵细柳，徐悍驻棘门，刘礼居霸上；汉景帝三年（公元前154年），吴、楚七国叛乱，周亚夫也是兵发霸上去平叛的。另外，晋愍帝建兴四年（公元316年），华辑以京兆、冯翊、弘农和上洛等四郡之兵屯霸上，守护长安；晋穆帝永和十年（公元354年），桓温伐苻秦进军霸上，不渡霸水；晋安帝义熙十三年（公元417年），刘裕伐后秦，后秦主姚泓屯兵霸上对抗；唐时，黄巢农民起义军撤出长安，由霸上再返长安，歼灭唐军十之八九；等等。这些例子都说明霸上是首都长安东部的门户。

历来对霸上的位置说法不一。从字义的本源上，解释"霸上""霸头"已如正文中所述。

霸上作为咸阳—长安东线的军事防守据点，其控制范围较大，正像"霸上"作为广阔地域的名称似乎可以涵盖芷阳阪。那么，这里就涉及鸿门和霸上的距离问题的辩证。《史记·项羽本纪》载："当是时，项羽兵四十万在新丰鸿门。沛公兵十万在霸上。……相去四十里。沛公则车骑，脱身独骑，与樊哙、夏侯婴、靳强、纪信等四人持剑盾步走。从郦山下，道芷阳，间行。沛公谓张良曰：'从此道至吾军，不过二十里耳。度我至军中，公乃入。'"《史记》这段话仅仅针对孤立的两个地点给出了两个数字："四十里"和"二十里"。汉"四十里"合今16701.2米（417.53米×40），即今33.4里。经实测，从"鸿门"到"霸上"的直线距离为19845米，即今39.69里。两者比较，地面测量的数字更接近《史记》所说的"四十里"。

从太史公用"相去""至吾军"等词语的区别上，结合驻军的常识，我们就会明白其中有着指挥部（幕府）与营守地区的区别。刘邦军队已占有灞河东的芷阳地区，所以他才说出"至吾军，不过二十里"的话。（转下页）

《读史方舆纪要》说秦芷阳宫在"府东三十里"。西安东北30里当今临潼区斜口街道韩峪、油王村一带，地属秦的芷阳邑，其东侧1.5公里已是确认了的秦芷阳陵区（东陵）。此间居灞河东岸的原区，文化层堆积厚达2米，包括了战国晚期、秦、汉、新莽时期的文化遗物，陶器上多印有"芷"字戳记，村南还有残存的建筑与水池遗址，这同秦芷阳、汉霸陵到新莽水章演变的历史是相符的。那么，芷阳宫也当在秦芷阳遗址的范围之内。

6. 阎家寺秦宫殿遗址

渭河南岸西安市草滩街道东南的阎家寺村，东临灞河，处在地势平坦的平原上。遗址范围较大，是一处多座的高台建筑群。正轴线的北部，是一座大型的夯土台基，方圆数百米，构成主体建筑。可惜遗址范围、形制、结构等还未查清，大台基即被工厂的专用铁路截断，1956年曾做过部分清理。① 现高不及3米。由原来考察知，其构筑方法和渭北已发掘的冀阙建筑完全相同，时代属秦。这里后来成了汉长安城外东北部的一片旷野。

这一宫殿遗址至今没有正式公布清理资料，它同南面4座台基是何关系还不得而知，所以，造成对定性、定名的争议。它同后来汉文帝建"渭阳五庙"、隔河祭祀的活动有无联系②，也难以下结论。

（三）远郊（国都外的内史之地）的离宫、别馆、行宫与斋宫

1. 栎阳宫

秦献公二年（公元前383年）"城栎阳"（《史记·秦始皇本纪》），"徙都之"

（接上页）而且"从郦山下，道芷阳，间行"，正是指由芷阳地区走捷径回到大本营。

按人的正常速度步行，是每小时10里。而刘邦骑着马，带领着手持短兵器的樊哙等四人做保护，快速脱离险境，为了保命，加快速度，离开鸿门进入自己的军事控制区顶多也不过一个小时。这样，后面张良应付项羽的追问，才有了合情合理的解释。

① 刘致平：《西安西北郊古代建筑遗址勘查初记》，载《文物参考资料》1957年第3期。
② 在长安北郊的建筑，见载的是"渭阳五庙"。《汉书·郊祀志》载，汉文帝十五年（公元前165年）听了赵人新垣平"望气"的胡诌，"作渭阳五帝庙，同宇，帝一殿，面五门，各如其帝色，祠所用及仪亦如雍五畤。明年，夏四月，文帝亲拜霸渭之会，以郊见渭阳五帝。五帝庙临渭，其北穿蒲池沟水"。《庙记》："五帝庙在长安东北。"

既名"渭阳五庙"，当在渭北。而汉文帝郊祀五帝时却亲拜"霸渭之会"，显然又在渭南。《括地志》明确说"渭阳五帝庙在雍州咸阳县东三十里"（《史记·封禅书》《资治通鉴·汉文帝纪》注引），《史记·孝文本纪》韦昭注渭阳五庙"在渭城"。由此可见，汉文帝的"渭阳五庙"在霸渭汇流的渭河之北，地当汉景帝阳陵之东南原上。如果以阎家寺高台建筑遗址为基点，向南作一轴线，在500多米的轴线两侧，有4座小土基左右分开，两两对称。附近有村名"北辰"。1956年清理阎家寺土台，"并曾发现东汉的平民墓葬"，"在大土台南里许的小土台有五铢钱范甚多"。这说明此建筑废毁于秦末，自西汉中期之后这里成为一处冶铸作坊，东汉时有平民埋葬，唐代则划入禁范。

（《史记集解》引徐广）。栎阳作为秦都的时间，共有34年。而栎阳有多少宫殿，其名称与布局如何，均不得详知，见载者唯有栎阳宫，且有栎阳高平宫鼎传世。

《水经注·沮水》："白渠东径万年县故城北，为栎阳渠，城即栎阳宫也。"因刘邦葬太公于栎阳之北原号"万年陵"，遂析栎阳置万年县以奉陵寝，治设"栎阳城中，故栎阳城亦名万年城"（《元和郡县志》）。万年县即栎阳城，以城名宫，可知栎阳宫既是栎阳城中宫殿群的总称，也是诸宫中的主体宫室。

《括地志》："秦栎阳故宫，在雍州栎阳县（东）北三（二）十五里，秦献公所造。"这里所说的栎阳县是唐武德元年（公元618年）复置的县，实际上是名称相同而地非一处。因为秦汉的栎阳县在东汉时废弃而并入万年县，城池也遭到毁灭。唐的栎阳县治所在，即今西安市临潼区渭河北的栎阳街道（原为后魏之广阳县，隋万年县），其东北25里即是秦栎阳城。说明秦献公建造的栎阳宫在秦栎阳城内，同唐栎阳县无涉。

由于项羽封秦降将司马欣为塞王，都栎阳，栎阳宫免遭战火。汉高祖因"长安未有宫室，居栎阳宫也"（《三辅黄图》），于二年（公元前205年）才"都栎阳"（《汉书·高帝纪》）。七年（公元前200年）二月，又"自栎阳徙都长安"（《汉书·高帝纪》）。随着政治重心的转移，栎阳地位下降，成了太公休闲养老之地。十年（公元前197年）"太上皇崩栎阳宫"（《史记·高祖本纪》）。汉末，栎阳宫室就完全荒废了。

栎阳故城在今西安市阎良区武屯街道的关庄、御宝村一带。城址东西长2500米，南北宽1600米，有建筑及手工业作坊遗址15处，因遭严重破坏，已不能确知何属栎阳宫。这里出土的遗物也多属战国中晚期和汉初，显然这是符合历史实际的存留。

2. 步高宫

传世文物见有著录的"步高宫行镫"（《小校经阁金文》卷十一），说明秦有步高宫。《三辅黄图》："步高宫在新丰县，亦名市丘城。"汉新丰县，即秦丽邑，治设在今临潼区新丰街道的刘家寨、沙河村一带。[①]但新丰县辖境西临芷阳，东隔赤水河（今渭南市同华州区的界河）与郑县（今陕西渭南市华州区）相接，北迄渭河，南至终南山，包括今渭河南的临潼与渭南两区市。

步高宫究竟在新丰县何地？《水经注·渭水》："首水（一本作酉水）南出倒虎山，西总合五水，单流径秦步高宫东，世名市丘城。历新丰原东而北，径步寿宫西，又北

---

① 王学理：《秦始皇陵研究》，上海人民出版社，1994年。

入渭。"新丰原本指今临潼区东沙河（一名鱼池水，古为阴盘河）与零河间东西长10多公里的黄土台塬，也有把零河与渭南酒河之间的西原叫新丰原的。"首""酉"形近，作水即成"酒"，《博雅》："一曰水名，在雍州。"酒，今简化作"沋"。据杨守敬、熊会贞《水经注疏》，首水就是源于终南山、流经渭南市的沋河。倒虎山即杨说的虎侯山，也就是县东南的二郎山。山中小溪汇成五股水，今称"五渠沟"，北流，即沋河（首水）的上游清水河，正同《水经注》"合五水"的情况。在今阳郭镇北张胡村、史家村，与稠水河相汇，北流入渭。张胡村东北距渭南老县城30里，位于沋河西岸的西原（新丰原）上，已有建筑遗址与遗物的发现①，与宋宋敏求《长安志》、清雍正《陕西通志》引《雍胜略》所记秦步高宫的方位、里程相同。唯《元和郡县志》作"二十里"，可能是李吉甫的估计之误。②总之，唐宋以来所记，同《水经注》的记载及渭南沋河在张胡村的地望吻合，当属秦步高宫无疑。

秦步高宫遗址位于张胡村东南，其范围为1000米×400米，中心区有大型夯土台基（100米×80米），当系高台殿址。宫城一段夯土残墙长约30米，厚约5米，高可4米。所见筒瓦、大板瓦、葵纹和云纹的瓦当及陶水道，都是典型的秦物。

秦步高宫居山前阶地上，背依终南，面对渭川，右带酒水，是一处风景优美的离宫。

3. 步寿宫

《三辅黄图》："步寿宫，在新丰县步高宫西。"《水经注·渭水》载：首水（一作酉水）"径秦步高宫东，世名市丘城。历新丰原东而北，径步寿宫西，又北入渭"。可见《黄图》误"东"为"西"。首水，即今渭南市南的沋河。秦步高宫遗址在沋河西岸的阳郭镇北之张胡村，其东岸当是步寿宫。

1988年，考古工作者在今渭南市南崇凝镇靳尚村发现了一处大型的宫殿建筑遗址。在东西长600多米、南北宽300多米的范围内，中心是两座东西并列的夯土台基址（东：28米×36米；西：40米×35米）。作为主体宫殿建筑，其南侧及西侧环以深沟。附近存留有大量的建筑材料，其中的龙凤纹空心砖、几何纹与云纹方砖，都是秦宫建筑中的常

---

① 在笔者1985年出版的《秦都咸阳》一书中对秦步高宫和步寿宫仅限于文献记载，有误。1987年有陕西师范大学何清谷教授、1990年有渭南市文管会的左先生对张胡遗址先后做过调查，其考释精当，可从。详见何清谷：《关中秦十宫觅踪》，载《陕西师大学报》（哲学社会科学版）1988年第2期；左忠诚等：《渭南发现秦大型宫殿遗址》，载1990年12月2日《陕西日报》。

② 《长安志》渭南县："秦步高宫一名市丘城，在县西南三十里。"《元和郡县志》渭南县："秦步高宫在县西南二十里。"《雍胜略》："步高宫，故址在渭南县西南三十里。"唐宋渭南县治当今渭南市区。

见之物。[1]它同秦步高宫遗址仅一河之隔，从而为我们判定秦步寿宫提供了依据。

崇凝靳尚村秦宫遗址同阳郭张胡村步高宫遗址，分别位于沈河（古酉水）的东西两岸，呈"东南—西北"向。（见图3-14）这同《水经注》中首水先"径秦步高宫东"，再"径步寿宫西"，后入渭的位置、次序完全相同，因此说它属于秦步寿宫遗址。

4. 萯阳宫

《三辅黄图》："萯阳宫，秦文王所起，在今

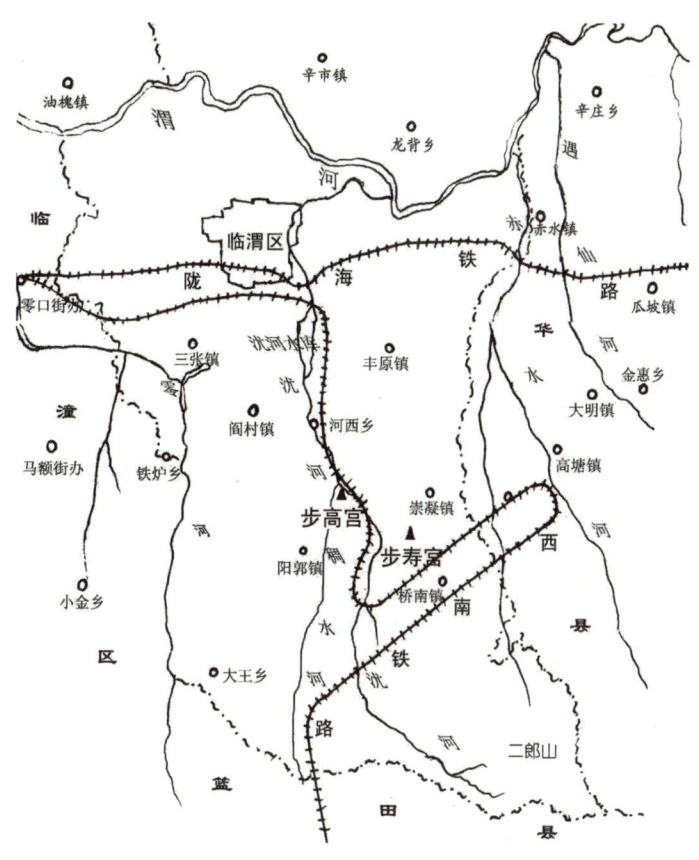

图3-14 步高宫、步寿宫位置图

鄠县西南二十三里。"《汉书·地理志》《水经注》《雍录》同此。但秦无"文王"，只有惠文王与孝文王。因秦孝文王是"五十三而立"的垂暮老人，在位只有3天，而且他有着与其他秦王不同的"褒厚亲戚，弛苑囿"（《史记·秦本纪》）的善举，所以是不可能建造离宫别馆的。但对变法后雄心勃勃的秦惠文王来说，曾"取岐雍巨材，新作宫室。南临渭，北逾泾，至于离宫三百"（《三辅黄图·序》），在渭南起造萯阳宫绝对是有可能的。所以，《大清一统志》也就认定了秦文王在此实是秦惠文王。过去有"萯阳宫印"封泥的著录。

由于远离咸阳，萯阳宫未遭秦火厄运，至汉犹存。武帝游猎，常宿长杨、五柞、倍阳诸宫（《汉书·东方朔传》）。宣帝甘露二年（公元前52年）"冬十二月，行幸萯阳宫属玉观"（《汉书·宣帝纪》）。成帝元延二年（公元前11年）冬，"行幸长杨宫……宿萯阳宫，赐从官"（《汉书·成帝纪》）。可见萯阳宫的存在，自秦惠文王

---

[1] 王兆麟：《渭南发现秦皇行宫遗址》，载1988年11月18日《西安晚报》。

始,终西汉一朝,前后长达300余年时间。

《水经注·渭水》:"渭水又东合甘水。水出南山甘谷,北径秦(惠)文王萯阳宫西,又北径五柞宫东,又北径甘亭西,在水东鄠县。"今陕西西安市鄠邑区西有甘河(即"甘水"),南出自秦岭北麓甘峪沟(即"甘谷")。从甘水由南向北的流经次序(先萯阳宫,后五柞宫)和二宫的相对地理位置(水东/水西),结合已知五柞宫遗址(今西安市高新区集贤镇集贤村),再据萯阳宫"在今鄠县西南二十三里"度量,推知秦萯阳宫的主宫位于今西安市鄠邑区西南甘河出秦岭的富村窑一带。今富村窑原名"富阳窑",显然是"萯阳"的音转。在今曹村附近的鸡子山上已有秦汉宫殿建筑文物的发现①,有可能是"属玉观"遗址。

5. 长杨宫

长杨宫是秦昭襄王建于秦岭北、渭河南的一座离宫。《三辅黄图》:"长杨宫,在今盩厔县东南三十里,本秦旧宫,至汉修饰之以备行幸。宫中有垂杨数亩,因为宫名,门曰射熊观,秦汉游猎之所。"《汉书·地理志》"盩厔"下注:"有长杨宫,有射熊馆,秦昭王起。"《史记·秦始皇本纪》二十六年说到内史之地宫室殿屋分布范围时,《史记正义》引《庙记》作"南至长杨、五柞"。

《水经注·渭水》:"东有漏水,出南山赤谷,东北流径长杨宫东,宫有长杨树,因以为名。"漏水即今周至县东的赤峪河,由秦岭北麓的赤峪流出,东北流经今终南镇东,北流入黑河。据此,知长杨宫与今终南镇均位于赤峪河之西。《水经注·渭水》又云:"(田溪)水出南山田谷,北流径长杨宫西,又北径盩厔县故城西。"又,《史记·司马相如列传》正义引《括地志》云:"秦长杨宫在雍州盩厔县东南三里。"周至县故城是指西汉周至县治所,即今终南镇。田溪水即今周至县东田峪河,发源于秦岭北麓的田峪,北流经终南镇西,再北流入黑河。据此,知长杨宫与西汉周至县治(今终南

---

① 清康熙二十一年(公元1682年)康如琏撰修的《户县志》载:"秦萯阳宫在县西三里,秦文王所造也。……父老相传今陂头东岳宫即其旧址。旧志西南二十三里误矣。"此后,乾隆四十二年(公元1777年)的《户县新志》、民国二十二年(公元1933年)的《重修户县志》,均从康说,而且广为流传,以为户县西1.5公里的陂头村溪陂旁的东岳宫就是秦萯阳宫遗址。今又设陈列室,塑绘秦始皇迎太后入萯阳宫事。传说无证,考之无据,实不可信。

那么,秦萯阳宫遗址究竟是在"县西三里"还是在"县西南二十三里"?因为自唐至宋,户县、周至间曾两度设立过终南县,因而对确切位置的理解就出现了偏差。1982年,为编修《户县志》,曾于县西南白庙乡曹村的东门外发现元仁宗延祐六年(公元1319年)的《创建崇真观》碑一通。碑文载有"秦之萯阳宫故址在焉,信夫天壤间自昔为佳处也"。户县县志办的李养民于2002年10月终于在鸡子山上找到秦汉时期的云纹瓦当2件、文字残瓦当1件,还有各类绳纹板瓦、筒瓦、回纹和雷纹铺地砖、青绿釉陶鼎残片及建筑饰件等。(2005年10月25日《华商报》)看来,秦萯阳宫在户县西南23里的鸡子山的可能性很大。

镇）都在田溪水（今田峪河）东、漏水（今赤峪河）西，且终南镇在长杨宫遗址西偏北的位置。

何清谷先生做过调查，随后有多位学者也来到这一带。人们看到的今赤峪河正流在长杨宫遗址所在地竹园头村西1公里，这与《水经注》所言"东北流径长杨宫东"的记载严重不符，因而就怀疑它不对。事实上，在竹园头村东有一条古河道。所以，考虑到因暴雨、洪水冲击迫使秦岭北麓的河流经常改道这一事实，就会明白：竹园头村东的古河道就是漏水的故道，那就是郦道元所说的赤峪河主流。故上述那种小范围的不符也是完全可以理解的。另外，《三辅黄图》和《元和郡县志》两书均有"秦长杨宫在县东南三十三里"的记载，所言的"县"均指的是今周至县的所在地。① 那么，由今县城到竹园头村的距离正好是15公里，可见推定秦长杨宫遗址位于今周至县终南镇东南竹园头村西是可信的。

据调查，"在今周至县终南镇东南3公里有竹园头村，村南有地名圪垯顶，原有高达3米多的大型夯土台基，10年前平整土地时用挖土机铲平，当时周至县文化馆进行过抢救清理，得到大量秦汉宫殿建筑材料。《新编秦汉瓦当图录》中收有在此遗址采集的秦云纹瓦当2品，汉云纹瓦当3品，标识方向的白虎、朱雀、玄武瓦当各1品，还有'汉并天下'、'与天毋极'、'长乐未央'、'宫'字等文字瓦当。我们在圪垯顶土堆下看到几大堆秦汉残砖碎瓦，在附近农民一厕所墙上看到盖着数十页秦汉绳纹板瓦。赤峪河下游由于水利灌溉的需要河道多次变动，在1968年出版的地图上还标有赤峪河支流从竹园头村南东北向流，今此支流已并入村西1公里的赤峪河正流"②。因此，据竹园头村西南秦汉宫殿遗址的考古调查资料，再结合《水经注》的记载及河道的变迁，可以推定竹园头村的秦汉宫殿遗址就是秦长杨宫的旧址。

另外，周至县东48里处的尚村镇临川寺出土有云纹瓦当，临川寺与西凤头村附近发现"长生无极"和"长乐未央"瓦当，神策庄（属西安市鄠邑区，位于临川寺村东）发现"延年益寿"瓦当与云纹瓦当。临川寺也曾一度改名"射熊铺"，所以一般人认为这里是长杨宫的射熊馆遗址。但《水经注》说五柞宫在周至县东北48里③，据此有人认为

---

① 《史记·司马相如列传》正义引《括地志》："秦长杨宫在雍州盩厔县东南三里。上起以宫内有长杨树，以为名。"《括地志辑校》据《三辅黄图》及《元和郡县志》补改，因引脱"十三"字，补为"三十三里"；而"上起以"三字衍，故删。
② 何清谷：《关中秦十宫觅踪》，载《陕西师大学报》（哲学社会科学版）1988年第2期，第69页。
③ 《水经注》说五柞宫"在盩厔县西"，当是"在盩厔县东"，但又说在县东北48里，显然有偏差。

五柞宫不是在县东南38里，而是在东北。

最新的考古调查认为，汉五柞宫在秦长杨宫之南偏东。（见图3-15）《水经注·渭水》："（耿）水发南山耿谷，北流与柳泉合。东北径五柞宫西。长杨、五柞二宫相去八里，并以树名宫。"《雍胜略》："五柞宫在周至县东南三十八里，汉武帝起。"这些里程数同《三辅黄图》所记周至县距长杨宫"三十里"是一致的。在集贤镇集贤村东屠宰场一带，原有两个土岗，高10多米，因多年取土竟成了一处洼地。在洼地的断层中，仍能见到夯土，并夹杂有陶水管道、云纹瓦当、回纹铺地砖、板瓦等。这里北距竹园头村也正好8里。所以说，汉五柞宫遗址在今西安市高新区集贤镇的集贤村附近。

晋葛洪在《西京杂记》中说："五柞宫有五柞树，皆连三抱，上枝荫覆数十亩，其宫西有青梧观。"元骆天骧《类编长安志》引《水经注》："南山耿谷北，长杨、五柞两宫之间，有青梧观。"

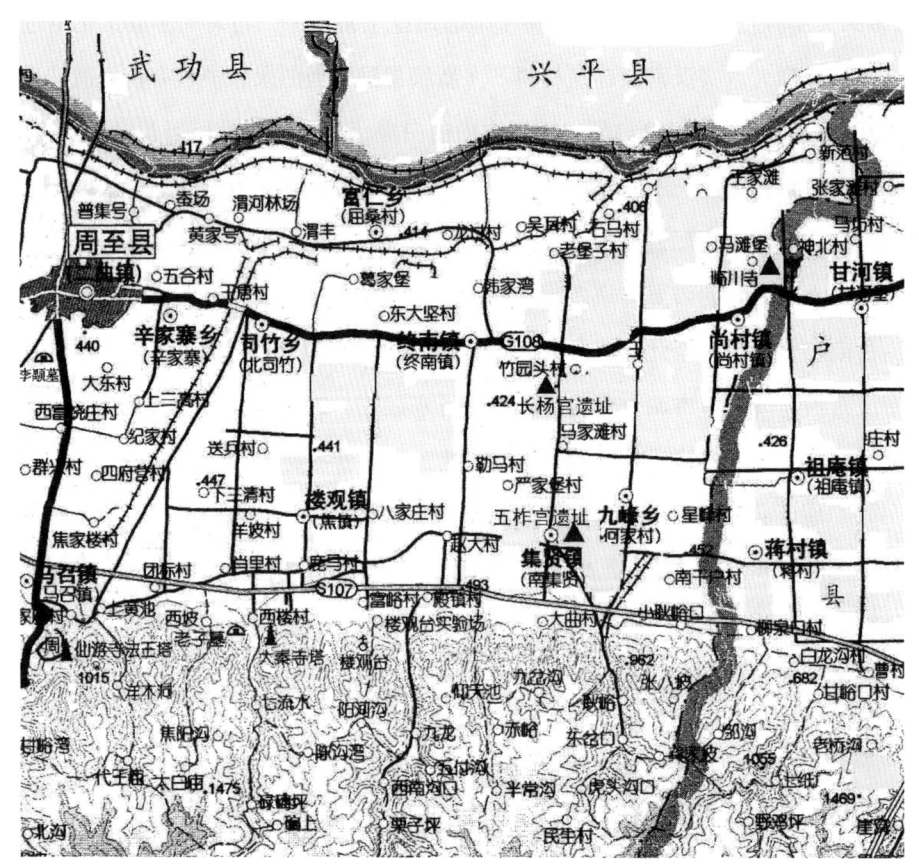

图3-15 长杨宫、五柞宫位置图

长杨宫、五柞宫和蕤阳宫以终南为屏，地处秦岭北之上林苑中，连峰错列，溪谷相杂，林木葱郁，禽兽繁多，可说是风景优美、气候宜人，是秦汉时期帝王游幸的离宫，也是皇家通过围猎进行搜、苗、狝、狩一类军事演习的野外场地。

6. 林光宫

《雍胜略》："林光宫，秦时宫也。故基在甘泉山上。"《长安志》引《关中记》："林光宫一曰甘泉宫，秦造。在今池阳县西北故云阳县甘泉山上。"《文选·西都赋》李善注引《汉宫阙疏》："甘泉林光宫，秦二世造。"《三辅黄图》："林光宫，胡亥所造，纵广各五里，在云阳县界。"《括地志》："秦之林光宫，汉之甘泉，在雍州云阳西北八十里。"（《史记·匈奴列传》正义引）"云阳城在雍州云阳县西八十里"（《史记·秦始皇本纪》正义引）。"汉云阳宫在雍州云阳县北八十一里，有通天台，即黄帝以来祭天圜丘之处。"（《史记·孝武本纪》正义引）其中有几个问题是长期来含混不清的，即：第一，林光宫同甘泉宫是两宫，还是一宫两名？有无时代的区分？第二，固然都承认是"秦起"，但具体则有始皇与二世的不同；第三，林光宫、甘泉宫与云阳城同在唐云阳县"西八十里"之处，彼此的位置有无区别？

唐李泰在其《括地志》一书中把林光宫、甘泉宫、云阳宫虽做了一字（汉）的区别，但人们未做时空分析，就很方便地把它们混为一谈，正如他引《关中记》的话说"年代永久，无复甘泉之名，失其实也"，时隔整整600年，对一地数宫、异地同名，都说是"秦造"。但有两点说得较对，一是林光宫为秦始皇所造，二是有一处做了时间的区分，即"云阳宫，即秦之林光宫，汉之甘泉宫"。

学者虽有调查，但对秦、汉两宫所在的位置总是难于取得一致意见。[①] 在此，笔者谈一下自己的看法。

第一，秦始皇三十五年（公元前212年）修直道的起讫点是"道九原，抵云阳"（《史记·秦始皇本纪》）、"道九原，通甘泉"（《史记·六国年表》）、"自九原抵甘泉"（《史记·蒙恬列传》），还移民"五万家云阳"（《史记·秦始皇本纪》）。这说明云阳的甘泉之地本来就有大型的宫殿群落，其主体就是秦始皇造的林光宫，绝无秦甘泉宫之说。有作"甘泉林光宫"者，在于强调林光宫所在地之有名；"林光宫一曰甘泉

---

① 参见姚生民：《汉甘泉宫遗址勘查记》，载《考古与文物》1980年第2期；王根权：《甘泉宫考辨》，载《考古与文物》1990年第1期；王根权、姚生民：《淳化县古甘泉山发现秦汉建筑遗址群》，载《考古与文物》1990年第2期；姚生民编著：《淳化县文物志》，陕西人民教育出版社，1991年；姚生民：《关于汉甘泉宫主体建筑位置问题》，载《考古与文物》1992年第2期。

宫"的说法，是后世的借称，或说是表达不确切的误称。正因云阳、甘泉齐名，故可互为代称。既是直道的起点，向北至九原郡，南去首都咸阳就早有驰道直通。

第二，"甘泉"之名早有，是山名①，是地名②，也是水名③。并以"甘泉"取名者，非止一处。④前引《史记》所云的"甘泉"，指的是地名。尽管直道起自甘泉地的秦宫，宫名也非"甘泉宫"。由于甘泉地享有盛名，以致"林光宫"之名隐而不显，竟俗谓甘泉地的秦宫为"甘泉宫"，以至于到了同秦之另一甘泉宫及汉之甘泉宫相混的地步，也使后世的学者错把秦都咸阳渭南的甘泉宫（南宫）套接在云阳的甘泉宫上。明确地说，甘泉山之宫，秦称"林光宫"，汉名"甘泉宫"，两者不可相冒。

第三，同地两宫并存，继而融合为一。秦作林光宫在前，至汉犹存，其宫门曾遭到雷击。《汉书·郊祀志》载，成帝时"震电灾林光宫"。张衡在《西京赋》中有"觊往昔之遗馆，获林光于秦余"句，可见汉之甘泉宫规模宏大，先前之林光宫才被视为"遗馆""秦余"。汉武帝建元（公元前140—前135年）中在其旁再筑甘泉宫（因在秦汉的云阳县，宫又名"云阳宫"）。林光、甘泉并存。⑤《元和郡县志》称"甘泉上林宫"，遗址中常出土带"甘林"文字的瓦当，"甘林"即是"甘泉上林"之省。据《长安志》引《关中记》说汉甘泉宫"周围十九里二百二十步，有宫十二，台十一。武帝常以五月避暑于此，八月乃还"。《三辅黄图》载，汉武帝把沿山谷"西入扶风，凡周回五百四十里"

---

① 《括地志》："甘泉山一名石鼓原，俗名磨石岭，在云阳县西北九十里。"甘泉山即黄花山，系子午岭（又称"桥山山脉"）南端的余脉，主峰好花圪垯山海拔1809米，在今淳化县城北约30公里，东南距唐云阳县城（今陕西泾阳县西北云阳镇东长街村）"九十里"（唐里）。

《史记·范雎蔡泽列传》载范雎对秦昭襄王说："大王之国，四塞以为固：北有甘泉、谷口，南带泾、渭，右陇、蜀，左关、阪。"这里的"甘泉"即是甘泉山的省称，其山中腰有"鬼门口"，古称"鬼谷"，是甘泉山的一处关口，有秦直道从中通过。"谷口"当九峻、仲山一线的泾水出山之处，是从山地通向关中平原的隘口。秦设谷口县，治在今礼泉县东北烟霞镇北屯村北的泾河口西岸。很明白，甘泉、谷口在秦都咸阳之北，在军事上起着屏蔽的作用。

② 晋人潘岳在其《关中记》中说修筑秦始皇陵的石材是采自北山，时人流行的歌词是"运石甘泉口，渭水为不流。千人唱，万人钩"。

③ 本指甜美爽口的泉水，名水者如隋甘泉宫（在今陕西西安市鄠邑区栗峪口），对甘谷，有甘泉，味甘洌。礼泉县也有甘泉，《隋书·地理志》："醴泉有甘泉水。"《太平寰宇记》"乾州"条："甘泉在州东北，从永寿县温秀岭流至县界，却入礼泉合泾河。"陕北的甘泉县也有甘泉。

④ 以"甘泉"名宫者，秦、汉、隋均有。名县者在陕西有二：一是陕北的甘泉县，原秦汉上郡雕阴县地，隋为洛交县，唐天宝元年改曰甘泉县，属州，宋改属延安府，明清因之；一在礼泉县东北，系西魏大统四年（公元538年）析宁夷县地置甘泉县，北周明帝元年（公元557年）废，辖地入醴泉县。江苏省扬州有甘泉县，系清雍正九年（公元1731年）析江都而设置。

⑤ 《小校经阁金文》卷十一第91页收有"林光宫行镫，建昭元年造""甘泉内者镫"。"建昭"系汉元帝年号。

都划入"甘泉苑"①（即甘泉上林苑）之中。

第四，秦汉两宫位于山上。文献所记，均言宫在"甘泉山上"。这甘泉山就是今淳化县北26公里的黄花山，是桥山山脉南向的余支，其主峰好花圪垯海拔1809米。山顶遗址区长、宽各200米，其北段即峰顶有东西两个平台。西台中部有一夯土台，周长30米，高3米，内有秦汉建筑材料；东台长宽仅有70~80米。这里出土的文物，有建筑文物，也有兵器和工具。另外，山上还有孟家湾、箭杆梁、鬼门口南峰、庙趟、十七号电杆等5处遗址，但面积狭小，所见文物较少，均不具备建大型宫殿的条件。而"卫"字瓦当的发现，则表明是卫尉下属的官署所在，属于守护甘泉宫的兵卫之地。所以，秦林光宫、汉甘泉宫不在"山上"。而文献中所言的"甘泉山"，当是一个大的地域范围。

第五，在文献记载中云阳县和林光宫、甘泉宫，往往相提并论，且得到考古的证实。经考古勘查，在今淳化县北25公里的凉武帝村、董家村和城前头村之间有故城遗迹，东西长1948米，南北宽890米，周长5668米（约合5.7公里）。城墙残高5米，宽7~8米。《史记·秦始皇本纪》正义引《括地志》有"云阳城在雍州云阳县西八十里，秦始皇甘泉宫在焉"的记载，说明林光宫、甘泉宫就在云阳县城之内。城外东侧有两个夯土台基，东西相距70余米，高约16米，底围202米，多有秦汉时期砖瓦，当是通天台（东）和通灵台（西）遗址。在云阳城遗址内外，文物相当丰富，除夯土台西南地面上现存有石鼓、石熊之外，建筑材料见有铺地砖、空心砖、条砖、子母砖、画像砖、板瓦、筒瓦。董家村附近出土动物纹瓦当有蟾蜍玉兔纹及龟、蛇、雁、鹿等纹，是典型的秦代图像瓦当。云纹瓦当的装饰性也很强，图案变化多，计达40余种；凉武帝村一带出土的文字瓦当有"甘林""上林""长生未央""千秋万岁""长毋相忘""富贵□□""卫"等。（见图3-16）另外，淳化县收藏瓦当400余件，鲜见的文字瓦当有

---

① 《三辅黄图》："甘泉有高光宫，又有林光宫，有长定宫、竹宫、通天台、通灵台。武帝作迎风馆于甘泉山，后加露寒、储胥二馆，皆在云阳。甘泉中西厢起彷徨观，筑甘泉苑。建元中作石阙、封峦、鳷鹊观于苑垣内。宫南有昆明池，苑南有棠梨宫。"《汉书·扬雄传》："甘泉本因秦离宫，既奢泰，而武帝复增通天、高光、迎风。宫外近则洪崖、旁皇、储胥、弩陛，远则石关、封峦、枝鹊、露寒、棠梨、师得，游观屈奇瑰伟。"

甘泉宫范围很大，现在淳化县除林光宫、甘泉宫遗址外，还有洪崖宫遗址（铁王镇程家堡、红崖村，当甘泉宫南）、桑树嘴遗址（铁王镇桑树嘴村西，当甘泉宫东）、庙沟梁遗址.(石桥镇林庄村西，当甘泉宫东南）、富家河遗址（十里塬镇富家河村东南，当甘泉宫西南）、长武山遗址（润镇长武山村东，当甘泉宫西南）、下常社遗址（方里镇下常社村西，在淳化县东南）、好花圪垯山遗址（在甘泉山主峰上）、鬼门口南峰遗址、十七号电杆遗址、庙趟遗址（甘泉山主峰南）、孟家湾北峰遗址（甘泉山主峰西）、箭杆梁遗址（甘泉山主峰东北）等宫观台10多处。彬州市有梁家遗址（在龙高镇，当甘泉山西偏南）。旬邑县有沟老头村遗址（排厦村）、新庄子村遗址（土桥镇）、姚家村遗址（清塬镇，以上三处均在甘泉山西侧）、石门山东峰遗址（石桥石门关村东南的石门山上，当甘泉山之北）。

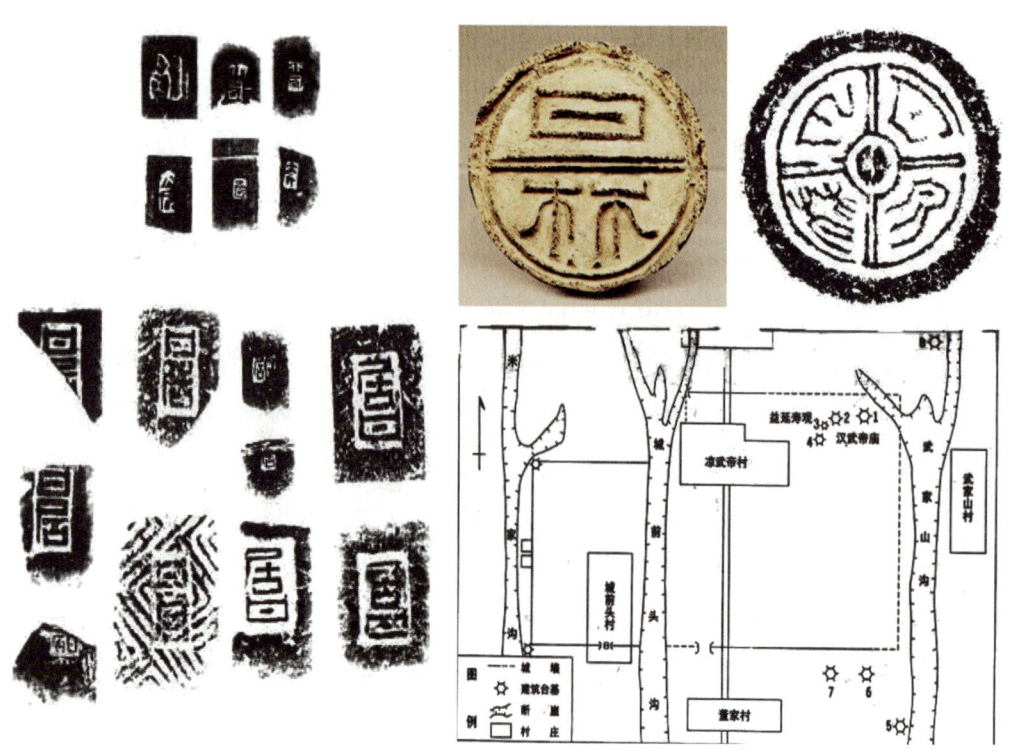

图 3-16 林光宫遗址与文字拓片

"益延寿""宜富贵当千金"等,采集的瓦片上也多刻有"北司""甘""甘居""居甘"等字。① 很明显,这些都是秦汉云阳县吏民生活的直接证据。作为离宫别馆的林光宫、甘泉宫,建筑富丽堂皇,融山景为一体,同首都宫殿那种庄严静穆的气氛也俨然有别。

第六,作为离宫别馆的秦林光宫和汉甘泉宫,都是些群体建筑。据《三辅黄图》载,著名的汉代宫观建筑除甘泉宫主体建筑甘泉前殿之外,还有高光宫、长定宫、竹宫、棠梨宫、通天台、通灵台、迎风馆、露寒馆、储胥馆、彷徨观、鳷鹊观、仙人观、石阙观、封峦观等等。由于秦林光宫规模小,到汉代已经同汉宫融为一体。但甘泉宫宫区的范围也在不断地扩大,《关辅记》曰:"林光宫亦曰甘泉宫,秦所造。在今池阳县西故泉山,宫以山为名,宫周匝十余里。汉武帝建元中增广之,周十九里。"众多主体的、附属的宫殿建筑散布在广阔的山野之中,从而形成了甘泉苑。供皇帝游猎的甘

---

① 姚生民:《汉甘泉宫遗址勘查记》,载《考古与文物》1980年第2期;姚生民编著:《淳化县文物志》,陕西人民教育出版社,1991年;王根权、姚生民:《淳化县古甘泉山发现秦汉建筑遗址群》,载《考古与文物》1990年第2期;姚生民:《关于汉甘泉宫主体建筑位置问题》,载《考古与文物》1992年第2期。

泉苑，按陈直先生的意见也可以繁称作"甘泉上林苑"。其范围据《三辅黄图》载，"西入扶风，凡周回五百四十里。苑中起宫殿台阁百余所"。北界筑有守卫门户的"石关"，当今北面的旬邑县石门关遗址，其地形险峻，两侧悬崖壁立，山口仅宽百米，正是秦直道通过的地方。甘泉宫南有昆明池。

秦林光宫所在的甘泉山，登者必自淳化县境的车箱阪萦纡曲折而上①。阪上平原宏敞，宫殿楼观相属。借山造景又富丽堂皇，休闲幽静的特点更为突出。此地受到秦汉统治者的重视，不仅因为它是一处距都城不算太远的避暑胜地，更重要的还在于它具有战略意义。这里是防御匈奴，保卫咸阳、长安的前哨阵地。其南有驰道通咸阳，其北有直道达九原，可使内地同当时的北部防地连为一气。出于首都与秦汉宫殿安全的考虑，北部诸峰都有设防，所以除甘泉山前的主体宫室建筑之外，在主峰及邻近的山顶如箭杆梁、鬼门口南峰、孟家湾北峰、庙趟、十七号电杆及石门东峰都发现了秦汉建筑遗址，并有卫尉官署的"卫"字瓦当出土。

7. 谷口宫

范雎对秦昭襄王分析秦国的地理形势时，说："北有甘泉、谷口，南带泾、渭，右陇、蜀，左关、阪。"（《战国策·秦策三》）这里尽管是就秦国首府所在地的防线说的，但表明谷口确实是北侧一处军事要地。作为一处离宫，本身就有防卫的性质，它同秦始皇向北推移防地建立的林光宫一样，具有双重功能。

秦汉时的谷口县辖今礼泉县的东北和泾阳县的西北，北临云阳县，东南接池阳县，即《长安志》说的"地在九嵕山东、仲山西，当泾水出山之处"。县治设今礼泉县东北50里的烟霞镇北屯村北的泾河口西岸，城址至今犹存。

谷口在谷口县境内，《汉书·郊祀志》颜师古注："谷口，仲山之谷口也。汉时为县，今呼之冶谷是也。以仲山之北寒凉，故谓此谷为寒门也。"冶峪河发源于淳化县北甘泉山东之蝎子掌山，自北而南入泾阳县口镇，东南流入三原县。冶峪河出车箱阪处的口镇就是战国时的谷口地（古寒门）。在口镇街西南、冶峪河东岸的二级台地上，就有谷口宫遗址。经笔者调查，其范围南北长约900米，东西宽700米，总面积63万平方米，文化层堆积厚达2米。北部一段夯墙残长120米，基宽2.4米，残高3.3米。地下埋有

---

① 《元和郡县志》载，车箱阪"在县西北三十八里"。这里是就唐云阳县（治在水冲城，即今云阳镇东）计方位及里程的，可见车箱阪实际上指的是淳化县境的黄土原，又名长岭原。1988年12月，在泾阳县口镇东3里的县水泥厂出土唐墓志有"葬于谷口之原"句。口镇西北即是台塬地带，迎面有东西横亘的长岭阪，其狭窄的峪口就是南北向的车箱阪。

图3-17 谷口宫铜鼎铭文拓片

排水的陶管道,地面多有板瓦、筒瓦、云纹瓦当、"宫"字瓦当、几何纹铺地方砖、陶水道等建筑遗物。1976年7月,在淳化县固贤乡固贤村医院出土谷口宫铜鼎,铭刻"谷口宫元康二年造"。(见图3-17)因地在县东,并无建筑遗址,不能证明汉谷口宫在此,但铜鼎确为谷口宫的专用之物。

西汉时,谷口仍是守卫京城长安的军事重镇。汉文帝六年(公元前174年),淮南王刘长遣其党羽但等七十人,以辇车四十乘载兵器在谷口造反,并妄图勾结匈奴、闽越内侵,遭到汉朝廷的镇压。东汉建武二年(公元26年),赤眉军转战关中,也曾在谷口同汉中王刘嘉发生激战。

8. 甘泉宫

此甘泉宫是设在秦都咸阳渭河北岸远郊的一处离宫,虽与渭河南市中区的甘泉宫(南宫)同名,但性质有别。为使二者区分,避免混淆,故后者又称南宫。

《史记·秦始皇本纪》正义引《括地志》:"云阳城在雍州云阳县西八十里,秦始皇甘泉宫在焉。"①经考古调查,甘泉宫遗址位于今乾县东北注泔镇的南孔头村。②

秦始皇甘泉宫遗址西临泔河的支流——西注泔沟,处在五凤山南麓一个缓坡的塬地。南北长400米,东西宽250米,总面积10万平方米。其北部中央是座夯土高台建筑,主体宫室东西残长100米,南北宽80米,高约4米。在台基东西两侧各有一座残高11米的阙式台基,形为两观。南部有东西相对的两座建筑基址。在遗址范围内采集到的文物有陶井圈、筒形下水道及其拐头、交龙抱璧空心砖、方形绳纹铺地薄砖、云纹瓦当、瓦片等,均是典型的秦建筑材料。

作为祭天坛,圜丘大概是甘泉宫最显著的建筑。《史记·外戚世家》正义引《括地志》:"秦始皇作甘泉宫,去长安三百里,黄帝以来祭圜丘处。"而《史记·匈奴

---

① 《括地志》以唐云阳县为基点,对秦林光宫、汉甘泉宫和秦甘泉宫的方位表述是有区别的,如林光宫是在"云阳西北八十里"(一作"九十里"),说甘泉宫是在"云阳县西八十里"。但长期来人们受云阳汉甘泉宫只此一处认识的影响,将秦、汉两处甘泉宫混在一起了。

② 秦始皇甘泉宫遗址是1988年4月陕西省文物普查时,由咸阳市文物局发现的。5月开了一次论证会,笔者也有幸被邀请参加,做了实地考察,随后听取汇报,并就考证结论发表了意见。这次论证成果见曹发展:《秦甘泉宫地望考》,载《泾渭稽古》1993年第2期。

列传》正义引作"秦始皇作甘泉宫，去长安三百里，望见长安，秦皇帝以来祭天圜丘处"。"畤"本来是祭天地、五帝的固定处所，我们对于此甘泉宫是否建在黄帝以来的"圜丘处"姑置不论，但必须承认秦人立畤祭天帝之事却是由来已久的，秦始皇当然也不例外。早在秦文公作鄜畤之前，"雍东有好畤"（《史记·封禅书》），后废祠，秦孝公十三年（公元前349年）设立好畤县，辖今乾县和永寿南部，县治故城在今乾县东南阳洪镇的好畤村，北距甘泉宫所在的南孔头村10公里，可谓"雍州积高，神明之隩"，同样是一处祀天的圣地。从而也印证此地就是"云阳县西八十里"的甘泉宫故址。

甘泉宫取名得之于甘泉，有泉流而名"甘泉水"，进而演作"泔河"。西魏大统四年（公元538年）柝宁夷县（今陕西礼泉县东北）在此置甘泉县。连"孔头村"这一名称都是因为沿袭自"甘泉宫"称"宫城村"而音变为"空城村"→"空头村"→"孔头村"。

9. 梁山宫和梁宫

好畤县本来是秦人的一处祀天的中心，既有行宫又有离宫，其中的梁山宫就是秦始皇建造的又一处规模宏大的行宫，《汉书·地理志》注："梁山宫，秦始皇起。"大概是因秦始皇出巡驻留和议政的关系，一些重大的历史事件的发生都同梁山宫有牵连。《史记·秦始皇本纪》载：三十五年（公元前212年）"始皇帝幸梁山宫，从山上见丞相车骑众，弗善也。中人或告丞相。丞相后损车骑。始皇怒曰：'此中人泄吾语。'案问莫服。当是时，诏捕诸时在旁者皆杀之。自是后，莫知行之所在"。秦王朝倾覆后，梁山宫还被西汉用作抵御匈奴、保卫长安的前哨指挥中心。《金石索》收录有"梁山钼"1件，刻"元康元年（汉宣帝年号，当公元前65年）"，可见梁山宫在西汉中后期仍在沿用。

梁山宫因梁山而得名。梁山①主峰在陕西乾县西北2.5公里处，其山脉迤逦向西，经永寿县到扶风县北境。《孟子》上说周太王去邠，逾梁山，至岐下周原。实际上，梁山宫在梁山之南的缓坡台地上，俗名"望宫山"。《括地志》载："（梁山宫）俗名望宫山，在雍州好畤县西十二里，北去梁山九里。"又说："好畤城在雍州好畤县东南十三里。"唐好畤县于贞观年间移治今永寿县西南好畤河西岸的好畤河村，而这里的好畤城仍指今乾县东阳洪镇之好畤村南附近的秦好畤县故城。那么，由此西去12里，即今

---

① 我国古代的梁山有好几处，如山东有，陕西汉中有。而且仅关中就有两处。一在韩城市西北，经黄龙佛爷岭到合阳西北的磨镰石，主峰大梁在韩城，海拔1783米。《诗·大雅·韩奕》有"奕奕梁山，维禹甸之"之句，即指此。另一处在乾县西北。

县城西关1公里的地方，当是秦梁山宫的所在，其北也正好同梁山主峰对直。因为当时的宫城用文石（有斑斓花纹的石材）砌筑，又名"织锦城"（《长安志》卷三引《三秦记》）。

今乾县西环公路上人称"鳖盖"的地方，宽阔平坦，地势较高，中心隆起，有一处古代建筑遗址，东西长约1000米，南北宽约600米，总面积达60万平方米，中部有一晚期的夯土台基，约20米见方，高5米，其中夹杂着大量秦代遗物。在遗址范围内散布着半瓦当、云纹瓦当、外绳纹内网点纹筒瓦、板瓦、回形纹铺地砖、散水卵石和纹石等建筑材料。1992年，当地群众栽树挖坑时，起出的秦汉瓦片，多达万数。特别可贵的是，在一些筒瓦和板瓦上盖有篆体"梁宫"二字戳记，显然是"梁山宫"的简化[1]，这就为确认梁山宫的存在与地望提供了重要线索。（见图3-18）

有意思的是，在今乾县县城西郊至漠谷河一带梁宫遗址发现之前，在乾陵西北5公里的瓦子岗上还发现了一处秦宫殿遗址。该遗址是1988年春由咸阳市文物普查队调查时所见，位于吴店、梁山两地交界处的台地上，南北长600米，东西宽400米，总面积达24万平方米。其中部有一大的夯土台基，底边东西长37.4米，南北宽25米，高出地表5米。台基周围的地面之下仍是大面积的夯土层，足见其规模宏大，等级较高。遗址内涵极为丰富，既有大量的散水卵石、砺石、文石等砌筑类材料，又有秦代的筒瓦，板瓦，各式云纹、葵纹的圆瓦当和素面半瓦当。最具秦意识形态的文化遗物，要数一些龙纹空心砖，其图案有交龙绕璧、腾龙玉璧和龙凤和鸣等，线条流畅生动，甚富艺术情趣和深刻的思想内涵。当时，普查队将该遗址判断为秦代的梁山宫。[2]

乾陵南北两处秦宫殿建筑遗址，该如何判断其名称呢？根据《括地志》所记，梁山宫同梁山、好畤县形成直角三角形的关系，即梁山宫"北去梁山九里"，东去"十二里"是好畤县，此相对位置及其里程同县西"鳖盖"秦宫殿遗址完全一致。《水经注》说杜水（漆水河）"又南，莫水（漠西河）注之。水出好畤县梁山大岭（即杜水与莫水间南北走向的山梁）东，南径梁山宫西"。从漠水与梁山宫的相对位置上证明梁山宫就在"鳖盖"这个地方。"梁宫"陶文独出土于此，表明它是梁山宫的简称。相

---

[1] 刘向阳、田志明：《乾县发现秦始皇梁山宫确凿遗址》，载1993年4月11日《中国文物报》第1版；何汝贤：《秦始皇梁山宫遗址初探》，载《泾渭稽古》1993年第2期。

[2] 乾县北瓦子岗宫殿遗址是咸阳市文物局发现的，1985年5月16日笔者应邀参加了注泔乡秦甘泉宫及瓦子岗秦宫殿遗址复查与论证会。新闻报道见郭兴文：《乾陵附近发现的两处秦宫遗址》，载1988年5月18日《西安晚报》第1版。

第三章 咸阳城、宫殿与宗庙

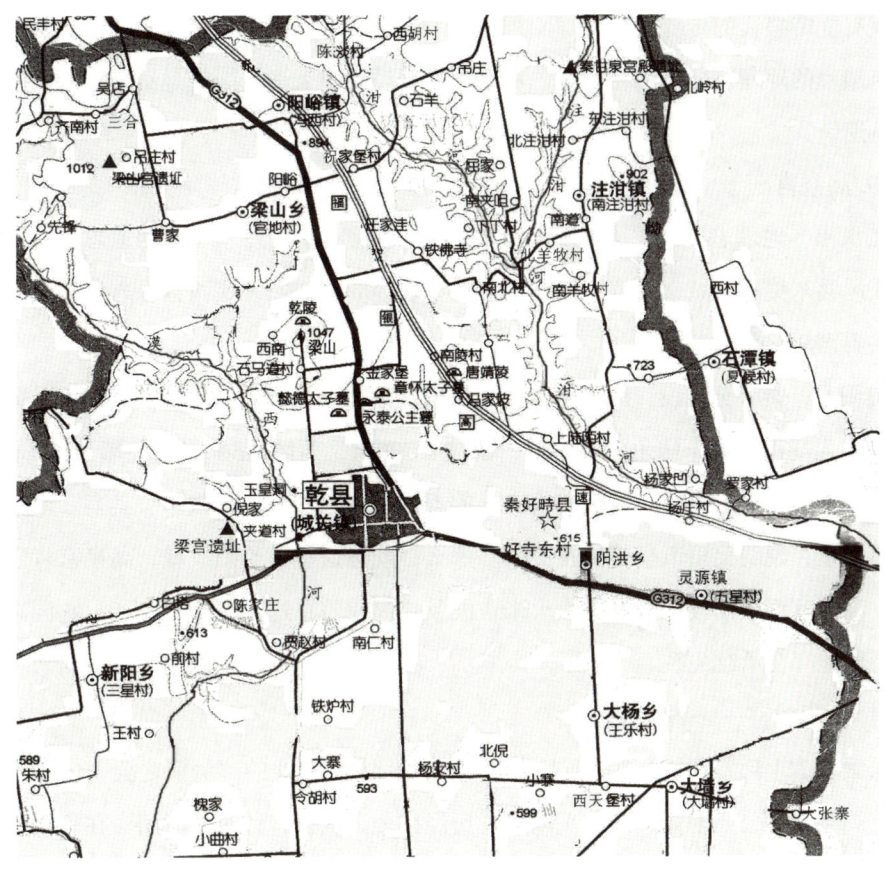

图 3-18 梁山宫、梁宫与甘泉宫位置图

反,瓦子岗遗址虽处于梁山上,但位置与文献记载不符。尽管此间地势高亢,也符合当年始皇下视丞相车骑的状况,但这涉及对《史记》记载的断句与理解问题。"始皇帝幸梁山宫,从山上见丞相车骑众",似乎应把"幸梁山宫"和"从梁山上看见"看作两回事。

入主关中的秦先公祭天地五帝,先后在几个地方设立"畤"。"雍旁故有吴阳武畤,雍东有好畤",但后来"皆废无祠"。秦始皇统一六国之后,大兴封禅活动,凡名山大川、日月星辰,无神不祠,无鬼不祭,"令祠官所常奉天地、名山、大川、鬼神,可得而序也"(《史记·封禅书》),从而确立了一些法定的祭祀对象①。那么,好畤

---

① 以太祝"岁时奉祠"的,诸如殽以东有名山五(太室、恒山、泰山、会稽、湘山)、大川有二(济、淮),自华以西名山有七(华山、薄山、岳山、岐山、吴岳、鸿冢、渎山)、名川有四(河、沔、湫渊、江)。另外,像陈宝因"近天子之都",灞、浐、长水、沣、涝、泾、渭等"皆非大川,以近咸阳","汧、洛二渊,鸣泽、蒲山、岳崤山之属",虽"为小山川",同样也都列在祭祀对象之中。仅以雍州所在的关中而言,设庙祭祀的就有"日、月、参、辰、南北斗、荧惑、太白、岁星、填星('填'通'镇',即土星)、二十八宿、风伯、雨师、四海、九臣、十四臣、诸布、诸严、诸逑之属,百有余庙"(《史记·封禅书》)。好畤

本来就有立时祭天的传统，加上"阴祠之必于高山之下、小山之上"的要求，对照瓦子岗建筑遗址的地理特征，两相吻合。那么，能否说梁山上瓦子岗就是秦始皇恢复了祀天的好畤遗址？

10. 高泉宫

《汉书·地理志》："（美阳）有高泉宫，秦宣太后起。"《陕西通志》："高泉宫在扶风县东美阳故城，秦宣太后起。"《小校经阁金文》《陕西金石志》著录有"高泉宫共厨铜鼎"盖。

美阳县，秦孝公时设，因在美山之南故名，治在今扶风县北法门镇美阳村。美阳故城平面不太规整，略作抹角的三角形，南墙长700米，西墙长500米，北墙长850米。扶风县城周围的灵护、庄白、刘家和岐山县的青化、孙家等地多有戳印"美亭"印文的战国陶器出土，说明美阳市亭就设在美阳。那么，既然这里是美阳故城，高泉宫肯定也在附近。高泉宫距咸阳较远，秦末大火未曾波及，汉代曾在这一带祭祀炎帝，它同秦的吴阳下畤可能存在承续关系。

11. 平阳封宫——平阳宫

公元前714年，秦宪公把都城从今宝鸡市东卧龙寺西北的"汧渭之会"向东迁徙到了原宝鸡县东太公庙附近，建立平阳城。历经出公、武公，计37年时间。在平阳筑"封宫"，史书称为"平阳封宫"，也称"平阳宫"。《史记·秦本纪》和《史记·秦始皇本纪》均提到武公"居平阳封宫"。其所言的"封"，很可能同建高台以便筑宫的做法有关，即所谓"聚土为封"，或是为了祭祀而设坛，即"封，坛也"。总之，秦人在立国早期，还没有足够的力量在都城内外建很多宫殿群时，就设立了一座多功能的宫殿及其附属建筑，使之成为指挥中心，也足以应付政治的需要。笔者估计在人工堆筑的高台上建起的"平阳封宫"，大略就具有这种性质和作用。

平阳封宫历经战国、秦、汉，由秦世一个时期的朝宫演变而成秦、汉两朝相继的行宫，存在时间很长。汉成帝时"雍大雨，坏平阳宫垣"（《汉书·郊祀志》），从此颓圮失修。著录文物见有"平阳封宫"铜器（《积古斋钟鼎彝器款式》卷九）、"平阳宫鼎"（《小校经阁金文》卷十一）和刻有两诏的"平阳斤"等。这些均系秦时平阳宫或平阳的专有之物。

平阳故城在今陕西宝鸡市陈仓区太公庙村到阳平镇一带。^①由于地当今凤翔、宝

---

① 参见本书第22页注①。

鸡、岐山、眉县交界，归属多变，故历代文献记载不同，实则一地数说。①此处北倚凤翔南原，在南临渭水的台地上，作为高台建筑的封宫位于平阳城内，在美丽的环境衬托下更显出一种庄严的气势。20世纪60年代，在秦家沟发掘过秦墓，也有不少灰坑的发现。1978年1月，在太公庙村又出土了秦武公钟、镈等公室重器，也可能同封宫的祭祀有关。②

12. 虢宫

《汉书·地理志》虢县注："虢宫，秦宣太后起也。"《三辅黄图》："虢宫，秦宣太后起，在今岐州虢县界。"

岐州，北魏置，治设雍县。隋改扶风郡，唐武德元年（公元618年）复岐州。虢县，春秋时秦武公十一年（公元前687年）灭西虢置，西汉因之，东汉废，北周改洛邑县，隋复虢县，唐废而又复。辖今陕西宝鸡市凤翔县东南及陈仓区千河以东，治设今陈仓区虢镇街道。

宣太后系秦昭襄王之母，楚人，在昭襄王即位初期，曾同相邦魏冉掌握大权，故能于秦国西部的美阳建造高泉宫，在虢县的渭水之滨兴建又一座离宫。虢宫当在今虢镇街道附近。

13. 羽阳宫

羽阳宫是秦武王起造的一座行宫。《汉书·地理志》明确将它记在陈仓县下。

陈仓县，秦置，辖今宝鸡市金台区、陈仓区及太白县西部，治设今宝鸡市东卧龙寺车站西北。陈仓县于唐至德二载（公元757年）改名宝鸡县。在宝鸡市陈仓区，自宋代以来多次出土过汉羽阳宫的文字瓦当，如北宋王辟之在其《渑水燕谈录》卷八中说："元祐六年（公元1091年）正月，直县门之东百步，居民权氏浚池得古铜瓦五，皆破，独一瓦完。面径四寸四分，瓦面隐起四字曰'羽阳千岁'，篆字随势为之，不取方正……"宋宝鸡县"直县门之东百步"约当今凤翔县长青镇南马道口附近。《陕西金石志》收道光中宝鸡所出五六枚"羽阳千岁"瓦和藏于长安谢氏家的"羽阳万岁"瓦。特别是1940年在宝鸡东关修铁路时，竟掘出包括"羽阳千岁""羽阳千秋""羽阳万

---

① 《史记·秦始皇本纪》："武公卒，葬雍平阳。"《水经注·渭水》："汧水东南历慈山东南，径郿夷县平阳故城南。"《史记集解》引徐广作"郿之平阳亭"。《括地志》："平阳故城在岐州岐山县西四十六里，秦宁公徙都之处。"清雍正《陕西通志》："平阳封宫在郿县故平阳城内。"由于以上诸县区划的变化，所记平阳的归属也跟着变。实际上，平阳故城所在地秦时属雍县，西汉属郿夷县，东汉属郿县，唐属岐山县，清初复属郿县，今属宝鸡市陈仓区。

② 卢连成、杨满仓：《陕西宝鸡县太公庙村发现秦公钟、秦公镈》，载《文物》1978年第11期。

图 3-19 羽阳宫瓦当拓片

岁"和"羽阳临渭"四种瓦当（见图3-19）"约有万余片"。① "羽阳临渭"瓦当清楚地标明羽阳宫处于渭水之滨，而"羽阳"瓦当的出土地则有宝鸡市东关、卧龙寺和凤翔马道巷几地的不同，东西跨越10多公里。而《汉书·地理志》的记述，也只是笼统的一句话："（陈仓）有羽阳宫，秦武王起也。"由此看来，秦汉羽阳宫位于今宝鸡市东卧龙寺车站西北的陈仓故城内大致是可靠的。此间也是秦文公"汧渭之会"旧都的所在地，建羽阳宫是可以理解的。

1973年，凤翔县长青公社马道口出土"雝（雍）羽阳宫鼎"一件，附耳，三蹄足，腹有棱，通高17.1厘米，口径下刻有铭文。尽管铜器铭文有"雝（雍）"字，但还不能依据出土地断定秦汉羽阳宫就在此地，因为"雍"是包括陈仓在内的大地名，即使雍县与陈仓县已经分置，作为大地域的这一名称仍然沿用。根据鼎上三次分刻的铭文知，它先后用在郡邸、雍羽阳宫和汉高唐县，当然这同汉武帝幸雍祀五畤、宣帝在羽阳宫祀陈宝、元帝幸雍祀吴阳上畤有关。②

羽阳宫所在的陈仓一带，北负三畤原，南临渭水，群峰叠翠，是秦人去西垂故地的必经之道，在此建行宫，地理条件优越。而"雍五畤"是秦汉以来祭祀上帝的地方，羽阳宫也就成了帝王西行必然的驻足之处。

14. 大郑宫及雍都内的其他朝寝

秦自"德公元年，初居雍城"至献公二年"城栎阳"，历时294年（公元前677—前383年）。城内外建有很多宫殿，截至目前已发现的大型建筑基址就有30处。

---

① 陈直：《秦汉瓦当概述》，载《文物》1963年第11期。
② 王光永：《凤翔县发现羽阳宫铜鼎》，载《考古与文物》1981年第1期；李仲操：《羽阳宫鼎铭考辨》，载《文博》1986年第6期。

大郑宫是雍都最早的宫殿建筑。《史记·秦本纪》："德公元年，初居雍城大郑宫。"《括地志》："岐州雍县南七里故雍城，秦德公大郑宫城也。"很明白，大郑宫位于今凤翔县南的秦雍都故城之内。2012年，在城址东南角瓦窑头发现了大型宫室建筑遗址，南北残长186米，作五门、五院、前朝后寝的格局。从地层和建筑文物判断，可能是大郑宫中的雍太寝遗址。（见图3-20）

雍城遗址内共有六七处大型建筑遗址。截至2012年，在东区就发现32处遗址。其中，有3处相对集中的建筑居址群，包括大型建筑朝宫、中型建筑贵族居室和小型建筑国人居址等三种类型。

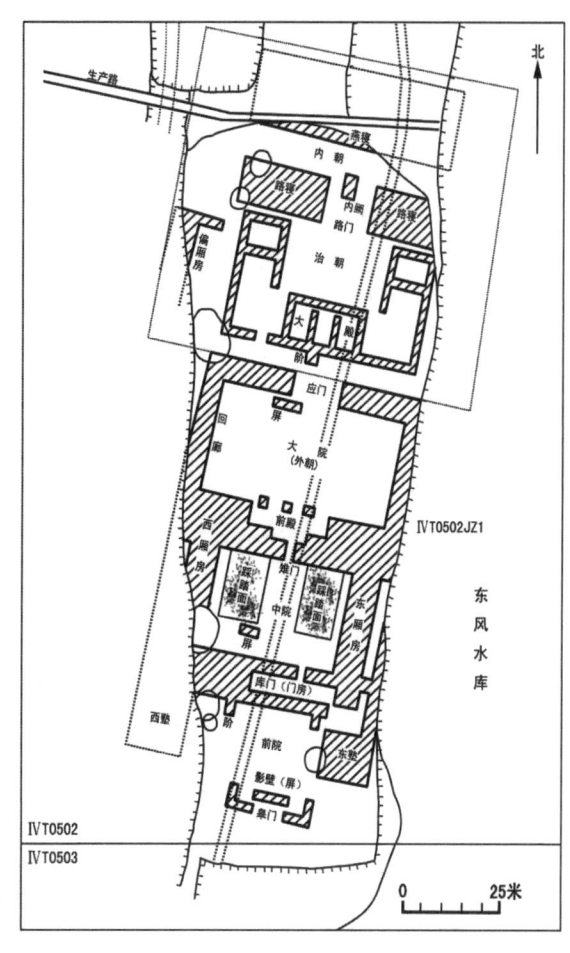

图 3-20　大郑宫之雍太寝平面图（瓦窑头）

姚家岗建筑遗址位于白起河左岸，俗称"殿台"。从夯土和石子散水结构看，原来面积很大。20世纪80年代中期，在3个窖藏里出土大型铜质的建筑构件金釭64件，作为加固壁柱与壁带的连接套饰，其结构之特殊与空腔之大反映出建筑物的豪华宏伟。表饰蟠螭纹的金釭、勾连云纹玉璧、素面半瓦当、细绳纹与抹光宽带纹相间的筒瓦，都显示了春秋早期秦文物的特征。1977年，还在建筑铜构件窖藏西侧百米处发掘了一座藏冰量达190立方米的凌阴。（见图3-21）姚家岗建筑遗物早于雍城其他遗址文物，正同德公居雍的时间相符合，因此可以说这里正是大郑宫的所在地。

《史记·秦始皇本纪》秦世系说到居雍诸公时除提到德公所居的大郑宫外，还提到阳宫（宣公）、"高寝"（康公、共公、景公等）、"太寝"（桓公）、"受寝"（躁公）。秦公居有寝，葬有地。其所谓"寝"，就是君王的宫室。周王有"六寝"（《周

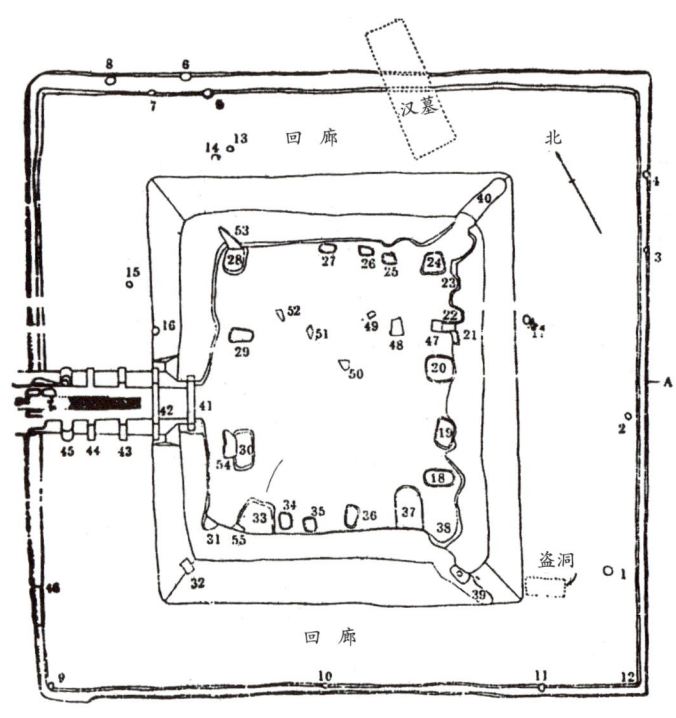

1—38. 柱洞　39—40. 冲刷沟　41—46. 槽门　47—55. 片石

图 3-21　大郑宫之凌阴遗址平面图

(选自陕西省雍城考古队：《陕西凤翔春秋秦国凌阴遗址发掘简报》，载《文物》1978 年第 3 期)

礼·天官·宫人》），其中的路寝是斋宿的"正寝"（《公羊传·庄公三十二年》）。而何休注《公羊传》时却说："天子诸侯皆有三寝，一曰高寝，二曰路寝，三曰小寝。父居高寝，子居路寝，孙从王父母，妻从夫寝，夫人居小寝。"疏曰："父居高寝者，盖以寝中最尊。"高寝，自然是正室了。很明显，居雍时的秦人受周礼的影响还较深，但寝名不尽一致，也未必同处。有人把姚家岗一带的春秋早期秦宫遗址定为雍太寝，把马家庄一带的春秋中晚期建筑（包括宗庙、朝寝）定为雍高陵，把铁沟、高王寺一带众多的战国时期建筑遗址说成是雍受寝，都是值得斟酌的，因为在朝寝遗址的第五进院落（燕朝）中却是"高寝"同两座"路寝"建筑呈"品"字排列的①。所以，我们认为雍都中的高寝、太寝、受寝都是一些规格很高的宫殿名称，是一些秦公理朝和燕息的固定宫室，若要确定其所在，还需要做很多踏实、细致、切实的工作。

15. 棫阳宫

棫阳宫也是秦汉时的重要宫殿。关于它的始建年代及地理位置，亦有不同说法。凡是道及棫阳宫，典籍均说建于秦昭襄王，唯独程大昌的《雍录》以为秦穆公造。

关于其地理位置，历来有两说。一说在今扶风县东北。《三辅黄图》曰："棫阳

---

① 陕西省雍城考古队：《秦都雍城钻探试掘简报》，载《考古与文物》1985 年第 2 期。

宫，秦昭王所作，在今岐州扶风县东北。"《长安志》《大清一统志》等亦从此说，近人也有持此说者，《中国历史地理集》第二册西汉"司隶部"图中亦将它标于扶风县东北。另一说以为在汉之雍县，即今凤翔县境内。《汉书·地理志》云："雍……棫阳宫，昭王起。"同书的纪传中亦有相同记述。

棫阳宫究竟建于何地，从对典籍记载的分析研究及考古资料看，《汉书》的说法是正确的。棫阳宫与大郑宫一样，其名称的渊源有着悠久的历史。今凤翔县境内北部山岭，东西走向，西通千阳、陇县，东延岐山、扶风。因其在县境之北，俗称为"北山"。但在远古时期，则称"榆次山""俞山"。《山海经·西山经》说："又西七十里，曰翰（榆）次之山，漆水出焉，北流注于渭，其上多棫橿……"郭璞注曰："棫，白桵也，音域。"《水经注》："漆水出扶风杜阳县俞山东，北入于渭。""俞山"即《山海经》"翰次之山"。汉代杜阳县在今麟游县，漆水发源于其西部山区，上游又叫杜水。由此可见，今麟游西部、千阳东南部、凤翔北部的山脉古代叫俞山无疑。因为山上多生长棫橿，故叫"棫山"。"榆""俞"与"棫"同音，可以通假。西周时期，凤翔为郑井国故地，宣王时成为郑桓公的封地，两国都邑均在今县城东北田家庄镇的劝读村西南一带。因为郑桓公居此时间很短，而且又是在郑井国衰落后被封到此地的，所以仍用郑井国的都邑作为都邑。有关这座都邑的金文及文献屡见其名，且称谓略有不同：周穆王时期的长由盉称"下淢"；孝王时的蔡簋和夷厉之世的师族簋称"淢"；而另一件穆王时期的戒簋称"鰔林"；《世本》又称"棫林"。这些名称，表面看来好像不尽相同，其实只是字形结构有所差异，所指实即一地。

劝读村位于凤翔北山（即古代棫山）南麓的原地上，南临源于棫山的横水北岸，东与周族发祥地周原遗址遥相呼应，距周原腹地岐山京当50余里，并与之同处一个原地。这里有面积约15万平方米的西周遗址，遗址内西周早、中、晚三个时期的遗物均很丰富，堆积层一般在2米以上，有的甚至可达5米，陶质的鬲、罐残片俯拾皆是，带有灼痕的卜骨碎片也时有发现。1973年，当地农民在遗址中部平整土地时曾发现数处大型宫殿或宫寝建筑的石柱础，这些柱础直径1米以上，是用几大块多边形毛石块聚拢而成的。这种情况与扶风召陈西周宫殿建筑铺置的石柱础完全相同。因此，此遗址当是这座古都邑内的重要建筑。正因为劝读村具有这样的自然环境，因此在古代用字还不规范的情况下就有上述数种写法。此地位于棫山之阳，山上多棫橿，故经传此字从木，为棫林；此地近水,故字又可从水,为㵎;此处不仅靠近周原,又有周王宫室、庙寝之类的重要建筑,故字又可从周,作䣛林。①

从上面分析知道,凤翔境内早在西周时期就有棫山之山名,又有下㵎、䣛林、棫林等地名,说明秦建立之棫阳宫当距这些地方不远。

对棫阳宫位置确定有决定意义的是,1962年和1982年考古工作者曾两次在秦都雍城发现棫阳宫瓦当。1962年发现于南古城的瓦当有残失,当面仅有一"棫"字。1982年,采集于东社遗址的瓦当"棫阳"二字十分完整。根据两枚瓦当的出土地点分析,棫阳宫建在汉代的雍县当可无疑,而其具体位置很可能就在雍城南郊的东社、南古城及史家河这一范围内。(见图3-22)

蕲年宫当(孙家南头)　　年宫瓦当(南古城)　　棫阳瓦当(东社)

图3-22　雍城文字瓦当拓片

棫阳宫所在的这一范围内有几处秦汉时期的遗址,从陶片、瓦片分析,其上限绝对超不过战国。因此,程大昌说棫阳宫建于秦穆公时期不可从信,而典籍以为起于秦昭襄王时期则比较符合遗址内涵情况。秦昭襄王起棫阳宫时,一则因为其北部有古之棫地,二则宫在棫山之南,故名为棫阳宫。虽然这座新宫沿袭了旧有的棫地之名,但地理位置已南移了40多里,可以说是在新地起造的新宫。

棫阳宫的规模怎样,无明文记载,《汉书·郊祀志》云:"是岁,雍县无云,如雷者三,或如虹气,苍黄若飞鸟,集棫阳宫南。"看来棫阳宫是极其高大宏伟的。陈直

---

① 尚志儒:《郑、棫林之故地及其源流探讨》,见中国古文字研究会、陕西省考古研究所、中华书局编辑部编:《古文字研究》第13辑,中华书局,1986年;尚志儒:《荥井国铜器及其史迹之研究》,见《中国考古学研究论集》编委会编:《中国考古学研究论集——纪念夏鼐先生考古五十周年》,三秦出版社,1987年。

先生在《三辅黄图校证》中说："《小校经阁金文》卷十一，五十页，有雍棫阳宫共厨鼎。"此鼎正是汉代棫阳宫配置的专用铜器。

16. 橐泉宫、蕲年宫

据载，多有橐泉宫器物的传世，像《长安获古编》卷二载橐泉铜一斗锅，铭曰："橐泉铜一斗锅重三斤，元康元年造。"又载橐泉宫铜鼎，铭曰："雍橐泉宫金鼎，盖一，容二升，重一斤八两，名百卅二。杜阳五十四斤十四两。"《小校经阁金文》卷八载有橐泉宫灯，铭曰："橐泉宫铜灯，重一斤十二两，元康二年考工令史孺监省。"元康是汉宣帝年号。以上三器皆汉宣帝时橐泉宫用器。西汉在内地设的官马厩有橐泉厩，《汉书·百官公卿表》注引如淳曰："橐泉厩，在橐泉宫下。"传世亦有"橐泉宫当"瓦当，皆不知出处。不过，这些都反映出汉有橐泉宫的事实。

另外，还有个蕲年宫（蕲、祈古字通，或作"祈年宫"）经常出现，并同橐泉宫相混。关于这二者的关系、位置和建筑时间，史籍记载颇多分歧。或说前者为宫，后者为观，前大后小；或说是两个不同的宫室；又说是同一宫室在同一时期有着不同的称呼。对其始建时间的说法也有不同，虽然橐泉宫仅有"秦孝公造"一说，而蕲年宫竟有德公造、惠公造二说。具体位置，橐泉宫仅有雍州城内一说，而蕲年宫则有雍、雍州城内、雍城郊外三说。

1982年夏，考古工作者在凤翔县长青公社孙家南头堡子壕的秦汉建筑遗址内采集到一枚"蕲年宫当"瓦当[①]，1985年冬又于此地采集"橐泉宫当"一方（见图3-23）。孙家南头堡子壕位于汧河左岸的二层台地上，东北距雍城30余里。这两方瓦当的发现为确定两座宫殿的位置及了解它们之间的关系提供了直接证据。孙家南头堡子壕秦汉建筑遗址总面积有2万多平方米，秦汉夯土及秦文化层堆积层厚2米左右。汉代夯土层直接压在农耕土下，厚约1.5米。汉代夯土层下面是2~30厘米的秦文化堆

图3-23 "橐泉宫当"瓦当

---

① 刘亮、王周应：《秦都雍城遗址新出土的秦汉瓦当》，载《文博》1994年第3期。

积，内有战国时期的绳纹陶片、云纹瓦当碎片等。再往下为深50厘米左右的夯土层，厚8～12厘米，夯窝密结而呈圆窝形，直径约5厘米，土质纯净。"蕲年宫当"与"橐泉宫当"就出土于堆积层中。

根据两方瓦当出土的地层情况分析，孙家南头堡子壕秦汉建筑遗址就是秦汉时期蕲年宫与橐泉宫的所在地。

从孙家南头堡子壕秦汉建筑遗址的地层叠压关系和堆积层中所含瓦片、云纹瓦当残块分析，这是一处战国中期至西汉时期的建筑遗址，堆积中绝无战国以前的遗物。因此，该遗址的始建年代绝对不会早到秦德公时期，应以惠公说较为可信。再根据两宫瓦当共出的情况结合历史看，在先秦时期，惠公建造蕲年宫在前，随后才有孝公扩大其规模，并建立新宫，名之曰橐泉宫。于是，原蕲年宫就成了新建橐泉宫的一部分，甚至于把它称为"蕲年观"。所以《皇览》就有"秦缪公冢在橐泉宫蕲年观下"的说法。

综上所述，可得出如下认识：蕲年宫建于秦惠公时期，橐泉宫建于孝公时期。后起的橐泉宫与蕲年宫建在一起，并使蕲年宫成为它的一部分。而这两座宫殿的位置，正处在雍城西南30里的汧河左岸孙家南头堡子壕村的台地上。而汉代的蕲年、橐泉二宫，实际上是在先秦两宫的原址之上建造的。由此可见，橐泉宫、蕲年宫从战国中期一直沿用到西汉后期，历时数百年之久。

17. 年宫

年宫在典籍中未有任何记载。1962年在发现"棫"字瓦当的同时还采集到一方"年宫"瓦当。瓦当的采集者认为"年宫"就是史籍中的蕲年宫，"蕲"字被省略。陈直先生也从此说，他在《秦汉瓦当概述》及《三辅黄图校证》中均指出："年宫"应即"蕲年宫"之省文。对于这一说法，有研究者持不同意见："一个行政区域或宫殿名称的省略简写，按照一般的约定俗成的汉语语法习惯，应先省去其表示行政区划的单位或宫、殿等众所周知的建筑通称，例如：今人将凤翔县简称为凤翔，古人将棫阳宫省文为棫阳。同理，'蕲年宫'不可能省文为'年宫'。堡子壕遗址的发现及'蕲年宫当'的出土，更充分说明'蕲年宫'和'年宫'并不是一个宫殿，'年宫'应当是史籍失载的为数众多的秦汉宫殿中的一个。"[①]

---

① 马振智、焦南峰：《蕲年、棫阳、年宫考》，见《考古与文物》编辑部编：《陕西省考古学会第一届年会论文集》（考古与文物丛刊第3号），1983年。

发现"年宫"瓦当的南古城，以及附近的史家河、东社一带都有战国秦汉时期的建筑遗址，虽然农民在平整土地中已将其中绝大部分毁掉，但仍有零星遗迹可寻。年宫当建筑在这一范围之内。它与蕲年宫、橐泉宫、棫阳宫相同，都为秦宫汉葺者。"年宫"瓦当的发现可补史籍之阙如。

另据文献记载，雍城还建有阳宫、雍宫、雍高寝、雍太寝、雍受寝等宫室，均应在雍城之内，但具体位置尚难确定。

18. 成山宫

成山宫遗址位于眉县县城西南7.5公里的第五村，是一处建于战国秦，沿用至汉代的离宫遗址。

成山宫处于巍巍太白山与滔滔渭水之间，西临斜水，同岐山五丈原隔河相对，东依台塬，地势舒缓，北有西（安）宝（鸡）公路的南线东西穿过，南端台塬横扼着斜谷。遗址南高北低，中心区面积30多万平方米，文化层堆积厚达2米。[①]发现多处夯土台基、鹅卵石铺成的散水和排水管道、灰坑、水井。建筑遗物主要有外绳纹内抹光的弧形板瓦、绳纹和布纹的筒瓦、素面和简化的饕餮纹半瓦当、各式云纹瓦当、夔凤纹大瓦当、空心砖、条形砖、铺地砖、陶水管道与拐头等。

各式瓦当和咸阳秦宫殿遗址、秦始皇陵园所出相同。特别是大型夔凤纹半圆瓦当，面径78.3厘米，高53厘米，边轮宽1.9厘米，尽管纹饰简化，但体量较大，在秦始皇陵园、陕西兴平市阜寨镇侯村黄山宫遗址、河北秦皇岛金山嘴与辽宁绥中石碑地秦行宫遗址中都有同类器物出土。这种用于大型秦代建筑的"檩当"，表明成山宫兴盛于秦代，始于战国时期的秦国。而"长乐未央"文字圆瓦当与当心竖书"成山"二字的云纹圆瓦当（见图3-24），以及大量的回纹空心砖、铺地砖则表明此宫殿建筑在汉代仍处于繁荣时期。

图3-24 成山宫文字瓦当拓片

[①] 宝鸡市考古工作队、眉县文化馆：《陕西眉县成山宫遗址试掘简报》，载《文博》2001年第6期。

成山宫的传世文物，多有发现。在刘体智《小校经阁金石文字》中，收有"陈仓成山共金匜""神爵四年成山宫铜渠斜"，凤翔县博物馆收藏有"陈仓成山共鼎"，另有"第十六陈仓成山共金鼎……鬻成山宫"，山西朔州出土有"成山宫行灯"[①]。这明确无误地表明，这些都是成山宫中专用之物。至于"陈仓"，当是秦的陈仓县，即今宝鸡市陈仓区戴家湾一带。当然，"陈仓成山宫"说明成山宫在陈仓地，并非在县治。过去以为成山宫在今山东荣成市的成山头，根据是《三辅黄图》记"东莱不夜县"有"成山观"，在成山上"筑宫阙以为观"，从而断定"成山观不在三辅"。汉东莱郡不夜县，即今山东半岛上的荣成市。那么，陕西眉县秦汉成山宫遗址与成山宫文物的发现，可纠正"不在三辅"之误。

（四）内史地待考的几处宫殿遗址

1. 咸阳西行大道上的宫殿

古代横贯关中的一条主干道是同渭河的流向平行的，以咸阳为中心向东西两个方向延伸。咸阳以西，路在渭河北岸，通向陈仓、雍都、陇西；咸阳以东，路则在渭河南岸，是东通函谷的驰道。沿东西大道分布诸多驿站之外，还建造了不少供帝王驻跸的行宫。

咸阳西行大道上，在今兴平、武功和杨陵区的路段上，发现了6处滨渭的秦汉宫殿建筑遗址，彼此相隔约7.5～10公里；其间的秦文化遗址较为稠密，延续时间也较长，汉后一段时间仍在沿用。

黄山宫，据《汉书·地理志》颜注，建于汉惠帝三年（公元前192年）。《水经注·渭水》载："渭水又东北径黄山宫南。"今兴平市东南阜寨镇侯村西北侧有一处秦汉文化遗址，东西长1000米，南北宽400米，面积达60万平方米，文化层厚约2米。见有夯土层、窑址、墓葬等。经发掘，多出土绳纹筒瓦、板瓦、虎纹空心砖、铺地砖、饕餮纹半瓦当、各类云纹瓦当、"长生无极"瓦当及圆形、脊形陶水管道。1984年2月，农民取土时，还发现刻铭"横山宫"文字铜灯一盏。1992年的发掘，除生活陶器和各式瓦当（见图3-25）等建筑遗物外，最珍贵的是出土有"黄山"瓦当和直径达76.5厘米的

[①] 王学理：《秦始皇陵研究》，上海人民出版社，1994年；陕西省考古研究所编著：《陕西兴平侯村遗址》，三秦出版社，2004年；河北省文物研究所、秦皇岛市文物管理处、北戴河区文物保管所编著：《金山咀秦代建筑遗址发掘报告》，载《文物春秋》1992年S1期；辽宁省文物考古研究所：《辽宁绥中县"姜女坟"秦汉建筑遗址发掘简报》，载《文物》1986年第8期；平朔考古队：《山西朔县秦汉墓发掘简报》，载《文物》1987年第6期。

图 3-25 黄山宫遗址出土瓦当与陶文拓片

夔凤纹瓦当。古"横"与"黄"相通，故"横山宫"即"黄山宫"。汉黄山宫可能是在西周犬丘的基础上建造的，其遗址的确认也纠正了文献记载在"兴平县""西三十里"（《三辅黄图》、《元和郡县志》卷一、《雍录》）或"西南"（《元和郡县志》卷二、《新斠注地理志集释》）之误。

兴平市境渭河北岸的秦文化遗址，除侯村的汉黄山宫遗址外，由东向西还分布有小寨、杨村、南佐、汤坊、大金家村、武功县普集街社区梅花村等处。其中的小寨遗址面积也比较大，有10万平方米。常见的建筑遗物是绳纹筒瓦、板瓦等。

2. 滨沣的东马坊秦宫遗址

东马坊秦宫遗址位于今阿房宫西侧6公里处，当沣河西岸，同河东岸纪阳寨秦烽火台建筑遗址东西相望，地属今西安市长安区西北高桥街道东马坊村西北，面积不详。残存夯土台基一座，东西长只有50米，南北宽32米，高7.6米。台基中部有房迹残留，其居住面东西长17米，断墙残高1.4米，原来是围绕台基分层建筑，构架梁柱，形成很多隔间。经过火焚，堆积物见有红烧土和秦代绳纹筒瓦、云纹瓦当、板瓦片、空心砖、脊形陶水道。[①]

---

① 魏效祖：《长安县东马坊的先秦建筑遗址》，载《考古与文物》1986年第4期。

在马坊村西南有一处面积达1.5万平方米的居住遗址，可见到战国秦的陶片，纹饰有绳纹、几何纹等。

东马坊宫殿是独立的，附近有居住遗址，但作为"表南山之巅以为阙，络樊川以为池"的阿房宫的近邻，在当时是否也算在阿房宫区之内？

3. 槽坊遗址

槽坊遗址位于长安区高桥街道槽坊村西南150米处，面积约1.5万平方米。地面遗留有泥质灰陶片、夹砂黑陶片，纹饰有绳纹、几何纹。

4. 凤翔凹里秦汉遗址

凹里宫殿遗址位于凤翔县东横水镇凹里村，地当水口河（下游为横水河）西岸的台地上，因历年取土而遭破坏，仅剩下遗址西北部650平方米的范围，但从地下一条南北长200米的陶水管道看，此建筑原来的规模是相当大的。采集的文物有筒瓦、槽形板瓦、素面半瓦当、圆瓦当、回纹铺地方砖、陶水管道和陶罐等。其中瓦当数量多，内容丰富，既有"长生无极"等文字瓦当，也有双獾纹、鸟鱼纹等动物纹瓦当，而图案瓦当与涡纹瓦当更是多彩多姿，极富装饰性。[①]

凹里建筑遗址处于雍都之东20公里，当是雍都郊外的一处建筑，后成为秦汉的离宫。

5. 澄县的秦汉貌宫遗址

秦汉貌宫遗址位于澄城县北17公里的良周村，东西长约1000米，南北宽800米。中心部分有土沟环绕，似人工开挖，形为东西长的矩形，面积为650米×330米。经省文保中心钻探，东部有多处建筑夯土分布，地面存留有大量的建筑遗物。采集到谷壁纹空心砖、几何纹方砖、滴水砖、筒瓦、板瓦，各式云纹瓦当。文字瓦当见有"与天无极""宫""貌宫"等。[②]（见图3-26）戳印陶文主要在筒瓦上，少数在板瓦内侧和陶器残片上，文为"大匠""犬亭""鬼""木""禄""勺"（以上筒瓦）和"栎市"（陶瓮）等。

貌宫遗址位于黄龙山与洛河间的平坦原地，近有壶梯山，风景颇佳。因处河西地，曾是秦晋、秦魏争战的重地，洛河两岸各有长城。从出土文物和遗址的人工环沟看，

[①] 陕西省考古研究所雍城考古队：《陕西凤翔凹里秦汉遗址调查简报》，载《考古与文物》1989年第4期。
[②] 姜宝莲、赵强：《陕西澄城良周秦汉宫殿遗址调查简报》，载《文博》1998年第4期。

大概是战国晚期秦的一处兼有防御性质的行宫。沿用至汉武帝时，很可能同祀汾阴后土途经此地驻跸有关。

对秦都咸阳宫殿的考存，笔者从1960年大学毕业后进入秦都咸阳故地以来，面对这些符号性的宫名与一抔抔黄土，经过多年调查、发掘与研究，循名责实，感慨于兹，总括有以下几点认识。

第一，名实不符，必定各有原因。在咸阳有宫名可考见遗存者只有17座，仅占"咸阳之旁二百里内，宫观二百七十"的6.3%。

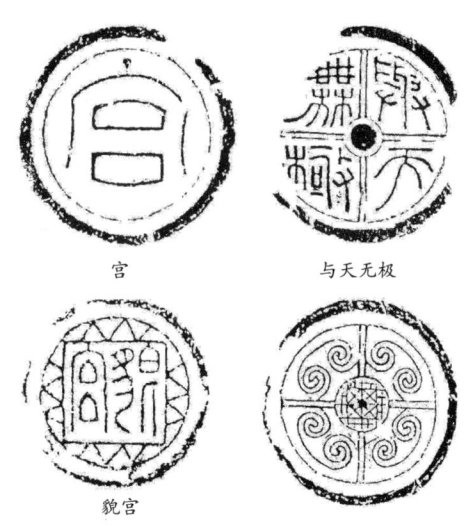

图3-26 貌宫瓦当拓片

如果加上远郊及其以外有名有址或无名有址者，计得45座，才占"关中计宫三百"的15%。差距之大，必定是由两种情况造成的：一是当时按单体宫室计算，其数必大于群体，如阿房宫遗址范围内就有很多单体建筑，若总体统计则归一，分计则必多。二是古今悬隔，地形变易，残毁湮没者不知凡几，就近几十年间开禁以来，在"寻室""探宝"的激励下，盗挖成风，文物走私猖獗，建筑遗址也难幸免。文物遗存破坏的速度之快、规模之大、范围之广，超过任何时代。而这还是在当今文物局眼皮底下发生的，更不要说在"恶秦""毁秦"的2200年之间！今有存留，所剩几何？抱残守缺的"抢救"，那就有待考古者去发现了。

第二，分布不均匀，首都最为集中。从理出的45座秦宫殿遗址得知：以首都咸阳和旧都雍最为集中；在首都范围之内，其数量又是南多于北；在关中的分布上，也是咸阳以西多于咸阳东部。西线宫殿的时间跨度大，从春秋历经战国、秦汉，原因在于秦人越过陇东高原后，沿着汧河、渭水逐次经过了一个漫长的历程。尽管公元前350年孝公定都咸阳，但秦人并没有忘却祖先西来的故地。所以它既有原来深厚的建筑基础，又是历代君王"雍五畤"的目的地。往还行动也多，建立的宫观自然必多。

第三，宫殿性质各有区别，等级作用有差次。首都咸阳是政治中心，咸阳宫继冀阙宫庭成为朝会理政的正宫、寝宫与后宫，其他则系妃嫔之宫，渭南信宫是宗庙的所在，甘泉宫乃秦始皇处理政务与太后之宫；近郊的宫殿如兰池宫、望夷宫、芷阳宫等，多作燕居、悠游之用，因此秦始皇能做到"各案署不移徙"；濒临大道者多设行宫，今兴平以西滨渭秦宫及宁夏的回中宫，都归属此类；在名山胜水之地，建离宫别馆，如步高宫、步寿宫、蕲阳宫、长杨宫、美阳宫等，多是些赏心悦目的去处。当然，有些宫观的功能是兼而有之，不易严格区分，如林光宫、望夷宫还具有军事性质。

第四，大道如织，起点都在帝京。咸阳地区宫殿270座，尽管看似一个个孤立的点，但各个宫殿建筑，通过复道、阁道、甬道等密闭型特殊道路连接为一个整体。进而又以驰道、御道等专有道路，把近郊的宫殿或较远处的离宫别馆连通在一起，从而构成以咸阳为中心的交通网络。

第五，文献记"关中计宫三百"，但分布地域并不局限在关中。虽说关中有"宫三百"，但应该是指大地域概念上的略数，自然不以关中平原为限。在秦统一六国之后，蓝武大道上、自云阳抵九原的直道上，特别是在上郡段，沿途及风景区都有很多叫不上名的行宫和离宫的存在，这都应该包括在"三百"数之内。

第六，楚人将秦咸阳付之一炬，使多数宫殿化为焦土。刘、项"鸿门宴"后，项羽入咸阳，烧、杀、掳、掠无所不用其极。纵火焚烧，使秦宫室和陵园建筑在3个月的延烧中化为灰烬。咸阳的冀阙宫庭、六国楼台、兰池宫、望夷宫、咸阳宫、诸庙、章台、信宫、甘泉、南北二宫、上林苑中诸多宫室、附属建筑，统统都在冲天大火中永远地从地球上消失了。大概只有兴乐宫作为当时楚军的止宿之处逃过了一场劫难，也只有远在郊野的离宫别馆，大概由于项羽急欲东归来不及光顾而幸存了下来。

第七，汉葺秦宫，换了新主人。西汉在秦兴乐宫的基础上建造了长乐宫，至于宜春宫、芷阳宫、栎阳宫、步高宫、步寿宫、蕲阳宫、长杨宫、平阳封宫、林光宫、好畤甘泉宫、谷口宫、高泉宫、羽阳宫、槭阳宫、蕲年宫、橐泉宫等离宫，经过西汉修葺或扩建，其规模较前更为盛大。名称依旧，形诸文字瓦当，留给我们断代的根据，也是一份美学遗产。

第八，留名的秦宫，毕竟打下了创始人的时代烙印，历代秦君所建宫殿，依次可见如下：

秦文公：西垂宫。

秦宪公：平阳封宫。

秦德公：大郑宫。

秦穆公：霸宫。

秦惠公：蕲年宫。

秦献公：栎阳宫。

秦孝公：冀阙宫庭、橐泉宫。

秦惠文王：咸阳宫、章台宫、长安宫、菟阳宫。

秦武王：羽阳宫。

宣太后：高泉宫、虢宫。

秦昭襄王：兴乐宫、南宫、六英宫、华阳宫、芷阳宫、谷口宫、长杨宫、棫阳宫；

秦始皇：在都城仿六国宫殿，建阿房宫前殿、兰池宫，曲台宫、望夷宫、宜春宫，好畤甘泉宫、梁山宫，扩建咸阳宫、甘泉前殿等。

他如北宫、雍门宫、步高宫、步寿宫等，建造时间不详，但根据构筑技术及遗址包含物，建于战国晚期的可能性最大。

第三节
诸 庙

一、都咸阳以后的庙制

（一）"诸庙"解义

祭祀在古代备受国家君主的重视，被看作是"国之大节"（《国语·周语》）。其政治地位同战事一样重要，故而特别强调"国之大事，在祀与戎"（《左传·成公十三年》）。而祭祀祖先的固定场所就在宗庙，那当然是属于国家最为庄严神圣的地方。军国大事如兴师命将要在宗庙里举行授受军权的仪式，就连作战的决策会议也要在宗庙里召开，然后出师，即所谓"庙算"（《孙子兵法·始计》）。秦始皇一再强调"赖宗庙之灵，六王咸服其辜，天下大定""赖宗庙，天下初定"（《史记·秦始皇本纪》）。连秦始皇这样具有反传统精神的人，信奉先祖鬼神如此之诚，祭礼敬仰之勤是可想而知了。

在雍都，已有春秋时期秦宗庙遗址的发现。其立庙者，《秦物质文化史》推定为"春秋五霸"之一的秦穆公。①

秦都咸阳有无宗庙？宗庙何在？《史记·秦始皇本纪》记群臣的话说："先王庙或在西雍，或在咸阳。"从分布上是说雍都有，咸阳也应该有。又，"诸庙及章台、上林皆在渭南"一语指出了咸阳庙的位置，而且"诸庙"当然指的是都咸阳以后的诸秦君之庙。但仔细推究，深感此一记载失之笼统。确切地说，应是自秦昭襄王以后诸君之庙位于渭水之南。道理很简单：第一，孝公定都咸阳之后，直至惠文王时，在意识上、行为上并没有料到，事实上也没有出现政治重心南移的趋向，因而献、孝的葬地不是放在

---

① 王学理主编：《秦物质文化史》，三秦出版社，1994年。

咸阳而是东去栎阳，其寝庙不可能提前安排在渭南。只有到惠文王后期、武王时，才定下咸阳西郊的毕陌，故择地而葬就成为毕陌王陵区。第二，秦二世议尊始皇庙时，群臣明白地说"先王庙或在西雍，或在咸阳"，约略地点明秦的诸公、王、帝之庙是按国都之所在而分段祭祀的，当然，也不排除咸阳在渭北的可能性。第三，昭王庙在"渭南阴乡"有文献记载，显然可以作为时间的分界线。

地跨渭河南北的咸阳，无论从政治的或地域的概念出发，作为首都，已经成了事实上涵盖诸都城因素的载体。那么，这个大咸阳内诸秦君的宗庙当然是分布在渭河两岸的。

（二）庙制

咸阳的秦宗庙，从制度上讲，是在周人庙制的基础上创设和继承了先秦的祭祀传统的。其可称说者，约有以下诸端：

其一，秦王差不多是各自立庙的。从设立宗庙的本意看，起初是通过祭祀祖先的活动，巩固等级制度，维系宗族利益，同统治者的国家联系在一起。即《尚书·太甲上》："社稷宗庙，罔不祗肃。"《国语·鲁语》："夫宗庙之有昭穆也，以次世之长幼而等胄之亲疏也。"以后的宗庙，慎终追远是表，美化神化当今的统治者为实。而都咸阳的秦王在生前立庙，这同过去的做法是截然有别的。《史记》单独提及昭王庙，又统言"诸庙"，就清楚地表明庙数非一二可止。

其二，祖庙设立在雍都，诸秦王庙建于咸阳。"先王庙或在西雍，或在咸阳"，具体区分就是秦穆公以来诸公的祖庙设立在雍，献公至武王时期诸庙在咸阳北区。秦惠文王、秦昭襄王、秦王嬴政等，到了成年要亲政，按照礼制还必须到旧都雍的祖庙里去举行冠礼。"始国"的秦襄公自然是祀于祖庙，以下的祧主对于都咸阳的诸王同样是祖，均是祭祀的对象。

其三，所谓诸庙位在渭南，实际上是统一后规划的宗庙位置，地处咸阳南区的市中区。因为古代的宗庙均建在都邑里，根据是"天下有王，分地建国，置都立邑，设庙、祧、坛、墠而祭之"（《礼记·祭法》）。其同朝寝的区别仅在于它是祭祀祖先亡灵的地方，安放和供奉着祖先的神主（木牌位）及其生前的衣物。先祖是今主的精神支柱，所以秦重视宗庙之礼，同样也遵照传统习惯把宗庙设在都城之内。那么，从昭王庙到始皇的极庙，既然都设在渭南的市中区，想来其他各庙也当距此不会太远。

其四，庙的形制固然是"前庙后寝"，但在朝之君的庙并不举行祭礼活动，而是作为王宫使用的。潜意识地建庙，而口头上却称之为宫，如西周时期就有两个宗庙，一个是"京宫"（包括大王、王季、文王、武王和成王等五庙），另一个是"康宫"（包括康王、昭王、穆王、夷王和厉王等五庙）。秦始皇在统一天下后的第二年（公元前220年），就开始建造信宫，虽是建庙，并非一开始就称庙。同样，到了西汉，仍然是称庙为宫的，像汉景帝的德阳庙称德阳宫，武帝的龙渊庙称龙渊宫，即使后来的孝元王皇后长寿庙也称作长寿宫，等等。

二、渭北宗庙

秦人的祖庙在凤翔的雍都，所以建都咸阳后仍要去那里祭祖，连秦始皇行冠礼也还得去雍都进行。但渭北区的咸阳原来也应该建有先王之庙的，这同早期王陵区在毕陌是一个道理。究竟在咸阳的先王庙是一处还是几处，史无明载，不可妄言。想来渭北宗庙所祀公、王起码包括秦献公、孝公、惠文王和武王。

但司马迁叙写这段秦史时所言诸庙只肯定在渭南，而对渭北宗庙有无，从正面竟只字未提，只是通过二世时大臣之口说出"先王庙或在西雍，或在咸阳"的话。这里的"咸阳"当然指的是渭北早期的咸阳了。揆其个中原因，大概是建庙时间早、规模小，到后来在渭南立庙时已经"轶毁"，于是把列宗神主迁到了渭南庙之祧中，因而司马迁后来面对既成事实讲咸阳布局时就没有再分段陈述渭北宗庙的必要了。

三、昭王庙

《水经注·渭水》载明渠"东历武库北，旧樗里子葬于此。……又东径汉高祖长乐宫北。……故渠北有楼竖，汉京兆尹司马文预碑。故渠又东出城，分为二渠，即《汉书》所谓王渠者也"。《史记·樗里子甘茂列传》："昭王七年（公元前300年），樗里子卒，葬于渭南章台之东，曰：'后百岁，是当有天子之宫夹我墓。'樗里子疾室在于昭王庙西渭南阴乡樗里，故俗谓之樗里子。至汉兴，长乐宫在其东，未央宫在其西，武库正直其墓。秦人谚曰：'力则任鄙，智则樗里。'"沈水由少陵原西南的樊川西北流经皇子陂、杜城、阿房宫东，至汉长安城西南角，沿西城墙北流，在章城门附近分出支津入长安城，称作"明渠"，用以供未央、长乐二宫用水。既经武库北，附近便是樗里疾之室与墓的所在。已推知樗里疾墓在汉长安故城武库遗址南，当今大刘寨村东南。

那么，樗里疾室也就在武库附近。由于东去不远即是昭王庙，其位置当在汉长乐宫中部，或稍偏北，即今张家巷附近，但也绝对不会超出汉长安城东墙①。

昭襄王在位56年，是秦诸公、王、帝中享国最长的君主。作为武王的异母弟，在诸弟争权、国内大乱的情况下，以质子身份自燕入王。他处于宣太后训政、相国穰侯操权的情势下不得亲政，又面对"太后擅行不顾，穰侯出使不报，华阳、泾阳等击断无讳，高陵进退不请。……穰侯使者操王之重，决制于诸侯，剖符于天下。征敌伐国，莫敢不听。战胜攻取，则利归于陶，国弊御于诸侯。战败，则结怨于百姓，而祸归于社稷。……自有秩以上，至诸大吏，下及王左右，无非相国之人"、"以太后故，私家富重于王室"（《史记·范雎蔡泽列传》）、"穰侯之富，富于王室"（《史记·穰侯列传》）的局面，可说是朝廷上下拉帮结派，掌握大权，国有资产流入私囊，配以奸细特工，钳制民口，而"妒贤嫉能，御下蔽上，以成其私""恶纳诸侯客"更不在话下。形势严峻，有亡国的危险。昭襄王用范雎，废太后，逐"四贵"，铲除恶势力，在内治外拓方面卓有建树，为秦最后统一天下奠定了基础。

也正因为秦昭襄王有大功于秦，属于有德之王，有时间也有力量来建立新的宗庙以代替渭北的旧宗庙。

四、从信宫到极庙

秦始皇二十七年（公元前220年）建信宫，竣工之后改名为"极庙"。秦二世元年（公元前209年）又奉为"始皇庙"，群臣尊作"帝者祖庙"。从生祠（信宫）到祖庙（始皇庙）的过程，见于《史记·秦始皇本纪》中的有两条文献记载：

二十七年……作信宫渭南，已更命信宫为极庙，象天极。自极庙道通郦山。

二世（元年）下诏，增始皇寝庙牺牲及山川百祀之礼，令群臣议尊始皇庙。

群臣皆顿首，言曰："古者，天子七庙，诸侯五，大夫三。虽万世，世不轶毁。今始皇为极庙，四海之内皆献贡职，增牺牲，礼咸备，毋以加。先王庙或在西雍，

---

① 杨宽先生认为昭王庙在"汉代长安城之东"的芷阳附近，"离昭王的陵墓不太远"，当"今西安市东北灞河弯曲处的东岸"。见杨宽：《中国古代陵寝制度史研究》，上海人民出版社，2003年，第27页。

《史记·樗里子甘茂列传》："樗里子卒，葬于渭南章台之东……樗里疾室在于昭王庙西渭南阴乡樗里，故俗谓之樗里子。至汉兴，长乐宫在其东，未央宫在其西，武库正直其墓。"汉之长乐宫、未央宫、武库遗址均已探明，都在汉长安城内，而且武库遗址已被发掘。昭王庙既距樗里疾墓不远，就不可能在相隔40多里的灞河东岸。因此，杨先生把昭王庙当作"陵侧立庙"的典型放在汉长安城东的推论是难以成立的，而且有违起码的地理常识。

或在咸阳。天子仪当独奉酌祠始皇庙。自襄公已下，轶毁。所置凡七庙，群臣以礼进祠，以尊始皇庙为帝者祖庙。皇帝复自称'朕'。"

信宫创建于秦始皇统一全国后的第二年（公元前220年），并设在渭河南岸，公元前219年即改名"太极庙"（《史记·六国年表》）。这本身就显示了它的重大意义绝不同于一般的朝宫，更非离宫建筑可比。而且从名称由"信宫"到"极庙"的变化，也正反映出秦始皇的设计思想和其功用转变的历程。宫，即庙。古代"宫""殿"二字通用。①信，通"身"。信宫，即隐喻秦始皇给自己建立的生祠，故而也叫"宫庙"（《史记索隐》）。正因如此，从位置选择到建筑气氛，它同样也应该像"众星共之"（《论语·为政》）的天极星一样②，也同首都咸阳"以则紫宫象帝居。渭水贯都以象天汉，横桥南度以法牵牛"（《三辅黄图》）的总体规划协调一致。

但是，渭北既有"因北陵营殿"的咸阳宫象征天帝所居的"紫宫"，渭南的极庙再"象天极"，岂不出现两"帝居"并存的多中心？这在理论上显然是矛盾的，说不通的。由信宫更名为极庙，笔者以为它正反映出这一建筑所具有的两重性：是宫，也是庙，即"宫庙"。就礼祠的信仰系统而言，极庙"象"的是"南斗"，是太阳的南极，而不是太阴的"天极"（北极）。说它"象天极"，实际上是强调南极的地位同天极一样重要。因为南斗是北方玄武七宿的第一宿，由六颗星组成，位置同北斗相对，虽少一星，但状亦如斗，实是天帝的庙宇，所以又称"天庙"。它是天上太庙的中室（太室），最大，也称"清庙"，属于天子之星。其北方有弯曲像旗的建星，这也就更加突出了斗宿在元龟之首的地位。古人认为南斗主寿命爵禄，因此《星经》说"南斗六星，主天子寿命"。正因为如此，人们对南斗的信仰，同对日、月、北斗等的自然崇拜一样，由来已久。先秦时期，就建有专祀南斗的庙坛。秦始皇统一六国之后所建造的南斗庙实际上就是极庙，所以又称太极庙。这也给以后改极庙为"帝者祖庙"埋下了伏笔。

秦始皇在统一中国后的第二年，进行了两项宫殿建设工程。一个是"作信宫"，另一个是"作甘泉前殿"。信宫既是生祠，不可能设主，也没有像宗庙那样供奉祖祧。

---

① 唐兰：《西周铜器断代中的"康宫"问题》，载《考古学报》1962年第1期。
② 因为天极星位于天之中的"中宫"（即"紫宫"）里，故有此称。也称"北极星"（《尔雅·释天》简称为北极、北辰，又称天枢。即现在的小熊座α星，也就是勾陈一星）。它在正北方，异常明亮，身份是天帝，称为"太一星"（又作"太乙""泰一"）。《史记正义》："泰一，天帝之别名也。"在中宫里，以天帝的天极星为中心，旁有三星，即为"三公"，后面有排列成弯曲状的四颗星皆为嫔妃之属（末尾一亮星为正妃）。环围中宫的十二颗星，都是以藩臣命名的。

秦始皇生前一开始是把这里当作举行庆典、朝会群臣的大朝之处，随后又搬到了咸阳渭河南岸的甘泉宫（南宫）。只有到了三十五年（公元前212年）才正式"营作朝宫渭南上林苑中"（《史记·秦始皇本纪》）时，政治中心才有最终确定在阿房宫的安排。正因为《三辅黄图》的作者看到有甬道把信宫、甘泉前殿、丽山陵墓及渭北诸宫连接为一体的实际，又看到信宫地位之重要并有取咸阳宫而代之之势，所以就径称"信宫亦曰咸阳宫"。

随着甘泉前殿的落成，也随着信宫功能的转移，其极庙的性质才逐渐明朗起来。而彻底完成这一转变的，却是秦二世元年的"议尊始皇庙"之举。至此，信宫才正式由朝寝变成了庙寝。至此，我们也可以这么说，从信宫到极庙实际上是同一建筑的前后两个名称。

由信宫更名为极庙，进而又改作始皇庙，过去因材料不足，加上对文献记载理解的偏差，而对这"帝者祖庙"所在的推测欠准确。既然"咸阳之旁二百里内，宫观二百七十"而司马迁独言"诸庙及章台、上林皆在渭南"（《史记·秦始皇本纪》），可知庙、宫、苑三者作为政治都会中的建筑是最具有代表性与典型性的。据考古材料知，由西咸新区窑店北原上的冀阙宫庭——咸阳宫遗址向南，有大道遗迹直通秦汉时期的渭河故道——秦横桥的所在。桥南的南北大道遗迹有1000多米长，北入汉长安城横门。在横门大街两侧与南端，正是秦都咸阳渭南新区的宫苑建筑的集中地：西侧有甘泉宫（南宫）——地当汉桂宫；在东北的相家巷有大量秦封泥出土；东侧向南有秦章台宫、兴乐宫；再偏西南，就是上林苑。那么，秦都咸阳由北而南形成一条轴线。按极庙→章台→上林苑这一位序关系，极庙当坐落在汉长安城的北部，位置应在"北阙甲第"之北、东市之南。

给始皇立庙时，既然"自襄公已下，轶毁。所置凡七庙，群臣以礼进祠，以尊始皇庙为帝者祖庙"（《史记·秦始皇本纪》），作为秦的宗庙，其规格必然是顶级的——七庙之制。《礼记·王制》："天子七庙，三昭三穆，与太祖之庙而七。"又，庙有五室，"凡大室有东西厢、夹室及前堂，有序墙者曰庙，但有太室者曰寝"（《尔雅·释宫》邢昺疏）。对于宗庙之制，历代学者多有探讨，但都局限在字面上而莫衷一是，即使画出图形，也是大相径庭。周、秦宗庙建筑遗址的发掘，给人们提供了认识的凭借。陕西岐山县凤雏周先公之宗庙建筑（甲组）坐北面南，平面呈长条状的四合院形。入门，过院，矗立的建筑是前有堂，后有室，两侧则有多间厢房并列。① 同样，凤翔县马家庄秦宗庙遗址的布局与周庙有很多相近的地方。平面虽然趋于方形，但仍是由外围墙、门垫、中庭、东西厢和堂室几部分构成的。② 区别仅在于："屏"移在了门内；室堂合一，有大的进深与面阔，建筑显得更雄伟，安排上当是祖庙；两厢不再是多间并列的长条状，而成了有大的进深的独立建筑，研究认为是昭庙（东厢）和穆庙（西厢）的所在；而且在院落最后的中心位置上，还另有一个独立的小型建筑，被确定为"亡国之社"。春秋中期雍都宗庙遗址提供给我们的是"诸侯五庙"的实例。③ 那么，宗庙从周到秦之形有同有异，"同"是继承的表现，"异"则属于变化。始皇庙作为帝者祖庙，在建制上当然接近雍都的祖庙，但七庙之形则出现了更新的因素。

五、秦始皇的陵庙

宗庙设立在都城之内，是同宗人共祭之所。而扫墓的祭祀，则须到墓地去进行。

祭祀亡灵由来已久。原始先民面对亲人死而不可复生的现实和往往发生在梦境中的团聚的幻觉，产生出人有灵魂的观念，认定这是人存在的两种不同形式，前后相承，只是生活的环境有别而已，这就是说：一在阳间，一在阴间，但对生活的需求是共同的。所以墓中放置随葬品，以及对死者的祭祀，都是基于对"死后有知"的信仰而产生的行为。

安阳作为殷都，王室墓地同宫区相邻，并在墓上筑有殿堂，以便进行祭祀活动。而周代更偏重宗庙的祭祖活动，以至于把它礼制化，延续到战国而盛行不衰。秦人也继承了这一传统，所以才有"先王庙或在西雍，或在咸阳"、诸庙皆在渭南的说法。当然，这也是当时客观存在着的事实。

秦始皇时，从他做"始皇帝"开始，把"庙祀"做了根本的改变，即在陵侧起"寝

---

① 周人宗庙参见陈全方：《周原与周文化》，上海人民出版社，1988年。
② 春秋秦庙参见陕西省雍城考古队：《凤翔马家庄一号建筑群遗址发掘简报》，载《文物》1985年第2期；雍城考古队尚志儒、赵丛苍：《〈凤翔马家庄一号建筑群遗址发掘简报〉补正》，载《文博》1986年第1期。
③ 雍都凤翔县马家庄秦国宗庙遗址的总体布局同史籍有关诸侯宗庙的记载大体相同，但庙的数目略有出入。《仪礼·聘礼》贾公彦疏："诸侯有五庙，太祖之庙居中，二昭居东，二穆居西。"这是周人的制度，其中的一昭一穆可能在太祖之庙里。如周天子七庙，有太祖庙一，昭二［祭祀享位天子的显考（曾曾祖父）、王考（祖父）］，穆二［祭祀享位天子的皇考（曾祖父）、考（父）］。在二昭二穆之上，又列文、武二世室（后更立二祧庙），祀文王和武王。在秦人庙中不再有文、武二世室，而是以诸侯身份立三庙：祖庙一（祀始封君秦襄公及襄公以下到王考以上之祧主，实为文公和静公），昭一（祀在位穆公之王考宪公）、穆一（祀穆公之考德公），从总体上讲还是五庙制。

殿"代替墓上建筑，使前此的宗庙祭礼与墓上祭祀合并一处进行。①

东汉大学问家蔡邕在《独断》中说："至秦始皇出寝，起之于墓侧，汉因而不改，故今陵上称寝殿，有起居、衣冠、象生之备，皆古寝之意也。"古寝是什么样？有何讲究？他以庙制为例说："宗庙之制，古者以为人君之居，前有朝，后有寝宫，则前制庙以象朝，后制寝以象寝。庙以藏主，列昭穆，寝有衣冠、几杖、象生之具，总谓之宫。"因为朝是君主朝会群臣、理政之廷，寝是君主及其家族起居饮食之所，所以在格局上，二者同处一个宫垣之内，就形成了一组以"前朝后寝"为主体，配以附属设施的宫殿群。宗庙既是仿照君主生前的朝廷来布置的，即"前庙后寝"。总之，前面所言，讲的都是朝寝与庙寝之制。正因为朝、庙之寝与陵寝有太多的相似，故而郑玄在《礼记正义》中说"天子庙及路寝，皆如明堂制"。秦都雍城的朝寝遗址，是有中轴线、呈递进式的五进院落，符合"三朝五门"的制度。那么，秦始皇在丽山陵墓之侧起寝殿也当是朝、庙的沿袭。因为陵墓本身就是始皇的寝宫，墓侧之殿表示坐朝、接受群臣祭献，因而应视之为陵庙。由于此庙位于陵园之内又相对于国都的极庙，也许就是蔡邕所说的出寝于墓侧的寝殿。

秦始皇陵庙——寝殿，是丽山园中初设的礼制建筑，既含"古寝之意"，又有创新之举，形式、内容、位置等均不同以往。在秦始皇陵园内城北部的小城西垣之西，是个向南开口的空间，由内城北墙向南至陵西北53米处，分布着一个南北并列、中有通道的十进群体建筑。②其中第一至第九进两侧的院落，大小基本相同，但在内部平面布局上则明显有区别，只有位于南端的第十进院落呈东西通体的建筑，成为这一礼制建筑群中的主体。（见图3-27）今以陵墓为基点，向北可分为四组：

甲组（第十进院落）：在第十道门之南有一复杂的整体建筑，其中的主体在陵北偏西53米处，地基呈方形的建筑台基，南北长62米，东西宽57米，总面积3534平方米。台基绕以回廊，门设东南角的东墙上，有阶。堆积物为遭火焚后的砖瓦及墙壁残块。

乙组（第九进东西两院落）：每院落内分布四座建筑，形成"田"字结构，南北各

---

① 《后汉书·明帝纪》及《后汉书·祭祀志》李贤注引应劭《汉官仪》、蔡邕《独断》的话，都有"古不墓祭"的说法，现今的一些历史学者也坚持这一看法。杨鸿勋先生援引大量的考古资料，说明墓祭早于庙祀，而且在商、周以来还是并存的，并指出"庙祀应是从墓祭中发展出来的"，"殷人有墓祭，也有宗（庙）祭。至周代，宗庙的祭祀逐渐发展，以致天子、诸侯乃至官师皆有宗庙。……战国时期，设于城防以内的宗庙，大约就成为祭祖的主要场所了。秦、汉时期，正如司马光所说：'秦尊君卑臣，无敢营宗庙者，故汉人多建祠堂于墓所。'这大约就是造成汉人'古不墓祭'错觉的由来"。参见杨鸿勋：《关于秦代以前墓上建筑的问题》，见杨鸿勋：《建筑考古学论文集》，文物出版社，1987年，第145页。

② 陕西省考古研究院：《2010年度秦始皇帝陵园礼制建筑遗址考古勘探简报》，载《考古与文物》2011年第2期。

为主次。

丙组（第四至八进，东西计六对院落）：每院落内，北部东西并列三座连属的主体建筑，南部是贯通的廊房建筑。

丁组（第一至三进，东西计三对院落）：每院落内，北部是一东西向的廊房，南部是多所连属的建筑。

从始皇陵侧的四组院落式的群体建筑看，它们属于一个整体，当是多座不同性质与作用的寝殿。甲组处于墓侧，又具有方形规整的大体量，是诸院落中独有的形式，与文献所记相符，又和先秦时期墓上祭祀建筑形制相同，应判断为秦始皇陵庙的正寝建筑。而其他的院落为多所别寝，其中丙组建筑是否为《周礼·天官·宫人》所说的"王之六寝"（路寝一、小寝五）、后之六寝（正寝一、燕寝五），有待进一步研究。

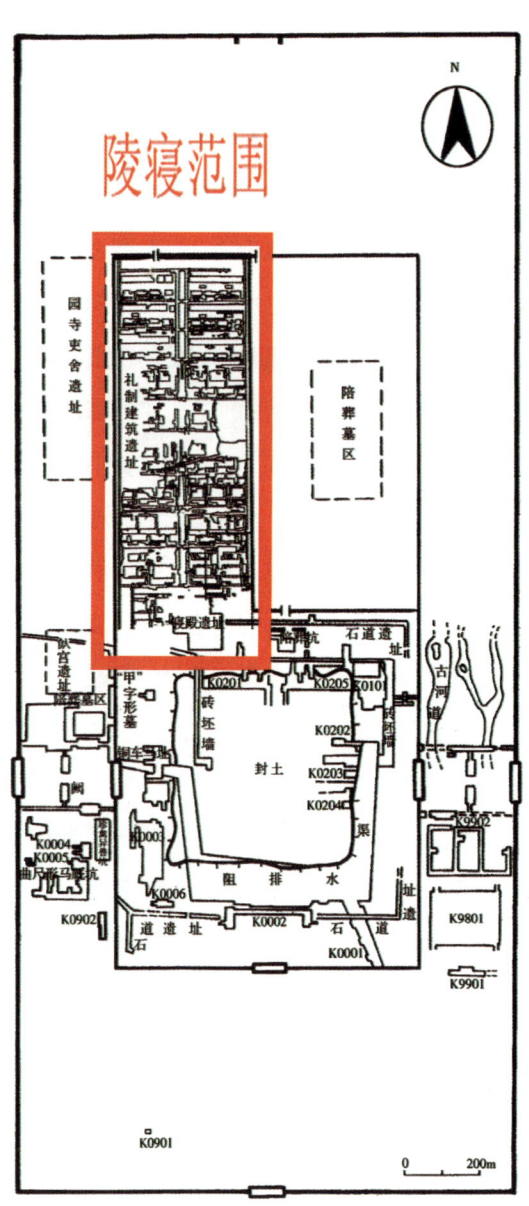

图 3-27　秦始皇陵园陵寝范围示意图

第四章 皇家园林与城市商业

早期的秦都咸阳屈居渭北狭小范围，以今西咸新区窑店街道北原上的冀阙为中心。立都咸阳后，经过25年的内修外攻，秦国崛起，诸侯来朝，天子致贺。惠文君嬴驷称王，呼曰"秦惠文王"。随着秦都咸阳城区扩大，渭河南岸的周王故土显然成了开辟园林、建造宫观的首选。渭北的池苑仅见兰池这一处，而渭南有意识地开建，由近及远，形式多样，已是林林总总、满天星斗了。五苑地跨渭河两岸，宜春苑、上林苑分布在渭南新区的东西两侧，杜南苑、阳陵苑、鼎湖苑、华阳苑等则是向外扩展的结果。这些供秦统治者休闲悠游的园林，不仅有富于灵性的池沼、姹紫嫣红的奇花异草、千姿百态的宫观楼台，还多养殖鱼虾与百兽。当然，有些禽兽是专设圈养的，如虎圈、狼圈、麋圈之类。天然的温泉或人工开凿的池沼，如骊山、蓝田的温汤（温泉），镐池和牛首池等，都是对前代遗产的继承、扩充与改建。

秦国初年重视商业交流活动，曾在雍都设市，实行集中管理。但商鞅变法推行耕战政策时，排斥商业、打击商人。秦始皇尽管仍然奉行重农抑商政策，但毕竟把商业活动纳入了法制化轨道，同时对商业行为在政策上也有所调整。在全国统一后，"决通川防，夷去险阻"，便利交通，特别是统一度量衡、普遍设市，集中管理，大大促进了农业、手工业、商业繁荣，丰富了社会生活内容。首都的"咸阳市"规模最大，政府直接控制和管理，是有着固定地点的综合商场。大量市亭陶文、始皇和二世诏版的出土，即显示出咸阳商业的活跃。

第一节
苑囿园池

一、苑囿

（一）禁苑

《春秋左传集解·僖公三十三年》正义曰："囿者，所以养禽兽。……天子曰苑，诸侯曰囿。"苑囿，实际上就是供人休闲悠游的园林。

秦自战国晚期以来，大筑苑囿，在继承传统成果的基础上，又广泛吸收各诸侯国的经验，就使得苑囿的数量和规模都大大地超过了商、周和同时代的其他国家。但是，秦苑囿遗迹保存至今的却是少之又少，而且也只能指出其方位和大体范围。因而更多的苑囿材料只能从疏略的文献记载中去搜求，好在近年来秦封泥陆续面世，再加上有钤印资料作为参考，就大大地丰富了我们窥探秦苑囿的内容。尽管如此，毕竟还难于看到它当年的全貌，所以，唯有依据串联起来的材料综合研究，从而一窥它昔日繁盛华丽的容颜了。

1. 五苑

《韩非子·外储说右》："秦大饥，应侯请曰：'五苑之草著、蔬菜、橡果、枣栗，足以活民，请发之。'"这是战国时秦有五处苑囿的最早记载，值得重视。

古代园林中多畜养禽兽，故称"苑"，有时直作"苑囿"。秦五苑中既有蔬菜的种植，还产橡果、枣栗等副产品，就反映了秦重视园林的生产功能。既能接济饥民，说明其规模很大。五苑之设肯定在秦昭襄王时，甚或更早一些的时间。但这时秦控制的范围有限，再从应侯的口气看，五苑当在畿辅一带，不可能远在外地。当然，"五苑"并非一苑之名，很可能是散布着的几处名苑的总称。那么，秦的五苑所在地当在渭河两岸，临近水滨，很可能就在今西咸新区窑店之南，西起西龙村，东到泾、渭之交一线以南的渭河北岸，再傍渭河南岸到灞、渭之交的这一广阔地域。

2. 上林苑

上林苑是范围最大、景观最美、内容最多的一处皇家园林。渭南的丰镐之地早有周的灵囿存在，《诗·大雅·灵台》有"王在灵囿，麀鹿攸伏，麀鹿濯濯，白鸟翯翯，……于牣鱼跃"之句。秦扩大规模，后造阿房宫，自然景观同人文景观结合，情景交融，使天人合一之美达到了极致。汉武帝于建元三年（公元前138年）开上林苑，建离宫七十所，容千乘万骑，又养百兽其中，广种奇花名果三千余种，山环水绕，宫观掩映，花木扶疏，衬托着喧嚣繁盛的都城长安，显现着秦汉帝国那峥嵘博大又雍容华贵的气势。

秦上林苑的范围，史乘无载。不过，从秦始皇"尝议，欲大苑囿，东至函谷关，西至雍陈仓"（《史记·滑稽列传》）看，大概是再扩大上林苑的一种设想。原来的规模大约是：东界灞、浐二河，西至沣河东岸，北起秦都咸阳的渭南新区，南到周都丰镐、秦杜县、曲江一线。在这一地域范围之内，其东、西、北三面受地理环境限制而较为清楚。笔者认为上林苑的西界在沣河，根据是秦惠文王四年"瓦书"中记着：取杜县酆邱到潏水的一段土地作为右庶长寿烛的"宗邑"。既是私人的封地，就不可能成为上林苑中的"飞地"。同样，南面有杜南苑、东南有宜春苑之阻隔，上林苑的南界自然也不会到达南二苑的北界。尽管《史记·秦始皇本纪》记建阿房宫于上林苑中，有"表南山之颠以为阙"的话，《三辅黄图》跟着还加了"络樊川以为池"一句。但这些只能看作是建造阿房宫时的一种设想。阿房前殿还没有建成，秦即灭亡，哪里还谈得上跨山弥谷到达终南山？

环境优美，是秦上林苑得天独厚、胜过他处苑囿、最富特色之处。它据有渭水之南的广阔地域，面对峰峦叠翠的终南锦屏，容纳沣、浐、灞、潏、滈、涝等北注于渭的六条河流，连同泾水、渭水，合称"关中八川"。八川汇集于都城周围，泉源充沛，溪涧如织，土壤肥沃，物产丰富，林郁干云，鹤翔鱼跃，生机盎然。

对上林苑的管理有一套严格的制度。秦封泥"上林禁印"是上林禁苑之印，也许同"上林丞印"属于同级的印，而"上林郎丞"则低了一级，当是管理上林的郎官之长。另外，还见有"上林郎池""池印"封泥。

在上林苑中筑建，最早的是秦惠文王，随后是昭襄王把这里专辟为王室的苑囿。到了秦始皇时，先作阿房前殿的基础工程，稍后建造前殿阿房，进而扩大阿房宫的规模，竟有"离宫别观一百四十六所"（《三辅故事》）。就是这样，经过几代人的全力经营，上林苑成为中外园林史上的杰作。

奸佞的赵高指鹿为马，欺主害国，昏庸的秦二世入上林"斋戒"，"日游弋猎"（《史记·李斯列传》），竟射杀活人，使圣洁之地一度蒙上污秽。同时，他也用血腥和罪恶制造了自己的末日。

秦上林苑中的前殿，虽然远远没有建成，但阿房宫的其他建筑并没有完全逃脱秦末大火的厄运。而秦上林苑地理位置的优越，残存建筑的保留，就成了西汉王朝在秦苑废墟上以全新的面貌建起汉上林苑的基础。所以《三辅黄图》就明确地说："汉上林苑，即秦之旧苑也。"汉之上林苑，其范围远远超过秦上林苑。《汉书·扬雄传》载："武帝广开上林，南至宜春、鼎湖、御宿（又名樊川，系今长安区韦曲、杜曲一带的盆地）、昆吾，旁南山而西，至长杨、五柞，北绕黄山濒渭而东，周袤数百里。"对鼎湖延寿宫遗址做调查和试掘，更让人看到汉上林苑的大气，从而进一步联想到秦上林苑创意与实践的成功。①

图 4-1 "宜春禁丞"封泥印文

3. 宜春苑与曲江、隰州

汉长安城内曾出土过"宜春禁丞"封泥（见图 4-1），为傅嘉仪先生所藏，应是秦宜春苑丞的印记。

宜春苑中最大的特点就是有一处由天然的湖泊——曲江及隰州构成的风景区。《史记·司马相如列传》索隐："隰，即碕，谓曲岸头也。张揖曰：隰，长也。苑中有曲江之象，中有长州，又有宫阁路，谓之曲江，在杜陵西北五里。"汉宣帝杜陵在今曲江池东南，同张揖记载相同。因为地势低洼，积水成池，又南北狭长，谓之曲江，水包长岸，称作隰州。

秦宜春苑范围很大，宜春宫位于它的西南部，而秦二世墓则在曲江池的南岸。②

---

① 汉鼎湖宫在今陕西蓝田县焦岱镇西侧的高阜上。这里处于岱峪河（浐河上游）与洋峪河（岱峪河支流）交汇处的三角地带，地势高隆，又面对终南山，西有汤峪温泉，东为辋川，距西安50公里，环境优美，风景佳丽，交通方便，是古代的一处避暑胜地。1989年，由笔者带领的陕西省考古研究所鼎湖宫考古队出自保护遗址的需要，对这里做了大量的地面调查和部分试掘。鼎湖延寿宫遗址范围较大，以焦岱村王爱琴的砖厂为中心，东至齐沟，西至洋峪河，北至焦岱镇，南至张村。经钻探，有大型的建筑遗址出露，在平面上显示了多种形状。发掘建筑基址，见有地面、柱础、水道及大面积的瓦砾堆积。出土和采集到的瓦当，除各式云纹瓦当之外，文字瓦当见有"鼎湖延寿宫""万秋"等。1992年4月20日，陕西省公布鼎湖宫遗址为重点文物保护单位。

② 《史记·秦始皇本纪》："以黔首葬二世杜南宜春苑中。"这条记载有误，实际上杜南另有杜南苑，地在今神禾原一带，因此不可能再有宜春苑。况且秦二世墓位在少陵原的东北部，地当秦杜县之东，这里也是汉宣帝"以杜东原上为初陵"的所在。所以，秦二世不是葬在"杜南宜春苑中"，而是葬在"杜东宜春苑中"。之所以有此倒置的情况，必定是《史记》在传抄中致误而来。

据《三辅黄图》载，宜春苑"在京城东南隅"。《汉书·元帝纪》注："东南隅曲池是。"可知秦宜春苑在今曲江池与少陵原一带，地当今西安市大雁塔东南曲江池偏南一带。

汉时，把宜春苑分为上苑和下苑。汉武帝把宜春苑划入上林苑的范围之内，并造曲池，周回五里，池中遍生荷芰菰蒲，其间常为禽鱼翔泳，因水流多曲，有似嘉陵江，因改名"曲江池"。汉宣帝在池北建乐游苑。唐开元中，再加以疏导美化，在其旁建慈恩寺、紫云楼，设芙蓉苑、杏园。江岸菰蒲葱翠，柳荫四合，成了三月三日仕女游春的胜地。唐玄宗作"曲江流饮"，更是千古流传的趣话。

4. 杜南苑

杜南苑是设立在杜县南的一处别墅性质的园林。

秦杜南苑因为有"杜南苑丞"封泥（见图4-2）的出土而得到确认。杜，即秦杜县，故城在今西安市雁塔区杜城村。秦汉时代，往往把杜城作为方位的参照物，因而就出现了"杜东""杜南"一类的地域性称呼。如秦夏太后"葬杜东"（《史记·吕不韦列传》）[①]，汉宣帝"以杜东原上为初陵"（《汉书·宣帝纪》），张安世也"茔杜东"（《汉书·张安世传》）。由于"杜南苑丞"是杜南苑丞之印，苑地估计位于今长安区潏河与交河合流的香积寺一带。这里以神禾原为依托，二水交汇，南屏终南，风景优美，设立秦苑具有良好的自然条件。

图4-2 "杜南苑丞"封泥印文

5. 东苑

秦封泥有"东苑丞印"（见图4-3），按文义当在咸阳故都之东部，是否在霸水东？抑或同芷阳城有关？

6. 阳陵苑

阳陵是秦庄襄王与帝太后合葬的陵园，地在今西安市临潼区斜口街道的东陵陵区，

[①] 《史记》说夏太后"别葬杜东"，说秦二世葬"杜南宜春苑中"。实际上，秦二世和汉杜陵在杜东原上都有陵冢，秦二世就不可能葬在杜南，况且处于杜南的神禾原上有杜南苑也就不可能再有宜春苑的存在。如果夏太后墓在杜东，汉宣帝也不会把这里选作自己的陵园。当陕西省考古研究所2004年在神禾原上的贾里村发现秦夏太后陵园及其"亚"字形大墓之后，有人为文认定那是秦二世墓。笔者在《神禾塬秦墓墓主考》一文（见成建正主编：《陕西历史博物馆刊》第15辑，三秦出版社，2008年）中，对《史记》的两条文献记载做了辨证，从而断定《史记》在传抄中把夏太后和秦二世的葬地弄颠倒了。

当是考古探测出的四号陵园。"阳陵禁丞"封泥（见图4-4）说明在阳陵有禁苑的存在，而且设丞管理。那么，阳陵有苑，其他陵墓是否也有苑？但阳陵禁苑在文献中未载，封泥揭示则属于首见。随之而来的问题是：秦在陵旁设苑是否形成了制度？在神禾原上的夏太后陵园附近有杜南苑，但在文献记载中并没有发现二者的关系。秦始皇陵园K0007从葬坑固然是秦王朝苑囿的再现，但还不能表明陵园就有禁苑之设，而鱼池遗址、安沟遗址却是昔日风景独好的去处。亡国之君秦二世虽然是以"黔首"之礼埋葬的，却为什么要埋在宜春苑？看来在陵

图 4-3 "东苑丞印"封泥印文

阳陵禁丞　　阳陵口丞

图 4-4 "阳陵禁丞""阳陵口丞"封泥印文

旁设禁苑从秦庄襄王时已露出了苗头，秦始皇、秦二世时才有了这些做法，只是还没有进入葬制便因秦的覆灭而中断了。

7. 鼎湖苑

在汉武帝扩大上林苑、建造鼎湖延寿宫之前，秦已经在今蓝田县焦岱镇利用岱峪河（浐河上游）和洋峪河交汇的三角地带，建造了鼎湖苑。傅氏的"鼎湖苑丞"封泥，就是鼎湖苑丞之印。大量的"鼎湖延寿宫"瓦当出自建筑遗址上，是汉武帝利用秦鼎湖苑，加以改造、扩大、增添并建宫的证据。

8. 华阳苑

芈戎是秦昭襄王生母楚女芈八子（宣太后）之弟，也即秦昭襄王之舅，被封为华阳君。又：秦孝文王夫人号曰华阳夫人，庄襄王尊为华阳太后。秦时华阳地有两处：一是"韩地，后属秦"（《史记·穰侯列传》索隐），秦昭襄王"三十四，攻华阳"（云梦秦简《编年记》），即此，地在今河南新郑北；另一处指华山之阳，地在陕西秦岭之南，后扩及四川一带，东晋常璩就著有《华阳国志》一书传世。傅氏藏有"华阳禁印""华阳丞印"封泥，表明有华阳禁苑的存在。既以"华阳"命名，当同华阳太后有关，其地不可能距秦都太远，当在华山之阳的某地。今陕南洋县华阳镇是傥骆古道的必经之地，现设立华阳景区，成为一处旅游的胜地。这里虽然是秦岭之南，向阳，但不在华山之阳。不过，从华山之南看洛南、商州一带，山大沟深，并非古人设苑悠游的理想

之地,而从秦岭之南的"大华阳"考虑,洋县的华阳似乎更靠近一些。

9. 高栎苑

据《史记·曹相国世家》载,项羽"围好畤,取壤乡。击三秦军壤东及高栎,破之"。《史记索隐》:"栎音历。按:文颖云'壤乡、高栎皆地名,在右扶风,今其地阙'。"《史记正义》:"皆村邑名。壤乡今雍州武功县东南二十余里高壤坊,是高栎近壤乡也。"那么,"高栎苑丞"封泥表明此地有秦高栎苑的设立。

10. 具苑

《左传·僖公三十三年》:"(皇武子告秦帅曰)郑之有原圃,犹秦之有具囿也。"孔颖达疏:"天子曰苑,诸侯曰囿。"所以,秦之具囿也就是封泥中的"具园",实即"具苑"。(见图4-5)鲁僖公三十三年和秦穆公之年相当,都是公元前627年。在凤翔高庄秦墓中出土有"北园吕氏缶""北园王氏缶",其北园正是《诗》中"游于北园"的游猎之地。可以肯定具苑就在秦的雍都,但不清楚同北园是何关系。

秦的禁苑在内史之地的当然远远不止上列10处。而关外之秦苑多半沿用了原六国之旧,从封泥中看到的苑还有:东苑("东苑丞印")、卢山苑("卢山禁丞")、沙丘苑(见云梦龙岗秦简)、平阿苑("平阿禁丞")、白水苑("白水之苑"①,见图4-5)、平原苑("平原禁印")、阿阳苑("阿阳禁印")、青莪苑("青莪禁印")、广襄苑("广襄禁印")、庐山苑("庐山禁印""庐山禁丞")、云梦("右云梦丞""左云梦丞")、桑林苑("桑林丞印")、突原苑("突原禁丞")等。

图4-5 "具园""白水之苑"封泥印文

云梦睡虎地秦简《徭律》规定:"县葆禁苑、公马牛苑,兴徒以斩(堑)垣离(篱)散及补缮之,辄以效苑吏,苑吏循之。"龙岗秦简也有"禁苑啬夫、吏数循行,垣有坏决兽道出及兽出在外,亟告县"的条文。由此可见,苑

---

① 广汉郡有白水县,湖北枣阳、河南南阳均有白水。而陕西的粟邑县为西汉置,北魏才改为白水县。关于秦白水苑,不明其所在。

有围墙，并设苑吏（苑啬夫、苑人等）管理看护。当然，这是对牧师诸苑说的，以防公马牛走失。实际上并不限于此，不然怎么称之为"禁苑"？所"禁"既防出也防入，汉萧何曾请示让百姓能进入上林苑种田，说明一般人是不能随便到皇家苑囿里去的。

（二）兽圈

古代在园囿中养有动物，常称之为"兽圈"，即是饲养百兽的地方，相当于今之动物园。《三辅黄图》引《烈士传》："秦王召魏公子无忌。不行，使朱亥奉璧一双诣秦。秦王怒，使置亥于兽圈中。亥瞋目视兽，眦血溅于兽面，兽不敢动。"①不过，从下面的例子看，秦的"兽圈"是个统称，里面养着多种珍稀动物，而对有些同种的大型动物则采取择地单独豢养。

1. 虎圈

《太平御览》卷一百九十七引《汉宫殿疏》："秦故虎圈周匝三十五步，长二十步，西去长安十五里。"《太平御览》卷一百九十七引《郡国志》："雍州虎圈，在通化门东二十五里。秦王置朱亥于其中，亥瞋目，虎不敢动。"《水经注·渭水》：昆明故渠"北分为二，渠东径虎圈南而东入霸，一水北合渭"。因为《水经注》所记时代为早，方位明确，当可信从。秦虎圈当灞河以西、昆明渠故址以北，地在今西安市北偏东的北辰堡一带。而《汉宫殿疏》及《郡国志》均作长安之东，显系传抄致误，应以北为是。

2. 狼圈

《长安志》注："秦故狼圈，广八十步，长二十步，西去长安十五里。"狼，也属百兽之一，既入皇家动物园，必距位于灞河西、昆明池北的虎圈不远，位置很可能在虎圈之西，地当长安之东。诚若此，"西去长安十五里"显为宋人传误。

3. 麋圈

据《史记·滑稽列传》载，秦倡侏儒优旃讽谏秦始皇扩大苑囿东到函谷关西至陈仓的奢侈，议曰："善！多纵禽兽于其中，寇从东方来，令麋鹿触之足矣。"始皇辍止。

麋圈是麋鹿之圈，也许距上述兽圈不远。秦有"麋圈"封泥（见图4-6），同优旃言合。

图 4-6 "麋圈"封泥印文

---

① 此处为《三辅黄图》卷六所引，而《水经注·渭水》引《列士传》作"秦昭王会魏王"。

二、汤池

（一）温泉

1. 骊山汤

今陕西临潼的骊山，自古以来即是一处风景名胜。作为秦岭的支脉，骊山峰峦叠嶂，林木葱茏，加上处于几个断层交汇处，来自地下千米深的热水（循环深度977米）常年涌流，既便洗浴，又聚之为池，风景秀丽，深得人爱。其北即为母系氏族时代先民的姜寨村落遗址，在今华清池的地层下部也发现了石锛、石铲、陶环及大量的绳纹红陶片，从而表明骊山温泉所在地在6000多年前就已成为原始人类徜徉生息之地。其后裔骊山氏在商代就于此建立骊戎之国，据有骊山及温泉。周代在骊山温泉地建立行宫，幽王偕爱妃褒姒行乐失国，是尽人皆知的历史故事。

秦始皇曾在温泉砌石作浴池并建造房舍，正式取名"骊山汤"（《三秦记》）。历史的记载，已得到考古的验证。在唐华清宫星辰汤遗址下，已经发现了颇为丰富的秦文化层，残存有温泉水源设施、殿宇建筑、汤池和供排水设施。汤池在殿内，平面略呈正方形，东西长6.55米，南北宽6.2米，残深0.45米，面积40.61平方米，可供多人洗浴。其引排水的管道分为两类，一是陶质管道（五角形和饰绳纹的圆筒形二种），一是用石块和方砖砌筑的水道。堆积物中还有常见的秦绳纹板瓦、筒瓦、条砖、小方格方砖及房屋构架物、门楣、门闩等[①]。如果联系骊山汤有甬道通阿房宫及信宫的文献材料，就不难想象这处避暑与洗浴的风景胜地当年殿屋重重、朱栏绕户、水环翠绕、飞阁相连的雄姿。它西接首都咸阳，东通丽山陵墓，南依绣岭，北临驰道，不啻是人间天堂。

骊山温泉溢出地面的温度是43℃，水含碳酸钙、碳酸锰、碳酸钠、硫酸钠、氯化钠、二氧化硅等化学成分和稀有元素，还有多种离子。水质为中温、低矿化、弱碱性、中等放射性水，对人体具有较高的医疗作用，经沐浴可疗疗疖癣疱。古人早就认识到骊山温泉的价值，接踵而至，以一洗为快。《三秦记》载："俗云秦始皇与神女游而忤其旨，神女唾之则生疮。始皇怖谢，神女为出温泉而洗除。"因此，人们又把骊山汤称作"神女汤泉"。

自秦之后，历代对骊山汤也多作修饰增建，名称也有更改。从皇帝佞幸、达官贵人、文人士子到庶民百姓，都来这里享受上苍赐予的嘉惠。唐玄宗天宝六载（公元747

[①] 骆希哲：《华清池春秋》，陕西人民出版社，1992年；骆希哲：《华清稽古》，陕西人民出版社，2011年。

年），改温泉宫为华清宫，汤池也统称华清池。李隆基与杨贵妃在此沉湎于管弦歌舞，"朱门酒肉臭，路有冻死骨"成了当时社会的真实写照。

2. 蓝田温汤

位于西安市东南38公里的蓝田汤峪，是一处洗浴疗养的胜地。汉武帝扩大上林苑，在今焦岱镇建起鼎湖延寿宫（即鼎湖宫）。西侧的今汤峪一带，自然也包括在内。《汉书·昭帝纪》："元凤元年（公元前80年）春，长公主共养劳苦，复以蓝田益长公主汤沐邑。"汤峪有温汤（温泉）作为"汤沐邑"，名实相符。以此推断，据有关中的秦人必定也早就知道此温汤的洗疗价值。

蓝田汤峪南屏巍巍秦岭，汤峪河从山中自南而北流出，不舍昼夜，风景独秀。河西侧温泉出井温度62℃，含有硫酸盐、氟、铁、钼、碘、锰等多种矿物质和微量元素，是12类矿泉水中最优秀者。其水中的氟离子和可溶性二氧化硅能够去腻洁肤，治疗多种疾病，水疗有效率可达到91.6%，治疗关节炎、风湿、皮肤病的效果尤其显著。唐玄宗曾在汤峪建大兴汤院，分设有玉女、融雪、漱玉、濯缨等五池，闻名京师长安。于此大兴土木的结果是，达官显宦接踵而至，乐而忘归。"桃花三月汤泉水，春风醉人不知归"，就是称赞汤峪温泉的著名诗句。

（二）池沼

1. 牛首池

牛首池属上林苑"十池"之一（《三辅黄图》）。《史记·司马相如列传》有"濯鹢牛首"之句，《史记集解》引张揖注云："牛首，池名，在上林苑西头。"因池中有自生之韭，亦名"野韭泽"。汉又称"牟首"。

《括地志》："在雍州长安县西北三十八里。"《陕西通志》引《太平寰宇记》："地在内苑西，丰水西北。"秦上林苑的西界在丰水，则牛首池当在今西咸新区钓台街道西张村一带。这里地面有大量的砖瓦残片，也采集到一件汉"上林"文字瓦当。其西的马寨村西北约250米处，1957年调查时发现渭南台地上有一个20万平方米的遗址，暴露有灰坑和窑址，出土了战国到秦汉间的红灰陶罐、绳纹瓦、管道、铜矛、铜斧等。

2. 镐池

镐池为西周镐京地区的大池，《三辅黄图》："镐池在昆明池之北，即周之故都也。"又引《庙记》："长安城西有镐池，在昆明池北，周匝二十二里，溉地三十顷。"地当秦阿房宫前殿遗址的西南。汉昆明池故址的北界在今西安市长安区的丰镐村，镐池则在常家庄之北、斡龙岭以南，东至孟家寨，西到马营寨。

《史记·秦始皇本纪》载："（三十六年）秋，使者从关东夜过华阴平舒道。有人持璧遮使者曰：'为吾遗滈池君。'因言曰：'今年祖龙死。'使者问其故，因忽不见，置其璧去。""滈池君"指周武王，暗喻汤武革命，事涉离奇。秦镐池在汉代仍用以灌田，大概在唐代末年或宋初才淹废池涸。

3. 滮池

滮池为池，其水在周代就用于灌溉。《诗·小雅·白华》有"滮池北流，浸彼稻田"的句子。《水经注·渭水》："郿水又北流，西北注与滮池合。"因为"滈水源出雍州长安县西北滈池"（《括地志》），也即"滈水承滈池"（《史记·秦始皇本纪》正义引《水经注》），所以对照"西北注与滮池合"的话，就知道滮池在镐池的西北。《水经注》还有"池水北径郿京东、秦阿房宫西"的记载，我们结合地望就可以确定滮池在今西安市长安区西北丰镐村西、王寺村西南1000多米的地方。至今这里仍然保持着低洼的地貌，当是滮池的故址。

镐池、滮池和牛首池都在秦阿房宫西侧不远处，呈扇形分布，很自然地构成一道环绕朝宫的风景线，对调节气候、创造优美环境有着积极的作用，可惜随着人类活动空间的扩大，引发了一系列互为因果的影响。《括地志》说滮池的范围是"今按其池周十五步"，显然成了一个缩小的水潭。特别是唐修昆明池时，填塞了北流的注水口，陆续使镐池、滮池干涸淹废，夷为民田。唐文宗大和年间（公元827—835年），石堰堵塞，输水来源断绝，连昆明池也逐渐干涸了。

4. 长池

长池是秦始皇在渭北引水修建的一处人工湖。《三秦记》载："秦始皇作长池，引渭水东西二百里，南北二十里。筑土为蓬莱山，刻石为鲸鱼，长二百丈。亦曰兰池陂。"

秦之兰池陂实则原来就有兰池，汉改名周氏陂。秦始皇为了扩大兰池的蓄水量，才从上源引渭水入池。不但流经长、流域广，而且引水同兰池结合使容量增大，从形状上看，确是个名副其实的"长池"。具体位置在今咸阳市东渭河发电厂的下面。至于引水工程详说，见第三章第二节中的"兰池宫与兰池"。

第二节
市肆

一、商业政策

（一）城市商业经济发展的趋势

随着秦人走出陇东沟谷、越过关山、沿汧渭而下的一连串变化，其经济生活由游牧而转向农耕，商品交换由以物易物转变为把金属货币用作等价物，加入市贸行列。于是，秦国经济结构发生相应变化，也给城市的布局带来了直接的影响。陕西凤翔雍都秦市遗址的发现，不但反映了秦国在战国早期已经产生了较为活跃的商业贸易，而且也体现了秦政府对这一固定的交换场所实行着集中的管理和控制。尽管秦国的商品经济和市场贸易的整体水平还远远落后于关东诸国，但是，随着生产的发展，商业行为毕竟不可阻挡地发生了。因为这是社会发展的必然，也是人们生活需要的使然。

栎阳"北却戎翟，东通三晋，亦多大贾"（《史记·货殖列传》）。秦献公七年（公元前378年）"初行为市"（《史记·秦始皇本纪》）。可见城市商品经济发展，交易活跃，秦国设立市府机关，规范商业行为，开始把市场的集中管理纳入制度化的轨道。

但是，商鞅变法以后，错把正当的商业活动同耕战政策对立起来，从而推行重农抑商的路线。他贬斥商业为"事末利"，把商人同懒汉视为一等，明令要"举以为收孥"（籍没其妻子，一律作为官奴）。商鞅改变贫弱之心急切，害怕工商业影响农战，既着眼于富国强兵，就着手于发展农业生产，增强国家的经济实力，规定"僇力本业，耕织致粟帛多者复其身"（《史记·商君列传》），使隶臣妾的身份变为自由民。同时，实行全民皆兵，奖励军功，加强国家的武装力量。总之，他是要把秦国朝野上下的注意力全部凝聚在"农战"二字上。因为绝对化地抬高农业轻视商业贸易，反对经商，就不适当地扩大了对商人的打击面。殊不知抑商的结果是商品经济的发展变得缓慢，反倒使人民的经济生活与日常生活趋于单一化。

（二）秦始皇的商业观与工商政策

秦始皇继续推行重农抑商政策。公元前219年，他在琅邪刻石中明确宣称"皇帝之功，勤劳本事，上农除末，黔首是富"（《史记·秦始皇本纪》）。在这里，"上农"尚可，"除末"则未免太过。事实上，他在执行过程中是有所变更的，而且还把商业活动纳入了法制化轨道，给工商业的发展创造了有利的条件。这表现在以下诸端：

1. 把商业富豪迁往边地

把被灭国家的大工商业富豪迁往边地，没收其原有财富（包括一切不动产和奴隶），让其在新地重操旧业，经营工商业致富。最有名的例子有：临邛（今四川邛崃市）的蜀卓氏原是赵国来的"迁虏"，程郑属于山东的"迁虏"，把魏国的孔氏迁到南阳，①把楚国的班氏迁到晋、代之间②。迁出本土的目的在于削弱六国之经济实力，迁入外地则是对其经营致富能力的利用。

2. 政府除大规模经营矿冶之外，对私营盐铁业实行承包收税制

《盐铁论·非鞅》说："商君相秦也，……外设百倍之利，收山泽之税。"山泽包含盐铁等矿产资源，商鞅变法时曾"一山泽"，就是指由国家统管。对私营者的管法，即课以税收。《汉书·百官公卿表》说"少府，秦官。掌山海池泽之税，以给共养"。税收比例在齐国曾是民十（七）君三的分成，即《管子·轻重乙》说的"量其重，计其赢，民得其十（七），君得其三"，但秦朝却税重到"二十倍于古"。

3. 褒奖富商大贾，鼓励有利于国家的商品生产

乌氏倮经营畜牧业，其数量大到"用谷量马牛"。他用自己的牛羊换取内地的丝

---

① 《史记·货殖列传》："蜀卓氏之先，赵人也，用铁冶富。秦破赵，迁卓氏。卓氏见虏略，独夫妻推辇，行诣迁处。诸迁虏少有余财，争与吏，求近处，处葭萌。唯卓氏曰：'此地狭薄。吾闻汶山之下沃野，下有蹲鸱，至死不饥。民工于市，易贾。'乃求远迁，致之临邛，大喜。即铁山鼓铸，运筹策，倾滇蜀之民。富至僮千人，田池射猎之乐，拟于人君。"
《史记·货殖列传》："程郑，山东迁虏也，亦冶铸。贾椎髻之民，富埒卓氏，俱居临邛。"
《史记·货殖列传》："宛孔氏之先，梁人也，用铁冶为业。秦伐魏，迁孔氏南阳。大鼓铸，规陂池，连车骑，游诸侯。因通商贾之利，有'游闲公子'之赐与名。……家致富数千金，故南阳行贾尽法孔氏之雍容。"

② 《汉书·叙传》："班氏之先，与楚同姓。令尹子文之后也。……秦之灭楚，迁晋、代之间，因氏焉。始皇之末，班壹避墬于楼烦，致马牛羊数千群。值汉初定，与民无禁。当孝、惠、高后时，以财雄边，出入弋猎，旌旗鼓吹，年百余岁，以寿终。故北方多以'壹'为字者。"

绸，再把丝绸贩卖给长城之外的戎王，获利"什倍其偿"。秦始皇"令倮比封君"，可以"与列臣朝请"。他还给巴蜀世代经营"丹穴"致富、"守其业用财自卫"的寡妇清修筑了"女怀清台"，表彰其为"贞妇"。对这些人进行奖励，使之"礼抗万乘，名显天下"的目的，就在于"交易之物莫不通得其所欲"（《史记·货殖列传》），使内地同边陲的物资交流畅通，以满足国家财政的需要。

4. 全国统一，从宏观上给工商业的发展创造了条件

统一度量衡制与货币，便利了商品的流通和交换，也保证了国家赋税制的推行。秦始皇还"堕坏城郭，决通川防，夷去险阻"（《碣石刻石》），拆除了六国的某些郡县城郭，决通了原利用大河堤防扩建成的长城①，铲除了阻碍交通的关塞，加强了全国性的经济联系，也解除了关卡林立对商旅的盘剥。

秦始皇二十六年（公元前221年），即按商鞅"平斗桶权衡丈尺"改革后的秦制，把"一法度、衡石、丈尺"的法令推向全国，统一了各国计量单位很不一致的度量衡②。据《汉书·律历志》记载，秦的单位及进位标准是：

度制：1引=10丈=100尺=1000寸=10000分。

---

① 春秋战国时期，各国加固堤防作为战争的防御手段。据《史记·秦本纪》和《史记·六国年表》载，秦国在公元前461年和前417年两度"堑河旁"（扩大黄河堤防），公元前408年"堑洛"（修筑北洛水的堤防）。《竹书纪年》记齐国在公元前350年"筑防以为长城"，也就是常说的"长城钜防"（《史记·苏秦列传》正义引）。《史记·秦本纪》载魏国西境"筑长城，自郑滨洛以北有上郡"。《史记·赵世家》载：赵武灵王十九年（公元前307年），赵国南边的长城是连接漳、滏二水的堤防而扩建的。《战国策·燕策一》载：燕国西南的"易水长城"是利用易水堤防而建成（张仪说辞）。《吕氏春秋·下贤》说楚国北境的"方城"是利用潕水、沘水堤防连接山脉和高地而成，被称作"连堤"。

② 战国时期，各国计量单位很不一致。如量，秦国以升、斗、桶（斛）为单位；齐国则有升、斗、区、釜、钟，还增加了一个半区的单位——钘；等等。衡制的斤以下，秦国有两、铢，楚和魏则有钅斤（镮），魏国还有大于斤的镒。同时，公制与私制有所不同，而且进位又不统一，相当混乱。

列国度量衡实测异制表

国别	度	量	衡
秦	1丈=10尺=100寸≈23.1厘米	1斛=10斗=100升=1000合≈2010毫升	1石=120斤≈30750克，1斤=16两=384铢≈256.25克
两周	1尺≈23.1厘米	1斗≈1997毫升	1斤=？克，1两=24铢
三晋	？	赵：1斗=10升=20益≈2114毫升；魏：1斗≈7140毫升	1镒=？钘=？克 1钅斤=？
齐	？	1钟=10釜=50区=100钘=250豆=1250升≈205000毫升	
楚	1尺≈22.5～23.0厘米		1斤=16两=384铢≈251.5克
燕	？	？	？

图 4-7　商鞅方升

量制：1斛=10斗=100升=1000合=2000龠。

衡制：1石=4钧=120斤；1斤=16两；1两=24铢。

以标准器商鞅方升（见图4-7）为准，结合始皇方升、高奴铜石权及更多的秦权量文物测试，可以确知秦的1尺=23.1厘米，1斗=2010毫升，1斤=256.25克。

战国时期，流通的货币有布、刀、金版及圜钱四种形态，换算相当麻烦。①秦国虽用圜钱，前后也有变化，而且还夹杂着一种尚有争议的布币。②及至秦始皇统一货币，

---

① 战国时期，周和三晋地区主要流通布币，周多用空首布，三晋多用平首布。而三晋的布币有尖足和方足的不同，货币单位是釿和铃。赵、魏两国还兼用少量的刀币，如铸邯郸、晋阳等地名的直刀。两周后来又分别铸行圜钱。

燕国和齐国主要流通刀币，货币单位是化。燕国也用过布币，如襄平布。

楚国用金版，每版重1斤，称量计值。以铜的蚁鼻钱（或称铜贝、鬼脸钱）作为辅币。

战国末期，除楚国外，各国都出现了圜钱，孔有圆有方，但货币单位则保持着刀币和布币的传统不变。

② 秦国在春秋时期曾用过贝币，如陇县边家庄五号秦墓中发现石贝290枚，宝鸡阳平镇秦墓出土海贝3枚、石贝4枚，凤翔八旗屯秦墓也有海贝38枚、石贝5枚。

自春秋晚期起，各诸侯国相继铸造货币。战国中期前段稍后，秦国也开始使用金属铸币。秦献公七年（公元前378年）"初行为币"，有可能是秦用铸币的开端。但是，秦钱的形态、面文、重量在百多年间历经变化，也因地区及铸造技术而存在些许差别。略如以下几种：

（1）一两圜钱和半圜钱：基本形态是一种圆孔、平幕、无郭的圜钱。前者面文旋读，作"珠重一两十二""珠重一两十三""珠重一两十四"三种。珠，即铢，或为圆、圜之意。《古泉汇》说："圜法以铢、两计者始于秦。"故"珠重一两"实指圜钱一枚之重是一两。经测定，直径3.7～4厘米，重量多为12～14克。"十二""十三""十四"与重量无关，当系铸造编号。半圜钱形体较前述一两钱小，孔径比例略大，直径2.9厘米，重6.9～7克，钱文"半圜"二字分置孔侧。

一两钱过去有著录，北京、天津有传世的藏品。近年在扶风、凤翔秦公陵园、咸阳、西安都有出土或征集物。陈直《关中秦汉陶录》还载：在咸阳发现青石范（残）一块。半圜钱除著录外，还在西安、三原、宝鸡有藏品（《陕西金融·钱币研究》）。以上两种钱文作大篆书体，笔画粗细不匀，其"两""半"两字与半两钱极近。二钱轻重相权，并行流通，当属于秦币初期的大小二等制。

（2）半两圜钱：圆形方孔，无郭，背光平，钱文"半两"是基本形态。但从出现到秦末世的130年间，其重量与钱文书体是有变化的，经多位学者对出土实物的研究，秦半两钱的时间序列与鉴别标准可表示如下：（转下页）

就采用了三等制。《史记·平准书》："及至秦，中一国之币为三等。黄金以镒名，为上币；铜钱识曰'半两'，重如其文，为下币。而珠玉、龟贝、银锡之属为器饰宝藏不为币。然各随时而轻重无常。"这里虽说币为三等却仅列上下，实际还应有一种"布

（接上页）

秦半两铜钱鉴别标准表

阶段	时间	重量		钱文		材料出处
		钱体特征	重量（克）	书体特征	典型笔画	
一	秦惠文王二年(336b.c)"初行钱"	a.铸造不精，周边有毛茬 b.钱体厚重	平均6克以上，最重11克	a.介于大篆与小篆之间 b.二字大小不一	"半"上横画圆转，但不对称	四川青川郝家坪M50，陕西凤翔、咸阳黄家沟、长安首帕张第一类
二	秦昭襄王到秦始皇免吕不韦任相期间(306b.c—237b.c)	a.铸造粗糙 b.小、轻薄	3～6克(最轻1.7克)，径2.5～2.8厘米(最小2.5厘米)	a.钱文高低不匀 b.字大小不一	"半"上横方折	四川青川、陕西首帕张第二类
三	统一前秦始皇执政期间(246b.c—221b.c)	a.周边光滑，穿孔方正 b.大、重、厚、回升	重6克左右，径2.2～3厘米	钱文规范，笔画方折，大小一致	"两"横画短	陕西首帕张第三类
四	统一后秦始皇统治时期(221b.c—210b.c)	a.周边修整，形体规矩 b.重大	重半两(12铢)，8克左右，径3厘米以上	标准小篆书体，字形宽博，笔画方折	"半""两"大小相同，"两"内双"人"修长	陕西咸阳长陵车站窖藏、渭南同家村有残石范出土
五	秦二世时期(209b.c—207b.c)	a."复行钱"后的半两钱轻小，减重一半	重2.29～4.97克，径2.8～2.9厘米	小篆，字形长，笔画方折纤细，字小		陕西咸阳宫殿遗址、始皇陵鱼池遗址有出土
		b.出现榆荚钱	重不足2克，径不到2厘米	孔大字小	"半"字不全，"两"内双"人"平直	陕西汉阴县出土、四川茂汶秦墓

（3）两甾钱：外圆内方，有郭，或无。钱文"甾"作"甾"，显系异体。《说文》："锱，六铢也。"两甾即半两，合12铢。1955年四川巴县冬笋坝战国墓出土2枚（四川省博物馆编：《四川船棺葬发掘报告》，文物出版社，1960年），陕西长安县韦曲乡首帕张堡村秦钱窖藏出土1枚（《考古与文物》1987年第5期）。两甾钱数量虽少，但在战国晚期多与半两钱伴出，说明秦"初行钱"之后，它作为一种异体是与半两同时流通的，只是到秦统一六国之后才停止铸行。

（4）文信钱与长安钱：属于战国末年秦私人在短期内铸造的圆钱，"形制类半两"。文信钱钱面有四曲文，无郭，幕平素，直径约2.4～2.5厘米，重2.9～4.1克。河南洛阳汉魏故城遗址出土3枚，西安、咸阳各出土1枚，共计5枚。另外，传世的还有10余枚。洛阳西工汉河南县城遗址还出土过石范（左丘：《略谈"四曲文钱"》，载《考古》1959年第12期），足证此钱当是吕不韦为秦文信侯12年间（公元前249—前237年）所铸。长安钱也是圆形方孔，平幕，无郭，直径2.1～2.3厘米，重1.8～2.1克。据说出自咸阳，当是秦始皇之弟长安君成蟜所铸。还在洛阳废品收购站拣选到长安钱1枚，方孔，上有铸"柄"（未打掉的毛刺），钱文作旋读，直径2.4厘米，穿长1.0厘米、宽0.9厘米，重4.4克。

（5）秦布币：见有两种，即特殊的三孔布和方足布。前者作圆首、圆肩、圆裆、圆足，大者正面一般铸地名，如"鲁阳""安阳""上匕阳""下邲阳""上专""下专""杞""雁乡""北九门""上苑""阿"等，背文有"一两"二字，小布背文为"十二铢"三字。三孔布发现30余品，正面上这些地名经裘锡圭、何琳仪、黄盛璋诸先生考证，都在战国晚期的赵国版图之内，故有学者认为它属于赵币，而有学者认为当属秦在新占领区为应急而临时铸行的货币，因而形用赵布、币值单位用秦的两、铢。

甘肃庆阳出土一种带有"宝"字和"宁"字的方足布（《金文分域编》），有可能是秦国在个别地方铸造布币的试制品。

帛"。①在这里，秦不但对货币的形制、重量有着明确规定，而且把铸造权统统收归中央。制如：

黄金：以镒为称量单位。②秦栎阳遗址出土的金饼重312.5克，当是镒的标准重量。③

半两钱：圆形方孔，无郭，正面钱文"半两"二字突起，分列孔之两侧，背光平。（见图4-8）较战国秦半两钱轻小，直径一般在2.5～3厘米之间，重4～6克。这就是说，面值虽然标重半两（12铢合8克），但往往因"钱善不善，杂实之"（云梦秦简《金布律》），实则只有5～6铢。④

图4-8 秦半两铜钱

布帛：作为货币使用，其单位是布。一布的规格是"袤八尺，福（幅）广二尺五寸"，同半两钱换算的比值是"钱，十一当一布"。（云梦秦简《金布律》）十一钱抵一布，换算率为11∶1。不过，以布帛作货币是周人的货币形态，而秦以钱同布换算就反映出以半两钱取代布的趋势。所以计量单位的统一有利于商品交换中价格的折算。

5. 继续设市，集中管理，使货畅其流

当秦德公、穆公居雍时，"隙陇蜀之货物而多贾"（《史记·货殖列传》），已有商品流通，都城作为秦公居住的防御性堡垒的同时，其商业经济职能也得到了充分的发挥。市设雍城内北部，完全符合营国规划中"前朝后市"（《周礼·考工记》）的模式，这既是春秋战国以来秦国城制内容的反映，也是商品经济在缓慢发展中毕竟有着长进的表现。秦献公适应形势，在栎阳"初行为市"，于城邑设置交换中心，用法令形式

---

① 三等的下币中，因未言明包括"布帛"，易引起误会。所以《汉书·食货志》改为"二等"。王先谦《汉书补注》、梁玉绳《史记志疑》等，都用后说。

② 镒，《史记·食货志》作"溢"，系借字。其重有"二十两"（《国语》韦昭注、《战国策》高诱注）、"二十四两"（《孟子》赵岐注、《文选》李善注、《国语》贾逵注）两说。作注者除韦为三国时人、李为唐人外，赵、高、贾都是东汉人，可知其所用重量单位都是秦汉之制。据吴承洛《中国度量衡史》与战国到秦汉时期出土物实测，秦汉时1两等于16.14克左右，那么，镒重约合322.8克和387.36克两种。

③ 1962年，陕西省临潼县武屯公社武家屯村的农民在平整土地时，发现了一个陶釜，内装有黄金饼8块，上面刻有各种数字，每块净重5市两，合312.5克。经鉴定，含金量高达99%。《史记》《汉书》中多记有奖赏和比价黄金多少镒的事实。

④ 战国秦半两铜钱较大而重，直径一般在3.2厘米左右，重量多为5.4～7.4克。因铸造技术等原因，也有超重或不足的情况。不可否认的是，由于使用磨损，还存在着减重的现象。但出土者均不及"十二铢"（半两）。随后，铸造的半两钱即趋向轻小。在战国末期到秦统一的墓葬中，出土的半两铜钱，往往也有大小不一、薄厚有差的情况，最大的钱径2.65厘米，重6.75克；最小的钱径1.15厘米，重不足0.2克。这里面显然混杂有"冥钱"在内。秦钱直径变小，重量减轻，这说明货币是作为一种支付手段，在商品流通和交换过程中虽说是起着等价物的作用，但是因携带方便而来。秦始皇通过政权的力量禁行六国货币，其统一使用的半两钱同称量货币的关系就越来越远。那么，其流通信誉不是依赖自身指示的实际重量，而是靠国家的法律来支撑的。

进一步明确商业活动的合法性。"栎市"陶文的发现，证实了此间"多大贾"和市的存在。张若治成都城，"置盐铁市官，并长丞，修整里阓，市张列肆"（《华阳国志·蜀志》）。至秦始皇时，一些县邑都有了市的设立，有陶文可证的如栎阳的"栎市"，频阳（今陕西富平县东北美原镇古城村）的"频市"，美阳（今陕西扶风县北法门镇）的"美亭"，丽邑（今陕西西安市临潼区东）的"丽市""焦亭"，杜县（今西安市雁塔区杜城村）的"杜亭"，安陆（今湖北安陆、云梦一带）的"安陆市"，等等。在首都咸阳更有多处市的存在，文献见载的就有"咸阳市""直市""奴市"和"军市"等，并且也得到了"咸阳市""咸阳亭""咸亭""咸隧阳""平市"等出土陶文的证实。

6. 把商业活动纳入法制化管理轨道

其一，币制立法。公元前336年，秦惠文王在咸阳颁布了"初行钱"的法令，不只是把铜铸的圜钱作为秦国的主要货币形态，更重要的是禁止民间私铸，而把钱的铸造权和发行权集中在王室。云梦秦简《金布律》可视为我国第一部"钱币法"，秦始皇在从钱币的形制、重量、铸造方面统一全国货币的基础上，还对流通中的收纳、核算都做了明确的规定。半两铜钱是官府铸造的货币，因技术水平不一，在钱体和质量上都存在着很大的差别。但为维护半两钱的信誉，绝不允许择美拒恶。所以《金布律》规定："官府受钱者，千钱一畚，以丞、令印印。不盈千者，亦封印之。钱善不善，杂实之。出钱，献封丞、令，乃发用之。百姓市用钱，美恶杂之，勿敢异。"《关市律》规定："为作务及官府市，受钱必辄入其钱缿（盛钱的瓦器）中，令市者见其入，不从令者赀一甲。"显然，这是为了严格规范官府市的现金管理，防止官商贪占货款。

其二，校验计量器。商鞅方升底部刻有秦始皇二十年的诏文，明确"法度量则不壹，歉疑者皆明壹之"，实是对原来"积十六尊（寸）五分尊壹为升"这一标准器的承认。而且在法定的铜、陶量器上，铜、铁权上，都刻有始皇诏文，或者另制造一种有刻文的诏版，用来嵌在度量衡器上。秦二世篡权后，在始皇刻诏之后加刻上另一维护原诏的诏文，虽属画蛇添足的钓名之举，但也表明了贯彻如一的态度。[①]（见图4-9）

[①] 权、量上的刻诏同铜诏版上刻文完全一致，文作："廿六年，皇帝尽并兼天下诸侯，黔首大安，立号为皇帝，乃诏丞相状、绾：法度量则不壹，歉疑者皆明壹止。"

有些权、量上还有秦二世诏回加刻的诏文："元年，制诏丞相斯、去疾：法度量尽始皇帝为之，皆有刻辞焉。今袭号，而刻辞不称始皇帝。其于久远也，如后嗣为之者，不称成功盛德，刻此诏。故刻左，使毋疑。"

诏量和诏权过去多有著录，后在陕、甘、冀、晋、辽、鲁、苏、内蒙古等省（区）也有不少出土。1961年11月，我们在咸阳市长陵车站南沙坑中出土的1000多斤铜铁器中，竟发现了我国第一块有明确地点及地层关系的始皇诏版。次年，笔者又在沙坑窖藏中发现了一块ابع横长形的残诏版。20世纪80年代，还在西南沙坑中出土了一块刻有秦二世诏文的铜诏版，其中一些字模糊不清。

秦始皇诏　　　　秦二世诏

图 4-9　秦两诏文拓片

为了"易关市，来商旅"，保证度量衡统一无误，建立校验和监督制度，并把这些写入法律条文之中，如《工律》规定："县及工室听官为正衡石赢（累）、斗、用（桶）、升，勿过岁壶（壹）。有工者勿为正，叚（假）试即正。"即县和管理手工业的工室对发放的度量衡器要校正，至少每年一次。按照《吕氏春秋》的记述，每年检验度量衡的时间是二月和八月。对计量器具，允许有一定的误差限度，但超过或不足者则视为不准。秦简《效律》有对衡制、量制不准而按级处罚的详细规定①，其本意固然是为了便于秦政府收取租税、发放官吏俸禄，但在客观上却也起到了维护公平交易，有利于商业活动的作用。

其三，验质限价。法制化的质量监督，第一步是严格把握商品生产的质和量。《工律》规定"为器同物者，其大小、短长、广（狭）亦必等"。同类产品的规格标准化，从质量监督到市场管理，在这里已体现在国家的法规之中。同样，对出售的商品除不足一钱的小商品外，一律明码标价："有买及买（卖）殹，各婴其贾（价）。小物不能各一钱者，勿婴。"（云梦秦简《金布律》）对商品系签挂牌使买方明白，使卖方不得抬价，也方便市场检查。

其四，严格控制商人。没有入秦市籍的外来商人须办"布吏"手续，《法律答

---

① 秦简《效律》对衡制和量制不准的处罚条文，睡虎地秦墓竹简整理小组整理如下：

衡制：
石（120斤，1920两）误差16两以上赀一甲
　　　　　　　　　　8两以上赀一盾
半石（60斤，960两）　8两以上赀一盾
钧（30斤，480两）　　4两以上赀一盾
斤（16两）　　　　　　3铢（1/8两）以上赀一盾
黄金衡累　　　　　　　1/2铢（1/48两）以上赀一盾

量制：
桶（10斗，100升）误差2升以上赀一甲
　　　　　　　　　　1升以上赀一盾
斗（10升）　　　　　1/2升以上赀一甲
　　　　　　　　　　1/3升以上赀一盾
半斗（5升）　　　　　1/3升以上赀一盾
参（3又1/3升）　　　1/6升以上赀一盾
升　　　　　　　　　1/20升以上赀一盾

问》:"客未布吏而与贾,赀一甲。可(何)谓'布吏'?诣符传于吏,是谓'布吏'。"凡是邦客,其凭证须经过地方官吏审验,登记后才允许经商。

为防逃税,售出商品后,"受钱必辄入其钱缿中",否则要受罚。

报废的官物,查验无误后,由大内于每年七月定时变卖。

特别规定"吏自佐、史以上负从马、守书私卒,令市取钱焉,皆迁",避免官吏利用职权而动用官府的人力、畜力经商牟利。

二、管理与集市

(一)商业领导机构

少府作为中央级官职的九卿之一,其职责是"掌山海池泽之税,以给共养"(《汉书·百官公卿表》)。应该说,掌管工商税收以供养皇室是其主要职责之一,和农业税交九卿之一的治粟内史以供国家使用是不同的。

盐铁资源在古代笼统归为"山林川泽",为收入之大宗,商鞅曾专山泽,兴盐铁,"田租口赋,盐铁之利,二十倍于古"(《汉书·食货志》)。惠文王时,咸阳、成都皆有盐铁市官及长丞(《华阳国志》)。始皇时,司马迁的曾祖司马昌曾被任命为秦主铁官(《史记·太史公自序》)。因此,盐铁官长丞及左、右采铁之设,都系少府的属官。而平准物价、管理全国工商业的职官,则是少府的又一属官"平准令"(《通典·职官八》《通志·职官略四》),其副手有丞一人(《宋书·百官志》)。

秦的通都大邑、郡县城内,以至于集镇村野都有市的设立。都会的市可能有好几个,而县及其属下的集市在一地只能有一个。

秦市设立管理机构并有配套的吏员,其衙署称作"市亭"。当然,它是与乡亭、郭亭在性质、作用和从属关系上决然有别的市府。①秦都咸阳遗址出土的"咸阳亭""咸

---

① 秦汉时期的"亭"有多种,其职能也不尽相同。据文献记载与考古资料统计,大约有以下一些:

(1)乡亭——因设立于乡村,也称"野亭",任务是"劾贼""收执贼"(《汉官仪》),进行治安管理。

(2)都亭——顾炎武《日知录》:"其都亭,则如今之关厢。"陈直《汉书新证》:"都亭为各亭之首。"实是设立在郡国、县邑近郊之乡亭。

(3)街亭——秦简《盗马》爰书:"市南街亭求盗才(在)某里曰甲。"蔡质《汉仪》:"洛阳二十四街,街一亭。"(《续汉志》注引)是为城内之亭。

(4)邮亭——《汉官仪》:"十里一亭,亭长、亭侯;五里一邮,邮间相去二里半,司奸盗。"当为保障邮路畅通的专职之亭。

(5)门亭——《汉仪》:"(洛阳)十二城门,门一亭。"为专职管理城门之亭。(转下页)

亭""亭"字陶文，就是"咸阳市旗亭"之省。他如杜亭、丽亭等，均系县邑之市亭。焦亭、犬亭等，属于始皇陵施工时在焦（即今上、下焦村）等地特设之市亭。在市亭掌管市务的市政长官称作"市亭啬夫"①，或简称"亭啬夫"。"咸阳亭久"陶文戳记，即是咸阳市亭啬夫之印记。②其职责主要是检验商品、收取商税和管理市场。上海博物馆收藏有"咸阳亭半两"铜权，是咸阳市亭检验度量衡的标准器。县邑市的具体事务则是由市啬夫直接执行的，"杜市""栎市"陶文戳记显然属于杜县和栎阳市啬夫的印记。黄家沟秦墓出土陶罐上有"平市"戳印，同样是市啬夫有官印的反映，也说明市啬夫低于市亭啬夫。（见图4-10）

市府对市实施有效管理的措施之一，就是按行业委派"长"或"丞"等专职官吏负责。首都咸阳在秦惠文王时，就已设立了盐铁市官。所以，张若治成都市也"置盐铁市官，并长丞"。齐国印文中有"市师"③、"市相"，前者有可能是市官之长，后者则属其副职。

《周礼·地官》："司稽，掌巡市，而察其犯禁者与其不物者而搏之，掌执市之盗贼，以徇且刑之。"纠察不法，维持市场治安的"市稽"即秦汉时期的街亭。从云梦秦简《盗马》爰书"市南街亭求盗才（在）某里曰甲"文知，街亭不只设于街，其辖区还有里数，这也是和乡亭的最大区别之一。那么，近市的街亭派出"求盗"缴循商市就是可以想见的了。

（接上页）（6）边亭——《韩非子·内储说上》："秦有小亭临境，……（吴起）攻亭，一朝而拔之。"《汉书·匈奴传》："单于既入汉塞，……乃攻亭。"

（7）市亭——管理城市市场之亭，也叫"旗亭"。

由以上诸亭知，可归纳为三大系统，即：一是社会治安性质机构中的基层权力单位，有如今之派出所，其中的乡亭为正常编制，归属于县尉，都亭、街亭、邮亭以及门亭都属于专业性质的亭，相当于今之文物派出所、街道派出所、学校派出所等；二是市场贸易的商业领导、管理机构，即市亭；三是军事性质的边亭，即亭鄣。

市亭是独立的，同乡亭有别，湖北云梦睡虎地第十四号秦墓出土的"安陆市亭"陶文即是很好的说明。它表明：安陆市府领导下的制陶手工业作坊在其生产过程中，经过对陶制品的胎质、形态和操作规程的检查，合格后加盖印戳，即可投入生产。可见，"安陆市亭"戳记无疑是一张"批准书"。而秦都咸阳的市亭陶文除上面的意思外，还多有制陶工匠的里居和名字，显然是在"物勒工名，以考其诚"制度下的"保证单"。

① 《观自得斋印集》（古私印册）收录一枚传世的"亭市"小圆印，字体属秦篆系统而比较接近金文，裘锡圭先生断定为战国时较早期的秦国印。"亭市"当与"市亭"同义，"安陆市亭"印文可证。

② 咸阳遗址出土有"咸阳亭久"陶文，其"久"字在云梦秦简中屡见，如"久识""刻久""必书其久""受之以久"等。整理小组注释："久，读为记，记识指官有器物上的标志题识。"那么，"咸阳亭久"当是咸阳亭啬夫之印。

③ 《周礼·地官·司市》注："市师，司市也。"即管市之吏。《荀子·解蔽》："贾精于市，而不可以为贾师。"

第四章　皇家园林与城市商业

图 4-10　亭、市陶文

（二）秦市的形制与位置

在秦都雍城内北部发现有一座封闭式的露天市场，状近长方形。以最长处计，其南墙长230.4米，西墙长166.5米，占地面积34030平方米。夯土围墙宽1.8～2.4米，高度不明。从墙体两侧瓦砾堆积知，原来墙头有覆瓦作为护坡，四面辟门。1983年发掘的西门，面阔21.4米，进深12.8米，原有门楼建筑，还见有半两铜钱与带有"咸□里□"戳记的陶器残片。[①]雍市遗址位于雍都内马家庄宗庙遗址和豆腐村朝寝遗址之北千米处，几乎贴近北城墙，又位当城内纵、横两干道的交会处，既符合《周礼·考工记》关于营国制度"前朝后市"的传统模式，也与建市须交通畅达的设计思想一致。银雀山竹简《市法》说："乃为市之广陕（狭）小大之度，令必禹（称）邑，便利其出入之门，百化（货）财物利之。市必居邑之中，令诸侯、外邑来者毋□□□……"[②]雍都具有"隙

[①] 王学理主编：《秦物质文化史》，三秦出版社，1994年。
[②] 银雀山汉墓竹简整理小组：《银雀山竹书〈守法〉、〈守令〉等十三篇》，载《文物》1985年第4期。

陇蜀之货物而多贾"的商业地位，因而就决定了秦市设置以方便贸易等规范问题。

雍市遗址提供给我们的毕竟是战国早期的实例，而秦都咸阳的市又是什么样子呢？

张衡在其《西京赋》中说"郭开九市，通阛带阓，旗亭五重，俯察百隧"，已经勾勒出西京市的大体轮廓，显然比雍市要成熟得多。我们若再向前追溯，已知成都市"置盐铁市官，并长丞，修整里阓，市张列肆，与咸阳同制"（《华阳国志·蜀志》）。四川成都、广汉、新繁、彭州等地出土的一些市井画像砖（见图4-11），则为人们提供了形象的材料。①它是在方形的围墙之内，有宽阔的十字大街道（即"隧"）把市内分为四区。隧两侧列肆（店铺）相对，有四望楼阁式的建筑——市楼（即市亭、旗亭，见图4-12）位于"四通（隧）之街"的中心。于此，我们就可以概括出市的一些要点来：

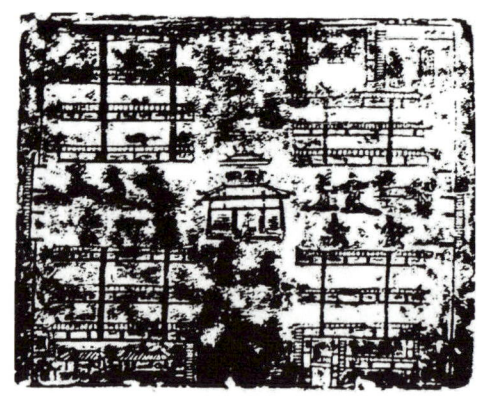

图4-11　市井画像砖

图4-12　市楼画像砖

第一，有围墙（"阓"）环绕，市门（"阛"）开向四个方向，外有道路畅通。

第二，在市中通衢处，矗立着市楼，据张衡说"旗亭五重"，可"俯察百隧"。《洛阳伽蓝记》说洛阳市的旗亭是位于高三丈土台上的两层楼房，市楼里悬鼓，击鼓则罢市。

第三，店铺排在隧之两侧，即"市张列肆"。

第四，无论是流动贩卖的行商，还是设肆售货的坐贾，均按行业划区贸易，即所谓"九市开场，货别隧分"（班固《西都赋》）。这样做，不只为了购物方便，主要还在

---

① 《秦会要订补》引《说苑·反质》："侯生逃，后得，始皇召见之，升东阿之台，临四通之街，将数而车裂之。"所谓"四通之街"，就是南北两条街交叉的十字口，这里是城市行人密集的地方、商业贸易的黄金地段。古代多于此处斩罪犯，以扩大宣传和威慑作用，常有"市曹问斩"语。市楼立于"四通之街"的中心，参见刘志远《汉代市井考——说东汉市井画像砖》（《文物》1973年第3期），刘志远、余德章、刘文杰《四川汉代画像砖与汉代社会》（文物出版社，1983年）。

于有利"司市"进行物价评比、征取税收（云梦秦简《关市律》），还可防止奸商投机取巧、哄抬物价。

第五，对"居列"的商贾，同市民一样，按秦法一律要入市籍，编为列伍。伍有"列伍长"（《秦律十八种·金布律》《汉书·晁错传》）。

（三）咸阳诸市

秦都咸阳在武王、昭襄王之后，商业活动比较活跃，"四方辐凑并至而会，地小人众，故其民益玩巧而事末也"（《史记·货殖列传》）。因市区地域辽阔、人口稠密、都市工程接连不断，因此在多处设立市贸场所，其中除综合性大市之外，还有不少专营的市场。据笔者目前掌握的市肆资料，渭北区有以下几处：

1. 咸阳市

咸阳市是最大又最久的一处固定的综合市场，由秦政府直接控制和管理，属于享有盛名的官市，交通便利，商贾云集，货物山积。其地当冀阙宫庭所在的北阪之南，约在今西咸新区窑店一带。吕不韦曾以相国的身份于咸阳市门公布《吕氏春秋》一书，说有人能增损一字则给予千金。（《史记·吕不韦列传》）能公布于咸阳市门说明有通阛带阓的市存在。大市必位于人口集中的地方，除了冀阙宫庭附近，还能在哪里？

作为商贸中心的都市，咸阳市除商业活动之外，也成了政府行刑、告诫世人的地方。秦昭襄王五十二年（公元前255年），对有间谍行为的原河东守王稽处以"弃市"之刑（《史记·六国年表》、云梦秦简《编年记》）。秦始皇三十四年（公元前213年）曾颁布"有敢偶语《诗》、《书》者弃市"（《史记·秦始皇本纪》）的命令。秦二世、赵高集团倒行逆施，举起屠刀"杀大臣蒙毅等，公子十二人僇死咸阳市"，李斯父子被"腰斩咸阳市"。（《史记·李斯列传》）秦王子婴也"刺杀高于斋宫，三族高家以徇咸阳"（《史记·秦始皇本纪》）。历代处决犯人都在市曹，可以说是秦开的头。

2. 直市

直，端平之意。直市，顾名思义，就是市场价格保持一致，不要拐弯抹角地叫价。《三辅黄图》的解释是"物无二价，故以直市为名"，并说其地"在富平津西南二十五里"。《长安志》说直市"在渭桥北"，"平准物价，故曰直市"。

秦富平津在今西安市高陵区西南的泾渭平原上，为一渡口，西魏时曾于这一带筑富平堰。①此间同渭桥（秦渭桥，汉中渭桥）呈东北—西南方向。所谓"渭桥北"，也当是泛指渭北的地理位置。那么，"在富平津西南二十五里"的直市约在咸阳北区的东郊，地当今柏家咀一带。

或说直市是官方用以"平准物价"的实验性市场。因为秦国的市场交易由国家统一管理的做法，远远落后于东方诸国，在"初行为市"后的一段时间里，商鞅等人偏激地只看到商人"奸"的一面而对商业活动大加限制，但商品经济的发展毕竟促进了"城"与"市"的一体化和社会的繁荣。《市法》："市者，百化（货）之咸，用之量也。中国能〔利〕市者强，小国能利市者安。市利则化（货）行，化（货）行则民□，〔民□〕则诸侯财物至……"②社会实践迫使秦统治者对商业活动态度有所转变，于是慎重地对物价实施平拟管理，以便推广他市。

3. 平市

平市的名称反映了它是一处经营民用产品的市场，也包含着公平交易的用意。黄家沟秦墓出土盖有"平市"戳印（见图4-13）的陶罐，至少说明陶器是平市生产、销售的商品之一。其实附近就有玉制品和金属制品的加工地，想来官府作坊的部分产品也一定会作为商品推向这一市场。那么，平市有可能位于咸阳北区的西部，在制陶手工业作坊之北，当今长陵车站附近。

图4-13 "平市"陶文

4. 咸阳渭南新区的市

咸阳渭南新区的市亭未见文献记载，在秦始皇陵园范围出土有带"丽亭"、"丽市"（见图4-14）、"丽器"、"焦亭"、"犬亭"、"安亭"、"□亭"、"亭"、"芷"等字戳印的陶器残片，说明这些地方都有市亭的设立，并有陶器的生产及销售。

图4-14 "丽市"陶文

---

① 富平津，据《水经注·河水》："《尚书》所谓'东至于孟津'者也，又曰富平津。《晋阳秋》曰：'杜预造河桥于富平津，所谓造舟为梁也。'"《晋书·杜预传》确实也有"预又以孟津渡险，有覆没之患，请建河桥于富平津"的记载，但《三辅黄图》所说的富平津同孟津并非一地。

② 银雀山汉墓竹简整理小组：《银雀山竹书〈守法〉、〈守令〉等十三篇》，载《文物》1985年第4期。

在秦始皇陵区的马厩坑、山任窑址和丽邑所在的刘寨遗址的陶器上，都有"丽亭""丽市"戳印。这不但表明在秦丽邑和始皇陵区有多处市的设立，而且市上销售的产品就是在其市亭作坊生产的日用陶器。还有些则是来自外地的，如马厩坑就有渭北生产的"咸亭当柳昌器"陶罐、山任窑址陶器上有"咸亭□□□器"戳印。至于陵园专用陶器上有"丽山食（飤）官""丽邑""厨""东园"等刻印文字的，本来和建筑用陶一样属于中央官府作坊的御用产品，当然不能作为商品推上市场，所以就没有在市上出售。

咸阳渭南新区的中部和西南部是宫殿区，虽然至今还未见到有关市的材料，但笔者相信也必定有宫市的存在。东郊的芷阳宫遗址上发现有模印"芷"字戳文的陶器，乃是"芷阳"之省，当是芷阳制陶作坊的产品，但不能确定此系官窑为宫廷烧造的专用品还是芷阳市亭的产品，也不能确定芷阳是否有市的设立。不过，同芷阳仅有灞河相隔的半坡战国墓中就有带"咸阳市亭"文字的陶器出土，可见，这一地区必定有市的存在。

5. 杜市

杜县有市，1962年在城址附近的首帕张村出土千余枚半两钱，在盛钱的陶罐底部就有"杜市"二字的戳印。同文的陶器在清涧也有发现。在咸阳，笔者还搜集到"杜亭"的陶片。（见图4-15）这些正是商品流通情况的反映。

6. 奴市和军市

奴市和军市是两种专业性质的官市。

图4-15 杜亭、杜市陶文

《汉书·王莽传》载："（秦）置奴婢之市，与牛马同栏。"云梦秦简的出土，证明了此一记载不属虚妄。奴隶不仅为国家和私家所占有，而且可以买卖。《司空律》："百姓有赀赎责（债）而有一臣若一妾，有一马若一牛，而欲居者，许。"可见"百姓"（中小地主）家里拥有少量的男女奴隶和牛马。同时，他们也有资格从官府借用未成年的女奴隶，像《仓律》规定："妾未使而衣食公，百姓有欲叚（假）者，叚（假）之，令就衣食焉，吏輙披事之。"在《封诊式》"告臣爱书"中，有奴隶丙因为"桥（骄）悍，不田作，不听甲令"，经过一套法律手续，就按市场上的奴隶标准价（"市正价")卖给了官府。国家与私人的奴隶交易同样按奴市的价格进行，生意也必定兴隆。

军市的设立在战国末期是普遍存在着的。云梦睡虎地第四号秦墓出土两方木牍，记着名叫黑夫和惊的两个士兵给同母弟兄中（衷）的信。其内容主要是向家里讨钱索衣，二月份写的第一封信说如果老家安陆"丝布贵，徒〔以〕钱来"，黑夫就在淮阳买。三月以后写的第二封信则"愿母幸遗钱五六百，綌布谨善者毋下二丈五尺"，因为天气转热，如果赶不上换季更衣，就将"即死矣。急急急"。①商鞅规定军市上不得有女商人，足见民市不受此限制。从《商君书·垦令》中可知，咸阳不但有百货交易市场，而且也有出售军需用品的军市。军队的粮食、武器和军装等固然是由国家配发的，但征发入伍的劳动人民充当士兵者，却要自备一定数量的口粮、衣服。军市上的商人须得密切注视军事动向，准备好铠甲、兵器和粮食，虽是买卖的关系，也不得临时有缺。

从前述秦都咸阳的诸市可以看出，在城市的市场规划上，市场的位置突破了传统的"前朝后市"的建设模式，又并未如唐长安城东、西市位于皇城前且划分得那么具有对称性，那么整齐。同时，大都会的市具有多样性的状态，这既是因为多市并存，也是因为综合市与专业市相互补充。此种现象的发生，是战国后期城市商业经济发展的必然结果，也是咸阳从秦国之都发展为统一后的天下首府，政治的、军事的再加上经济的、文化的职能迅速扩展的体现。市的位置变动，是城市、手工业和商业蓬勃发展，自发地形成或是人为地规划的结果。但这都是顺应当时的形势，形成了"凡仕者近宫，不仕与耕者近门，工贾近市"（《管子·大匡》）、"百工居肆"（《论语·子张》）的情况。当然，在近市的地方，"湫隘尘嚣"，条件很差，哪能比得上"居宫"和"近宫"的"食肉者"？为了糊口、生计，工贾们只得"小人近市，朝夕得所求，小人之利也"（《晏子春秋·内篇杂下》）。咸阳的手工业作坊、商业区、居民和宫区，既有相对独立的聚集，又大体上彼此杂处，这正反映了早期城市在规划上散点布局的一大特点。

（四）市贸内容

市场上的商品主要来自三个渠道，即：

一是来自官府手工业作坊的部分产品。秦律中有"为作务及官府市"（云梦秦简

---

① 湖北孝感地区第二期亦工亦农文物考古训练班：《湖北云梦睡虎地十一座秦墓发掘简报》，载《文物》1976年第9期。

《关市律》）的话，"作务"指的是手工业生产，"官府市"即官府经营的商业。官府手工业作坊制造的铜器、纺织物及漆器等一类奢侈品，都是供官府、宫廷、贵族、官僚直接消费的，同民生无关。但受商品经济大潮的冲击，官府手工业作坊的部分产品必然带上商品的性质。至于推向市场销售的商品，因同民生有关，还是以盐铁类产品为多。地方官府手工业作坊的产品中，用于市贸盈利的那部分占总生产额的比例相对地也要大一些。

二是来自民营手工业作坊的绝大部分产品，如陶器、竹木器、铜铁农工工具等。

三是个体农民生产的农副产品，如粮食、禽畜、皮毛、布匹及生活用品。

在综合市场上的货物是多种多样的，有禾、黍、稷、麦、稻、荅（小豆）、菽（大豆）等粮食及枲麻类农作物产品，有马、牛、羊、猪、鸭、鸡等家畜家禽及其肉、皮、筋、角、脂、胶等畜产品（见云梦秦简《厩苑律》《仓律》《司空律》等），有土特产品厄（可制胭脂）、姜、丹砂（朱砂）、石、玉、铜、铁等原料及竹、木、枣、栗等山货（《史记·货殖列传》），还有占手工业产品大宗的陶器、铁器、木器、纺织品及日用杂品等。总之，多是些人民生产、生活的必需品。

三、开市时限与商人地位

（一）立市

当远古时期的人们摆脱了以物易物的原始交换阶段之后，货币以等价物的身份进入了买卖领域。从"日中为市""交易而退"（《易·系辞》）到有固定的交换地点、有限制的交易时间，慢慢出现了由统治者插手管理的所谓"集中市制"。《周礼·地官·司市》说："大市，日昃而市，百族为主；朝市，朝时而市，商贾为主；夕市，夕时而市，贩夫贩妇为主。"秦市是否也这样按不同时间进行不同交易内容的活动，不得而知，但有一点是可以肯定的，即：定时交易，击鼓罢市。

民间的集市在一月之内，在固定日期开市。云梦秦简《日书》记："己亥、己巳、癸丑、癸未、庚申、庚寅、辛酉、辛卯、戊戌、戊辰、壬午，市日。"按干支计日，在60天中有11天是交易的吉日。又曰："辛亥、辛巳、甲子、乙丑、乙未、壬申、壬寅、癸卯、庚戌、庚辰，莫市以行，有九喜。"莫，即暮，暮市，也就是夜市。在60天中，有9天是宜夜市的好日子。如此计算，平均每月就有10个市日，这就成了农村立集的日期,久而久之时间就固定化了。如果在集镇3天逢集,便显得太紧,于是各地据情况有所减少,而在一个较大的区域内虽有数个集市,但逢集日期不一,有着互补的作用,既不违农时,又有利商贾。

(二)商人地位

商鞅变法时,规定"令军市无有女子"。不只是说女子不得入军市,更要紧的是女子不能经营军需物资。反言之,其他市是允许女人经商的。"军市无有女子",并不完全是对女性的歧视,而是出于防止军事机密外泄的考虑。

事实上,秦时的商人确实有男有女。《日书》:"庚寅生子,女为贾,男好衣佩而贵。"

商人的社会地位很低,等同于罪犯。秦简《司空律》有"春城旦出徭者,毋敢之市及留舍阓外;当行市中者,回,勿行"的条文,这不仅是为了防止不法之徒窜入市内扰乱交易秩序,也是为了防止商人接触与支持社会罪犯。秦始皇三十三年(公元前214年),曾"发诸尝逋亡人、赘婿、贾人,略取陆梁地,为桂林、象郡、南海以适遣戍"(《史记·秦始皇本纪》)。以"谪罪"流放岭南的这些人不服水土,死亡惨重。但秦为了实现占领岭南的目的,一再扩大征发对象的范围,竟发展为"七科谪",即"先发吏有谪及赘婿、贾人,后以尝有市籍者,又后以大父母、父母尝有市籍者,后入闾取其左"(《汉书·晁错传》),致使商人遭到致命的打击。但据刘邦说,谪戍岭南的是"中县之民"(《汉书·高祖纪》),即中原地区的人。如果结合过去对关东大工商业家的"迁徙"办法,似乎这仍是针对六国商人的,并不包括秦本土的商人。

第五章 都下陵墓

墓地作为城市的重要组成部分，是被纳入城建总体规划之中的。因此，在谈论城市布局时就不能把墓葬区排除在外。秦人的城建规划中也包含陵墓，但不同的是他们把陵墓无一例外地都安排在近郊，并不放入城内。君主陵墓同宫殿区、手工业作坊区、商业区、居民区严格分离，绝不混杂。这，应该看作秦都城在布局上的一个显著特点。

秦自襄公"始国"以后，历经560余年，随着都城的迁移、秦君称号由"公"而"王"再到"帝"的变迁，先后建造了平阳墓区、雍都墓区、栎阳二陵、毕陌陵区、芷阳陵区和秦始皇陵园等六大茔域，从而形成了一个相当完备而又自成序列的陵墓发展体系。

秦都咸阳在秦陵园葬制史上具有极为重要的地位。在此之前，秦处在一个自强扩展的时期，尽管襄公、文公父子已在关中建功立业，但死后却要埋到秦人发源又有先祖宗庙的西犬丘，葬入西垂墓地（在今甘肃礼县一带）。只有武公、德公、宣公和成公4位君主的尸骨葬在了平阳都城（在今陕西宝鸡市陈仓区杨家沟和阳平一带）附近。雍城立都294年，主政的秦君自德公开始只有19位，这是秦人在事业与制度上奠基的重要时期。在今陕西宝鸡市凤翔县尹家务村至陈仓区阳平镇的雍岭原上，探知的14座分墓园内，实际上埋葬着自穆公至出公（出子）等17位秦君。秦孝公迁都咸阳以后，秦国处在一个向外开拓的时期，都城范围内先后出现3个陵墓区，显然是与国都发展同步发生的，故而形成一个新的格局。"诸庙及章台、上林皆在渭南"，司马迁在《史记·秦始皇本纪》里这么记述，当然是指最后定型了的咸阳。"诸庙"是诸秦王之"寝庙"，既有先祖的宗庙，也包括陵庙，至于其间的变化、交替、定制，也都发生在这里。

第一节
毕陌陵区

一、最早规划的咸阳王陵区

公元前350年，秦孝公在一场惊天动地的政治改革中把国都迁到了咸阳。他在仅有的冀阙宫庭中处理繁多的政务，在还顾不上再多一点市政投入的情况下，就继续推行更为全面而深刻的变法图强运动。同时，随着耕战政策的铺开，可以说秦国的全部注意力都集中到了增强国力、洗雪国耻上。再加上商鞅"立法度，严刑罚，饬政教"（《盐铁论·非鞅》），秦国社会上下充满言法、执法的勃勃生机，一切奸伪与虚妄之务无所施展。为收复河西地，秦孝公、商鞅在变法制胜、稳定内部的基础上，接连向魏国开战。也正因为在咸阳的12年中，秦孝公是在国事繁忙、军事倥偬中度过的，形势、财力、人力、人事等因素都没有给予他为自己谋划建陵、为后代子孙规划陵区的机会。或许，作为一位具有革新意识的国君，秦孝公想的是葬地应以其父献公马首是瞻，所以他死后并不是埋葬在咸阳，也不是择葬雍地，而是追随开创改革之业的父亲献公东葬栎阳之东的"弟圉"①。

---

① 《史记·秦始皇本纪》载，秦献公"葬嚣圉"，孝公"葬弟圉"。《水经注·渭水》："（汉白渠）东径栎阳城北，……白渠又东径秦孝公陵北，又东南径居陵城北、莲芍城南，又东注金氏陂，又东南注于渭。故《汉书·沟洫志》曰：白渠首起谷口，尾入栎阳是也。今无水。"

这段文字在"东径秦孝公陵北"之后的流经存在着错简致误的问题，而且同所引《汉书》也发生了矛盾。因为《沟洫志》明确记载汉白渠"穿渠引泾水，首起谷口，尾入栎阳，注渭中"，根本就没有横绝石川河。只有唐代的"三白渠"（太白渠在泾阳县东北，中白渠和南白渠流入高陵）之一的中白渠穿过石川河，在下邽县（今陕西渭南市临渭区下邽镇）注入金氏陂。但这些情况是生活在北魏时期的郦道元根本无法看到的，所以笔者认为这后面的话肯定是后人混入的。但《水经注》关于白渠"东径栎阳城……又东径秦孝公陵北"的记载，毕竟为我们提供了秦孝公陵的相对位置。

当然，"秦孝公陵"这一称呼在当时还未必有，根据是云梦睡虎地秦墓竹简《法律答问》中有这样的话："可（何）谓'旬人'？'旬人'守孝公、漴（献）公冢者殹（也）。"所以郦道元称"孝公陵"是按以后帝王墓专称而表述的。无论称作"孝公陵"还是"孝公冢"，其所在只能圈定在栎阳故城之东和石川河西岸之间的"弟圉"。那么，献公所葬的"嚣圉"也应该就在附近。

踌躇满志的秦惠文王踏着商鞅变法铺平的政治道路，对外用兵接连胜利，国都咸阳的建设也随之展开。历史上颇有影响的名宫如咸阳宫、章台宫、长安宫和蕲阳宫等等，就是在惠文王时建造的。从中不难发现，这时不但有了标志着政治权力的朝会中心，而且也有了悠闲行游的离宫别馆。惠文王在加强咸阳都城建设的同时，还跳出了渭北狭小地域的限制，开始向渭南更大的范围发展。这些外拓的行为也足以反映出雄心勃勃的惠文王具有一种更为进取的追求意识，既按照"营国"的要求对都城做礼制性的改造，又注意把首都的建设引上总体设计的轨道。当然，陵墓区作为都城的组成部分，这时也必然被纳入整体规划的蓝图中来。所以，毕陌陵区就是在这一时期出现的秦王茔域，而它在中国陵园建制史上展现的却是另一种姿态。①

咸阳原上的毕陌之地位于周时毕国的西部，其东部为毕程（郢），地当今西咸新区周陵街道一带。首先葬入毕陌陵区的秦君是惠文王和悼武王，其公陵和永陵堆起了封土，同以前"墓而不坟"的秦诸公大墓比，是最大的变化。②汉人刘向对成帝营昌陵后又返延陵之举颇有微词。他在上疏时说："秦惠文、武、昭、严（庄）襄五王，皆大作丘陇，多其瘗臧，咸尽发掘暴露，甚足悲也。"（《汉书·楚元王传》）在这里，他把起坟当作厚葬的典型加以抨击，固然有其对的一面，但也应看到，还有历史性的一面。实际上，坟丘墓早已在春秋时期的中原地区出现③，并非秦一家独创"丘

---

① 中国古代君主葬地近都，甚或与宫殿为邻，可说是原始民族社会生死地相接习俗遗留给后世并规矩化了的一个传统。

古人聚邑而居，聚族而葬。原始社会的村落遗址中，虽然居住地同墓地很近，但两者之间毕竟是有界隔的。殷周时期的墓地营造于城外，而东周时期的一些诸侯国竟把墓地搬入城内。相反，秦人的陵区与城区是严格分离的，这在都城的总体设计上是一大显著特点。由于秦的统一，这一做法也为以后历代王朝继承并发展。

综览中国帝王陵墓同都城关系的发展史，可以很清楚地看到：秦代处于历史的分水岭。秦代之前墓葬近都，或与城市宫殿、作坊、居民区杂处，独立的墓区也正在形成之中，而且墓区大而分散，但茔域的位置及其与城市的布局关系问题已被列入都城的总体规划之中。秦君陵墓和平民墓葬真正从城中分离出来自成墓区和茔地，虽然它们仍属都城的主要组成部分，但秦始皇陵已从芷阳陵地分离出来，选穴骊山，就带有同城建并行而作为另一工程的倾向。踵秦之后，汉代诸陵接受堪舆之术，选择吉地，离开京师，终成制度，延及后世近2000年。

② 今陕西凤翔县南发现秦公陵园14座，内有秦公大墓20座，但地面上并无封土，只在个别墓上探出建筑遗迹。栎阳地面也没有见到献公和孝公的陵冢，但已经有了地面标志，所以称"孝公、湫（献）公冢"。据此，笔者以为"嚻圉""弟圉"并非陵名，而是小地名。

③ 《易·系辞》："古之葬者，厚衣之以薪，葬之中野，不封不树。"春秋时期之前的墓上没有封土和标志是得到了考古证明的。在孔子（公元前551—前479年）生活的那个年代，他见到的坟丘就有四种形式，即所谓"吾见封之若堂者矣（如四坡流水屋顶的高堂建筑），见若坊者矣（高而狭长的堤坊式样），见若覆夏屋者矣（有如覆盖着的大屋顶），见若斧者矣。从若斧者焉，'马鬣封'之谓也（狭长而顶部圜突如斧，又因像马鬣，故称马鬣封）"（《礼记·檀弓上》子夏语）。多种坟丘并见，正是坟丘处在开始形成阶段，还未固定化的表现。河南固始县侯古堆发掘宋公（名栾，公元前516—前469年在位）之妹勾敔夫人墓，其封土高7米，直径55米，提供了公元前5世纪中期存在坟丘大墓的例证。（参见固始侯古堆一号墓发掘组：《河南固始侯古堆一号墓发掘简报》，载《文物》1981年第1期）进入战国时期后，坟丘墓则较为普遍。

陇"。像在此之前，具有革新意识的秦孝公、献公已采取了丘冢形式，秦简《法律答问》就有"'甸人'守孝公、溅（献）公冢者"的话，时间在战国早期。而在战国中期，把高出地面的君王坟丘称作"陵"者，当由秦惠文王著先鞭。①随之，在秦国就有秦昭襄王、孝文王、庄襄王、秦始皇和秦二世等人效仿他们的陵墓，无不是"大作丘陇"并"多其瘞臧"。汉代帝王墓踵秦之后，把封土堆做成覆斗形可说是定型化了的汉家制度。

二、陵区的墓葬概况

咸阳原上古代陵墓重重叠叠，20世纪以来，多个文物保护研究单位和学者从踏查、调查和勘探中，力图能区别出其时代、墓主和性质来。新近形成的材料，当数咸阳市文物考古研究所勘探研究的成果。他们从2001年7月到2005年10月，经过4年多的时间，对汉陵做了一次全面的钻探，基本上使"毕陌"中的秦汉陵墓从混杂、传说中区分了开来。该所在2004年对毕陌陵区的三处秦陵进行钻探，分别编号为Ⅰ、Ⅱ、Ⅲ。②2007年，陕西省考古研究院会同咸阳市文物考古研究所对个别陵园又做了一次全面的复探。③截至目前，终于把战国秦陵墓区圈定在今西咸新区周陵街道的附近。（见图5-1）

---

① 崔寔说"古者墓而不坟，文、武之兆，与平地齐"（《政论》）。正因为没有封土的存在，所以也不会有什么称呼。当墓口上有堆土出现时，人们就很习惯地借用了"丘""坟""冢""山""陵"这一类中国古代地理学的名词。多种称呼并存，不但可单称，而且还可连称，如丘墓、坟墓、冢墓、山陵、陵冢，也不因人们的社会地位高低不同而专有。这种歧异、纷杂的现象，正是坟丘墓出现初期称谓还未统一、未礼制化的反映。

公元前335年，赵肃侯"起寿陵"（《史记·赵世家》），这是国君坟墓称"陵"的最早历史记载。接着便是公元前311年秦惠文王"葬公陵"、公元前307年悼武王"葬永陵"，公元前278年白起拔楚都郢，"烧先王墓夷陵"（《史记·楚世家》）。但是，"陵"之称在很长一段时间里并没有为帝王所接受，如秦始皇陵初叫"丽山"，秦汉之后才约定俗成地追加成"秦始皇陵"这一通称。汉高祖的长陵，在北魏时还有称"长山"（《水经注·渭水》）的，吕后陵叫"吕后山"。晋人崔豹还把东汉帝王陵称作"山"或"山陵"（《古今注》）。在这时大概可以用得上郦道元一句模糊的话："秦名天子冢曰山，汉曰陵，故通曰山陵矣。"西汉皇帝之冢称为"陵"源于秦，从此而后称呼专有化、制度化，从而为历代所沿袭。那么，反过来说，西汉即使有称"陵"为"山"者，只能认为是一种俗称，属于暂时现象，不足为据。即东汉帝陵称"山陵"者，也只能认为是一种风雅，也属特殊情况，不足为据。至于唐武则天母杨氏顺陵、懿德太子"号墓为陵"，那是恩准的一种例外，是特定历史条件下的产物。所以在漫长的中国封建社会里，"陵"已成为皇帝墓葬的专称，百姓只能叫"坟"。封建等级制在封土堆的称呼上，同样打下了深深的阶级烙印。把埋葬行为称作"上山"，那是从山陵引申出来的礼貌。参见王学理：《"秦始皇陵原名丽山"的再议》，载《考古与文物》1982年第1期。

② 刘卫鹏、岳起：《咸阳塬上"秦陵"的发现与确认》，载《文物》2008年第4期。

③ 陕西省考古研究院、咸阳市文物考古研究所、周陵文物管理所：《咸阳"周王陵"考古调查、勘探简报》，载《考古与文物》2011年第1期。

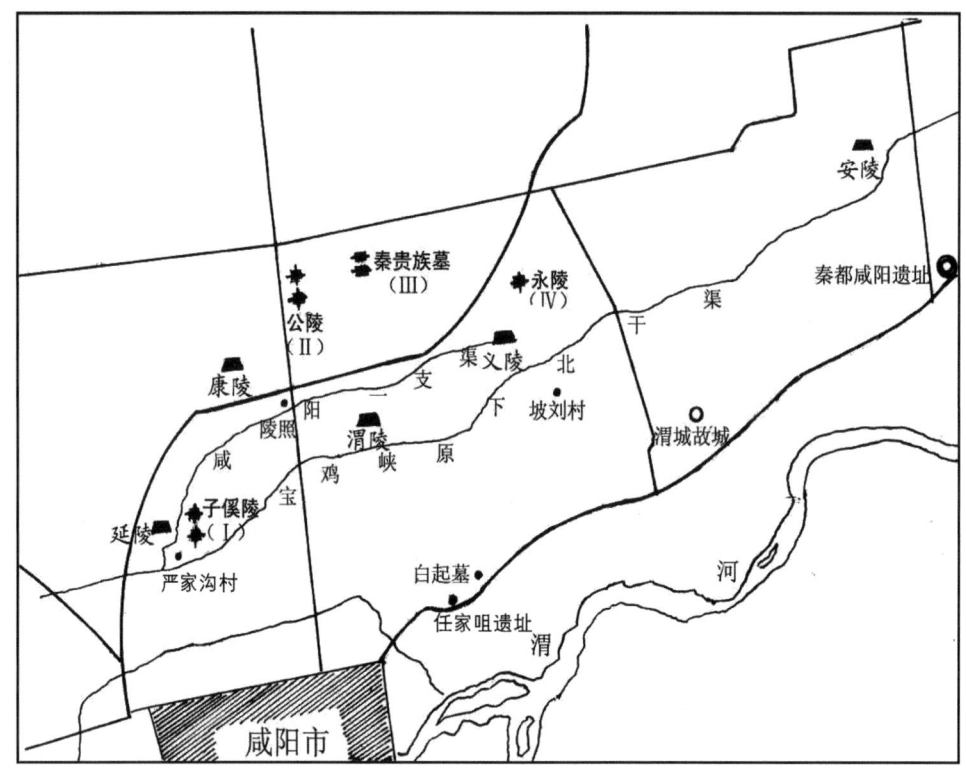

图 5-1　毕陌秦陵分布示意图

毕陌陵区的秦陵墓约有以下几处：

第一处（Ⅰ号陵）：位于严家沟村附近，当汉成帝延陵东北。陵园内有两座南北并列的"亚"字形大墓。

第二处（Ⅱ号陵）：也就是误传的"周陵"，位于周陵街道。周陵中学占据着陵园内的南部。陵园内有两座南北并列的"亚"字形大墓，均有封土。清代陕西巡抚毕沅在南北两陵墓前立有石碑，碑上分别刻有"周文王陵""周武王陵"。

第三处（Ⅲ号陵）：在Ⅱ号陵园东北1300米处，当贺家村北。有南北并列的两座"中"字形墓，地面有封土，但无围沟与垣墙的发现。南墓封土呈覆斗形，底边长43～44米，高10米，东墓道长93米。墓前有清代陕西巡抚毕沅立的石碑，刻"元圣周公之墓"。北墓封土呈圆丘形，底径22米，高6米。墓前之碑亦为毕沅所立，曰"鲁公伯禽之墓"。

第四处（暂编Ⅳ号）：在司家庄北，有一座"亚"字形大墓。

在毕陌的几座西汉皇帝陵墓，如渭陵、延陵、义陵、康陵和有些后陵，还是比较容易辨认的。但有的后陵和陪葬墓因为同秦陵墓混杂在一起，特别是汉后妃之陵墓的规模小于帝陵，或有四出墓道，又由于某些政治原因远离或偏离帝陵，在形制上同秦陵墓几乎相似，对这些陵墓在没有考古发掘的情况下，要做到秦、汉区分确有很大的难度。

即以能确认的几处秦陵而言，也不是完全能够指认其属主的。像汉平帝陵东偏南554米处的一座陵园，向来认为是王皇后陵。有人考订此陵园为秦孝文王寿陵，根据就是那里有寿陵亭部，同帝陵的相对位置、规模、四出墓道、陵制均与汉代后陵有别。其实，这应该看作是"在一个特殊时代，由一个特殊的人所做的特殊"①。

从毕陌陵区的秦陵墓布局看，有由西向东发展的趋势（惠文王公陵在西，悼武王永陵在东），墓向是坐西朝东，保持着雍都墓区秦公的葬序，但又不很严格，像Ⅰ号陵园处于西南，而且王陵与后陵南北并列，则同后来芷阳陵区的一号陵园一致。Ⅲ号陵作为夫妻同茔的贵族墓，并无墓园，其陪葬关系也不很明确。从上述由前到后的环节情况看，这是否同秦人多与礼制不合的性格有关？

三、文、武二王陵与子傒陵

（一）公陵（Ⅱ号）

公陵陵园位于周陵街道北，有内外两道围墙，外城有兆沟环绕，内城内有南北并列的两个陵冢。周凌街道办即压在南兆沟上，周陵中学占据陵园南端，其北墙即压在南陵的南墓道之上。

公陵陵园平面呈长方形，有内外两重墙垣，外设围沟（兆沟）。外陵园夯墙南北长833米，东西宽528米，墙厚3～4米。外围墙四面辟门，正对南陵。兆沟距外城34～50米，沟南北长950米，东西宽639米，沟宽14～17米，深3.5～5.5米。（见图5-2）②

---

① 刘卫鹏：《秦孝文王寿陵位置蠡测》，见秦始皇兵马俑博物馆编：《秦俑博物馆开馆三十周年秦俑学第七届年会国际学术研讨会论文集》，三秦出版社，2010年。

汉平帝即位时，只有9岁。王莽秉政，大权在握，通过权术欺诈手段硬是把女儿配给平帝为后。这位王皇后立后仅1年多时间，平帝即驾崩。经过3年的居摄，王莽篡汉。史称王皇后性格顺静而有节操，在刘氏政权易手之后常称疾不出。王莽想让其改嫁，还"更号为黄皇室主"，都遭到了她的拒绝。王皇后在悲病中又熬过了新莽存在的15年。待农民起义军攻入长安城火烧未央宫，王皇后便投火而死。那么，在王莽极力破坏刘氏设施、讨好王皇后时，在康陵东为王皇后大筑陵园，不是有充足的时间与财力吗？所以，当前的证据与推想，还不能轻易否定此处陵园为王皇后陵园的事实。

② 陕西省考古研究院、咸阳市文物考古研究所、周陵文物管理所：《咸阳"周王陵"考古调查、勘探简报》，载《考古与文物》2011年第1期。

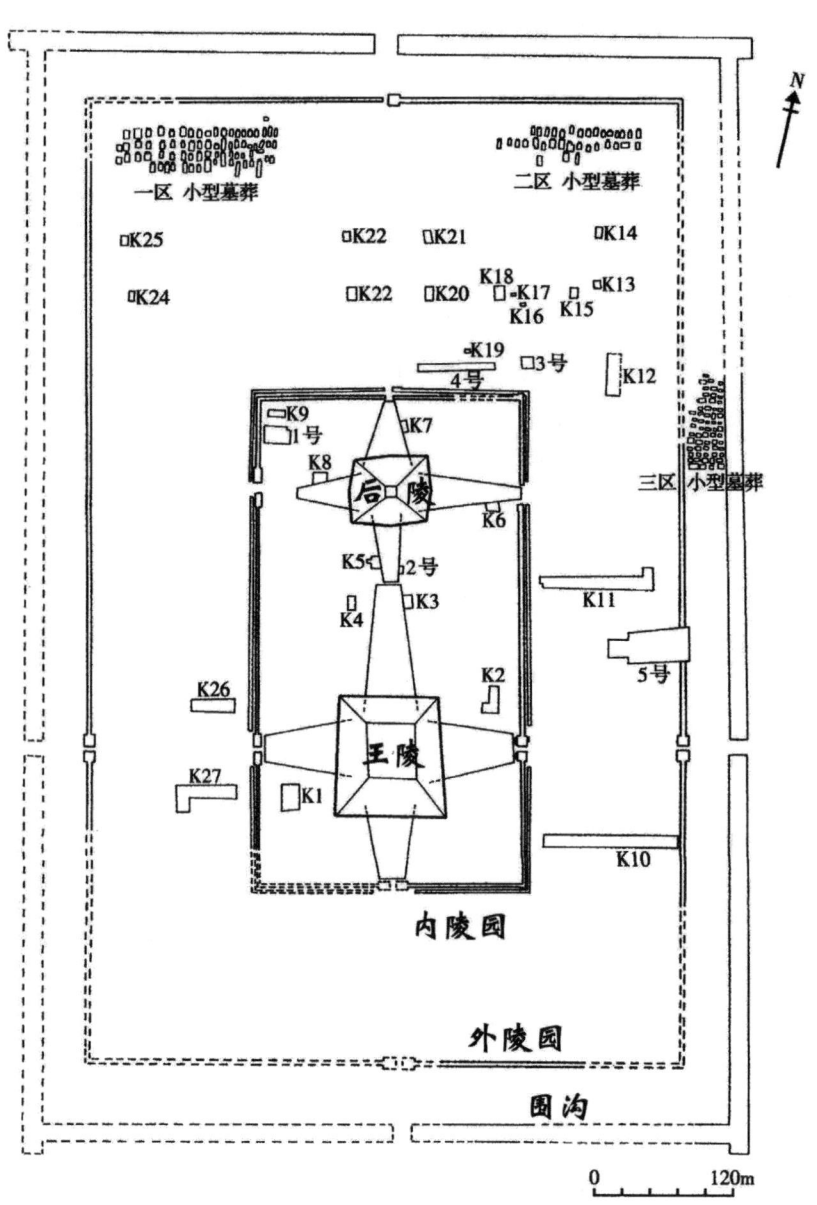

图 5-2 公陵陵园布局图

陵园内城南北长422米，东西宽236.5米。有六门，其中东西各二门，分别对着南北二陵；南北二门的连线使得两陵、外城门、兆沟都处在陵园的中轴线上。

内城的两座封土堆，中至中221.5米，边缘间距146米。

陵园内：发现了5处地面建筑遗址，其中内城有2处，外城与内城之间有3处。地下的外藏坑已探测出27座，其中有9座在内城，多分布在北陵周围，18座分布在外城和内城之间，集中在内城外的北部和两侧。

秦陵陪葬墓有168座，分布在三个区域，即：外城内的西北为一区，有南北向的长方形竖穴土坑墓和洞室墓4行计73座；东北角的二区，有3行南北向墓计34座；三区有墓47座，位于外城东墙和兆沟间，其中除3座为南北向外，余皆为东西向。

陵园内南北并列的两座封土堆，就是汉人说的"土垅"。最新的钻探资料如下：

南陵呈覆斗形。底边长是：东103.3米、南99.7米、西103.7米、北90米；顶部边长是：东48.1米、南41.4米、西46.6米、北43米。陵冢现存高度14米。墓圹呈"亚"字形，其中北墓道最长，南北长97米，北宽24.5米，南宽46.3米，南端最深18.4米。

北陵封土不太规则，据测绘仍是覆斗形。底边长是：东57米、南66.2米、西55.5米、北65.4米；顶部边长是：东10米、南9.5米、西9.8米、北9.5米。陵冢现存高度17.5米。墓圹呈"亚"字形，其中东墓道最长，东西长79米，东端宽9.6米，西端宽30.3米，西端最深18.5米。

对待入葬毕陌陵区的秦君和贵族，我们如何能把文献记载和考古资料相印证，真正做到"对号入座"呢？在这里，我们还是先从秦惠文王和秦悼武王葬地入手，而且还应该结合熟悉秦汉陵墓的唐代人的记载进行考察[①]。

《史记·秦始皇本纪》正义引《括地志》说："秦惠文王陵在雍州咸阳县西北一十四里。""秦悼武王陵在雍州咸阳县西十里。"这两条记载以唐咸阳县治（今陕西咸阳市东5里）为基点，从方向和距离上揭示了公陵远、永陵近的事实。

《史记·秦始皇本纪》："惠文王享国二十七年，葬公陵。"陵园内南北两座陵冢规模都小于汉代帝后陵墓，南北一线的排列同芷阳陵区内一号陵园两座"亚"字形大墓完全一致。所以可以断定此陵园绝不是周陵，也不是汉陵，而是秦公陵陵园。园内两陵的体量与形制也显示出此属公陵。陵园气魄宏大，陪葬墓数量多，同秦惠文王

---

① 因为在唐之后，宋代人出自政治需要就有意无意地把涉及历史人物的事迹弄混，就像曹操在唐代以前的评价较为公允，但到宋代就由"起世之杰"一下子变成了"白脸奸臣"。原因在于：宋太祖赵匡胤通过"陈桥兵变"得以黄袍加身，又通过"杯酒释兵权"把手握重兵的将军剥了个精光，于是，唯恐别人学他的样子起来掀翻了自己的皇帝宝座，就采取了一系列"重文、轻武、防内"的措施，加强专制主义的中央集权制统治，为防止"叛臣"的出现，一再要臣下"忠君"。想来，此时为迎合老百姓希望有明君良臣的心愿，便把周文王、周武王推在前边，来了个"李代桃僵"。从此，也就种下了聚讼千年的祸根。

享国时间长是吻合的。其中南陵为秦惠文王陵墓，北陵应为惠文后陵墓。①有人怀疑居北的陵冢不是惠文后陵，根据是《史记·秦本纪》和《史记·穰侯列传》载：在秦武王死后，秦国发生了"诸弟争立"的内乱，魏冉扶昭襄王即位后，诛死了"季君"（即庶长壮）及参与叛乱的"昭王诸兄弟"，连惠文后也"不得良死"。但是，我们可以推想一下：因为昭襄王是武王的异母弟，惠文后毕竟是生父惠文王之妻魏夫人，总不能把已被处死的惠文后弃尸荒野吧。况且各为其主的政敌已经被消灭，也无须再"不留情"。于是，把惠文后同秦惠文王合葬在原先规划好的公陵陵园里，毕竟还是上对得起父亲的在天之灵，下可收到按礼制行事的效果的。

（二）永陵（Ⅳ号）

《史记·秦始皇本纪》："悼武王享国四年，葬永陵。"

《皇览》："秦武王冢在扶风安陵县西北毕陌中"。（《史记·秦本纪》集解引）《后汉书·郡国志》注：安陵"县西北毕陌，秦武王冢"。这说明秦悼武王陵在秦惠文王陵之东，相距唐四里（合今1663.2米），同在毕陌中。《汉书·哀帝纪》：建平二年（公元前5年）七月，"以渭城西北原上永陵亭部为初陵"。汉之永陵亭部系沿用秦悼武王永陵名而设，汉渭城县治在今咸阳市东北17里的渭城湾。据知，西汉哀帝义陵位于今西咸新区周陵街道南贺村东南，显然这里也即是汉"永陵亭部"之地，义陵就建在此亭部管辖的区域内。

经钻探，在汉哀帝义陵之北900多米处，当司家庄之北，有一大墓。封土作覆斗形，底边东西长80米，南北宽63米，高13.4米。探出四条墓道，其中东、南、北三条墓道各长60米。东墓道小端南侧有一长11米、宽5米的从葬坑。②这应当就是秦悼武王的永陵。

秦悼武王"取魏女为后，无子"，他死后发生"诸弟争立"的内乱。王后虽然没有参与，但也带有一点倾向性。所以，昭襄王当政后没有严惩，而是令"逐武王后出之

---

① 殷墟王陵中未见合葬，周王陵情况不清。但在一些西周大墓中，就出现了夫妻异穴合葬（如陕西宝鸡茹家庄弼墓，河南浚县辛村的卫侯墓）。春秋战国时代，夫妻合葬更趋普遍。凤翔的秦公陵园中，王与后同处于一座陵园内。现在可以肯定的是：盛传的周文王陵、周武王陵绝不是周陵，也不是汉陵，而是秦陵——是秦惠文王与魏夫人同茔异穴合葬的公陵。确切地说，秦国君与夫人的异穴合葬，应是从秦惠文王开始的。对此，笔者在1985年出版的《秦都咸阳》一书中肯定其为秦陵，又在1999年出版的《咸阳帝都记》一书中展开论述，明确了墓主。

② 咸阳市文物考古研究所编著：《西汉帝陵钻探调查报告》，文物出版社，2010年。

魏"（《史记·穰侯列传》），即是让她回归娘家魏国去。所以，在永陵没有王后的合葬，这也同探测的情况吻合。

（三）子傒陵（Ⅰ号陵园）

经陕西省考古研究院、咸阳市文物考古研究所勘探，Ⅰ号陵园东北距Ⅱ号陵园（即公陵）3800米，位于西咸新区周陵街道严家沟村北，当西汉成帝延陵东北。陵园外有围沟（也称"兆沟"），系南北向的长方形，长1156~1159米，宽630.8~637.5米。围沟内隔39.8~55.1米是外围墙，长1039.4~1039.8米，宽518.8~532米。内围墙位于外陵园中部偏南处，长476.1~478.5米，宽235.7~236.3米。两重围墙形成"回"字形，四面各有6门，正对围沟缺口和陵封土。（见图5-3）[①]

内陵园中轴线上有南北并列的两座"亚"字形大墓，间距176米。

南墓封土遭平毁，仅余2~4米高的平台。残冢东西长120米，南北宽85米。探出东墓道长44米，宽23.8~39米；南墓道长65米，宽25~46.8米；西墓道长52米，宽20.8~47.4米；北墓道长100.3米，宽14.3~51米。方形的墓室覆于封土之下，其上口边长82~84米。

北墓封土保存较好，呈覆斗状。底边南北长80米，东西宽74米，顶部呈正方形，边长32~34米，高16.3米。封土距东西围沟均为270米，距北围沟490米。东墓道长85米，宽8.5~

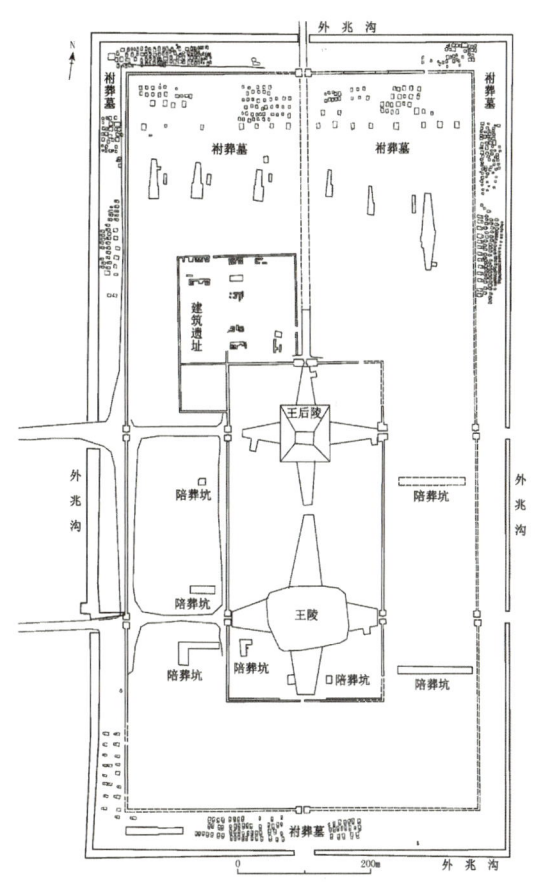

图5-3 严家沟秦陵陵园平面图

（选自陕西省考古研究院、咸阳市文物考古研究所：《陕西咸阳严家沟秦陵考古调查勘探简报》，载《考古与文物》2021年第1期）

[①] 陕西省考古研究院、咸阳市文物考古研究所：《陕西咸阳严家沟秦陵考古调查勘探简报》，载《考古与文物》2021年第1期。

31.3米；南墓道长61米，宽11.8～26.6米；西墓道长56米，宽10.3～29.3米；北墓道长54米，宽10～28.4米。

外围墙内北部和墙外四周与围沟之间有陪葬墓1214座。大型祔葬墓有6座，其中，"中"字形墓1座，未见封土，墓室平面呈长方形。

有陵园围墙和围沟环绕的两座"亚"字形大墓的主人，显然在秦国具有最高级别的政治地位。可是，在都咸阳以后秦君陵墓多能确指的情况下，还能有谁呢？

有位公子傒，是孝文王的长子，曾被立为太子。内有母亲在禁中，外有杜仓的辅佐，他大有"承国之业"的希望。但是，吕不韦的游说改变了子傒的人生轨迹。加上华阳夫人的劝说，孝文王废子傒而改立他的异母弟子楚（异人）为太子。（《战国策·秦策五》）那么，怎么能确定咸阳原上的Ⅰ号陵园是子傒之陵呢？

笔者认为，这同元老重臣杜仓有关。因为他曾是昭襄王时的秦相（《韩非子·存韩》），五国伐秦时曾因他主张"先攻楚国"而取胜，[1]威望之高，没有人比得上。当时，53岁登基的孝文王已到了垂暮之年，王后无子，20多个子嗣中只有长子子傒有继承王位的资格，并"以杜仓辅之"。大概也因为秦国有"诸弟争立"的教训，杜仓意识到必须主动争取合法权。于是，按照秦国生前营造寿陵的习惯，他就给太子在先王陵地毕陌陵区规划陵园。这也是"辅之"的一个主要内容。商人吕不韦把杜仓和子傒作为博弈的对手，他劝说阳泉君时，就明确表示了"争位固宠"的认识。至于庄襄王登上秦王的宝座之后，承认营陵的既成事实，失意的子傒归葬咸阳原也就顺理成章了。[2]

四、误秦陵为周陵的再订正

千多年来，人们把秦惠文王陵和秦惠文后陵误传作周文王陵和周武王陵。几经订正，又几经讹传，始终在"正""误"间徘徊。后汉人误，三国人订正；晋人误，南北朝人订正，唐人再订正；宋人误，今人沿误，还欣喜地把此间地名称作"周陵"，校名呼曰"周陵中学"。在祭风盛行的时下，还在路上立"周陵"牌坊，并多次举行祭祀大

---

[1] 关于杜仓相秦一事，马非百经过考证之后，认为《韩非子》的记载无误。参见马非百：《秦集史·人物传三之七》，中华书局，1982年，第183页。

[2] 《陕西咸阳严家沟秦陵考古调查勘探简报》（《考古与文物》2021年第1期）的作者认为，此严家沟秦墓是秦孝文王的寿陵陵园。

典。不谙史实与学术动态的人，仍把今人的所谓"订正"当作一种新观点，实则以己之"昏昏"对他人之"昭昭"也。

笔者在《咸阳帝都记》一书中，指出误传的"周陵"实为"秦陵"的根据是：

第一，文献中对毕陌和毕原，有着明确的记载。后人把两地混而为一，竟导致了地理错位。

《皇览》、《后汉书·郡国志》注、《括地志》等明指秦陵茔域在渭北咸阳的毕陌，其记叙、方位同今陵园相吻合。同样，《皇览》《帝王世纪》《关中记》《括地志》等书均记周文王、周武王、周公等葬于万年西南（或杜南）的毕原（或作"毕"）。所以，西周王陵的葬地在渭南长安之毕原。后人往往把毕陌与毕原相混，而更多地把咸阳原误作毕原，加之情感的因素，竟使两地的周、秦墓主发生了取代的现象。

第二，陵冢作为地面上标志性的封树，周无秦有。而后人不明葬制的不同，很容易去做想象与推测，以致远离了历史的真实。

战国中期之前，君主"墓而不坟"，"不封不树"，汉人刘向举例说周"文、武、周公葬于毕……无丘陇之处。……秦惠文、武、昭、严（庄）襄五王，皆大作丘陇"的话，是符合史实的。今毕陌陵墓有高大的坟丘，是明显的封树标志。秦惠文王与惠文后合葬公陵，也有史可征。今毕陌二陵南北相距百米，同处于一个具有内外两重城垣的陵园之内，正符合同茔异陵的夫妻合葬制。所以，毕陌周陵之说显系误传。

第三，在陵墓同都城的关系上，周居都，秦近都，汉去都，三者有别。

先秦时期，陵墓设在国都周围，表现着二者存在密切不可分的关系。陵墓区作为城市的组成因素，是被列入都城总体规划之中的。

周都在丰镐。经考古发掘，"沣河西岸的客省庄、马王村、张家坡、大原村、冯村、曹家寨、西王村一带"有一处内涵丰富的西周遗址，"沣河东岸昆明池故址以北的洛水村、泉北村、普渡村、花园村、白家庄、斗门镇一带"也有一处遗迹丰富的西周遗址。丰邑、镐京很可能就在这两处遗址范围之内。[①]历年在沣西发掘的西周中小型墓葬达400座，以张家坡最为密集且多两墓并葬，显系设置在国都的贵族墓地。那么，西周

---

① 中国社会科学院考古研究所编著：《新中国的考古发现和研究》，文物出版社，1984年，第253页；陕西省考古研究所：《镐京西周宫室》，西北大学出版社，1995年，第55—56页。

王陵所在的毕原就在"镐东南杜中",绝不会北越渭河,爬上咸阳原,进入毕陌的。

秦都咸阳早期是以今渭河北窑店为中心的,西界到了今长陵车站、渭城湾一带。今黄家沟、白庙嫣王、任家咀等地处于国都西北和西部,分布有平民墓地,属于都城的内圈。秦公陵、永陵设在毕陌,是国都咸阳规划的王陵区,属于国都的外圈。

汉都长安城的两个皇陵区——北线陵区、东南陵区,分别处在咸阳原和白鹿原—少陵原。这两大陵区,均同都城拉开了距离,处于郊区,显然不再列入城市布局的规划之中。

很明显,从先秦到汉代,只有误传的周陵接近秦都咸阳,而同周汉之都拉不上关系。因此,把有明确记载又有合葬封土的秦陵当成周王陵,是张冠李戴的结果。

第四,咸阳原上秦汉陵墓的相对位置是确定秦陵的参照物。

根据文献,关于公陵、永陵的记载,涉及咸阳、渭城、安陵、义陵等地名、陵名。其相对位置和遗址的所在,正是确定咸阳毕陌的秦王二陵的根据。考如前,不赘述。长安毕原周陵之确定,也同样适用此法。

第五,考古实证,周、秦自分。

对秦王二陵及周陵运用考古的地层学、文物学、建制史做出判断,更能取得令人信服的答案。前有详细例证,于此不再重复。

长期来,把秦陵误传为周陵,孙星衍析其原因主要有五。一是人名、地名相同而混。周、秦都有文、武二王,毕原与毕陌两地仅一字之差。二是魏石安县(即咸阳)有周文王祠,又有秦惠文王陵,便祠墓合一。三是周陵无封土,便以秦陵当之。四是文字传写之误,如宋敏求引《三辅故事》把"毕原"误作"毕陌"。五是误引误传。实际上,民间误传既久且广,崇尚周文、周武的仁义及其为民伐暴的"圣者之举",秦又为被诅咒的一方,自然就很容易湮灭无闻了。

第二节
芷阳陵区

一、东陵——咸阳新辟的又一秦王茔域

(一) 秦昭襄王选陵

秦惠文王时,在政治、经济、军事上呈现出一派勃勃生机,改君称王。国都咸阳也随之繁荣,表现之一就是在渭南起造了一些对后世都具有深远影响的宫殿建筑。而昭襄王对咸阳的城市建设进行了重新部署、总体规划,在一个更大的地域范围之内大兴土木,全面施工。他除维护、扩修原来渭北的宫阙建筑,并新增六英宫之外,一般取保持现状的态度,而把都市营建的重心转移到了渭河之南更为广阔的地域。在原章台宫之侧,新建兴乐宫、南宫、华阳宫,分别作为王、后、太子的专有宫室。郊外由近及远地维修秦穆公的霸宫(更名芷阳宫),北筑谷口宫,西建长杨宫、棫阳宫,再加上宣太后起造的高泉宫、虢宫,就形成了一个环状的离宫群落。同时,因地跨渭河两岸分布着星罗棋布的宫殿建筑,城市人口稠密,商贾云集,外事繁忙,河面上舟船摆渡不迭,便建造了"广六丈,南北三百八十步"的横桥(《三辅黄图》《三辅旧事》),便利了南北的往还。这些大型建筑工程及其合理的布局,既突破了原来咸阳的局限,又富有新的价值取向。如果不是调整后计划的统一实施,是很难使咸阳具备"渭水贯都"的规模的。

秦咸阳从一国之都到后来成为统一国家之首府,固然是政治地位的升迁,但其作为都城的规模、格局及设计思想,却形成于秦昭襄王之时。所以,秦昭襄王可以说是大咸阳的奠基者。

为适应国都扩大、政治重心南移的新形势,秦昭襄王在调整咸阳城建规划时放弃毕陌陵区,重新开辟了一处秦王宗室的茔域。这个新的王陵区设在秦的芷阳县地,故名

芷阳陵区。实际上，它原来称作"东陵"。根据是《汉书·萧何曹参传》上有这么一段记载："召平者，故秦东陵侯。秦破，为布衣，贫，种瓜长安城东，瓜美，故世谓'东陵瓜'，从召平始也。"师古曰："召读曰邵。"现在西安市东郊灞桥区有个村子名叫邵平店。邵平因秦的东陵而封侯，大概是主管芷阳陵地的职官。秦既有"东陵"这一称呼，汉代人当然也是熟识的。芷阳陵区秦统称"东陵"，应该是相对于秦都咸阳西侧原来的毕陌王陵区而言的。虽然史书上并无"西陵"的称说，也没有一开始产生这样的叫法，但足以反映出"东陵"是昭襄王时才产生的新称呼。① "东陵"称呼之晚出，是随着统一战争的胜利，都城建设规模扩大、中心南移、陵区重新安排的必然结果，同雍城陵区无涉。②

（二）芷阳地望

《史记·秦本纪》正义引《括地志》："芷阳在雍州蓝田县西六里。"又引《三秦记》："（白）鹿原东有霸川之西坂，故芷阳也。"《长安图》说："自骊山以西，皆芷阳地。"这些文献记载似嫌笼统，把秦芷阳县治同辖境相混，而且又有错讹，但零星点出的地名毕竟给我们显示出了它的所属。秦芷阳地的北界当以渭河一线为准，同高陵相接；南界则在渭河南岸台地的南缘，隔骊山西段同蓝田为邻；骊山北麓因秦王政十六年（公元前231年）析地另设丽邑，从而构成了芷阳县的东界；西同国都咸阳的渭南新区邻近，以霸水划界，西南当白鹿原东侧同杜县衔壤。秦芷阳县治大致位于今临潼区斜口街道的油王村一带。汉文帝九年（公元前171年）在灞水西岸的白鹿原东侧筑霸陵，因地近霸上、霸宫而把芷阳改名为霸陵县。

梦斋藏有"芷阳丞印"封泥。（见图5-4）田野考古获取的大量材料为确认秦芷阳县的所在提供了弥足珍贵的线索。自20世纪70年代以来，在骊山西北方的阪原地带，西起灞河右岸，向南延伸至西安东郊洪庆街道老牛坡，向东延伸至始皇陵地区，形成以临潼区斜口街道油王村为中心的轭状地域，多有戳印"芷""芷阳"文字的陶片（见图

---

① 王学理：《东陵和西陵》，载《考古与文物》1988年第5、6期（合刊）。

② 骊山学会载文说，"秦东陵之名，是秦代按照方位对其王室陵园的命名，它是与雍城三畤原上的秦公诸陵相对而言"，"雍城陵区，亦称'西陵'，在今陕西凤翔"。并认为东陵是"幽都地宫与国都南北对应"，是"阴阳观念的客观反映"。参见骊山学会：《秦东陵探查初议》，载《考古与文物》1987年第4期。

此说未从秦都咸阳的形成史上进行分析，单凭臆想进行推断，其结论必然是难于成立的。今取子之矛盾而言，第一，"按照方位"取名，既以远隔300里的雍城陵区作为参照物，那么雍东之公陵、永陵，雍西之平阳墓地，更远的西垂墓地又该如何称？第二，在"墓而不坟"的雍都时代根本就无陵，"西陵"之称何来？第三，"幽都地宫与国都"是阴阳的对立，能否同"南北对应"而取名"东陵"？至于和"阴阳观念的客观反映"能扯上多少关系，则实在令人生疑。

图 5-4 "芷阳丞印"封泥印文　　　　　图 5-5 "芷"字陶文

5-5）出土，也广泛地发现了很多建筑、制陶、墓葬等遗存及丰富的文物。油王村附近有大面积的建筑群落基址，特别是龙、凤、虎等纹样空心砖、各式瓦当等建筑材料及半两、五铢、货布等钱币的出土，不但表明其规格高、面积大，而且时跨战国、秦汉。其东有秦东陵陵园、平民墓区，西面和南面为范围更广的制陶作坊区，南系洪庆堡到汴家村一带的居民区。和泥、制坯、陶窑、窑具及成品，展示了制陶的工艺过程与作坊的规模。通过这些遗迹、遗物资料，再结合历史地理记载综合观察，我们就清楚地看到了秦芷阳地与县治的轮廓。

二、东陵区的秦王宗室陵墓

（一）文献记载中的秦王宗室陵墓

1. 芷陵——秦昭襄王与唐太后合葬的陵墓

《史记·秦始皇本纪》载：昭襄王"葬茝阳"，《史记索隐》："葬芷陵也。"茝即芷。昭襄王陵名芷陵，地在芷阳。因为昭襄王妃八子先死，其子孝文王嬴柱继昭襄王而立，尊之为唐太后，"合其葬于先王"（《史记·秦本纪》）。

2. 寿陵——孝文王与华阳太后合葬的陵墓

《史记·秦本纪》索隐与《史记·秦始皇本纪》均载秦孝文王"葬寿陵"。王后华阳夫人被庄襄王尊为华阳太后，死于秦王政十七年（公元前230年），"与孝文王会葬寿陵"（《史记·吕不韦列传》）。庄襄王的生母是夏姬，死于秦王政七年（公元前240年），虽被立王的子楚尊为夏太后，但因为生前"毋爱"而单独"别葬杜东"。

3. 阳陵——庄襄王与帝太后合葬的陵墓

《史记·秦本纪》索隐说庄襄王"葬阳陵"，而《史记·秦始皇本纪》和《史记·

《吕不韦列传》均作"葬芷阳"。其实二者并不矛盾，同前说之昭襄王陵一样，陵名阳陵，地在芷阳。

梦斋藏有"阳陵禁丞"封泥，也许在东陵地区设有禁苑，统归阳陵丞管理。

4. 宣太后冢

昭襄王的生母宣太后（即"芈八子"）于秦昭襄王四十二年（公元前265年）死去，后"葬芷阳郦山"（《史记·秦本纪》），张守节《史记正义》说"在雍州新丰县南十四里"。

5. 悼太子冢

秦昭襄王悼太子做人质的时候，客死于魏国，据《史记·秦本纪》及《史记·六国年表》载，昭襄王四十年（公元前267年）"归葬芷阳"，《史记集解》引徐广的话说在"今霸陵"。[①]

（二）秦芷阳地的考古勘查

在临潼区斜口街道韩峪一带的骊山西麓已经发现一处较为集中的墓地，西近韩峪，东到三冢坡，北及武家坡北100米，南至马斜村南，总面积约在150万平方米（合2250亩）。小峪河发源于骊山西侧，自东而西穿过墓地，经韩峪西南，再折而北流，傍陵地西缘，过斜口街道东，到西泉街道的三府村入渭河。原先在该墓区探出了4座独立的陵园，其中3座陵园（一至三号）分布在小峪河的北岸一处面积较大的山前洪积冲积扇上，另一座陵园（四号）则位于南岸的一处冲积扇上。（见图5-6）

以较大的一号陵园为中心，二号在东北，三号在西北，四号在西南。有些陵冢至今巍然犹存，连当地的村名也映现着秦陵所形成的地理特点，如军王岭（即"君王陵"）、三冢坡、冢底村等，即使一条通向陵冢的石铺路也直接呼为"王路"。4座陵园内共探测出"亚"字形大墓3座、"中"字形大墓3座、"甲"字形大墓8座、陪葬墓

---

① 有人认为秦悼太子冢在皇子陂上。《水经注》："（沈）水上承皇子陂于樊川。"今西安市长安区南流经樊川的皂河，又名"沈水"，也就是古之沈水。《太平寰宇记》："皇子陂在启夏门南三十里。陂北原上有秦皇子冢，因以名之。隋文（帝）改为永安陂，周回九里。"唐启夏门是长安城南墙东端的城门，位当今陕西师范大学雁塔校区东墙外30米处，由此向南30里即是皇子陂（永安陂）。但《长安志》却说"永安陂在县南二十五里，周七里"，显然有误。因为唐以后的长安县治设在唐长安城的长寿坊，地当今西安市西南的徐家庄附近，距皇子陂更远，就不止"二十五里"。《十道志》说"秦葬皇子起冢陂北原上，因名皇子陂"。清毕沅按："此即秦悼太子冢，前人俱未考耳。"实际上，此处所言的"秦葬皇子"，如是"悼太子"，则不应称"皇子"。《史记》说悼太子"归葬芷阳"，徐广又明确指出在"今霸陵"，显然就不能南移长安。

第五章 都下陵墓

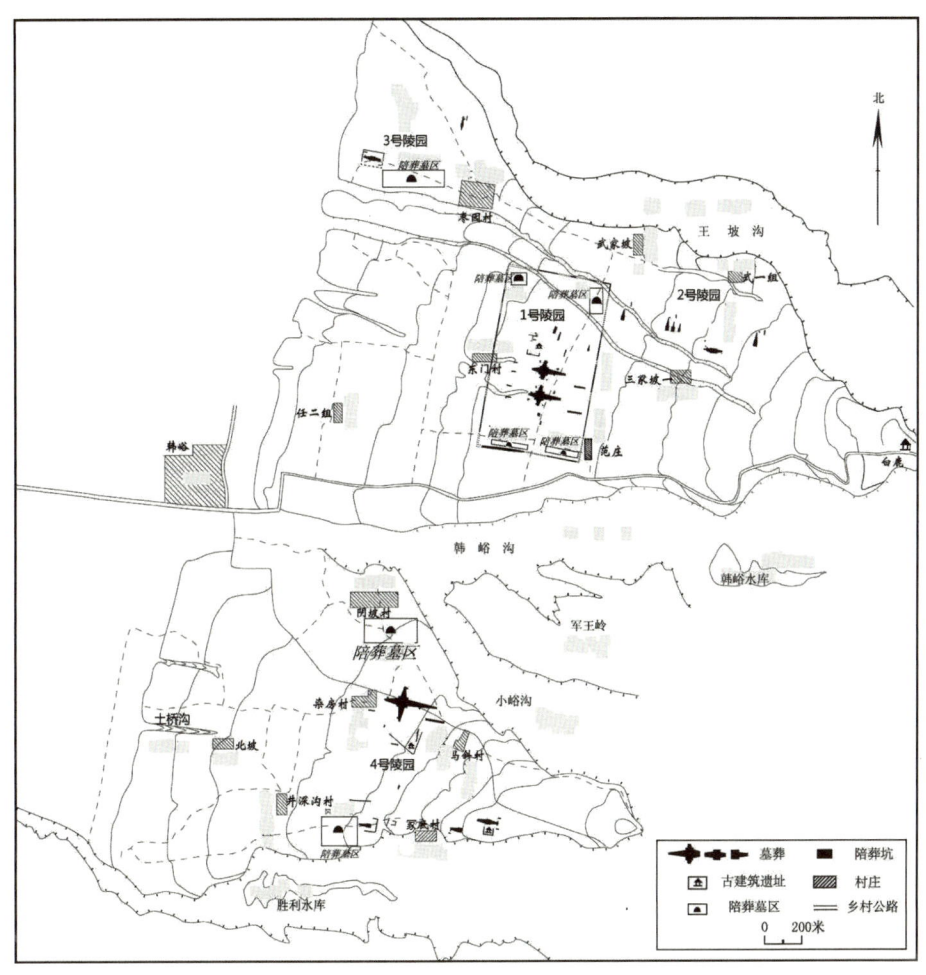

图 5-6 秦东陵陵园遗迹位置平面图

区4处、从葬坑35处。每座陵园原来都有人工兆沟围护，并有陵园建筑及其设施。[①]

2010—2013年，经陕西省考古研究院重新钻探，对20世纪80年代的勘探资料做了较大的修正。

一号陵园西距秦芷阳城遗址约1.5公里，是南北向的颇为规矩的长方形陵园。陵园有人工挖筑的壕沟，异常规整，北起枣园武家坡村三队的无名沟，南到范家村，西界在马庄及东门村西，东到范庄及武家坡村，南北长1180米，东西宽695米，总面积82.423万平方米。陵园中部偏南有结构相似、规格略同的"亚"字形主墓2座（ZM1、ZM2），

[①] 陕西省考古研究所、临潼县文管会：《秦东陵第一号陵园勘查记》，载《考古与文物》1987年第4期。第二号陵园材料刊《考古与文物》1990年第4期，第四号陵园材料刊《考古与文物》1993年第3期，又见《秦东陵考察述略》（内刊）。

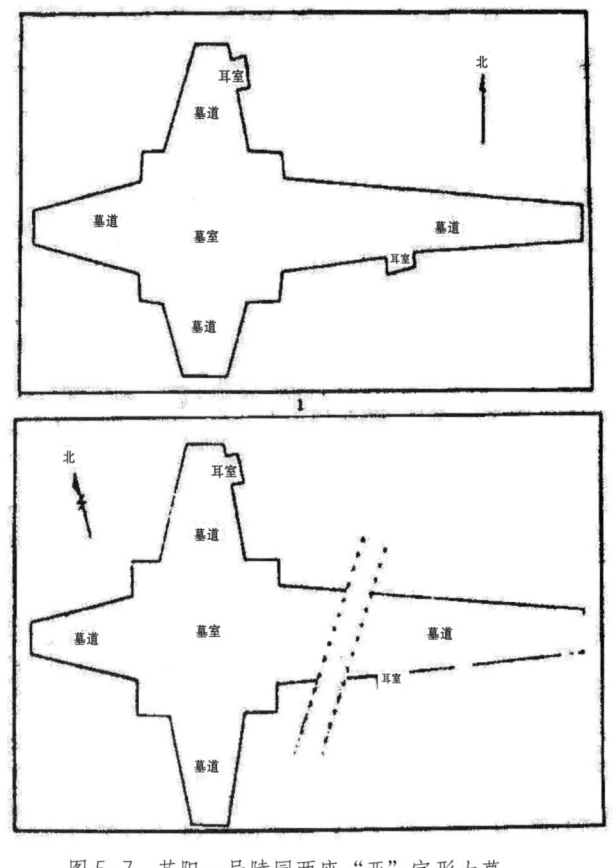

图 5-7 芷阳一号陵园两座"亚"字形大墓

南北并列，间距107米。（见图5-7）墓室略作正方形，有四出的斜坡墓道。墓东西通长210.5～215米，南北通宽120.5～138米，其墓室东西长58米，南北宽58米，深27米。地面上残留的封土高4米，东西长250米，南北宽150米。因为当今修渠穿过陵冢，在两侧壁上已明显地勾出了墓室上部的剖面。

两主墓的南北两侧及东部有地面建筑遗址11处，有小型陪葬墓161座，主要分布在陵园壕沟内侧50～80米范围之内，以陵园东北角及东南角最为密集，形制有长方形竖穴墓和方坑竖穴墓两种。东西向的从葬坑有14处，分布在主墓道夹角处及东西方向。

二号陵园位于一号陵园东北1500米的范家村北。其范围北起武家沟，南到三家坡村北的无名沟，西至枣园村，东达北沟村。在上述范围面积约45万平方米区域内共发现与陵园相关的"中"字形墓葬1座、"甲"字形墓葬5座、从葬坑9处、小型墓葬17座、壕沟1段。其中的"中"字形大墓（ZM1）东西通长77.4米，地面封土残高7米。在此大墓的东西两端分别有南北向的"甲"字形墓葬，其中东侧1座，西侧4座；大墓墓道北侧有2处从葬坑，东墓道南侧有1处从葬坑。在"中"字形墓之西200米处有长方形的从葬坑，东西长80米，南北宽10米，于1978年毁于平整土地时，曾捡拾数百件铜、银质的车马饰件及人、马骨骸，当为大墓ZM1的车马坑。3座"甲"字形墓葬（ZM2、ZM5、ZM6）墓道东侧各有2处从葬坑。

三号陵园东南距一号陵园1500米。陵园南到武家沟（冲沟），北至王坡沟南岸，东到凤凰大道，西至武家坡村东断崖。在面积约50万平方米区域内发现与陵园相关的

"中"字形墓葬2座、从葬坑6处、围绕其中一座"中"字形大墓（ZM1）的壕沟1处、小型墓葬106座。在陵园的西南部，有一座东西通长105米的"中"字形大墓（ZM1），封土残高3.8米，西墓道北侧有2处从葬坑，东墓道南侧有1处从葬坑。围绕ZM1有东西向长方形的围沟，经复原，围沟东西长117米，南北宽85米，宽2米，深0.3～2.5米。东北部一座"中"字形墓葬（ZM2）为南北向，通长79.6米。陪葬墓区则分布在陵园的西南部和东北部，已发现墓葬106座。

四号陵园位于小峪河南岸，地处一处山前冲积扇上，南抵井深沟，东北距一号陵园2500米。陵园四周仍是人工沟和天然沟结合的兆沟，东起家底村，西到染房村，长1000米，南北宽1200米，总面积达100万平方米。陵园内有"亚"字形大墓1座（ZM1）、"中"字形大墓1座（M130）、"甲"字形大墓3座（M9、M125、M128）、地面建筑遗存3处。主墓（ZM1）坐西朝东，处陵园内北部，墓室宏大（55米×55米），有带耳室的四出斜坡墓道。其南侧的两座"甲"字形墓坐东朝西成行，前后相间约500米，地面仍有封土残留。

现将已经探测出的陵园的情况列表于下：

表 5-1 秦东陵陵墓一览表 1（长度单位：米）

陵园编号			一号陵园							
陵墓	位次		主墓							
	编号		ZM1				ZM2			
	形状		"亚"字形				"亚"字形			
	方向		西→东				西→东			
	通长		210				215			
	通宽		120.5				138			
	墓室	长	58				58			
		宽	58				58			
		深	27				27			
	墓道	方位	东	西	南	北	东	西	南	北
		长	120	32.8	28.5	34	114.5	42.5	39	41.5
		宽小/大	13.5/32.5	17.5/35	21.8/35	13.5/35	14.5/35	12/31.5	13.5/31.5	12.5/31.5

续表

陵园编号			一号陵园												
陵墓	封土堆	高	4（残）						4（残）						
		长	250						250						
		宽	150						150						
		周长													
	从葬坑	关系	PK1位于ZM1东墓道东南约80米	PK2位于ZM1东墓道东端向西约52米	PK3位于ZM1南墓道东12米	PK4位于ZM1南墓道西1米	PK5位于ZM1北墓道西15米	PK6位于ZM1西墓道西稍偏南108米	PK7位于ZM1西墓道西端稍偏北113米	PK8位于ZM2东墓道东南78米	PK9位于ZM2东墓道北15米	PK10位于ZM2南墓道东17米	PK11位于ZM2南墓道西12米	PK12位于ZM2北墓道西27~30米	PK13位于ZM2西墓道西稍偏南128米	PK14位于ZM2西墓道西偏北128米
		长	79	8.7~13.4	11	7.2	16.2	26.5	29.5	99	7.9~25.5	10.6	7.5~21	13	43~52.8	37
		宽	10.3	7.9~11.5	7.8~8.6	5	8~8.2	7.9	7.6	10.3~12.1	8.8~15	8.8	8.7~18.9	8.8	10~21.2	10
		深	4~7.7	6.8~7.2	7.3	3.2	6	6.7	5~7.2	5.2	4~4.7	6	5	4.8	5.4~6.4	4.4~5.2
	陪葬墓区	数量	分为A、B、C、D四区													
		位置	A区位于一号陵园东壕沟北段65米宽范围内；B区位于一号陵园南壕沟内50米范围内；C区位于一号陵园西壕沟北段50米宽范围内；D区位于一号陵园北壕沟内90米范围内（含东壕沟北端）													
		墓数	161座													
地面建筑		数量	11处													
		位置	JZ1位于ZM2南墓道西南82米处；JZ2位于ZM2南墓道南48米处；JZ3位于ZM1北墓道北150米偏东35米处；JZ4位于ZM1北墓道北150米处；JZ5位于ZM1北墓道北180米处；JZ6位于ZM1西墓道北80米处；JZ7位于JZ6南约98米处；JZ8位于JZ7西4米处；JZ9位于JZ6北19米处；JZ10位于JZ9北，西北临JZ11；JZ11与JZ10西北角相邻													
其他			ZM1东墓道南侧及北墓道东侧各有一耳室；ZM2东墓道南侧、西墓道北侧、南墓道西侧及北墓道东侧各有一耳室													

表 5-2 秦东陵陵墓一览表 2（长度单位：米）

陵园编号			二号陵园					
陵墓	位次		大墓					
	编号		ZM1	ZM2	ZM3	ZM4	ZM5	ZM6
	形状		"中"字形	"甲"字形			"甲"字形	"甲"字形
	方向		东→西	南→北		南→北	南→北	南→北
	通长		77.4	50.8	37.1	43.9	59	52.3
	通宽		21.8					
	墓室	长	26.2	25.8	18.1	24.4	24	23.9
		宽小/大	21.8	20.4	13.8	18/19.3	17.5	18.4
		深	20.6	12.2	9	9.8	14.4	14
	墓道	方位	东　　西	北		北	北	北
		长	23.6　　27.6	35	19	19.5	35	28.4
		宽小/大	9.5/18.6　3.1/17.6	6.5/17	6.3/9	5.3/13.8	5.4/15.7	7.8/14.4
	封土堆	高	7（残）					
		长	22					
		宽	18~19					
		周长						
	从葬坑	关系	PK1 位于 ZM1 东墓道东端南侧 3.5 米 / PK2 位于 ZM1 西墓道西端北侧 4 米 / PK3 位于 ZM1 西墓道西端北侧 24 米	PK4 位于 ZM2 北墓道北端东侧 4 米 / PK5 位于 ZM2 北墓道北端东侧 27 米			PK6 位于 ZM5 北墓道北端东侧 1.2 米 / PK7 位于 ZM5 北墓道北侧 23 米	PK8 位于 ZM6 北墓道北端东侧 19 米 / PK9 位于 ZM6 北墓道东侧 26 米
		长	3.2~3.8　7.8　20.2	5　20.3			6.5　16.9	26　5.7
		宽	3.2~3.5　4.6　3.5~3.8	5　3.9			5.7　3.9	4.5　3.5
		深	1.7~2　2.9　2.1~3.6	2.9　4.1~4.9			4　1.8~2.1	0.4~0.8　2.5
陪葬墓区	数量		分为 A、B、C、D 四区					
	位置		A 区位于北部稍偏东，南距 ZM1 "中"字形大墓约 340 米；B 区位于中部，ZM1 "中"字形大墓西北约 130 米；C 区主要在 ZM6 西北 70~130 米的区域内					
	墓数		17 座					
其他			ZM1 西墓道北侧边线上有一耳室					

表 5-3 秦东陵陵墓一览表 3（长度单位：米）

陵园编号			三号陵园					
陵墓	位次		大墓					
	编号		ZM1			ZM2		
	形状		"中"字形			"中"字形		
	方向		东→西			南→北		
	通长		105			79.6		
	通宽							
	墓室	长	26.8			17.7		
		宽小/大	24			14/15		
		深				10		
	墓道	方位	西		东	北		南
		长	41.2		35	40.4		21.5
		宽小/大	5.9/21.6		8.1/21.6	6.5/12		6.2/11
	封土堆	高	3.8（残）					
		长						
		宽						
		周长						
	从葬坑	关系	PK1位于ZM1西墓道西部北侧	PK2位于ZM1西墓道西部北侧约20米	PK3位于ZM1东墓道东部南侧约21米	PK4位于ZM2北墓道北部西侧	PK5位于ZM2北墓道北部东侧	PK6位于ZM2墓道北部东侧
		长	8.2	20.30	19.8	2.9	9	27
		宽	5.9	4.4	3.6	2.9	5.3	3.9
		深	4.8	2.3~3.4	3.7~4.9	1.2	3.5	2.4~5.9
	陪葬墓区	数量						
		位置	主要分布于陵园西南部和东北部					
		墓数	106 座					
	其他		ZM1 东墓道南侧有一耳室					

表 5-4　秦东陵陵墓一览表 4（长度单位：米）

陵园编号			四号陵园					五号陵园	
位次			主墓	大墓				主墓	
编号			ZM1	M130	M9	M125	M128	M11	M12
形状			"亚"字形	"中"字形	"甲"字形	"甲"字形	"甲"字形		
方向			西→东	东→西	东→西	东→西	南→北		
通长			273.6	114	66.6	59	22		
通宽			183						
陵墓	墓室	长	55	25（东西）	26.1	24.4			
		宽	55	28（南北）	19.6	24.2			
		深	27	10.5	14.5	14			
	墓道	方位	东　西　南　北	东　西	西	西			
		长	153　68.6　74　54	45　44	40.5	34.6			
		宽小/大	11/32　10/32　9.4/33　10/30.2	7.2/21　10/23.4	5.2/15.5	9.2/20.4			
	封土堆	高	破坏		7.5	3（残）			
		长			23	15		19.3	12
		宽			23	15		46.5	52.5
		周长						45.2	51
	从葬坑	关系	K5 东北与 ZM1 相距 72 米	K6 东与 ZM1 西墓道相距 70.6 米	K7 北与 ZM1 东墓道相距 55.7 米	K9 南与 M130 相距 13.5 米	K10 北与 M130 相距 14.38 米	K11 北与 M125 相距 8.5 米	
		长	12.8	36	98	15.6	15.9	11.4	
		宽	4.4	8	10.8	5.4	5.4	2.4~4	
		深	4.9	4	5.5	4.8	4.42	1.8	
陪葬墓区	数量								
	位置		主要分布于陵园西南部及西北部						
	墓数		126 座						
地面建筑	数量		3 处						
	位置		J1 位于四号陵园南部，ZM1 内南壕外侧，北与 G1 相距 8.3 米；J2 位于四号陵园中部，ZM1 内东壕内侧，东与 G1 相距 8.6 米；J3 位于四号陵园东南部，ZM1 内东壕内侧，北与 M130 相距 14 米						
其他			ZM1 东墓道南侧、西墓道北侧、南墓道西侧及北墓道东侧各有一耳室；M130 东墓道南、北两侧各有一耳室						

在西安市灞桥区洪庆街道路家湾和田王村，有两座高大的作四棱台体的墓冢，呈东北—西南向排列，间距1100米，周围地势平坦开阔。过去多以为是汉墓而忽略之。虽未经考古探测，还不能确知其墓葬结构、陵园规模及其设施，但两墓地处霸水之东、骊山以西的秦芷阳地，其西南与半坡、堡子村的秦都平民墓地隔河相望，东北距秦东陵的四号陵园也不过5公里之遥，而且同汉都长安的墓区绝不相混，①再加上笔者等人几经踏查，取得一些资料，认为很可能是两座秦墓，其编号暂定为M11和M12。

第十一号秦墓（M11）位于路家湾之东，当蓝田向阳公司家属住宅区东围墙外。封土堆呈覆斗状，底边东西长46.5米，南北宽45.2米，顶部方形，每边长10.5米，现高19.3米。

第十二号秦墓（M12）在庆华机械厂内，作为景观而受到人们自觉的保护。陵冢上荆棘丛生，旁有大树参天。在电线如织、厂房枋比的紧张环境里，黄土堆和着一片绿，平添了许多乐趣。封土堆夯筑，仍是覆斗状，底边东西长52.5米，南北宽51米，顶部呈正方形，每边长7.5米，现高约12米。

三、芷阳陵园属主的确认

据史籍记载知，死葬芷阳地的秦国统治集团人物主要有宣太后、昭襄王、唐太后、悼太子、孝文王、华阳太后、庄襄王及帝太后等8位。而考古探测出的秦王陵园有4处，其中等级高、规模大的墓葬计有"亚"字形的3座、"中"字形的4座、"甲"字形的8座，共15座。

葬入芷阳地的秦王族成员，按文献记载，依时间先后是：

悼太子——昭襄王四十年，即公元前267年。

宣太后——昭襄王四十二年，即公元前265年。

唐太后（？）——昭襄王五十六年，即公元前251年。

---

① 西汉帝陵方位明确。一处在汉长安城北的咸阳原上，从阳陵到茂陵，有9座陵园东西一字排开；另一处则在长安城的东南部，就是薄太后南陵和霸陵、杜陵。除各帝陵的陪葬墓群随主之外，贵族和平民墓葬主要分布在汉长安城的东郊、南郊偏东二部。东郊的汉墓越过灞河，又沿铜人原北缘向东分布。而铜人原东、南两面属秦芷阳地，早有秦人埋葬，西汉人是知道的，所以达官贵人是不会来此选择自己的墓地的。汉长安城东、东南隔秦汉陵墓的分区、交叉甚至重叠，文图参见王学理：《张冠李戴"韩森冢"实属西汉"恭皇陵"》，见黄留珠主编：《西北大学史学丛刊》（4），三秦出版社，2001年。

孝文王——孝文王元年，即公元前250年。

庄襄王——庄襄王三年，即公元前247年。

华阳太后——秦王政十七年，即公元前230年。

帝太后——秦王政十九年，即公元前228年。

从悼太子先入葬芷阳陵区起，最后到帝太后，前后时间长达39年。而他们都属于秦始皇之前的三代国君、王后、王太后和太子，或者还有陪葬的个别公子和公主。王陵分别名曰芷陵、寿陵和阳陵，入葬称谓则有"归葬""葬""合其葬"与"会葬"的不同。也正因为36岁的秦昭襄王处于盛年，又具内富外胜的优势，在国都急趋扩大的形势下，重新选择王陵区，并遵照公墓"辨其兆域而为之图，先王之葬居中"（《周礼·春官宗伯》）的原则，沿袭雍都以来的葬俗（国君的公墓与国人的邦墓分开、"公自为园"等），全面展开陵墓工程。就在这陵区开工20年后，悼太子客死于魏国，所以才有回归秦国，入葬先人茔域的安排。由此可以确知，芷阳陵地从秦昭襄王筑陵到庄襄王最后入葬，时间只有大约59年，以后不过作为先王的茔域依礼按时祭祀而已。

陵和墓是经常被用来判断墓主生前的阶级身份和社会地位的主要依据之一。《礼记·月令》说"茔丘垄之大小、高卑、厚薄之度，贵贱之等级"，足见不再是春秋末年把刚出现坟丘当作"封"的那种原始用意了，而且随时间的推移而略有增高的趋向。但墓圹形制所代表的级别，由考古提供的资料表明是较为稳定的，即："亚"字形墓圹是三代以来帝王级的墓葬形式，"中"字形墓圹属于诸侯王级别，"甲"字形墓圹多半属于王室成员。[1]那么，在没有考古发掘，没有地层关系、出土文物和铭记资料的情况下，要正确无误地确认墓主身份是有相当难度的。不过，结合文献记载，对照历史背景，析理释疑，我们只能对芷阳陵地的墓主先做如下的推测。

---

[1] 关于"亚"字、"中"字、"甲"字三形的墓葬，是等级制的反映。今举考古的例证如下：

我国大约在公元前3000年至前2100年之后的历史，进入了黄帝、尧、舜等人统治的"传说时代"，而浙江余杭良渚反山、山西襄汾县陶寺和山东临朐县西朱封等三地大墓的发现，不仅证明那时小国林立，而且王墓与众不同。河南偃师二里头遗址，作为夏代太康王所都的斟寻，有大型宫殿建筑，也有宗庙和王墓的发现。虽然商代早期的都城西亳（在今河南偃师市尸乡沟）和隞都（今河南郑州市）还没有王墓的发现，但在盘庚迁殷后的商代晚期，安阳市殷墟则为我们提供了较为翔实的王陵区资料。侯家庄西北岗的西区有7座大墓、东区有1座大墓和4座较大的墓，高楼庄后岗也有4座较大的墓，墓室都作具有四出墓道的"亚"字形。连一些方国首领的墓葬也仿效商王，采用了四向的墓道，如山东青州市苏埠屯一号大墓。

周天子的王陵至今还处在调查阶段，不明其形制。但春秋战国时期的诸侯王墓较有名的有河南浚县辛村卫侯墓地、河南三门峡市虢国墓地、山西曲沃县曲村晋侯墓地、北京市房山区琉璃河燕国墓地、河北平山县中山王墓、河北邯郸市赵王陵、河南辉县固围村魏王室墓等，特别是陕西凤翔秦公陵园，其墓葬形式都遵照等级制作"中"字形或"甲"字形，在埋葬制度方面基本上继承了殷商而有所变化。

（一）芷陵

一号陵园是秦昭襄王与唐太后异穴并列合葬的芷陵茔域。根据是：

第一，该陵园是芷阳陵地已探明的陵园中最大的一座（面积72万平方米），处于中心位置，符合"先王之葬居中"的礼制要求，应该说同秦昭襄王在国都建设中新辟东陵以己为"始祖"排列辈次的主观意图相吻合。

第二，园内两座东向的"亚"字形大墓属于僭用天子、帝王的陵墓形式，当同秦昭襄王一度以"西帝"自居的心路历程一致。

第三，ZM1和ZM2两座大墓南北并列，间距只有40米，其形制、大小基本相同，而且各自具有的地面建筑和地下从葬设施均由墓间东西中轴线向外展开，对称排列，非常规正，没有错位现象。这同毕陌陵区的公陵葬制相似，既表明时间相近，具有继承性，也显示了合葬陵园统一设计的完整性。

第四，再由陵园工程内容多、工程量大的特点看，同秦昭襄王修陵费时三十五六年，并与唐太后相随死葬的时间不谋而合。

第五，ZM2有珍贵文物高柄漆豆（见图5-8）的盗出，针刻"八年相邦薛君"的铭文同《史记》载秦昭襄王任孟尝君为相的时间完全吻合。残豆底座烙印"大官"二字，表明是为宫廷"主膳食"（《汉书·百官公卿表》颜师古注）的专用食具，与之相印证的还有汉长安城中出土的"大官丞印""泰官丞印"秦封泥。器主当为秦昭襄王，绝不同于专事太后、皇后的食官——"私官"。由此可以断定：居于右上位（以东向计）的ZM2是秦昭襄王的陵墓，正北的ZM1就是唐太后陵。①

芷陵的丧事在秦国的国家生活中曾是一桩具有重大影响的政治活动。公元前251年，秦昭襄王死，孝文王立，唐八子被尊为太后而合葬于先王，四事相随，可说是合并

---

① 2010年11月，西安市公安局刑侦二处破获了一个盗掘秦东陵的团伙。据知，盗墓贼已经从盗洞中进入墓室，触及棺椁。缴获的文物中有一件完整的高柄漆豆、三件残豆座。高柄豆髹黑漆，红彩云纹图案，盘直径16.7厘米，座径14.6厘米，通高28.6厘米。盘底内凹，两侧针刻极细的铭文，分别是"八年相邦薛君造，雍工帀（师）效，工大人申"和"八年丞相受造，雍工师效，工大人申"。同出的残豆上有"大官"的烙印文字。

《史记·秦本纪》载：昭襄王"九年，孟尝君薛文来相秦。免攻楚，取八城，杀其将景快"，"十年……薛文以金受免。楼缓为丞相"。相邦薛文同丞相受，同时出现在同一件由太官专供君主使用的漆豆上，说明器主的身份异常高贵，在这里除过位极人君的秦昭襄王还能有谁呢？

对一号陵园的墓主，多位学者都有称说。笔者在《咸阳帝都记》一书中认定一号陵园系秦昭襄王与唐太后合葬的陵园，并提出判断的根据有五。现在有"八年相邦薛君"漆豆的出现，则更进一步证实了笔者10多年前判断的无误。

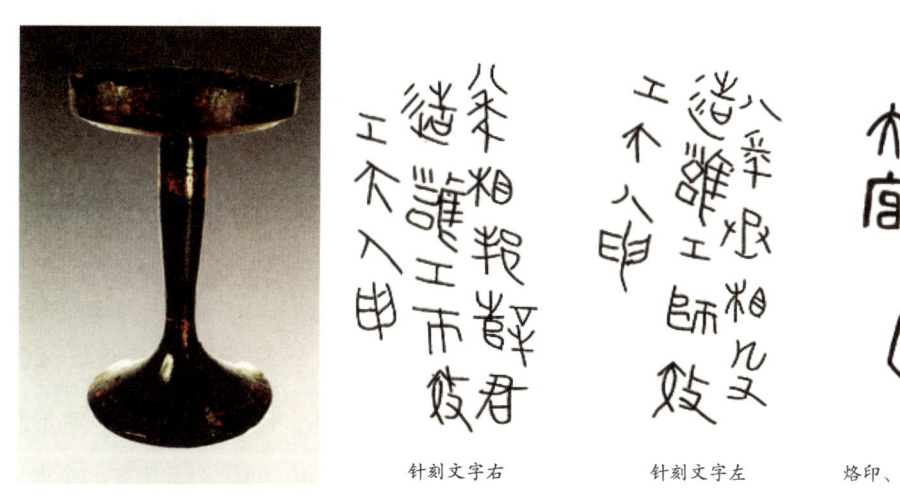

　　　　　　　　　　针刻文字右　　　　　　针刻文字左　　　　烙印、针刻文字

图 5-8　东陵一号陵园二号墓漆豆与刻文

举行的。①各诸侯国都派出自己的"将相来吊祠，视丧事"（《史记·秦本纪》）。楚国派来的是战国有名的"四公子"之一春申君黄歇，而韩桓惠王还是披麻戴孝来奔丧的。用现在的话说：各国政府都派出自己的最高层领导人作为特使，去参加某国元首的葬礼。看来，这也是古今同理（礼）。不过，当时各诸侯国的"入吊"与其说是礼节的需要，还不如说是受秦的武力威胁，乘"视丧事"之机来观察秦国政治动向的。但表面的国事活动终究是发生在东陵，而且是第一次显示了芷阳茔域在国都咸阳的重要地位，也表明了芷陵及陵园在整个陵区具有明显的独立性。从这个意义上揆度，我们也不难理解陵名独冠"芷"字的原本考虑。

（二）阳陵

　　有"亚"字形大墓的四号陵园当是秦庄襄王与始皇母帝太后合葬的陵园。这里处于小峪河之南又一面积较小的台地上，同东北的以芷陵为中心而又较为集中的陵园群比较，远去2500米，自成一个独立的地域单元，海拔600米，十分符合阳陵取名的原意。《括地志》："秦庄襄王陵在雍州新丰县西南三十五里，俗亦谓为子楚（陵），（因）始皇（陵）在北，故亦谓为见子陵。"唐新丰县在今陕西临潼区东北新丰街道附近，

---

　　① 《史记》载：公元前251年，即秦昭襄王"五十六年，秋，昭襄王卒。子孝文王立，尊唐八子为唐太后，而合葬于先王。韩王……视丧事。孝文王元年赦罪人……孝文王除丧，十月己亥即位。三日辛丑卒"。一般人以为"孝文王立"即是第二年，但从原文知，这还算作先王享国之年，只有到公元前250年才算孝文王元年，而且也只有服丧一年期满才算即位。由此可见秦昭襄王死、孝文王立、孝文王尊生母为唐太后、唐太后合葬于先王都是发生在公元前251年。

其距四号陵园及始皇陵的方位均符合记载。①《太平寰宇记》："霸岸在通化门东三十里，秦襄王葬于坂，谓之霸上。"唐长安城的通化门址当今西安市东郊陕西西北火电工程有限公司东南角，由此东去20多里正是灞河东岸的秦汉霸上故址，其紧临的洪庆原上，当有秦庄襄王的葬地。在四号陵园内的"亚"字形大墓（ZM1），墓室的面积虽同一号陵园的主墓（ZM1、ZM2）接近，但四出的墓道较一号陵园主墓的长了许多，而且左侧又各设有一个耳室。其建造时间似乎较一、二、三号陵园为晚，属于秦庄襄王阳陵的可能性较大。

在四号陵园内除一座"亚"字形墓可能是庄襄王墓外，还有一座"中"字形墓（M130）和三座"甲"字形墓（M9、M125、M128）有这种可能性。会葬阳陵的帝太后墓何在？其中一座"中"字形墓有可能是帝太后墓。如果是，这算不算降低了等级？

赵姬被庄襄王立为王后，嬴政即位后尊她为太后。因与阴人嫪毐私通生子，行篡逆之事，母子有隙。虽然帝太后比庄襄王晚死19年，但正值秦始皇向外接连发起长达10年的统一战争、国内设丽邑使修治丽山陵墓的工程专业化之时，人们猜想秦始皇不愿意也不可能对修太后之墓给予更多的关心，更不按礼制作陵。当秦始皇从前线回到咸阳时，太后已经死了，这才"谥为帝太后，与庄襄王会葬茝阳"（《史记·吕不韦列传》）。对这后死的帝太后，能使之入葬庄襄王的陵园，并给予追谥，也算是对世人最好的回答。

（三）悼太子墓

遵照秦人的传统葬俗，东陵主墓的朝向仍然是面东。昭襄王所葬的一号陵园居于这一茔域的"居中"之位，在规划上其左侧必然是留给下一代君主的。悼太子已被立为合法的继承人，不幸质死于魏，在没有登上王座的情况下，不得以王礼事葬，所以就以诸侯级的"中"字形墓制埋在东陵的二号陵园之内。

（四）宣太后墓

宣太后在秦国的历史上是扮演过重要角色的人物，为其他女流所不能及。前有惠

---

① 《水经注·渭水》"霸水"条："又北径积道……水上有桥，谓之霸桥。……霸水又北，左纳滻渠。（滻渠）绝霸右出焉，东径霸城北，又东径子楚陵北……又东径新丰县，右会故渠，渠上承霸水……"据此，阳陵当在霸水东岸的汉晋霸陵北与滻渠之南，坐落在霸城之东。据考，汉霸桥约在今西安东北郊光泰庙附近的灞河上，位当汉长安故城霸陵门东，是过霸水的重要桥梁，王莽更名长存桥。那么，庄襄王阳陵不但按滻渠的流经（霸城北—子楚陵北）位移到今临潼区斜口街道地界，而且《水经注·渭水》提供的方位也造成了错乱。想来这段文字的叙述应当是（滻渠）绝霸右出焉，东径霸城北，（渭水）又东径子楚陵北……正因为过去对错简的文献资料未加详审，以致闹到以讹传讹的地步。《陕西通志》（清雍正本）卷七十《陵墓》引皇甫谧："霸河东三里，俗呼见子陵。"看来此记载也是不正确的。

文后在"季君之乱"中被处死,没有留下英名;又有昭襄王的叶阳后"不听郑、卫之乐"(《汉书·张敞传》),用现在的话说就是不听流行音乐,但清高也无用,她并不为一切重在实用的秦人所敬重;以后还有个出身"豪家"的赵姬,但不过是以淫乱引发了一场政治丑闻罢了。而宣太后和她们不同的是:虽然以淫丑著称,像诈杀义渠王于甘泉宫、私爱魏丑夫、以房事对求救的韩使尚靳作答等等,几近于恬不知耻,但她身为"八子"①,身份低微,竟伙同异父长弟魏冉迎立昭襄王于燕,守卫咸阳,伐灭义渠,左右着秦国政治40年,被列为"战国四后"(秦之宣太后、赵之惠文后、齐之君王后、韩氏一女)之一,可说是历史和胆略给了她机遇。按说,宣太后死后应该"合其葬"于秦惠文王的公陵,但偏偏要"葬芷阳郦山",是何道理?循情度理,既然有参与"季君之乱"又"不得良死"的惠文后合葬公陵,出自厌恶情感与对亲子昭襄王的偏爱,加上她特立独行的性格,便"在雍州新丰县南十四里"(《史记·秦本纪》正义)给自己另选了葬地。也许在咸阳国都扩大的情况下,新辟东陵陵区还是这个宣太后的主意哩!所以,在总体规划中她在亲子昭襄王之上左位独占一席之地——三号陵园就不足为怪了。其墓形和悼太子一样,都用"中"字形,正是其地位尊崇的表现。

在没有考古发掘的情况下,我们断定三号陵园是宣太后的陵园,其中仅有的一座"中"字形墓墓主就是宣太后,根据是除有文献可征之外,还找到了有力的考古文物证据。1956年,在临潼区斜口乡附近的窑村出土过一件私官鼎②,此地正接近三号陵园。据朱德熙、裘锡圭先生研究,"私官应是皇后食官"③,裘先生也指认此私官鼎为秦器。在鼎铭中虽无年号,但宣太后专秦之政有年可稽。她大权在握,能设立工室,生产专用的器物。封泥有"北宫工丞"印,表明由丞主办工巧之事,专为太后制器。咸阳塔儿坡出土过三十六年"私官"鼎,《陶斋吉金录》也著录有"邵宫私官"盉等。经笔者亲手清理的长陵车站沙坑铜器中,在铜车𫐓上还錾刻有"太后"二字。现藏美国旧金山亚洲艺术博物馆的二十九年漆卮上,也提到"太后"。所以,这些"私官"和"太后"的器物,学者们都定在秦昭襄王时代。那么,近三号陵园的窑村私官鼎,必为宣太后生

---

① "八子"是秦汉时期宫内女官的一种名号,《史记集解》:"八子者,妾媵之号。"《汉书·外戚传》:"汉兴,因秦之称号,帝母称皇太后,祖母称太皇太后,适(嫡)称皇后,妾皆称夫人。又有美人、良人、八子、七子、长使、少使之号焉。至武帝制倢伃、娙娥、傛华、充依,各有爵位,而元帝加昭仪之号,凡十四等云。昭仪位视丞相,爵比诸侯王。……八子视千石,比中更(注:即第十三等爵)。"汉诸侯王也有八子,位相当于六百石。

② 陕西省博物馆:《介绍陕西省博物馆收藏的几件战国时期的秦器》,载《文物》1966年第1期。

③ 朱德熙、裘锡圭:《战国铜器铭文中的食官》,载《文物》1973年第12期,第60页。

前食官所专用,死后也做了随葬品。

(五)寿陵

《史记·吕不韦列传》正义:"孝文王陵在雍州万年县东北二十五里。"唐万年县治在唐长安城宣阳坊内,故址当今西安南郊李家村中国人民解放军451医院(原西安空军医院)附近。由此东去30里,就是灞河东岸的洪庆。这里的路家湾、田王村一带,是骊山西麓的一片开阔台地,今人称之为洪庆原。这里有两个相近的土冢(M11、M12),其方位、距离正符合孝文王与华阳太后合葬的寿陵。①它在阳陵的西南方向,一东一西,也符合别葬杜东的夏太后所谓"东望吾子,西望吾夫"的位次②。但这处被笔者确认为寿陵的陵园,脱离了东陵陵区本部,为什么要独居5000多米(东北距四号陵园)之外,自成一个独立的茔域呢?笔者推想有以下两个原因:

其一,孝文王是昭襄王和唐八子所生,初封为安国君,同悼太子是弟兄关系,悼太子入葬芷阳陵园两年之后才被立为太子。公元前250年,他给昭襄王、唐太后服丧期满后,已经是个53岁的老人了,即王位三日而卒。那么,在悼太子先入葬东陵的情况下,孝文王就只有自己另择吉地了。

其二,同华阳太后的思乡情结有关。华阳太后是楚人,宠幸于孝文王,因为见到着"楚服"的异人,一时高兴便将他视作己生("自子之")。夏姬所生的异人从此改名子楚,从20位弟兄中脱颖而出,成了秦国合法的继承人——庄襄王。所以,当孝文王入葬寿陵后,曾深得厚爱的庄襄王必然会满足思乡情切的养母华阳太后魂归故里的愿望,给其规划茔地。华阳太后死在秦王政十七年(公元前230年),秦始皇作为华阳太后的孙子,很自然地使之"会葬寿陵"。

今西安庆华机械厂内的大墓(M12),正处于向阳公司家属住宅区东大墓(M11)之右,埋葬的当是秦孝文王。而蓝田向阳公司家属住宅区东的大墓(M11)接近通往楚国的蓝武大道,必定是华阳太后的陵墓。尽管王、后二陵相距千米,同样也应该属于同茔异穴的合葬。

---

① 学者有不同看法,或秦或汉的说法都有。
② 夏太后是秦庄襄王的生母,但不为孝文王所爱。她目睹丈夫安国君为太子时已立华阳夫人为正夫人,后为王后,当孝文王入葬寿陵,她就知道那里没有自己会葬的份,尽管华阳夫人那时还健在,接着是儿子庄襄王葬在寿陵之东的阳陵,她便很理智地把自己的葬地选在杜东。杜即杜县,故址在今西安市西南的杜城村。杜东即杜县之东的少陵原,也称杜陵原。实际上,这个"杜东"应是"杜南",是传抄中弄错了。夏太后之墓在杜南的神禾原上,由这里东北望芷阳陵地,东是阳陵,西是寿陵,正因如此,夏太后生前看到此地后才有"东望吾子,西望吾夫"这句话。

五号陵园的两座有封土的大墓，是秦，是汉，还需考古的进一步探查。

表 5-5　秦东陵墓主表

陵名	陵（墓）主	陵园编号	墓号与墓主地位	园内方位与现址
芷陵	昭襄王与唐太后	一号陵园	ZM2：王	北：范庄西北
			ZM1：后	南：范庄西
寿陵	孝文王与华阳太后	五号陵园	M11：后	北：向阳公司家属住宅区
			M12：王	南：庆华机械厂内
阳陵	庄襄王与帝太后	四号陵园	"亚"字形墓：王	北：马斜村西
			M130：后	南：井深沟、冢底村
宣太后墓	宣太后	三号陵园	ZM6（"中"字形）	西：武家沟北
悼太子墓	悼太子	二号陵园	ZM3（"中"字形）	东：武家坡东

对东陵几座陵园中的墓主，学者还没有取得一致的看法。过去有些提法已被事实否定，而近期从事东陵考古探测的孙伟刚在《新发现秦漆器及秦东陵相关问题探讨》一文中提出新的认识：一号陵园两座"亚"字形大墓为昭襄王和其王后的合葬陵园，南侧大墓为昭襄王之陵，北侧大墓为昭襄王之王后叶阳后陵；二号陵园为悼太子之墓，另外三座"甲"字形大墓为太子嫔妃之墓；三号陵园"中"字形大墓为唐太后之墓；四号陵园为宣太后之骊山陵园。①

---

① 李家骏主编：《人类文化遗产保护》（5），西安交通大学出版社，2012年。

第三节
丽山与丽山园——秦始皇帝陵园

一、择地建陵

秦始皇帝陵园,位于今陕西西安市临潼区东5公里的骊山北麓。这里处在山地与渭河南岸三级阶地之间的台塬上,突兀于苍穹间的高大陵冢有如一座孤峰,坐落于带状的山前冲积扇群之中,雄伟奇谲中又有几分袅娜的秀姿。渭川流过关中盆地的平畴沃野,如带似练的一条大道横枕渭河南岸,西去省会西安不过35公里,东出潼关连接着中原大地。山水形胜,交通方便,居高临下,皇帝的至尊地位在这陵墓地望上也同样得到了充分的展现。

公元前247年,秦庄襄王去世,即位的是他的儿子嬴政。这位出生在赵国又名赵政的年少秦王当时只有13岁,所以大权就很自然地落在了母后和丞相吕不韦之手。面对秦国将统一天下的形势,吕不韦这个出身于商人的丞相把商场投机的本领用在政治上,扶立子楚为王,继而又当上了嬴政的仲父,事事成功。在为新的君主选择茔地这件事上,同样也显示了他的远见卓识。

遵照古来生前营墓的习惯和秦人先公先王的传统,嬴政在即秦王位不久后就开始了自己的陵墓工程。主事的吕不韦大概认为芷阳的先王陵区不足以显示将来统御天下之君主的威仪,这就产生了脱离先王东陵茔域的构想,最终选择了骊山北麓。此间属于"背倚山峰,面临平原"的"山冲"之地,渭水又从新丰原下自西而东不舍昼夜地奔流,使骊山处在隈曲中的"汭位"。于是,整体规划,统一施工,形成了以秦始皇为始祖的又一个新的陵区——丽山园。

《史记·秦始皇本纪》载"始皇初即位,穿治郦山,及并天下,天下徒送诣七十余万人,穿三泉"。《汉旧仪》说秦始皇"使丞相李斯将天下刑人、徒隶七十二万人作陵。凿以章程，三十七岁"。这两段经典性的文献材料告诉我们的是，始皇陵墓工程经过了前后两大阶段，即：秦始皇13岁初即秦王位不久，就开始了陵墓工程，主持这一大事的最高官员当然还是丞相吕不韦；秦统一天下之后，便集中全国的人力、物力和财力，由丞相李斯统领，交由少府及其相关的属官分工负责，使工程规模和速度达到了前所未有的盛期。虽然在公元前209年始皇入葬之后，秦二世还继续进行复土和结尾工程约两年时间，但最后在秦末农民起义的怒涛冲击之下被迫停止。从秦国劳力到全国征发的"郦山徒"（由自由民、社会罪犯、替债者和奴隶等四种人组成），前后用了72万人，经过37年多的时间，终于建成了中国历史上第一座罕有其匹的皇帝陵墓。

所谓秦始皇陵，这是后代人习惯上的称呼。其本名叫丽（郦）山，陵园叫丽山园，陵墓工程叫"穿治郦山"。山同坟、丘、冢、陵等古地理学名词一样，后来被移用作土丘墓的称呼，似乎又成了帝王陵墓的别称。还在秦始皇发动统一战争的初期，为确保丽山陵墓工程不受战事影响，于秦王政十六年（公元前231年）从芷阳东部划地设置了陵邑——丽邑①，成为服从修陵、便于管理的"特别行政区"。战争与修陵，双轨并行。始皇陵作为古代土木工程的杰作，有关修建过程中的组织管理、施工、材料等科学技术问题，都是一些未解之谜。1974年，秦兵马俑坑被发现，随后，考古工作者对陵园进行全面探测、试掘，获得了大量的珍贵资料，研究上也取得了积极的成果，为逐次掀开笼罩在始皇陵墓上的迷雾做了有意义的准备。②

二、丽山园

丽山园是指丽山陵区，即古代所谓的"兆域"，也就是秦始皇陵园所在的地域。在范围上，存在着广、狭二义的区别。狭义的秦始皇陵园是指秦始皇寝及其礼制建筑集中的外垣墙之内，而广义的秦始皇陵园包括内外垣墙内外及同拱卫陵墓设施有关的地方。后者的范围很大，具有一定的伸缩性。从陵园文物遗迹分布着眼，可以看出东自代王街道东晏村西侧的古鱼池水一带，向西至姚池头、赵背户、五里沟西边的古河道（董沟水），南接骊山山前的挡水堤，向北临近鱼池、安沟一线。陵园大体处在由挡水堤逼使大水沟水和董沟水东西流，曲而北转所形成的区域之内，纵横各7500米，占地约56平

---

① 丽邑遗址已经确定在陵北约4公里的刘家寨一带。陵邑的设立已为汉继承，如西汉五陵（长陵、安陵、阳陵、茂陵、平陵）都设有陵邑。

② 王学理：《秦始皇陵研究》，上海人民出版社，1994年。

方千米。在这广阔的丽山园内，由于有严密的整体规划，在长时间遵循"章程"的"照图施工"中，虽然增添着新的内容，但陵城形制、冢墓与寝便殿的位置、御府与从葬的外藏安排，以及陪葬墓的区域等礼制要素则保持着基本框架不变。所以，在外观上始终可以看到陵城之内，以始皇陵墓为中心，屋宇森然，在布局规正、结构严谨中又灵活多变，浑然一体，更加突显出陵寝巍峨雄伟的气势。（见图5-9）

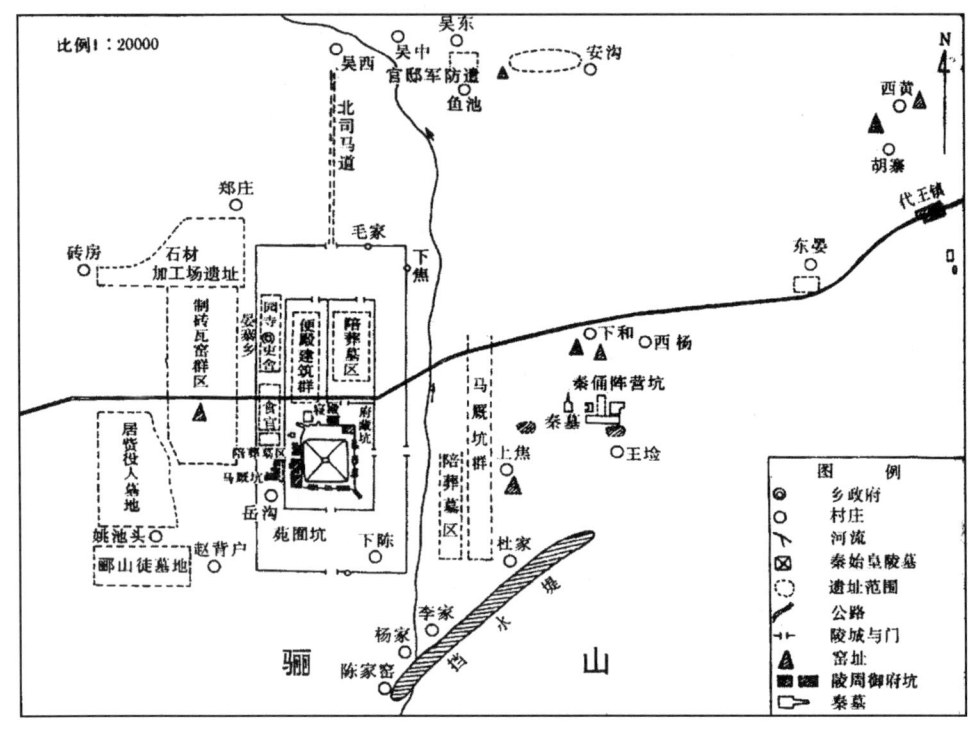

图5-9 秦始皇陵园分区示意图

始皇陵寝和一些礼制建筑原来有垣墙围护着。经测知，陵垣作内外两重，形成一个南北长的"回"字形。外城墙经GPS定位测量，西墙长2188.378米，东墙长2185.914米，北墙长971.112米，南墙长976.186米，周长6321.59米；内墙南北长1355米，东西宽580米，周长3870米。虽然两城套合，但内城的位置稍偏南和东一些，两北墙间距415米，比两南墙间距大20米，同样，两西墙的间距是187.5米，比两东墙的间距大15米。另外，在内城的东北角，借其一段东、北两墙，别筑一个南北长670米、东西宽330米、周长2000米的小城。小城的西墙，原以为是夹墙，中有甬道，实际上属于实墙，基宽约8.4米，墙厚3.64米。陵园三城中以外城面积最大，占地203.51万平方米；内城占地78.59平方米，占大城面积的38.62%；小城占地22.935万平方米，又占内城面积的29.18%。城四角原来筑有角楼。

残断的墙基给我们提供了复原的根据。外城墙基厚7.2米，内城墙基厚8.3米，说明内城高于外城。

陵园三城，计开十门。重城四面各自有门，其中东、西、南三面的六门是两两相对的，直通陵冢。外城的北门、陵冢、两南门虽然在一条直线上，但因小城南北有门而使得内城的北门位置西移，进而使得内城南北二门不能对直。小城的南北二门也是错位的。这些门原来也是建有门楼的，现在仍能在门址附近见到夯土和瓦砾的遗存。内城南门台基的面积可达到48.5米×52米，至今仍高出地面3米有余。明人都穆在其《骊山记》中说"自南登之，二邱并峙。人曰：此南门也。右门石枢犹露土中"。"二邱"实际指的是内城南门的门楼建筑遗址。测知的外城门址宽12.2米，内城门址一般宽8.9米。1969年夏，在陵园外城北门附近的毛家村一石板下，发现一柄重约半斤、手柄上篆刻"北城门钥"四字的铜钥匙。可以想见陵园门楼巍峨雄壮，园门定时启闭，定是一派庄严非凡的气势。

在东西内外城之间，各有一处阙门建筑。以东门阙为例，首先以两道间隔113米的东西向夯土墙把东内外城连接起来，形成东西长173米的封闭空间，然后在南北隔墙中心部位，修筑阙门建筑。阙作三出形式，平面长45.9～46.9米，最宽15米，最窄3.2米。两阙之间为神道。

在陵园四门外，原来有宽阔笔直的司马道。在遗迹残断的情况下，可见北门大道为最好，南北笔直，长达2200多米，其中原坡上的一段路基宽可60～80米。两侧多有板瓦、筒瓦、瓦当、条砖、空心砖、陶水道等建筑遗物。《史记·秦始皇本纪》有"自极庙道通郦山"的记载，唐诗人杜牧也留下了"骊山北构而西折，直走咸阳"（《阿房宫赋》）的佳句，足以说明北门大道不只是首都咸阳通往丽山陵墓最便捷的主干道——神道，而且还显示了陵墓坐南面北的可能性。

三、陵墓

秦始皇陵墓位于陵园内外两重城间的南半部中心，处于东、西、南六门正方向的交叉点上。方中距外城北垣1380米，距南垣720米。

（一）陵冢

《汉书·楚元王传》载有刘向的话，他说："秦始皇帝葬于骊山之阿，下锢三泉，

图5-10 秦始皇陵

上崇山坟,其高五十余丈,周回五里有余。"郑玄注《礼记》时说:"土之高者曰坟。"今天我们看到的秦始皇陵是一座人工堆起来的四棱台体封土堆,其中腰确有几处向内收缩的回形平台,真像是三个大小相次的覆斗叠加而成的。(见图5-10)但如按刘向给的数据折算,坟高就是116米,底边周长为2087.65米。现存封土实高51.668米,底边南北长350米,东西宽345米,周长合1390米。

陵貌有变化,古今显不同。时经2200年,风雨剥蚀,水土流失,加之樵牧不禁,致使丘垄残毁,高度有所降低,在所难免。但现在封土四周散落的后期堆积土只有1~4米,若把它恢复到陵顶上去,还是难以达到最早刘向说的那个高度。据笔者查阅到的《皇览》(注引)、《博物志》、《水经注》、《两京道里记》、《太平御览》等文献的有关记载,其数字非大即小,显系传抄致误。至于近人多次的测量结果又各不相同,载之于书,远播四方,实缘测点标准不一。笔者以为陵既是当年地面以上的覆土,当然就应从陵基算起(包括后期冲积土)。换言之,古人误把坟高"三十丈"传抄为"五十丈",其原来的高度只有69.6米。2000多年间,自然的、人为的原因使它降低了将近18米。①

---

① 笔者在写《秦始皇陵研究》一书时,把始皇陵的高度列了一张统计表,第一次把历史给予的尺码做了换算(《汉书·楚元王传》为116米;《史记·秦始皇本纪》集解引《皇览》、《太平御览》引《皇览》为120.5米;《水经注》为14.5米;《两京道里记》为347.2米;《太平御览》为154.5米),并辑录出近人测量的数据(足立喜六《长安史迹考》为76米;维克多·萨加伦为45.72米;陕西省文管会1962年测为43米;《文物》1975年介绍用足立喜六数据;北京大学《战国秦汉考古》为71米;秦陵保管所1982年测为55.05米),指出古人之误与今人测点的不同。

笔者以为既是说陵高,必然是从原地面上的基部算起。因此,笔者据航测的海拔高程给出的数据是51.668米。之所以出现陵家现高与记载原高的差距,很可能是"坟高三十丈"在传抄中因形似把"三"误成了"五"。如果原来是"三十丈",则折合为69.3米。那么,经过2000多年,实际上只降低将近18米!

在笔者引出这一题目之后,随后的研究者就陵高问题出现了几种说法。一种是沿着笔者的"抄误法"思路,却把坟高"五十丈"换成"十五丈"。看来,这种误法在古人是少有发生的,只能是想"自成一家"的猜谜。另一种说"五十丈"的测点在外城的北门附近,所测出的才符合116米。竟然还出现多种高度的表示法,即在不同地点就拿不同的高度说"高"。看来,这是维护"面子"的削足适履之法,正如站在椅子上量身高从地面算起一样可笑。如果站在山顶上,又该怎么量呢?

还有学者提出"《汉书》所记'五十余丈'很可能是陵墓封土的设计高度"[陕西省考古研究所、秦始皇兵马俑博物馆:《秦始皇帝陵园考古报告(2000)》,文物出版社,2006年],这也很难使人信服。因为第一,陵墓的设计者大概不会做这不科学又无力办到的设计,第二,刘向举例在于说明始皇之奢导致败亡的教训,如果用前朝的"设想"那还有什么说服力呢?因而此论仍不能成立。

按理，陵冢降低后的落土应该使陵墓封土的周长加大，但实际上现存封土周长的数字却变小了。这是为什么？笔者以为这一矛盾的问题实际反映出两个决定性原因。一是原来的陵基底盘大，而向上的坡度很缓，当高锐的顶尖部分滑落时，流失的土就首先由上而下地堆积在陵坡之上。二是陵冢底部那不很厚的夯土基座很容易被剥蚀。今天我们看到四周，特别是陵东侧，成了壁立的悬崖，应是历史的人为和自然剥蚀的结果。所以，竟使得本来覆盖在封土之下的方中（墓圹外口）、方城暴露在现陵冢外面2.7～4米，致使陵基向内缩进了3.70～82.5米。

《史记》载，始皇陵冢上"树草木以象山"。按天子制度，陵上栽植的大约是松柏。

（二）地宫

秦始皇陵的封土覆盖着地下的墓室，因其恢宏富丽有如地下的宫殿，人们就称之为地宫。

有关始皇陵墓内的设施，在古文献记载中往往有着绘声绘色而引人入胜的描述。《史记·秦始皇本纪》如是记载："始皇初即位，穿治郦山，及并天下，天下徒送诣七十余万人，穿三泉，下铜而致椁，宫观百官奇器珍怪，徙臧满之。令匠作机弩矢，有所穿近者，辄射之。以水银为百川、江河、大海，机相灌输。上具天文，下具地理。以人鱼膏为烛，度不灭者久之。"

汉人刘向、贾山都有近似的说法。《三辅故事》《三秦记》则带有趣味化的倾向。到了王嘉的《拾遗记》就演变得具有神奇色彩，说："昔始皇为冢，敛天下瑰异。生殉工人，倾远方奇宝。于冢中为江海川渎及列山岳之形。以沙棠沉檀为舟楫，金银为凫雁，以琉璃杂宝为龟鱼。又于海中作玉象鲸鱼。衔火珠为星，以代膏烛。光出墓中，精灵之伟也。"

传统的看法认为秦始皇地宫平面呈"亚"字形，但最近的探测资料显示只存在东西墓道。而且"报告"编写人认为"或许南北墓道在失去其最初的作用后被回填夯实"[①]。看来这个说法使人难于信服，如是"回填夯实"，那在考古钻探中还是容易分辨出来的，特别是秦始皇陵的墓道，其宽度与长度之大是难于漏探的。如果超大型的秦始皇陵墓采用"中"字形，那不但有违礼制，而且同其"始皇帝"的身份极不相

---

① 陕西省考古研究院、秦始皇兵马俑博物馆编著：《秦始皇帝陵园考古报告（2001～2003）》，文物出版社，2007年。

符。所以，此钻探结果是难于采信的。

始皇陵地宫结构的主体实际是一座超大型、很深的、由多级台阶组成的口大底小的竖穴方坑。施工程序是：先在平地起坑，作为墓圹的外口（即《汉书》中一再提到的"方中"），下掘一定深度，再内缩一段距离，就砌筑一道宫城（即"方城"）；在方城之内，再缩一段距离，便向下深挖椁室（即"明中"，也称"玄宫"）。测知的方中南北长515米，东西宽485米；方城南北长460米，东西宽392米；明中的上口未知，但强汞区显示的底部是东西长160米，南北宽120米，但因为有汞晕，上口与下底的大小同这组数据一定有出入。方城是由绳纹砖坯砌垒的，墙体宽3.5～4米，现存高度3～4米，上距地表4～8米。方城北墙有两处缺口：一在西北隅向东75米处，宽8米，上有棚木盖顶，是由地面通地宫的斜坡道；一在前一缺口之东95米处，宽18米，与北侧御府坑相通。放置棺椁的明中，从口到底估计是由六个或九个回廊式的台阶组成的。换言之，椁室由这几层从大到小的斗状空间叠次深入地下，在环周的收分平台上，另有建筑，可能是宫观与百官座次。①

从当时地面进入地宫，是在陵墓的四个方向由斜坡墓道穿过方城下行的。墓道穿过方城的四门，原来安装有道道墓门，据文献记载，起码包括了中羡门、外羡门。探测到的东墓道有5条，中间的一条长达60米，近墓端宽20米，远墓端宽13米。北墓道总出口即是方城北墙两端的缺口。

除过主椁室，还有多个侧室与墓道相通。《汉旧仪》载：丞相李斯将郦山徒作陵，"深极不可入。奏之曰：'丞相臣斯昧死言：臣所将隶徒七十二万人治骊山者，已深已极，凿之不入，烧之不然。叩之空空，如下天状。'制曰：'凿之不入，烧之不然，其旁行三百丈乃止。'"这"深极不可入"和"旁行三百丈"绝不会发生在张口向天的墓圹（方中和明中），必然是在平行、斜行或曲行的隧道中。那么，指的一定是侧室。而

---

① 关于地宫情况，《秦始皇帝陵园考古报告（2001～2003）》中提到用物理探测取得的数据是：开挖范围主体约东西长170米，南北宽145米；封土堆下有一周细夯土墙，东西（外沿）长约145米，南北（外沿）宽约125米，高30余米；在细夯土墙之下，是一周石质宫墙，东西长145米，南北宽125米，石质宫墙与细夯土墙位置、范围基本一致，高30余米；墓室东西长约80米，南北宽50米，高约15米。
上述测定与前秦俑考古队在1979—1981年钻探取得的数据大相径庭，而且其复原的结构令人疑窦丛生。封土大、墓室小之间的矛盾未做解释。细夯土墙与石质宫墙叠加，高约60米，墙内壁立陡峭，有何作用？即以探知的东西墓道而言，穿过围墙，使围墙变成"［］"形，那墙外是什么形态？若果按"细夯土墙的外侧均为渐次收缩的台阶状，各为九级。……台阶上发现了筒瓦、板瓦遗物"，可见"细夯土墙"并不是墙，"石质宫墙"也不是墙……鉴于什么重力异常、弹性波法的反射异常、磁异常、高电阻异常等地球物理方法还没有取得考古验证的情况，目前结论还缺乏合理的解释，因此本书对其成果还不能轻易采信。

这只有在山前洪积扇的地质地带才可能发生大石挡路的情况。由此可以断定，始皇陵墓中的侧室，一定在陵南的方向。民间传说秦始皇埋陵南的骊山之下，似乎也折射出侧室方向的影子。"三百丈"合今693米，结构应为拱顶，弯弯曲曲，从而营造出一个"中成观游"的地下环境。

秦始皇墓内（主要是明中）规模宏大、结构复杂、设置奇特、随葬多样，是难于想象的。笔者同省地矿研究所合作物探，测知的墓深是33.18米，空间居高10多米。结合文献记载，参稽考古资料，可以推知：地宫周壁用石垒砌，回环的高下数层台阶上筑有百官衙署，四向的墓道连接着多个幽深的侧室，整体上是以石、砖、木作成多级、多种桁架式建筑，拱卫着中心的穹隆顶主室，构成一个特有的地下群体建筑。

《史记·秦始皇本纪》说始皇陵墓内"以水银为百川、江河、大海，机相灌输"。地矿部物化探研究所于1981年底，对秦始皇陵封土进行采样，用汞量测量方法发现在125900平方米的范围之内，有一个面积达12000平方米的强汞异常区，汞含量变化为70×10^{-9}~1500×10^{-9}，平均值为205×10^{-9}，竟为背景平均值35×10^{-9}的5.9倍。[①]足见司马迁关于始皇陵内存储有水银的记载不虚，也是我们推断陵墓未被盗毁的有力根据。据估计，始皇陵墓藏有水银百吨左右，如果靠机械的力量推之流动，我们无妨把这看作中国人最早发明"永动机"的一种尝试。[②]

四、陵园建筑

（一）陵园的礼制建筑

1. 寝殿

把墓上用于祭祀活动的享堂搬到陵侧建寝，从秦始皇陵开始，"汉因而弗改"。"园寝"设立，遂成一代制度（《后汉书·祭祀志》）。秦以前的祭祀活动，可以说实行的是"双轨制"，即庙祭和墓祭。都邑的宗庙，为"前庙后寝"的平面布置，前边是庙，供奉先祖的神主，后边是寝，陈放其生前的用具（衣帽、几案、手杖等）。之所以作如此形式，完全是因为对君主生前所居宫殿那种"前朝后寝"式格局的模仿。当然，宗庙除祭祀之外，军国大事也往往要在那里举行。比较之下，在墓区祭祀的内容相

[①] 常勇、李同：《秦始皇陵中埋藏汞的初步研究》，载《考古》1983年第7期。
[②] 王学理：《秦代的科技珍闻（一）》《秦代的科技珍闻（二）》，载《文博》1986年第2、3期，又见《秦始皇陵研究》第二章。

对单一，但祭祀的频率则很高。原来的墓祭是在墓室之上的地面进行，后来由于丘冢的产生，原来墓上的享堂也跟着发生了位移。而秦始皇的陵寝制度对墓祭之礼的创新有两点：第一，首先在陵墓之侧的平地上建起寝殿，有了正规行礼之地；第二，把宗庙的"寝"移到陵园里来，从而加强了陵寝的祭祀功能。

秦始皇陵的寝殿遗址在陵北53米偏西的地方。现存的台基南北长62米，东西宽57米，占地3534平方米。形状近方，环以回廊，门在东南角的东墙上，外有散水。大量堆积物中有砖块、筒瓦、板瓦及壁面碎块，杂有木烬，显系寝殿毁于火焚后的塌落物。经复原，它是单檐四阿顶的方形建筑。这也正是殷周以来墓上建筑的形式，是这座建筑属性的最好说明。

2. 便殿

所谓便殿，是相对正殿的"寝"而言。《三辅黄图》说汉高祖的陵园（"高园"）"既有正寝，以象平生正殿路寝也；又立便殿于寝侧，以象休息闲宴之处也"。《汉书·韦玄成传》："自高祖下至宣帝，与太上皇、悼皇考，各自居陵旁立庙。……又园中各有寝、便殿。日祭于寝，月祭于庙，时祭于便殿。寝日四上食，庙岁二十五祠，便殿岁四祠，又月一游衣冠。"颜师古注："凡言便殿、便室者，皆非正大之处。寝者，陵上正殿，若平生露寝矣。便殿者，寝侧之别殿耳。"陵园内设正寝，寝侧立便殿，实际上是汉承秦制，用意都一致，前者是墓主灵魂起居饮食之所，后者则是供其游乐休息之处。

秦始皇陵园内便殿遗址的分布足以反映出它是"休息闲宴"的"非正大之处"。在寝殿之北150米到小城间的东西狭长地带，其中段和东段东西长约270米，南北宽80米。1976年冬和1977年3月，发掘了一至四号建筑基址，虽是东西排列，由四个单元构成，却是有联系的一个整体，总面积达5000平方米。它们彼此以承重墙隔开，墙系夯土筑成，厚度不一，有1.5米、5米、6.55米。室内地面经过夯筑，或铺以石板，贴近内壁则用片石或卵石铺成环形路。堆积物中，多见瓦当、陶屋脊。其中有一种夔纹瓦当特别大，正面虽只有多半个圆的形状，但直径有61厘米。被称作"瓦当王"的这种瓦当，在关内外的一些大型秦建筑遗址中也有出土，它绝不是施之于椽前，而是用来遮挡檩头的檩当。由此可见，这一建筑群必是巍峨雄阔而毗连勾结的。

在四个单元建筑中，以二号基址的轮廓和格局较为完整清晰。该建筑平面为南北向的长方形，长19米，宽3.4米，面积64.6平方米。门道在西侧，同南北长的主体建筑

呈 "T" 形相接。进门后往北，登上四级石阶，才能进入室内。门内侧竖着曲尺形的石屏，将室内隔成南北两部分。在南部室内的夯土地面上距墙壁40～50厘米有一环形片石路面，宽50厘米。在北部室内的夯土地面的中线上，则是一条南北长的片石甬道，直通室外的渗井，路宽50厘米，全长约25米。

1995年3月，陕西省考古研究所又在该建筑群之南发现了一组6座建筑，北与四号建筑相距2米，西与西内城垣相连，面积约4800平方米。其中的四号建筑当是坐南面北的廊院式四合院建筑。四号建筑东西长28米，南北宽14米，四周设有廊房，北边辟有一门。廊房内发现带有榫卯的青石壁柱，东廊房基础下还发现南北向排列的五角形水管道。廊房内地面的处理显示出当初建筑的豪华程度，首先是在夯土地面上施一层薄薄的草拌泥，再在其上抹一层细泥，细泥层烘干后再涂刷一层类似于地板漆的深红色涂料。五号建筑东西长约50米，南北宽近20米，遗址的南边和东边各有一道片石散水，出土物除建材外，还有几块彩绘陶俑残片及10余枚铁铤铜镞。六号建筑面积最大，东西残长近80米，南北宽10米许，南北两侧均有河卵石铺就的散水，散水外又有沙石铺砌的凹形排水沟，在基址北侧还有一排4个55厘米见方的柱础，柱间距仅1.15米。

2010年，陕西省考古研究院在内城之内的西北部勘探，发现小城西墙和内城西墙之间是一大片建筑群，南北长692米，东西宽228米，中部是一条南北向的甬道。甬道两侧有东西对称的11排计22座院落建筑。后秦始皇帝陵博物院仔细勘探，发表了详细资料。[①]

以上建筑群落，都属于始皇陵园的便殿遗存，形式多样，占地范围广，正是"休息闲宴之处"、日常事务多于寝殿的反映。有学者把这些称作陵寝建筑，使陵、寝、便殿混在一起，似有欠妥。

（二）丽山食官

食官是指掌管宫廷饮食的官，也就是"饲官"。"饲"字在秦汉器物铭刻中多写作"飤"。所谓丽山食官就是掌管始皇陵园膳食之事的官员。《后汉书·百官志》："先帝陵，每陵食官令各一人，六百石。"食官每日要四次进奉饮食给墓主的灵魂享用，逢到望晦日的祭祀供应更为充足。而皇帝上陵时，由"太官上食"（《后汉书·礼仪志》），更加丰盛异常。此外，陵园的管理人员的日常饮食也由食官提供。

在始皇陵西北126.4米的一处大型地面建筑遗址内曾发现有"丽山食官"刻文（见

---

① 秦始皇帝陵博物院编著：《秦始皇帝陵园考古报告（2009～2010）》，科学出版社，2012年。

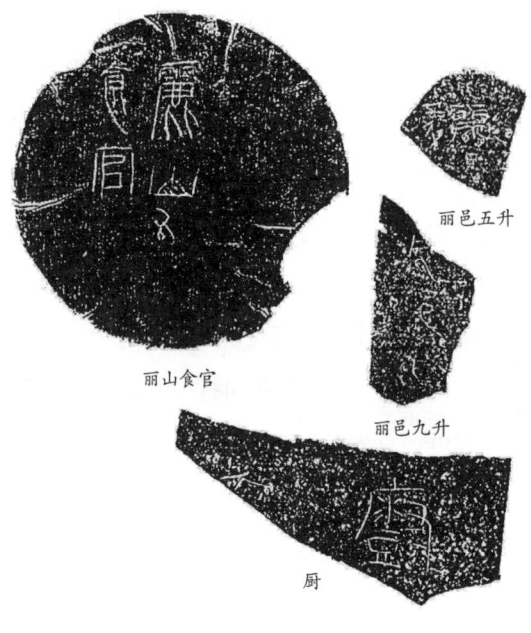

图 5-11 "丽山食官"刻文

图5-11）的器盖。经探测知，在西内外城之间的门址之北是建筑遗址。北及陕缝机架厂，东西地跨169.5米（东距西内城8米，西距西外城10米），南北纵深200米，面积达33900平方米。1981年11月至1982年5月，对"丽山食官"建筑遗址南端的东段做过抢救性清理。在东西77.5米、南北29米的范围之内，有6座巨型的单元建筑，由东向西排列，整体平面布局像两个相连的"山"字形，有主体，有东厢。（见图5-12）其中的Ⅴ号占地1073平方米，南侧东西排开6个础石，室内有巨型地槽（东西长28米，南北宽5米，深0.4米），下铺石块，隔以肋木，上设铺板。其北侧是倾水池，南同地槽、北同渗井相连。在食官遗址里，除存留有大量的板瓦、筒瓦、瓦当、脊瓦、方砖、条砖、石柱础、管道及陶井圈等建筑遗物外，出土的器物有错金银的乐府

图 5-12 "丽山食官"建筑（东段）复原鸟瞰图

铜编钟、秦始皇与二世的两诏斤权、铜镦、铜镞、铁剑、铜鼎足、雁足灯及多种器物构件，容器见有瓷罐、大陶瓮、茧形壶、陶罐、盆、碗之类。刻在陶器上的文字见有"丽山食官""丽山食官左""丽山食官右""丽邑五升""丽邑九升""丽邑二斗半，八橱""六橱""丽山橱"等。①由刻文判断，丽山寝园不但食官分左右，而且供橱也是编号的。②

---

① 秦始皇陵考古队：《秦始皇陵西侧"丽山飤官"建筑遗址清理简报》，载《文博》1987年第6期。
② 王学理：《丽山食官（东段）复原的构想》，载《考古与文物》1989年第5期。

(三) 园寺吏舍

丽山园作为秦始皇的寝园，有一套完整的管理机构。《汉书·百官公卿表》："奉常，秦官，掌宗庙礼仪，有丞。"同陵墓有关的属官，就有均官、诸庙寝园食官令长丞等。相关衙署及其办事机构、馆舍，在秦代也应该是设在寝园里的。

秦始皇陵园的园寺吏舍在陵西北的内外陵城之间。在"丽山食官"建筑遗址之北有两处大型建筑群落遗址。一处在陕缝机架厂以北至晏寨村南，南北长约200米，东西宽180米，散见有大量的瓦类、红烧土、河光石。陕缝机架厂基建时曾发现两座房基，坐东面西，在各自的前檐及两侧有散水，房之间有陶水道。似乎此处建筑呈四合院式布局。另一处压在晏寨村之下，情况不明，村东曾见有夯土、房基、瓦砾、杂土、河光石散水等。

园寺吏舍遗址实际上原是陵守人员的生活区，也住有侍奉陵寝的宫女、陵园守护人及勤杂人员，同陵寝分开，有主有次。

(四) 垣墙外的几处地面建筑

1. 鱼池村官邸遗址、军防建筑遗址

在始皇陵东北5里的鱼池村、鱼池堡和吴家寨子东部有一宫殿建筑群遗址，东西近2公里，南北宽500米，也有城址的发现。采集到的文物，除各种建筑遗物中很有特色的各式花纹砖和瓦当外，还有铜刀、戈、矛、盂、半两钱、铁斧、铧、铲、锸、锄、刀等。

鱼池遗址的筒瓦和板瓦上，戳印"宫甲""宫水""左司空尚""右司空□""北司"等文字，可知这些建筑材料乃系中央制陶作坊的产品。县邑的工匠也参与了烧制砖瓦的工作，陶文反映出他们大都来自栎阳、杜县、频阳、蓝田、美阳、好畤、临晋，也有的来自韩国的新城（今河南伊川县西南）、宜阳（今河南宜阳县）。

吴西村附近的鱼池水两侧，各有一处高岗，东西对峙，很明显是军事制高点。

2. 安沟建筑遗址

安沟在始皇陵园外东北7里，遗址西接鱼池遗址，东达代王街道之西，建筑遗物遍地皆是。1958年修水库时，曾出土"丽山园"铜钟1件，腹部錾刻铭文2行：丽山园，容十二斗三升，重二钧十三斤八两。钟高44厘米，重19.25公斤。经测定，容水24.57毫升。此钟为始皇陵园所专有的铜器。

五、从葬坑

（一）陵园东侧的兵马俑阵营坑

秦兵马俑从葬坑位于始皇陵园之东1225米的地方。如果按陵冢中心到坑边算，间距是1695米。这组坑正当东司马道的北侧，共计有4个，分南北两行，坐西面东地并列。一号坑在南，其北侧20～25米，由东向西依次排列着二、四、三号3个坑。（见图5-13）

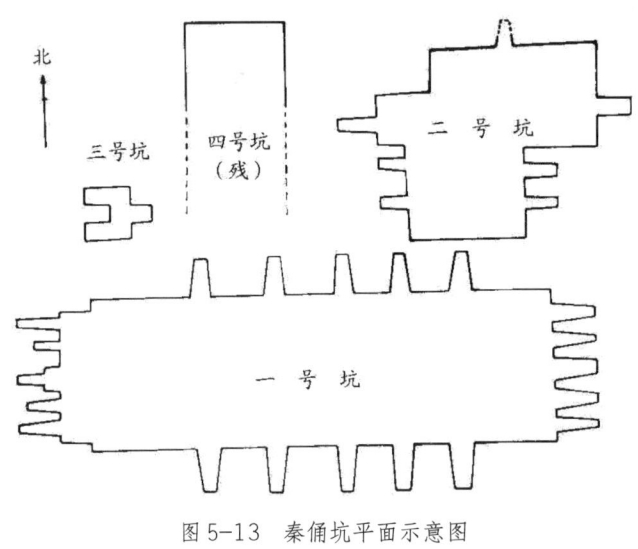

图5-13　秦俑坑平面示意图

俑坑是一处坑道式的地下土木结构。在下挖深5米的大坑里，东西向夯起一道道承重的隔墙（即隔梁），两墙之间形成一条条通道（即过洞）。陶俑、陶马、木车等文物按军事序列放置在墁铺条砖的过洞中，再在隔梁上横排密集的圆形棚木，上面铺盖席子，最上部覆土封盖，使之和当时地面一般平整。

一号坑是个东西向的大坑，坑体东西长210米，南北宽62米，下深4.7～6.5米，面积13020平方米。坑东西两端及南北两侧各有并列的斜坡门道5个，两端的门道长15～20米，宽3.8～6.6米，两侧门道长12米，宽1.6～4.8米。一号坑的总面积为14260平方米。坑底有东西向的过洞11条，其中边洞同坑两端的通道相连，从而构成环坑体内壁的一周回廊。坑内由手执各类实战兵器的武士陶俑和军吏俑6000尊及40多乘驷马战车按矩阵的要求，布置成雄壮的阵体，前有"锋"，后有"卫"，两侧设"翼"。（见图5-14）

二号坑位于一号坑东端北侧，间距20米。平面呈东北角突出的曲尺形，东西各有斜坡道4条，北侧2条。该坑东西通长124米，南北通宽98米，深约5米，面积约6000平方米。兵马俑分为弩、车、步、骑4个兵种，计陶俑939尊、陶马472匹、战车89乘，采用单独或混合编队、练射的方式，分别组织成四个兵力单位——弩兵习射场、车兵小营、车骑小营和车步骑混宿小营。（见图5-15）

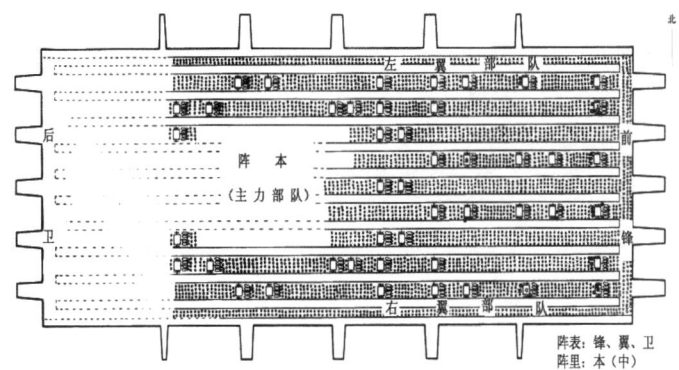

图 5-14 一号坑兵马俑布置示意图
（王学理测绘）

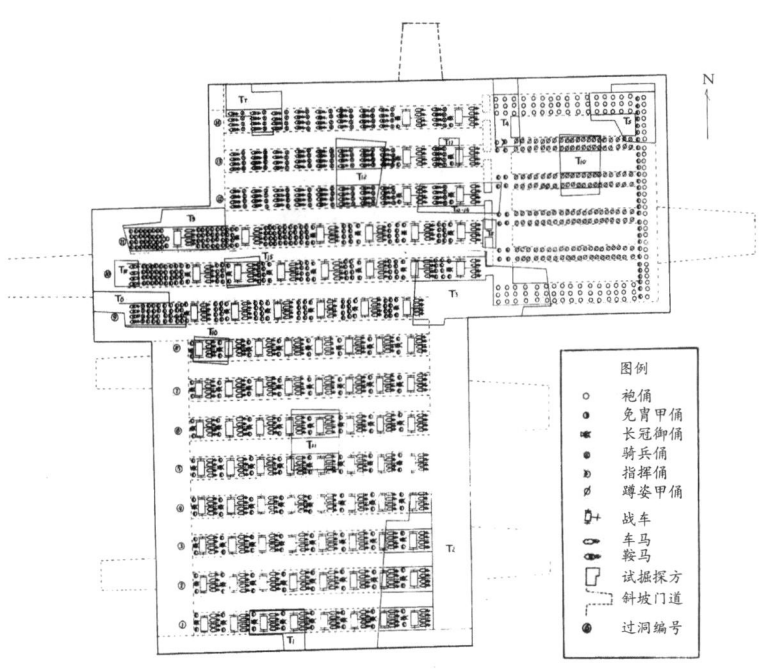

图 5-15 二号坑兵马俑布置示意图
（王学理、王考测绘）

三号坑位于一号坑西端北侧25米的地方。东西通长17.6米，南北通宽21.4米，总面积约520平方米。斜坡道只有一条，开在东面正中，平面呈向西的"凹"字形。正面的前庭放一乘驷马华盖车，后随铠甲武士俑4尊，其余64尊手执长殳的侍卫甲俑分处在两厢。（见图5-16）三号坑是秦俑诸坑中最小的一个，其布置和内容表明是军事指挥部的形制。

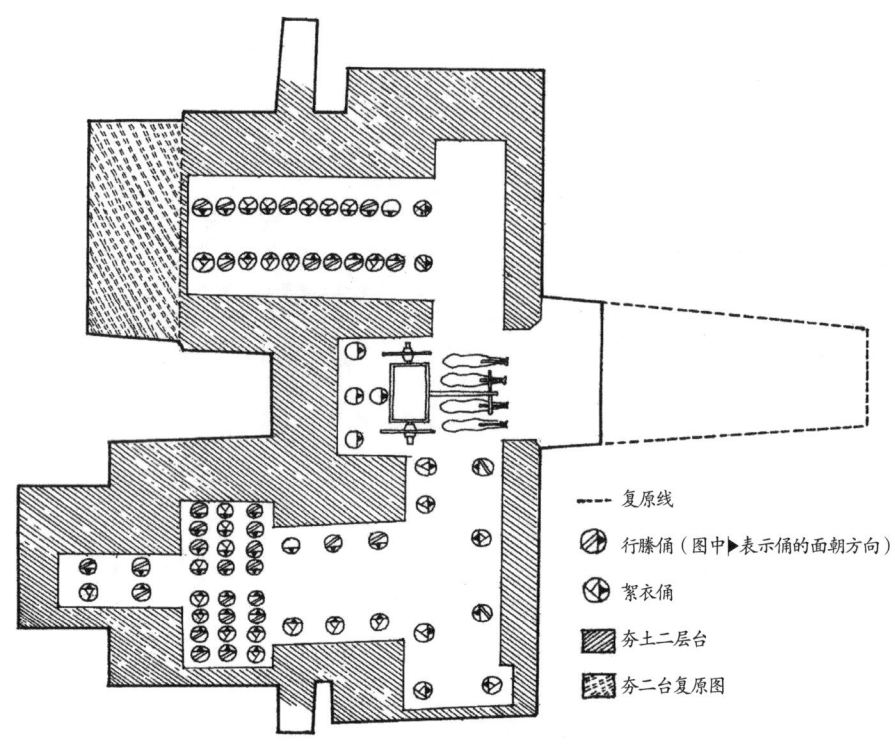

图 5-16　三号坑俑位示意图
（王学理等测绘）

四号坑在二、三号坑之间，作南北长的长方形，是座未建成的空坑。因遭破坏，南北残长96米，东西宽48米，深4.8米，面积约4600平方米。估计原来是模拟对战场面的。

关于秦俑四坑的性质，长期来争论不休的人群可分为两类，一类是考古历史学者，另一类是学术外行的社会人士。前一类学者从俑坑实际出发，并能结合历史文献，但除对三号坑的认识较为一致之外，对其余几坑的看法产生了分歧，像有的学者以为俑坑表现的是左（二号坑）、中（四号）、右（一号）"三军"及幕（三号），有的学者认为属于主军（一号）、佐军或偏师（二号）、后勤部队即"左追蓐"（四号）、莫府（三号）；后一类外行人士，往往仅凭一些皮相材料或传说，脱离了学术轨道，恣意狂放，伸张联想，把奇谈怪论当作学术见解，在社会上博取共鸣，以致使所谓研究走入歧途。

笔者参与始皇陵考古与兵马俑发掘14年，经研究认为：说秦俑四坑都是阵，实是缺乏对阵的了解；"三军"之说，也缺乏根据，新论并不足以表明对军事学的起码了解；至于秦俑作用的种种提法，更是对设坑性质的混淆。由从葬用意出发，结合内容，笔者提出"陈兵"的学术见解。①
笔者认为秦兵马俑一组四坑同始
皇陵园里诸多从葬坑一样,是死
者生前主要活动内容的缩影,是
那个时代军事生活、宫廷生活的
反映。兵马俑坑之设,应是在统
一战争取得决定性胜利之时,秦
始皇增添的从葬内容,旨在表现
秦军队的强大、体现削平群雄的
功绩。基于此,在表现手法上就
选取了最能体现军事生活的主
要内容(列阵、营练、对战、
军幕),以体大如真的7000左右
兵马俑和战车,采用陈兵的形
式,从而收到良好的视觉效果。
具体讲,一号坑属于矩阵,具有
壮阔的主体阵本,又锋、卫、两
翼齐备,既表现了出战程序,又
显示了阵形变换的关系;(见图
5-17)二号坑属于兵营和教阅
的暂驻形式,弩兵在前,车兵单
列,车步相间以骑殿后,导车随
以骑队,从单体到全部,都是为
了出战调兵方便;(见图5-18)
四号坑表现大排面的作战队形;
三号坑则为指挥部的军幕(见图
5-19)。

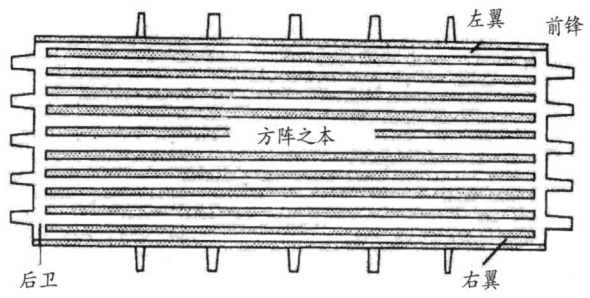

图 5-17 一号坑矩阵结构示意图

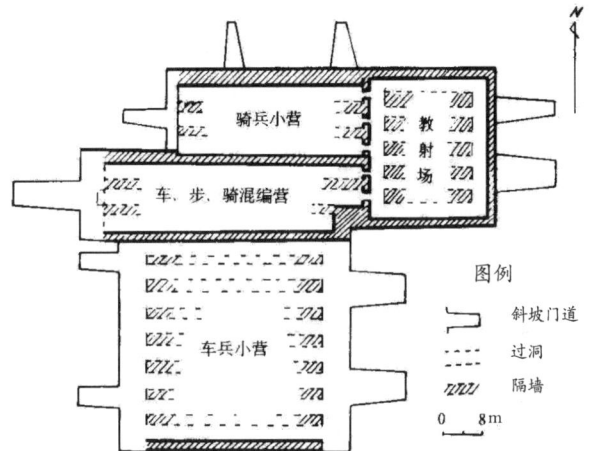

图 5-18 二号坑驻营与校场结构示意图

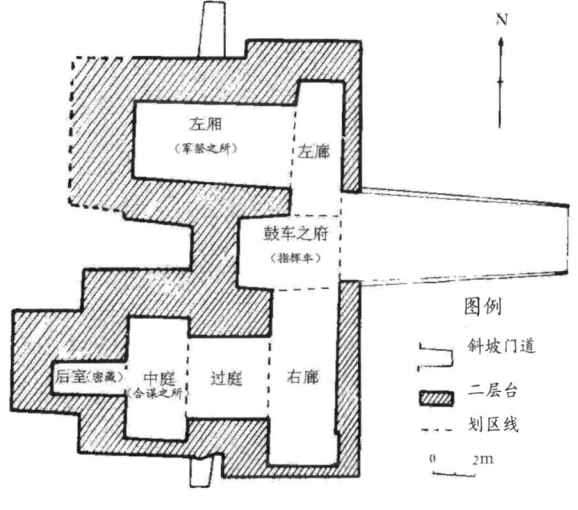

图 5-19 三号坑军幕结构示意图

---

① 王学理:《秦俑专题研究》,三秦出版社,1994年。

秦兵马俑体大如真，一般高在1.8米左右，最高的近2米，塑造细腻，施彩鲜明，是一批写实主义的佳作，在中国乃至世界美术史上都占有重要地位。

（二）马厩坑

秦始皇陵园的马厩从葬坑有两处，一在陵园东墙外，一在西内外城之间，估计埋马700匹左右。

1. 陵东马厩坑

陵东马厩坑位于东垣墙外400米处，南自杜家村之西，经上焦、西孙等村西侧，北达下焦村。在南北纵长1900余米、宽50米的范围内原来有400余马坑，分东西两行并列，但因历年破坏，探测出剩下的130座小坑，其中93座坑关系明确，包括马坑74座、俑坑4座、俑马同坑6座。目前只清理了其中的51座。

马坑是东西向的长方形竖穴土圹，一般长2.4～3.5米，宽1.2～2.8米，深1～2.8米。每坑一马，头西尾东，作侧身或伏卧状，系处死后埋入。在马头前放陶盆、罐、灯，系喂马器具和照明设施。俑坑略小，梳椎髻的跽坐陶俑高63～72厘米，放木箱中面东。俑前放汲水的陶罐、起土的铁锸、割草的镰刀或斩斫的铁斧，还有一盏照明的陶灯。俑就是厩苑中的小吏，或是喂马的皂啬夫。俑马合坑较大，梯形土圹长4.5米，西宽1.5米，东宽1米，深1米；长方形竖圹长3.5米，宽1米，深2米。坑中马东俑西，放置在大木箱中，伴出的器物同样是喂马器具。这种俑可以是教养良马的"趣马"（《周礼》）。

马厩坑器物上的陶文见有"大厩四斗三升"（铜盆）、"中厩"（陶罐）、"小厩"（盆、罐）、"宫厩"（罐）、"左厩容八斗"（盆）等。（见图5-20）秦封泥有"章厩丞印""宫厩丞印""右厩丞印""下厩"等（见图5-21），再同《史记·李斯列传》中提到的"外厩"联系知，秦代天子之厩苑有大、中、小、下、宫、章、右、左、外等九厩。《汉旧仪》说汉"天子六厩"，厩中"马皆万匹"，此制度一定也是承秦而来的。

2. 陵西内外城之间的马厩坑

在两西门之间的南侧有两个形制特别的马厩坑。一个是有两条斜坡道并行的双门道马厩坑，一个是向南再西折的曲尺形马厩坑。前者在北，坑体面积580多平方米；后者在南，坑体面积1700多平方米。（见图5-22）

曲尺形马厩坑东西长117米，宽6.6～8.4米，与之相连的南北坑体长84米，宽8.6～

第五章 都下陵墓

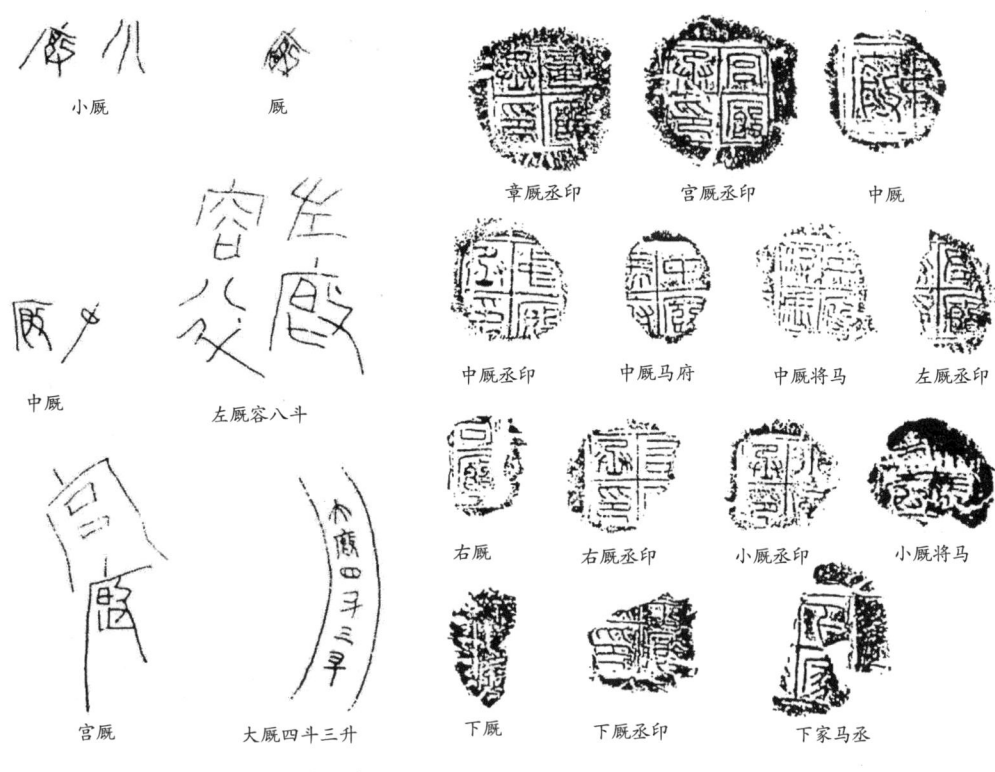

图 5-20 秦陵马厩坑器物上的厩名

图 5-21 秦御厩封泥印文

9.4米，深4米。坑中马骨架基本完整，每3匹置于一木槛中，作卧姿。密集排列，估计被杀的马有数百匹。陶俑辫髻，穿褐，登履，计11尊，有戴长冠袖手者，有曲肘挂长兵者，均立姿，体高1.82~1.9米。前者可能是厩中的皂啬夫，管理着厩中的饲养人员；后者当是马厩的守护人员。

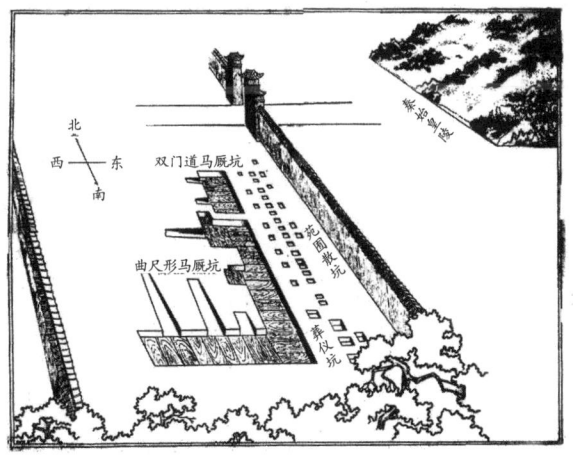

图 5-22 陵西马厩坑、苑囿坑鸟瞰图

（三）封土四周的御府诸坑

在秦始皇陵四周分布着多个形状不同、方向不一的御府坑。在陵北侧和东北侧的砖坯围墙之内，有4个大型的从葬坑，即K0101、K0201、K0202和K0205。其中K0101全部露在封土之外，其余的除斜坡道在现封土之外，坑体都隐藏在封土之下。同东墓道平行的K0202、K0203、K0204三坑，方向都指向封土之内；①封土西侧有大型的坑，在"巾"字形坑内出土有两乘彩绘铜车马，其他四耳室中埋有铜的或木质的车马，共计有10乘；陵南和东南侧情况不明。

陵北侧和东北侧的4个从葬坑（K0101、K0201、K0202和K0205）都是些巨型坑，由多个小坑组合而成。K0101的坑体南北长59.8米，东西宽49米，K0201东西长75.5米，南北宽48.7米，K0205东西长85米，南北宽46.7米，在结构上都有多个大小不同、排列整齐的过洞、砖坯台、棚木构架。奇怪的是，新的钻探材料显示，虽未经火焚，也没有被盗痕迹，但内部空无一物。

与上述情况相反的是，1980年11月在陵西御府坑中却出土了两乘彩绘铜车马。两车前后相随，马东车西，直指墓室，成组地放在深8.6米的坑中。（见图5-23）车作单辕、双轮、方舆，驾四白马。车马通体彩绘，形体大小为真人真马的二分之一。御俑戴切云冠，着袍，腰系绦带，饰流苏，佩剑，双手揽辔，目视前方，全神贯注，装束和秦俑坑的将军俑基本相同，但未擐铠甲。铜马通体白色，络头衔镳、鞦辔、项圈齐全，均作伫立服驾的姿态。前车竖一柄圆盖伞，车体较小，名曰"立车"（又名"高车""轺车"或"驷马立车"），通长2.25米，高1.52米，总重1061千克，由3064个零部件组成。四马各高66厘米，体长110厘米。御俑站立于车厢前部，

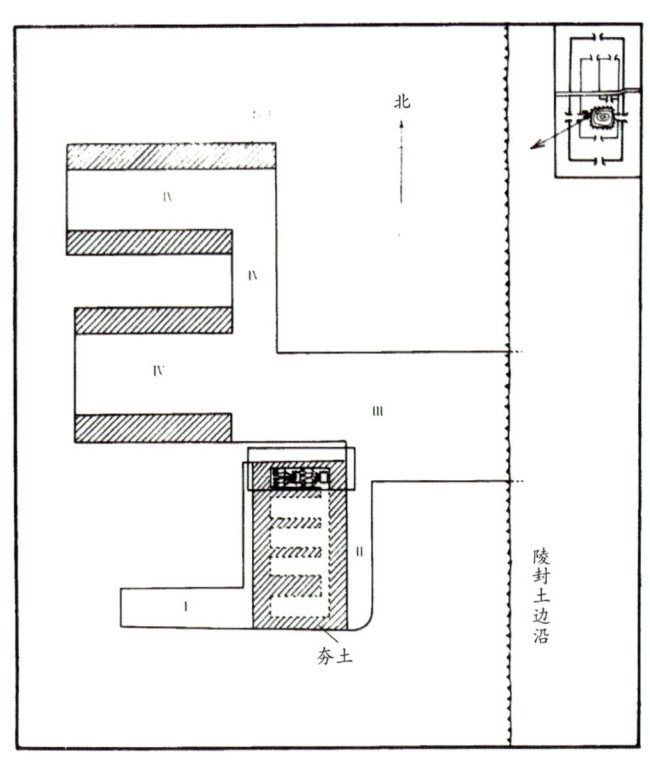

图5-23　铜车马坑位图

---

① 考古材料多出自陕西省考古研究院、秦始皇兵马俑博物馆编著的《秦始皇帝陵园考古报告（2001~2003）》，后面介绍武库、百戏、苑囿诸坑的内容不再一一注明。

图 5-24　一号车（立车）

图 5-25　二号车（安车）

通高91厘米。车上的武器装备除御俑佩剑外，还有架在軾上的弩、插在箙中的箭，另有盾牌。（见图5-24）后车较前车为大，通长3.17米，高1.06米，总重1241千克，由3462个零部件组成。四马通高90.2～93.6厘米。跽坐御俑高51厘米。车形是方舆上以板围成车蕃，蕃上覆以穹隆顶的椭圆形篷盖。车蕃前面及两侧有可启闭的窗户，后部辟门。车厢内三边围以台阶，前为軾，两侧为輢较。车厢前另设御者的"骨"座。（见图5-25）这种车名曰"安车"（又名"辒辌车"）。通过比较可以发现，两车最大的区别在于篷盖。

秦陵的立、安两车表面，以白为地，彩绘着变体龙纹和几何图案。连同白马看，显然是"白马素车"的基调。其性质应是"随五时之色"（《通典》）的"五时副车"，作用在于充作皇帝"卤簿"中的随行车乘。两车编组，前为导，后为主，同陵侧其他坑的车马联系起来看，当是秦代銮驾制度的反映。①

（四）百兽苑囿坑

在内城西门之南、双门道马厩坑之北，东距内城西垣25米处，有一处苑囿坑。其范围南北长80米，东西宽25米，面积达2000平方米。有31个长方形竖穴土坑分三行排列，其中西排有8坑，东排有6坑，均放跽坐俑，中排17坑，内置长方形陶棺，有动物藏棺中。伴出文物极少，仅见陶罐、盆一类汲水具与食具。骨骼已腐朽，从残留部分及牙齿看，既有食草类的鹿、麂和杂食类动物，也有飞禽。估计动物属皇家苑囿中豢养的珍禽异兽，跽坐俑则是负责管理禽兽的仆役，即所谓"兽人"。

秦汉时，"上林苑方三百里，苑中养百兽，天子秋冬射猎取之"（《三辅黄图》引《汉旧仪》），秦二世在上林苑中曾"日游弋猎"取乐（《史记·李斯列传》）。当时豢养动物有综合性的如"兽圈"，单养的"虎圈""狼圈""麋圈"等。从上林苑的兽圈中提取珍禽异兽从葬，这在汉文窦皇后陵和薄太后南陵从葬坑中就有类似的例子。南陵从葬坑出土过大熊猫、犀牛、仙鹤等珍稀动物的骨骼，而秦始皇陵侧的珍禽异兽从葬坑则是秦代百兽苑囿存在的反映。

（五）武库坑（K9801）

武库坑是一个基本呈方形的大坑，位于始皇陵东南角的内外城之间。坑东西长130多米，南北宽100米，4条斜坡道分在坑四角的南北两侧。经陕西省考古研究所秦陵工作站于1998年10月份试掘，见有军士穿戴的细叶石铠甲、石兜鍪、马甲，并有车马器和兵器等遗物，石质甲片细小，由铜丝编缀，同秦俑甲式迥异。（见图5-26）

这些石甲胄分区、分类，密集排列，从铜构件分析，估计原来是悬挂在木架之上的。因遭严重火焚，木构无存，些许文物也已灰化。种种迹象表明，这是一座模拟秦王朝武库的从葬坑。

（六）百戏坑（K9901）

百戏坑位于武库坑南35米处，平面呈向北的"凸"字形，东西长40米，中部宽16

---

① 王学理：《五时副车铜偶所反映的秦代銮驾制度》，见陕西省秦俑考古队、秦始皇兵马俑博物馆编：《秦陵二号铜车马》（考古与文物丛刊第1号），1983年。

米。内设3条过洞,试掘中出土有上身裸露穿短裾的陶俑11尊,多作握物、举臂等姿势。另外,还有三棱铜镞8枚、铁矛头1件、石甲片及马蹄套等文物。在填土中还见有陶盆板瓦、金属熔渣、铁凿、铜扁条等杂物。特别是在棚木之上斜放着一个大铜鼎,鼎作扁球状,附耳、兽足腹部凸棱上下饰蟠螭纹,口径71厘米,通高61厘米,重212公斤,是当今最大的秦代铜鼎,弥足珍贵。

百戏坑中的陶俑与秦兵俑迥异,同圈俑也截然有别。其体态、姿势、服饰表明是一批技艺者的形象。此坑表现的当是秦宫

图5-26 石铠甲坑

廷娱乐活动中的百戏内容。而大铜鼎内的填土与该坑填土的土质、土色完全一致,说明它同坑内文物没有内在联系,其状态正是仓促中隐匿之物。①

(七)"巨"字形动物坑(K9902)与神道10坑

在东内外城之间,当东阙门南墙之外,甲库坑之北。形状奇特,由宽6米左右的长条坑按正方向转折,平面形成"巨"字形。最西边的条坑南北长95.3米,连接各条坑的南边坑最长达153.4米。坑底铺木板,探出红烧土、木炭和动物骨骼。

东外城内侧,由南到北有4个小坑,神道北也有6个小坑,坑内未探出文物,内涵不清。

(八)天子车府坑(K0006)

在始皇陵封土西南角50米处,地当岳家沟东侧的台地上,有一东西向的近似"中"字形的坑,东西长47米,南北宽2.7~11.8米。(见图5-27)该坑未经火焚,保存状况良

---

① 王学理:《衷乱庙堕失重器》,载2000年8月8日《陕西日报》,又为《秦鼎石甲二论》一文的一部分,见秦始皇兵马俑博物馆《论丛》编委会:《秦文化论丛》第8辑,陕西人民出版社,2001年。

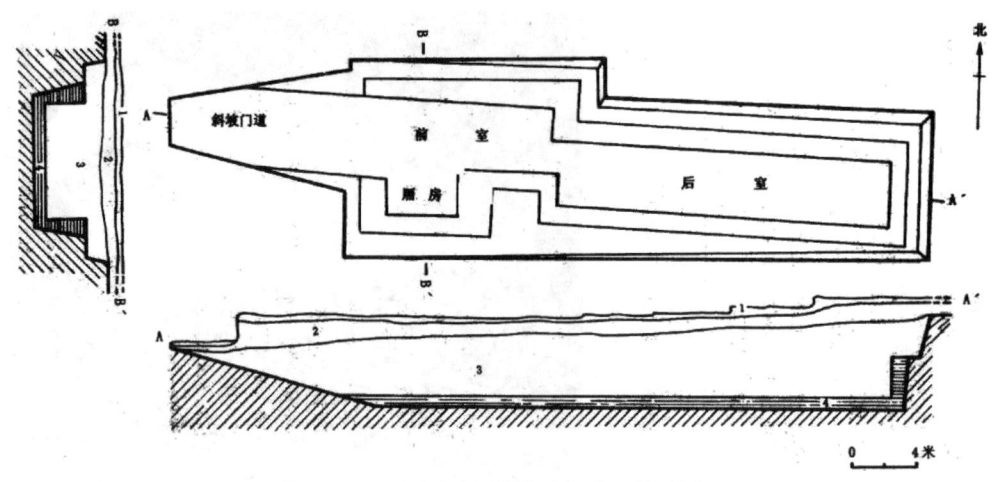

图 5-27 天子车府坑（K0006）平、剖面图

好。从西端斜坡道下去，通过封门进入前室，有木车4乘，南壁有站立陶俑12尊，通高184～193厘米。其中8尊戴双版长冠，穿袍束带，袖手胸前，右腰间塑有削刀和砺石；另外4尊为御俑，穿戴同前，不同之处在于不佩削刀与砺石，双手作揽辔状。南侧的厢房地板上有铜钺4柄、陶罐1件；后室马骨凌乱，计有马24匹。

由坑中的文物内容看，这些"刀笔吏"属于文官，钺是权力的象征物，又有马群，有车，这种组合的排列次序是车、文吏、钺、马匹。如果把权力、记录这几个概念串联起来，特别是结合4车、4钺和24匹马看，正好形成"天子驾六"之制。文献中常提到秦始皇乘坐的"金根车，驾六马"，而五时副车才驾四马，那么，K0006有4乘驾六马之车，是否说明它属于天子御驾的车府？

（九）禁苑水禽坑（K0007）

1996年，在秦始皇陵外城东北角之北800多米处发现动物坑。由此向东500米，又有一个平面向东作"F"形的大型从葬坑，编号为K0007。一条东西向的条形坑长60.2米，宽6～6.2米，编为Ⅰ区。Ⅰ区中部向南开一条形坑，南端是斜坡道，坑体南部坑长46.6米，东西宽2.8～10.6米，编为Ⅱ区。南端东侧向东突出一个空间，南北长11米，东西宽4.72米，取名"厢房"。Ⅰ区东端南折，长31.24米，东西宽6.4～8米，编为Ⅲ区。（见图5-28）

Ⅰ区南北两侧是夯土二层台，中间夹着长55.52米、宽2.36～2.76米的沟道。沟道是河流的模拟，在两旁的二层台相当于河岸。河流西部的两岸上，整齐排列着向水的仿真青铜水禽。（见图5-29）由西向东，有天鹅20只、鹤6只、鸿雁20只，计46只。

第五章　都下陵墓

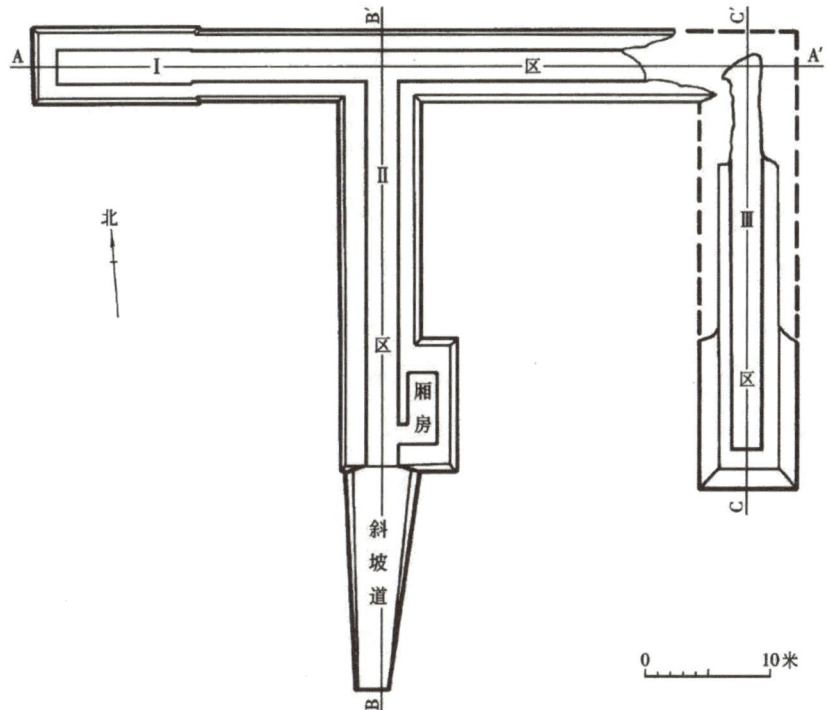

图 5-28　禁苑水禽坑（K0007）平面图

卧姿鸿雁

立姿鸿雁

仙鹤

天鹅

图 5-29　禁苑坑青铜水禽

Ⅱ区东西两侧夯土台上有11个壁龛，原来放置着15尊陶俑。陶俑戴软帽，颈围曲领，着右衽长袍，腰束革带（右侧系有一长条囊袋），穿长绔，脚蹬布袜。箕踞姿势的陶俑箕坐，头微低垂，双臂伸直置于腿上，左手半握，掌心向上，右手环握，掌心向下。跪姿陶俑双膝并拢着地，挺身直起，头微低垂，左臂下垂，伸手向前，右臂上举前伸，手四指并拢半握，拇指向后。

Ⅲ区象征河道，应是Ⅰ区河道的延长，仅见一只鹤腿及一些零碎的动物骨骼。

青铜水禽与陶俑共处一坑，从环境与姿态看，可以复原这么一个场景：在弯弯曲曲的清流两岸，鹤、雁、鹅悠然自得地戏水、觅食，而溪水环绕着的是一处歌舞楼台，随指挥者的节拍，乐人正弹奏出动人的旋律。秦都咸阳有多处御苑，无论是上林苑、宜春苑、杜南苑还是兰池，往往山环水绕、花木扶疏、宫观掩映，自然也会豢养各种珍稀动物。"麀鹿濯濯，白鸟翯翯"，"日游弋猎"、轻歌曼舞，本就是统治者悠闲生活的内容。那么，K0007从葬坑透露出的信息，就应当是秦禁苑的模拟。或有诘者问：不见舞也听不到歌，何言歌舞？秦俑三号坑既是"幕"，不见将军坐帐，那此间"缺席以待"岂不更有艺术的余韵？

（十）食府动物坑

食府动物坑发现于1996年，位于禁苑坑之西，西南距陵园外城东北角750米。坑作南北向的长条状，6米长的斜坡道在北端，坑主体部分南北长23.5米，东西宽10米，面积约300平方米。坑内中轴线部分是一条甬道，东西两侧有矮墙隔开的16个小室。小室内出土有动物骨骼，经鉴定，有近似于鹤的大鸟、鸡、猪、羊、狗、鱼、鳖、獾（或水獭）等，计10余种动物。另在坑内还出土了一些陶俑的头、腿、手等残块，估计有踞坐姿俑2尊、立姿俑3尊。

在秦始皇陵区发现的各类从葬坑180多个，涉及动物活体的仅见于马厩坑和珍禽异兽坑，前者系丧失役使力的老马，单独入坑，后者用陶棺盛放，也是单独入坑，表明其受重视的程度较高，定性为马厩苑囿是合适的。而此坑中的禽兽，有疑似的"鹤"，而更多的是普通的肉食类动物，并非可供观赏的珍稀动物。那么，此坑的定性就不能无视其作用而泛称为动物坑。

秦代的奉常一职是中央的九卿之一，由周代的春官宗伯而来，汉景帝改名"太常"，主管宗庙和陵庙礼仪。属官众多，陵园令丞即是其一。因为祭祀频繁，牺牲就须从专设的府库中提取。秦始皇陵园除有真实的食官与府库之外，陵北的动物坑反映的应该是丽园令之食府。

（十一）封土南部及西南部勘探出的几个从葬坑

K0001：在内城内东南角，情况待查。

K0002：在封土正南，当石道遗迹之间，东西长194米。呈向南的"凹"字形，两端是带隔间的主室，中间是连接两主室的通道。两主室大体相等，南北长35米，东西宽15米。探出有红烧土、木炭、动物骨骸、石质器片。

K0003：位于现封土西南角7米处。呈曲尺形，南北最长157米，北端最宽64米。坑体北部有多处小隔间，探出有红烧土、木炭、动物骨骸和陶片。

K0004：位于西内外城之间，东与双坡道马厩坑为邻。平面略呈"十"字形，东西最长42.3米，南北最宽39.2米。内有多个隔间，探出有红烧土、木炭、动物骨骸和陶俑残块。

K0005：位于西内外城之间，在K0004之南，东南与曲尺形马厩坑为邻。平面略呈"U"形，西部遭破坏，南侧过洞残长13.5米，宽4.8米。

六、陪葬墓

（一）陪葬墓群

秦始皇陵陪葬墓群已发现4处，分别在陵园西北的砖房村、陵园东侧的上焦村、陵园小城内和西内外城之间。另外，还有一些零星单墓分散在陵区。

1. 砖房陪葬墓区

据《秦始皇帝陵园考古报告（2001～2003）》载，砖房陪葬墓区是为配合秦始皇陵遗址公园建设，陕西省考古研究院对陵园西北的砖房村移民点进行勘探时发现，随后再做复探，又有新的发现。此墓地有"中"字形墓4座、"甲"字形墓5座、小型墓葬30座、从葬坑1个，沿东西方向一线排开，墓葬均南北向。[①]

经正式发掘探知，M1平面呈坐南向北的"中"字形，通长100米，总面积1900平方米。北墓道长于南墓道，北墓道残长34米，宽10～16.5米，南墓道长31米，宽7.5～18.4米。墓室口南北长29米，东西宽28米，深15.6米，室内的东、西、南三面为生土二层台，高3.8米。墓室底部南北长12.2米，东西宽9.5米，面积约116平方米。中为棺椁，四

---

① 陕西省考古研究院、秦始皇兵马俑博物馆编著：《秦始皇帝陵园考古报告（2001～2003）》，文物出版社，2007年。

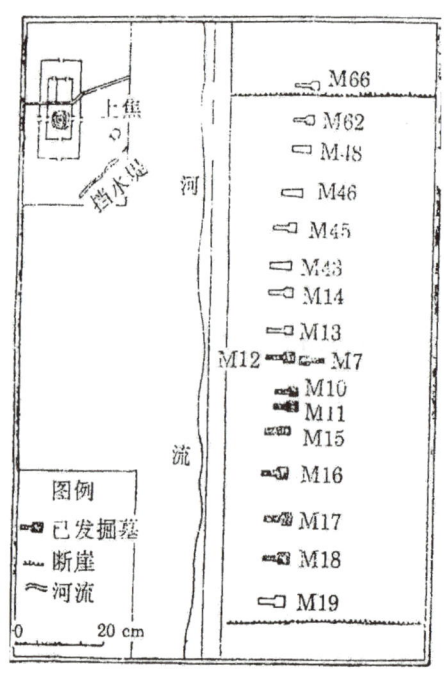

图5-30 上焦村陪葬墓平面图

周有回廊环绕，外侧为边箱，内放大量陶器、铜器、玉器及少量金银器。[1]

M2—M6，均为墓道朝北的"甲"字形墓，南北通长47～71.6米。在墓室内，探出有程度不等的铜锈、木炭、蚌壳、陶片、红烧土等遗物。

2.陵东上焦村陪葬墓区

上焦村陪葬墓区位于始皇陵东垣墙外约350米的上焦村西，东与马厩坑为邻。此墓区共有17座墓，墓间距2～15米，为邻南北一字排开，但地面无封土，一律呈斜坡道朝西的"甲"字形，其中只有7号墓的墓道向东。（见图5-30）1976年发掘了8座墓葬，形制分两种：一是带斜坡道的方室土圹墓，一是带斜坡道的竖穴土洞墓，均为一椁一棺。除第18号墓无骨殖外，其他7墓中有5男2女，其中第11号墓女性骨骼完整，其余6墓中人都是身首异处，尸骨狼藉。经骨骼鉴定，M17的墓主是一年约20岁的女子，其余年龄均在30岁左右。

表5-6 经发掘的8座秦墓列表

墓号	性别	年龄	骨骼状况	主要随葬器物				
				金器	银器	铜器	陶器	其他
17	女	20	头、身、下肢分离，左脚骨与胫骨分离，双臂伸张				陶盆1	
16	男	30	下肢骨在填土中，头骨在椁盖上			"荣禄"印1、带钩1	仓1、釜1	
15	男	30	头、身、四肢分离，置于椁盖上，头骨在洞室门外填土中，右颚骨有铜镞一枚		蟾蜍1	半两铜钱1、铃1	罐1	玉璜，银蟾蜍上有"少府"字
12	男	30	头骨在椁盖上，其他骨骼在椁内头箱中			匜1、策1、环1、泡2	罐1、蒜头壶1	
11	女	30	骨骼完整，仰身直肢向西，但上下腭骨错位	金箔条2		"阴嫚"印1、带钩2、镜1	釜、蒜头壶、鼎、甑、钵、盒各1，豆2	

---

[1] 秦始皇帝陵博物院：《秦始皇帝陵考古的新进展——秦始皇帝陵陵西墓葬勘探与发掘取得重要收获》，载《中国文物报》2020年6月19日。

续表

墓号	性别	年龄	骨骼状况	主要随葬器物				
				金器	银器	铜器	陶器	其他
10	男	30	头、身、四肢分离，倒插在椁室头箱内	金箔条1				
7	男	30	头、身、四肢分离				仓1	
18	空	空				铜剑、釜、甑、鍪、勺各1	罐、盆各1	残玉璧

从表中可以看出，死者葬式紊乱、尸骨残缺、死相惨苦，显非正常死亡，必同当时的政治形势有关。秦二世是赵高串通丞相李斯被扶上台的，其逼杀公子扶苏、囚杀蒙氏兄弟等罪恶行径败露之后，常常是"战战栗栗，惟恐不终"。于是，赵高建议秦二世"灭大臣而远骨肉"（《史记·李斯列传》）。他就真的举起了屠刀，"乃行诛大臣及诸公子，以罪过连逮少近官三郎"，把"六公子戮死于杜"，逼杀公子将闾弟兄三人于内宫，（《史记·秦始皇本纪》）还把"公子十二人僇死咸阳市，十公主矺死于杜，财物入于县官，相连坐者不可胜数"（《史记·李斯列传》）。他诛杀的手段极其残酷，其所用"戮"刑，除了砍头，还得陈尸，更用腰斩，"矺"同"磔"，属于车裂之刑。今发掘陵东的这些秦墓，所见尸骨不全，同历史记载是吻合的。而在墓道发现有灰烬的遗迹，当为筑墓人因天冷烤火所为。这也和胡亥、赵高集团杀害始皇亲生骨肉于寒春的季节吻合。另外，在随葬品的银蟾蜍上刻有"少府"二字。可见这里就是秦王室宗族成员被残害后的葬身之地，而按礼制陪葬始皇则体现了这些历史丑类虚伪的德行。

据《史记·李斯列传》记载，始皇有子20余人。实际上，这不包括女儿。有名者，史载仅有扶苏、胡亥、将闾、公子高、子婴几位而已。但陵东M16出土"荣禄"私印一方、M11出土"阴嫚"私印一方。前者墓主是男性，后者是女性，当是始皇的公子与公主。

3. 陵园内小城中的陪葬墓区

小城位于内城东北角，是个封闭式的小城。在小城中部及偏北的两侧已探查出有墓葬99座。其中有3座竖穴土圹墓（M1、M3、M4）为东西向，长6.4~8米，宽4.3~4.8米，深10米。其余均是小型墓，均呈南北向，有"目"字形竖穴土圹墓1座、斜坡道洞室墓8座、台阶斜坡道竖穴洞室墓9座、斜坡道竖穴洞室墓13座。最大的M5，属于斜坡道竖穴洞室墓，长36.5米，深10.5米。在竖穴土圹墓中探出木炭、漆皮，壁龛中有陶器。其余墓葬内有陶器、朽木痕迹。

此墓区未经发掘，情况不明，但能在陵区内辟地而葬，身份应不一般。《史记·秦始皇本纪》载始皇下葬时，"二世曰：'先帝后宫非有子者，出焉不宜。'皆令从死，死者甚众"。这里是否为宫女们的葬区，有待日后发掘验证。

4. 西内外城之间的陪葬墓区

西门以北的内外城之间有一片陪葬墓区，北与食官遗址为邻，其范围东西长170米，南北宽90米，面积15300平方米。发现的61座陪葬墓集中于这一区域的东部，形制多样，有"甲"字形、长方形、刀形、曲尺形几种。探查中未发现任何文物，似为一些徒具墓形的空墓，应是预先按陵园规划所作之墓，后不久秦亡，未能入葬而造成的。

（二）从葬墓

在秦始皇陵冢西墓道北侧，有一坐东面西的墓葬，正当西内城和封土之间。墓作"甲"字形带二层台的竖穴土圹。斜坡道在西，通长30余米。其中墓室东西长15.5米，南北宽14.5米，深6.2米；墓道长15.8米，同墓室几乎等长，宽3.6～4.4米。墓室除西边接墓道口外，其他三面皆环列宽近2米的二层台。方形墓圹收分，至底部呈10米×10米的正方形。从探出的朱红色漆皮与板灰看，此墓规模大，随葬品丰富，墓主必定有较高的社会地位。或说这是公子高的墓，根据是他面对二世、赵高集团借故杀害先帝近臣和皇室宗族时，唯恐"收族"连坐，上书"臣请从死，愿葬郦山之足"而得到"恩准"，并被"赐钱十万以葬"。（《史记·李斯列传》）

在秦俑三号坑正西90米处，当今秦陵下和小学南墙两侧，有一座坐南面北的"甲"字形带二层台的竖穴土圹墓。墓室平面近方形，南北长约18.2米，东西宽约16.5米，深12米。斜坡墓道长40米。在墓室探出有板灰。关于墓主，有可能为公子将闾。因为二世曾指责他弟兄三人"不臣，罪当死"。而且在被囚禁时，他怨气冲天，呼喊什么"天乎！吾无罪"，最后不得不吻剑自裁。（《史记·秦始皇本纪》）公子将闾和公子高一样，身份、地位和影响力都较为突出，必然引起有偏狭心理的统治者注意，容易有故事流传下来，其埋葬地就不一定放在上焦村的陪葬墓群里。还有人认为此墓的主人是宣太后、统率兵马俑的指挥者、蒙恬等等，但都是缺乏文献与事实根据的臆测。

（三）郦山徒墓地

郦山徒是劳役致死，其墓不能算作陪葬，也列入不到始皇陵区的总体规划中。但因修陵时间长、人数多、死者众，也就只有在陵园以外择地而葬了。

郦山徒墓地有两处，都在始皇陵园外，处于西南方向。一在赵背户村西，一在姚池头村南。前者距陵西外城500米，后者在前者西南450米。

1. 赵背户的居赀役人墓地

居赀役人墓地在赵背户村西边的台地上，东与干涸的董沟水为邻，西至姚池头村北，由此迤逦而北，直抵临马公路，形成南北狭长千米的大面积墓地。仅1979年12月至次年6月，秦始皇陵考古队在赵背户到姚池头一带选地钻探，在南北长180米、东西宽45米的范围内先后就探出墓114余座。墓作三行排列，墓向不尽一致，中行和西行东西向，东行南北向。墓间距0.2～1米，分布十分密集。有的还在一个大墓坑内又挖出若干小墓坑，小坑之间有10厘米宽的隔梁。（见图5-31）

经过清理的42座墓均为竖穴土圹墓。虽墓圹多系长方形，但变异较多，如在墓侧中部突出一块，形似"卜"字（M14、M22），有的突出两块（M27），有的在一侧有突有凹（M32）。一般墓长1.1～1.76米，宽0.5～0.76米，距地表0.2～0.76米。最大的墓是M34，长10.6米，宽1.1米，距地表1.2～1.7米。小型墓居多，最小的M10长0.8米，宽只有0.6米，仅可容身。有的墓呈正方形（M9）或带柄斧形（M43）。（见图5-32）

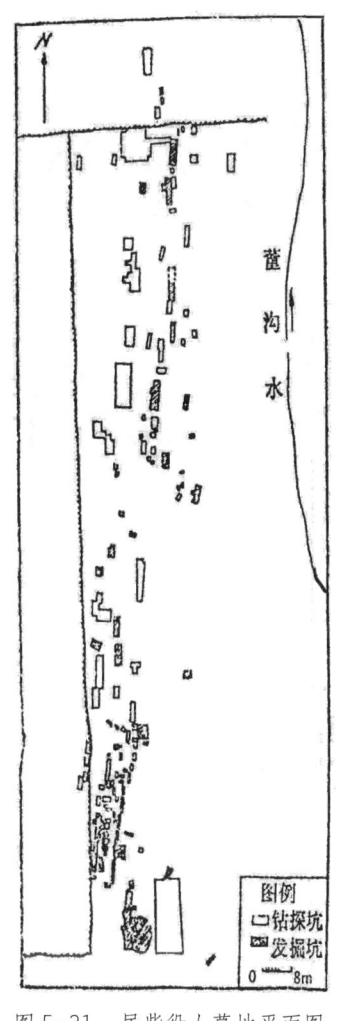

图5-31　居赀役人墓地平面图

墓坑中多无葬具，有的在底部有一层淡黄色灰烬。只有M2用10块粗绳纹板瓦砌成长方形棺具，通长1.16米，宽0.5～0.6米，高0.3米。坑中一般葬二三人，甚至有14人共坑的，尸骨平放、叠压者均有。葬式混杂不一，在清理的100具骨架中，除4具采用仰身直肢葬外，余均为蜷曲特甚的屈肢。M33出土骨架8具，其中仰身屈肢2具、侧身屈肢5具、俯身屈肢1具。

对32座秦刑徒墓中出土的100具骨架做鉴定，其中有女性3具，年龄在25～30岁，儿童2具，年龄只有6～12岁，余为青壮年男性，年龄都在20～30多岁。多系被杀戮之后再掩埋的，有的骨架上刀痕犹在，俯身作挣扎状（M33之1），有的身首异处，四肢与躯干分离，堆置叠压，显系肢解（M34之3）。

墓中的随葬品主要是铁生产工具，如锸、锛、錾、凿、镰、锄、刀等，还有作为日

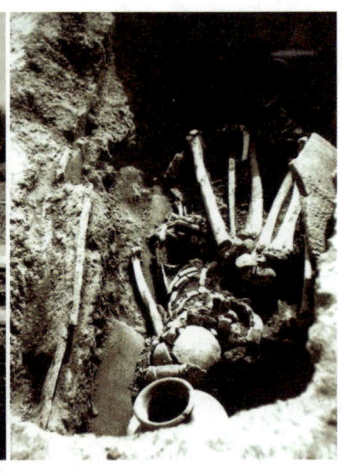

图 5-32 居赀役人墓坑

常生活用品的陶器如罐、瓮、钵。另外，出土有铜半两钱43枚。

死者身边往往放置着一块刻有文字的瓦片。在这些瓦片上的文字，除戳印"宫眹""寺水""左水""延陵工□""左司空□""王"等陶文之外，有18件明确地显示了死者的身份属于居赀役人。这些刻文瓦片，我们暂以"瓦志"称之。① 这些阴刻着小篆间隶意书体的瓦文，见有"东武罗""东武徟（遂）""赣榆岠""东武居赀上造庆忌""东武不更所脊""东武东间居赀不更鹛""东武□契""博昌去疾""博昌居此（赀）用里不更余""杨民居赀大（教）""（杨）民居赀公士富""杨民居赀武德公士契必""平阴居赀北游公士滕""平阳驿""赣榆得""阑（兰）陵居赀便里不更牙""嫏（邹）上造姜""……（居）赀□□不更□必""觜（訾）……□……（不）更（滕）"等。（见图5-33）从中可以看到：有地名、人名者，死者定是平民；有地名、爵名、人名者，死者属于有低级爵的自由民；有地名、刑名、人名者和地、刑、爵、人名俱全者，死者都是居赀役人。《睡虎地秦墓竹简·金布律》："官啬夫免，复为啬夫，而坐其故官以赀偿及有它债，贫窭无以偿者，稍减其秩，月食以偿之，弗得居；其免也，令以律居之。"《司空律》也载："居赀赎债者归田农，种时、治苗时各二旬。"瓦志中的刑名所谓"居赀"，就是以服劳役抵偿借债的人或因有罪而被罚令缴纳财物的犯人，这显然同文献中所谓"徒刑者"的身份是相符的。

瓦志中提到死者的籍贯，见有东武（今山东武城县西北）、博昌（今山东博兴县南）、杨民（今河北宁晋县附近）、平阳（今河北临漳县西）、平阴（今河南孟津县东）、赣榆（今江苏连云港市赣榆区东北）、兰陵（今山东兰陵县西南兰陵镇）、邹（今山东邹城市东南）、武德（今河南武陟县东）、訾（今河南巩义市西南）等10个秦县，涉及今山东、河北、江苏、河南等省。这同《史记·秦始皇本纪》说"及并天下，

---

① 始皇陵秦俑坑考古发掘队：《秦始皇陵西侧赵背户村秦刑徒墓》，载《文物》1982年第3期。

第五章 都下陵墓

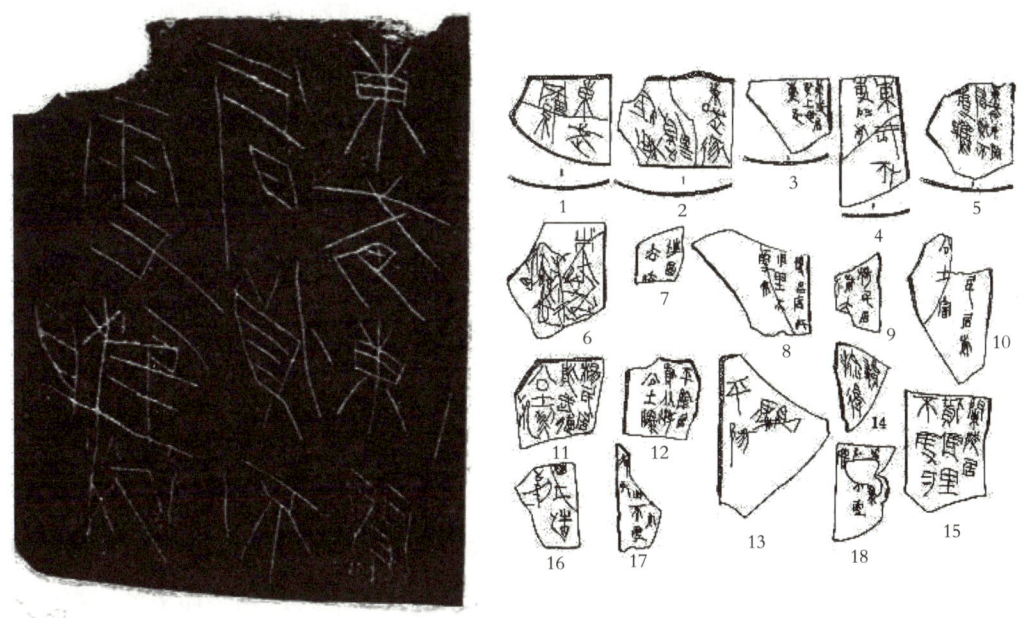

东武东间居赀不更鸥

图 5-33 居赀役人瓦志

天下徒送诣七十余万人""穿治郦山"的记载也相符。但是，我们必须看到：此间出土的瓦志只是郦山徒死者中极少的一部分，如果再引证应劭说"秦始皇葬于骊山，故郡国送徒士往作"（《汉书·高帝纪》）的话，足见修建始皇陵的大批郦山徒都是从原山东六国征调而来的。另外，这批居赀役人的入葬时间，从文献记载看也只能局限在秦始皇二十六年（公元前221年）到二世二年（公元前208年）之间。上限时间定在统一六国之后，是因为有中央集权国家的力量，才具备"郡国送徒士"的条件。秦二世授兵器给郦山徒，交给少府章邯率领，击走周章军，于史有征（《史记·秦始皇本纪》），显然应当是征发郦山徒修墓的下限时间。

2. 姚池头村南刑徒乱葬坟场

在姚池头村南，有一片极不规则形的墓地，面积约1020平方米。由于历年平整农田，原来的地貌发生了极大的变化。在今农耕土下，距地表只有50～70厘米，就埋着凌乱的尸骨，其肢体不全，横七竖八。在这一残长60米的地段上，骨骼堆积层就厚达5～80厘米，叠压的骨骼有2～5层。出土的器物是秦代的铁锛、铁锸一类工具及陶茧形壶、陶罐等日常生活用品，还有铁钳等刑具。①

---

① 王学理、秦勇：《秦始皇陵工程与兵马俑从葬坑浅探》，载《人文杂志》1980年第1期。

这处乱葬坟场无异于"万人坑",其中的死者应是修筑始皇陵墓的刑徒和奴隶。

3. 第五砂轮厂郦山徒墓地

在临潼区骊山街道东街的第五砂轮厂东墙外侧的南北向台塬上,1990年发现23座秦墓,1997年又勘探出墓葬220座。在这些长方形竖穴土圹墓里,有砖棺、瓦棺和木棺等几种。只有个别墓中用陶器随葬。①

4. 山任窑场乱葬坑

秦俑博物馆东约1000米的山任村北有一处窑场遗址,总面积有76平方米。2003年,在两座窑地西侧清理出121具人骨架。骨架摆放凌乱又层层叠压,足有4.85米厚。葬式复杂,俯身、仰身、屈肢均有。伴出有锛、锸、铲、镰、錾、凿、钎、刀、削、斧、锤、钩等铁制生产工具和铁钳、铁环等刑具。对人骨鉴定,年龄在15到40岁之间,其中20到25岁的成年人占绝大多数。大量的绳纹板瓦、筒瓦和瓦当,以及陶器,即是此处窑场的产品。瓦及陶器上有"丽市""丽亭""大水""左水""左司"等戳印文字。这些文物和陶文同始皇陵园的同类具有一致性,足见这里是为陵园建筑烧制用瓦和生活用陶器的窑场。两座陶窑废弃之后,低洼的地势使之变成了埋葬郦山徒的坟场。

山任窑场人骨乱葬没有隔层,表明是短时间内埋葬的。骨架上刑伤少见,病理鉴定为"死者多属正常死亡"。因此,考古报告的编写者提出一个有待证实的观点:"在短时间内集中死亡多人,且不属刑戮而亡,其背后可能有更复杂的事件发生。"②

---

① 临潼县博物馆、临潼县文管会:《临潼县城东侧第一号秦墓清理简报》,载《考古与文物》1993年第1期;林泊:《临潼发现秦人砖室墓》,载1990年5月10日《中国文物报》;林泊:《秦始皇陵新发现建陵匠师墓》,载1999年11月20日《中国文物报》。

② 陕西省考古研究院、秦始皇兵马俑博物馆编著:《秦始皇帝陵园考古报告(2001~2003)》,文物出版社,2007年。

第四节
亡国之君的陵墓

秦二世在公元前207年被赵高逼死于咸阳望夷宫,"以黔首葬二世杜南宜春苑中"(《史记·秦始皇本纪》)。《括地志》:"秦故胡亥陵在雍州万年县南三十四里。"唐长安城内宣阳坊"东南隅,万年县廨"(徐松《唐两京城坊考》),这一记载说明了唐万年县治的所在,其地当今西安市南郊雁塔路与友谊路交叉的东侧,即中国人民解放军第451医院。由此向南,在今大雁塔东南的曲江池社区有一土堆,地当曲江池(秦隑州)之畔,当地人称作"红孩冢",实是"胡亥冢"的音转。冢高约5米,底边周长70米。清毕沅在冢前立有"秦二世皇帝陵"石碑一通。(见图5-34)1984年,村人修筑陵园,泥塑"指鹿为马"群像。2010年,西安市曲江新区管委会把这里改建成曲江秦二世陵遗址公园,内设秦殇展览室,对外开放。

司马相如随汉武帝去上林苑,过秦二世墓,曾作《哀二世赋》,其中有两句说:"持身不谨兮,亡国失势;信谗不寤兮,宗庙灭绝。"

子婴是在赵高逼杀二世之后上台的,改帝为王。但只过了40天,子婴就向入关的沛公刘邦交出了"天子玺符"。再过一个多月,他和秦诸公子宗族又死在项羽的屠刀之下,弃尸郊野或死葬何处,当时已无人顾及,史无记载。

图5-34　秦二世陵墓

第五节
夏太后墓园

一、墓园形制

2004年7月初，为配合基建，陕西省考古研究所在对西安市长安区神禾原一带进行考古勘探时发现了一座大型战国时期陵园。平面呈长方形，南北长550米，东西宽310米，占地面积约17.334万平方米。陵园外设兆沟，内筑夯土陵墙。在东、南、西、北的陵墙中部各辟一门，原来建有门阙。陵园布局完整，规模宏大，现状保存较好[①]。（见图5-35）

夯土隔墙将园内分为南北两区，隔墙中部也开设一门。北区南北长410米，中间偏南有一座带4条斜坡墓道的"亚"字形大墓，从葬坑分布在墓道旁；南区有大型礼制建筑和灰坑。

"亚"字形大墓位于陵园北区，东西长约135米，南北宽约110米。墓室近似于方形，东西长12.1米，南北宽10.5米，深15米。4条斜坡墓道中，东墓道最长，约67米，其他3条墓道长度在38～42米之间。椁室位于墓室中间，四周用枋木堆筑成椁壁。从盗焚遗迹看，似有棺椁三重（内外棺及椁）。（见图5-36）

大墓早期曾经遭到严重的盗掘，墓室盗洞内遗留有较多的随葬器物，出土有石磬、刻字茧形壶、青铜器、金银玉饰件、琉璃、珍珠、算筹、陶罐等。

礼制建筑在陵园南区。主体建筑遭破坏，夯土台基残高约60厘米。周围多有房屋倒塌后堆积的外粗绳纹、内素面的板瓦，外细绳纹、内麻点纹的筒瓦，云纹瓦当，柱础石等。从础石和夯墙分布分析，原来应有3个单元建筑。

---

① 陕西省考古研究院：《陕西长安神禾塬战国秦陵园遗址田野考古新收获》，载《考古与文物》2008年第5期。

二、从葬坑及其主要内容

13个长条形从葬坑分布在大墓4条墓道的周边，最长的68米，短者仅有8米。宽度和深度一般在3.5～5米之间。

从葬坑K7东西长28米，出土了大量的茧形壶（或称鸭蛋壶）。多数刻有涉及宫殿、官署、纪年、地名、工匠等的文字。除一件小型茧形壶有圈足外，多数为圜底。个体特别大，长高均达到六七十厘米。

陵园从葬坑中出土"天子驾六"的车乘具4辆。西墓道南侧的K8，东西长30米，宽4.1米，深4米，内有6套车马，其中两辆木车在坑东部，均有挽马骨架6具。K10长14.3米，宽4.9米，深约4米，内有两辆车，均驾6马，其中一车侧有大量玉瑗、玉环等玉器，似属于"天子玉路，以玉为饰"的性质。

在从葬坑K12中，发现了许多珍禽异兽的骨骸，共有16个个体，有豹、熊、长臂猿、羊、鹤等动物。其中一豹被圈在带铁条的木箱中，另有一熊颈戴有铁链。

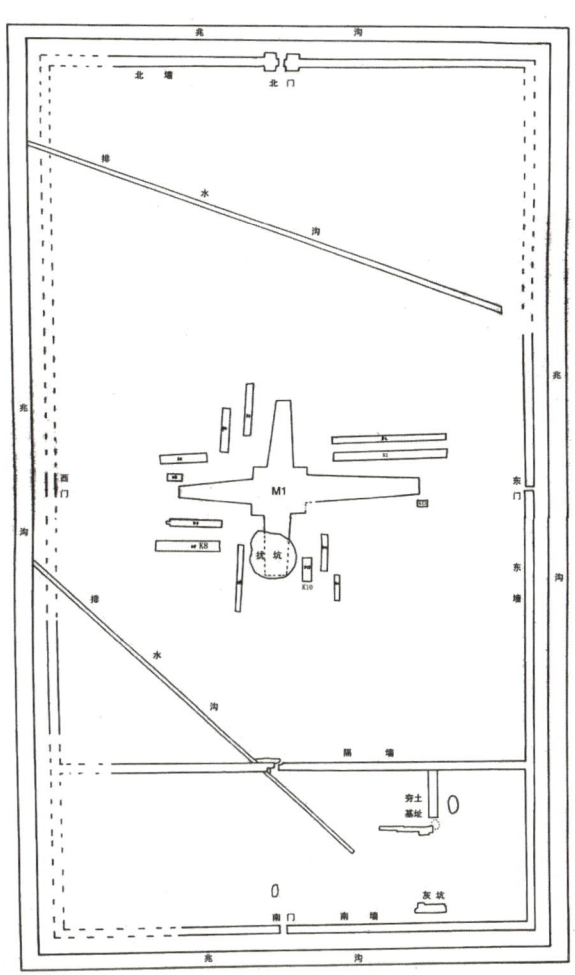

图 5-35　夏太后陵园平面图

图 5-36　夏太后大墓

三、对墓主的推断

出土物中带有文字的材料较多,如"今,宜春,厨"(陶罐,盗洞中)、"北宫乐府"(石磬)、"私官"陶文10组、"五十九年"(K8车马器)等,对判断时代有重要意义。"北宫""私官"文字,结合独立墓园与"亚"字形大墓、"天子驾六"的车马,表明墓主身份极其高贵。刻铭"五十九年",确与东周末代天子周赧王在位年号(当公元前256年)及入秦的史实相符。同样,茧形壶、釜、折腹盆等陶器也具有战国晚期的时代特征。而且,墓室又被汉代早期的灰坑打破。这些都表明此墓园始建年代早不过公元前256年,建成当在西汉早期之前。

对神禾原战国秦的墓主问题,发掘者最早提出是秦夏太后。有人发表文章,肯定是秦二世皇帝。当有"五十九年"刻文出现后,又被认为是周赧王墓。笔者据《三辅黄图》"宜春下苑在京城东南隅"之说,指出当今西安市大雁塔东南曲江池偏南一带,而且有秦二世墓的存在。那么,处于杜南的神禾原既有杜南苑(估计地在今香积寺一带的神禾原上),就不可能再有宜春苑与之并存。因此,推断《史记·秦始皇本纪》载"以黔首葬二世杜南宜春苑中"是传抄中的错简造成的,"杜南"应是"杜东"。同样,以出土文物遗存证实"夏太后独别葬杜东"(《史记·吕不韦列传》)中的"杜东"应为"杜南"之误①,刻"五十九年"文字的车马器属于秦的俘获之物。这为神禾原陵园是夏后园、墓主是夏太后的看法提供了有力支持。②

夏太后即秦孝文王为安国君时的夏姬。因为不受宠爱,其所生之子异人身为安国君的20余子之一,也成了赵国的人质。悼太子客死于魏,安国君立为太子后,异人受到华阳后的钟爱并改名子楚。当子楚在孝文王死后即位,为秦庄襄王时,才尊封亲母夏姬为夏太后。夏太后死于秦王政七年(公元前240年),10年之后华阳太后才死。由于夏太后有自知之明,"独别葬杜东(南)",使华阳太后与孝文王会葬寿陵,从而留下了"东望吾子,西望吾夫"的遗言。

---

① 《史记·吕不韦列传》载"夏太后独别葬杜东",笔者早在《咸阳帝都记》(三秦出版社,1999年)中指出"在杜南",见《咸阳帝都记》第三章第四节中的"杜南苑"。
② 王学理:《神禾塬秦墓墓主考》,见成建正主编:《陕西历史博物馆馆刊》第15辑,三秦出版社,2008年。

第六节
平民墓地

一、渭北区秦人墓

（一）任家咀墓地（春秋时期）

任家咀地处秦都咸阳遗址的西郊，当今咸阳市东渭城区东郊，在渭河北岸的二级台地上。在任家咀的黄土台塬下，东南起自缓坡地带，西北至塬边，横长201米，纵宽103米，此间地域辽阔，墓葬密集，形成一个独立的墓区，称为"任家咀墓地"。1984年曾清理过一座战国中期秦墓，形制上虽还采用传统的竖穴土圹，留二层台，用棺椁，殉葬2人，出土铜鼎3件、甗2件、敦1件、钫2件、壶3件、陶囷3件，还有圭等。铜器中除一残甗为明器外，其余10件都是高20～40厘米的实用礼器。出土物数量多，不具有随葬的组合关系，器形作风都属三晋之物，特别是一件高柄钫上饰双凤、鸟纹和翼人起舞等图案，甚为生动奇特。

1990年11月，为配合长庆石油勘探局在任家咀建石油助剂厂清理地基的需要，咸阳市文物考古研究所对这一占地20万平方米的墓葬区做了清理，共发掘春秋至汉代墓葬285座，其中有春秋时期墓葬24座、战国至秦代墓葬219座、汉代墓葬42座。[①]因为陇海铁路咸铜支线从墓地北部由西南向东北穿过，所以这里原有的一些墓葬在20世纪30年代即遭到破坏。此次发掘的秦墓是以中小型的竖穴土坑墓为主，出土陶鼎、簋、甗、壶、匜、盘、囷、盆、盂、鬲、豆、罐、茧形壶、蒜头壶、盒、仓及铜器、玉器计1650件。

任家咀墓葬形制多为春秋时期口底同大的竖穴土圹，少数为战国晚期到秦代的口大

[①] 咸阳市文物考古研究所：《咸阳任家嘴春秋墓清理简报》，载《考古与文物》1993年第3期；咸阳市文物考古研究所编著：《任家咀秦墓》，科学出版社，2005年。

底小墓。葬式多为屈肢，头向以西为主。而墓地的墓葬分布集中，数量多，时代连续又跨度大，使秦人的葬俗在此得以充分展现。结合墓间的打破关系与器物类型学，有的学者把任家咀墓地春秋中期至秦的墓葬分为六期九个时间段[①]。研究秦咸阳都城布局时，从这里的秦人墓看，我们起码可以得到如下一些认识。

第一，墓葬形制稳定，变化滞缓。任家咀的秦墓从春秋到战国一直沿用竖穴土圹的形式，在时间流程中的变化只表现在四壁的直与斜的程度上。如果把战国中期作为分水岭，其墓壁垂直，形成口与底同大的箱式，平面上有宽敞、狭长和梯形三种。在此之前，虽以口底同大为主，而口小底大呈覆斗状的形式还占相当的比例。但在此之后，覆斗竖穴墓基本上消失，而口大底小的仰斗竖穴墓却成了上升的趋势（凤翔、宝鸡一带的秦墓是春秋时期出现仰斗墓的）。可见，这里的竖穴土圹墓经过了覆斗→箱式→仰斗的变化历程，但平面大小一般都在3米×2米左右，都有二层台，少见壁龛，更没有腰坑的存在。这里洞室墓的出现在秦代，这与黄家沟、塔儿坡及其他地方的战国中期秦墓已有洞室墓的情况不同。能否说它与驱逐关中戎人、最早生活在咸阳、一直沿用周人墓制的一支秦人有关？诚如是，任家咀就是秦孝公建都咸阳之前秦居民固有的墓地了，那么，其墓主也就是咸阳最早的市民。

第二，接受周人丧葬制影响，但趋向生活化、世俗化。任家咀的春秋秦墓普遍用棺椁，其中有6座使用一椁两棺，占墓总数的四分之一。特别是M43还是两椁一棺，按说级别较高，墓主当属大夫，却用大口罐和陶盆随葬，与身份不相符。用鼎的多寡本是严格的等级制的反映，像天子九鼎、诸侯七鼎、大夫五鼎、元士三鼎、中士二鼎，而任家咀春秋秦墓最高者虽用二鼎，但还是陶鼎。决然不见铜礼器。虽然有鼎（或盘）、簋（或豆）、甗、壶、匜等基本的器物组合，但鼎、匜或有或无，而且在使用礼器的10座墓中也多不成套，像M42、M82无鼎，多数墓又缺少豆、盘、甗、匜，只有M88使用了2只陶壶。即以主要礼器的鼎、簋、壶而言，有的墓用鼎2、簋4、壶5，有的墓用鼎2、簋2、壶3，完全不符合簋、壶成双的礼器配备原则，甚至有的墓只随鼎、壶或鼎、簋，而无其他。此种不如礼的情况，在凤翔、宝鸡一带使用多重棺椁的春秋墓中是见不到的。或许这本身就是一种僭越意识的反映。可做佐证的是这里在春秋中期已经出现了陶囷，

---

① 曹发展：《咸阳任家咀秦人墓地发掘的主要收获》，载《泾渭稽古》1995年第2期。

不但时间较其他地方要早①，而且数量大、形式多样。有意思的是，陶囷与其他礼器同出一墓，甚至一墓中随葬2件陶囷，但绝不再有鼎。以贮粮的囷代鼎，是显示墓主社会地位与等级的新现象，用粮食的多寡代表拥有财富的数量，正同自秦简公七年（公元前408年）实行"初租禾"后，按土地亩数征收租税、封建地主制被承认、农业生产得到发展的历史吻合。也正因为此，秦国人的思想观念自然发生新的变化，反映到墓葬中也就是礼的动摇。战国早期的秦人墓，其陶礼器本身就是明器。到战国中晚期，秦人墓随葬器物组合已基本上同礼制脱离，变成了生活实用器，完全世俗化了。

第三，具有一定的社会地位，保持秦人固有传统。从任家咀春秋秦墓随葬礼器的情况看，墓主的身份属于士一级，有四级以下的低爵。但是，他们一直沿用竖穴土圹墓，取西首葬墓向和屈肢葬姿（蜷曲特长，胫骨与股骨的夹角小于30°），保持着西周中期以后甘肃秦人的葬俗，属于秦文化中固有的主要内容之一。从甘肃甘谷毛家坪的秦人墓地到陕西凤翔雍城的秦公墓地，可说是一脉相承的。②有意思的是，任家咀墓中出土的一种双耳罐同毛家坪春秋战国时期秦墓中那种双耳深腹平口罐相似。虽然与口作马鞍形的辛店文化安国式陶罐存在很大的区别，但不可否认的是，它固然为东周时期生活在陇东戎人的文化遗留，可毕竟被秦人所接受。③由此可以看出，埋在任家咀墓地的秦人大概是秦宪公伐戎至汤社、秦武公伐彭戏氏至华山，随杜、郑的设县，先后（公元前7世纪初）迁到咸阳地的一支。作为纯粹的秦人族墓，其固有的传统也就比较稳定。但另一方面因为这一部分早到咸阳的秦人远离当时的雍都，随着社会生产力的发展，内部

---

① 出现陶囷的最早材料见于春秋晚期，参见宝鸡市博物馆、宝鸡市渭滨区文化馆：《陕西宝鸡市茹家庄东周墓葬》，载《考古》1979年第5期。

② 1983年，在甘肃甘谷毛家坪发掘了从西周至战国时期的秦人墓葬31座及居住遗址200平方米。其葬俗与随葬陶器同周墓或甘青地区其他古文化有着严格的区别，当是我们追溯屈肢葬、死者头西脚东等秦文化因素的源头。材料见赵化成：《寻找秦文化渊源的新线索》，载《文博》1987年第1期。

③ 马鞍形口双耳陶罐是寺洼文化中很有特色的器物，广泛地分布在泾水上游和渭水上游。甘肃临洮寺洼山最早发现这种陶罐，以后在洮河流域的岷县及漳河一带也有出土。1958年，在甘肃平凉安国公社一座墓中出土与马鞍形口双耳罐伴出的其他陶器20多件，同寺洼山的俨然有别，就称为"安国式陶器"。以后在泾河流域调查，发掘多处寺洼文化遗址，特别是1980年在庄浪县徐家碾寺洼文化墓地一次就清理了100多座墓葬。实际上，早在1955年，陕西凤县就曾出土马鞍形口的双耳陶罐。1974年，在白龙江流域调查就发现寺洼和安国式遗址15处。1976年，又在宝鸡竹园沟的一座西周墓中发现这种罐，在附近的潢峪口也采集到几十件西周小墓出土的陶器，除过马鞍形口的，还有大口、侈沿、平底、双大耳的深腹陶罐，参见宝鸡市博物馆渭滨区文化馆：《宝鸡竹园沟等地西周墓》，载《考古》1978年第5期。

寺洼文化在地层上晚于甘肃的齐家文化而早于西周文化，其下限据宝鸡竹园沟中马鞍形口双耳陶罐与西周早期铜器共存的情况看，可以晚到西周早期。无论安国式陶罐或是双耳深腹平口罐，都不是周文化，也不是秦文化的东西，而系古代甘青地区少数民族之物。但文化的交流、融合一直在进行，所以，在咸阳任家咀秦墓中出土的双耳罐也就可以理解，其罐口作平沿，耳也不大，正是秦人改制的结果。

奴隶主势力相对较为薄弱，其文化面貌就呈现出一种多元状态。表现在丧葬方面是，既保留原来竖穴土圹、西首屈肢葬的习俗，表现等级身份的棺椁制、随葬礼器，又因封建制较早萌芽，在经济生活、思想意识方面都发生了很大的变化。而这些也许就构成了秦献公、秦孝公实行封建改革，选取栎阳、咸阳为都的社会基础。

（二）嫣王、黄家沟墓地（战国时期）

秦都咸阳早期的平民墓地近都者，主要分布在西北隅的原上。东与宫城邻近，西去可达毕陌陵区，三者一线，处于交通大道上。其范围西自今西咸新区摆旗寨，中经沙家沟、黄家沟，东达窑店街道毛王沟之西，长达4000多米，再由此东西一线往北推进3000米，就是墓地南北的宽度。整个墓地占地面积约120万平方米。这里南下北阪，即是范围广大、平民集中的制陶手工业作坊区。从嫣王、黄家沟墓地分布着中小型墓葬看，也许这里就是城建规划中都城平民的葬身之地。

黄家沟墓地以嫣王为中心，战国秦墓葬分布密集。在1975年、1977年、1983年和1984年，前后进行过4次发掘，计清理墓葬136座，出土随葬器物623件。①墓葬形制及随葬器物均表现出很有特色的秦人风气与时代烙印。

墓葬属于中小型，形制有竖穴与洞室两类。头向各方都有，以西首葬者居多，占47%；其次是东向，占34.3%；向北的占9.8%，向南的最少，只占8.82%。葬式同墓穴形制有关，竖穴墓中屈肢为主要葬式，屈度大，占65%；在洞室墓中，以仰身直肢为主，屈肢仅占39%，且屈度趋小，几乎同直肢没有区别。在随葬器物的种类和数量上，竖穴墓中的较洞室墓中的为多。

黄家沟秦墓的形制、构筑与随葬品的组合及数量的多寡，反映出入葬的时代性变化。根据墓葬间的打破关系与器物种类比较，时代早到战国中期，晚至统一后的秦。考古学的具体分期如下：

早期：墓葬形制以宽敞式竖穴墓为主，也有偏洞室墓出现。竖穴墓四壁留二层台，少数有腰坑。竖穴墓中的宽敞式平面略呈方形，口的长、宽之比小于1.5∶1，四壁向下收分，整体如斗状。如M41，墓口南北4.92米，宽3.5米，深4.2米，附筑壁龛。在底、壁和二层台上有木构架，内置棺，死者作仰身屈肢葬式。随葬品有陶罐、壶、釜、铜镜、带钩、削、印、玛瑙珠、玉环、鼻塞等。M43是最大的一座，椁室内置一椁一棺，死者

---

① 秦都咸阳考古队：《咸阳市黄家沟战国墓发掘简报》，载《考古与文物》1982年第6期；陈国英：《咸阳市黄家沟战国秦墓》，见中国考古学会编：《中国考古学年鉴 1985》，文物出版社，1985年。

头东向，作侧身屈肢葬式，随葬品置头箱内，有铜鼎2、壶2、勺1、带钩1、玉片1、骨器6、木钵1、木盒1，在头向的二层台和椁盖上置牲骨。竖穴墓中另有一种狭长式墓，形体小，墓壁直，留二层台（生土或熟土的），如M32，口长2.54米，宽1米，深1.8米。较大的如M37，口东西长5.22米，宽3.11米，深4.82米，内放木棺一具，下垫枕木两根，棺室底有腰坑，西北角有头龛，内置陶罐1只，二层台上有牲骨，死者头向东，仰身直肢，具铜带钩、玉片、玉环。早期的竖穴墓中，多棺椁并用，以屈肢葬式为主。随葬品少，主要为铜带钩、玉石等小件饰物，少数随葬陶器是壶、釜、盆。时代约当战国中期。

中期：墓葬形制以宽敞式洞室墓为主，间有狭长式竖穴墓。洞室墓由长方形竖穴土圹墓道（天井）与拱顶或平顶的洞拱两部分构成。天井有宽、狭两种，洞室位置也有开在井侧、顶端之别。前者有称"偏洞墓"或"滚堂式""平行式"，后者称"直洞墓"或"直线式"。在凤翔雍都的秦墓中，有一种是洞室横向挖在墓道的顶端成为"垂直式"，而咸阳黄家沟秦墓中则有一种是两洞室分开在墓道的两侧，构成一穴二墓（M24）。洞室墓中葬具多用木棺，均单人葬，如M18，墓道东西长3.3米，南北宽2.6米，深1.8米，死者直肢，随葬单耳釜2件、铜带钩1件、玉环1只。中期墓的随葬品主要是陶鼎、壶、盆、釜、罐、铜镜。时代约当战国晚期。

晚期：墓葬形制主要是狭长式洞室墓，也有宽敞式洞室墓与狭长式竖穴墓的存在。葬具多为木棺，葬式以直肢为主，屈肢极少。随葬品主要是陶茧形壶、蒜头壶、盒、罐与圆唇小罐，也有铜镜、半两钱、带钩、玉环、漆盒等。时代约当战国末期。

黄家沟墓群地处国都咸阳西北近郊，与同期凤翔的小型墓比较，墓葬形制变化滞后而墓向多方，随葬品简单而组合关系不够严格，具有特殊性，当与入葬此墓地死者的成分、来源、习俗、社会地位有关。看来这里是咸阳下层劳动者的墓地，成分复杂，有秦人也有关东之人。

（三）塔儿坡墓地（战国时期）

塔儿坡墓地是秦都咸阳渭北区的第三处墓地。该墓地位于秦都咸阳的东北郊，距北阪宫城11公里许。中间经行杜邮亭，当秦咸阳西行的大道上。北去5公里，同秦惠文王的公陵相望，东南1公里许是任家咀墓地。其地理位置当今咸阳市北郊渭河二级台地上渭城区塔儿坡村东北侧、李家堡村北一带。

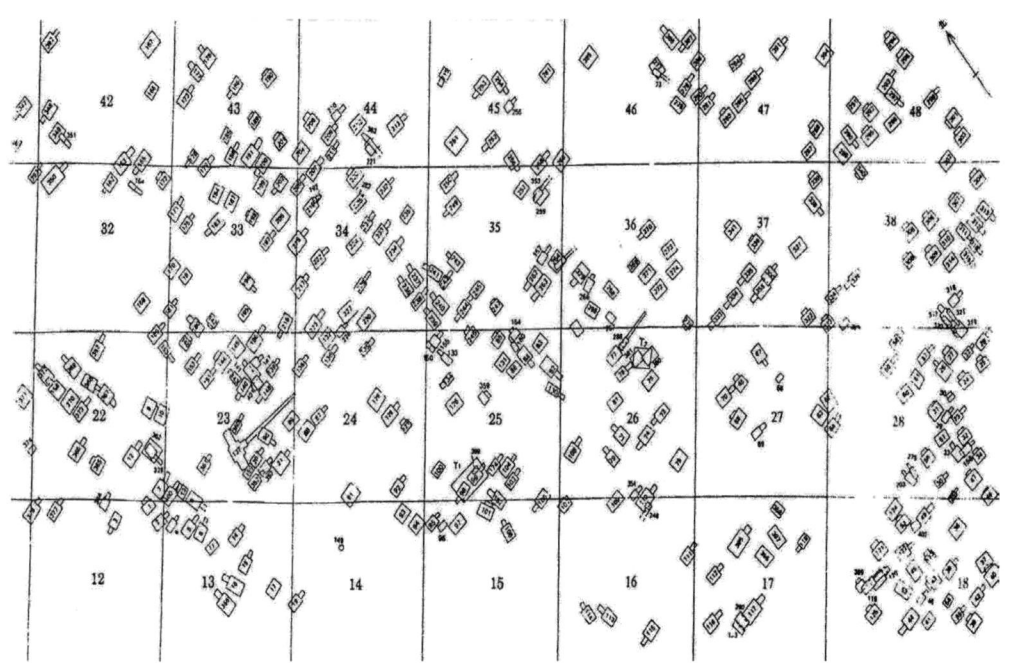

图 5-37　塔儿坡秦墓平面图（部分）

在这一区域里前后发掘过430座秦墓，其中有381座位于咸阳钢管钢绳厂内，占地80余亩，是咸阳市文物考古研究所1995年一次性钻探发掘的。[①]尽管墓葬形制有着竖穴与洞室的区别，但长方形的竖穴土圹在外观上毕竟相同，在平面布局上极少有打破关系。再结合西首葬、屈肢为主的葬式及随葬器物具有的共同特点，就可以判定这是一处秦人的邦族墓地。其排列整齐、分布密集的情况正是墓大夫按照邦墓兆域图，"令国民族葬，而掌其禁令；正其位，掌其度数"（《周礼·春官宗伯》）规划的结果。（见图5-37）

咸阳钢管钢绳厂内的381座墓葬，其中竖穴土圹墓100座，占总墓数的26.25%，洞室墓281座，占73.75%。除两座墓外，均有葬具，但多数仅有一棺，有一棺一椁者只占11.34%。极个别的用瓮棺（计9座）。葬式两种，屈肢葬268座，占总墓数的70.34%；直肢只有45座，占11.81%；葬式不清者68座，占17.85%。有仿铜礼器的39座墓，墓葬形制及规模也没有更为特殊之处，椁制也严重退化。墓间随葬品差别不大，数量以3～5件为常见，最多不过27件。这种葬制及随葬品的一致性，说明墓主身份及其财富占有情况没有太大的区别。再结合时代考察，可见塔儿坡是一处战国晚期到秦代居住在国都咸阳的

[①] 咸阳市文物考古研究所编著：《塔儿坡秦墓》，三秦出版社，1998年。

秦人平民墓地。

在咸阳钢管钢绳厂秦墓群中，发掘出各类随葬器物1374件，其中的十九年商鞅殳镦（见图5-38）和骑马俑尤值得重视。镦铭作"十九年大良造庶长鞅之造殳櫜郑"，这不但反映出塔儿坡墓地时间上限不会超过秦孝公十九年（公元前343年），也为存世较少的商鞅器（过去仅见商鞅量及戟）增添了新资料。两件骑马俑高仅22.6厘米，虽系捏制的泥质灰陶，绘彩唯用朱绘勾勒马的络头、辔绳及人的冠、衣缘，造型也显得简单、拙朴，但它毕竟提供了秦人早期乘骑的形象，再次证实了秦人最先乘马并用于军事的见解[①]。

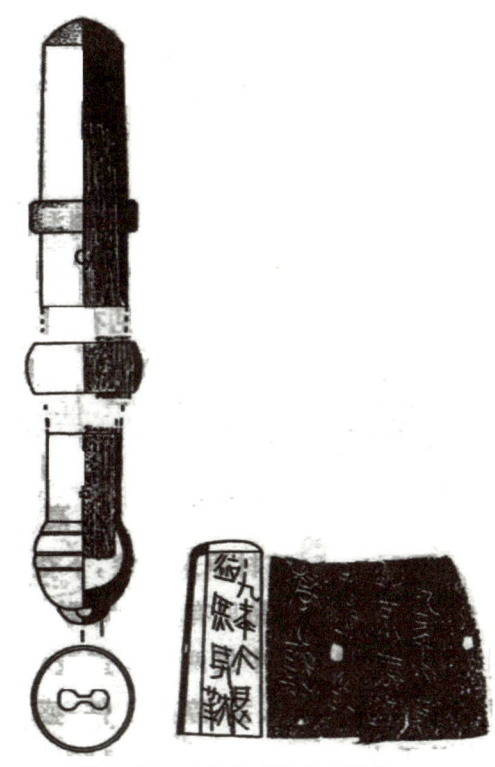

图5-38 十九年商鞅殳及镦铭

塔儿坡墓地科学发掘提供的有学术价值的资料是多方面的。

（四）白庙墓地

白庙墓地是近都的一处葬地，南去秦冀阙宫庭遗址仅有2200多米。20世纪90年代，因盗墓和取土暴露出秦墓多座。因未做探查，范围不清。

（五）坡刘村墓地

西咸新区渭城街道坡刘村东，有一处叫"鳖盖"的地方，地势高隆，实属咸阳原的阳坡地带。2011年，此地欲建"张裕瑞那城堡"，咸阳市文物考古研究所对施工工地进行探查，发现其是一处秦都咸阳渭北区西侧的墓地，随即进行了科学考古发掘。[②]

坡刘村秦墓墓地范围东西200余米，南北宽60多米，有中小型墓108座，极少有打破关系，按组分布，内部排列整齐。形制有竖穴土坑墓和竖穴洞室墓，其中以洞室墓为多。因盗扰严重，骨骼多已腐朽，给判断头向带来困难。洞室墓的竖穴墓道形状趋方，

---

① 王学理：《云骑凌厉中原 蹑影追风胡城》，见王学理：《秦俑专题研究》，三秦出版社，1994年。
② 2011年6月8日，笔者承蒙咸阳市文物考古研究所岳起、谢高文二位所长陪同，参观工地现场。考古发掘报道见《发现陕西之一·揭开周秦谜团》，载2012年1月11日《三秦都市报》。

较大型的面积达到100多平方米，墓室属于直线形。另外，在竖穴墓道上有两个特点：一是四角有两行"脚窝"，但跨度大，不错位，又不见使用痕迹，不像是施工时供人上下之用的；二是壁上凿有三角形小龛，内放陶豆，有的墓道两壁上各有一龛，有的各有两龛。这些特异之处，其实用价值和礼仪有无关系？在一直线洞室墓中，木棺内有一男性骨架，年龄约40～50岁，此间出土了一枚篆书"赵旗"二字的铜印章。墓内随葬的一个铜蒜头壶中，残存有白色液体。

坡刘村秦墓共出土文物741件（组），其中有陶器444件、铜器136件、铁器45件、玉器45件，以及部分骨器、瓷器、银器、泥器、铅器等。随葬品中，陶器以鼎、盒、壶、缶、盆、灯最为常见，在少数墓中出土有仓、釜甑等。铜器中有鼎、壶、盆、带钩、镜、印章等。铁器有环首刀、锸、凿、釜等。玉器则有璧、环、璜、龙形佩、剑饰、玉人、玉塞等。泥器常见的有泥球、泥仓等。

初步判断坡刘墓地的时代应为战国晚期至秦统一，墓主当是秦人贵族。

（六）店上村墓群

20世纪70年代，咸阳市秦都区店上村暴露出土坑墓与洞室墓葬多座，出土物有蒜头壶、长颈壶、钟、罐等陶器及陶鱼饰，与滩毛村窑址出土物相同。未经探测与发掘，分布范围不详。

（七）路家坡墓群

路家坡墓群位于西咸新区窑店街道路家坡村，面积不详。1972年，发现土坑墓及瓮棺葬多座，出土陶瓮、罐、铜镜、秦半两钱、楚金版等。

（八）冶家台墓群

冶家台墓群位于西咸新区渭城街道冶家台村，地当高干渠之南，海拔420米。2015年，发现1774座墓葬，其中有1100座分布在一条古代道路的北侧。墓多呈东西向，是战国秦墓。

（九）童墓

咸阳的童墓比较分散，因为未成年而夭折是不能入葬族墓的。但秦人爱小儿，重视人丁兴旺，对死去的婴幼儿并不是弃之荒野，而是沿袭埋在父母居地附近的古老习俗。

童墓多见于秦都咸阳西南隅的手工业作坊区域。1981—1982年，在长陵车站一带以南至渭河北岸到店上村之间，清理过9座童墓。在冶家台等原边，也有童墓的发现。这些墓葬都作长方形竖穴土圹或方形土圹，大小不一，看来是按死者的体高掘穴的。一般的长1米左右，宽0.5米。最小的长边只有64厘米，大的仅及1.1米，还带有二层台。墓向不定，多作东西。葬具采用大型的日用盛器，如陶瓮、鬲、釜、槽以及管道，口部以盆或板瓦覆盖。葬式作侧身屈肢或仰身直肢。随葬以小型的陶盆、盒、鬲、罐等。

二、渭南区秦人墓

（一）尤家庄墓地

尤家庄墓地是一处秦都咸阳渭南宫殿区东侧的墓地，西距汉都长安城遗址2～3公里，当今西安市北郊张家堡以南。以尤家庄为中心，扩及翁家庄、南里村一带，西及北康村，向东可到西十里铺。从1994年到1998年，西安市文物考古研究所等单位为配合省交通学校、西安第二长途电信局、西北管道局、长庆油田等单位基建，清理古墓葬2000座左右，其中有战国墓葬八九百座。陕西省考古研究所于1998年5月至2001年12月，在尤家庄、北康村、翁家庄清理战国中期至统一秦晚期的墓葬123座，其中除4座墓形较大之外，其余119座都是小型墓；[①]1998年7月至2001年5月，陕西省考古研究所在尤家庄南的12处发掘点共清理战国中期至统一秦晚期的小型秦墓197座。[②]（见图5-39）尤家庄村东的陕西移动通信大楼所在地也有一批秦墓，再向东的长庆油田征地千亩之内还有一批墓葬，但至今还没有公布发掘材料。不过，从上述材料中可以看出：这一地区秦墓葬分布密集，数量巨大，是秦都咸阳渭南新区一处重要的平民墓区。到了西汉，此间仍是长安的东郊墓区。秦、汉两代墓葬交叉分布，但并不重叠，很少有打破关系。

从公布的尤家庄墓地材料看，尤家庄秦墓分为两批。前一批墓葬中，共有竖穴土圹墓33座，占墓葬总数的26.8%；竖穴墓道土洞墓87座，占70.7%；斜坡墓道土洞墓1座，占0.8%；瓮棺葬2座，占1.6%；其余形制不明。葬式有屈肢、直肢和瓮棺葬。头向朝四个方向的都有，以向西者居多。

有随葬品的墓葬有98座，无任何器物的有25座。据随葬品的有无与品种，秦墓可分为五类，即：一是随葬铜礼器、日用铜器和陶器的（仅1座墓，即98交校Ⅱ区M24）；二是随葬仿铜陶礼器，或伴有铜容器、日用陶器的（共37座墓）；三是随葬日用陶器，

---

① 陕西省考古研究所编著：《西安北郊秦墓》，三秦出版社，2006年。
② 陕西省考古研究院编著：《西安尤家庄秦墓》，陕西科学技术出版社，2008年。

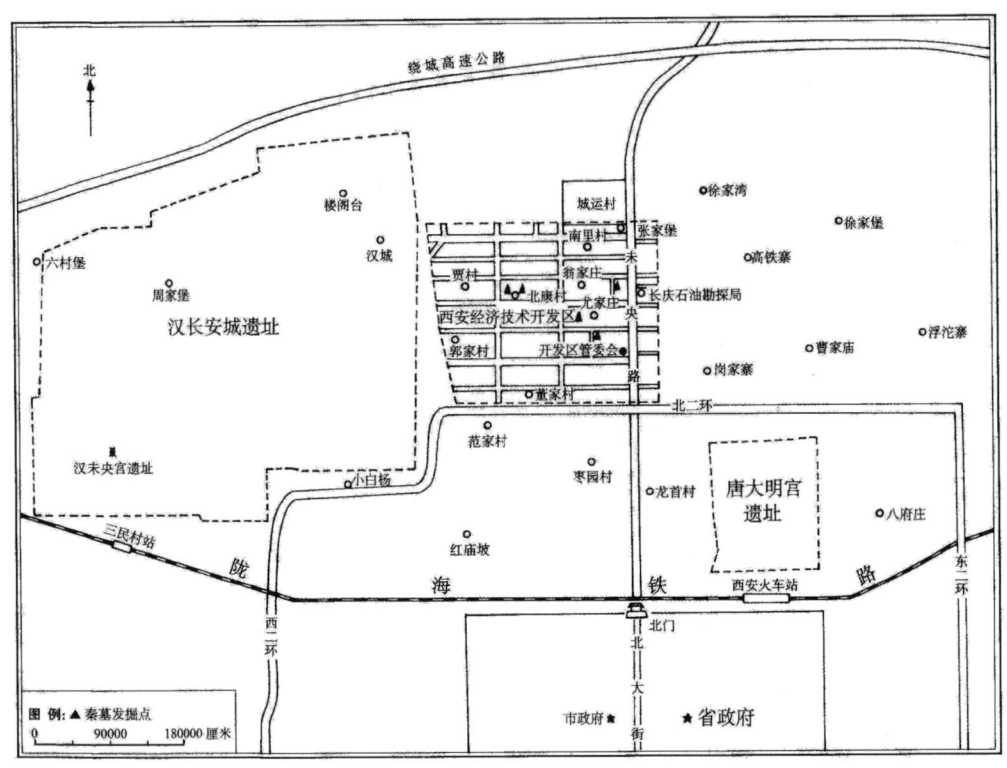

图 5-39　西安北郊尤家庄秦墓发掘点分布示意图

或伴出铜容器、陶明器的（共47座墓）；四是仅随葬小件器物，或出有漆器、铜钱币的（共13座墓）；五是无任何随葬品的（共25座墓）。

器物在组合上可分为两类。一类是仿铜陶礼器的组合，有35座墓，比如：鼎、盒、壶为基本组合，在此基础上加罐、盂、瓮、盆、釜、鬲、灯、灶等；鼎、盒、罐为基本组合，加盂、盆、瓮或盆、缶、瓮；鼎、罐、盂为基本组合，加缶、钵或瓮；鼎、壶（或蒜头壶）罐；鼎、壶；鼎、缶。另一类是日用陶器组合，比如：罐、盆为基本组合，加瓮、盂、甑、缶；罐、缶，加灯、灶或釜、灶；盒、壶为基本组合，加盆、瓮；罐、缶、加盂；盒、罐、盆、缶、瓮为基本组合，加明器壶、瓤；罐、盂、鍪、瓮；瓮、缶；盒、缶；缶、灯；盒、灯；壶、罐；壶、钵。

墓葬中随葬品的品类与器物组合及其多寡，既反映了社会等级与贫富的差别，也反映了时代的变化。

99乐百氏M34，被认为是一位铸铜工匠的墓葬。从铜印章知，这位匠师叫"苍"，他的墓中除随葬有日用陶器外，还有他生前使用的铁镊子、铁凿、铁刻刀和砺石。特别是25件陶模具异常精美,其中人物纹饰牌模和动物纹饰牌模5件的图案具有浓郁的鄂尔多斯式青铜文化风格,在全国都是首次发现。其他的模件,还见有泡饰、车马器(䡇、衡末、盖弓帽、轴等)、器物配件(环、弩机悬刀、鼎足、雁足灯等)等,造型与图案都相当漂亮。

后一批墓葬的形制、葬具、器物等同前一批没有太大的区别。最重要的发现是明珠花园13号出土有19座乱葬墓和1座殉人墓。乱葬墓中有单人乱葬、双人乱葬,还有多人乱葬,最多的乱葬墓中竟有8具骨架。乱葬人骨凌乱放置,叠压交错,以青少年女性较多。死者多无葬具与随葬品,即使有也不过一只陶罐而已。这种乱葬墓,在全国范围内还是首次发现。发掘者认为,这些青少年死者可能是遭连坐被罚至此,在繁重的劳役中染传染病而死亡。

(二)西安南郊秦墓

1. 山门口墓地

山门口秦人墓地位于西安市南郊山门口村,当秦都咸阳渭南区与杜县交界处。(见图5-40)1988年秋天,西安市文物管理处在电子城205工地清理出战国时期的秦墓11座。①

这里的墓葬为长方形竖穴、侧有拱顶的平行式偏洞。墓圹中有二层土台,除洞室一侧外,多留在其他三面(M2、M3、M6、M7、M9—M11),个别的

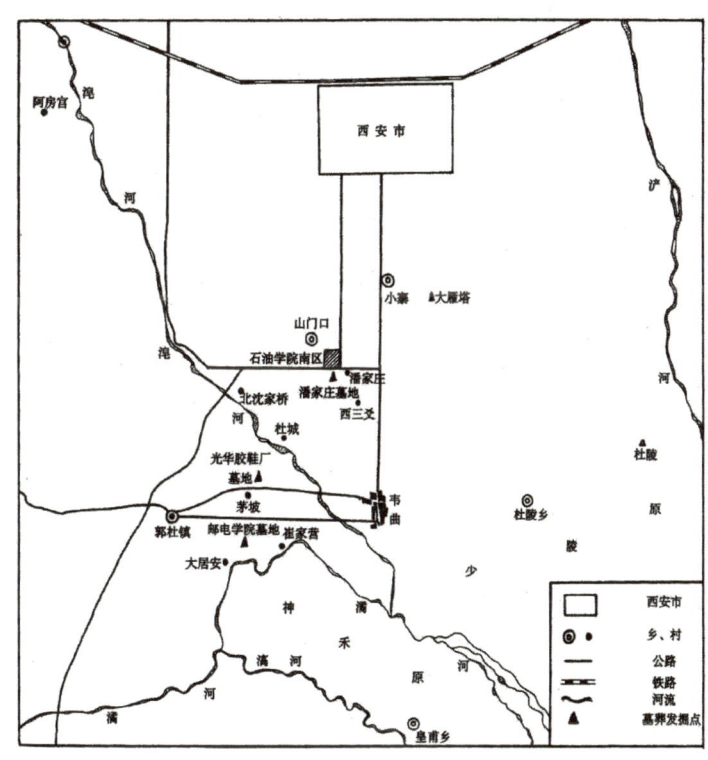

图5-40 西安南郊秦墓位置图

---

① 王久刚:《西安市南郊山门口战国秦墓清理简报》,载《考古与文物》1994年第1期。

留在两端（M1、M8），或顶端一处（M4），也有不带台的（M5）。洞室的头端或带小龛，内置随葬品、动物骨骼。棺床下或有横向垫木，洞口以横木封堵，留有沟槽。头向有朝西的或是朝北的，多作屈肢，也有直肢的。据观察，东西向墓，洞室一定开在北侧，为头向西的屈肢葬（个别的头向东，如M8）；凡南北向墓，洞室开在东西两侧的都有，但东侧洞的死者作屈肢，西侧洞的死者作直肢。虽然随葬器物较少，但大部分墓中都有铜带钩一件，只有M3出两件，出在头顶或腰侧。随葬器物多为陶器，见有釜、罐、盂、甑、壶、鸭蛋壶等，放在小龛内。个别墓有的小龛内有漆器（M3）。少数墓中死者口含或手握白石子、玉瑗、石璧断节。

山门口秦墓葬制较为简单。如M10，圹口东西长3.62米，宽2.18米，深3.2米。三面留二层台，高1.1米。洞室开在北侧，东西长2.24米，宽1.18米，高1.5米。棺材原来髹漆，下垫横木二根。死者屈肢，头右侧有一形体略大的铜带钩。随葬品见有夹砂陶釜和陶盂各一件，盂内有动物骨架一具，洞室内头端的小龛中还有两只鸭蛋壶和一具动物骨架。与M10相似的M11，其随葬品也不过是陶罐、盂、釜各一件，盛小动物骨架二具。其他有随葬陶器的墓，组合关系也不稳定，如M7为陶釜、甑、鸭蛋壶，M9为鬲、壶，M2有玉瑗一件，M5有铁削一把。其他墓什么也没有。

同黄家沟、任家咀的平民墓比较，山门口墓葬有自己的特点。采用竖穴式土洞墓室，以屈肢葬式为主，有棺无椁。随葬简单，仅日用陶器而已，有的甚至没有。这一墓地的时代当在战国晚期到秦代，是秦都咸阳渭南新区一处平民墓地。

2. 杜城墓群

西安市文物保护考古所自1989年开始，至2003年，发掘了1500多座秦墓。涉及秦杜县的平民墓葬有3个墓地，计315座墓。其中，茅坡村光华胶鞋厂墓地的秦墓93座，邮电学院南区墓地的战国墓葬162座，潘家庄墓地的战国至西汉的秦墓60座。[①]

秦杜县在汉宣帝修建杜陵于东原之后改名下杜城，故址在今西安市雁塔区杜城村附近。杜城之南过皂河，去光华胶鞋厂茅坡墓地2000米，再向南500米是邮电学院茅坡墓地。杜城东北2500米，是潘家庄墓地。这三处墓地南临神禾原，东为少陵原，分布在皂河两岸的二级台地上，应属于杜县的地方性葬地。

光华胶鞋厂墓地距杜城最近，南过皂河在郭杜街道茅坡村东北200米处，规模小，

---

① 西安市文物保护考古所编著：《西安南郊秦墓》，陕西人民出版社，2004年。

规格低，但墓葬排列有序，有打破关系的仅是个别现象。墓葬形制有两种：洞室墓63座，占总墓数的67.74%；竖穴墓30座，占 32.26%。屈肢、头向西是主要葬式。竖穴墓中的葬具多为一棺一椁，在洞室墓中多用一棺。所见陶文多为"杜亭""杜市""武南"三种印戳。刻有"杜""咸""千""之"等字，字数最多的是一缶肩上刻"西奂苏氏十斗"六字。据综合研究，茅坡光华胶鞋厂秦墓的埋葬时间最早在春秋晚期，经过战国、秦统一，延续到西汉早期，时跨300年。墓序整齐，葬制、葬具简单，显然是统一规划的结果。而结合随葬日用陶器普遍的现象，可推知此处秦墓属于秦杜县的一处平民墓区，具有邦墓的性质。

"杜"字陶文出现在20多件陶器上，既反映了杜县制陶业的产品投入市场须受市亭机构管理的实际，也为确认秦杜县的地望提供了有力的支持。《史记·秦本纪》载：秦武公十一年"初县杜、郑"。 1973年在北沈家桥发现秦惠文王时的杜虎符，东南3公里有杜城村，仍有秦城址的遗存。那么，近距杜城2公里的茅坡墓地有市亭陶器，正是杜县的产品。

茅坡南0.5公里处的一处秦墓，在邮电学院的南区。墓葬东西成行，南北并列，非常整齐。除3座竖穴土坑墓外，均为竖穴洞室墓，而洞室墓中又以直线式占绝大多数。均属单人葬，死者头向西。放置器物的小龛留在洞室左侧。竖穴土坑墓均为一棺一椁，而土洞墓均为一棺。从墓制简单、规模不大、出土器物风格一致看，同咸阳塔儿坡墓地有很多相同与相似之处，埋葬时间当在战国晚期后段至秦统一，死者为当地平民。

茅坡邮电学院秦墓的M123出土施彩的人俑6件，最高的圆髻女俑9.3厘米，乘马俑2件，造型准确，具有一定的写实风格。

潘家庄墓地的秦墓取直线式洞室的形制，墓道无生土二层台。除墓室带小龛之外，墓道内带小龛的数量加大，而且有的体量大到与墓室相同，相应地，随葬数量也加多了。多数墓葬中有随葬器物8～13件，最多的M185有57件之多。这批墓葬的葬式以仰身直肢为多，屈肢较少。出土的陶器近五分之一有陶文，戳印见有"杜亭""杜市""咸亭完里丹器"等20种。其中印文涉及姓氏、容量的有"乐定王氏九斗""母方母方杨""南阳赵氏十斗""杜氏""易九斗三升""李氏九斗二升""赵""王""伯""里"等。这批墓葬的时代定在秦统一，个别的可上到战国晚期，下限时间在西汉早期，但晚不过武帝时期。死者大约是定居于杜县的徙民，这里同样属于杜县的平民墓地。

(三) 半坡墓地

半坡墓地位于秦都咸阳的东南隅，西距南区市中14公里多。地在浐河以东800米的河谷第二台地上，背倚白鹿原，当今西安东郊纺织城西北的半坡与堡子村之间。这里在古代是一片安宁静谧的地域，环境优美，西临浐水，东近灞河，属于二水夹傍白鹿原又交汇的三角洲上源。背山（原）面水，前有驰道通过，地在京都与芷阳之间，东北去即是霸上和东陵陵区。在人口稀少、城邑分明的古代，这里是理想的平民茔域，所以从战国以后至汉唐，这里古墓累累，历代不绝。只是由于近现代人类活动地域扩大，修铁路，拓公交，从墓地中心做了切割式的破坏，夷毁古墓不知凡几。新中国成立初考古队配合基建

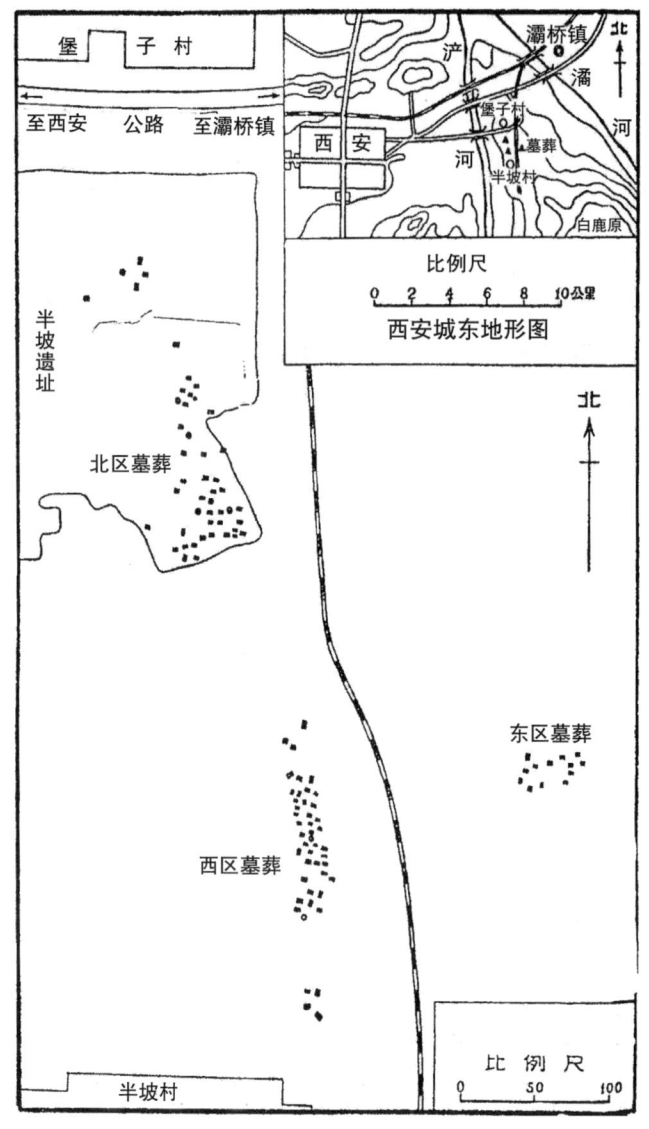

图 5-41 半坡战国墓葬分布图

时，才把周围残留的几处地段做了最后的发掘。尽管这只是拾余性的收获，但毕竟给了我们从零星资料的拼凑中想象它原来规模的机缘。

从半坡墓地的墓葬分布看，原来的墓葬相当稠密，时代延续长，占地范围也大。但因南北向的铁路支线和东西向公路从墓中心十字形穿过，很自然地把剩余的墓葬分成了东、西、北三区。（见图5-41）1954年至1957年，中国科学院考古研究所在三区计20000平方米的范围之内，清理发掘了古墓240余座。分布整齐、排列有序、保存完好，

是这一墓地的一大特点。这里有战国秦墓112座，显然是秦咸阳城市规划的又一处平民墓地。①

残留三区的墓数以北区为最多，计有53座。西区次之，46座。东区最少，只有13座。但西区分布的密度大，南北呈一带状，作东西向三行排列，虽有个别错位乱行情况，但绝无相互打破关系，墓间距一般只有5～7米，最稠密处仅1米之隔。

这处墓地的墓形结构以洞室墓为主，墓向仍是以西首葬为多数。在112座秦墓中，洞室墓有101座，约占总数的90.2%，竖穴墓只有11座，仅占9.8%。墓向东西者92座，约占82.1%，南北向者18座，约占16.1%，另有2座洞室墓的方向不明。

竖穴墓11座都呈口大底小的长方形土圹，其下部四壁留有生土二层台，上架棚木以护椁室。墓室长1.94～2.8米，宽1.2～2.3米，深2.5～5.2米。M9最大，墓室残长3.58米，宽3米，深4.52米。墓室填土，大墓经过夯筑。根据洞室在竖穴中的位置，洞室墓101座可分为三式。其中的平行式（即Ⅰ式）89座，占88.1%。墓向东西的有75座，南北的有12座。前者的洞室都开在竖穴天井的北侧，后者是或在东，或在西。洞室顶拱形，边壁或头端角隅开壁龛，洞口以木板或笆封堵，撑持以木柱。口大底小的长方形竖穴墓，底部留二层台，或环在除洞室外的其他三边，或在洞室的对侧，或只留在两端。竖穴最大的长3.9米，宽2.8米，深6.3米，最小的长3.1米，宽1.5米，深1.9米。而洞室之长约是竖穴的三分之二，宽约是竖穴的二分之一，底部略高于竖穴之底。竖穴的填土是分层夯筑的。垂直式的土洞墓（Ⅱ式）10座，其竖穴均作东西向，平面梯形的洞室都掏挖在北侧的中部，而且垂直于竖穴的长边，这是其他地方少见的一种。直线式土洞墓（Ⅲ式）只有2座，洞室开在竖穴的顶端。

半坡墓葬均属单人葬，用单棺，无椁。葬式分直肢和屈肢两类，前者存在于5座墓中（竖穴墓2座，洞室墓3座），后者存在于104座墓中（竖穴墓9座，洞室墓95座）。另有3座墓情况不明。在这112座墓中，有随葬品和食肉的墓共67座，空无一物的有45座。有随葬器物的墓，少者1件（陶罐、带钩、釜、珠、陶壶、茧形壶中之一），最多的有9件（M53随葬品有陶釜、罐、石璧各1件及铜铃、璜形饰、铁板等棺饰），一般为2或3件（或陶釜、盂，或陶盂、壶，或陶鬲、茧形壶，或铜印、铁带钩、玉饰，或陶罐、饼与铜镜，或陶盒、壶、铜镜与带钩）。铜质的镜、带钩、印章、环，铁质的带钩、凿、板

---

① 金学山：《西安半坡的战国墓葬》，载《考古学报》1957年第3期。

片、玉饰、珠、石璧、环、角柱和料珠等随葬物，一般置于棺内。M53棺材上原有铜璜形饰和角铃，是较特殊的一例。陶器放在竖穴墓内棺材两端的土台上，在洞室墓中则放入壁龛中。祭肉多同龛内的陶壶或陶釜在一起。M24的棺内，在死者左侧有一拐杖，全长66厘米，木柄已朽，仅存铸造精制的铜动物杖首。

从墓葬形制、随葬品内容等总体因素观察，半坡墓葬的时代，个别墓可早到战国早期，大部分属于战国中晚期到秦代。商鞅变法实行按军功晋爵，"名田宅、臣妾、衣服以家次。有功者显荣，无功者虽富无所芬华"（《史记·商君列传》）。半坡秦墓中有40.1%没有随葬物，即使有者，随葬品也为数不多，且无组合关系，唯有等差而已。这些足以反映这一墓地的平民性质。M86的骨架左股和胸部有铜镞2枚，M110的骨架头部和左肩有铜镞3枚，墓内无任何随葬品。墓主如果是犯罪被射杀，是不应入墓地的，因此，他们很可能是在战场上被敌人射死，还没有建立战功的平民。半坡墓地同山门口墓地接近，同渭北的平民墓地则明显有差异。

三、骊山区的几处秦墓

（一）临潼刘庄墓地

刘庄墓地位于临潼区西2公里处，当秦东陵东北，处在骊山西北麓韩峪河与三里河间的山前冲积扇上。墓地东西长160米，南北宽65米，面积约10400平方米，有墓葬49座，惜早年被盗，20世纪80年代又遭取土烧砖而被破坏殆尽。①

刘庄秦墓墓葬分布基本规整，排列有序，未见打破关系。墓向基本呈东西向。1987年9月和次年3月对5座墓葬进行了抢救性清理。从清理的5座墓知，其形制为带长方形竖穴墓道的洞室墓。墓圹上口长4.2～4.6米，宽3.3～3.8米，深3.2～4米。洞室平顶，进深3.5～4.6米，高与宽度相近，为1.1～1.2米。M3和M19用木棺，砖椁，带耳室，是过去未见过的。其椁底用青色条砖平铺，周壁则平卧错缝叠砌，顶盖横木（圆木纵向对开，平面向下，曲面向上）。M19砖椁长2.75米，宽1.23米，高1.16米。棺具与尸骨无存。随葬品分别置于耳室、头箱与墓室外。在M3的上层填土中发现有带盖陶壶、罐、灶、盆及散乱的兽骨。器物有组合关系：M1是陶鼎、壶、罐、盒；M2是陶瓮、罐、盆；M18是陶

---

① 陕西省考古研究所秦陵工作站、临潼县管理委员会：《陕西临潼刘庄战国墓地调查清理简报》，载《考古与文物》1989年第5期。

瓮、罐、盆、壶。

刘庄秦墓作竖扩洞室，是战国以来常见的形制。未用斜坡墓道，不同于始皇陵的陪葬墓，却已用青砖砌筑椁具，技法高于秦俑坑墁地的对缝砌。陶器上多有标记市亭陶业的"芷""梱""栎"等戳印，也有官署工名的"宫屯""宫濂""大水沈"等印文及一些刻画符号，这同始皇陵园出土的陶文又是一致的。[1]刘庄墓地当是战国晚期，即秦统一前后，按规划开辟的一处平民墓地，地处芷阳，临近东陵，墓主很可能同秦王室有关。

（二）新丰屈家村秦墓

2007年，陕西省考古研究院在西安市临潼区新丰街道屈家村东南渭河南岸的二级台地上，发掘了723座古墓葬，其中战国秦墓葬596座。秦墓排列整齐，分布规律，少见打破关系。形制分为竖穴土坑墓和洞室墓两种，后者又有直线式和偏洞式之分。M39为双洞室双人合葬墓，M196为单洞室双人合葬墓，余为单人葬，均头向西。偏洞室墓分布在墓地的北部，随葬品少见，甚或没有，而部分竖穴土坑墓与直线洞室墓随葬有铜鼎、铜壶等礼器或仿制的陶礼器。

新丰编组站的屈家村秦墓距秦始皇帝陵只有6公里，发掘者研究认为这里属于战国中晚期"戏邑""丽邑"内居民的墓葬区。从时代上看，第一、二段属战国中期晚段至战国晚期，反映出秦文化的主导地位，第三、四段随葬陶器变化，显示出受三晋文化的影响。[2]

（三）苗家坡秦墓

苗家坡秦墓位于临潼区东北2.5公里处，东南1公里许即是秦始皇陵外城的西北角。1989年，因柿园砖厂取土破坏，进行过清理。仅存的墓室东西长3.1米，宽1.04米，高0.99米。椁室为条砖对缝平垒而成，椁盖圆木，覆之以席。椁内棺木已朽，长约2.1米，宽0.67米，高0.7米。残留腿骨，也未见随葬器物，砖上戳印陶文，模糊不清，可辨者唯"梱""王"等字。[3]

（四）马额秦墓

2013年7—10月，为配合关中环线天然气储气调峰管道工程，陕西省考古研究

---

[1] 王学理：《秦始皇陵研究》，上海人民出版社，1994年。
[2] 陕西省考古研究院编著：《临潼新丰——战国秦汉墓葬考古发掘报告》，科学出版社，2016年。
[3] 林泊：《临潼骊山北麓发现秦人砖椁墓》，载《文博》1991年第6期。

院在西安市临潼区马额街道塚王村西南发掘45座战国晚期秦墓。地理坐标为北纬34°23′58.7″，东经109°22′02.9″，高程546米。

此次发掘的45座秦墓，形制为竖穴土坑墓和竖穴墓道洞室墓。其中竖穴土坑墓3座，竖穴墓道土洞室墓42座（其中围沟墓2座），均为一棺结构，单人屈肢葬。45座秦墓中随葬器物有鼎、壶等仿铜陶礼器的墓葬30座，多为鼎、壶、罐、盆、甑、釜组合；随葬日用陶器的墓葬10座，多为罐、盆、甑、釜组合；另有5座墓葬无随葬陶器或随葬器物。

根据墓葬形制及出土器物分析，这批秦墓时代较为集中，为战国晚期至秦。部分陶器上有"戏"字陶文，初步判断该墓地为从属于丽邑或戏的一处重要的小型秦墓地，与秦始皇帝陵建设密切相关。该墓地的发掘对于研究丽邑、戏的地望及秦始皇帝陵周边小型秦墓分布等意义重大。

四、户县禹王庙秦墓

2013年，陕西省考古研究院在户县秦渡镇禹王庙村南发掘15座战国晚期的屈肢葬秦墓。地理坐标为北纬34°04′32.8″，东经108°44′14.3″，高程413米。

15座秦墓除4座为带生土二层台的竖穴土坑墓外，11座墓葬为偏洞室墓，葬式均为屈肢葬。绝大多数墓葬在墓室东北部带有一龛，随葬品多为陶罐、釜、茧形壶等。

从墓葬形制和出土器物初步判断，禹王庙秦墓时代为战国中期。该墓地西南距20世纪70年代发掘的宋村春秋秦墓约1.5公里，西距南关春秋秦墓约3公里。该地西周时为京畿之地，东周时为秦的领辖区域。该墓地的发掘，对于研究关中地区战国秦墓的分布、文化特征与该地区战国秦墓的身份认定等提供了不可多得的新资料。

第六章 城市管理

从原始聚落到城市出现，城市行政管理须自然跟上。针对国中居民成分的复杂性，相应的城市管理机构随之产生。

先秦典籍中关于城市管理的零星资料，可为研究提供一定支撑。《周礼》说小司徒的职责是："掌建邦之教法，以稽国中及四郊都鄙之夫家"。国中和四郊居住着"六乡"之民，按"卒伍"的军事组织编制户口，便于起军旅、作田役、比追胥（追捕贼寇）、令贡赋。具体分管情况是"闾师"掌人口、六畜，"县师"掌土地，"遗人"掌储备。

特别值得一提的是，同宾客往来、师役活动有关的是对道路的重视，进而形成"路政"制度。按规定："国野之道：十里有庐，庐有饮食。三十里有宿，宿有路室，路室有委。五十里有市，市有候馆，候馆有积。"（《周礼·地官·遗人》）

面对发展起来的城市商品经济，管理市贸的组织越来越严密。如"司市"掌商业政策，"质人"掌交易，"廛人"掌税收，"胥师""贾师"掌价格，"泉府"掌平调，"司稽""胥""肆长"都具有纠察的性质，"司门"则负责国门的启闭。

这些各司其职的分工，显示出来的是一套都城管理网络。

商业的繁荣颇能体现城市特色。秦国统治者不但在国都已经介入商业活动，而且用法律手段对商贸和市场进行控制与管理。公元前378年，秦献公"初行为市"（《史记·秦始皇本纪》），开放商业，正式使商人行为合法化，并有了固定的交易场所。商鞅变法，"平斗桶权衡丈尺"，"令民为什伍，而相牧司连坐"，"令民父子兄弟同室内息者为禁"（《史记·商君列传》）。统一度量衡、编制户口、建立个体家庭单位，同样使都城的管理走上法制化轨道。自此，咸阳的市政设置愈益完备。

第一节
人口管理

一、首都人口的构成

（一）居民成分及其来源

笔者在《秦都咸阳》一书中曾对咸阳的常住户口做如下的推测，认为首都的居民由九部分人组成。现在依然坚持这一观点。

1. 皇室宗族

商鞅变法规定："宗室非有军功论，不得为属籍。"（《史记·商君列传》）这只是从政治待遇上对原来宗族奴隶主实行的一项限制。但当新兴的地主阶级登上政治舞台后，其掌权的代表人物怎么能受自己的限制呢？"变通"的理由充作"合法的借口"，这向来是政客们玩弄的一般把戏，何况对君王而言，有何质询的必要！孝公之后，继立的秦惠文王就没有按商鞅的规定做。如公子繇（惠文王子，一名通，又名通国）在公元前328年曾为质于魏（《史记·张仪列传》），司马错定蜀后又被封为蜀侯，公元前311年为蜀相陈庄杀害（《史记·秦本纪》）。公元前308年，公子恽（惠文王子）被秦武王封为蜀侯，后又冤死于昭襄王六年（公元前301年），葬于成都；其子绾，继封为侯。（《华阳国志·蜀志》）秦昭襄王的同母弟公子悝为高陵君（一曰叶阳君），初封于彭（《史记·秦本纪》索隐），公元前291年改封邓（《史记·秦本纪》）。又一同母弟公子市为泾阳君，后封宛，与悝同列诸侯，昭襄王废除"四贵"后都被逐出关外（《史记·范雎蔡泽列传》）。这些封侯的或是为人质的公子毕竟是少数，而且在居留京师，抑或是率族人就国问题上也是个可变的数字。

全国统一后，丞相王绾曾经"请立诸子"，受到了认为"有侯王"是"树兵"论者的驳议。但对其政治特权的限制，并不等于对经济权力的限制，更不等于对皇族享受生活特权的限制。既不封侯，就不可能也不存在皇族迁离京都的问题。始皇有20余子（《史记·李斯列传》），确实没有留下建立军功的相关记载，仅知长子扶苏曾受权监护蒙恬北守上郡。秦二世、赵高阴谋集团篡权后曾把"六公子僇死于杜"，逼杀公子将闾昆弟三人，使得"宗室振恐"。（《史记·秦始皇本纪》）又把"公子十二人僇死咸阳市，十公主矺死于杜，财物入于县官，相连坐者不可胜数"。就连公子高想逃走，还怕连累自己的宗族，而自愿从死。（《史记·李斯列传》）嬴氏宗族自春秋以降，历经五个半世纪计32世，子孙繁衍，已是人口数量庞大的一支，他们当然居住在京都这繁华之地。

2. 官员及眷属宾客

秦王朝是一架庞大的统治机构，官员很多。其中绝大多数应是常住首都咸阳的，仅吕不韦"食客三千"，嫪毐也是"诸客求宦为嫪毐舍人千余人"。（《史记·吕不韦列传》）始皇平嫪毐之乱，光夺爵迁蜀的舍人就有4000余家，估计连同家奴有四五万人之多。丞相李斯家"诸男皆尚秦公主，女悉嫁秦诸公子。三川守李由告归咸阳，李斯置酒于家，百官长皆前为寿，门廷车骑以千数"。（《史记·李斯列传》）"始皇帝幸梁山宫，从山上见丞相车骑众。"（《史记·秦始皇本纪》）

3. 宫廷侍女及杂役

"咸阳之旁二百里内，宫观二百七十，复道甬道相连，帷帐钟鼓美人充之，各案署不移徙"（《史记·秦始皇本纪》）；"后宫列女万有余人，妇人之气上冲于天"（《三辅旧事》）；上林苑的朝宫竟是"车行酒，骑行炙，千人唱，万人和"（《三辅黄图》）。这些生活在上层，而实际处于下层、供人驱使的奴隶，是统治阶级寻欢作乐和奴役的对象，其数量应是统治者的几倍？

4. 京师的禁卫军

中尉所领兵数不确知，不过从两丞下有属官候、司马、千人各二人看，估计在万人以上。

郎中令的属官大夫"多至数十人"，郎"多至千人"，谒者"员七十人"。（《汉书·百官公卿表》）

卫尉掌管宫廷警卫，秦二世曾"尽征其材士（傅籍后经过训练的地方武装）五万人为屯卫咸阳,令教射狗马禽兽"(《史记·秦始皇本纪》)。

以上三部分人数总在七八万人以上。

5. 手工业劳动者

这部分人数恐怕要大于前列各项人数的总和。因为古代生产条件下的手工劳动,人少了不行;再则,其劳动产品是供给社会的,门类众多。如出土和传世的"相邦戈"多是咸阳的产品;始皇陵的铜车马及其金银细工饰品,无一不是官营手工业作坊生产的。仅就滩毛一地的制陶作坊区而言,其文化层堆积厚(2米左右),地域广阔(东西800多米,南北除沦入河底外,尚留400多米),说明它绝不是短期内少数人活动的遗留。从牛羊村到刘家沟、始皇陵西侧都分布有烧制砖瓦的陶窑遗址。

6. 中小地主和农民

首都郊区人口最多的是农民。丰、镐间"民犹有先王之遗风,好嫁穑,殖五谷"(《史记·货殖列传》),可说是久负盛名的农作区。农民包括自耕农、"耕豪民之田"的佃农和"为人佣耕"的雇农这三部分劳动者。一些没有爵位的成年男子,有着独立户籍的"编户之民"①,从事农作,有家室、臣妾、衣服、畜产,其中有些人还可能通过土地买卖上升为地主,竟可以到了"千金之家比一都之君,巨万者乃与王者同乐"(《史记·货殖列传》)的地步。

7. 奴隶

秦代,奴隶还是大量存在着的,首都似乎更多一些。政府占有很多的官奴(如"隶臣""隶妾"),贵族地主和商人又占有不少私奴(如厮、舆、徒、僮、舍人等)。像吕不韦有"家僮万人",嫪毐也有"家僮数千"。

8. 商人

公元前378年,秦国"初行为市",说明秦政府已正式承认了在城市进行商业活动的合法性。尽管"重农抑商"是秦国奉行的一项政策,但并未禁绝正当的商业活动。对城市"贾市居列者"编制什伍,设"列伍长",颁布标准的度量衡器,立市亭统管交易。政府加入商业,也就无形中给了商人以合法的地位,由此可见,取得了市籍的商人在城市人口中必定占有相当的比例。

---

① 东汉卫宏《汉旧仪》秦制:"男子赐爵一级以上,有罪以减,年五十六免,无爵为士伍,年六十乃免老。"从免老年龄知,有爵者受到优待,而无爵者则为"编户之民"。

9. 服徭役者

这部分人虽属于流动性质,并不注册于咸阳属籍,但从长期的土木工程建设上看,却是个经常性的数目。众所周知,光修筑丽山陵墓和阿房宫两项工程的役人即达到72万人之众。

(二)咸阳城市人口数量的估计

秦都咸阳的人口数量没有文献可证,只能从比对中,做出估量。

随着农业和手工业的发展、商品贸易的活跃、外事活动的频繁,战国末年列国相继涌现了很多繁华的城市。其中以首都为先,人口增长的幅度与数量是其他县邑无法相比的。齐都临淄有7万户,苏秦按每户3个丁男计算,战时就可抽出21万人来补充军队。那么,每户至少有6至7人,或更多。保守地估计,临淄城将有42万人。那里的市民都很富有,开展吹竽、鼓瑟、弹琴、击筑,以及斗鸡、走狗、六博、蹴鞠(踢球)等文体娱乐活动。街上行人拥挤,摩肩接踵,车轮相撞,尽管有"六轨之道",街道仍显得狭窄。(《史记·苏秦列传》)楚都郢城(今湖北荆州市北纪南城)存在411年,是楚国鼎盛时期政治、经济、军事、文化中心,为南国最大的城市和工商业都会。从楚怀王时的《鄂君启节》看,可用150艘商船走遍湘、沅,上溯漓江之源,贩运岭南、南海的特产与珍奇,每年将数以千吨计的物资输入楚国,再通过陆路辗转中原。舟车相继的壮观,行商的规模,反映的是市井的繁荣和手工业的兴盛。歌台暖响,"阳春白雪"与"下里巴人",道出郢都文化的深厚。诗人屈原与他的诗篇光耀千秋,是这座城市的骄傲。郢都繁华,人流如潮,"车毂击,民肩摩,市路相排突,号为朝衣新而暮衣弊也"(桓谭《新论》)①。纪南城的考古发现,证实文献记载的不虚,估计城区人口可达30万人。② 其他城市如赵都邯郸、郑韩故城、魏都大梁、燕下都、卫都濮阳等,同样具有历史久、规模大的特点,也自有一番热闹的景象。

在诸国的都市中,秦咸阳人口增长的趋势与相伴的繁盛,可说是遥遥领先的。

咸阳的户数与人口总数,人们多以秦始皇"徙天下豪富于咸阳十二万户"(《史记·秦始皇本纪》)来推算,似有不确。秦法不允许父亲同成年的儿子、成年的兄弟在一家生活,目的是便于确立小生产者的家庭单位,提高劳动生产而增加服役力。因

---

① 《北堂书钞》卷一百二十九、《太平御览》卷七百七十六引。
② 湖北省历史学会等编:《南国名都江陵——它的历史与文化》,湖北教育出版社,1993年。

此社会上形成了"家富子壮则出分,家贫子壮则出赘"(《汉书·贾谊传》)的风气。男子15岁就算成年,是要为封建国家服役和出军赋的[①],女子也当在此年龄出嫁。一旦发现"民有二男以上不分异者",则采取"倍其赋"的经济制裁办法。(《史记·商君列传》)因此,秦的一户以3人为常,多不过4人。同时,战国时期的各诸侯国也都在控制人口,不使外流,以增殖财富。秦始皇刚刚统一天下,为削弱地方割据势力以巩固中央集权,就在咸阳"销兵铸鐻"的同时,徙"高赀富户"于秦土。这时,既要把大量的被迁者按原来秦国的制度重新编制户口,又要分散安置。所以,这里的"十二万户"应是"徙天下豪富于咸阳"编户后的总数。既是徙居的富户,也就成为秦的贫户,因为他们是秦王朝打击和削弱的对象,其待遇似更为苛刻一些,竟被称为"迁虏"。《史记·货殖列传》载:"蜀卓氏之先,赵人也,用铁冶富。秦破赵,迁卓氏。卓氏见虏略,独夫妻推辇,行诣迁处。"夫妻见迁而同行,当然算作一户。如此,徙来咸阳的"十二万户",充其量也不过40万人左右,而且也未必全部聚居在秦的首都。[②]我们若果扣除徙居内史其他地方的人数折半计算,落户国都者大概不过十几万,如再加上原有的城市居民,笔者姑且列表估算如下:

表6-1 咸阳城市人口估算表

成分	估算人数	备注
皇室宗族	约500人	1.在咸阳立都期间,经过九代(实则七辈)国君。据载,除昭襄王时"诸弟争立","不善者皆灭之",子嗣最多者孝文王和始皇均"有二十余子" 2.公主无载,应包括在内 3.每户按五口计算
列侯、封君、官吏	约5000人	阿房前殿可坐万人,留京者折半算
前者的亲属、门客	约25000人	平均按每户五口计算

---

① 《史记·白起王翦列传》:长平之役时,昭襄王曾"发年十五以上悉诣长平"。云梦睡虎地竹简《大事记》载,喜这个人于秦王政元年(公元前246年)服役,时年15岁。这些记载,都说明秦是以15岁为起役、起赋的年龄。《汉书·高帝纪》如淳引《汉仪注》:"民年十五以上至五十六出赋钱。"班昭也曾说"窃闻古者十五受兵,六十还之"(《全后汉文》卷九十六)。可见西汉初年也还是以15岁为服兵役的起始年龄。

② 《广韵》卷三十五《马韵》:"马,姓,扶风人,本自伯益之裔。赵奢封马服君,后遂氏焉。秦灭赵,徙奢孙兴于咸阳,为右内史,遂为扶风人。"《新唐书·宰相世系表》中也有记载:"马氏出自嬴姓,伯益之后。赵王子赵奢为惠文王将,封马服君,生牧,亦为赵将,子孙因以为氏,世居邯郸。秦灭赵,牧子兴徙咸阳,秦封武安侯。"在这里,马兴名为徙咸阳,实则居扶风。他的祖父赵奢和父亲赵牧都是赵将,也即秦的敌手,本人也在秦灭赵之年(公元前228年)而被迁徙。大概因为马兴是嬴姓之后,和始皇同宗,而且来自太后娘家之邦,所以在被徙的六国宗族中例外地受到任官封爵的政治待遇。尽管如此,也还不是留居在咸阳的。

续表

成分	估算人数	备注
宫女杂役	约30000人	1. 史载，后宫列女万有余人 2. 杂役应多于宫女之数，合起来至少应同前三类人相抵
奴隶	约30000人	主要指从事生产的官奴和封建地主、官僚的私奴
商人	约10000人	
驻军	约30000人	秦二世时曾调材士五万人到咸阳，似不应看作常驻军，但常驻的屯卫部队也不应少于此数
手工业工人	约50000人	
地主、农民	约150000人	包括分布在首都郊区的
徙民	约120000人	徙咸阳十二万户，多分散在内史，留居首都者占少数

不完备又是相对的估算资料，只能为我们勾勒出一个大致的轮廓。秦统一后，作为全国首府——咸阳人口达到了不断增长的顶峰，在50万人左右。这个数字高于临淄的人口，应该说是可信的。"咸阳人多，先王之宫廷小"，这是秦始皇对首都现实所产生的感触。当然，比起晚此200多年的西汉京城长安盛期末期还要高①，从情理上讲也不是不可能的。

二、管理制度

（一）组织

对咸阳的城市居民以家庭为单位按"什""伍"编制户口，分别由"什长"和"伍老"管理，一统于法。商鞅变法时，推行"连坐法"，使彼此监督，以防"奸邪"滋生，以后实际成了固定不变的基层政治单位，做到兵、民合一，有利于统一战争的进行。

有市籍的商人，实际受着双重管理的约束。一面按家庭编制什伍，受"列伍长"的直接领导；另一面从事商业活动，按行业要接受市府"长"或"丞"的管理，至于是否还建立有"商会"性质的组织，因为没有文献凭借，就不好推断。

（二）接待设施

舍，这里指古代行旅者中途休息住宿的地方，相当于今天的旅舍。古时行军止息，

---

① 《汉书·地理志》载，西汉的户口以平帝元始二年（公元2年）为最多。当时的京兆尹有属县12个，"户十九万五千七百二，口六十八万二千四百六十八"，其中长安县246200人，而京都长安城的人口估计在42万人左右。

要除草而舍，也就是《周礼·夏官司马》量人"营军之垒舍"。这种军舍也叫"茇舍"或"草舍"（《左传·襄公二十八年》）。因为战车辎重行动滞缓，就规定路程"三十里"为"一舍"。但在地方上，舍作为食宿休憩兼路程的距离单位，就小于这数字，"二十里有舍"（《逸周书·大聚解》），所以在通都大邑和大道沿线的集镇，普遍设有舍。

舍，也称"馆"（《左传·僖公十五年》）。在首都，舍是分等级的，有专为贵宾设立的"上舍"。公元前645年，秦、晋的韩原之战，晋惠公被俘，由于周天子出面求赦，再加上穆公夫人（晋君夷吾的姐姐）营救，才"更舍上舍"。由阶下囚一变而为贵客，秦穆公也以诸侯的"七牢"之礼招待。（《史记·秦本纪》）"上舍"在各国国都内都有设立，像"楚怀王闻张仪来，虚上舍而自馆之"（《史记·张仪列传》）。

舍和驿，虽属于不同性质，但多有关联。因舍多设驿站，故又称"传舍"。蔺相如持玉璧来秦咸阳，曾舍"广成传"（《史记·廉颇蔺相如列传》）。

秦国的舍，除便利行旅之外，还增添有新的内容，可以说它成了政府侦稽逃犯和奸邪的盘查哨。商鞅变法时就规定：店主必有执照，旅客住宿要验证，来去要登记；否则，要治罪。①所验之通行证，就是木制而书信加封印的"传"（zhuàn）②，汉名"过所"③。

在咸阳，国家还专设"馆"接待一般宾客，相当于现在的招待所。对各国君主及使者的接待，似专立"邸"。《史记·范雎蔡泽列传》载：魏使须贾来到秦国，"范雎闻之，为微行，敝衣间步之邸"。《史记正义》引刘氏云："诸国客馆。"④

---

① 《史记·商君列传》："商君之法，舍人无验者，坐之。"
② 《古今注》："凡传，皆以木为之，长五寸，书符信于上，又一板封之，皆封以御史印章，所以为信也，如今之过所也。"
③ 《汉书·文帝纪》注：张晏曰："传，信也，若今过所也。"李奇曰："传，棨也。"颜师古曰："古者或用棨，或用缯帛。棨者，刻木为合符也。"不过，汉文帝十二年（公元前168年）已明令取消用"传"的规定，即"除关无用传"。但孝景帝四年（公元前153年）九月，又"复置津关，用传出入"（《史记·孝景本纪》）。
④ 汉代的邸，实际是各郡国在京师设立的办事处，像平定诸吕之变后，汉文帝是以代王的身份"入代邸"以观时变的。《汉书·文帝纪》颜师古注："郡国朝宿之舍，在京师者率名邸。邸，至也，言所归至也。"

第二节
行政区划

一、地方行政管理系统

(一) 郡、县、乡、里

要探明秦都咸阳的行政区划,仅根据文献记载和出土实物的罗列与描述,显然失之偏颇。必须做出历史的考察,并从中找出内在联系,方为上策。为了对这一问题有个明晰的概念,在这里无妨对秦的地方行政管理系统做一历史性的回顾。

因为关中本是周地,其基层组织按《吕氏春秋·怀庞》的说法,有着国、邑、乡、里等的区分。国,当然指的是国君所处的都城。邑,有多义。或单指京城,如"夏邑""商邑";又往往同"都"连称,是对城市的一种称呼,即所谓"大者曰都,小者曰邑"。或作侯国的专称,或指大夫的封地。如果"邑"同"国"做垂直联系的话,"国"则指的是王畿之地,"邑"就成了与县同级但又小于县的区域单位了。虽然邑有大有小,其大也不过县。《汉书·食货志》说:"在野曰庐,在邑曰里。五家为邻,五邻为里,四里为族,五族为党,五党为州,五州为乡。乡,万二千五百户也。"颜师古注:"庐各在其田中,而里聚居也。"这里说的乡、州、党、族、里、邻等,是一套周代的行政系统,显然有着垂直的领属关系。那么,都、邑指的是城市,乡、里则是把城市居民按户口编制的行政单位。另外,把农村(鄙、野)的自然村落称为"聚",表明它还是氏族社会按一定血缘关系聚族而居的遗留。

这些居民单位在战国时期都发生了变化,非存即并,名实不符。所以,商鞅变法时针对这种十分紊乱的情况着手整理,曾"集小乡、邑、聚为县",并"令民为什伍"(《史记·商君列传》)。革除盘踞于乡、邑组织的奴隶主势力,把户口纳入地方行政的编制之中，从而奠定了封建统治机构中县级的基础。

春秋末年，晋国在边地始设"郡"一级组织，管辖的面积比较大，而且都是些人稀而荒僻的地方，其地位也低于"县"。只有到了战国时期，才在郡内分设若干县，从而形成以郡统县的两级制地方组织。而秦国在兼并土地的过程中，设郡派守（由武官担任）统管郡内的军政和民政，目的在于调发地方武装力量，以便统一指挥。秦始皇统一六国后，在行政体制上就把郡、县两级制推广到了全国。郡守为地方最高的行政长官，郡尉管武事，监御史主监察。县设立"令"或"长"（也称"县啬夫"），下以"丞"做助理，以"尉"管军事。少数民族地区的县则称"道"。

县内分"乡"，乡下辖"里"。乡政权在商鞅变法后，建制、职能都有很大的改变，具体任务是派徭役、征田赋、查案情、督粮仓（云梦秦简《法律答问》《告臣》《仓律》）。其乡吏，据《汉书·百官公卿表》载，有三老、啬夫、有秩。里是基层政权中最低的一级行政单位，按秦简《法律答问》的描述，似有垣墙，正如现在的自然村庄有围护一样。《诗·郑风》："将仲子兮，无逾我里。"秦简《法律答问》："越里中之与它里界者，垣为'完（院）'不为？巷相直为'院'；宇相直者不为'院'。"在咸阳渭北的私营制陶业作坊区，虽面积不大，但发现不同"里"的陶文甚多。《汉书·食货志》载"在野曰庐，在邑曰里。五家为邻，五邻为里"。一里只有25家，里同里相邻足见里的范围很小。因为里以墙垣围护，就得辟门。《法律答问》规定："燔火延燔里门，当赀一盾；其邑邦门，赀一甲。"郦食其在秦时曾做过"里监门"（《汉书·郦食其传》），也不过是门卫类的小吏而已。里的长官称作"里正"（《韩非子·外储说右下》），秦简中则作"里典"，其职责是按政府布置，直接派徭役、督户口、管治安、抓生产。里内的百姓以"家"为单位编制什、伍，即5家为"伍"，10家为"什"，都得接受"伍长""什长"的直接管理。"伍长"也称作"伍老"（《韩非子·外储说右下》）。

秦的地方政权组织，其垂直关系由上而下是：郡→县→乡→里。

咸阳，作为首都及其所在的内史之地，在编制上则省去了郡、县，仅有乡和里。

（二）关于"亭"的性质与职能

文献记载秦咸阳有"杜邮亭""长平亭""轵道亭""白亭"等，多同地名有关。在咸阳故址上也常见带"亭"字的陶文，如"咸阳亭""咸亭""□里"，这就是常

图 6-1 咸阳亭陶文

说的"亭里"陶文。（见图6-1）那么"亭"是否为一级行政组织？

《汉书·百官公卿表》："大率十里一亭，亭有长。十亭一乡，乡有三老、有秩、啬夫、游徼。三老掌教化。啬夫职听讼，收赋税；游徼徼循，禁贼盗。县大率方百里，其民稠则减，稀则旷；乡、亭亦如之。皆秦制也。"这段文献资料长期来使人形成的固定印象是：秦的地方行政层次是郡、县、乡、亭、里。亭上承乡，下辖里。但这同实际矛盾，似应重新理出个认识来。

首先，既然乡的三老、啬夫、游徼的职责同中央的三公（丞相、太尉、御史大夫），郡的守、尉、监，县的令（长）、尉、丞对应，那么亭的职能是什么？班固并没有讲。《后汉书·百官志》刘昭注引《汉官仪》说："亭长课徼巡。尉、游徼、亭长皆习设备五兵……亭长持二尺板以劾贼，索绳以收执贼。"这里是否即"秦制"？云梦秦简见到的亭吏有"校长""求盗"，其活动无一例外地是"徼巡""捕盗"有关，①虽同乡之"游徼"业务对应，却不见行政民事，同"里典"的任务也有别。如果一亭管10里，其机构设置不可避免会有行政事务（教化、收税、听讼），但还是看不到。足见班固所言的"十里一亭"并不是亭下辖10个"乡里"，而是10里路程设一逐捕盗贼、维护社会治安的机构"乡亭"。那么，文中所言"十亭一乡"显是"十里一乡"之误。②

其次，文中的"里"，既不是行政单位的"乡里"，那就是指路程距离的"步里"。虽然"亭"不是乡下的一级行政组织，但"亭"却同行政区划的乡、邮传、驿馆做了等距离的配合，因而有"十里一乡""十乡一亭""五里一邮"的设置。目的是便于"亭"执行治安任务。

复次，秦汉的"亭"，既属于地方治安组织，有如今日之派出所，当然属于行政之

---

① 云梦秦简《封诊式·群盗》："爰书：某亭校长甲、求盗才（在）某里曰乙、丙缚诣男子丁，斩首一"。校长能率求盗去捕盗，说明他是一亭之长。大概在秦统一六国之后，才把亭的"校长"改为"亭长"。"求盗"系亭吏。

② 王毓铨先生认为《汉书·百官公卿表》中"十亭一乡"中的"亭"实是"里"字之误。此看法是可从的。王文参见《汉代"亭"与"乡""里"不同性质不同行政系统说》，载《历史研究》1954年第2期。

外另一编制的公安系统。但它在所管辖范围的划分上，却是沿驿道两侧、水路津要、通都大邑，以地域方便为根据的。以10里为单位，尽可能做到乡、亭同级配合；但亭却是可以跨乡的。

现在，笔者集中地谈亭。

亭的设立具有普遍性。前引《百官公卿表》所说的亭，实则"乡亭"。农村地域广阔，设立数目必多，也叫"野亭"。其总的工作方针是治安防盗，确保政令施行的社会秩序。因此，揖盗办案是最为突出的工作内容。实际上，它已渗入民事诉讼、诏狱判断、遣送役徒、保障邮传、管理道路、检查逆旅各个部门与系统的治安中去。此外，还有一些专业性质的亭，如在通都大邑、郡国治所附近设立有"都亭"①，在城市内设立有"街亭"②，在城市商贸区设立有"市亭"③，在邮路上设立有"邮亭"④，等等。这些特殊的亭，虽同某项专业有关，但不是对职能部门的取代，仍以执行治安司盗为其第一要务。

亭有一套独立的管理机构。第一，我们应看到："乡""里"在秦汉文献中往往是连称的，绝不见二者之间有亭的记叙。事实上，亭长受县任免和派遣，直接归主管全县武事的尉领导，其地位同乡平级。因而，就有了"乡""亭"并提⑤的事例。第二，因为亭不属于行政系统的地方组织，因而下不辖里。至于咸阳出土"咸亭□里"的陶文，只能表明该里生产的陶制品是专由咸阳市亭监制的，同"物勒工名，以考其诚"的用意一致，不能作为街亭管理的例证。第三，亭有完备的官吏设置。"亭长"，是一亭之长，由县尉领导。亭吏则有"亭佐"（亭长的副手）、"亭啬夫"（掌经济事务）、"求盗"（掌捕盗贼的武卒）、"有秩"（书吏）、"亭侯"（侦探）、"亭父"

---

① 《史记·司马相如列传》："相如往舍都亭。"此都亭即临邛之亭。
② 云梦秦简《封诊式·盗马》爰书说"市南街亭求盗才（在）某曰甲缚诣男子丙……告曰：'丙盗此马、衣，今日见亭旁，而捕来诣。'"这里的"街亭"位于市场之南，可见它不同于《群盗》中说捕村落之盗的那种"乡亭"，也同"市亭"有区别。其设立在市内也不止一处，性质同今日城市之派出所。
③ 市亭管市，专有亭吏巡察，纠拿商品质量、价格、货币中的欺诈行为，商人中逃役漏税和混杂奸细的活动，以确保商品流通领域中的治安防范。云梦秦简《金布律》规定："贾市居列者及官府之吏，毋敢择行钱、布；择行钱、布者，列伍长弗告，吏循之不谨，皆有罪。"对通用的铜钱与布这两种货币，不允许选择取舍的贪嫌，要求"百姓市用钱，美恶杂之，勿敢异"。又规定"有买及买（卖）殹，各婴其贾（价）"，即在货物上系有标明价格的标签。湖北睡虎地秦墓陶器上有"安陆市亭"、咸阳故址出土"咸亭"陶文，说明管理制陶作坊、验收产品合格后加盖印戳，无疑是发给生产与销售的合格证。
④ 《汉官仪》《汉旧仪》："五里一邮，邮间相去二里半，司奸盗。"
⑤ 《后汉书·王景传》："训令蚕织，为作法制，皆著于乡、亭。"王符《潜夫论》："乡、亭部吏，足以断决。"

（"掌开闭扫除"的勤杂工）等。

对亭探讨的结论只能是：亭既不是乡下里上的一级地方行政组织，也同乡不属一个系统，而是一个地区性的社会治安机构。统归县管，与乡平行，辖区不尽受"十里一乡"的限制。县市内数亭并列，其本身就构成一个严密的社会治安网。

最后，还有一个问题就是如何区分"市亭"和"乡亭"，这对研究咸阳的亭里陶文至关重要。"亭"字陶文在渭北区仅是"咸阳亭""咸亭""杜亭"，始皇陵区有"丽亭"。文献中还见有"杜邮亭""长平亭""轵道亭""白亭"等等。亭的性质、职能如前所述，而"市亭"设在都会县邑或要地，是具有特殊性质的专业亭。其主要职责就是监管民营手工业生产与商业经营中的奸邪不法行为，其所设立也只能有一个。市亭是政府专设的市府机关，具有领导部门的权威，在市的管理上同样体现着一统于法的法制精神。秦咸阳的六字章如"咸亭郦里絭器""咸亭右里道器"等，都是以"咸亭"两字打头的，从未发现第二个什么"亭"的。虽然渭北区发现戳印"杜亭"的陶器、清涧县李家崖遗址也出现过"杜市"陶文，但那当是秦杜县市亭管辖的商品，同始皇陵马厩坑出土戳印"咸亭当柳昌器"章的陶罐、秦杜县附近秦墓出土的"咸亭完里丹器"陶器一样，是作为商品运销外地的结果。既有"咸阳亭"印文陶器的发现，联系"咸亭"和"咸"文，即知均属"咸阳市亭"之省。同理，"芷"字是"芷阳市亭"的缩写，"丽亭""丽市""丽"都是"丽邑市亭"的简化。这些"亭"字陶文都是出现在日常用品的陶器上，就很清楚地说明这种"亭"只能是"市亭"，而绝非"乡亭"或其他性质的亭。但并不排除这些领导商业贸易活动的"市亭"或"市"自己从事商品生产的可能性。像长陵车站出土的直口盆沿上只钤印"咸阳亭"三字，毛王沟采集有"咸阳亭久"，黄家沟秦墓出土"平市"陶文，就是很好的说明。难怪有的学者以为制造手工业产品还是"亭"的职能。迄今为止，没有发现"杜邮亭""轵道亭""白亭"的陶器，由此，我们还可以得出第二个判断的标准，就是"市亭"设在县邑（如"杜亭"为杜县之市亭，"丽亭"为丽邑之市亭），其数必少，而"乡亭"在县邑内则有多处设置。因符合"十里一亭"的设置，所以乡亭名也多同地名相关。

二、咸阳的行政建制

（一）渭北里名索解

今日关中平原和商洛的一部分，在秦代属于"内史"之地，不再设郡。有直辖县26

个，内史治所设在咸阳。

首都咸阳所在的京畿范围较大，周边是由池阳、弋阳、高陵、芷阳、杜、鄠、废丘等七县构成的密闭圈。圈内的京畿，也不再设县。

京畿的渭北区，只见"里"一级的基层单位。而在渭南区，里之上还有"乡"一级的建制。

据出土的亭里陶文研究①，渭北的里有如下一些。

1. 屈里

陶文中"屈"字多加邑旁作"䣛"。屈里陶文所见最多，六字者有"咸亭䣛里綮器""咸亭䣛里芮器""咸亭䣛里禄器"；四字者有"咸䣛里荟""咸䣛里且""咸䣛里跬""咸䣛里宦""咸䣛里䶒""咸䣛里疆""咸䣛里射""咸䣛里新""咸䣛里角""咸䣛里贝""咸䣛里夸""咸䣛里举""咸䣛里致""咸䣛里专""咸䣛里就""咸䣛里台""咸䣛里长""咸䣛里寓""咸䣛里壮""咸䣛里凥""咸䣛里果""咸䣛里宣""咸䣛里䂮""咸䣛里亥""咸䣛里善""咸䣛里其""咸䣛里

---

① 秦都咸阳发现的亭里戳印陶文，多系阳文印章捺压而成，故呈四下的白文。此外还出土有陶质印戳。阳文印记少见。陶章最多六字，以四字为常，也有两字和一字的，前者模印，后者有模有刻。

过去因为对冠"亭""里"印记的读法有误，致使里名隐没，解义也嫌勉强。如"咸亭䣛里綮器"六字章，文作两行，行三字，本用自右向左的竖读法，如图所示，义作"咸阳市亭管辖下䣛里綮（工名）所作之器（器具）"。章中的"咸亭"，很明确，是咸阳的市亭。"䣛里"是制器工人籍贯所属的里名。"綮器"，是指工人所作之器物，前者綮是工人名字。这样做，正是"物勒工名，以考其诚"监管制度的体现。

4	1
5	2
6	3

但对同是"䣛里"的四字章，过去有如图示的那样用横读法。例如把"咸䣛里□"读成了"咸里䣛□"。如此一来，就在"䣛里"之外又生化出一个"咸里"来。同样，"咸亭䣛里綮器"就被读成了"咸里亭綮䣛器"。这不仅在读法上自相矛盾，其义也难以通晓。

2	1
4	3

过去，笔者在咸阳遗址考古曾思索过印戳陶文读法的这一问题。恰巧在"咸亭完里丹器"六字章之后，见到了陕西省历史博物馆藏的一方"咸䣛里夫"印记，从对读中破解了读法规律。再加之"咸完里□"四字章的陆续发现，更为笔者的见解提供了实物依据。

就目前掌握的资料知，秦都咸阳的陶文凡是两行章者，六字全属、四字多属于自右而左的竖读，即：次序是先由右侧自上而下，再左侧向下的接读。仅个别的四字章既有右起竖读的，也有左起竖读的，如"咸完里□""咸完里北""咸巨阳戏"章，但除左起顺时针旋读之外，绝无右起横读的。始皇陵区陶文，湖北的云梦第十四号秦墓三件陶瓮的"安陆市亭"印文，无不右起竖读。如果见到"咸""阳""邑""原"诸字同处一章的，硬要使"咸阳""咸邑""咸原"相连，就势必引起对角线读法的混乱，产生无章可循的随意性。至于两字章者多取上下排列，如"左禹""左登""平市"。横向排列者，有右起的读法（如"左李"），也有左起的（如"左如"）。

在此，笔者归结一下研究秦都咸阳亭里陶文的有关体会。

第一，书例是："咸亭→□里→工名→器"。六字章有时省略"里"（如"咸亭当柳恚器"）。四字章省"亭""器"二字（如"咸东里懒"）；有时因里名为二字者，就省"里"字（如"咸市阳于""咸新安盼"等）；工名多以一字为常，若为二字者，必省前边的"里"字。

第二，陶文章读法三种：右起竖读（绝大多数），左起竖读（仅限四字）和左起顺时针读（极少）。

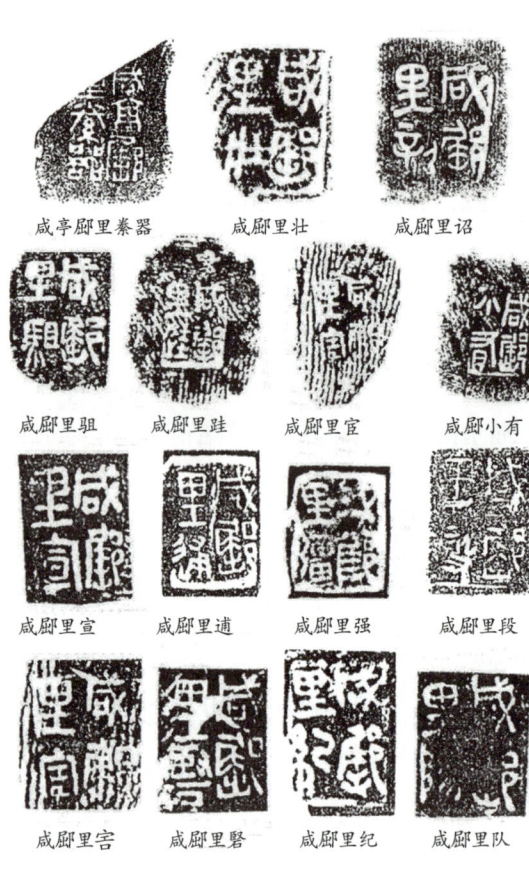

图 6-2 屈里陶文

泰""咸郦里宫""咸郦里纪""咸郦里道""咸郦里尼""咸郦里诏""咸郦里强""咸郦里组""咸郦里绞""咸郦里队""咸郦里逋""咸郦里及""咸郦里绶""咸郦里信""咸郦里段"等。另见"咸郦小有""咸郦小颖""咸郦小□"等，也当是屈里的制品。（见图6-2）

以上屈里陶器多为滩毛村一带发掘或采集，其中宣、磬、队等系塔儿坡墓地出土。1961—1963年，笔者在滩毛村一带发掘，有陶窑及多种窑具出土，确认是秦都咸阳北区西南隅的一处民营制陶作坊区。①只可惜，发掘区早已因渭河北岸崩溃而沦入河底。屈里陶文集中出土在滩毛村南一带，说明屈里当在这一带。

2. 完里

在秦都遗址采集的六字章，见有"咸亭完里丹器""咸亭完里□□""咸□完里□器"。四字章的，"完"字多加邑旁作"郒"。"咸郒里夫""咸郒里奢""咸郒里眯""咸郒里□"。长陵车站一带有"咸郒里牪""咸完里黄"等陶文。秦东陵、芷阳遗址和西安市南郊潘家庄秦墓地，也都有"咸亭完里丹器"陶器的发现。塔儿坡秦墓中则出土有"咸郒里欣""咸郒里牪""咸郒里驾"陶器。另外，在秦都咸阳遗址的井圈上有一方印文作"咸亭里完意器"，从前面多方"完里"印戳看，"里完"二字颠倒，显然是"完里"的误刻。（见图6-3）

---

① 陕西省博物馆、文管会勘查小组（王学理）：《秦都咸阳故城遗址发现的窑址和铜器》，载《考古》1974年第1期。

3. 右里

西北大学藏有"咸亭右里道器"陶文，不知其出土地。1973年，笔者在店上村南采集到"咸亭右里□器"陶片，在渭河北岸还采集到"咸右里□"陶片。1975年，又在黄家沟战国秦墓中出土盖有"咸亭右里道器"印记的陶罐。（见图6-4）塔儿坡墓的陶缶口沿上，戳印"咸□□里道器"，模糊的二字当是"亭右"。从方位上看，店上村正处于横桥北端通往市中大道的右侧，所以可以判断出右里就在店上村一带。

4. 泾里

咸阳博物馆有"咸亭泾里岔器"陶井圈，笔者在孙家村也采集到同文陶片。渭城湾还见有"咸亭泾里償器"陶文。（见图6-5）

咸阳北临泾水，泾里可能位于北阪上临泾的某地。

咸亭完里□器　　咸亭完里丹器　　咸郘里眛

咸郘里奢　　咸郘里欣　　咸郘里抗

咸郘里夫　　咸郘里□　　咸郘里黄

图6-3　完里陶文

咸亭右里道器　　咸亭右里□器

图6-4　右里陶文

5. 当柳里

陕西省历史博物馆旧藏"咸亭当柳恚器"陶壶盖，但出土地不详。据"咸亭"判断，地当渭北。秦始皇陵马厩坑发现"咸亭当柳昌器"陶罐，也当是当柳里工匠制作的产品。（见图6-6）

6. 芮柳里

始皇陵上焦村陪葬墓陶罐上戳印"咸亭芮柳婴器"，后在秦都一号遗址出土"咸芮里喜"陶文知其为里名。塔儿坡墓陶器中，也有"咸芮里臣"印记。（见图6-7）

咸亭泾里畬器　　咸亭泾里僓器　　咸亭当柳悫器　　咸亭当柳昌器

图6-5　泾里陶文　　　　　　　　图6-6　当柳里陶文

咸亭芮柳□器　　咸芮里喜　　咸芮里臣　　图6-8　"咸亭阳安骍器"陶文

图6-7　芮柳里陶文

"芮里"当是"芮柳里"的简称。

7. 阳安里

"咸亭阳安骍器"陶文出自滩毛村南陶窑遗址中，又见"咸亭阳安吉器"陶片。（见图6-8）

这里的"阳"，没有具体名位的限制，当是一个大的地域概念，很可能指渭水之阳。而渭水之南有咸阳的长安乡，那么二者结合为里名就很自然。由此可见，阳安里可能在屈里、右里的附近，当是三里东西一线排开。

8. 沙寿里

"咸亭沙寿□器"陶文出自滩毛村南陶窑遗址中，陶片上也见到"咸亭沙里荥器"戳印。陕西省历史博物馆有"咸沙里壮"陶井圈，在聂家沟又采集到同文陶片。长陵车站出土"咸沙里突"陶文器片，还采集有戳印"咸沙里卫""咸沙里疚"章的陶器。（见图6-9）

"沙里"当是"沙寿里"的省称。地当长陵车站附近,位屈里之北。(见图6-10)

9. 东里

咸阳博物馆藏有"咸亭东里倕器"(见图6-11)、"咸东里敝"陶器。毛王沟还采集到同文的六字章陶片。

10. 直里

秦遗址残陶片上有"咸亭直里广器"戳印,陶罐残片上有"咸直里文""咸直里缭"印文。在淳化县寨子渠汉墓也出土"咸直里章"陶壶,在马家山村出土"咸直里缭"陶壶。(见图6-12)

11. 躞阳里

秦咸阳第四号建筑遗址的陶盆上戳印"咸亭躞阳丑器"的六字章,另外还见有"咸躞阳便"陶文。塔儿坡墓也有"咸躞阳戏"印文。(见图6-13)

躞,系市中的道路。也许该里就位于咸阳某市之南。

图6-9 沙寿里陶文　　图6-10 "咸亭沙里□器"陶文　　图6-11 "咸亭东里倕器"陶文

咸亭直里广器　　咸直里章　　咸直里文

图6-12 直里陶文　　图6-13 "咸躞阳戏"陶文

咸里綵磙　　　　　咸里獘阳　　咸里甘周　　元平元年咸里周子才

图6-14　咸里陶文

12. 咸里

塔儿坡墓中出土3件"咸里"陶文，各有特色：在陶壶腹下按"咸里甘周"印记，阳文，笔画纤细，印边光滑，当是金属白文印模所为；在陶盆腹下戳印"咸里獘阳"四字；在一陶罐肩部，自左向右横向地以楷兼行的书体，刻画有"咸里綵磙"四字。（见图6-14）

咸里是烧造陶器有名的地方，可能是市亭直接生产的作坊，因此不需要在印戳上再出现"咸亭"字样，里后即署工名。里名中确有"獘阳"，此章前冠"咸亭"，后署工名，如"咸獘阳戏"；而以"獘阳"为工名的，则前必定冠有里名加以限定，"咸里獘阳"戳记即属此类。① 从中可以看出咸里就在市亭附近。"元平元年咸里周子才"陶

图6-15　"咸市阳牛"陶文

器印文②的存世，说明咸里迟到西汉中期还在生产陶器。"元平"是汉昭帝的年号，元年即公元前74年。至于"咸阳綵磙"印文，疑点甚多。

13. 市阳里

有"咸市阳牛"（见图6-15）和"咸市阳于"两方陶文，表明市阳里在咸阳市井之南。有将此横读为"咸阳市牛"，交叉读成"咸阳市于"，从而得出"咸阳市"之例，随意联系，无章可循，混乱之极，十分不妥。因为"牛"和

---

① 咸阳市文物考古研究所编著：《塔儿坡秦墓》，三秦出版社，1998年。
过去对四字章用横读法，固然有"咸里"的里名出现，但因其读法有误，掩盖了很多实有的里名，就一统于"咸里"。"咸里"确实是一个存在的里名，这次从塔儿坡陶文"咸里甘周"印模得到印证，至于印文（如示例）仍以"咸里獘阳"为是；另一印文（如示例），同样读作"咸獘阳戏"。二者中的"獘阳"，前为人名，后为里名。
② 陈直：《关中秦汉陶录》第一集《陶器类》。

"于"均是普通制陶工人，又非咸阳市亭永恒不变的固定籍贯；而且，若果把咸阳市亭之官吏刻名于器上，同"物勒工名"之制相悖，在陶文中又绝无此文例，所以此章中横读与交叉读都不能成立。

14. 阎里

黄家沟战国秦墓的陶缶上戳印"咸亭阎里□器"六字章，遗址中有"咸阎里成"陶罐，另见陶片上有"咸阎里眩"戳印。塔儿坡墓的陶盆内底上有"咸阎里林"陶文，也有"咸阎里陵"陶罐。（见图6-16）

15. 闇里

秦都咸阳遗址有"咸闇里成"陶罐，塔儿坡墓也出土"咸闇里陵"陶罐。

16. 阑里

塔儿坡秦墓一陶盆内有"咸阑里林"印文。"阑"字原文作"闌"。《说文解字》："闌，妄入宫掖也。从门，䜌声，读若阑。"

17. 旨里

有"咸旨里缭"陶瓮。

18. 少原里

秦都遗址出土有"咸少原申""咸少原角""咸少原婴"等陶文，陶器上还多处见"咸少原豫"戳印。（见图6-17）塔儿坡秦墓的陶盆上还盖有"咸少原公"戳印。淳化县汉钩弋夫人云陵的筒瓦上竟也有"咸少原角"陶文的发现。两地章法、书体全同。

汉昭帝为母"起云陵"，上距战国130多年，咸阳少原里的"角"，不可能如此高寿。云陵距咸阳百里之外，也不可能远输建筑

咸亭阎里□器　　　　　咸阎里林

图6-16　阎里陶文

咸少原申　　　　　　咸少原婴

图6-17　少原里陶文

用瓦。可信的解释只能是角的后人历代从事陶业,以致享有盛名,役使云陵时就使用祖上宝印以夸耀也。"少",小也。居延汉简中,把"少府"都写作"小府"。秦咸阳一号遗址"咸小原婴"因少字下部模糊成了"小",恐系"少"字。少原的"原"在陶文中作"原",所以陶文"咸小原□"就是"咸少原□"。地在秦都所在的咸阳原头上。有把"咸"与"原"连起来作自右而左的横读,得出"咸原"为"咸阳原"的省文,实在找不出历史根据。

19. 蒲里

在秦都遗址、嫣王秦墓陶鬲和塔儿坡墓中都出土有"咸蒲里奇"陶文。(见图6-18)

秦都北区东郊有风景如画的兰池,由西而来的渭水引入,周流曲折形为长池,此间蒲草丛生,蒲里当在这一带。

20. 故仓里

在秦都咸阳四号建筑遗址的陶盆上,戳有"咸故仓均"陶文。(见图6-18)

秦咸阳有粮仓,秦简中有"万积"的说法,今窑店西有仓张村,故仓里是否就在这一地区?

21. 成阳里

咸阳北阪的冀阙宫庭基址发掘中,在板瓦上见有戳印"咸成阳申""咸成阳

咸蒲里奇　　咸故仓均　　咸成阳浅　　咸成阳石

咸成阳申　　咸如邑戊　　咸如邑顷

图6-18　蒲里、故仓里、成阳里、如邑里陶文

石""咸成阳浅"陶文。（见图6-18）另见"成"字陶文，当系"成阳里"之省。

22. 如邑里

板瓦上戳印"咸如邑顷""咸如邑戊"。（见图6-18）

在此遗址发掘中，同样在板瓦上还出现"如邑""壮邑""芮里"三个里名。由牛羊沟沿原边东去，到刘家沟，多有陶窑遗址，分布稠密，窑体也大。看来此三里就在这一地区，专供宫廷建筑用瓦。

23. 壮邑里

见有"咸壮邑□"戳记。

24. 巨阳里

秦都遗址陶器有"咸巨阳鬲"印文，钵上也盖"咸巨阳奀"印戳，长陵车站陶井圈上盖"咸巨阳戏"等。嫣王秦墓陶鼎和塔儿坡秦墓陶鼎上的"咸巨阳奀"与前述陶钵上的印文神似，另见两陶器上有"咸巨阳昌"印记，又见"咸巨阳臣"。（见图6-19）

过去有人把"咸巨阳鬲"读作"咸阳巨鬲"。"咸阳"连续固然满足了熟知都城名的主观意愿，"巨鬲"作大型鬲也解释得通。但"咸阳

咸巨阳奀　　　　咸巨阳鬲　　　　咸巨阳昌

图6-19　巨阳里陶文

大鬲"竟成了夸张性的商业广告语。不合文例，这是很明显的。鬲，过去是对奴隶的称谓，秦时作为人名也正符合劳动者取名的身份。鬲、奀、戏、昌、臣均系陶工之名，乃巨阳里人氏。如果把"巨"字当姓解，这诸多陶工都出自一门，是弟兄，是叔侄，均为咸阳市亭的巨家之人。这显然是不可能的。

25. 陈里

黄家沟秦墓器物上有"咸陈里□"陶文。

26. 禾里

笔者在聂家沟采集有"咸禾里□"陶文。后来发掘一号建筑遗址还出土"咸禾里玉"陶盆。（见图6-20）

咸禾里玉

咸广里高

咸彡里辰

咸商里若

咸高里嘉

咸高里缭

图 6-20 多里陶文

27. 广里

秦都遗址先采集到"咸广里高"陶文两片，后在塔儿坡秦墓陶盒、罐上都有戳印"咸广里高"的发现。（见图6-20）

28. 彡里

陕西历史博物馆藏有"咸彡里□"陶文，但出土地不详。1995年在塔儿坡秦墓出土的陶盒、鼎盖上发现戳印"咸彡里辰"章。（见图6-20）

29. 商里

秦都遗址与塔儿坡墓均出土有"咸商里若"陶罐、"咸商里宣"陶片。（见图6-20）

商里有可能在近市的商贾住地。

30. 高里

有"咸高里嘉""咸高里缭""咸高里午""咸高里

图 6-21 "咸高止郝"陶文

图 6-22 "咸当里□"陶文

昌"等陶文。（见图6-20）

31. 高止里

在滩毛村制陶作坊遗址上，采集到"咸高止郝"陶片。（见图6-21）

32. 当里

咸阳原秦宫殿遗址区采集到"咸当里□"陶片。（见图6-22）

33. 利里

塔儿坡盆腹有"咸利里志"戳印，有"田"字界格。（见图6-23）

商人求利，故同"利里"相近。

34. 反里

塔儿坡墓有"咸反里逗"文陶盆。（见图6-23）

35. 重成里

长陵车站陶盆戳印"咸重成枚"章，恰巧塔儿坡秦墓也有"咸重成枚"陶盆，书体钤印位置全同，知此器系枚一人的作品。又有"咸重成鸟""咸重成突"陶文，秦咸阳二号建筑遗址也出土"咸重成頯"瓦片，枚、突、鸟、頯均系陶工之后。（见图6-23）

咸利里志　　咸反里逗　　咸重成頯

咸重成突　　咸平氼羍

图6-23　利里、反里、重成里、平氼里陶文

36. 平氼里

秦都遗址出土"咸平氼羍"陶片，塔儿坡墓出土同文陶器盒，另有一鼎口沿外侧只戳印"平羍"二字，是否为简化形式？（见图6-23）

37. 臣西里

塔儿坡墓有"咸臣西辟"茧形壶。

38. 卜里

秦都一号建筑遗址发掘出有"咸卜里院"板瓦片，又在牛羊村采集到"咸卜里戎""咸卜里队""咸卜里□"板瓦片。（见图6-24）

"卜里"很可能在牛羊村东的咸阳原边上。

39. 白里

滩毛村南陶窑遗址出有"咸白里公"茧形壶。（见图6-25）

40. 桓里

有"咸桓里戎"陶翩。

图 6-24 "咸卜里戎"陶文　　图 6-25 "咸白里公"陶文　　图 6-26 "咸戎里旗"陶文

41. 于里

有"咸于里市"陶片。

42. 中里

有"咸中里□"陶盆。

43. 牛里

有"咸牛里□"陶瓮。

44. 夤里

有"咸夤里高"陶片。

45. 戎里

秦都遗址有"咸戎里旗"陶片。（见图6-26）

46. 重里

塔儿坡秦墓陶罐腹部有"咸重里禾"印戳。

47. 得市里

在陶器上见有"咸得市□"两方戳印，其左下角一字模糊。（见图6-27）为使咸阳相连，有用交叉读法，将之释为"咸阳市得"，实为不妥。"得市"还是陶工籍贯所在的里名，当距咸阳某市不远。

48. 武都里

咸阳故址采集到"咸武都□"陶片，仅此一见。（见图6-27）"武都"当是里名。

49. 安处里

陶片与陶罐上见有"咸安处捍"印文。（见图6-27）两方陶戳在文字安排上正相

图6-27 多里陶文

反，一是自右上下排列，一是自左上下排列，足见"安处"为秦都咸阳的一处里名。

50. 下处里

咸阳三号建筑遗址的板瓦片上有"咸下处疾"印戳按下的阴文。（见图6-27）

51. 平阳里

陶片上有一阳文"咸平阳菲"的戳印。（见图6-27）

52. 下阳里

陶釜上有一"咸下阳欣"的戳记。

53. 新安里

笔者1963年发掘滩毛村南的制陶作坊遗址时，在一陶器上见到戳印"咸新安盼"陶文一方，有"田"字界格，书体作变化了的"摹印体"小篆，阳文，知为铜印模压出。奇怪的是印文作正体，故印在陶器上成了反书。（见图6-27）文中的"新安"即是里名。

54. 釐里

在咸阳原上秦宫殿区遗址上，采集到"咸釐里□"陶片。（见图6-27）

以上搜集到的亭里陶文中，虽有54个里名，但我们必须明确地区分几种情况。第一，所列里名毕竟是秦都北区里名的一部分，其中并不排除杂有渭南里名的可能性（如某里作坊的产品，或某里的工匠），因为陶器作为一种商品，销售并不限于生产地，况且还有馈赠、随迁的情况。第二，戳记中的里名多是咸亭辖区作坊工匠所在的里名，但也未必全同制器的里名相符。北区所见陶制品的作坊遗址，主要集中在两个地区：一处是以滩毛村一带为集中，主要生产日常生活用陶，属于民营作坊的性质；另一处在窑店东北的咸阳原上下，服从宫殿建筑用材的需要，主要制品是砖瓦、空心砖之类，属于官府手工业作坊。明白了这层关系，就知道为什么制陶作坊遗址不像里名那么多的道理。第三，对"屈里"陶器过去定为"咸里"，是不对的。根据汉"元平元年咸里周子才"陶盒，一律把"屈里"陶器定为西汉之物，显系"失之毫厘"。秦都有"咸里"，也有屈姓。早在汉高祖九年（公元前198年）"徙齐楚大族昭氏、屈氏、景氏、怀氏、田氏五姓关中，与利田宅"（《汉书·高帝纪》）之前，秦楚长期往还，岂能无屈姓工匠来秦？[①]

（二）渭南区的乡里

秦都咸阳的渭南区，据文献记载可考者，由东而西分为三乡。

1. 长安乡

秦始皇有弟名成蟜，曾封号"长安君"（《史记·秦始皇本纪》）。秦有一种方孔圜钱，无内外廓，背平素，面文作"长安"二字，径2.1～2.3厘米，重1.8～2.1克，人称"长安圜钱"，是长安君所铸铜币。不论是因地名号，或是因封名地，都说明从秦时就有"长安"此名。《读史方舆纪要》指出此地"本秦杜县之长安乡……楚怀王亦封项羽为长安侯，汉初，以封卢绾"。《三辅黄图·序》："汉高祖有天下，始都长安，实曰西京。欲其子孙长安都于此也。"注曰："长安本秦之乡名，高祖作都。"可见汉都长安就建在秦长安乡。国都取名"长安"，音响亮，义吉祥，人熟知，可谓方便。

不过，长安乡秦时虽有，而长安县却是汉高祖五年（公元前202年）设置的，七年（公元前200年）才自栎阳徙都于此。汉长安城是惠帝时经过三次扩修而成。《雍录》说："长安也者，因其县有长安乡而取之以名也，地有秦兴乐宫，高帝改修而居之，即长乐宫也。"可见这是"一地两代三易名"，其次序是：秦长安乡→汉长安县→汉都长安（县治仍在都城内）；地望的标志是：秦兴乐宫→汉长乐宫。

汉长安城遗址位于今西安市西北郊，据未央区未央、汉城和六村堡三个街道之地。

[①] 王学理：《亭里陶文的解读与秦都咸阳的行政区划》，见陕西省考古研究所、中国古文字研究会、中华书局编辑部合编：《古文字研究》第14辑，中华书局，1986年。

渭河南岸的草滩农场在故城之北，陇海铁路经其南，西（安）—铜（川）高等级公路从城东南北穿过，皂河则从城西自南而北入渭。城周长25700米，总面积35平方公里。长乐宫位于汉长安城内东南隅，秦长安乡也当在此。不过，乡的范围必定大于宫。那么，秦长安乡应包括后来汉长安城内东南及城东到霸水一带广阔的地域。

2. 阴乡与樗里

阴乡因地处渭水之阴（南）而得名，秦人又有以阴乡名号"阴君"的。《吕氏春秋·无义》载：有个叫公孙竭的人，反告阴君给左丞相樗里疾，后来竟然擢升到秦五大夫。但他被正直的人目之为靠打"小报告"得益的无耻小人，是个无义之徒。

滑稽多智的樗里疾，是秦惠文王的异母弟。战功卓著，受人崇敬，称得上文、武、昭时期的三朝元老，本名"疾"，因居住在阴乡樗里，人尊之为"樗里子"。卒于昭襄王七年（公元前300年），按照他的遗嘱是葬在渭南章台之东，预言说："后百岁，是当有天子之宫夹我墓。"汉代秦而兴，高祖七年（公元前200年），丞相萧何主持建造了未央宫和武库，正是"长乐宫在其东，未央宫在其西，武库正直其墓"，时间也刚好是"后百岁"，所以人们对应验的这一事实流行着"力则任鄙，智则樗里"的谚语。（《史记·樗里子甘茂列传》）

考古发掘也验证了《史记》关于长乐宫、未央宫和武库三处的相对位置。汉长乐宫是在秦兴乐宫的基础上营建而成的，位于长安城的东南部。据载"周回二十里"，测知周长10600米，面积约6平方公里，约占长安城总面积的六分之一。基本呈方形的宫城遗址，四至在讲武殿—樊家寨（横向）和雷寨村—李上壕（纵向）之间。未央宫位于汉长安城西南龙首原上，前殿遗址至今仍高出地面15米。《西京杂记》说"周回二十二里九十五步五尺"，实测略小，计8560米，面积约5平方公里，约占汉长安城的七分之一。宫城遗址呈横长形，四至在卢家口、周家河—大刘寨、东张（横向）与小刘寨—东南马寨（纵向）之间。长乐宫和未央宫虽占汉长安城的南半部，但相对地上下错位呈东北—西南向。武库则位于未央宫外东北角，当长乐宫西墙的中部，但与二宫隔开，东距安门大街（章台街）82米。实测，平面呈横向长方形，东西长710米，南北宽322米，地当今大刘寨东面的高地上。那么，秦樗里疾墓大概就在大刘寨东南的二宫址之间。

秦阴乡位处首都渭南区的中心地带，东邻长安乡，西界建章乡，北至渭河（今西安市草滩农场之南），有横桥直达咸阳宫。樗里，系阴乡的属里之一。

3. 建章乡

《华阳国志·巴志》："汉高帝灭秦为汉王，王巴蜀。阆中人范目有恩信方略，知帝必定天下，说帝为募发賨民（四川一带的少数民族），要与共定秦。秦地即定，封目为长安建章乡侯。"

范目封侯缘有建章乡。汉武帝太初元年（公元前104年）才在此地起造建章宫。宫址在今西安市三桥街道北，汉长安故城西墙外。规模宏伟侈靡，"度比未央"。今高低堡子的夯土台基，就是建章宫前殿遗址。宫城周回20余里。遗址在今东西柏梁村—南北双凤村（横向）和焦家村—雁秋门（纵向）之间。

秦建章乡在阴乡之西，位当今皂河以西的广阔地域，北接渭河，南及阿房宫所在的上林地。

（三）咸阳的官僚机构

咸阳是秦的京师之地，虽无县的设置，却有一个不完全的、非一般县所能比的县级官僚机构。由于咸阳超过万户，其行政长官称作"令"。"咸阳令"一职也就成了贵戚和野心家所攫取控制的显官，如奸臣赵高的女婿阎乐任咸阳令，当然就成了宫廷政变的主要帮凶。咸阳也设"丞"，作为咸阳令的佐官，为长史。梦斋藏有秦"咸阳""咸阳丞印"封泥（见图6-28）。

秦都的各乡、里等基层单位和亭，都设有官吏分管民政、应付差遣和治安。咸阳的陶器上盖有"咸阳亭"印记，也有"咸阳亭印"封泥出土。前者属市亭，后者即是都亭。

秦代的"内史"是地、职同名。换句话说，作为首都，不再设郡，直辖附近属县，是京畿所在的郡级行政地域；作为官职，实属中央辖区的最高行政长官，也当然地兼职京都的首席官，"掌治京师"（《汉书·百官公卿表》）。梦斋有"内史之印"封泥。见载的"内史"有肆、腾、马兴、蒙恬、保等人。云梦秦简有《内史杂》一节，是专门讲述内史职务的各种相关法律规定。《厩苑律》就有"内史课县"的规定。内史掌握各县邑都官年终的"上计"，接受其对全年人口、钱粮、盗贼、狱讼等问题的报告。特别是

图6-28 "咸阳丞印"封泥印文

《仓律》，其规定反映出内史对粮食储备、保管、发放的高度重视，致力于保障国家的用度和京师的供给。战时，内史又往往是军事指挥官，如腾在秦王政十六年（公元前231年）因"发卒受地韩南阳"为假守有功得任内史，次年又"攻韩，得韩王安，尽纳其地，以其地为郡，命曰颍川"，二十年（公元前227年）还同王翦攻燕。（《史记·秦始皇本纪》）[1]大将蒙恬也因为家世得为秦将，攻齐有功拜为内史，后将兵三十万北逐戎狄，居上郡。（《史记·蒙恬列传》）

内史的属官不详，起码不逊于郡。所见主祭祀的"廪牺令丞"，当是其属官之一。（《文献通考·职官考》）

---

[1] 马非百先生考定"内史腾即南阳假守腾，亦即与王翦攻燕之辛腾"（《秦集史》）。

第三节
市政设施

一、供排水系统

（一）解决城区用水的途径

渭河在古代水量充沛，清澈见底，流经市中，形成"渭水贯都以象天汉，横桥南度以法牵牛"（《三辅黄图》）的规模。作为秦中大川，它既给周、秦、汉、唐的都城提供了丰富的水资源，具有灌溉漕运之利；又对美化园林环境，调节气候，起了重要作用。明人马中锡面对波涛浩瀚的渭河、长天一色的古渡，吟道：

野色苍茫接渭川，白鸥飞尽水连天。

僧归红叶林间寺，人唤斜阳渡口船。①

20世纪60年代初，我等在秦都遗址发掘，休息时入水游泳，不时还可捞到尺长的鲤鱼。时间过去不到30年，而水稠如浆，盛夏断流，却是漫漫沙滩中流过的一条工厂"排污渠（河）"。古今巨变、沧海桑田，人们只能在洪涝季节领略2000年前的渭川盛容了。

唐诗人杜牧在其《阿房宫赋》中有"二川溶溶，流入宫墙"之句。"二川"有注家作"樊川和渭水"，既写阿房宫，渭水似显悬远，况且史无引渭入阿房宫的记载。而

---

① 马中锡：《晚渡咸阳》，见《东田集》。马中锡，故城（今河北故城县东）人，字天禄，号东田，明成化乙未（1475年）进士，授刑科给事中。为人正直刚强，不畏权势，"居官廉，所至革弊任怨，以故有名"，甚得时望。万贵妃弟通骄横不法，中锡因上疏被杖责疏斥。公主侵占畿内民田，被勘还之。太监蒋琮为奸，被下狱。弹劾太监朱秀"置官店、擅马市"诸罪。太监刘瑾得势，其党羽朱瀛冒领边功，逮捕中锡入狱，并械送辽东。谨诛，马出任大同巡抚，次年授右都御史，统兵镇压刘六、刘七起义，因诱降计不成，为朝廷论罪，下狱死。后有御史卢雍给予平反。

马中锡的《晚渡咸阳》一诗写于明成化历陕西督学副使时。其小说《中山狼传》以讽刺李梦阳负康海之事，广传国内外，成为著名的寓言故事。

东西夹宫北流的是氵㕔水①和滈水②。尽管古今名实有变，流经不同，但确实是经过阿房宫区。所以阿房宫"表南山之颠以为阙，络樊川以为池"之句，虽属夸张之词，但非无据。这两条水是阿房宫和上林苑中不竭的水源，是咸阳南区的重要脉派。而氵㕔水则是汉长安引入城内为"明渠"的凭借，同样，唐时流入京城的清明渠水也是引自氵㕔水的。但渭河接纳南来的氵㕔水后，水量大增，本身也承载着秦都咸阳的历史文化重任。

当咸阳规模扩大、人口增多的时候，渭北区并不因城市重心的南移而萧条荒漠，还同样在繁荣发展之中。泾水在咸阳原北侧自西北向东南流过，只可看作屏障，却不能引入市区。那么，秦都咸阳城市大量用水，其水源何在？特别是咸阳宫阙集中的原上，地面看不到水流，凿井汲水也不是满足城市用水的良策。这种严峻的现实，当然不能不引起城市规划者的思索。

探索秦都咸阳解决城市用水之策时，对秦始皇"作长池，引渭水东西二百里"（《三秦记》）这一条记载，不能因有"筑土为蓬莱山，刻石为鲸鱼，长二百丈"的话，就视作是不可想象的神话，从而忽略了其隐喻的真实性与史料价值。当然，在宫殿区所在的北岸是不可能直接引出渭水的。而聪明的城市设计者只有沿渭河上溯200多里，从眉县西北引流，才终于找到了解决秦都咸阳用水的唯一途径。现代渭惠渠的开通，很可能是对这一古渠的借鉴。至今在若干地段，还有这一古渠道遗址的残存。③这条东西长200里的引水渠，一支上咸阳原入注宫廷，另一支又在湖区分支铺陈20里"长池"作为蓄水池。由此看来这当是我国引水入城的创举！正因为它是人工渠道，随着以后成国渠等水利工程的开凿、利用、改造，沉没在历史的底层，不为人知，就是可以理解的了。

北阪宫殿区坐落于窑店东北牛羊村的二道原上，其涉及的高程引水同样是个饶有兴味的问题。笔者在1961年11月和1973年两度调查冀阙宫庭建筑时，在基址北约250米处的牛羊沟东西断崖上已查到古渠道遗迹露头。随后发掘一号建筑遗址时，我等做了进一步勘察，该渠道呈东西走向，向西可延伸到胡家沟一带。现地表以下1.1米，即是渠口，宽8米，底宽5米，深1.6米，其中淤土厚达1米，证明确是一条人工水渠。有说是成国渠

---

① 即"滈水"，正源小峪河出秦岭柳沟口，在今长安区杜曲到韦曲10余公里间称"樊川"，在皇子陂以下西北流，今称"皂河"。
② 源自秦岭石鳖谷，西北流至香积寺，与滈河在牛头寺分出的一支合流，名之"浔水"。
③ 参见本书第三章关于兰池的一节。

遗迹，但在淤土上堆积有秦代瓦片，如同三号宫殿遗址附近的多处水池遗迹联系起来看，很可能同宫廷的供水有关，当是秦引渭入兰池的又一个分支。①如果说是汉成国渠的话，那也只是对这秦支渠的沿用和扩大。

咸阳供水主要是通过两个途径解决的：一是开源引水，有如前述；二是凿井汲水。在滩毛村、长陵车站一带制陶作坊区，发现了为数众多又分布密集的古井，就是很好的说明。

水井广泛地分布在渭河北岸从西龙村到长兴村之间，尤以店上、滩毛一线向北推进到长陵车站一带最为集中，在西北方的摆旗寨也有发现。从1959年调查秦故城遗址以来，我们共发现了秦井100余眼，并对少数做了清理。这一地域土质结构疏松，下部沙层，上部黄土覆盖。黄土层一般厚1米左右，个别的地方仅有30厘米。当时为了固定井壁以防流沙，人们就采用了叠垒陶井圈的措施，办法是：先凿好井筒直至深入水面下，再由井底往上一层层地垒陶井圈，后在圈外与井壁间隙填土以保证井体的稳定。（见图6-29）这些陶质的井圈呈圆筒状，直径65～90厘米，高30～34厘米，壁厚3～4厘米，外饰斜行粗绳纹，内为麻点纹。各井垒放井圈数不等，少则5节，多可9节以上。有些井壁不用陶井圈，而是用瓦片杂以陶器碎片砌垒而成。或者是两种材料的结合，即下垒圈，上垒瓦。井深1.18～3.9米。井圈往往有"咸亭"的戳印，埋废了井中的堆积物多是秦代的陶器残片。个别井的上层中还出有近代的抛弃物，说明作为一口枯井长期存在着。

2000多年来水位下降，现在看到的秦井中无一接触到今之水面。（见图6-30）从滩毛村西的水井观察，秦时在陶井圈上形成的"水锈"上距今地面2米左右，下距浮水1米多。若除去后期土层，秦代地面下深1～1.2米，即遇上浮水。由于制陶取土和汲水的方便，就有力地支持了这一地区民营制陶手工业的发展。水井密度大，不仅是作坊生产规模大的反映，而且是这里人口数量的指示器。

---

① 成国渠开凿于西汉武帝时，自眉县东北的渭水北岸引渭水东流，经扶风、武功、兴平，到咸阳东北，至灞、渭汇合处复入渭。其上源可能同秦始皇引渭水入兰池的渠道相重，所以在《史记·河渠书》中并没有提及，而《汉书·沟洫志》只说了一句笼统的话，就是"关中灵轵、成国、韦渠引诸川"，如淳注作"成国，渠名，在陈仓"。《汉书·地理志》在眉县下有"成国渠首受渭，东北至上林，入蒙笼渠"。成国渠是对始皇引渭之渠的整修沿用，只是在"用事者争言水利"的情况下，把它的应用范围扩大到了农田灌溉。曹魏时为征蜀，引水东流，与成国渠相接。唐时，又有扩大。《长安志》说，除原引汧、渭水之外，又"合韦川、莫谷、香谷、武安四水，灌武功、兴平、咸阳、高陵等县田二万余顷，俗号'渭白渠'"。宋以后，成国渠湮涸。

由于感情的关系，人们对秦始皇滥用民力反感。加之时间有先后，人们对当时得益的事称道极多，就容易淡忘过去。以至于成国渠、渭白渠的盛名掩盖了过去秦始皇开渠引渭的那段历史。

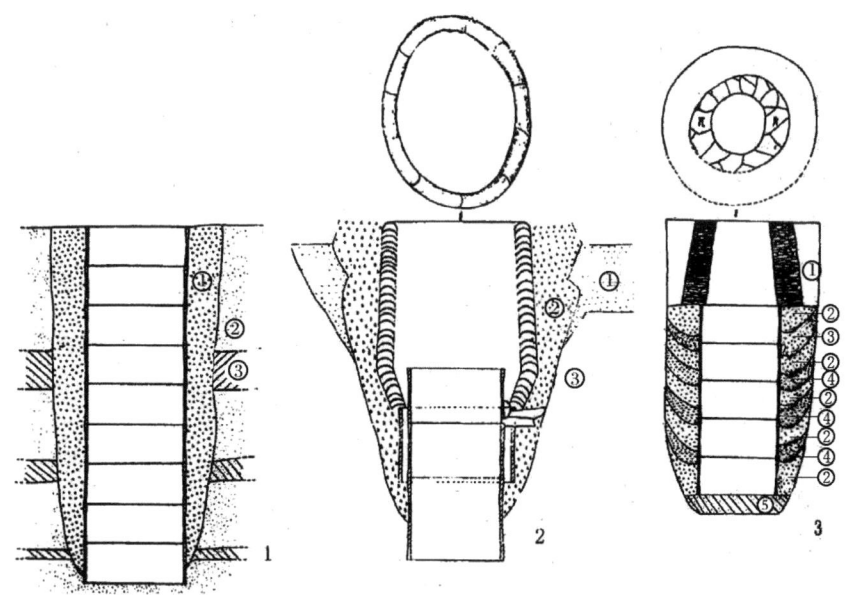

1. J14 剖面图：① 井圈外填图　② 沙　③ 沙土
2. J50 平、剖面图：① 沙土　② 胶泥　③ 沙
3. J59 平、剖面图：① 褐红土　② 乱沙　③ 黄褐土
　　　　　　　　④ 土层　⑤ 反滤粗沙层

图 6-29　水井结构图（滩毛村北）

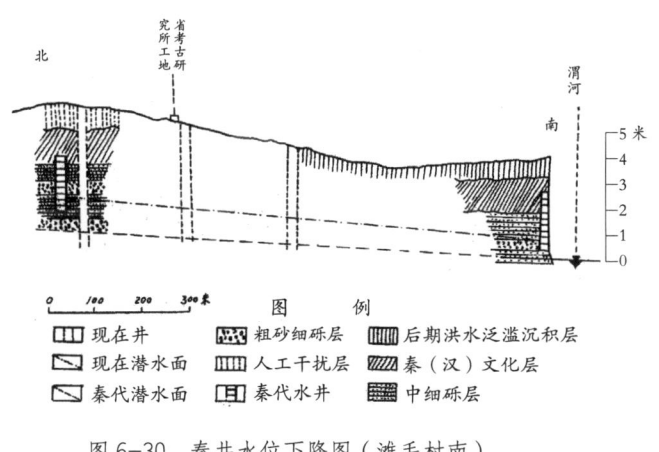

图 6-30　秦井水位下降图（滩毛村南）

（1963 年测绘）

咸阳城市的生活用水有着充分的保障，同样在排水设施上也呈现出它的管理水平。

在高台宫殿建筑的排水设计上，秦代取得了成功。表现之一就是它通过隐蔽管道，把上层的生活废水导流出建筑物，形成了一套系统。最典型的例子就是我们 1974 年发掘过的一号建筑（即冀阙宫庭建筑）。这座围绕夯土作三层筑屋的建筑，在排水设计上很有特点：第一，每层都有一个倾水池，共计有4个，而且是分布在不同的方位，流向也不尽一致，具有一种错落参差的整体美；第二，把倾水池安排在户外，节省了室内空间，辟地排污也符合卫生要求。其结构如顶层的PS1，位于西北角，先作成四边高、中心低的方形"倾水池"（边长3米左右，深0.4~0.7米），周边紧贴夯土壁，砌以空心砖片，底铺板瓦形成不同方向的垄状以减低倾水时的乱溅。池中心部位安装下泄的大型漏斗（口径74~75厘米，深23厘米，流管长14厘米，径13.5厘米），下以圆形的直角弯头连接着筒状的陶管道（长59厘米，两端口径大小相次以便衔接，径25/28厘米）鱼贯衔接，直到建筑底部，将水排出。（见图6-31）三号建筑和始皇陵食官建筑，都是把室内污水通过管道引出室外，再泄入七八米深的渗井里去的。

以管道排水，多用在大型建筑上。现在，在咸阳北阪宫殿区所在牛羊村、聂家沟、西姬家道、刘家沟的断崖上仍能看到30多处陶质圆管道的露头。根据建筑排水量的大小，铺设管道数也有多寡，像一号建筑周围有单管道，也有双管道并列，十三号建筑多四管道并列（见图6-32）。除圆筒状管道节节相连者外，还有用筒瓦扣合彼此首尾相接的。这两种都是用在建筑夯土和深埋地下的暗道，而在长兴村制陶作坊区，则有用板瓦作明渠。阿房宫区的后围寨建筑基址底部，用屋脊式陶水道（"五棱管"，即常说

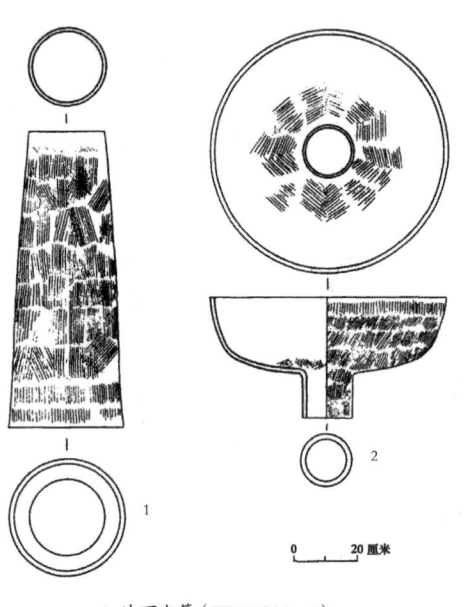

1. 地下水管（XYNIPS3：6）
2. 地漏（XYNIPS3：5）

图6-31 陶下水管与地漏

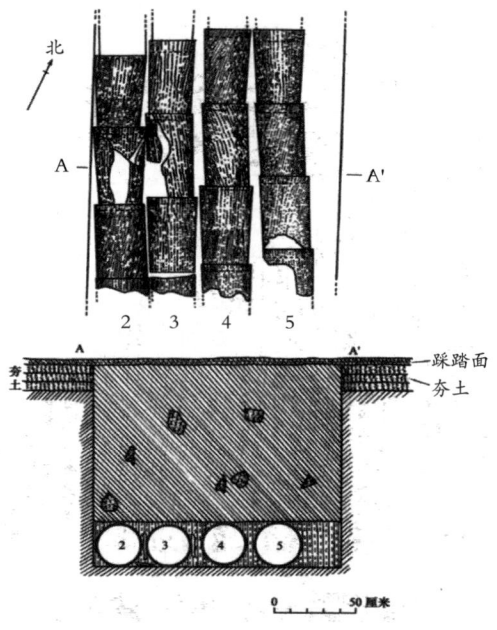

图6-32 四管并列排水管道（咸阳十三号建筑旁）

的"五角形水道")对口接连20余米。①在秦始皇陵西内墙底部,竟有5个脊式陶水管并列,用以排除陵园内洪水季节地面径流。它通高45～47厘米,底边宽40厘米,全长65～68厘米,横截面积为230平方厘米。(见图6-33)那么,五管总面积达1.15平方米,可见排水量是多么大! 有意思的是陵区还用一种青石水道,上下两块青石相合,水道孔数有单,有双,也有三孔的。②(见图6-34)以上说的四种排水管道,筒状陶水管道在战国时代秦已广泛地用在建筑物上。因为弯头可以改变水流方向(垂直变水平或平面上的纵向变横向),持续时间也久。大型的五棱管道和石水道则是秦统一后,适应大型土木建筑工程需要的产物。

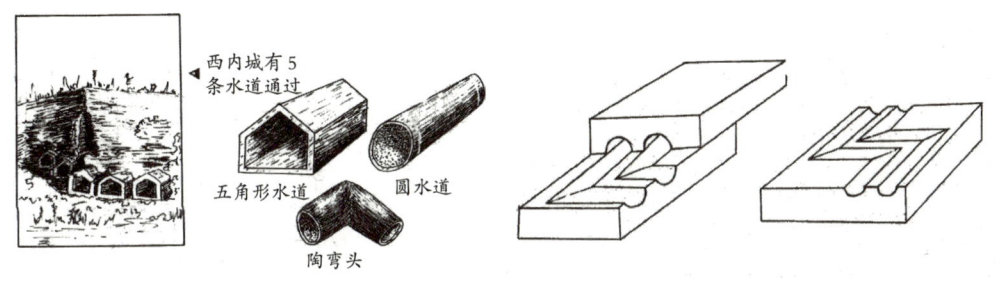

图6-33 排水管道(秦始皇陵园)　　　　图6-34 青石水道

(二)蓄水方式

都城中广布湖泊池沼,是引入之水最好的储藏方式之一。其容量大,有注有排,常流常新,对改善环境、提供日常使用都具重大作用。始皇引渭入兰池,长200里,宽20里,造成长池,因池筑兰池宫,形成咸阳一大景观,也为都市的繁杂、戎马倥偬的气氛注入了几分恬淡幽静。今日面对干燥荒漠的咸阳北阪,怎能想象当年是繁复多变的重重殿宇掩映于万绿丛中、柳岸湖畔花红似锦的一派景象?但当时引渭支渠,的的确确带给咸阳宫以勃勃生机。在一号和三号建筑附近,我们已钻探到多处池沼遗迹。确定无疑地说,这些实是一些具有游览观赏价值的蓄水池。

渭河南岸,湖泊密布,早有盛名。周代的镐池、滮池、灵沼不只是君王的悠游之所,而且引水灌田、栽植禾稻,产生经济效益,从而引出一代灿烂的文化成果。秦人经营的上林苑,地域开阔,把众多的天然湖泊囊括其中,还扩大、利用隑州、牛首池,为以后

---

① 王学理:《秦都咸阳》,陕西人民出版社,1985年。
② 王学理:《秦始皇陵研究》,上海人民出版社,1994年。

汉唐都城园林的建设奠定了基础。在阿房宫遗址，探测出5处湖泊遗迹，总面积就达27.14万平方米。

室内盛水之器颇多，而尤为称道者莫如陶瓮。此物圆口、广肩、大腹，高达72厘米，腹径84厘米。过去有人戏谑为"始皇酒瓮"，实则赫然一水器。

二、绿化管护

（一）御道植树，市容立法

关中本来就森林茂密，到处芳草萋萋，景色优美。终南是天成的一道绿色屏障，函谷关柏林荫蔽，人称"松柏之塞"，山阴桃花灼人是为"桃林之野"，西岳苍翠，松涛阵阵，"鄠杜竹林，南山檀柘"。难怪荀子入秦，第一印象就是秦地"其固塞险，形势便，山林川谷美，天材之利多，是形胜也"（《荀子·强国》）。

秦都据有丰、镐之地，生活在这里的人民"有先王遗风，好稼穑，务本业"（《汉书·地理志》），也用自己淳厚与勤劳的品质换来了优美的生态环境与人文景观。

咸阳的城市绿化是从三个环节上着手的，这就是：植树造林；抓教育，树立管护意识；严惩违法者。从点滴的史载中，我们是不难抽绎出它的本来用意的。

秦修筑驰道，规定"道广五十步，三丈而树，厚筑其外，隐以金椎，树以青松"（《汉书·贾山传》）。路宽69.3米，夯筑路肩，避免塌陷。又隔约7米植一棵青松，形成林荫大道，从而建成标准化的国道。除皇家苑囿的林木花草之外，连秦始皇陵上也是"树草木以象山"（《史记·秦始皇本纪》）。公元前213年，秦始皇根据丞相李斯的上奏，掀起焚书运动，但"种树"的书并不包括在烧毁之列。林学专著受到保护，这从另一个侧面反映了秦统治者对发展林业的重视。因其祖先早在"山多林木"的天水、陇西时，"民以板为室屋"（《汉书·地理志》《诗·秦风·小戎》），爱林、护林的意识就已确立。后居关中，终南"有条有梅"（《诗·秦风·终南》），国计民生，更是深赖其利。

时序到了夏之二月，农事兴作。《吕氏春秋》作者教民"无竭川泽，无漉陂池，无焚山林"（《仲春纪》）。还把"治唐圃，疾灌浸，务种树"（《尊师》）作为尊师的实际行动。把"无焚山林""务种树"看作一种美德，以此育人，使之成为中国人的良好传统。

商鞅曾制定一条"弃灰于道者"要处以刑罚的法律。（《史记·李斯列传》）把垃圾倾撒在道路上，不唯是妨碍交通，更要紧的是影响了市容卫生。过去，人们把这一条当作秦"滥用刑罚"加以责难，殊不知这是"城市管理法"中一个重要的条文，比起现在某些"以法治市"的空喊有效得多，比起借罚款名义中饱私囊的官吏不知又要高尚多少倍！

（二）园林管理机构

在这个问题上，秦史没有资料。不过，法治思想强烈的秦统治者，不可能疏于城市园林的管理。而我们只能从"汉承秦制"的一般模式中，以汉况秦，捕捉一些线索，做一浮浅的探讨。

秦都故地出土有"少府"封泥，《汉书·百官公卿表》也说属于秦官。其职责是"掌山海池泽之税，以给共养"，也即是说其专管皇室供需。不过，从其属官之众看，其职权已大大地超过了"掌山海池泽之税"的范围，居然有中央级的官办各类手工业作坊，从事大规模的生产，直接为皇室服务。值得一提的是少府还有一个属官，就是专管上林的"十池监"。

上林苑本是秦代的旧苑，设"丞"管理，梦斋藏有"上林丞印"封泥。秦亡后上林苑废弃，汉初的百姓都可入苑采樵耕作。武帝时，把这一废苑加以改造扩充，使之成为周围绵延300余里，有宫殿70余所，包罗山、川、池沼、森林在内的大苑。初池、麋池、牛首池、蒯池、积草池、东陂池、西陂池、当路池、犬台池、郎池等，即所谓的"上林十池"（《三辅黄图》）。另外，还有早先就有的"昆明池、镐池、牟首诸池"（《汉旧仪》）等。在这些自然的和人工的池沼中，有相当一些是周、秦的旧池，有些则是对旧有无名池的重新命名。所谓"池"，实际也就是湖。依池设"监"，立署办公，录载的"上林郎池"印（《善斋吉金录·玺印录》卷中）即是证明。

看来秦都咸阳的城市绿化、道路管护、苑囿池沼及公共设施等等，统统归中央九卿之一的少府管。其下属职能部门的级别也很高，像上林苑规模大，地位重要，就专门设有"上林丞"。到汉武帝元鼎二年（公元前115年），初置"水衡都尉"，专"掌上林苑，有五丞"，充分发挥其经济效益。

三、宫廷的取暖与食品冷藏

（一）暖炉

古代生活在关中平原上的人们，是如何度过漫漫长冬与沉沉黑夜的呢？穿棉衣、戴棉帽是衣着御寒的方式，屋室选择向阳，烧木材取暖，也都是常用的办法。而"穴居"才是北方先民的创造，也是延续已久的传统。至今人们还沿着咸阳原，斩壁削崖，开凿土窑洞居住，发挥其冬暖夏凉的特性。百姓的无奈之举，却惹得那些达官显贵也来仿效，据说是听联合国调查后说有什么优点，为了"保命"才东施效颦的。

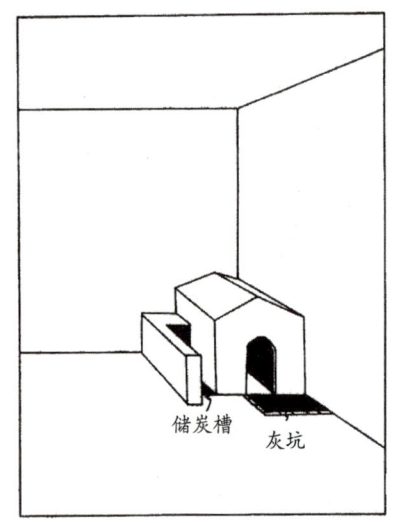

图 6-35 暖炉复原图

咸阳北阪的秦宫廷内如何抵御西北风，那是自有办法。1974 年，我们发掘一号宫殿遗址时找到了室内的暖炉。（见图 6-35）它由三部分组成，即火炉、储炭槽和灰坑。火炉作两坡流水的屋形，犹如五棱管状的陶水道。顶部起纵脊如"∧"，面平齐，炉门前开，炉膛弧曲整形如覆瓮，宽 1.2 米，纵深 1.1 米，通高 1.02 米。炉门前，即是深入地下、砖砌的出灰坑，深 26 厘米。储炭槽设在火炉的左侧，用土坯垒一低于炉身的矮墙，二者的间空即可存放燃料——木炭。此种火炉，发现于底层的第八室和顶层的第三室内。据此，也解开了西安北郊阎家寺秦建筑遗址"小灶"用途之谜。① 不过，它有横砌并隐蔽在墙内的"烟囱"通向室外的设施，则弥补了一号建筑清理工作上的不足。

完整的暖炉设置，体现出的科学思想是很明显的。首先，都安放在墙角，有利于室内冷热气对流，容易实现温度平衡；其次，炉形采用屋脊式，烟囱横隐墙内，能充分地散热，还避免了污染。

（二）冷窖

降温防腐是古人早已掌握了的冷藏食品的道理。《诗·豳风·七月》就有"二之日凿冰冲冲，三之日纳于凌阴"的诗句。雍都姚家岗凌阴遗址的发掘，也给人们提供了春

---

① 刘致平：《西安西北郊古代建筑遗址勘查初记》，载《文物参考资料》1957 年第 3 期。

秋时期秦君藏冰设施的实例。

秦都咸阳发现的是保存现食食品的设置。在宫殿区的今牛羊村、刘家沟村等地有很多"陶井",清理到底部才知道它原来并未触及水面。后来发掘一号建筑遗址,共得7个,一律名之曰"窖穴"。从底部清理出动物骨骼的情况看,可推测出它是当时用于冷藏食品的设施。

秦冷藏窖的结构是这样的:作圆形、椭圆或方形,直筒深入地下10米以上,周壁垒以陶井圈。无井圈者,则在两壁对开脚窝39个,以供人上下,井底安置一个椭圆形的陶盆。以一号建筑的J1为例,它位于八室内的西北角,口部低于地面,周围墁以方砖。窖身作圆筒状,直径97厘米,下深至6.67米处则以11节陶井圈叠垒

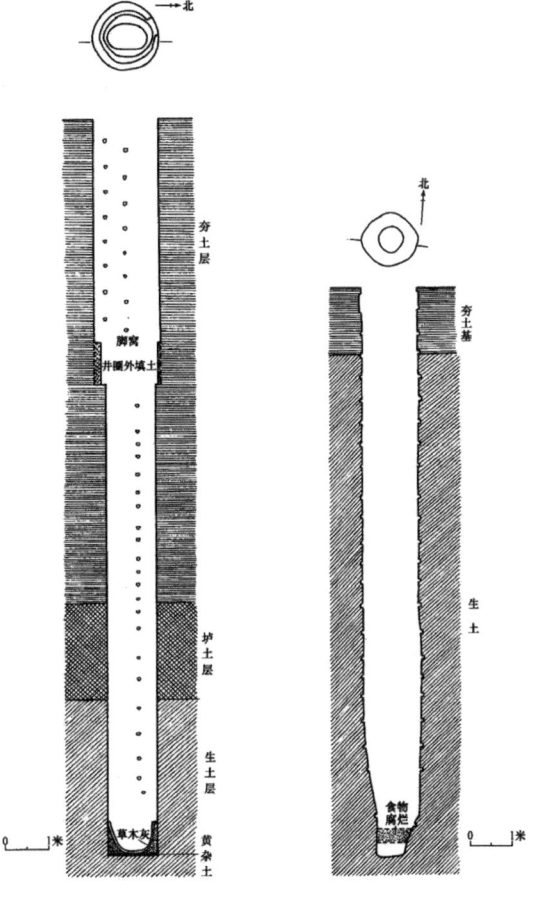

图6-36 冷藏井(三号建筑)

到底,总深13.8米。口部边沿有三处凹槽痕迹,估计原有棚木支架。

把盛在篮筐中的食品用绳索吊入水井或窖中,绳端系在窖口的棚木上,食用时再提上来。(见图6-36)这种做法在关中农村过去是很普遍的,说明此冷藏食品的土法具有悠久的历史。没有电冰箱之前,倒也经济实用。

第四节
仓库府藏

一、府库的设置

（一）库管思想的确立

西周王朝社会秩序井然，被认为"圣王量能授事"，士、农、工、商这"四民"能"陈力受职"。民有赋有税，"赋共车马甲兵士徒之役，充实府库赐予之用。税给郊社宗庙百神之祀，天子奉养百官禄食庶事之费"。老百姓只要计口出"赋"、按田缴"税"，男耕女织，丰衣足食，就"五十可以衣帛，七十可以食肉"。因为，"衣食足而知荣辱，廉让生而争讼息"。上下同乐，就达到了"至德流洽，礼乐成焉"的境界。（《汉书·食货志》）这虽则是理想主义者的美化，但也道出了长时间升平晏安的事实。

但是，社会毕竟变了。现实是"周室既衰，暴君污吏慢其经界，徭役横作，政令不信，上下相诈，公田不治"，"上贪民怨，灾害生而祸乱作"。战国时代，同样是"贵诈力而贱仁谊，先富有而后礼让"。兵革不息，百姓遭殃，社会不宁。魏文侯同李悝作"尽地力之教"，平衡籴粜，使得民不散，国以富强。其发挥国库的杠杆作用，创造出"民毋伤而农益劝"的"为国"之道。就连后来《汉书》的作者在批评"秦孝公用商君，坏井田，开仟伯，急耕战之赏，虽非古道"的同时，也看到秦之所以能够"倾邻国而雄诸侯"，就是"务本之故"。（《汉书·食货志》）

仓库，作为储备粮食的设施，其规模实际是藏粮多寡的标志。粮食，在以农为本、以民立国的中国，是维系国家安危的物质基础，当然地被古代的思想家认作"天下之大命"。储食丰沛，其意义就在于贾谊说的"苟粟多而财有余，何为而不成？以攻则取，以守则固，以战则胜。怀敌附远，何招而不至？"

秦国仓制的形成，也经历了一个从无到有的过程。穆公时，秦曾以粮食赈济晋国，使之度过饥馑，随后自己也发生了饥荒，不能不求救于晋。这些说明当时还未曾有赈灾的粮仓及储备。《华阳国志》载：张仪、张若筑成都、郫城、临邛城，又造作"下仓"。以地窖藏粮是原始人类的办法，秦人依然沿用着[①]。秦昭襄王时，"秦大饥，应侯请曰：'五苑之草著、蔬菜、橡果、枣栗，足以活民，请发之。'"（《韩非子·外储说右下》）未说到请发仓廪之粟，可见国库还没有形成规模。

仓库储粮的用途在于支付庞大的官吏俸禄，巨额的军队粮草、刑徒口粮、驿站传食和农业再生产的籽种。商鞅变法之后，秦国日趋富强，成为当时的军事强国。为了保障统一战争的顺利进行，秦统治者对粮食的分配是以法律为强制手段，实行高度垄断的政策，排挤了商业资本的渗入，使军队和统治集团得以保障基本的物资需求。有效的政治措施取得的储粮效益非常显著。当时纵横家不无夸张的话里也透露出一些真情：张仪对楚王说秦"虎贲之士百余万，车千乘，骑万匹，积粟如丘山。……秦西有巴蜀，大船积粟，起于汶山，浮江已下，至楚三千余里。舫船载卒，一舫载五十人与三月之食，下水而浮，一日行三百余里，里数虽多，然而不费牛马之力，不至十日而距扞关"。（《史记·张仪列传》《战国策·楚策一》）昭襄王二十七年（公元前280年），司马错发陇西率巴蜀众十万，大舶船万艘，米六百万斛，沿涪陵江"攻楚黔中，拔之"（《史记·秦本纪》）。十万人的一次军事行动，就需军食"六百万斛"，而供应"百余万"虎贲之士常年食用，若没有"积粟如丘山"的粮食储备确是难以想象的。所以，秦始皇同他的父辈一样，异常重视粮食的征集、贮存。《吕氏春秋·仲秋纪》："是月也……穿窦窌，修囷仓。乃命有司趣民收敛，务蓄菜，多积聚。"修治囷仓，穿窦通水，保持仓库干燥，准备多多收敛谷物。这时，从中央到地方，不但有官仓、民仓，还有神仓。设置完备，形成系统化的粮仓体制，而且其制度以法律形式确立下来。这足以反映秦代国家的高度重视和仓储的普遍。云梦睡虎地秦简中，专有《仓律》一节，对粮食的收藏、保管、使用等各个环节，律条26，都有着明确的规定，可谓详备周全。

[①]《史记·货殖列传》："宣曲任氏之先，为督道仓吏。秦之败也，豪杰皆争取金玉，任氏独窖仓粟。楚汉相距荥阳，民不得耕种，米石至万，而豪杰金玉尽归任氏。"穿地为藏的"窖"，在秦汉时仍然用作储藏粮食，特别在农村的富豪之家较为普遍，这也得到考古的证明，如辽阳三道壕西汉村落遗址、江苏高邮邵家沟东汉村落遗址，都有地窖的遗迹。

（二）府库种类及其作用考订

1. 储粮的都仓与民仓

（1）太仓

图6-37 "太仓""太仓丞印"封泥印文

属朝廷直接掌管的收储粮食的机构，专设大型的粮仓。梦斋有秦咸阳渭南区出土之"泰仓"封泥，泰仓即太仓。（见图6-37）云梦秦简有"大（太）仓课都官及受服者"（《厩苑律》）的条文，知其权限很大。汉兴，循而未改。萧何在首都长安修筑未央宫时，也建造了"太仓"。（《汉书·高帝纪》）据《三辅黄图》说，汉太仓"在长安城外东南"。其规模之大、储量之多，由"太仓之粟，陈陈相因，充溢露积于外，至腐败不可食"（《史记·平准书》）一语即知其大概。

秦国在战国末年，由于铁器的采用，牛耕的普遍，大型水利灌溉工程的兴修，农业技术的提高，加之受重农重战政策的推动，生产劳动者身份地位大大改善，农业得到前所未有的发展，产量大增。光郑国渠引泾入洛一项，全长300里，灌溉4万余顷（合今276.8万余亩），亩产量"一钟"（合今251.1斤），约可收粮69504.48万斤。

纳谷入仓，按规定是以"一万石"作为一个贮藏单位——"积"。规定"入禾仓，万石一积而比黎之为户"，其结构起码要隔以荆笆，设有仓门。由于咸阳是国都，聚集的粮食数量多，仓库规模也大，所以明令"咸阳十万石一积"（云梦秦简《仓律》《效律》）。同样，征收到咸阳的"刍稿"也是"二万（石）一积"（《仓律》），比其他地方大一倍。

古代的粮仓是什么样式？作为一种地面建筑形式，其主体可分为两类，即圆筒状（包括椭圆）和方框状（包括长方）。《吕氏春秋·仲秋纪》"修囷仓"句，高诱注："圆曰囷，方曰仓。"《周礼·考工记·匠人》也有"囷圆仓方"的注解，但《荀子·荣辱》注曰："圆曰囷，方曰廪。"实际上，廪也是方仓，是因用途有别。《周礼·廪人》郑玄注："藏米曰廪。"《说文·仓部》："仓，谷藏也。"《释名·释宫室》也说："仓，藏也，藏谷物也。"正因为精米要求储藏条件高，保存期短（"米藏五年"），而粟是带皮壳的谷物，保存期较长（"粟藏九年"），所以相应地在体量上谷仓就比米廪要大。仓,有时同廪、庾通用。《史记·平准书》:"汉兴七十余年之间,国家无事。非遇水旱之灾,民则人给家足,都鄙廪庾皆满。……太仓之粟,陈陈相因……"西汉京师仓遗址中同时出土有"华仓""京师仓当"和"京师庾当"等文字瓦当。①因质料和大小而名称有别,以竹荆编者曰"籚"(《说文·竹部》)、筥(《广雅》),以苇编者曰"囤"(《释名》)、"囷"(《说文·囗部》),大囷名"京"(《管子·轻重丁》尹注)。无论是仓或囷,上有盖顶,下或作台阶、圈足、柱足,辟门开窗,留通风孔、透气眼,顾及空气流通,防霉防潮。随着时代的推移,其形状、材质、设施、规模等,均呈先进化的趋势。

作为明器的陶囷最早出现在春秋晚期的凤翔高庄秦墓中,随后在秦始皇陵东侧上焦村第七号秦墓里也出土一个圆形陶囷,门上部刻一"囷"字。(见图6-38)而方形陶仓最早的实例是咸阳杨家湾的西汉墓,数量也多。从囷早仓晚这一事实中,我们能否说秦以前的"仓"实际就是储粮建筑的统称,或是群囷的集中地,故曰"囷仓"?囷的储量也是以"万石"为一个单位,洛阳汉墓的陶囷上常常书写有"小麦万石""大麦万石""大豆万石"之类的文字。②除分类贮藏,表现主人富有的含义

图6-38 陶囷(上焦M7:10)

外,"万石"大概表明的就是一囷仓的集合体。因为秦时1斗约合今2升,"万石"则折合2000石,显然是一个囷无法盛下的。事实上,我们在咸阳故址也没有发现像西汉京师仓那种容积上万立方米的大型长方仓。那么,这个群囷单位就应该是"积"。③

(2)霸上仓

《史记·高祖本纪》载:汉元年十月,刘邦先入关,秦王子婴降。西入咸阳,"封秦重宝财物府库,还军霸上",并与关中父老约法三章,"秦人大喜,争持牛羊酒食献

---

① 陕西省考古研究所编:《西汉京师仓》,文物出版社,1990年。
② 洛阳区考古发掘队编:《洛阳烧沟汉墓》,科学出版社,1959年。
③ 云梦睡虎地秦墓竹简《仓律》:"入禾仓,万石一积而比黎之为户。"注:"积,堆,在此为贮藏谷物的单位。"堆起的禾秸,被称为"积"。至今,农村还呼"麦积子""麦积""草积"。但储存粮食时,就不能用"堆"。文中的"仓"只能作粮库解,不是方仓。"积"也不是一囷。

饟军士。沛公又让不受，曰：'仓粟多，非乏，不欲费人。'"刘邦屯军霸上，就近取食仓粟。此粮仓地当灞河东岸的秦芷阳地。

（3）栎阳仓

栎阳系秦献公为夺取河西地、东伐魏国的前线指挥部，驻军与城市人口必多，储粮也较一般县邑要多，而分散置于乡野"离邑"的仓，更是一般县邑不能望其项背的。它有次于咸阳的仓库，"二万石一积"（云梦秦简《仓律》）也当是旧都的"太仓"。栎阳当郑国渠灌区，有丰饶的平原，粮源广阔，储备也丰富，故秦亡后，项羽三分关中，司马欣为塞王都栎阳。后刘邦还定三秦，治其旧地，理其故城，仍以栎阳为都，至高祖七年（公元前200年）未央宫落成，才始迁长安。

（4）民仓

民间储粮食设施有两种：一是囷，二是地窖。以苇编织成圆筒存粮，还可一节节地向上叠加。放在谷场上的往往带临时性质。放在屋内者，多以荆笆编织，置于积高之处，底部留小洞眼以泄粮。这种形式的仓称为"囷"。至今民间还用砖砌和土坯做囷，称作"土圆仓"。秦汉时代也有用大陶瓮储量的。

用地窖藏粮是一种古老的传统，原始社会遗址中常见的一种袋状窖穴，一般的口径1米，底径1.5～2.1米，深2米左右。除储藏物品外，有些则被认为是用来贮粮的，像在西安半坡的一个窖穴中还保存有已腐朽成壳的粟米达数斗之多。地窖古代称作"窌"。《周礼·考工记·匠人》注："穿地曰窌。"《荀子·荣辱》注："窌，窖也，地藏曰窖。"

2. 咸阳的武库

武库就是俗称的兵器库，为储藏武器的仓库。收藏、保管、发放，有着一套严格的制度。武器属于战斗装备，是在军事行动中直接杀伤敌人有生力量和破坏敌方各种设施的技术手段，往往又是个人间的伤害性工具。即使在冷兵器时代，出于稳定统治秩序的考虑，对武器的使用都是要严加控制的。所以，武器的制造权牢牢地掌握在国家之手，民间私铸则被视为犯法违禁的行为。出土的秦兵器上多刻铸"寺工"二字铭文，表明它归中央九卿之一的少府管，是设立在咸阳专门从事军工生产的官署。由"相邦"（丞相）代表秦中央政府督造，铸造地点除在首都咸阳外，旧都雍、栎阳也有库铸。郡造兵器，由郡守代表国家督造，数量以上郡为最多，其地点见有"漆"、"漆垣"（今陕西佳县）、"高奴"（今陕西延安市安塞区西北）、图等。其他如蜀郡、上党郡、河东郡临汾、陇西郡西县都有制作。但都必须藏之于郡的武库里,不得分散存放。铭文中的"上郡武库"、陇西郡"武库"等都是藏器之所。始皇二十六年蜀郡守武之戈的"武"、临汾守曋戈之"库"字,应是"武库"之省。当然,这些武库还设有库冶作坊,也在制造武器。

首都咸阳的武库是秦中央政府直接掌握的大库。我们看到有"少府""内史"直接制作的兵器,而更多的是在他们领导下由"寺工""诏吏"主造的兵器,直接存放在咸阳武库里。武库的作用归结起来有四点,今举例之:

第一,储存军工产品。秦王政五年(公元前242年)相邦吕不韦戈铭:"五年,相邦吕不韦造,少府工室阾丞冉、工九。武库"(刻内正面),"少府"(内背面)①。(见图6-39)

第二,兼造兵器。秦昭襄王十七年(公元前290年)丞相启状戈铭:"十七年,丞相启、状造,郃阳嘉,丞兼,库脾,工邪"(内正面),"郃阳"(内背面)。②"启状",史失其名,为相时间当在秦昭襄王十六年"封魏冉于穰,复益封陶"之后,"十九年,魏冉复为相"的间隙。"郃阳"是内史之地的属县,设工官铸造兵器,由丞相督造。"库"则为"郃阳"武库库啬夫之省。

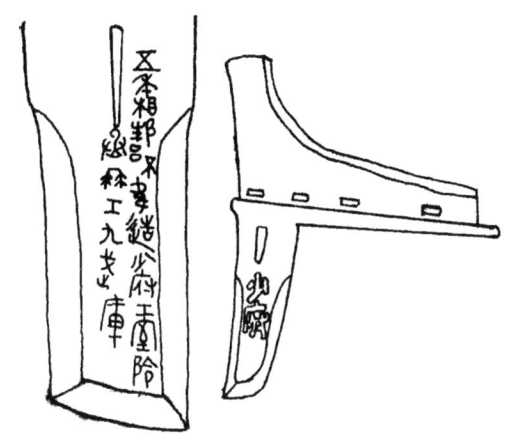

图6-39 五年相邦吕不韦戈铭

第三,供应军工原材料。秦简《效律》:"官府臧(藏)皮革,数杨(炀)风之。有蠹突者,赀官啬夫一甲。"

第四,发授兵器。京师兵在中央库领取,地方兵在该郡库领,边兵似取之于驻地的郡。秦始皇时期的"少府"矛铭:"少府"(正面),"武库受属邦"(背面)。③十三年(公元前234年)"少府"矛铭:"十三年,少府工檐,武库受属邦。"④十四年"属

---

① 张颔:《捡选古文物秦汉二器考释》,载《山西大学学报》(哲学社会科学版)1979年第1期。
② 田凤岭、陈雍:《新发现的"十七年丞相启状"戈》,载《文物》1986年第3期。
③ 1966年5月出土于河北易县燕下都遗址,见河北省博物馆、文物管理处编:《河北省出土文物选集》,文物出版社,1980年。
④ 藏中国国家博物馆。

邦"戈铭："十四年属邦工（□□）戴丞□□□"。①"寺工"矛："寺工"（矛筒穿下）、"武库受属邦"（穿右侧）、"咸阳"（穿左上）、"戊午"（穿左下）。②由少府或寺工制造的兵器要交给咸阳武库保管，以后发授给专管少数民族"道"（同内地的县平行）的"属邦"，就特别注明"武库受（授）属邦"。秦简有《属邦》律文，《汉旧仪》："内郡为县，三边为道。"县、道同级，故道也设有"道啬夫"一职。另有"属邦工室""属邦工丞"封泥出土。如联系属邦兵器，能否说明属邦也设立考工室制造兵器，交武库，后再领受而下发？

秦始皇陵兵马俑坑出土"寺工"铭刻的青铜兵器、车马器有20多件，还有更多无铭兵器都应是领自咸阳武库的。秦俑坑出土武士俑7000件左右，从其手姿看，至少每俑携带一件兵器，总量将是一个庞大的数字！栎阳武库从秦惠文王前元四年（公元前334年）"相邦樛斿戈"、秦昭襄王十四年（公元前293年）"相邦冉戈"、秦二世元年（公元前209年）"丞相斯戈"看，一直由相邦督造出交库的。同咸阳武库一样，都是中央级大库，统一由秦王廷直接调配。

3. 少府

少府是主管全国水产税收的领导机构，《汉书·百官公卿表》："少府，秦官，掌山海池泽之税，以给共养。"颜师古注："大司农供军国之用，少府以养天子也。"也就是说，少府和"掌谷货"的大司农的分工是沿袭了秦代的旧制，只是后者由秦代的"治粟内史"改名而来。秦二世时，章邯为少府，后领郦山徒对抗农民军。少府是官、库同名。《汉书》应劭注："名曰禁钱，以给私养，自别为藏。少者小也，故称少府。"梦斋藏有"少府"封泥。（见图6-40）《汉书·路温舒传》："上善其言，迁广阳私府长。"颜师古注："藏钱之府，天子曰少府，诸侯曰私府。"清王先谦《汉书补注》引钱大昭曰："颜说非也。汉制：诸侯王国亦有少府，不名私府。……私府，皇后之官也，诸侯王之后亦有之耳。"说明这种专给皇帝"私养"名曰"禁钱"的，实际是皇家金库。

少府　　少府工丞　　少府干丞

图6-40　"少府"封泥印文

---

① 广州市文物管理委员会：《广州东郊罗冈秦墓发掘简报》，载《考古》1962年第8期。
② 华义武、史润梅：《介绍一件先秦有铭铜矛》，载《文物》1989年第6期。

少府不纯是钱库，还设官制造皇室用品，从其属官中的考工室、左右司空、东织、西织、东园匠等名称上即可看出一斑。梦斋有"少府工丞""少府干丞"封泥。秦始皇陵东M15出土的银蟾蜍饰件上刻"少府"二字。陵区和咸阳北阪上的宫殿建筑用瓦则多戳印"左司空""左司""左□""右司空□""右□"等陶文。（见图6-41）

1. 左司 2. □左□□ 3. 左颃 4. 左悄 5. 右司空係
6. 右司空嬰 7. 右师 8. 右司空御

图6-41　左、右司空陶文

4. 大内

大内是设立在京都的国家物资总库。《史记·孝景本纪》集解引韦昭："京师府藏。"

从秦简看，大内收藏、保管着国家的服装和铜铁器及其原材料，并负责发放和回收的任务。《金布律》规定发放衣服的时间、做褐衣用料数量、剩余品交回大内要同账簿相符，在咸阳服役的则凭券向大内领衣。①

5. 少内

少内是国家主管财政的机构，收储钱财的仓贮也应是"少内"，大抵如金库。《周礼·天官·序官》郑注："职内，主入也，若今之泉所入谓之少内。"《十钟山房印举》卷二收有阑格的秦"少内"半通印。

都官也有少内。《汉书·丙吉传》："后少内啬夫白吉曰：'食皇孙亡（无）诏令。'"颜师古注："少内，掖庭主府臧（藏）之官也。"县同样有少内，秦简《法律答问》："'府中公金钱私贷用之，与盗同法。'可（何）谓'府中'？唯县少内为

---

① 云梦秦简《金布律》："受衣者，夏衣以四月尽六月稟之，冬衣以九月尽十一月稟之，过时者勿稟。后计冬衣来年。囚有寒者为褐衣。为褐布一，用枲三斤。为褐以稟衣：大褐一，用枲十八斤，直六十钱；中褐一，用枲十四斤，直卅六钱；小褐一，用枲十一斤，直钱卅六钱。已稟衣，有余褐十以上，输大内，与计偕。都官有用□□□□其官，隶臣妾、舂城旦毋用。在咸阳者致其衣大内。在它县者致衣从事之县。县、大内皆听其致衣，以律稟衣。""县、都官以七月粪公器不可缮者，有久识者靡蚩之。其金及铁器入以为铜。都官输大内，内受买（卖）之，尽七月而弊（毕）。都官远大内者输县，县受买（卖）之。粪其有物不可以须时，求先买（卖），以书时谒其状内史。凡粪其不可买（卖）而可以为薪及盖醫者，用；毋（无）用，乃燔之。"

御府之印　　　御府丞印

图 6-42　"御府"封泥印文

'府中',其它不为。"

有阑格的"芷阳少内"印存世,虽出处失录,但印文明确指出是秦芷阳县的少内。

6. 御府

御府是供皇帝享用而设立的专用仓库。梦斋有秦"御府之印""御府丞印"封泥。(见图6-42)

《汉书·百官公卿表》载,秦的御府属少府。颜师古注:"主天子衣服。"杜佑《通典·职官》也说御府的职责是"掌供御服"。御用品丰富华贵,《史记·秦始皇本纪》:三十六年(公元前211年)"秋,使者从关东夜过华阴平舒道。有人持璧遮使者曰:'为吾遗滈池君。'……置其璧去。使者奉璧具以闻。……使御府视璧,乃二十八年行渡江所沉璧也"。秦始皇死后,二世与赵高、李斯这些丑类掌权,诛杀大臣及诸公子,公子高为保族人不受株连,曾上书请从死,说"先帝无恙时,臣入则赐食,出则乘舆。御府之衣,臣得而赐之。中厩之宝马,臣得赐之"(《史记·李斯列传》)。

府库有几处?1961年,我们清理咸阳长陵车站北沙坑的窖藏铜器中,有一铜铺首背刻"北库"二字,①足见御府之库绝非一处。想来,秦始皇陵区出土的彩绘铜车马、诸多金银用品及饰件,必定也是府库中的藏品。那么,御府就不仅限于"掌供御服"。我们从历代史记中有《舆服志》一章,不是看到了这中间也包括了御用车马吗?

7. 酒府

酒府是专门制造和储藏醇酒佳酿的机构,以供皇帝祭祀及宴饮之用。秦二世曾下诏"增始皇寝庙牺牲及山川百祀之礼",群臣皆言"天子仪当独奉酌祠始皇庙。自襄公已下,轶毁"(《史记·秦始皇本纪》)。王引之据《说文》释"酌,盛酒行觞也"义,指出"不可言奉酌。酌当为酎字之误也。《说文》:酎,三重醇酒也"。

以酎奉祀先王,从秦发端,成后世之礼。在始皇陵园东北吴中村出土"郦山茜府"陶盘,咸阳博物馆收藏秦庄襄王二年(公元前248年)寺工壶、雍工敀铜壶的圈足上都刻有"茜府"铭文。学者们认为"茜"即"酒"。"茜府"就是《周礼》中的酒府,制

---

① 陕西省博物馆、文管会勘查小组(王学理):《秦都咸阳故城遗址发现的窖址和铜器》,载《考古》1974年第1期。

造三重醇酒以供皇帝需要。

8. 外府、内府和中府

《韩非子·十过》："奚谓顾小利？昔者晋献公欲假道于虞以伐虢。……荀息曰：'彼不假我道，必不敢受我币。若受我币而假我道，则是宝犹取之内府而藏之外府也，马犹取之内厩而著之外厩也。'"《谷梁传·僖公二年》作"取之中府而藏之外府"。

战国时期，府藏内容增多，分工有变化，同《周礼》所言"内府"掌贡赋货贿、精兵良器，"外府"掌邦布之出入有了很大的不同。秦时的外府、内府大概只是分类上的统称而已。御中诸府都可泛称内府，暂存从内府提取之物的仓库都可称作外府。

梦斋有秦"中府丞印"封泥。（见图6-43）《汉书·田叔传》颜师古注："中府，王之财物藏也。"也许秦之中府就不在咸阳，因为它不属于御府。

二、府库管理制度

（一）藏储原则

物质内容的复杂决定了国家府库的多样性，而分配对象的不同又确定其设立是独有的抑或是多级的。

图6-43 "中府丞印"封泥印文

粮仓设在都城的，是全国最大的太仓；而县仓或在治所，或分散于乡野。县仓由县廷主管，但其实施业务的上行文书却要通过县廷才能上达中央的内史或太仓。

内史掌握国有经济，"内史课县"（云梦秦简《厩苑律》），因此各县每年终（秦以农历十月为岁首，当阳历八九月）"至计而上廥籍内史"（云梦秦简《效律》）。县的实官（粮仓）编制廥籍由县丞审核、签印，再由"县上食者籍及它费太仓"（云梦秦简《仓律》）。这虽属职能部门之事，但却同秦国的政治体制保持了一致性。因为粮食供应面广，分配就由各级国家粮仓进行，所以从中央到地方设置粮仓就大大方便了就地的贮谷和发放。

武库的设立同粮仓有相似的一面，但也有特殊的一面。因为武器是提供给军队的装备，因而不能在郡县普遍设库，出自铸造原因和设防的关系，只是有选择地在几个郡进行。相反地，像御府诸藏，因为是直接为皇室服务，就无须在地方设库，只能设在都城为中央独有。

仓储粮食主要是来自"受田者"的"百姓"（中小地主）、农民交纳的田租。但田租不单是禾稼（粮食），还有刍（饲草）、稿（禾秆）。国家征收田租是按照受（授）于土地的数量，"按亩计征"，而不是根据垦种的实数，虽然我们不知秦国受（授）田总数，也不明统一后租粮的具体税率，但从"咸阳十万石一积"、"栎阳二万石一积"、县仓"万石一积"看，"积"只是一个储藏单位，并非都邑仅此一积。那么，全国仓储的数额将是很庞大的。

禾与刍稿分贮，一个粮仓内也不是多品种的混杂。秦简《法律答问》："有稟叔麦，当出未出，即出禾以当叔麦。"其中禾、叔、麦并列，而禾又是禾、黍、稻的统称。还见有荅（小豆）、麻等，而且同一种粮食还有颜色的区别。可知分类单存，也是储库存粮的又一原则。

仓库的作用在"藏"，而且是第一位的任务。但从自身的方便条件与需要出发，还发挥"造"的功能。

入库和储藏的粮食基本上都是带皮壳的原粮，是不能直接食用的。只有经过不同程度的加工，禾（粟）、稻才能春成粝米、凿米（或粲米）、毁米，把小麦磨出面粉来。因为实行国家对粮食专营、禁止私售，所以粮食的加工、酿酒、制酱也多半是在官府手工业作坊进行的。

粒食去皮用"春"，秦简《仓律》有"粟一石六斗大半斗，春之为粝米一石"的条文。《说文》："春，捣粟也。"秦的徒刑最重者有"城旦春"，《汉旧仪》说："春者，治米也。"春的工具用杵。1970年冬，秦始皇陵园内城北门外就出土过一件石杵头，作圆柱状，顶端浑圆，另一端平齐，中有装木柄的铆窝，孔径3.5厘米。[①]当时被当作副食、同豆配合制酱的小麦，加工则用石碨磨成粉。秦的石碨文物发现了两件，分别出土于栎阳故城和始皇陵园，但都属于一合碨的底扇，径55厘米，厚2～8厘米。[②]其特点是：斡中部鼓起，高出周边；以插铁芯的轴孔为圆心，齿道分段向外辐射排列；中心部无齿。只是栎阳碨的齿作枣核状小窝，按同心圆排列七周；而咸阳碨则作四圈槽道，有似光芒四射，同后来的"人"字形槽齿及中低外高的石磨相比，具有早期石碨的

[①] 陕西省临潼县文化馆：《秦始皇陵附近新发现的文物》，载《文物》1973年第5期。
[②] 栎阳石碨材料见陕西省文管会：《秦都栎阳遗址初步勘探记》，载《文物》1966年第1期；始皇陵园出土石碨材料引自王学理：《秦始皇陵研究》，上海人民出版社，1994年。

特点。但它毕竟是战国中期出现的石碓的实例,尤其是出土于秦之故都,同咸阳储粮"十万石一积"、栎阳"二万石一积"需要加工的史实吻合,从中也不难看出粮食加工业具有相当大的规模。

武库虽是藏兵器之所,但同粮仓储谷又兼粮食加工一样,也设作坊造兵器,从而体现着藏、造结合的原则。

(二)库管的法制性规定

1. 粮仓

云梦秦简《秦律十八种·仓律》是关于粮仓管理的具体法令,有26条,择要地选释如下。

谷粟入仓后,首先得由县啬夫或丞、仓啬夫、乡佐共同盖印封缄仓门,标识库粮名称及其数量。遵照县仓"万石一积"、"栎阳二万石一积"、"咸阳十万石一积"的法律性规定,对粮食的出仓、入仓、增积都要随主管人员的去留而查封缄、验题识、重称量、赔不足、缴剩余。

谷物、刍稿入仓时,就要建立粮管档案(廥籍)上报内史。平时要记录粮食出入仓、增积的变化数字,禾谷的不同色种与数量,经办人的姓名,等等,年终上计。

粮管人员要做到相对稳定,据《效律》规定,仓库人员如变动,是要"效其官"的。效,即核验。发现作弊或是不效的,都要治罪。对管理失职和造成库粮损失的,如"户扇不致,禾稼能出","空仓中有荐,荐下有稼","有稟叔麦,当出未出","吏有故当止食,弗止,尽稟出之","城旦为安事而益其食",实官"有不从令而亡、有败、失火",粮食霉烂,发生鼠害,等等,都要追究一般人员和主管官吏的责任并处罚赔偿。

对种粮数额、舂米比率、领用口粮的各种人员(官吏、驿站、刑犯等)的月食标准,都有明确规定。违者受罚。

出自安全考虑,建立有一套防卫设施。《内史杂》规定:"有实官高其垣墙。它垣属焉者,独高其置刍廥及仓茅盖者。令人勿近舍。非其官人也,毋敢舍焉。善宿卫,闭门辄靡其旁火,慎守唯敬。""毋敢以火入臧(藏)府、书府中,吏已收臧,官啬夫及吏夜更行官。毋火,乃闭门户。"粮仓周围有高墙,紧闭门户,附近不得住人,夜间有巡逻,不能持火靠近,以防盗、失火。

2. 诸府

收钱入库时，规定千数装一畚，用令、丞印封缄。出钱时，令、丞验视后方能启封。

县与都官罪，经判处赔偿的，凭木券向少内缴纳，欠债超过当年要依法论处。（云梦秦简《金布律》）

入库器物都有标识、编号并登记簿籍，审验二者不合或次序倒置的，要罚官啬夫一盾。库藏皮革，要经常曝晒风吹，发现虫蛀，罚官啬夫一甲。

会计账目不合法律规定，实物与账不符，计账差错或不应销账而注销的，都要按律赔偿或治罪。（云梦秦简《效律》）

3. 武库

国有武器都刻有标记和官府的名称，不能刻的则用丹或漆书写，并登记造册。（云梦秦简《工律》）（见图6-44）

殳、戟、弩上涂红、黑两色有明确的部位，如果标错次第，是要以法律论处的，不要认为那只是超过或不足数的问题。（云梦秦简《效律》）

皮革是制作甲衣的原料，入库的皮革和革铠要经常曝晒风吹。如果发现虫蠹咬坏，就要罚该官府啬夫一甲。（云梦秦简《效律》）

图6-44 "武库丞印"封泥印文

制作铠甲时，札叶数有规定。超过簿籍登记数的要上缴，不足者要赔偿。（云梦秦简《效律》）国有武器可以出借给百姓，但要登记武器上的标识编号。缴回时，武器上没有标记或有标记却非该官府之物，除没收入官之外，还要依据《赍律》责令赔偿。（云梦秦简《工律》）

从传世和出土的秦青铜兵器看，多有标记。其法一是刻铭，二是涂不同颜色。以秦俑坑的兵器为例，即可知其库管制度。如：青铜戟内、矛骹、铍身、剑基部都有铸铭或刻铭"寺工"二字。在一号坑有的铍鞘、二号坑的车马器上也朱书"寺工"。作为一杆长兵器，前端装金属的带刃或刺并有铭记的头，后安镦，其积竹柄则表涂褐色漆。经笔者亲手清理的一支戟全长2.88米，其柄部竟绘有鱼水组成二方连续的图案。铭记、色彩、图案的不同，当是入库簿籍的根据。特别纪年兵器，像始皇三年、五年、七年戟，十五至十九年铍，更便于管理登记。再如箭杆，全长68~72厘米，其竹或木质的笴，表涂朱红和褐两种颜色：分两段的，前红后褐，分别占三分之二和三分之一；分三段的，前段褐色，长占12～14厘米，中段红色占38厘米，后段褐色长17厘米。弩弓表面，一律涂褐色漆，同其弩臂保持一致。至于铜弩机部件上錾刻数字编号、天干、地支或库名，不仅仅是制作上的需要，而且也是入库弩弓在登记和管理上的凭借。

（三）组织机构

府库都有一套管理机构，设立寺府，任官职能。其中属于全国性的，一定是从中央到地方形成垂直关系，以上统下。直接为皇室服务的，仅设中央。咸阳作为首都，当然是最高管理机构的集中地。

1. 粮管系统

"内史"固然是"掌治京师"的行政长官（《汉书·百官公卿表》），但秦集权国家专门设立有"治粟内史"一职来"掌谷货"，并列为九卿之一，位在三公之下，其作用相当于现在的国家粮食和物资储备局局长兼中国人民银行行长。治粟内史有两丞，官署设在咸阳。其属官有太仓令丞，是主管太仓（国家仓库）的负责人。秦咸阳渭南区出土之"泰仓丞印""秦泰令印"封泥，其下属当有分管具体事务的一些仓吏。像咸阳仓、栎阳仓、霸上仓等，既储禾粟，又藏刍稿。除过管理的官吏、事务人员，还有警卫"夜更行官"。

各县的实官（粮仓）是中央下设在县级的粮仓，受双重领导，管理上归县丞，业务上属内史的太仓。县仓在县邑，其主管官吏是仓啬夫，又称"主廥者"①。其属吏有佐、史、稟人等，承担着日常具体事务。仓啬夫又称"都仓啬夫"（云梦秦简《效律》），表明是县仓的主管。佐，是仓啬夫的副手；史，大概是秘书；稟人当属出纳员。②

在乡野的离官（乡仓），其主管是"离邑仓佐"，负责粮食的稟给发放。级别低于仓啬夫，略等于佐、史。

秦王朝的粮仓管理系统，自上到下，彼此对应，表解如下：

---

① 云梦秦简《效律》："大啬夫、丞智（知）而弗罪，以平罪人律论之，有（又）与主廥者共赏（偿）不备。"

② 云梦秦简《效律》记禾粟入仓后，"籍之曰：廥禾若干石，仓啬夫某、佐某、史某、稟人某"。从中即可看出仓啬夫、佐、史、稟人地位的次序。其中仓啬夫最高，稟人最低。《周礼·地官司徒》说廥（稟）人"掌九谷之数"，《仪礼·少牢馈食礼》注作"掌米入之藏者"，《国语·周语》韦昭注作"掌九谷出用之数"。显然，《周礼》的廪人权限很大，渐次降低，到秦时只是仓库收藏出纳的一般人员。咸阳博物馆收藏有秦庄襄王二年（公元前248年）的寺工壶，铭有"廪人荟"是否同校核这一酒器的容量有关？

表6-2　粮管系统表

行政关系	粮仓名	官吏	所在地
中央	太仓	治粟内史	首都
县	实官	仓啬夫、佐、史、稟人	县邑
乡	离官	离邑仓佐	聚

2. 武器管理系统

武器的制造，固然多出自九卿之一的少府下设立"寺工"，但藏储却要交给武库。《汉书·百官公卿表》载，中尉也是九卿之一，任务是"掌缴循京师"，专管都城的治安。其属官就有"武库令丞"。渭南的咸阳故址，就出土有"武库丞印"封泥，为梦斋收藏。有如前述，武库不单藏储兵器，也制造兵器。因为武库管理着武器、战车等作战物资，在保管过程中就有修缮养护的任务，并据国家调令发授兵器。

郡的武库直接受郡守掌管，库啬夫负责。秦王政二十二年（公元前225年）的临汾守曋戈有铭，作"廿二年临汾守曋库系（？）工軟造"[①]。"库"即临汾武库，也是临汾库啬夫一职之省。秦昭襄王十七年（公元前290年）的丞相启状戈铭中有"库脾"[②]，也当是"郃阳"武库的库啬夫。

无论是咸阳、栎阳的武库或是郡的武库，都有一批库吏，可惜史记失载。

3. 府库管理体制

御府设有令丞，府第在咸阳，属九卿之一的少府管。因为是"供御服"、饰用之器，所以不在郡县设立。

---

① 江西省博物馆、遂川县文化馆：《记江西遂川出土的几件秦代铜兵器》，载《考古》1978年第1期。
② 田凤岭、陈雍：《新发现的"十七年丞相启状"戈》，载《文物》1986年第3期。

第五节
城防与治安

一、禁卫军

(一) 侍从警卫部队

保卫首都和皇帝安全的禁卫军,包括三部分兵力。其中的侍卫是最贴近皇帝的侍从警卫,由九卿之一的郎中令掌管,有丞。这支由"郎"充任的亲兵,职责是充任殿中侍卫,把守宫门和掖门(《文献通考·职官考》)。按照秦法,群臣上殿朝请皇帝,不得持尺寸之兵。即使是皇帝的贴身保卫的诸郎,也只能手执兵器列队于殿下,非有诏召是不得上殿的。(《史记·刺客列传》)所谓"陛戟"(《太平御览·燕丹子》),就是指这些站在殿下执着戈、戟、矛之类长兵器的侍卫。他们或者一手持剑,一手拥盾,故又称为"陛楯郎"或"陛楯者"。

《史记·滑稽列传》记载着侏儒优旃这么一段故事:"秦始皇时,置酒而天雨,陛楯者皆沾寒。优旃见而哀之,谓之曰:'汝欲休乎?'陛楯者皆曰:'幸甚。'优旃曰:'我即呼汝,汝疾应曰诺。'居有顷,殿上上寿,呼万岁。优旃临槛大呼曰:'陛楯郎!'郎曰:'诺。'优旃曰:'汝虽长,何益?幸雨立。我虽短也,幸休居。'于是始皇使陛楯者得半相代。"持兵器侍卫殿下的武士,是否从此开始有了轮换值班的制度?

任职宫廷、侍卫皇帝的郎官,统称"郎中"。因天子所居的宫禁之地内外有别,就有了"中郎""郎中"和"外郎"等所谓"三郎"的设置。[①]虽然都是执兵宿卫,却有给事

[①] "三郎"所指,在文献中不一致。《史记·秦始皇本纪》索隐以为是中郎、外郎、散郎。《汉书·百官公卿表》为议郎、中郎、侍郎和郎中,计"四郎"。

"禁中""宫中"和"宫外"的不同。皇帝居处,"门户有禁,非侍御者不得入"(《独断》),只有"中郎"在诸郎中最接近皇帝,地位亲要,甚至可参与议谋,成为君主的心腹。"郎中"不得出入禁中,职责主要是执戟殿下,宿卫皇宫,优旃所称的"陛楯者"即是这类郎官。"外郎",就是"散郎",在皇帝出宫外行时充作车驾卫队,所以也称"骑郎"。

三郎各有长,秦名不知,但见汉有中郎将、郎中将与外郎将。而主管三郎的最高长官是郎中令,三郎之将是其属官之一,另见有大夫、谒者、仆射。(《汉书·百官公卿表》)

因为郎中令掌皇帝的宿卫,处于宫闱之中,故多由亲近的大臣担任此职。昏庸的秦二世任用鄙佞恃才的赵高为郎中令,诛杀秦朝大臣及诸公子,断其股肱,再网罗罪名捕杀三郎,解除近卫,真正成了"孤家寡人",逼死望夷宫,自食贪权害忠的恶果。(《史记·秦始皇本纪》)

有秦"郎中丞印"封泥出土。

(二)宫门防守部队

这是一支守卫城阙、宫门的屯卫部队,相当于今之门卫岗哨。据《汉官解诂》讲,这些卫士护守皇宫和官府,在"诸门部各陈屯夹道其旁,当兵以示威武,交戟以遮妄出入者"。白天夹道交戟,审查印信;晚上巡逻宫中,捕捉不轨。

在禁卫军中,屯卫宫门的这支队伍——卫卒,由九卿之一的卫尉主管,其属官分别设丞,出土有"公车司马丞""卫士丞印"封泥(见图6-45)。既是把守皇宫的一支重兵,卫尉寺又居宫内、卫士在宫垣下为"区庐"驻扎(《汉旧仪》、《汉书》颜师古引胡广注)。因为有深居"禁中"的条件,所以权势炽盛的假阴人嫪毐就能串通卫尉竭、内史肆、佐弋竭、中大夫令齐等后党20人,矫王御玺及太后玺,发县卒及卫卒、官骑、戎翟君公、舍人在咸阳发动叛乱,向去雍蕲年宫的秦王政进攻。(《史记·秦始皇本纪》)

公车司马丞　　　卫士丞印

图6-45 卫尉属官封泥印文

秦二世曾"尽征其材士五万人为屯卫咸阳,令教射狗马禽兽。当食者多,度不足,下调郡县转输菽粟刍藁,皆令自赍粮食。咸阳三百里内不得食其谷。用法益深刻"

（《史记·秦始皇本纪》）。秦代，男子在一生中要服两年兵役，其中一年当"正卒"，即在郡县当兵，接受军事训练；又一年在中央做"卫士"或者到国防前线当"戍卒"，守边关。而秦二世征调"材士"屯卫咸阳是口实，教射狗马禽兽也非练兵的内容，实属用材官蹶张之士围猎取乐的荒唐之举！

（三）城防特警部队

事实上，郎中令主管的侍卫只能是皇帝近身的保卫，卫尉职掌的城防兵也只能是皇宫的门卫，都是对付正面来敌以虞不测的。而秦始皇的保卫工作，已注意到尚处于地下活动的反对力量，为防止积聚和突袭，把他们消灭于萌芽状态，因此成立一支特警部队，开了历代统治阶级防乱维稳的先河。

一支由九卿之一的中尉领导的特种部队，在汉武帝时才更名"执金吾"。其任务是担当宫殿之外、京城之内的警卫，即所谓"徼循京师""禁备盗贼"。《后汉书·百官志》刘昭注引胡广曰："卫尉巡行宫中，则金吾徼于外，相为表里，以擒奸讨猾。"尽管汉代皇帝出行时，执金吾充任护卫及仪仗队，"舆服导从，光满道路"，但在秦汉间"掌京师盗贼，考案疑事"（《通典·职官十》）毕竟是其主要的工作。秦始皇微行咸阳，夜出逢盗兰池，随行武士击杀之，"关中大索二十日"。中尉主管的"武士"，肯定是参加了这次以咸阳为重点、扩及关中的大搜捕行动的。

"中尉"署设咸阳。据《汉书·百官公卿表》载，有两丞，属官有带兵的侯、司马、千人等军吏。汉有"中司马""执金吾侯"，后随人名。

二、由"亭"组成的社会治安网

（一）都亭组织

咸阳作为国都，治安防范工作是重中之重。"都亭"作为咸阳"各亭之首"（陈直《汉书新证》），当然是具有"代表性之亭"。渭河南岸秦都故址出土"咸阳亭印"封泥，作"田"字界格，明显地属于咸阳都亭之印。（见图6-46）

从咸阳市中区到郊区，多处设有管治安的亭。据秦简《盗马》爰书有"市南街亭求盗"捕捉盗马者推知，咸阳诸市的各条街道都有亭的设立。可惜多个市的东、西、南、北街亭的具体名称没有留下来。见载的郊野之亭有杜邮亭、轵道亭、白亭等。

所言治安之"亭"必有其管辖范围，即今之所谓辖区。这大概以"十里"为限，故曰"十里一亭"。因为稽查行旅的关系，所以秦亭多设在交通沿线，像咸阳西门外10里

咸阳亭印　　　咸阳亭丞

图6-46 "咸阳亭印"封泥印文

就是杜邮亭。当然，亭舍的所在也采用了同一称呼。

亭的官吏有"亭长""啬夫""校长""求盗"等，统称为"亭人"。在亭长的领导下，围绕追捕盗贼、巡徼司奸、维护一方社会治安的中心任务而各执其事。汉高祖刘邦就曾做过秦的"泗水亭长"。咸阳诸街亭、野亭都受都亭节制。为确保京畿重地的社会秩序，都亭必定受命于咸阳市丞。

（二）咸阳的治安网

自商鞅变法以来，咸阳一直重视城市治安。那时，编制户籍，实行什伍连坐，目的在于告发"奸人"。自从引进"亭"的机制之后，就成了专门的治安组织，主要职责是徼巡防"盗"。所谓"盗"，不全指以偷窃为务的"贼"和具有暴力手段的"盗"。凡是奸邪、叛乱、反抗的行为都包括在内，就大大地超出了商鞅变法时那种作为政敌的"奸人"范围。

咸阳的治安保卫形成一个多层面的网状结构，表现为以下三方配合：

其一，城乡的诸亭（都亭、街亭、市亭、乡亭、邮亭等）既是点与面，又是表与里的关系。

其二，亭与禁卫军分工，形成内外关系。

其三，亭同什、伍组织配合，发挥了"警"与民政的作用。

（三）几处乡亭的位置考索

1. 杜邮亭

在今咸阳市东郊任家咀附近。

《史记·白起王翦列传》："武安君既行，出咸阳西门十里，至杜邮。"秦咸阳遗址西部边缘当今窑店西长兴村一带，这里有手工业作坊遗址，经考古发掘所获资料丰富。其西再无文物出土，可知越此线西行，即为咸阳的西郊。今任家咀当长兴村之西，约合秦汉10里，传有白起墓。《水经注·渭水》："（鄗）水上承鄗池于昆明池北，周武王之所都也。……北流，西北注与滮池合……北径清泠台西，又径磁石门西……又北注于渭。渭水北有杜邮亭，去咸阳十七里，今名孝里亭，中有白起祠。"鄗水同今之滈河并非一水，在隋初因开永通渠入长安，改道而消失，仅有河床遗迹，故称古鄗水。磁石门是阿房宫之北门，当今西安市三桥街道北新军寨。《括地志》："今咸阳县，古之杜邮，白起死处。"其所说今咸阳县实是唐初分泾阳、始平两县地所置，寄治鲍桥。高祖武德三年（公元620年）徙白起堡，即秦杜邮。由秦咸阳西十里、鄗水入渭之北、唐白起堡这几个相对方位对比，秦杜邮亭位于今咸阳市东任家咀一带。

2. 长平亭

在今泾阳县城东南泾河右岸的咸阳原边余家堡附近。

《史记·秦始皇本纪》集解："张晏曰：'望夷宫在长陵西北长平观道东，故亭处是也。临泾水作之，以望北夷。'"所谓"故亭"即是长平亭。《三辅黄图》："望夷宫在泾阳县界，长平观道东，北临泾水，以望北夷，以为宫名。"在今泾阳县东南高庄镇蒋刘村和西咸新区正阳街道韩家湾村交界处的咸阳原边发现多处秦汉建筑遗址，其中以余家堡北的一处为最大①，有可能是秦望夷宫的主体建筑遗址。这里南同秦冀阙宫庭建筑遗址相望，北临泾水，地属泾阳县界，长平亭也当在这一带。

3. 白亭

秦白亭是咸阳南区的一处亭，地在今西安市西郊劳动公园之北。

《汉书·武五子传》："长安白亭东为戾后园。"戾后园是汉武帝戾太子之史良娣的寝园名，她是在"巫蛊"之祸中遇害于博望苑而葬在苑北（今西安市玉祥门西约1公里的大庆路之北）的。《太平寰宇记》："汉戾园，汉戾太子史良娣葬于此，其地本秦白亭。"《水经注·渭水》载昆明故渠"东径明堂南，旧引水为辟雍处，……北三百步有灵台，是汉平帝元始四年（公元4年）立。渠南有汉故圜丘……故渠之北，有白亭博望苑。……史良娣死，葬于苑北，宣帝以为戾园"。《唐两京城坊考》载唐长安金城坊北门有汉戾园。金城坊在桃园路中段的西电职工医院、劳动公园一带。这里同汉长安城南圜丘、博望苑建筑遗址地望相合，说明秦汉白亭就在劳动公园之北。②

4. 轵道亭

轵道亭是咸阳南区东部一处重要的乡亭，位于今西安市东北的辛家庙一带。

《史记·高祖本纪》："汉元年十月，沛公兵遂先诸侯至霸上。秦王子婴素车白马，系颈以组，封皇帝玺符节，降轵道旁。"《史记索隐》："《汉宫殿疏》云：'轵

---

① 参见本书第151页注①。
② 《汉书·武五子传》："以湖阌乡邪里聚为'戾园'，长安白亭东为'戾后园'，广明成乡为'悼园'。皆改葬焉。"很明确，"戾园"是刘据的墓地，"戾后园"是史良娣的墓地，皆是汉宣帝即位后诏置的。而《水经注》《唐两京城坊考》《太平寰宇记》都把"戾后园"误作"戾园"。

道亭东去霸城观四里，观东去霸水百步。'苏林云：'在长安东十三里也。'"《括地志》："轵故亭在雍州万年县东北十六里苑中。""枳道"（《史记》）又作"轵道"（《汉书》），二者通用，秦汉亭名一地。由霸城观、霸水和万年县三者的相对位置看，轵道亭在霸水西岸。霸城观的取名当同在汉长安的霸城门外有关，与霸陵县无涉。《史记·苏秦列传》集解引徐广说"霸陵有轵道亭"，显然不确，只能认作是方位相近。苏林是三国时期魏人，其言轵道亭"在长安东十三里"，则合今5636.28米①，地当今西安市东北郊的辛家庙。由此验证同霸城门、万年县治、霸水的位置距离皆合，也正处在唐禁苑之中②。

轵是车毂上的轴孔，轵道亭设在渭河南岸的驰道之侧，控咸阳东渡霸水的门户，位置重要，犹如轵对车与轮的不可或缺一样。

5. 长安亭

秦有长安乡，治在汉长安城东南隅，其管辖范围可东及霸水一带。既然乡、亭同级，在长安乡地当有亭的设立，故而同名。

有关秦咸阳的史书，未见长安亭的记载，但汉博城侯张章父曾为"长安亭长，失官，之北阙上书，寄宿霍氏第舍"（《史记·建元以来侯者年表》）。很可能汉长安亭就在秦长安亭之地，当在汉长安城附近。

6. 曲邮亭

《史记·留侯世家》：汉高祖率兵出长安，张良带兵追止曲邮。《史记集解》："司马彪曰：'长安县东有曲邮聚。'"《史记索隐》引作"今在新丰西，俗谓之邮头"。汉初之亭名曲邮，很可能是原来秦驰道上的邮亭。

---

① 东汉1里合今433.56米。
② 有以为汉霸城观在霸水之东，同汉文帝霸陵有关，显然是欠当的。因为它是一处宫观，并非陵庙建筑。其位置在《汉宫殿疏》中和苏林的表述中很清楚，次序是：霸城门 $\xrightarrow{13里}$ 轵道亭 $\xrightarrow{4里}$ 霸城观 $\xrightarrow{100步}$ 霸水。

第七章 以首都为中心的道路交通网

首都咸阳是秦国和秦帝国的心脏，以之为起点的陆路大道有似血管命脉流布全身，激越的政治活动、飞跃的经济发展正有赖于此才迸发出活力。

以咸阳为中心的交通，经过了一个由小到大、从单一到繁复的历程。秦孝公立都咸阳，选址在周、秦以来横亘关中的交通大道上。这里西经旧都雍，越陇阪直达秦人的发祥地；东向函谷，本来就有一条长达千里的"周道"。它从咸阳出发，沿渭河北岸，东过漫漫的河西地，渡黄河，经三晋，直达燕、齐；南越秦岭，分下巴蜀与荆楚，直驱江汉流域。

对秦国而言，这些四通八达的路线可称为"国际大道"。它是秦人沿用或新拓的成果，大大方便了"四塞之固"的秦国同外面世界的往来。公元前221年，秦始皇统一六国之后，"决通川防，夷去险阻"，拆除长城，不仅改变了诸侯割据中"壅防百川，各以自利"和"以邻为壑"的局面，解除了由此造成的水旱灾害的威胁，而且修筑道路，大力发展水陆交通，在广阔的领域内更多地促进了各地的交流。

咸阳的国中大道，其规模之大、形式之新颖，体现的是帝都的雄姿。而由此发轫，辐射全国的交通干道，在形成帝国过程中的作用、地位，更具深刻的文化学意义。除却秦始皇旨在加强国防和控制各地的主观意图外，客观上还起到了促进全国经济联系、文化交流、移风易俗的重大作用。

第一节
首都的道路与桥梁

一、御道

《史记·秦始皇本纪》："先作前殿阿房，东西五百步，南北五十丈，上可以坐万人，下可以建五丈旗。周驰为阁道"。"秦每破诸侯，写放其宫室，作之咸阳北阪上，南临渭。自雍门以东至泾渭，殿屋复道，周阁相属。"

阁道、复道、甬道和辇道是特殊的道路形式。在秦汉京都之内，其专供皇帝通行于宫廷建筑之间，是短距离的通道。由于其不属于地面道路中的专用线，而是同建筑巧妙融合的产物，兼具二者的属性，遂成了一种形式别致又华美绮丽的交通建筑艺术形式。随着历史进程，这几种道路形式各自发展又彼此渗透，从兴起到消失（或整体，或部分），以至后人不明其原貌。注家歧义，或对或错，或言中而欠理，各执一端，更令后人的后人无所适从。若不追本溯源，辩证地解析，就很难找到正确的答案。在这里，我们只有区分秦代出现的这几种道路形式，才可从功能上看到其建筑学意义。

（一）阁道

阁道建于地面，是在道路上架设顶棚，两侧或立护栏，中间形成廊道，以便行人。每隔一定距离，还建有一座可四望止息的亭阁。（见图7-1）

秦都咸阳的阁道，在《史记》里只有上引阿房宫"周驰为阁道"和北阪上仿作诸侯宫殿间"周阁相属"这两处。[①]既作"周驰""周阁"，必是环周的意思。在阿房宫

---

① 《三辅黄图》记阿房宫"离宫别馆，弥山跨谷，辇道相属，阁道通骊山八十余里"。而《史记·秦始皇本纪》作"自极庙道通郦山"，并没有阿房宫阁道通郦的说法。

对以上含糊的说法，笔者以为司马迁的记载是对的。因为从很多材料比较中知，阁道是用在群体及建筑之间的宫中道路，跨度不可能太大。况且唐诗人杜牧在《阿房宫赋》中也只是说"骊山北构而西折，直走咸阳"，并没有"直走阿房"，可见阁道这一建筑形式无论怎样变化也还有着确定的形态。

图 7-1　褒斜谷中的阁道

遗址上围绕"前殿"有几处路土建筑遗迹的发现，其中的第十一号建筑基址位于殿址西侧，当纪阳寨之南，南北长230米，宽2.5米，面积598平方米。西安市文物保护考古所钻探队认为是"长廊式阁道建筑"①。因为阿房宫遗址发生了严重的历史性破坏，钻探的数据远非原状，但其走向、构筑残留及连接十、十二、十三号建筑的情况，毕竟给我们提供了探讨其性质的凭借。再从笔者测绘咸阳北阪上牛羊村到刘家沟之间秦建筑遗迹看，均呈90°的正方向转折，但占地面积很大的多个单体或是群体建筑遗迹之间，往往是相通的，有些在中间形成空白地带，确也表现着"周阁相属"的情况。这就足以说明，阁道只能是咸阳北阪宫殿群和阿房宫两处建筑中特有的地面道路。作用在于使帝车于宫殿间"周驰"，与之配套的是"为复道，自阿房渡渭，属之咸阳，以象天极阁道绝汉抵营室也"（《史记·秦始皇本纪》）。虽取义天帝出，必经"阁道六星"，实则是复道又把两处连为一体。

阁道回环曲绕于各建筑群落之间，再加之本身华美典雅，不单实用，而且还具有点缀的作用。既增加了变化，又避免了单调呆滞，从而获得了整体美的效果。也正因为这种道路形式产之于秦，附属于宫廷建筑，是一种特殊的道路建筑形式，同复道、甬道配合，专供秦始皇游乐行幸于咸阳宫廷之间，服务于帝王贵族，所以为以后两汉统治者及豪门贵族所承袭并有所发展变化。

有些人解释阁道，说是也叫"栈道"。实际上，二者是有区别的。前者顶上有棚可遮阳挡雨，两侧有护栏，可以四望；而后者在悬崖上凿孔，横插棚木，上铺木板，形成悬空的道路。不过，二者在建筑手法上也有互相借鉴的地方，像在栈道的一些路段上也

---

① 西安市文物局文物处、西安市文物保护考古所：《秦阿房宫遗址考古调查报告》，载《文博》1998年第1期。

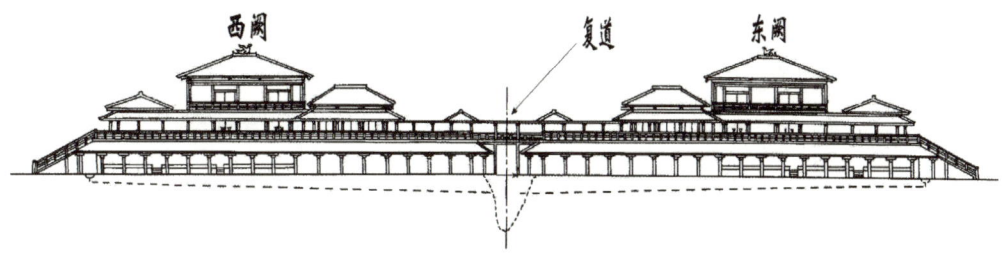

图 7-2　冀阙遗址整体复原与复道南立面图
（杨鸿勋原图，王学理稍改）

可以搭盖顶棚，或建有亭阁，供行人止息。

（二）复道

复道是一种架设在空中的道路，因为"上下有道"故名。（见图7-2）

秦始皇在关内外大治宫室，二十六年（公元前221年）"自雍门以东至泾渭，殿屋复道，周阁相属。所得诸侯美人、钟鼓，以充入之"。三十五年（公元前212年）"为复道，自阿房渡渭，属之咸阳，以象天极阁道绝汉抵营室也。……乃令咸阳之旁二百里内，宫观二百七十，复道甬道相连，帷帐钟鼓美人充之，各案署不移徙"。（《史记·秦始皇本纪》）从引文中可以看出，咸阳北区在统一后即于各宫殿间建有复道，随后建造阿房宫前殿时也以复道连通咸阳的渭河北区。秦始皇听信方士卢生有关"真人"的胡诌之后，竟把复道、甬道扩大到整个咸阳二百里内的宫殿之间。出自"所居宫毋令人知"的考虑，复道就成了连接咸阳各宫殿的密闭式空中道路，以供秦始皇行幸专用。

如淳说"上下有道，故谓之复"（《汉书·高帝纪》注引），这是从"复"字含有"重复""重叠"的本义上讲的。《广雅·释诂》："复，重也。"有说复道是下走车上行人，或说尊贵者行上层。虽然路线有如此的划分，但在实际使用上恐怕也不尽然。不过，这毕竟说明秦代复道是名实相符的两层，而且复道是通行于宫殿之间的。《史记·留侯世家》记载汉高祖刘邦在洛阳南宫"从复道望见诸将，往往相与坐沙中语"。他之所以能看见诸将，就是因为居高临下。

复道在以后的发展岁月里，还出现了两道分离的情况，如两座高层建筑间以平直的或拱形的空中廊道连接，甚至在上面建有亭阁，称为"飞阁""飞梁""天桥"等，以致后来注家未能区分这演变之迹，竟把复道解释为阁道[①]。从严格的意义上讲，它是

---

① 《史记·留侯世家》集解引韦昭语。

桥梁、复道与阁道三者艺术结合的产物，当属于又一种建筑形式。①还有一种复道不是上下平行而是立体交叉的形式，像汉惠帝"为东朝长乐宫，及间往，数跸烦人，乃作复道，方筑武库南"（《史记·刘敬叔孙通列传》），使新筑的复道同高祖的"宗庙道"（又称"衣冠道""游道"）形成"十"字相交。复道也有单独架设而同下层道路不重合的，汉梁孝王刘武受窦太后赏赐不可胜数，"筑东苑，方三百余里，广睢阳城七十里。大治宫室，为复道，自宫连属于平台五十余里"（《史记·梁孝王世家》）。高架五十里的空中复道不可能同地下道完全平行，必有上下正交与斜交的穿过。

（三）甬道

甬道，是一种两侧筑有屏障的地面道路。

作为天子专用的特殊道路，秦首创阁道、复道的同时，也构筑了"甬道"这一隐蔽型通道。秦始皇二十七年（公元前220年）"作甘泉前殿，筑甬道，自咸阳属之"，三十五年（公元前212年）"乃令咸阳之旁二百里内，宫观二百七十，复道甬道相连"。（《史记·秦始皇本纪》）甘泉前殿在渭河南岸的甘泉宫（即南宫）内，是母太后死后新建的正殿。大概在秦统一天下之后，始皇把大朝之处由渭北的咸阳宫转到了渭南的甘泉宫，但并没有废止渭北的国事活动与游幸北阪的嫔妃之宫及兰池。于是，为了皇帝的安全，就有了甘泉复道的建造，随后又有咸阳宫殿间"复道甬道相连"的普遍设立。

甬道的形状，据裴骃《史记集解》引应劭的说法是"筑垣墙如街巷"。张守节《史记正义》引应劭的又一说法是"谓于驰道外筑墙，天子于中行，外人不见"。定义固然不严谨，意思却很明白，这就是：在天子之道两侧建造垣墙，形如街巷，使垣墙之外的人不能窥视内中的行动。如前述，"阁道"设在地面，围绕各宫殿群落，供皇帝车马"周驰"，或有护栏，犹如曲廊，人行道中，可小憩阁中，里外通明。"复道"则升至空中，只可上视下，里视外，属于半隐蔽状态。而"甬道"却里外隔断，同前二者带有的悠游性质俨然有别，纯属急驱的秘密通道。也正因为出自"外人不见"的考虑，才往往有"复道甬道相连"的情况。

---

① 汉代还有把楼阁宫殿间的空中通道称作"飞阁"或"辇道"的。《三辅黄图》："帝于未央宫营造日广，以城中为小，乃于宫西跨城池作飞阁，通建章宫，构辇道以上下。"注："辇道为阁道，可以乘辇而行。"很明显，能够乘车而行的阁道就是所谓辇道。《史记·孝武本纪》："乃立神明台、井幹楼，度五十余丈，辇道相属焉。"至于汉代以后把栈道也称作阁道的，那应该说是演化了的又一种形式了。总之，这些都不是原来意义上的阁道或复道了。

"筑垣墙如街巷"的甬道，主要是为了保障皇帝通行咸阳诸宫时的安全。因为首都只有宫城而无郭城，且咸阳的二百七十座宫殿分布分散，所以虽有禁卫军执勤、各亭分片包干的地方治安，但毕竟市内人员杂错，很难做到万无一失。甬道这种遮护行动、保障安全的特殊道路，从宫廷御道进而发展为军事上的一种防护掩体。秦末的巨鹿之战中，章邯筑甬道而输粟给部将王离、涉间，项羽"九战，绝其甬道"。(《史记·项羽本纪》) 楚汉战争中，刘邦、项羽都在荥阳筑甬道，或取敖仓之粟或供给东方，甬道作用尤显重要。因此，争夺甬道往往是取胜的关键一招。

二、桥梁

（一）渭水桥

1. 关于横桥的文献记载与考释

（1）建桥时间

古代水量丰沛，渭水流经咸阳到西安的这段河道既宽且深，人们只有凭借舟楫南北摆渡方可往还。周文王娶有莘氏之女太姒，曾"亲迎于渭，造舟为梁"（《诗·大雅·大明》）。据《史记·周本纪》正义引《括地志》载，有莘国"在同州河西县南二十里"，今属合阳县。① 大队嫁娶的人马自北而来，只有联结木桥为"浮梁"才解决了渡渭问题。

在宽阔的渭河上首次架设桥梁，是秦人定都咸阳之后的事。建桥的具体时间正史失载，杂记有两种说法，即：

> 咸阳宫在渭北，兴乐宫在渭南，秦昭王通两宫之间，作渭桥，长三百八十步。
> （《史记·孝文本纪》索隐引《三辅故事》）

> 秦造横桥，汉承秦制。广六丈三百八十步，置都水令以掌之，号为石柱桥。
> （《三辅黄图》引《三辅旧事》）

看来在咸阳这段渭水河道上建桥始于秦昭襄王（公元前306—前251年），秦始皇时（包括秦王政时，公元前246—前210年）只是做了增修与扩建。其规模之大，气势之雄伟，虽然经过了1000多年，仍使唐诗人杜牧发出"长桥卧波，未云何龙？复道行空，不

---

① 杨东晨：《渭南地区的古氏族》，见杨东晨：《古史论集》，陕西人民教育出版社，1994年。

霁何虹？高低冥迷，不知西东"（《阿房宫赋》）的赞叹。

渭水之桥，秦名"渭桥"。西汉在渭南建都长安，因桥南对横门，又名"横桥""横门桥""石柱桥"。自从汉在城西渭水上建了"西渭桥"，在灞水入渭处建了"东渭桥"之后，始有"中渭桥"之名，合称"渭水三桥"。

（2）横桥结构与技术特点

横桥的架设有如一条纽带，把咸阳的渭水南北两区连接了起来，使首都浑然一体。作为交通干线的咽喉，它也给这座城市增添了整体美。

一座横空长桥，飞跨于浩瀚的渭水之上，诗人能不想象它是一条汲水的长天巨龙？而《三辅黄图》干脆把咸阳当作上天的再现："始皇兼天下，都咸阳，因北陵营殿，端门四达，以则紫宫象帝居。渭水贯都以象天汉，横桥南度以法牵牛。"

横桥的规模，史载：桥广六丈，南北三百八十步，六十八间，八百五十柱，二百一十二梁。桥之南北有堤，激立石柱。①《三辅黄图》作桥广六尺，南北三百八十步，六十八间，七百五十柱，百二十二梁（今本作"二百一十二梁"、《长安志》引作"二百二十二"、《玉海》引作"一百二十二"），桥之南北有堤，激立石柱。柱南京兆主之，柱北冯翊（《初学记》引《三辅故事》作"右扶风"）主之，有令、丞，各领徒一千人（《水经注·渭水》引作"千五百人"），桥之北首垒石水中。关于桥的主要参数在各书或引文中大致相同，但桥面宽度却有"六丈"与"六尺"的不同。想来，长达"三百八十步"的桥，宽仅"六尺"是难以容载车马的，当以"六丈"为是。按秦"六尺为步"，1尺合今0.231米，折算结果如下：

横桥长度：0.231米×6×380=526.68米。

横桥宽度：0.231米×60=13.86米。

《三辅旧事》与《三辅黄图》所记无疑都是汉之横桥，而且也都承认"汉承秦制"在渭桥上所体现的这一事实。一般来说，反映的秦桥风貌是不会有大的距离。而内蒙古和林格尔东汉墓壁画上的"渭水桥"，又给我们提供了形象的凭借。②

和林格尔"渭水桥"壁画的梁下有"渭水桥"榜题，桥上的车骑间有"长安令"

---

① 据《二酉堂丛书》张澍辑本，引《三辅旧事》和《三辅黄图》两书，数字有出入，今改从后者："横桥，秦造，汉承秦制，广六丈，南北三百八十步。"

② 盖山林：《和林格尔汉墓壁画》，内蒙古人民出版社，1977年。

三字,说明表现的是汉长安之渭水桥。(见图7-3)这座中渭桥在东汉末年,董卓入关后焚毁。后经曹操重修,但桥面从原来的"六丈"减成了"三丈六尺",桥头之忖留石像也坠毁水中。而

图7-3 和林格尔汉墓渭水桥壁画

"渭水桥"壁画所绘,一定是董卓未焚之前的横桥形象。其结构是一座多跨的梁式桥,在每跨的端点各有四根并排的立柱,柱上施两跳斗拱以承托木梁,梁上横铺木板,再在桥面两侧立以护栏。因为这幅壁画是绘在拱形的券洞顶部,桥身本来是平直的却变成了带有斜形的边跨。当然,这是不符合历史实际的。虽然它没有表现更多的间跨,也不见两岸的堤或石柱,但整体间架结构还是比较清楚的。若结合山东、苏北的画像石以及成都的画像砖,可知此类多跨的梁式木桥在当时是很普遍的。

在这里,横桥工程所显示的技术特点有如以下诸端:

第一,它是一座多跨的木排架梁式桥,跨数多达68跨(间),总长度526.68米,比现在咸阳市南渭河上的钢筋水泥公路桥——咸阳市一号桥,还多出80多米。这在世界桥梁建筑史上也是少见的。

第二,桥腿固然用木柱,但在激流中立有石墩(或言"铁墩"),增加了横桥整体的稳定性。①

第三,"桥之南北有堤",即桥所在的渭河两岸砌有护岸堤。因为渭水流经黄土及沙壤地带,质地亦常疏松。采取砌堤护岸措施,以防浪涛侧蚀,对稳定桥基具有重要作用。这是黄土地带建桥经验的积累和创造,对后世都有深远的影响。至今在桥梁、码头和水利工程中,砌筑"泊岸"的做法,都应看作对古代优良传统的借鉴。

第四,"桥之北首垒石水中",桥南也应如此。因为渭河河床是缓沟状,两岸不是壁立陡峭而是具有较宽的河漫滩。和林格尔汉墓壁画上,在桥的中段水流翻浪并有行船

---

① 《水经注·渭水》:"秦始皇造桥,铁锧重不胜,故刻石作力士孟贲等像以祭之,锧乃可移动也。"《太平御览》引文同此。《三辅旧事》:"桥北京(立)石水中,旧有忖留神像。"传说此像是鲁班用脚画出的,这实际上是出于后人对这一雄伟工程的赞颂。

传说用铁锧,笔者以为不是不可能的。在高陵耿镇街道白家嘴西南的唐东渭桥遗址中,见到用木桩联结作桥墩,周围皆以青石条和卵石围砌,再以铁汁浇灌,使之凝结成一个整体。而相邻的两石条之间,则以铁栓板连接,这大概就是所谓的"铁锧"。

竞渡，而两端河滩宽，花木扶疏，反映着当时的真实状况，古今亦然。正因如此，在桥之两端垒石作"引桥"，势所必然。

第五，桥面宽"六丈"（13.86米），接近我国现代大中城市内"四车道"的城市桥梁设计要求（15米）。因为它不但便利南北市民的往来，更主要的还是一条"御道"。可惜的是画面上没有表现出"阿房渡渭"的复道和甘泉宫通咸阳的甬道来。

（3）位置考索

横桥因汉长安城有横门而得名，二者相去当然不远。

汉都长安是在秦都咸阳南区的基础上建立起来的城市。固然渭北秦的诸多宫室在秦末之火中遭到不同程度的毁坏，但渭南秦宫幸免于难，也就成了汉家利用、扩建的对象。秦、汉两都的中心区隔渭水南北对直，就很能说明汉不仅利用秦的旧宫，而且对秦的交通大道、关梁渡口也是一仍其故。横桥北对秦咸阳的冀阙宫庭——咸阳宫，南入横门，穿过华阳街，直达未央宫。这条交通线对西汉早期长安城具有无可取代的重要作用，因为经过水上锁钥的横桥，有三个方向的大道，即：过棘门后东北向长陵、阳陵，或西北行，沿驰道，经安陵，下长平阪，渡泾水，至池阳宫，直驱避暑胜地甘泉宫；向东，过泾河，沿渭北大道，去栎阳宫、太上皇陵；到渭城，西北行，经孝里（即秦之杜邮），可去汉诸陵，直接细柳（汉武帝后则多经西渭桥），沿渭河北岸大道西去。于此，我们也就明白了汉天子把未央宫作为朝宫，其北阙还成了正门的道理。汉武帝造"千门万户"的建章宫于城西，直至王莽造九庙于城南，也都是围绕这一事实上的南北轴线进行的。横门地区是个繁华的所在，内有东、西市的商业活动地，门外至横桥间"夹横桥大道，市楼皆重屋"（《三辅黄图》），形成又一个商业地带。

《三辅黄图》："长安城北出西头第一门曰横门，……门外有桥曰横桥。"《汉书·文帝纪》苏林注：渭桥"在长安北三里"。汉长安故城的横门遗址在今西安市西北六村堡街道相家巷村东、关庙村北侧。由此北去"三里"（魏），即1300.68米，就是横桥南端的桥头。中国社会科学院考古研究所汉城队在横门外探出一条大道长1250米，再向北即是淤沙堆积，不见路土，说明已经到了秦汉时期的渭河南岸，路迹长度接近"三里"也表明魏时人观测之准确。

渭水北移，是近百年来形成的南进北退趋势，河床向南让给了沙滩，再变成陆地，从而就出现了今日大面积种植的草滩农场。而秦时北岸几近4公里的广阔地域却沦入了河底。①不过，今西咸新区窑店南的东龙村东150米处还残存着一段南北向的秦大道遗迹，保存在地下1.4米深处，路土厚30厘米，路面宽50米。该路段向南过渭河，同横门外大道相接，直对汉长安城横门遗址；该路北端直指牛羊村的秦冀阙宫庭遗址。这些足以说明它就是秦汉时期经过横桥、连接渭河南北的交通大道，无疑地为探寻横桥的具体位置提供了方向性的线索。

2. 汉长安城北渭水桥的考古成果

2012年4月，在群众取沙过程中，有古桥木柱露出。中国社会科学院考古研究所、陕西省考古研究院与西安市文物保护考古研究院联合组成"渭桥考古队"，对汉长安城遗址北侧、渭河南岸的西席村、高庙村古桥进行调查，发现有3组7座秦汉时期的木梁柱多跨的平桥。②

根据发现古桥的先后，依次编号。西席村北有5座桥，东西并列。向南1200米，正对汉长安城厨城门，称为"厨城门桥"。（见图7-4）一号桥居中，东去220米是三号桥；一号桥西200米，是二号桥，再向西80米左右为厨城门四号桥；在二号和四号之间为五号桥。

位于高庙村北的古桥，正对着汉长安城北墙的洛城门，故称为"洛城门桥"。

图7-4　厨城门外渭河桥在发掘中

---

① 渭河在秦汉时代的长安段，流经偏南。三国魏人苏林说渭桥"在长安北三里"的话是可信的。东汉1里合今433.56米，3里也不过1300多米。据《汉书·成帝纪》载，建始三年（公元前30年），渭水涨溢，虒上（河边的地名）的小女子陈持弓急入横城门，误入"未央宫钩盾中，吏民惊上城"。一个小女孩急入未央宫，倾城受惊，占据高地，足以说明渭水距汉长安城横门不远，水面同汉城的高差也不很大。而现在的渭河经过2000年，已北移5公里以上。

20世纪60年代，笔者发掘秦都咸阳遗址时，专门从高庙到草滩农场的滩地上调查。走访一高龄老人，他说他父亲小时就在河边玩耍，有一年河水落下时，他还看到木桥桩。笔者专门到渭南去找一个三门峡水库的管理机构，复制了关中渭河迁移的资料。当时奇怪地感到渭河北移是近百年的事。2012年，渭桥考古队在汉长安城厨城门一号桥发掘中，出土了清代"康熙通宝"铜钱，就说明至迟在清代中后期，渭河的主河道还在这地方。只有在近百年来，随关中人口增加、森林砍伐、水土流失、环境恶化，渭河北移的速度加快。看来，原以为秦岭抬升运动促使渭水向北倒岸的看法并不准确。

渭河桥的最新考古资料见《秦汉渭桥遗址为同期世界最大木桥》，载2013年1月25日《陕西文化遗产》，又见《中国文物信息网》。

② 参见陕西省考古研究院、中国社会科学院考古研究所、西安市文物保护考古研究院渭桥考古队：《西安市汉长安城北渭桥遗址》，载《考古》2014年第7期。

在草滩街道王家堡,又发现一座古桥。

截至2013年12月下旬,渭桥考古队已对厨城门一号桥、三号桥及洛城门桥开展了考古勘探与发掘,各项发掘工作目前仍在进行之中。

（1）厨城门桥

厨城门一号桥位于西安市未央区六村堡街道西席村北,为南北向木梁柱桥,长880米,两侧桥桩间距约15.4米（约合秦汉六丈六尺,是推算桥宽度的参考系）。出土木桥桩70余根、五边形石构件,大量半两、五铢、"大泉五十"铜钱,少量唐"开元通宝"、唐"乾元重宝"、宋"皇宋通宝"、清"康熙通宝"等钱币,还有绳纹板瓦、筒瓦、青砖块等。石构件上刻文有"第四""第五""官""官石""夏德石"等。桥桩顺河流方向东西排列,间距不等,南北两排桥桩间距约3~7米。桥桩材质系桢楠、铁杉、圆柏等。

厨城门三号桥,位于一号桥东220米,为南北向木梁柱桥,其东西两侧桥桩间距8.3米,南北桥桩间距6~7米。在发掘区东北发现一条绳索,长约12米,直径0.048米,蜿蜒埋于沙层中,西端系在一木梁上。桥桩周围堆放大量卵石,当为护桩之用。堆石残留有铁榫迹,可知原用铁网罩住。在卵石之间沙层中,包含有较多的绳纹板瓦、筒瓦、瓦当、青砖残块、钱范残块、陶器残片、褐釉瓷与青花瓷残片。

经碳-14测年,一号桥建于战国到西汉早期,沿用至唐、宋,前后沿用1000余年。至于有"康熙通宝"铜钱的出现,说明渭河的主河道一直从有文献记载的秦至清代中晚期,都没有大的变化。四号桥建于战国晚期,三号桥为唐代。

（2）洛城门桥

位于高庙村北2里的贵家花园,桥址南距洛城门750米,西距厨城门桥1700米。发掘面积500平方米,南北向,长度不明,已发现东西三排桥桩,相邻两排的间距有9~10米。东西两侧桥桩间距15米左右,当是桥宽不小于此数。采集到较多的汉代板瓦、筒瓦及"U"形铁构件。此桥始建时间当晚于厨城门一号桥,因受水流影响毁坏严重,推测使用年限在西汉晚期到东汉早期。

（3）草滩王家堡古桥

考古在进行中。

（二）沈水桥

潏河（沈水）从秦岭大峪流出,经过今西安市长安区,向北流到汉长安城遗址西南角,形成一段东西流向的弯道。这段弯道上原来架有秦汉两座桥梁。2005年8月至2007

年5月，西安市文物保护考古所对这两座古桥进行了清理发掘，确认二号古桥的建造时间早于一号古桥，年代可能为秦代。（见图7-5）①

二号古桥遗址位于今西安市西北，建章路以东，陇海铁路以南，皂河西岸。地处西安市三桥街道湾子村东北约200米，即西三环西辅道陇海铁路涵洞以南约100米处，东距汉长安城西南角约400米，与一号古桥相距90米。在二号古桥遗址深约7米、宽20米的辅道沟槽内发现东西排列的5排32根木桩。木桩多为木质坚硬的侧柏、栎

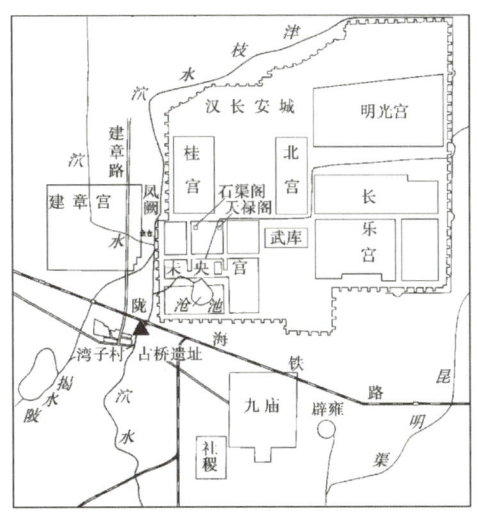

图7-5　洰水桥遗址位置示意图
（王自力图）

木、楠木等珍贵木种，但保存极差，大部分仅存根部。桩距0.8～1.0米，形状有圆形、三角形、三棱形等。遗址出土物较少，仅有零星的汉代板瓦、筒瓦残片。

据发掘资料可知，二号古桥是秦渭南新区通往上林苑的重要跨洰水设施，而西汉则把介于长安城与建章宫之间的这一交通线的作用发挥到了极致。

（三）长夷泾桥——泾水桥

由首都咸阳北去林光宫，须下长平阪，过泾水。修筑秦始皇陵墓所用的大石，采自北山，传有"运石甘泉口"之谣。北通九原的直道是首都通往北边的国防大道。这种频繁的往还，涉泾当自津要。除船渡之外，必有桥梁。

《官印征存》收有"长夷泾桥"秦印一方，白文小篆，作"田"字界格。（见图7-6）《说文解字》："夷，平也。"那么，"长夷"当是"长平"，恰有地名"长平阪"。在秦都咸阳的原上北行，到望夷宫，临近泾水的南岸坡地，即是长平阪。《汉书·宣帝纪》：甘露三年（公元前51年）"上自甘泉宿池阳宫。上登长平阪"。注："如淳曰：'阪名也，在池阳南。上原之阪有长平观，去长安五十里。'师古曰：'泾水之南原，即今所谓眭城阪也。'"《三辅黄图》："长平观，在池阳宫，临泾水。"实际上，

图7-6　"长夷泾桥"印

---
① 西安市文物保护考古研究院：《汉长安城洰水古桥遗址发掘报告》，载《考古学报》2012年第3期。

长平观确实"临泾水",但并不在池阳宫,所以《汉书疏证》说:"元和志长平阪在泾阳县西南五里,池阳宫在县西北八里。"经考古调查知,望夷宫址在今泾阳县高庄镇余家堡。由此北下"泾水之南原",大概就是泾水桥。

泾水桥之名称,原来也许就是"长夷泾桥"。由咸阳北去林光宫,须渡泾水,长平阪乃必经之地,沿线则有望夷宫、长平观、池阳宫的设立。在泾水上架设桥梁,并置管理机构,正如渭水上横桥"有令、丞,各领徒一千五百人"(《三辅旧事》)一样。"长夷泾桥"印即专用于泾桥,同所有津渡、桥梁、关隘相似,都用专印,是秦"查验制度"的表现。

泾水桥址不知其具体的所在。但长平阪、眭城阪、临泾之地确是古今一条大道必经的津渡。今有地名仍叫"修石渡",或说同修始皇陵采北山之石有关。

(四)霸桥

霸水由东南蓝田谷中流来,从西安东侧北流入渭。在古代,因流量巨大,被列为"关中八川"之一。本名"滋水",秦穆公为显示霸功,故而改作"霸水"。丰镐、咸阳、长安等周、秦、汉、唐诸朝都城均处于水之左岸,就是因为这条巨川具有屏蔽拱卫的作用。函关、蓝武大道入都之前,必阻隔于霸水。同样,由京城东去,也得束于津渡。因此,在霸水上架设桥梁,直为历代所重视。

秦都咸阳南区通函谷关的是一条东西干道。芷阳、东陵、丽邑、始皇陵均居路侧,往来频繁。《史记·秦始皇本纪》说"自极庙道通郦山",此"道"必定是渭南二级阶地上的东西大道,也就是后来的驰道。因为这条路在今"西安—灞桥"路之北,到汉世出长安城宣平门也是走的此一旧道。秦汉时期霸桥的位置,当在浐、灞两水交汇后的下端。据考,约在今西安市未央辖区东部的袁洛村东南与灞桥区段家庄西北之间的灞河上,即浐灞生态区的北部。在河东今有地名曰"桥梓口"或"桥子口",笔者以为是"桥之口"之误,这表明它是秦汉霸桥东口不远处的一处古老地名。桥东10里是魏、晋的霸城县,向东南当是秦霸宫(芷阳宫)、汉霸陵邑的所在;桥西则有秦子婴奉玺符来降的轵道亭,正西"十三里"对的就是汉长安城的清明门(《史记·秦始皇本纪》集解、《汉书·高帝纪》均引苏林语)。2002年,在段家庄西北的灞河东岸河床上,发现汉代的水上建筑遗存,除木构件之外,还出土有汉代砖瓦、陶井圈、陶片、汉五铢钱、铜箭头、铁器等文物,在粗绳纹砖上有"亭"字陶文。

秦汉霸桥大概是木桥,《汉书·王莽传》载,地皇三年(公元22年)"二月,霸桥灾,数千人以水沃救,不灭"。据说是"寒民舍居桥下,疑以火自燎"。王莽重修后,改名"长存桥"。

第二节
内史通天下的大道

一、陆路交通

（一）西线诸道

由首都咸阳西去北地、陇西两郡，主要有两条通路：一条是溯泾水而上至北地郡治义渠（今甘肃宁县西北）的"泾水道"；另一条是沿渭水北岸经旧都雍，再溯汧水抵达秦人陇东故地的"汧水道"。

秦始皇在统一六国之后的第二年，即"巡陇西、北地，出鸡头山，过回中"（《史记·秦始皇本纪》）。他北巡长城以内的北地、陇西两郡，目的大概有二：一是先到秦人的发源地，带有"告祖"的性质；二是视察帝国北边与匈奴接壤处的社会治安。他先走汧水道越陇山，到达祖先生活过的西垂地，远及陇西郡治狄道（今甘肃临洮县）。再折而东北行，游览了山势峻峭、风景独特的鸡头山（今甘肃平凉市西崆峒山①），进入

---

① 关于崆峒山有多种说法，以为是今甘肃省成县鸡峰山、西和县东北20多里的塔子山和云华山、镇原县茹河南岸的鸡头山、平凉市的崆峒山等等。其中的成县、西和虽接近西犬丘所在地礼县，但偏在陇东南，秦始皇不可能拐个大弯先去游山玩水的；镇原鸡头山固然处在经行路线上，但山势平缓，无甚奇特之处。2011年7月，笔者登上崆峒山做了一次考察，看到平凉崆峒山与前述诸山不同，作为秦始皇帝登临的"鸡头山"最有条件。这是因为：

第一，崆峒山是西北、东南向的六盘山之支脉，横亘在去北地郡的大道上。秦始皇此行的目的之一就是要沿长城内侧视察边关的防守，必然穿过崆峒山到达萧关。所以，司马迁用了"出鸡头山"四个字，其中的"出"字，就非常形象而恰当地点出了在交通不便的情况下又必须穿过的事实。

第二，崆峒山由大大小小数十座山峰组成，主峰固然是马鬃山（也称"绝顶"），但后面的翠屏山海拔2123米，是崆峒山最高峰。而突兀耸立的望驾山，又被交汇的泾河和胭脂河所环绕。由上三叠系紫红色坚硬砾岩构成的丹霞地貌，给这里平添了些许神奇。雄伟壮丽的崆峒山耸立于苍穹间，同逶逦坚固的长城构成了帝国西北方一道天然的屏障。可以想见，刚登上帝国巅峰的秦始皇这时的第一考虑，大概不是游山玩水，而是从政治角度出发如何处置匈奴的问题。（转下页）

北地郡的泾水流域。沿长城内侧，直驱萧关（今宁夏泾源县北）。然后回程，顺泾水道而下关中。因为他所经行的这两条干道形成一个回环的闭合圈，故后世统称之为"回中道"（或说途中因有"回中宫"而得名）。

回中道沿途常有秦文物出土。锺侃先生报：1967年，在宁夏固原县头营公社坪乐大队出土咸阳铜鼎、壶、卣、戈、剑、铃、镦。①

陕西、甘肃两省隔有陇山（古称"陇坻""陇坂""陇首"）。其北为主脉，绵延宁夏曰六盘山。陇山长约100公里，海拔高2000米左右，山势险峻，《三秦记》说："其坂九回，上者七日乃越。上有清水四注下，俗歌曰：'陇头流水，鸣声幽咽，遥见秦川，肝肠断绝。'"（《通典》引）秦人要从西垂之地走向周文化昌盛的关中，就不能不从这让人悲愁的陇山中寻找通道。因此在汧水道开辟之前，人们早就在渭水峡谷及北岸的陇山山间探求着近捷的道路，从而形成"数道上陇"的情况，其中以"楚水道"和"渭水道"较为重要。②但越过陇山的诸道，其连接两个近端的点则是今陕西宝鸡和甘肃天水两个地区，由这两点又各自分道，其中有些路也同干道重合，接汧水道者即属此类。

1. 泾水道

由咸阳出发，经秦望夷宫，越泾水，过池阳、云阳秦林光宫（在今陕西淳化县北），沿泾水西北行，经漆阳（今陕西彬州市），循马莲河谷北上，至北地郡治义渠，进入陇东地区。由此可分别到今甘肃的合水、庆阳及宁夏固原等地。

秦伐义渠戎，多是沿泾水道进军的。

2. 咸阳—陈仓—汧水道

这是一条秦咸阳西通雍都的干线再接汧水道，走出关陇的通路。其经线是：出咸阳西门，经杜邮、废丘（今陕西兴平市南）、斄（即邰，今陕西武功县西南）、郿县（今陕西眉县东北）、虢县（今陕西宝鸡市东）、陈仓，折向西北，沿汧河河谷上溯汧县（今陕西陇县），折西南，越陇关（又名陇山关、故关、大震关），进入陇右地区。如

（接上页）第三，《说文解字》说："泾水，出安定泾阳开头山，东南入渭。"段玉裁注："今甘肃平凉府附郭平凉县府西南，有故泾阳城，汉是也。开头山亦作笄头山，《始皇纪》作鸡头山，在今平凉府西南四十里。"很清楚，笄头山，即鸡头山，从方位表明就是崆峒山。始皇"出鸡头山"巡视北边之后，就很自然顺马莲河—泾河回到关中。

① 锺侃：《宁夏固原县出土文物》，载《文物》1978年第12期。
② 王子今：《秦人经营的陇山通路》，载《文博》1990年第5期。

沿通关河上游西北行，经今甘肃张家川可至秦安。

3. 咸阳—陈仓—渭水道

由咸阳到陈仓之后，进入深切的渭河峡谷，沿北岸西行，过"燔史关"（今陕西宝鸡市西凤阁岭）到"虎谷""苦谷"，转向南岸，逾过陇山，抵达邽县治所（今甘肃天水市麦积区）。进入狭长的河谷平地后，沿渭河西行可达陇西郡治狄道。

还有一条"南路"，在邽县渭河南岸的嶓冢山（今甘肃天水市、礼县间）前。据说，由邽县入东柯、永川河，经现在的甘泉、街子、麦积、党川、利桥镇，于嶓冢山下东去，直入咸阳，又可南达汉中郡。①

渭水流在陕、甘两省间，峡谷险峻，人迹罕至，但我们的先民还是随水开出一条道路来。甘肃天水放马滩一号秦墓出土的秦邽县地图上，已明确标示出一条顺沿渭河的道路，其东可延伸到邽县东界，地在今宝鸡市西20公里的胡店附近，东到"燔史关"的地方。沿线均有关隘和亭鄣类符号，可为佐证的还是：1978年2月，在凤阁岭建河一座洞室秦墓中出土有铜戈、弩机、铁剑等武器②，从戈铭知系秦昭襄王二十六年（公元前281年）造③，藏之于中央"武库"的，有可能是调发给驻关守军的。设关防守，正显示了这条渭水道的重要。尽管这条道路狭窄难以通车，但毕竟还是方便人马行进的捷径。

4. 咸阳—陈仓—楚水道

从咸阳到陈仓城西，循陇山的余脉——陵塬北上，沿金陵河行至县功镇，西折吴山南端，经香泉、赤沙、通洞，西北可抵达今甘肃清水县。

金陵河在《水经注》中称作"楚水"，"世谓长蛇水"。经行此道，虽不能通车，但在连接秦人早期活动的今甘肃天水地区和陕西宝鸡地区来说，确实堪称近便。

（二）通汉水、巴蜀的山间诸道

早在夏商时期，巴蜀地区就自成一个文明中心，并同中原息息相通。殷末，从这里走出一支军队，还参加了周武王伐纣的战争。在牧野之战的宣誓中，就有"庸、蜀、羌、髳、微、卢、彭、濮人"等8个少数部族的士兵（《尚书·牧誓》），其中

---

① 何双全：《天水放马滩秦墓出土地图初探》，载《文物》1989年第2期。
② 王红武、吴大焱：《陕西宝鸡凤阁岭公社出土一批秦代文物》，载《文物》1980年第9期。
③ 凤阁岭出土秦戈的年代多存争议，因刻文浅细、锈蚀且有残损，故摹本释文互异。简报作者只定为秦戈而未对作器年代释评。李学勤先生定为秦始皇二十六年，李仲操先生断为秦昭襄王二十六年，黄盛璋先生考订则更为精博。

的"彭"有可能就是巴人。① 他们作战很勇敢,《华阳国志·巴志》说"巴师勇锐,歌舞以凌殷人"。巴蜀原来是臣服于殷商的,但后来同岐周联盟,周原甲骨中就有"伐蜀""克蜀"的刻辞。成王在镐京大会诸侯时,有蜀人参加(《逸周书·王会解》),还给夷王献过"琼玉"(《竹书纪年》)。这些举例,足见四川盆地与关中平原间的道路开辟,已经有了许久的历史。

古代的陕西与四川间有秦岭和大巴山阻隔,但我们的先民硬是跨越丛山峻岭和汉水,辟出许多山道来,克服了自然地理上的障碍。但王朝动用政府力量正式筑路,并载入史册的时间,以及被后人承认纪念,那就是时间更后的事情了。只看重"果"而舍弃"因"的历史学家,是不完整的。对道路的形成,同样也应持唯物史观。

关中通往汉水流域,翻越秦岭的主要道路有陈仓道、褒斜道、傥骆道和子午道等四条。由汉中盆地通往成都平原,翻越大巴山的有金牛道、米仓道和白水道三条。南北贯通,殊途同归。人们从史书记载上只知道,沟通川、陕的这诸多道路都有筑路时间可稽,有早于秦者,也有晚于秦者,但实际上早已有路,只是为秦所用,或为后来选线更筑创造了条件。

通往汉水、巴蜀的山道多选线在南北向的山谷中,除过河要架设梁柱桥外,遇到绝崖峭壁不能辟地筑路之处,就在陡壁上接连凿孔,横插木梁,上铺木板,形成"栈道"。因为在这悬空的栈道上,常常遇山泉飞泻、碎石易于滚落之处,还要覆盖顶棚,方便行人安全又能避雨遮阳,这就是所谓"阁道"。"栈道千里,通于蜀汉"(《战国策·秦策三》),可说是筑路工程史上的一大奇迹。

1. 子午道

这是一条由咸阳出发,正南入子午谷,翻越秦岭,到达汉水流域,分别往东通安康、西去汉中直至四川的道路,全程千余里。

今西安到万源的西万公路,从长安到宁陕一段,基本上是同秦汉时期的子午道重叠的。具体经由路线是:从秦杜县出发,向南到长安子午镇,入子午道的北口(即"子口","子午谷"口),沿谷而上10余公里,翻越土地梁,顺沣河上流,经砲子坪、子午关(在今陕西宁陕县北),越秦岭正脊到宁陕县界。顺旬河而下到江口,再过腰竹岭,与今西万公路脱离,顺池河南下到石泉县池河镇。方向改成西北行,经上马岭、石

---

① 童恩正:《古代的巴蜀》,四川人民出版社,1979年。

泉县、饶峰岭，到子午道的南口（即"午口"，西乡县子午镇）。西行绕过黄金峡大弯曲，经龙亭、洋县、城固，抵达汉中。

晋以后的子午道在秦岭之南有一段改变，即从宁陕县江口镇起，向西南偏移，与今西万公路重合，经县城、汤平、两河，再接西乡县之南子午镇。这段路省略了绕道池河、石泉的弯路，故被称为"新路"。

子午道长达千里，穿行山间，多次翻越分水岭，道路崎岖，仅谷道就长达440公里，[①]是蜀道各线中官员、行旅少有来往的一条险路。因此，早期文献记载中提及者多同军事活动有关。笔者以为，为秦始皇陵墓运输水银从旬阳县公馆到两河关，再沿旬河水运到宁陕，后上江口镇以北的这段子午道，才运到施工现场。[②]汉高祖刘邦在鸿门宴之后，去南郑屈就汉王位，随从数万人，也是由杜县南上子午道的。（《史记·高祖本纪》）他接受张良的建议，烧毁所过栈道，给项羽以示不返中的假象，东汉《石门颂》就说"高祖受命，兴于汉中。道由子午，出散入秦"。

子午道作为交通道路，其沟通南北经济、文化的功能是在东汉以后才得以加强的。现在西安通四川万源的公路，除西安到长安砲子坪一段走沣峪之外，西乡以上的大段都是沿子午道旧路修筑的。

2. 傥骆道

在西行的道路上，由周至南过秦岭，直驱汉中，是关中去汉水最近的一条路。其入山的北口在周至西南15公里的西骆峪，南口在洋县北15公里傥水出山处，故名"傥骆道"或"骆谷道"。傥骆段长430里，而两个端点（咸阳—汉中）间全程则有750里。

傥骆道攀越秦岭，要穿行骆峪河、黑河上游、陈家河、八斗河、大蟒河、酉水、傥水等8条河谷及分水岭。因山高、谷深、路陡，途程极其艰险。经行路线大体是：循周至县的骆峪河上行40公里过官岭梁，经洛阳宫、老君岭、厚畛子。溯黑河正源而上秦岭正脊，到了汉、渭的分水岭。从都督门向西南，过太白县东境的兴隆岭入洋县，过华阳，越牛岭，顺傥水，至县城，再西折去汉中。骆谷上游，山路多绕行于河之两岸，凿山设栈，遗迹犹存。[③]

三国魏少帝正始五年（公元244年），曹爽攻蜀，率兵10万，入骆谷300余里，遭到

[①] 李之勤、阎守诚、胡戟：《蜀道话古》，西北大学出版社，1986年。
[②] 王学理：《秦始皇陵研究》，上海人民出版社，1994年。
[③] 西安市交通局史志编纂委员会编：《西安古代交通志》，陕西人民出版社，1997年。

图 7-7 褒斜道北口——斜峪

蜀将费祎由涪县（今四川绵阳市东）援军进据三岭（今陕西太白县二郎坝东北的马鞍山）的截击，伤亡惨重。这是发生在骆谷道上关于战争的最早记载，能进军骆谷正是早就有路的最好说明。

3. 褒斜道

这是一条利用褒、斜二水穿越秦岭的古道。入山的北口在眉县西南，当斜水（今石头河）出山处的斜峪关。（见图7-7）出山的南口，在汉中市北褒城石门。全长约250公里。秦时由咸阳西行干道过渭河，南向入褒斜道，畅通汉中盆地，再接金牛道入川。

褒斜道经线是：由斜峪关入斜谷，溯斜水南行太白县境，到老爷岭，西向，至碾子沟门，就到了褒斜的分水岭。翻越鳌山（古衙岭山）北麓的五里坡，进入褒水上游，向南绕行，顺水而下，出太白，经留坝，过石门，抵达汉中。道路工程中利用"褒斜材木"（《史记·河渠书》）架设栈道，并在褒谷口的岩石上凿出"石门"（南北长14米、东西宽4~4.25米、高4.75米），成为世界上最早的人工隧道。

在沟通关中平原和汉中盆地的诸道中，褒斜道的开辟时间最早，历史地位最为重要。周人"伐蜀"（周原甲骨文）、巴蜀之师随武王伐纣（《史记·周本纪》），都是此路贯通的证明。秦惠文王遣兵伐蜀，拓宽道路，"栈道千里，通于蜀汉"，使四川的大批物资源源不断地运到关中，同时也给那里带去了先进的科学技术和文化。汉武帝曾大力整修褒、斜二水，拟漕运，终因水流湍急而作罢，但把陆路和栈道修治得宽阔平夷。后汉顺帝令益州刺史罢子午道，再整修褒斜道。三国时诸葛亮六次出兵伐魏，其中有两次是经褒斜道到达关中的。建兴十二年（公元234年），以木牛流马运米到斜谷口邸阁，当同前此的整修道路有关。

自汉之后，褒斜道时或埋塞，屡有修复。斜谷道在五代以来失修，自褒谷北上者多走故道出散关（宋以后习称"大散关"，位宝鸡市西南秦岭正脊北坡）达宝鸡。此后因斜谷道少有行旅，至今尚有栈道遗迹犹存。

4. 陈仓道（故道）

自陈仓故城西南行，渡渭河，溯清江河出散关，越秦岭，沿故道水（今嘉陵江上游）河谷西南行至今凤县，折向东南，过柴关岭，经留坝县，入褒河谷，与褒斜道南段重，抵达汉中。

《史记·河渠书》说："抵蜀从故道。故道多阪，回远。"陈仓道虽然路程较其他诸道要远一些，但沿途坡道为缓，易于车马行走。公元前206年，刘邦"明修栈道，暗度陈仓"，即是由汉中，走故道，突入陈仓，还定三秦的。

五代之前，由褒谷北上，到留坝县北栈河入褒处分道，或东北走褒斜道出斜谷，或西北走故道出陈仓。宋以后，斜谷道湮废而行旅多从故道。自故道的草凉驿起，南至褒城北的鸡头关，栈道相连，元、明以来称其为"连云栈""秦栈"，为区别汉中南下四川的栈道就通称"北栈"。今宝成铁路的宝鸡—凤州段、川陕公路的凤县—汉中段，大致是沿陈仓道修筑的。

5. 金牛道（石牛道）

金牛道是褒斜道和陈仓道向南延伸去成都平原的路段。其经由路线是：自褒城南下，沿汉水北岸经今勉县境，再由宁强大安驿南下，折向西南，越嶓冢山，过七盘岭①，由四川广元市朝天区进入嘉陵江河谷，出市中区，过剑门关，直驱成都。

这条道路通行时间很早，是秦、蜀交往的纽带，但大力整修却同秦惠文王灭蜀的军事行动有关。大巴山阻隔南北，"蜀道难，难于上青天"。据说，秦惠文王欺诈蜀王，称有五头可以屙金的石牛相赠，还有五名美女相随。贪财好色的蜀开明王极高兴，就派了五个大力士沿途夹道迎接。随后，秦军就沿此道灭了蜀国。所以，把勉县以西到剑阁县剑门关口这段蜀道也叫"金牛峡"（或"石牛峡"②）。传说，汉中北箕谷口之石门、宁强的五丁关、剑阁县剑门关都是蜀"五丁"所凿。

金牛道的险绝之处多架设栈道，筑有栈阁。为区别于褒斜道、故道上之栈，就称之"南栈""蜀栈"。同北栈连称"川陕栈道"。③

6. 米仓道（巴岭路）

川、陕的界山，东有大巴山，西有米仓山（又名仙台山、玉女山）。穿过米仓山

---

① 七盘岭是秦蜀分界处，也称"百牢关"。但只有《汉中府志》《褒城县志》说七盘岭在褒城北鸡头山北山。

② 此系《读史方舆纪要》的说法。而《剑门关志》则认为汉水源头所在的宁强县宽川与五丁关间的五丁峡，即是金牛峡。

③ 笔者对褒斜栈道、小三峡长宁河等处的栈道遗迹做过几次考察，固然获得不少认识，但总觉浮浅。而于1997年12月16日，因电视系列片《中国皇帝》拍摄组到达广元市朝天区明月峡，拍摄"秦蜀古栈道"复原景观，才有了真切的体会。在嘉陵江右岸石壁上凿孔筑栈建阁，固然是随势就曲，有着高低起伏的变化，毕竟与水面保持一定距离。工程艰巨，确也壮观。

的道路有三条，即：一条自汉中南行，沿濂水（汉江支流）河谷逆流而上，过米仓山，再顺巴江河谷，到达四川巴中地区，明清称之为"米仓道"（或"大巴路"）；一条稍东，从洋县南下越米仓山到四川通江，由洋县北上取骆谷道至长安；还有一条是由西乡县南下，过米仓山，经四川万源到达县，由西乡北上入子午道抵长安，是为杨贵妃送荔枝的"贡道"。

米仓道三路作为官路开通较晚。但在秦汉时期民间早有往来，因危峰峻壑，猿径鸟道，鸷兽成群而商旅稀少，往往要结伴而行。

7. 白水道

陈仓故道在今凤县出甘肃两当、徽县、成县、武都，同自天水南下的陇道合，南接白水道，沿白龙江（古羌水）、白水河谷，经四川广元白水关（即"关头"）东南抵葭萌（今四川广元市昭化区），入剑门关，到达成都。

（三）咸阳—栎阳—蒲津大道

咸阳—蒲津是周秦时期开辟的通往河东地区的一条交通干道，对秦统一六国、汉征伐匈奴、隋唐抗御突厥，促进经济、文化交流，都起过重要的历史作用。[①]

[①]《史记·秦本纪》载，秦景公三十六年（公元前541年），公子鍼奔晋，"车重千乘"。《左传·昭公元年》记其"造舟于河，十里舍车"。《初学记》卷七载，公子鍼造舟处"在蒲坂夏阳津，今蒲津浮桥是其处"。不过，公子鍼的黄河浮桥是临时性的。200多年之后，秦昭襄王五十年（公元前257年）把舟船用索联结，上铺木板，两端系于岸上，即成为"舟梁"。因此史家称之为"初作河桥"，从而形成有规模的正式浮桥。

"蒲津桥"系唐代名称，地在今山西永济市西蒲州镇的黄河上。但秦昭襄王建造的"河桥"是否也在唐桥之处，《史记》不曾记载，刘宋裴骃的《史记集解》、唐司马贞的《史记索隐》也未注释。只有唐张守节《史记正义》说："此桥在同州临晋县东，渡河至蒲州，今蒲桥也。"既然"河桥"与"蒲津桥"同处一地，故此说可以成立。这里是黄河在秦、晋两省南端最重要的一处渡口，早就称作"蒲津"。"三家分晋"之后，魏在今蒲州镇筑有城邑，名"蒲坂"，所以蒲津又称作"蒲坂津"。公元前409年，魏文侯伐秦，在黄河西岸的今陕西大荔县东筑临晋城。魏在蒲坂津设临晋关，河东则称"蒲坂关"。汉武帝时，才更名"蒲津关"，简称"蒲关"。秦昭襄王时，在蒲坂多次发生攻取、归还、再取，并经此攻三晋地的战争。"初作河桥"之举，正是当时的军事形势与地理形势的必然。

蒲津桥被称作"黄河第一桥"，随后有东汉和帝永元五年（公元93年）"居延都尉贯友代为校尉"在今青海省贵德县西的黄河上"筑城坞，作大航，造河桥"（《后汉书·西羌传》），是为第二座。晋泰始中（公元265—274年），"杜豫启建河桥于富平津（即今河南孟津）"（《艺文类聚》卷九），又"盟津桥"，唐称"河阳桥"，属第三座。唐贞观十一年（公元637年），在今河南三门峡市西北黄河上的大阳津（即古之"茅津"）造舟为桥称"大阳桥"（即"太阳桥"），这就是黄河上的第四座桥。明洪武五年（公元1372年）在甘肃兰州市的黄河上建有浮桥，九年（公元1376年）移至白塔山下，直至1909年废止，其名"镇远桥"，是河上的第五座浮桥。

秦昭襄王的蒲津桥不但是古代黄河上五座浮桥中最早的"河桥"，而且在蒲津建桥这也是首次。此处是集渡口、关隘、河桥为一体的要地，故以后的西魏、隋、唐都曾在此建桥，仍称"河桥"。1988年，在山西永济县西门外黄河边上蒲津渡发现了唐的蒲津渡遗址，随后出土有唐开元十二年（公元724年）的铁牛4头、铁人4尊、铁柱7根，另见有铁山、石砌码头等贵重文物。其中铁牛长3米，宽2米，高1.5米，每头重55～75吨。当然，黄河西岸也应当有同样的设置，可惜至今还无踪迹可寻。

渭水北岸的这条东西大道，在秦献公都栎阳时，就"东通三晋，亦多大贾"（《史记·货殖列传》），是一条官吏往来、商贾贩运的通道。孝公迁都咸阳之后，则向西延伸，其经地就以首都咸阳为起点，东过泾河。东北走向，经高陵，抵栎阳故都。再向东过沮水，经下邽。越洛水，经临晋，东抵黄河，渡蒲津，达蒲坂，到达秦的河东郡、上党郡。其经地同现在的地名对照，在关内路过今咸阳市东北部，高陵、临潼、渭南、大荔等五个市县（区），至今一些村镇还叫"官道""官路"等，显然这些名称都同当年那条古道经过有关。

历史上发生在蒲津道上的重大事件，足以反映出它的作用是令人瞩目的。周文王曾迎亲于莘国（都城今陕西合阳，辖境含大荔朝邑、渭南一部分），调解过虞（今山西平陆县北）芮（今陕西韩城市北）的土地之争，攻伐过耆国（今山西长治市西南），都是经行此道的。

春秋时期，秦晋的争战与交往，更离不开这条主干线。公元前708年，秦宪公兵伐芮国，执芮伯。公元前655年，秦穆公伐晋，战于河曲。公元前645年，"韩原之战"[①]，秦虏晋惠公，晋献黄河西岸八城。公元前636年，秦派兵三千，护送晋公子重耳由秦归晋，夺取君位。公元前625年，"彭衙（今陕西白水县境）之战"，晋襄公领兵击败秦军。公元前624年，秦穆公率军渡河，与晋战于王官（今山西闻喜县西），并占领临晋（今陕西大荔县东）、平阳间的郞邑。公元前617年春，晋伐秦，夺取少梁（今陕西韩城市南少梁村）。夏，秦占晋地北征（今陕西澄城县西）。公元前578年，晋宣布绝交书，后进军秦的腹地，战于麻隧（今陕西泾阳县北），秦军大败，秦将成差被俘，晋厉公迎师于新楚（今陕西大荔县境内）。

战国时期，秦、魏两国更是利用这条大道多次展开殊死的斗争。公元前413年起，魏越黄河，攻郑县（今陕西渭南市华州区），围繁庞（今陕西韩城市东南），取临晋（今陕西大荔县东，秦灭大荔戎后改王城）、元里（今陕西澄城县南），并占领了洛阴（今陕西大荔县西）、合阳（今陕西合阳县东南）两城，设立河西郡，派名将吴起为河西守。秦退守洛河一线，筑重泉城（今陕西蒲城县东南龙池镇重泉村）防守。商

---

① 韩原，一说在今陕西韩城市西南的平原上，一说在今山西河津、万荣县之间。秦、晋两国战于韩原，穆公为晋军所围，有岐下野人三百营救，反虏晋惠公。依当时形势看，秦遭受饥荒，晋背信弃义，不但不接济，反而乘人之危发兵进攻。而后来秦是被迫还击，因此战场不可能在河东。《括地志》说"韩原在同州韩城县西南十八里"，这记载应是可信从的。

鞅率军穿过河西，攻取魏旧都安邑，随后攻魏之西鄙，俘公子卬。公元前331年，秦大良造公孙衍率军在雕阴（今陕西甘泉县南）打败魏国，俘龙贾。魏除少梁外，献出所占的河西地。在秦控制下的咸阳—蒲津大道，正好用来向河东的魏国进攻。公元前329年，秦攻取蒲坂、晋阳和封陵，先后占领魏的汾阴（今山西万荣县西北）、皮氏（今山西河津市西）、曲沃（今山西曲沃县）、焦（今河南三门峡市陕州区附近）、蒲阳（今山西永济市北）。魏国在这条道路上节节败退，只有献上郡的全部十五县及黄河西侧的少梁。至此，秦国全部占有河西地，在战略上具有极有利的地位。公元前262—前260年，秦昭襄王派白起，师出临晋、蒲坂，与赵军大战长平（今山西高平市西北），[1]坑杀赵卒40万，初建上党郡，治设长子（今山西长子县西南）。秦庄襄王又重建太原郡，使道路宽敞通达。所以，秦始皇第三次出巡时（公元前218年），由咸阳东出函谷道，返回时则"从上党归"。

咸阳—蒲津大道沿用历史长久，直至新中国成立后同蒲铁路向南延伸过黄河与陇海铁路接轨，陕西同山西的往来道路改走风陵渡，才使得在大荔朝邑东渡黄河的路线冷落。

（四）咸阳—函谷关间的驰道

陕西古代，东出关中的道路主要是渭水南岸的一条，西去则是沿渭水北岸行进的。其分界正好在今西安和咸阳两市之间。这条同渭水平行的道路，横穿富庶的关中平原中心地区，是连接中原和西垂两大文化区的纽带。从新石器时代遗址沿河分布的情况看，这条中枢干道早已形成。

秦建都咸阳之后，随首都范围的扩大，特别是在惠文、昭襄以来政治重心渐移渭河南区的情况下，东方大道的通行频率激增，路况也得以极大改善。尤其在秦始皇统一六国之后的第二年，在丞相李斯的主持下（《史记·秦始皇本纪》《史记·李斯列

---

[1] 公元前260年，秦、赵两国为争夺韩之上党，双方陈兵百万，在长平展开激战。赵军败，秦武安君白起坑杀赵卒40万。1995年10月，山西省考古研究所同地方文物部门在山西高平市北7公里处的永禄村，对一号尸骨坑进行了发掘，推算出该坑有尸骨130多个。由走访知，附近还有尸骨坑28个。从尸骨无一完整看，有砍杀的刀痕、骨折、砸痕，更多的是箭痕。这里经常出土战国时期的三棱铜镞，而且丹河左岸有村名叫"箭头村"。可知，所谓"坑杀"赵卒并非活埋，而是杀而坑埋之。形容当年惨状是"流血成川，沸声若雷"（《战国策·秦策三》），"露骸千步，积血三尺"（《太平寰宇记》），看来惨烈之状并非夸张。
清光绪十年（公元1884年）《重修骷髅庙碑记》，有文曰："高平城西五里有地名杀谷，乃长平之役秦将白起坑杀赵卒四十万处。唐明皇幸路，见头颅似山，骸骨成丘，触目伤心。……建庙，颜其额曰'骷髅庙'，易其谷曰'省冤谷'。"

传》），这条线被修成高标准、高速度的驰道，使"道广五十步，三丈而树，厚筑其外，隐以金椎，树以青松"（《汉书·贾山传》），达到了空前的规模，大大地加强了首都咸阳同东方各大经济都会及江湖滨海地区的联系，对促进中国文化的统一具有积极的作用。

驰道是多车道的高速路，质量要求是标准化的。服虔注："隐，筑也，以铁椎筑之。"既是"厚筑其外，隐以金椎"，在当时的历史条件下，必定是黄土、砂石与石灰搅拌，除路基要夯实外，还要在路肩培土施以铁椎，使路面抬升，既坚固平整又便于排除积水。在路的两侧栽植青松，并非贾山批评奢侈的那种"驰道之丽至于此"，它实际属于保障专用路线畅通的"隔离带"，具有实际意义，而美化作用则是在使用的前提下出现的视觉效果。"道广五十步"，即路面宽300秦尺（秦"六尺为步"），合今69.3米。"三丈而树"，据清末王先谦《汉书补注》说："三丈中央之地，惟皇帝得行，树之以为界也。"即路中心宽三丈（6.93米）的一道名曰"中道"，是专供皇帝车马驰驱的驰道（蔡邕《独断》）。《三辅黄图》："汉令：诸侯有制得行驰道中者，行旁道，无得行中央三丈也。不如令，没入其车马。"①可见，诸侯、令使即使有皇帝的命制特许进入驰道，也只能沿"中道"两侧行驶，而不能行于"三丈"的御道。"中道"与"旁道"固然体现着封建等级制的区别，但在交通上因"高速"和"中速"的分别，形成了多车道的高速路，其重要意义还在于它是世界交通史上最早出现的"高速公路"。

由咸阳渭南区东行的驰道，过霸水，经芷阳（今陕西西安市临潼区斜口西）、丽邑（今陕西西安市临潼区东）、郑县（今陕西渭南市华州区）、宁秦（今陕西华阴市东），到了渭水注入北来东折的黄河之处，走出咽喉地带，经黄巷坂、桃林塞（今陕西潼关县东北黄河南岸的吴村），至函谷关（在今河南灵宝市东北）。（见图7-8）再东，经崤坂（今河南洛宁县西北崤山之阴），至洛阳。

函谷大道起过重要的历史作用，具有文化意义。公元前1057年，周武王率军伐纣时，就是师出函谷，由孟津渡河，进军牧野的。春秋战国以后，军事行动、信使往来，更加频繁。公元前627年，秦穆公派大将西乞术、白乙丙和孟明视率兵袭郑（今河南新

---

① 《汉书·鲍宣传》注引"如淳曰：'令诸使有制得行驰道中者，行旁道，无得行中央三丈也。'"

图 7-8 函谷关（灵宝）

郑市），至滑（今河南偃师市南）而返，顺道灭掉晋的与国——滑，晋败秦于崤（即崤山，在今河南洛宁县西北）之役。公元前615年，秦军攻占晋之羁马（今山西永济市南），与晋军对峙于河曲，战不利，向南撤军，渡过黄河，却占了瑕（今河南三门峡市陕州区西南），由函关道回师。公元前318年，秦出兵函谷关，击败魏、赵、燕、韩、楚五国伐秦之举。次年，樗里疾率军在修鱼（今河南原阳县西）打败三晋联军，使魏相公孙衍策划的合纵活动归于破产。但公元前296年，齐、韩、魏、宋、中山五国攻入函谷关，秦只得归还封陵给魏、武遂给韩。公元前294年起，秦出函谷关，攻打韩、魏，先后攻陷伊阙（今河南洛阳市龙门）、宛（今河南南阳市）、轵（今河南济源市东南）、垣。

直至秦始皇时出兵关东，统一天下，并征发徭役，使民夫及财富源源不断地通过这条主干道输入咸阳。而秦始皇在五次出巡中，有三次就是经由东方大道出函谷关的。

（五）咸阳—武关道

战国时，秦在同楚接壤处设立"武关"。从此出发，西北通首都咸阳，东南则下韩之重镇宛城（今河南南阳市）和楚之荆襄地区。这条连接关中和东南地域的大道因为经过蓝田谷和武关，所以也称"蓝武道"或"武关道"。

其实，武关道作为关中通向东南的主干道早在西周前已经开通。秦人立国后，在雍都就把这条道路作为军事大道充分地为统一战争服务。同样，定都咸阳以后，蓝武道的起点就自然从这里算起。

秦武关道的路线是起自咸阳渭南区，向东过霸水，折而向东南，循白鹿原东霸水右侧，经蓝田县，南过霸水约10里，登上素有"七盘十二绊"之称的七盘岭，绕芦山北侧,经六郎关,过蓝桥,溯蓝桥河谷而上,过峣关,入今商州区境。再上秦岭,过牧护关(又作"牧虎关""模糊关"),顺丹江支流的七盘河而下至黑龙口,入丹江正流的河谷,过境商州,到秦商县(今陕西丹凤县西商镇)。离开丹江河谷,向东南顺丹江的另一支流武关河,经唐武关(今陕西丹凤县武关),南下再入丹江河谷,沿北侧东南行,穿今商南县境,过秦武关(今陕西商南县东南湘河附近)①,进入今河南淅川县。经荆紫关、老城,去南阳,或下邓州、襄阳,入荆州,远达岭南地区。

秦经营武关道,主要是同楚国有关。两国的军事较量也多是经行这一交通干道进行的,早在公元前635年,秦穆公就联合晋国攻打鄀国(今湖北钟祥市西北),直至公元前622年,据有其地。公元前611年,秦康公助楚灭庸(今湖北竹山县西南)。公元前506年,楚入郢都,楚大夫申包胥到秦国,哭秦廷七日,秦哀公派兵车五百乘援楚。在当时穿行灞水、丹江河谷,翻越险峻的秦岭山脉,如果没有畅通的道路,要使尚处于车战时代的庞大队伍远征,根本是不可能的。战国时期,武关道上更是秦楚相互攻伐,充满着刀光剑影的厮杀。公元前313年,张仪赴楚,用诈以商于六百里地相许,拆散齐、楚联盟。次年,楚怀王怒而发兵攻秦,激战丹阳(今河南淅川县丹江之北)。楚败,被斩甲士八万,大将屈匄、裨将逢侯丑等七十余人被俘,还失掉了汉中地(楚之汉中地包括今陕西安康地区和湖北西北部)。于是,楚又倾全国兵力,进军蓝田,又遭惨败。公元前299年,楚怀王在节节败退之际,接受秦昭襄王修好的邀请,赴会武关结盟,结果被劫持到了咸阳。楚立曾在秦为人质、杀死秦大夫而逃归的太子横即位,是为楚顷襄王。次年,秦怒而发兵出武关,伐楚攻析(今河南内乡县西北),大败楚军,斩首五万,取析等十五城而归。公元前292年,秦大将白起又奉命沿武关道南下,攻韩,次年取原属楚后属韩的中原重镇宛(今河南南阳市)。公元前285年,秦出武关,同楚顷襄王相会宛城,结盟攻齐。公元前279年,在秦、赵"渑池相会"后,分两路攻楚,白

---

① 春秋时,秦为了向江汉流域扩展,曾联合晋国攻打丹、淅水之间的鄀国,而楚国认识到秦打通东南通道的企图,就立即出动申、息之兵对抗。公元前622年,秦穆公终于消灭了鄀国,使秦、楚两国疆域直接毗连。于是,战国时,秦针对争战夺地的形势,在边界上设立了武关,其地当在陕西商南县东南的湘河一带。六朝时,迁关到丹凤县稍偏东南80余里的竹林关附近,这里扼丹江及其支流银花河的交汇处,是入汉江、下襄阳的水路,系交通的要津。唐贞元七年(公元791年),将武关又改移到今丹凤县东南70里的武关街。

武关道在今丹凤县城以下一段,秦汉时与后来的线路稍有不同。这就是:陆路如前述,水路则一直沿丹江,过竹林关,向东,同武关河入丹江处陆路相接。唐时,路从武关街向东南,改经由商南县的试马寨、县城、富水镇,进入河南西峡县,经内乡、镇平两县,到达南阳市,同今公路312国道走向一致。

起率一路走武关道攻鄢（今湖北宜城市西南），水淹城坏，死数十万。次年，取安陆（今湖北安陆、云梦一带）、郢都，设南郡。公元前231年，秦王政派南路军出武关，经宛城，与北路军夹击，灭韩。公元前223年，秦大将王翦率六十万大军，再经武关道伐楚，攻入楚都寿春（今安徽寿县），俘楚王负刍，接着又攻占广大楚、赵地区，楚灭。

秦修筑始皇陵墓，其巨量木材有相当一部分是通过武关道，从湖北大山中采伐的。公元前219年，秦始皇"东行郡县"，又南向"衡山、南郡"，由武关道返回咸阳。公元前210年，秦始皇最后一次出巡，由武关道出行东南，走云梦，上会稽，北至琅邪、之罘。回銮途中，竟"崩于沙丘平台（今河北广宗县西北）"。具有意味的是这条道路竟成了灭秦的进军线，先是农民起义军陈胜令铚人宋留率兵定南阳，入武关。随之刘邦领兵至丹水，破武关，战蓝田，兵至霸上，秦王子婴降于轵道旁，结束了秦王朝的统治。

（六）直道

战国时期，活动于阴山南北、过着游牧生活的匈奴族，经常骚扰燕、赵、秦等国的北边，掠夺人民、牛马和财富。秦始皇统一六国之后，为了安定北部的广大地区，便采取了两项密切配合着的措施：一是军事进攻，二是修筑长城。公元前214年，秦始皇派大将蒙恬"将三十万众，北逐戎狄（匈奴）收河南。筑长城，因地形，用制险塞，起临洮（今甘肃岷县），至辽东，延袤万余里"（《史记·蒙恬列传》）。又修筑了一条宽阔便捷的直道，并与之配备有一套报警设施的亭障烽燧。一旦边防遇警，就可立即派兵增援，辎重相随。

《史记·秦始皇本纪》："三十五年，除道，道九原，抵云阳，堑山堙谷，直通之。"《史记·蒙恬列传》："始皇欲游天下，道九原，直抵甘泉。乃使蒙恬通道，自九原抵甘泉，堑山堙谷，千八百里，道未就。……太史公曰：'吾适北边，自直道归，行观蒙恬所为秦筑长城亭障，堑山堙谷，通直道，固轻百姓力矣。'"万世"史圣"司马迁，不辞劳苦，实地考察了直道的全程，给治史者留下重调查、求真知的优良作风，但在他的笔下除记下九原郡（治今内蒙古包头市麻池古城）和甘泉宫（在今陕西淳化县北）这两个端点外，却没有说明长达1800里的途中经地。笼统的记载与道路的废弃，致使后世无人知之所在。

一些志书关于直道遗迹的零星记述，也引发了近人探索的兴趣。①据勘察材料知，秦直道的起点是今陕西淳化县北之秦林光宫遗址，其南有长300里的驰道直通首都咸阳，向北经旬邑、黄陵、富县、甘泉、志丹、安塞、靖边、横山、榆林、伊金霍洛旗、东胜、达拉特旗到达包头市的九原郡治，计13个县（区）、市，全程直线距离约700公里，已发现遗迹的道路全长约750公里。（见图7-9）

直道选线主要是沿子午岭主脊东侧北上（今淳化县甘泉山—志丹与延安安塞区交界处），再沿横山西侧芦河左岸北上，经毛乌素沙漠，过鄂尔多斯东部的平地，抵九原。其主要经地由南而北依次开列如下。

1. 子午岭上的秦直道经地

淳化县境：凉武帝村（秦林光宫址）→甘泉山→鬼门口→艾蒿湾→

旬邑县境：七里川→石门关→凤子梁→马栏→两女砦→杨家胡同梁→②

甘肃正宁：刘家店子→斜梁→

---

① 对秦直道的调查，多年来多位学者多次分头进行过工作：

为撰写《陕西军事历史地理》，陕西师范大学史念海教授于1975年曾对子午岭段做过一次考察，撰文《秦始皇直道遗迹的探索》，刊《文物》1975年第10期。文中认定，直道起自秦林光宫（今陕西淳化县北凉武帝村的汉甘泉道遗址），沿子午岭主脉北行，经旬邑县石门关、黄陵县艾蒿店、陕甘交界处的五里墩至黄陵县兴隆关（沮源关）后，沿子午岭主脉西侧的甘肃省华池县东，至铁角城、张家崾崄，又直北经陕西定边县东南，复折东北，再经过内蒙古乌审旗、红庆河、东胜西、昭君坟东，至包头市西，到达秦九原郡治九原县。

长期在延安作画的中央美术学院的靳之林先生，因沿"秦直道"作画，认定直道至黄陵县西境后，是沿子午岭东侧的富县、甘泉、志丹、安塞、子长北上，由榆林市西境进入内蒙古，直达包头市西。随之，记者卜昭文在《瞭望》周刊1984年第43期、《光明日报》1984年8月19日，做了专稿报道。《陕西日报》1984年8月21日第1版头条新闻报道，充分肯定了靳之林的观点。

史念海先生第一次给秦直道划出了沿途经地的路线。而靳之林先生经实地考察，第一次提出自黄陵县西境沮源关到内蒙古红庆河之间的另一条路线。

出自编写《陕西古代道路交通史》的需要，陕西交通史编史办组织有关人员于1986年6月中旬至7月下旬，对靳之林认定的路线做了重点考察。特别是王开先生详尽考述了这一路段的经地、道路遗迹、出土文物、群众传说，结合地方史志，写出了《"秦直道"新探》一文，刊登于《陕西交通史志通讯》1986年第5期。随之被中国人民大学报刊资料选辑转载于8月号《秦汉史》。1988年，经修改后又提交给汉中召开的石门国际学术讨论会，刊于《成都大学学报》（社会科学版）1989年第1期。

在陕西交通史编史办首倡和组织下，考察秦直道取得了初步成果，集中地反映在1986年第5期《陕西交通史志通讯》。该期刊登有王开、陈耀邦、兰草、姚生民、姬乃军、张建海、李进等人的文章。随后，包括甘肃庆阳地区，内蒙古，陕西延安、榆林等地区都对境内的秦直道进行了详细的调查。鄂尔多斯秦直道遗迹的考察成果，见有鲍桐：《鄂尔多斯秦直道遗迹的考察与研究》，刊《包头教育学院学报》1990年第1期。可以说，1988年到1991年，各种报刊大量登载秦直道调查报告，发表见解，是最热闹的时期。特别是王开先生，虽然年事已高，但以古稀之躯，凭着惊人的毅力，从1985年到1988年，曾七次深入考察，使人们对直道的认识从朦胧转到了明晰。

② 陕西省考古研究院张在明研究员于2008年调查时，在凤子梁段（石门关至马栏）未发现考古依据，应存疑；盘头坡至石门关段未发现路土，但不排除河流冲刷等自然原因；两女砦段北发现早期路土，为确定直道走向提供了重要线索。

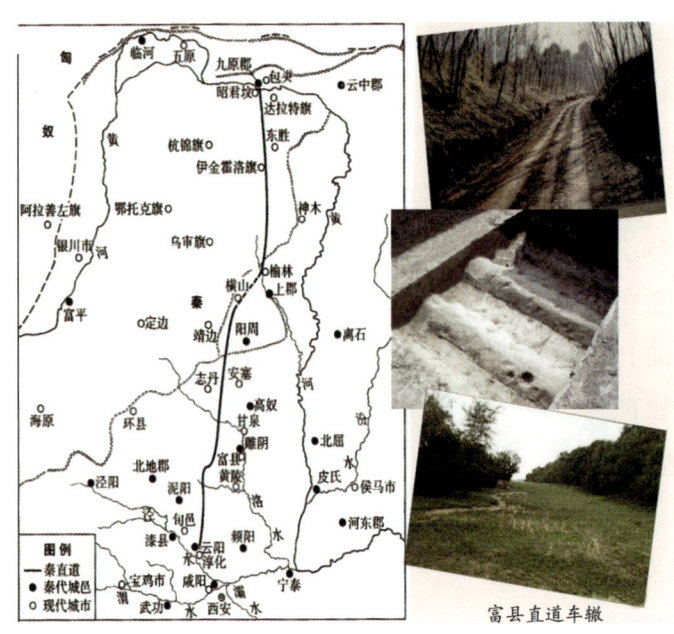

图 7-9 秦直道

再入陕西旬邑境：沿子午岭向北，经陕、甘交界处的雕灵关→北过洪山寺梁→

黄陵县境：沿陕、甘交界的子午岭向北，经艾蒿店→五里墩→芦堡→南桂花→北桂花→沮源关（兴隆关）→午亭子→〔干线离开子午岭后东拐，在古道岭（蚰蜒岭）南侧向东北，而支线则向西北去甘肃华池〕→椿树庄→

富县县境：直道在椿树庄穿过蚰蜒岭，向北，经槐树庄→车路梁（后和尚原—望火楼）→

甘泉县境：墩儿梁→过洛河"圣马桥"，经方家河村→孟家湾→

志丹县境："圣人条"（东境的艾蒿岭）→吕川→

2. 横山地区的直道经地

安塞区境：招安镇东北圣人条→化子坪西→鸦行山西侧→

靖边县境：白于山东端小河镇郑石湾村→龙洲镇→经"阳周故城"（杨桥畔镇西北，陶罐刻文有"阳周塞司马"），过葫芦河→沿明长城东北行→

横山区境：在明长城与葫芦河之间东北行→过无定河→

榆林市境：榆阳区的毛乌素沙漠中北行，在马合镇入内蒙古界→

3. 鄂尔多斯草原上的直道经地

伊金霍洛旗境：红庆河→掌岗图→

东胜区境：两顷半村→城梁→吴四圪堵→碱房滩（解放滩）→

包头市境：黄河→九原郡（内蒙古包头市麻池古城）。

直道旁附设大量的建筑设施。1986年，在旬邑县境子午岭山区的秦直道遗址上，发现一座大型的秦代建筑遗址。位于陕、甘交界处的雕灵关南侧，相距约1600~2000米。

遗址所在的山梁叫大古梁，平面呈葫芦状，占地约7000平方米。遗址内发现大量的秦代建筑材料，砖瓦残片俯拾皆是。

1988年延安地区文物普查队对黄陵、富县、甘泉三县境内的秦直道进行了考察。甘泉县桥镇乡安家沟村有一处秦汉建筑遗址，地当洛河南岸的台地上，同河北岸的"圣马桥"引桥遗址相对。总面积12000平方米，多见绳纹板瓦、筒瓦、云纹瓦当和罐、盆、甑等生活用陶器残片。凡在秦直道附近发现的古文化遗址和石窟寺，或多或少都与秦直道有直接或间接的联系，在一定程度上反映着秦直道在各个历史时期的盛衰，对研究秦直道有着重要的意义。

关于秦直道司马迁有"堑山堙谷"一语，今在直道沿线所见的"垭口"即属于"堑山"的遗留。长时间以来，人们探索秦直道的走向、经地、沿线防务设施，做了大量的地面踏查。但以建筑而言，只有科学的考古才能给出正确的答案。陕西省考古研究院在黄陵县南桂花段的子午岭主脊上，发现了一段垫方路基，首次揭露了"堙谷"的真相。经2008年11月考古勘探与局部试掘，梯形路基系黄土夯筑而成，上部层厚8~10厘米，下部层厚12~16厘米，质地坚硬。此段堙山路基南北长214米，底宽50~60米，顶宽10~16米，高约30~35米，土方量约为17万立方米，是秦直道上迄今发现工程量最大的堙谷垫方路段。

2009年3月至7月，承担国家文物局大遗址项目的陕西省考古研究院秦直道考古队，为配合国家青（岛）兰（州）高速公路建设，对全国重点文物保护单位秦直道遗址陕西富县桦沟口段进行了考古发掘，同时，还对富县以南的陕西黄陵、甘肃合水的直道进行了调查。①

陕西境内已发现遗迹的秦直道全长498公里，其中富县段长125公里，其路面一般宽30~40米，最宽处达58米，是直道全程中路段最长、遗存最典型的地区。而选取桦沟口段的直道正位于陕、甘交界处，是自南而北下子午岭支脉后过葫芦河前的一段，呈西北—东南走向。（见图7-10）发掘面积约2050平方米，鉴于这是对直道进行的第一次科学考古，其所提供的信息是多方面的，故于此揭示一下要点。

地层关系：为耕土或植被层、自然堆积层和路土碾压层三层。

车辙：揭露长71米的路面上的车辙呈放射状分布，下方有11~13道车辙辙梁，宽度约24米。从车辙印看，当时的车辆轮距有110厘米、130厘米和140厘米三种。

---

① 陕西省考古研究院秦直道考古队：《陕西富县秦直道考古取得突破性成果》，载2010年1月1日《中国文物报》。

图 7-10 富县桦沟口直道及盘山道

出土物：在多处路面上叠压有秦代和西汉时期的多种绳纹筒瓦、板瓦，两处路面上还出土了三棱三翼形铜镞和"大泉五十"铜币。

关卡遗址：在发掘中心区直道最狭窄处两侧的建筑基址中，揭露出数处夯土礅墩和置于礅墩之上的石柱础。由其布局知，在道路两侧，各建有一排房屋，有大量的秦汉时期绳纹筒瓦、板瓦及陶片堆积，当是秦直道上的关卡遗址。

弯道筑法：在直道转弯处，即在直道的外侧，顺路夯筑出数个平面呈方形的隔墙，隔墙内填土以形成护坡或路面，转弯处的宽度可达到61米。

"之"字形盘山道：有五条。第一条向西，尽头后转向东，进入第二条。前行，再转向西，再向东，再向西，盘山道结束，向南，攀上子午岭支脉的山脊，群山尽在眼底。解剖第二条，揭露出的直道路面（含排水沟）宽约45米，夯土护坡高约4.1米，路面靠山一侧是同直道平行的宽约1.3米、深30～50厘米的排水沟。

时代判断：桦沟口段直道及其附属建筑，始建于秦代，沿用至两汉之间或稍晚废弃。其中，直道下层路面的时代约为秦代和西汉早期，上层路面的时代约为西汉中晚期。

由今陕西淳化县北的秦林光北上子午岭，经过今毛乌素沙漠、内蒙古、鄂尔多斯的直道，同以汉长安为中心的南北向超长建筑基线比对，我们就可看到：连接首都咸阳和九原郡这两个端点的线型，也正是在汉长安城—朔方郡（今内蒙古乌拉特旗东南）的连线（地理坐标为东经108°42′50″）左右摆动，其中子午岭上的直道几乎同超长基线重合。①至于其更深层的文化内涵需另当别论，毕竟从"直"上体现了道路取名的用意。"直"同曲、邪相对，既然端直的道路少了迂回曲折，达到"直通之"的目的，自然就方便了车马的驰驱。子午岭主脉及其支脉呈南北走向，系风化石和砂岩结构，顶部大多平坦宽阔，筑路工程与视野条件极佳。直道作为一种"沿脊线"，其弯道半径不少于40

---

① 秦建明、张在明、杨政：《陕西发现以汉长安城为中心的西汉南北向超长建筑基线》，载《文物》1995年第3期。

米，最大坡度也在10%以下，现存路基宽度30～55米。良好的路况，再同沿途设在山顶上的烽燧、驿站成套配合，使传递信息速度加快，军队运输及时，对增强防卫能力无疑是极其有利的。

远在修筑直道之前，咸阳就有一条北去上郡、云中（治今内蒙古呼和浩特市与托克托县之间）、九原的通路。苏秦曾说燕文侯："且夫秦之攻燕也，逾云中、九原，过代（治设今河北蔚县西南）、上谷（治今河北怀来县东南），弥地数千里。"（《史记·苏秦列传》）赵武灵王也曾着胡服"将士大夫西北略胡地，而欲从云中、九原直南袭秦。于是诈自为使者入秦……自略地形"。当秦昭襄王得知后，"主父驰已脱关矣"（《史记·赵世家》）。秦始皇第四次出巡，归来也是经由云中、上郡而回到咸阳的。当修通直道之后，秦始皇第五次出巡病倒平原津（今山东平原县附近），死于沙丘平台（今河北广宗县西北）。秦二世、赵高、李斯这些搞政治阴谋的丑类驱赶载尸的辒辌车，从井陉（今河北井陉县西）不南下走蒲津道，而要北上绕道九原，目的就是拖延时间，以便除掉在直道途中驻守上郡的公子扶苏和大将蒙恬，再由直道回到咸阳发丧。蒙恬之所以能在两年多时间内修通这条堑山堙谷长达1800里的直道，就是在原来多条通路中优选，利用有效路段，部分取直，并增大规模而加以规范化的。尽管"道未就"，但已是壮观可用的。

直道筑于秦而用于汉。西汉多出兵直道抗击匈奴，像汉文帝"遣丞相灌婴发车骑诣高奴（今陕西延安市安塞区西北）击之"，"发边吏骑八万五千诣高奴"，文帝"自甘泉之高奴"（《史记·孝文本纪》）。汉武帝于元封元年（公元前110年）"行自云阳，北历上郡、西河（晋、陕交界北部的黄河两岸）、五原（即秦之九原郡），出长城，北登单于台，至朔方，临北河（黄河河套）。勒兵十八万骑，旌旗径千余里，威震匈奴。……还，祠黄帝于桥山（上郡阳周县①），乃归甘泉（宫）"（《汉书·武

---

① 桥山和黄帝陵的所在，有两种说法，即：一说在今黄陵县西境的子午山，《元和郡县志》："子午山，亦曰桥山，在县东八十里。黄帝陵在山上，即群臣葬衣冠之处。"《读史方舆纪要》："沮水至县北，穿山而过，因以桥名。"另一种说在秦的阳周县，即今子长市李家岔镇曹家疙村城墙梁上。《文选》卷十五引应劭："上郡阳周县有黄帝冢。"《汉书·地理志》上郡阳周县："桥山（阳周县）南，有黄帝冢。"《水经注·河水》："奢延水又东，走马水注之。水出西南长城北，阳周县故城南桥山。昔二世赐蒙恬死于此，王莽更名上陵畤，山上有黄帝冢故也。"

黄帝葬桥山，山上有陵。《史记·五帝本纪》："黄帝崩，葬桥山。"桥山及黄帝陵所在的阳周县属上郡，这是史书上明载的。而上郡的南界在今富县南60里的长城原一带。原南的汉富县在今洛川县东南，翟道在今黄陵县（即北魏以后的中部县）西北，据《汉书·地理志》这两县都属左冯翊县。因此说葬黄帝的桥山不在中部县，当然也不能把今黄陵县说成是阳周县。《陕西通志》卷三载："阳周故城，在安定县北九十里。"安定县是元代以来的称呼，民国时改子长县。

帝纪》）。

由首都咸阳通向天下的上述的诸多条车马大道，在秦帝国形成过程中确实起了重要的作用。其承载内容与运输活动，也因时间、周边环境而有所同异。归纳发生往还的重大内容，大约包括了如下几项。

其一，征战兵行之道。秦国经略燕、赵，必择临晋大道。而出兵关东，唯此函关一道。武关道则是秦、楚多次兵戎相见的孔道。固然关山重重，固若金汤，但这几条大道也成了后来刘、项进兵关中灭秦的必经之道。

其二，物资调运的补给之线。军用物资的粮草、武器中有相当一部分要随军辎重而行。但关中积粟有限，秦王朝不得不向广大农民征收苛重的田赋，"头会箕敛，以供军费"（《史记·张耳陈馀列传》）。"蒙恬将兵以北攻强胡，辟地进境，戍于北河，飞刍挽粟以随其后"（《汉书·严安传》）。栎阳仓二万石一积、咸阳太仓十万石一积的屯粮，多半是自关东漕运输转而来。修建秦始皇陵墓所使用的巨型木材，则采自湖北、川陕交界的大山之中，即"乃写蜀、荆地材皆至"（《史记·秦始皇本纪》）。

其三，服徭役者与徙民的亡命之线。建造始皇陵墓是一项多年性大型土木工程，还有咸阳的诸多宫殿建筑，都是通过征发徭役、滥用民力完成的。秦始皇二十六年（公元前221年）"徙天下豪富于咸阳十二万户"，秦始皇三十五年（公元前212年），又将东海之民"徙三万家丽邑"（今陕西西安市临潼区东），"五万家云阳"（今陕西淳化县）。（《史记·秦始皇本纪》）这些徙民虽属于豪富之家，但凤凰落架，也只能扶老携幼，以车载畜驮的办法，向指定地蹒跚进发。尽管这是通过强制手段，迫使大规模人群在短时间内做长途运动，但比之服役于关内的人流来，显然又居其次。

服徭役名目多、期限长，还得地方组织派专人押送，像汉高祖刘邦在沛县当亭长时就曾"为县送徒骊山"（《汉书·高帝纪》）。全国各地通往关中的大道上，车马喧嚣，行人塞路，再加之秦政府向空旷地带大量移民、往边地发谪实边，使这些大道呈超负荷的满载状态。"丁男被甲，丁女转输，苦不聊生，自经于道树，死者相望"（《汉书·严安传》），"赭衣半道"（《汉书·食货志》），"戍者死于边，输者偾于道"（《汉书·晁错传》），这是发生在国家大道上的另一种悲惨景象。

其四，商贾贩运的黄金大道。旧都栎阳"北却戎翟，东通三晋，亦多大贾"，咸阳之民也"益玩巧而事末"。（《史记·货殖列传》）作为四方辐辏并至而会的国都，咸阳人口繁密，各地来人流动性强，货物集散频率高，这是其他都邑无法比拟的。因此，咸阳通往关内外的各条道路就成了商贾贩运、牟利以富的黄金大道。

其五，巡行、信使、邮传、民间往来的通行之道。早期居民点间的小径，随着时间和往还频率增大，着意拓修，遂成大道。特别是城邑与邦国之间的交往专线，因所处地理形势，成为自然优选的对象，形成康庄，势所必然。由邮设驿，驰传相继，信使往来不绝于道，这在函谷关道上尤为突出。孟尝君脱秦、范雎入关，莫不是由此道而行。秦始皇五次出巡中，就有三次是经由东方大道出函谷的。

二、内河水道

（一）渭河航运

2000多年前的关中，春暖、夏热、秋雨、冬寒，四季分明，是典型的暖温带半湿润气候，因而造就了山多林木，地多修竹，田畴沃野，一片葱茏的自然景象。气候湿润，雨量充沛，河流涨溢，渠道纵横，也是自然存在着的现实。"八水绕长安"的谚语不仅仅是赞美水被罗织在城市总体构图美之中，起着不可取代的衬托作用，给这座帝王之都带来秀丽之美，而且喻示水在国计民生的积极意义上还蕴含有更深层的作用。咸阳、长安地区的河流中，不乏具有舟楫之便、航行运输的巨防大川。其中，渭河就是利河之一。

渭河发源于今甘肃渭源县西南海拔约3495米的鸟鼠山，流经陇右黄土高原、天水盆地，穿越宝鸡峡谷，淌过八百里秦川，于潼关港口注入黄河。主河道长达818公里，平均比降1.3‰，流域面积达134766平方公里。关中平原有百余条大小支流、小溪入注，使得渭河水量自西而东增加。宝鸡峡口之东，虽然河幅增宽，但至眉县段，却是水浅滩多。上下行船固然困难，但沟通南北岸的交通工具唯有渡船。眉县至咸阳段，由于河道平坦，滩洲棋布，加之泥沙河床，往往迁移无常。咸阳以东，有泾、沣、浐、灞纳入，沙洲丛生，港汊迂回，流漕无定。渭南以下，淤积盛行，河床比降平缓，从而形成弯曲性河道。

但是，由于骊山隆起和秦岭北坡新构造运动的抬升作用，渭河便形成了北蚀侧移的变迁趋势。以秦汉时的咸阳、长安地区而论，经过2200年，时至今日，渭河已向北偏移了5公里多。秦始皇在渭水上架设有"渭桥"，因为地当汉长安城横门之外，汉称"横桥"。横门遗址在今汉长安故城西北的相家巷东，按苏林说桥在门北"三里"的距离看，昔日的河床已成了今日渭河南岸广袤的沙滩。古今变化之巨大，在不易察觉中拉远了历史的距离。因此，我们目触的地貌形态，只能是2000年来自然重塑的结果，绝不是古气候、古地理环境的代表。比如说，你只看到这位是发脱齿落、皱纹斑驳、佝偻而行的老太太，岂知她曾经有过那天生丽质、风姿绰约、亭亭玉立、光彩照人的岁月！实际上秦以前的渭河环境，正处于它幼女、少妇的时代。

古代的渭河流域，森林茂密，有着良好的植被，发挥了蓄涵水量和调节气候的作用，保障了水质的清澈和巨大的流量，具备通航的承载能力。公元前647年，晋国遭受旱灾，秦穆公本着"其君是恶，其民何罪"的博大胸怀，派送粮食接济。船漕车转，"自雍及绛相继，命之曰泛舟之役"（《左传·僖公十三年》《史记·晋世家》）。从秦的雍都载粮上船，发自陈仓的渭河码头，顺流而下，入黄河后北上，再溯汾水，运抵晋国的绛都（今山西翼城县）。浩浩荡荡的运粮船队，来往于渭、河、汾的水道上，规模之大犹如一次泛舟的战役。渭河水量之大，宜于行舟，"漕挽天下"的能力可见一斑。（《史记·留侯世家》）秦统一六国之后，渭河依然是通关东陆路之外的一条辅助线。

（二）"漕挽天下"的河、渭粮道

秦都咸阳虽处于"九州膏腴""八百里秦川"，号称"陆海""天府之国"的关中，但随着都城规模扩大和人口急剧增加，这个狭小的平原所生产的有限的粮食终究无法满足日益增长的需求。战国末年占有丰饶的巴蜀之后，却碍于秦岭、巴山阻隔，虽架设有千里栈道，毕竟备极艰险、运输不易，所能提供给国都的粮食还是不敷度用的。秦始皇并灭六国之后，"决通川防，夷去险阻"，清除各国原来的河障，使河道畅通，漕运关东，特别是山东的粮食，就依仗于黄河通渭的水路。

中国在秦汉以前，主要的粮食产区集中在关中的泾渭平原、四川的成都平原、黄河下游右岸的豫东至鲁西南平原地区和山东半岛一带。秦始皇"使天下飞刍挽粟，起于黄、腄（今山东烟台市福山区）、琅邪，负海之郡"（《汉书·主父偃传》），这是漕运关东粮食最远也是最早的记载。实际上，由胶东半岛运粮到关中途经的以定陶（今山东菏泽市定陶区附近）为中心的鲁西、豫东地区（东至海滨，西及河南荥阳，北起山东北部，南近淮水），同样也是一个农业经济发达的粮食产区。在这个富庶的广阔区域里，有济水和人工开凿的鸿沟系统，早已构成了发达的漕运网。同黄河连接，即可输入关中。①

咸阳通黄河下游的水路，即是渭水、黄河、济水（或鸿沟）的连通。由都城咸阳港口出发，顺渭水行船东经华阴境（秦之"宁秦县"），纳北洛河水，于潼关入于黄河。从潼关至河南孟津县约240公里的一段河道，穿行在南北两岸崤山和中条山夹峙的峡谷之中，水流湍急，惊涛骇浪。特别是三门峡市陕州区下游35公里处的三门峡，河底多有暗礁，高出水面，屹立河心，巍然如柱。有鬼门、神门、人门三岛并立水中，水从岛间通过形为三门。虽有"三门六峰"的胜景称奇，人们也赞颂那"中流砥柱"的中华精神，但由于水流峡中，本来湍激，加之河床深浅悬殊，暗礁密布，漩涡连连，就给通过的船只带来极大的危险和困难，向来行船者视三门峡为航运的畏途。尽管人们在左岸开凿栈道、拉纤行船，但并没有放弃开辟陆路以避开三门危险的试图。②三门峡以下至五户滩，约60公里的水路，仍多有险滩存在。只有黄河到荥阳后，河水与济水分流，再加之魏惠王时人工开凿的鸿沟系统水道③，才使得这一地带的农业区同黄河水运发生了联系。

秦始皇在河、济、汴三水分流处的敖山上设置有规模宏大的敖仓（今河南荥阳市

---

① 古时的黄河由今荥阳附近的东北流，入海口在天津附近。而今黄河下游实为济水的故道。战国时代，人们在济水和黄河分流的地方，开凿出一条引黄河水自东南，经河南中牟、开封、通许、太康至淮阳入颍水的人工水道，名叫鸿沟。它连接了当时的汳水、获水、睢水、涡水等几条河流。而济水在定陶附近早有沟通泗水的荷水，在下游又开凿有连通淄水的人工渠道。这些水道，连接了济、濮、颍、涡、泗、荷等主要河流，都直接或间接地同黄河相通，形成了黄淮平原上的水道交通网。足见这一广阔地区的水路纵横交错，河运相当发达，对促进各地经济、文化交流具有重要作用。

② 中国科学院考古研究所编著：《三门峡漕运遗迹》，科学出版社，1959年。

③ 鸿沟是战国时期，魏惠王十年（公元前360年）凿通的一条引黄河水的运河。汉代以后改称"狼荡渠"，魏、晋以后，开封以上一段称汴水，隋唐称通济渠，开封以下称蔡水。由于鸿沟分别同济、汝、淮、泗等四条大川汇合，沟通了当时宋、郑、陈、蔡、卫等国，从开封、宛丘、下蔡、定陶、濮阳等地都可循支流到达鸿沟口入黄河，水路交通十分方便。

据荆三林等先生调查，在河南荥阳市西北黄河边的刘沟起有一条大沟向西南，长4里，宽300米左右，深200米左右。"沟两侧高出沟底两米多的土台上，有住家户。沟底两边有比较明显的水流冲刷痕迹，蜗牛壳，料礓石比比皆是。在四里左右处折向东，横跨广武山（今称邙山岭），直达上任庄，然后折向南，进入旖然河，又向东南流入开封一带。这道沟当地群众仍称之谓鸿沟，并传说是古代的运粮河。"（《敖仓故址考》，载《中原文物》1984年第1期）

1997年7月15日，为拍《中国皇帝》电视片，在没有向导的情况下，我们在荥阳寻找鸿沟。从路标"洪界村"的名称上，断定是距鸿沟不远的"鸿界村"。果然，在村东我们找到了呈南北走向的鸿沟，地当荥阳市广武县境内，其构造有如荆先生描述的那样。笔者还从吕树平老人门口的铺石上查出一块石碑，它原是乾隆三十三年（公元1768年）立的《观音堂碑》，系30年前张西城从沟底挖出来的，额题"万善同归"，碑文已述及这里鸿沟的情况。鸿沟北接黄河，南临嵩岳，两岸耸立有汉霸二王城，还有广武镇……这些地名、遗址，是多么熟悉！楚、汉两军对垒，刘、项广武相指斥……一幕幕生动的场景都浮现了出来。笔者也明白了正因鸿沟宽深，有水流淌，不易逾越，才是赖以"鸿沟为界"的地理形势。

西北马沟、牛口峪一带，今有村名），"天下转输久矣……藏粟甚多"（《史记·郦生陆贾列传》），作为集中各河运来的粮食并换装漕船的中转站，还筑有敖仓城专门负责漕运和安全事务。及至秦朝灭亡，仓内还储备有大量粮食，成为刘、项争夺以保军食的目标。（《史记·项羽本纪》）西汉时，在渭水入黄河处设立船司空县（今陕西华阴市东北），县旁建有华仓（即京师仓），地在华阴市东北9公里的瓦碴梁上，[①]同样说明由河、渭组成的漕运水路"竭天下之资财以奉其政"（《汉书·食货志》），"漕挽天下，西给京师"，"顺流而下，足以委输"，（《史记·留侯世家》）对秦汉王朝机动地控制全局具有重要的作用。

（三）漆渠

关于漆渠，《括地志》载："胡亥筑阿房宫开此渠，而运南山之漆。"咸阳都城的建设浩繁，用漆量巨大，当属事实。难怪倡人优旃对秦二世"欲漆其城"的愚蠢之举，讽刺说"漆城荡荡，寇来不能上"。（《史记·滑稽列传》）

秦二世荒唐，短命速亡，所开漆渠规模如何，是否发挥运输效用，大可怀疑。后湮废无存，以致没有留下通南山的蛛丝马迹！

[①] 陕西省考古研究所：《西汉京师仓》，文物出版社，1990年。

第三节
关隘

古人把渭河流经陕西段的盆地称作"四塞之国",就是大家通常说的"关中"。这个地堑式构造平原(断层陷落区)西起宝鸡,东到潼关,北山为障,秦岭作屏,因为是秦国发展壮大到统一中国的根据地,所以号称"八百里秦川"。处在关塞之中的秦国,周边设立有诸多关口,形成固若金汤之态。(见图7-11)

临晋关:一名"蒲津关"。今陕西大荔县朝邑镇东部,春秋时属于秦地。因为处

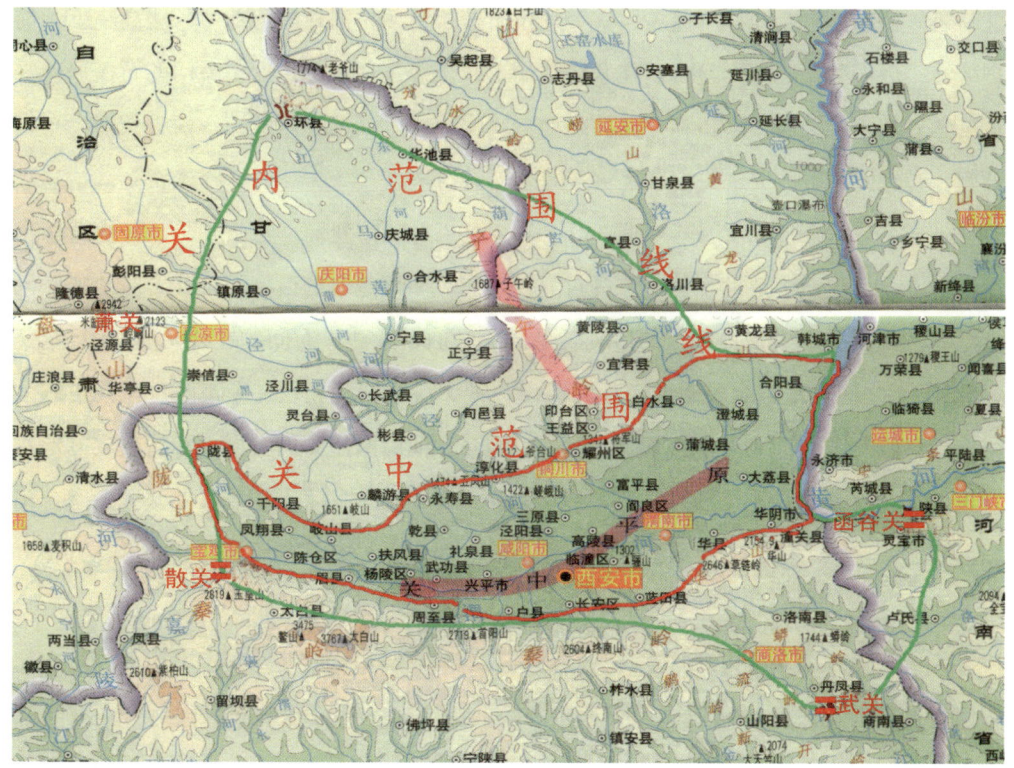

图 7-11 关中、关内范围示意图

于黄河西岸"以临晋国",故设县取名临晋县。战国初,魏文侯一度占据河西地,除过修筑临晋城,还在黄河西岸筑起一道防秦的长城。待秦夺回这一地区之后,就在临河的要津上建起"蒲津关",以对河东魏之蒲坂(今山西永济市西蒲州)上的"蒲坂关"。秦昭襄王五十年(公元前257年),在水上架有"河桥"。因为此间地处蒲津渡口,是秦晋间的交通要道,就成了历代兵家的必争之地。1989年8月,在山西永济县城西15公里的黄河古道上,考古人员对蒲津渡遗址进行了发掘,出土有"开元铁牛",足见临晋关就在今陕西大荔东30公里处,当在今陕西大荔县朝邑镇东黄河西岸。但由于黄河河道的移动,已经沦入河底。

函谷关:在今陕西潼关之东到河南灵宝市西境,当崤山和潼津之间,深涧峡谷,山道迂曲,是"桃林之塞"上的"崤函古道",构成晋国防秦的重要关隘。秦在献公之后,在今河南灵宝市东北设立"函谷关"。这里地势险要,西据高原,东临绝涧,南接秦岭,北塞黄河。处在深谷之中,两壁陡峭,树木遮天蔽日。东西数百里内道路一线,"马不并辔,车不方轨",属于攻守咸宜的重要关口。秦之后,函谷关址也屡有变动。

峣关:秦关在今商洛市商州区西北,北周移至今蓝田县东南,改名"青泥关",后又易名"蓝田关",简称"蓝关"。关址位于蓝桥镇蓝桥河村的河北岸,居高临下,前据峣岭,后靠蒉山,地形险要。在悬崖陡峭上,至今还留有两道安装关门的石槽遗迹。过去学者注释峣关时,多指在"武关之西",实应为"武关之西北"。西去长安,东去商州,必经此关。此关是关中东南防守的第二道门户。

武关:孝公二十二年(公元前340年),秦"封鞅为列侯,号商君"(《史记·秦本纪》),《史记·楚世家》有"秦封卫鞅于商,南侵楚"的话,而且苏秦对楚威王也有秦军"出武关""下黔中"的话,可见武关为商鞅所建,时间约在公元前340年至公元前338年之间,地当今陕西商南县湘河镇一带。汉代把武关设在今陕西丹凤县东35公里的"少习"山前,地当今县东南的武关镇。今存明清时土筑的关城,形状略成方形,周长1.5公里。东、西、南各开一门,以砖石包砌券洞。西门上有"三秦要塞"四字,东门上有"武关"二字,内门额上有"古少习关"四字。另有石垒墙长计4836米,有烽火台56处。

陇关:由甘肃平凉市至陕西陇县、宝鸡一段的六盘山南段,别称"陇山",是六盘山向南延伸的山岭,从而构成关中平原西部的屏障,张衡《西京赋》中就有"右有陇坻(又名'陇坂')之隘"的句子。此处山势险峻,岭高谷深,正是关中西部防戎、胡内侵的险要之地，故在此设关。关名"陇关""陇山关"，也叫"故关"。汉武帝当年经此曾遭遇雷震，北周天和元年（公元566年）改名"大震关"。地在今陕西陇县西北的陇山老爷岭上，《三秦记》载："其坂九回，上者七日乃越。"关城早已废圮，从一路可通而不变的情况看，关址就在山顶的最高处。陇县西约70里的"固关镇"，显然是"故关"的传讹。

散关：秦昭襄王任范雎为相，穿越秦岭修筑大道，形成"栈道千里，通于蜀汉"（《战国策·秦策三》）的局面。大散关处在秦岭西段北坡的大散岭上，属于陈仓道的北口，当陕西宝鸡市渭滨区西南26公里处的清姜河岸。（见图7-12）因置关于终南山的西端，紧接和尚原，又临散关水，故称"散关"（又名"大散关"）。北起益门谷口，南到秦岭梁南坡的煎茶坪，是一段幽深绝险的峡谷，崎岖盘桓，清江河曲折而北流，陡峭的山崖伸向河床，唯有栈道可通。"关当山川之会，扼南北之交。"（《宝鸡县志》）两山夹峙，处秦岭之分水岭上，陈仓道从中通过，是扼秦、蜀交通之要隘。在观音堂南2.5公里的南坡平台上，关址犹存，唯见石砌的关墙残段。大散关宜攻宜守，向来为兵家必经之地，前后曾发生激战七十多次。

萧关：当秦昭襄王二十七年（公元前280年）攻灭了义渠戎之后，使北部国界向外扩展，并修筑起一条绵亘数百里的"拒胡长城"（《史记·匈奴列传》）。在进出昭王长城的要道之上，设立的萧关就成了秦国的"北大门"。

对于萧关所在的具体位置，学术界多有争论，考古调查也未能提供一个标准的答案。有说在今宁夏回族自治区固原市或彭阳县的，也有说在甘肃镇原县或环县的。即使圈定在某个县市的，也会有多处地点可指。多个萧关的并提，大概是把汉、宋、明所筑同名异地的萧关混在了一起的结果。如果泛指"萧关"的话，我们应当把这些看作以上诸多关隘的集

图7-12　大散关（宝鸡）

合体。因为"拒胡长城"的修建是对付北方胡人的，内外通行的关口也不可能局限在一处。换言之，诸关口都应当是"萧关"的组成部分。因为相对关中而言，它们毕竟都处于北部的防守要地上；若以秦国北部防守与交通重点关口而言，能直接挂上关系的大概只有两处。

一处是在今宁夏固原市原州区南到泾源县瓦亭之间。《史记·匈奴列传》载："汉孝文皇帝十四年（公元前166年），匈奴单于十四万骑入朝那、萧关，杀北地都尉（孙）印，虏人民畜产甚多，遂至彭阳。使奇兵入烧回中宫。候骑至雍甘泉。"此文中的"朝那"当是"朝那湫渊"（简称"朝那湫"，位于固原市原州区开城镇马场村东），并非偏在东边彭阳县古城镇的那个"朝那故城"。因为匈奴是先入朝那、萧关，再南下烧"回中宫"（今宁夏泾源县城郊果家山有城址）的，从此可以知道"萧关"的主关口必定处于固原市原州区之南。因为从"朝那湫"到泾源县六盘山镇的古瓦亭，是一段险要的峡谷地带，人称之为"瓦亭峡"。这里地处六盘山东麓边缘，位当"弹筝峡"（瓦亭至东南的三关口一段峡谷）的北口。此间群峰环拱，深谷险阻，易守难攻，具有独特的军事地理优势。其北有昭王长城，可作为第一道防线，在峡口之南设关，再加上沿线的烽燧建筑，就能形成天然的军事防御体系。可资证明的历史例子是很多的，像汉武帝曾六次出巡边塞，都是由此经过，并且在那里祭奠了以死相拼的民族英雄孙卬，起着守边爱国的教育作用。从唐代反击突厥、吐蕃，到明清屯兵，这里都是一处戍守的要地。其中只有北宋时期，为防御西夏进攻，于公元1105年把萧关北移100公里，在今宁夏同心县又新筑了一座关址，为使前后二者区别起见，史称此关为"北萧关"。

另一处萧关在今甘肃环县城北2里的长城上。据调查资料显示为：关址犹存，在四五平方公里之内，以"城关"为重心，同周围的峰燧、亭障结合，从而构成高下、纵深都有机联系着的一套严密的立体军事防御体系。在果儿山、城子岗、沈家台和城东沟口，原来都建有城障，又以果儿山、城东原与玉皇山的三大烽燧作为呼应。长城经果儿山，山上的烽燧高出河谷160多米，外有小城和壕沟围护，显然是环江口西北的制高点。在今地面上，除长城、障城、烽燧等残迹外，还多有秦汉瓦片、"五铢"钱、"大泉五十"钱范和带字瓦当（"长乐无极""长乐未央"）的发现。

由文献记载再结合两处关隘位置看，后者虽是长城的进出口，但作为萧关还显得过于悬远。那么，萧关的具体位置还应当确认在今宁夏泾源县北的瓦亭峡一带。

第四节
路政与邮传

一、路政立法

（一）道路性质与法制管理

1. 京都御道与民道分离

咸阳地跨渭水南北，人口集中，车辆繁多，虽非齐临淄"车毂击，人肩摩，连衽成帷，举袂成幕，挥汗成雨"（《史记·苏秦列传》）那样的拥挤，也不像"楚之郢都，车毂击，民肩摩，市路相排突，号为朝衣新而暮衣弊也"（《新论》）般严重；但从秦国之都到秦帝国的升迁变化中，城市交通密度的增大是势所必然的。秦治以法，就自然地要以严厉的手段强化交通管理。

阁道、复道和甬道是皇帝的专用御道，同民道分开，也就是皇帝车乘同社会车辆分离行驶，既体现了尊卑等级的差别，更减少了避让时间。

2. 国道严格标准化

国道主要指的是驰道和直道，是皇帝命令，由中央政府派员直接监修的。像秦始皇在统一六国之后的第二年就派丞相李斯"治驰道，兴游观"（《史记·李斯列传》），"东穷燕齐，南极吴楚，江湖之上，濒海之观毕至"（《汉书·贾山传》）。三十五年，令大将蒙恬修筑直道，自云阳至九原1800里。（《史记·蒙恬列传》）修建这些高速道路的浩大工程，其劳动力来源可说是社会性的，主要是役夫、戍卒和刑徒三部分人。

国道的修建，除严格地组织领导进行勘测、施工外，还有一套法制性标准和管理使用规定，所谓"治道运行，诸产得宜，皆有法式"（《泰山刻石》），表现在以下几个方面。

第一，道路工程遵照标准要求。

驰道路面宽"五十步"（折合今69.3米）。路中心"三丈"（6.93米）是供皇帝车马驰驱的专线，树立有界标。路基夯筑，路肩培土，路旁栽青松。

通行的道路具有时间的和空间的延续性，新辟道路虽是点和线的起始与伸展，但往往都是旧路的连接与交换，故而在历史长河中常常是"旧貌换新颜"，使人"不识庐山真面目"。秦的驰道是对原来旧道的改造和扩大，具备规模。但正因为时间证明了路线选择合理、使用率高，随后就被历代利用和改造，以至于今日连它的踪迹也找不到。驰道的经行路线与路面遗迹至今难以确知，就是这个原因。

但直道却是个例外。因为它经行在子午岭上，后由于新线路的转移而荒废。人迹罕至，林木遮护，带着陕北水土流失而被截割的累累伤痕，却有幸地保留了下来。从一些可识路段和众多垭口连线来看，路宽50米左右，路基坚实而平整，仍可供汽车行驶，其走向确也体现了一个"直"字。同驰道一样，直道也是标准化的国家级高速道路。

第二，按"中道"和"旁道"划分，具有速级差的多行车道。

驰道有别于普通道路的不仅是路面宽，更主要的还在于路面上根据车速的高低有着多车道的区别。路心"三丈"宽的中道是皇帝的专车道，两侧的旁道则是提供给官吏、军队和邮驿人员右行的单向道路。

行走驰道有着严格的规定。非经皇帝特许，不得行车于驰道中，也不得横绝驰道，如无令行中道者，则"没入车马"，或被拘禁。例如，汉武帝"有诏，得令乳母乘车行驰道中"（《史记·滑稽列传》）；汉成帝为太子时，受诏迟到，说明因为绕道之故，元帝"乃著令，令太子得绝驰道"（《汉书·成帝纪》）。赐行驰道是一种政治荣誉和待遇，否则被视为违令。汉武帝姑母馆陶长公主擅行驰道中，虽有太后诏免，其车骑仍被江充"尽劾没入官"；太子家使乘车马行驰道中，"充以属吏"白奏皇帝。但江充这个以诈蒙上而"大见信用"的小人，竟以"铁面无私""敢于碰硬"的执法，取得宣帝信任、"威震京师"的社会效果。实际上，他不过是钻了"法"的空子而已。（《汉书·江充传》）相反，司隶校尉鲍宣拘止了行驰道中的丞相孔光椽吏，没入其车马，却招来了革职被刑之祸。（《汉书·鲍宣传》）这些例子虽属汉代长安城的情形，但应看作汉承秦制的反映。

第三，沿途设立驿站、皇帝的行宫。

传递文书、转运官物，最要紧的是缩短路程走捷径，加快速度抢时间。驰道、直道的修通，就为邮传提供了方便。当然，这只是就国道沿线而论的，此外的主干道或广阔的鄙远之地就另当别论了。按照"五里一邮""十里一亭"的设置，经过检验，换人，快速传邮，过30里的驿站，经过止息，换乘后再继续前行。驿站不但是办理邮传公务的机构，备有车马以供载传，还建有馆舍给邮人、驿使食宿，并接待官吏、信使。秦都的轵道亭位于驰道上，长平亭在咸阳去林光宫通直道的大道上，虽都属于乡亭，但因其地位的特殊，很可能具有邮亭的功能。

因为皇帝出巡东方必走驰道，"关外四百余"处宫殿中必有相当数量是设在大道上的行宫。秦始皇东巡渤海时的行宫遗址相继发现的就有河北省秦皇岛市金山路的横山宫殿建筑群①、辽宁省绥中县石碑地的"碣石宫"遗址②等等。秦始皇二十八年（公元前219年）东巡，由胶东半岛东北的之罘南下琅邪台（今山东青岛市黄岛区南琅邪山上），望海刻石，"留三月"。经过9年，又南巡洞庭、会稽，"并海上，北至琅邪"（《史记·秦始皇本纪》）。两次到琅邪，建有行宫是毫无疑义的。在巡行大道的沿途也应有不少行宫，只是因为建筑不易存留，而只有有关山、水、泉、湖、石的传说故事在祖辈的口授心传中留在了民间。

直道上虽然有皇帝车驾驰驱，但作为国防大道的功能却是第一位的。故其沿途既有皇帝的行宫、驿站，又有关防、亭障和烽燧。经调查，这些遗址多有发现。例如，秦林光宫虽说是直道的起点，却处于首都通边防的大道上，应当说是兼备离宫与行宫的性质。鄂尔多斯市东胜区西的城梁古城位于直道东约百米处的高岗上，东西长350米，南北宽200米，遍地散见有回纹空心砖、绳纹筒瓦、板瓦、素面和云纹的半瓦当、云纹瓦当等建筑遗物，③显然是一处具有驿传兼宫殿性质的建筑。在陕、甘交界处的雕灵关南侧山梁上，有"四十亩台"遗址，被认为是"兵站遗址"。④富县槐树庄农场西侧有个地方，至今仍叫"白马驿"。

3. 地方级官道由郡县负责

秦的道路以首都咸阳为辐辏中心，通向各郡府治、通都大邑，是为一级的交通干线

---

① 陈应祺：《北戴河发掘出秦始皇父子行宫遗址》，载1986年9月25日《人民日报》。
② 辽宁省文物考古研究所：《辽宁绥中县"姜女坟"秦汉建筑遗址发掘简报》，载《文物》1986年第8期。
③ 1991年，笔者同王开等先生应邀复考直道半月。6月11日，我等在城梁古城做了实际考察，并同当地群众交谈。瓦砾遍地，完整的多藏老乡家中以待文物贩子收购。城梁古城位在高阜之上，海拔1553米，由此南望伊金霍洛旗的红庆河镇、北到包头市的麻池古城，作一条连线，恰似鄂尔多斯高原之脊。在城梁西约100米处，有一个直道穿过的豁口，当地人叫"古路豁子"，宽约50米。从这里向南极目望去，在10里之内分布着6个等宽的豁口处于一条连线上，体现着"直通之"的基本特征。城梁古城，则是直道上一处行宫与驿站兼备的所在。
④ 参见1986年9月26日《陕西日报》第1版。

或国道。而郡、县间的多向连通及县、乡之间的道路，均属于二、三级的地方道路。这就形成了大、中、小城市各自成中心、全国连接为一体的交通网络。其中除大型的一级道路外，大量的是地方级官道和民道。

地方级官道是由郡、县的地方长官负责监修和管护的。乡村道路则由乡、里负责，分段交临路田主管护。"修利堤防，导达沟渎，开通道路，无有障塞"（《吕氏春秋·季春纪》），"除陛甬道"、修治"阡陌津桥"（云梦秦简《为吏之道》）本是郡守、县令（长）的职责之一。劳力则来自本地区的百姓群众，修路时间选用每年冬季的3个月农闲季节，以不误农时为原则。

养护道路同修建高质量的道路一样被重视。路两侧有"道树"，春天种植，对毁坏者则绳之以法。还要定时刈除阡陌上的荒草，但如果长出"鲜草，虽非除道之时"，也应及时铲除，避免"陷败不可行"。①"除道"就是整治修理道路，目的就是保障"道傷（易）车利"，因而有时必须"兴之必疾，夜以接日"（云梦秦简《为吏之道》）。如果修路和管护不合质量要求，除过返修，还要惩治主管官员。

在地方级的官道上，仍设有驿站、馆舍，备有车马、粮草，保障过往官员、邮驿人员的食宿和传换。这种制度的形成是一个古老的传统，《周礼·秋官司寇·野庐氏》："掌达国道路至于四畿，比国郊及野之道路，宿息井树。……凡道路之舟车蟄互者，叙而行之。"疏曰："宿谓十里有庐，三十里有宿，五十里有市。"不仅管道路畅通、供应食宿，还在隘处排除障碍，疏导交通。

（二）帝辇辄动，止人清道，实行警跸

皇帝车驾出动，有前导，有护从，有伴驾，按一定的礼仪排列众多车乘及侍卫的次序，形成一套銮驾制度。从秦始皇开始，就把这种仪仗队列称为"卤簿"②。《后汉书·舆服志》："古者诸侯贰车九乘。秦灭九国，兼其车服，故大驾属车八十一乘，法驾半之。属车皆皂盖赤里，朱轓，戈矛弩箙，尚书御史所载。最后一车悬豹尾，豹尾以前比省中。"始皇陵西侧出土的彩绘铜车马，编组入坑，白马素车，安车为主，立车为

---

① 引自四川省博物馆、青川县文化馆：《青川县出土秦更修田律木牍——四川青川县战国墓发掘简报》，载《文物》1982年第1期。

② 蔡邕《独断》："天子出，车驾次第，谓之卤簿。"封演《封氏闻见记》也说："舆驾行幸，羽驾导从谓之卤簿，自秦汉以来始有其名。"实际上，名称虽起自秦代，而使用却非天子独断。汉以后连后妃、太子、王公、大臣出行时，都可使用卤簿，特别是皇后还可乘坐华贵的金根车，如《晋书·舆服志》："皇太后、皇后法驾，乘重翟羽盖金根车。"辽阳棒台子屯东汉晚期壁画墓中的《出行图》，就是大臣用卤簿的图像（李文信：《辽阳发现的三座壁画古墓》，载《文物参考资料》1955年第5期）。还有敦煌莫高窟唐代壁画《张议潮出行图》，也应是一种卤簿。

导，配备弩盾。经笔者研究，最早提出它属于秦始皇车驾中五时副车的性质。[①]

銮驾启动，必先戒严，禁止行人，清理道路，保障皇帝车马先行。"趕，止行人也。警，令戒肃也。天子出入皆备此仪。"（《汉书·韩安国传》颜师古注）出警入跸[②]形成制度，不唯是皇帝车队出入京师时作为一种仪程，其实际上是出自安全警卫的需要，更重要的是显示皇帝的威仪，体现至尊的交通特权。只有当天子的车驾浩浩荡荡地从路上通过，看到殿后的豹尾车（《小学汉官篇》），"罢屯解围"，老百姓才能松一口气上路。

（三）都市巡夜，实行宵禁

周代的司寤氏"掌夜时，以星分夜，以诏夜士夜禁。御晨行者，禁宵行者、夜游者"（《周礼·秋官司寇》）。郑玄注："夜士，主行夜徼候者，如今都候之属。"秦汉时期，在都市禁止夜行是作为法令实行的，即使大臣、将军也得遵守。

秦禁夜行旨在防止奸邪。秦孝公死后，惠文王即位，商鞅面临被杀的危险，深夜逃离咸阳，但到达自己的封邑——商邑，城吏按秦律照样不予开城门接纳。《史记·李将军列传》载："（广）尝夜从一骑出，从人田间饮，还至霸陵亭。霸陵尉醉，呵止广。广骑曰：'故李将军。'尉曰：'今将军尚不得夜行，何乃故也！'止广宿亭下。"霸陵亭在汉都长安的近郊，将军李广同样得遵守不能夜行的禁令，可见秦汉在执行上是一致的严格。

《史记·秦始皇本纪》记三十六年（公元前211年）秋，"使者从关东夜过华阴平舒道。有人持璧遮使者"，说明皇帝使者不受夜行禁令的限制。或者可理解为在一般城镇实行上要松动一些，正因如此，商鞅才能夜行至商邑。

（四）实行关禁制度

秦同关东各国一样，在交通大道的险隘之处设有关防。统一天下之后，在拆除各国妨碍交通的关塞的同时，却在边陲重地、水陆要冲，层层设卡，稽查行旅，征课赋税。

[①] 王学理：《五时副车铜偶所反映的秦代銮驾制度》，见陕西省秦俑考古队、秦始皇兵马俑博物馆编：《秦陵二号铜车马》（考古与文物丛刊第1号），1983年。
《大戴礼·朝事》孔广森补注："贰车，副车也。乘车之副曰贰，田车之副曰佐，戎车之副曰倅车。少仪云：'贰车者，诸侯七乘、上大夫五乘、下大夫三乘，亦异代之制。周时，大国贰车九乘，故秦灭九国，兼其车服，大驾属车有八十一乘也。'"

[②] 《古今注》："警跸，所以戒行徒也。《周礼》跸而不警。秦制出警入跸，谓出军者皆警戒，入国者皆跸止也。"《史记·梁孝王世家》："拟于天子，出言跸，入言警。"《史记·韩安国传》同此。但《汉旧仪》又说："皇帝辇动称警，出殿则传跸。"实际上，跸是禁止行人，警是清道警戒，两者是同时进行着不同内容的工作，无须按出入分开，所以颜师古说："今云出称趕入言警者，互举之耳。"

咸阳属京畿重地，内史周围的关防以仍其旧的有临晋关、函谷关、峣关、武关等。

过关的行人，必须交验证明身份的"传"（即"符信"，汉称"过所"，用木或缯帛制成）。官吏则用"信"。

关门晨启暮闭。春申君逃出秦国，到函谷关下，天还未亮。为避追杀，随员中有作鸡鸣者，引得关城内众鸡齐鸣，关吏误以为天将亮，就开门放行，留下了"鸡鸣狗盗"的历史成语。

出入关防，交验符传，意在严防奸非。但设卡的结果却限制了民间的广泛往来和物资交流。

二、咸阳的邮传

（一）邮传制度的确立

所谓"邮传"，就是传递公文书信和邮人食宿、换乘的总称。内容包括"邮"和"传"两部分。前者，指食、宿的处所，有邮、邮亭、邮馆、邮置、驿站等多种称谓；后者，多指交通工具与传递的方式，分为遽（车传）、徒（步传）和驿（马传）三种。还有一种说法是"马传曰置，步传曰邮"。但用这来解释驿站，似嫌过于苛细。

秦以法治国、以吏为师，办事讲究效率，同样也使邮传制度化。传递方向主要是上下行的双向，即把皇帝的"制书"（即"命书"）、"署急"文书迅速下发全国或某一重要地区、机关和个人，另一方面则要把各地有关政治、军事、经济情报等"奔命书"[①]报告给中央。为了确保邮传的通畅，在中央设立九卿之一的典客主管。《汉书·百官公卿表》载："典客，秦官，掌诸归义蛮夷，有丞。景帝中六年更名大行令，武帝太初元年更名大鸿胪。属官有行人、译官、别火三令丞及郡邸长丞。武帝太初元年更名行人为大行令。"这里的"行人令"和"大行令"虽系汉大鸿胪的属官，故可看作原在秦典客之下，属于专管邮传之事的官吏[②]。郡国一级的主邮官吏，唯见东汉有"督邮"一职（《续汉书·百官志》），"邮书掾"（《后汉书·舆服志》刘昭引《风俗通》）。因为邮传具有全国性，因此在国道和地方干道上同驿道相异，每30

[①]《汉书·丙吉传》："尝出，适见驿骑持赤白囊，边郡发奔命书驰来至。"颜师古注："有命则奔赴之，言应速也。"

[②] 东汉时，主管邮传的职权，由大鸿胪转移到太尉府之下。《续汉书·百官志》载，在太尉府之下，设"长史一人，千石"。本注曰："署诸曹事"，而诸曹中，有"法曹，主邮驿科程事"。

里设一驿站，有主管官吏，另有"传舍啬夫""厩啬夫"等吏员。因而就形成了内史和全国的邮传由中央统一领导，直接委派主管官吏，各县则监督本地给予协助的条条管理系统。

战国时的秦国，为传递文书专门制定了《行书律》。规定："行命书及书署急者，辄行之；不急者，日毕，勿敢留。留者以律论之。"对于秦君主的"命书"和"书署急"这两种紧急文书，应随接即送。对非紧急文书，要当天送完。滞留文书者，要依法论处。还规定："行传书、受书，必书其起及到日月夙莫（暮），以辄相报殴（也）。书有亡者，亟告官。隶臣妾老弱及不可诚仁者勿令。书廷辟有曰报，宜到不来者，追之。"因为公文的传送，贵在速度，重在着落，更要保证文书传递的安全和保密，所以规定：接送文书的要记时间，以便回复；丢失文书的，要急速报官；老弱的隶臣妾和不足信赖的人，不能派他们送文书；征召文书没有按时到达的，要追查。

对于"伪书"、"伪传"（假通行证）虽经检查却没有发觉，还县县依次传递，直至关卡才截获的，都要受到处罚。秦简《法律答问》中举了一个咸阳"发伪传"的例子："今咸阳发伪传，弗知，即复封传它县，它县亦传其次县，到关而得，今当独咸阳坐以赀，且它县当尽赀？咸阳及它县发弗知者当皆赀。"很清楚，秦对传递的文书及传送文书持有的通行证，都要经过县县开看，并重新封印。这当然属于防伪的措施之一。

防伪促进了"封传"制度的形成。汉长安城遗址出土的秦封泥，给我们提供了传递文书上加盖印章的实物凭证。[①]这批封泥的印面内容，除中央三公九卿的长官、属官及为帝室服务的侍宦、苑囿等职官名称外，地方行政官署则见有首都咸阳丞、咸阳亭、栎阳、雍，以及上郡、代郡、邯郸郡、四川。县丞印有蓝田、下邽、芷阳、杜县、高陵、翟道、频阳、宁秦、临晋、重泉、裹德、阳陵、云阳、犛县、美阳、雍县、废丘、丰邑、南郑、商邑、安邑、蒲坂、襄城、长平、建陵、西县之盐官及共厨、兰干、洛都、游阳、堂邑、任城、邓、蔡阳、成都、济阳、吴、南顿、女（汝）阴、相、殷阳、卢等。甚至还有一些为数不多的私印。由此可以看出，这些简牍文书是经过封发的长官在钤以印章的封检之后，才传递到首都的。即使在皇帝身边的王公

---

① 周晓陆、路东之、庞睿：《秦代封泥的重大发现——梦斋藏秦封泥的初步研究》，载《考古与文物》1997年第1期。

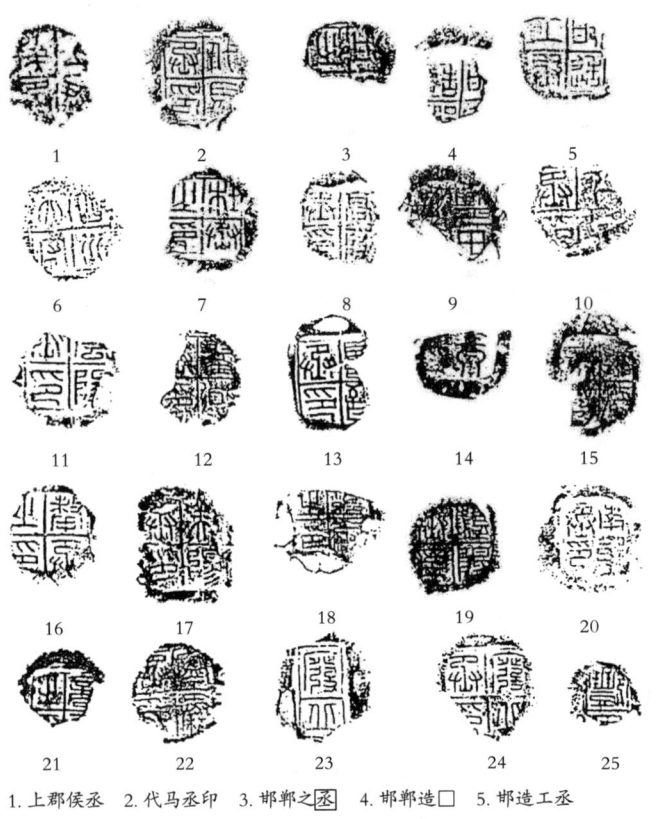

1. 上郡侯丞　2. 代马丞印　3. 邯郸之丞　4. 邯郸造口　5. 邯造工丞
6. 四川太守　7. 杜丞之印　8. 高陵丞印　9. 蓝田丞印　10. 下邽丞印
11. 云阳丞印　12. 瞿导丞印　13. 临晋丞印　14. 重泉丞印　15. 襄德丞印
16. 蓳丞之印　17. 美阳丞印　18. 雍丞之印　19. 蘭（频）阳丞印　20. 南郑丞印
21. 商丞之印　22. 宁秦丞印　23. 废丘　24. 废丘丞印　25. 鄜（丰）丞

图 7-13　郡级官署及内史属县封泥印文

九卿，给皇帝的呈文，同样是要封检派人送达的。（见图7-13、图7-14）

综前所知，邮传在国家生活中对强化封建的中央集权制、促进各种信息的交流与各地的文化联系，都具有重要的意义。所以，特别受到秦始皇的重视，由中央的"典客""行人令"，到沿大道各郡、县的"厩啬夫""传舍啬夫"等小吏，就构成了一个不同于地方系统的邮传管理系统。并制定《行书律》《传食律》，以保障邮传事业的进行。其邮传机构及其传递方式，既是独立的，也同"司奸盗"的"亭"发生着横向的联系。

（二）邮传方式与咸阳的邮亭、传食

《史记·留侯世家》索隐引《汉旧仪》："五里一邮，邮人居间，相去二里半。"《后汉书·百官志》刘昭注列《汉官仪》："设十里一亭，亭长、亭候；五里一邮，邮间相去二里半，司奸盗。"亭，本来是在交通线上每隔10里设置的一个治安机构，但因检查邮传中的奸盗而成为"邮亭"。邮是专办公文转递业务的，却兼有"司奸盗"的任务。可见亭与邮虽有共同的任务，但毕竟是各有自己的工作重心的。不过，从转递公文角度而言，都可看作从事邮传的具体机构，其距离的差别当同规模、设置有关。

《史记·廉颇蔺相如列传》有秦王"舍相如广成传舍"的记载。舍，本是首都招待贵宾食宿的住所，《史记·孟尝君列传》索隐："按传舍、幸舍及代舍，并当上、中、下三等之客所舍之名耳。"秦简《传食律》规定关于驿站供应饭食的标准问题，说明"传"就是转递公文的机构。既然舍以传名，就有了"传舍"。另有用乘马传递的"驿"，《后汉书·舆服志》就有"驿马三十里一置"的规定。

邮、亭、传、驿四种传递公文的机构，均设于交通大道上。前二者是短距离设站，由"五里一邮"到"十里一亭"，以步递转运，使传递同治安兼备；而后二者分别以车递（"传递"）与马递（"驿递"）进行，是纯粹的传递机构。每隔30里置站，正是马力所及需要换乘的限额，从而确保了传递的快速度。

出咸阳西门，行10里，在干道上有地名曰"杜邮"，是大将白起

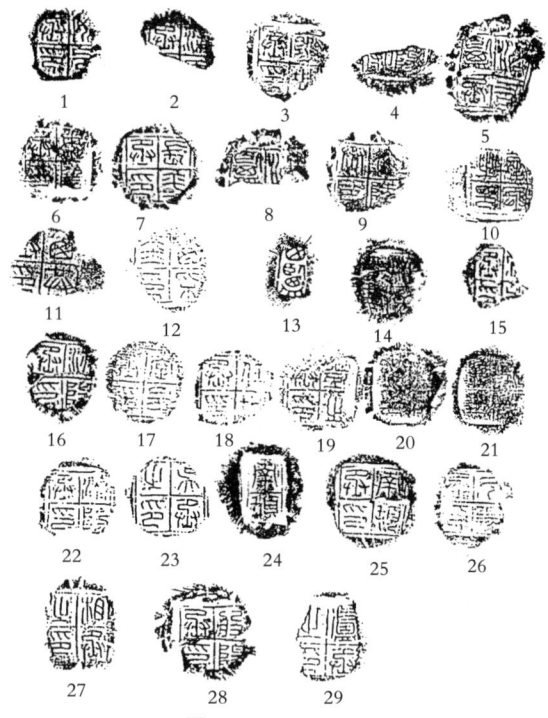

1. 安邑丞印　2. 蒲反□印　3. 襄城丞印　4. □阳□守
5. 江又盐丞　6. 女（汝）阴丞印　7. 长平□印　8. 海曲盐□
9. 建陵丞印　10. □丞之印　11. 西共丞印　12. 西采丞印
13. 西盐　14. 兰干丞印　15. 洛都丞印　16. 游阳丞印
17. 堂邑丞印　18. 任城丞印　19. 邓丞之印　20. 蔡阳丞印
21. 成都丞印　22. 济阳丞印　23. 吴丞之印　24. 南顿
25. 南顿丞印　26. 女（汝）阳丞印　27. 相丞之印
28. 般阳丞印　29. 卢丞之印

图 7-14　关外县名封泥印文

引剑自刎的地方。（《史记·白起王翦列传》）郦道元以为它就是咸阳"磁石门西"的"杜邮亭"。"邮"同"亭"连称，距都10里，显见的是交通干道上一处传递与治安结合的机构。

同样，有名的"广成传舍"，因为是"传"的所在，又设"舍"，就成为咸阳供往来使者食宿的一处高级"传舍"。

作为京畿附近的几处乡亭，如白亭、轵道亭、长平亭、长安亭、曲邮亭等，由其地理位置和作用判断，同杜邮亭一样都兼有邮的任务。

亭、传的所在地都设有宅舍，供给来往使者、邮人止宿，因而称为"亭舍""传舍""邮舍"。还有"食厨"供应饮食，有"厩置""乘传"以便换乘。

《晋书·刑法志》引《魏新律序》："秦世旧有厩置、乘传、副车、食厨，汉初承

秦不改。"云梦秦简《传食律》《仓律》中就有"公使有传食"的规定。而传舍食厨供应饮食的对象，包括"御史卒人使者"及"使者之从者"这些传递者及使者。饮食标准依爵的有无及爵级高低有所区别，如"不更以下到谋人"（即秦爵四级"不更"到三级的"簪袅"）与"宦奄"（即"宦官"阉人）同级，每餐的饮食内容包括"粺米（即加工后的精米）一斗，酱半升，菜羹、刍藁各半石"；"上造以下到官佐、史无爵者，及卜、史、司御、寺、府"等人同一标准，每餐供给"粝米（即稍加工的粗米）一斗，有菜羹、盐廿二分升二"。（云梦秦简《传食律》）

（三）邮传的凭证

传递公文者的凭证就是"传"，秦汉时期统称为"符传"。其不仅是止宿亭传、就食食厨和更换车马的信物，也是通过关梁要津不可或缺的凭证。安徽寿县1957年出土的鄂君启金节，有车节3件、舟节1件。从错金铭文知，它是公元前323年楚王颁发给封君鄂君启分由水陆两路从鄂（今湖北鄂州市）至郢过关的免税凭证。

符传因用途不同，而在形制、质地和名称上有所区别。军符是铜质、虎形，中分两半，如传世的新郪虎符、阳陵虎符和出土的杜虎符。一般符系竹或木制成，行人用"验"（《史记·商君列传》），游说之士用"符"（云梦秦简《游士律》），官吏用"符券"（云梦秦简《法律答问》），商贾用"符传"（云梦秦简《法律答问》）。邮传则用"传"，或称"封传"。

"封传"因传递的简牍文书经过封印而得名。汉时，由加盖印章和封泥的多寡，在用车的等级及驾马数上就有了区别。用一匹马驾轺车而"乘传"的是"一封传"。最多的是用四马驾的"置传"，持的是"五封传"。所谓"封传"，即《汉书·平帝纪》如淳引《汉律》说的："诸当乘传及发驾置传者，皆持尺五寸木传信，封以御史大夫印章。其乘传参封之。参，三也。有期会累封两端，端各两封，凡四封也。乘置驰传五封也，两端各二，中央一也。轺传两马再封之，一马一封也。"这也可能是对秦封传完整化的结果。

第五节
交通工具

一、陆路乘载工具与行车礼仪

（一）马的乘载作用

秦人有着养马、驭马的传统。其老祖先费昌"去夏归商"，为汤御车，败夏桀于鸣条（今山西运城市安邑街道北）。帝太戊之后，秦人为商王赶车而"遂世有功"。造父为周穆王驾八骏西游昆仑，遇徐偃王叛乱，又"一日千里"赶回周都镐京。非子在西犬丘养马出了名，被推荐给周孝王，主持汧、渭交汇处的马场，使马群"大蕃息"。嬴秦部族也因养马、驯马、御马而在政治上兴盛起来。

"马最早用来驾车"的传统说法，看来只能指发生在中原的情况。实际上，中国北部和西北部的草原地带才是马的家乡。《左传》有"冀之北土，马之所生"的话。（《左传·昭公四年》司马侯语）。燕代、秦地出产良马是早负盛名的。（《史记·苏秦列传》）始皇陵秦俑坑中所见之陶马，通高1.72米，蹄至鬐甲1.33米，体长2米许，机警神骏，属于军马中的"骑驀"。据研究，其来自今甘肃南部与青海毗邻的黄河之曲。其实，这广阔的地域，一直是秦汉时代的畜牧业基地。像汉代设立六牧师苑三十六所，就集中在天水、陇西以及安定、北地、上郡、西河这"迫近戎狄"又适合马匹生长（气候、青草）的河西六郡境内。（《汉书·地理志》）早期秦人，生活在陇右的沟谷中，同戎人长期杂处，过着逐水草而居的游牧生活，以养马、御马著称。立国后仍保持这一传统，秦穆公就有相马专家伯乐、九方皋等人。秦简《日书》中的《马》篇，即是中国最早的相马经。长期以来，秦同马结下了不解之缘，其精湛的养马术又促进了生气勃勃的养马业的发展。

马匹作为劲捷的畜力，最早同人们生活发生直接关联的作用，当是乘骑、拉车，然后才是组建骑兵。这一历程，秦人是在西周时代的中晚期（约公元前9—前8世纪）才完成的。①当秦国拥有一支"车千乘，骑万匹，带甲百余万"的威武之师时，车轮殷殷、马蹄得得，驰骋在贯通全国的大道上，马的乘载作用才得到了充分的发挥。秦俑坑中的乘马，抑或是车马，为我们提供的是驰驱型良马的鲜明形象。

（二）车的种类及其主要设置

按照所有制关系，车辆同样有公与私的区别。官车系官府之车。王室之车专有，代表着国家，实际上是最大的私人占有者，所以《石鼓文》就有"吾车既工，吾马既同"的句子。秦君侯将相私人拥有车马的数量之大之华贵，往往是惊人的，像穰侯魏冉免相出关就邑时，"辎车千乘有余"（《史记·穰侯列传》）。丞相李斯"置酒于家，百官长皆前为寿，门廷车骑以千数"（《史记·李斯列传》）。秦始皇在梁山宫上，也"见丞相车骑众，弗善也"（《史记·秦始皇本纪》）。至于民间百姓与商人的车乘，只能是私人的牛车。都官的有秩吏及其分支机构的啬夫，因工作需要，官府按其人数多寡配给车马及仆的数量是有定额的。而一般官吏及百姓，也可向官府借用车辆。（云梦秦简《金布律》《司空律》）

秦处于中国古代车制变化的交替时代，除沿用商周以来的独辀（即辕）双轮车外，已经出现了双辕车。秦雍都遗址八旗屯BM103号墓出土一陶车模型，有两侧箱板，作双辕，时代当在春秋中期，是我国双辕牛车的最早实例。在甘肃平凉、秦安的战国秦墓中，也有驾一马的双辕轺车的发现。②双辕车可驾一马或一牛，而单辕车起码要有两马服驾。秦俑坑的车乘，一律属于单辕的驷马战车。

从驱动车辆所役使的动力看，秦车可分为三大类，即马车、牛车和辇车。以马拉车是商周以来使用最为广泛的单辕轭驾方式，车型也多。作战、田猎、出行、交通，无不用马车。牛车，也称作"大车"，是"平地载任"的货车，双辕驾牛，一般庶民多用来乘坐上路。而用人力推挽的一种小型车，就是"辇车"。1986年，在陕西陇县边家庄五号春秋早期墓中出土了一辆辇车，单辕上扬，衡两端各有木俑一个，面前直

---

① 王学理：《秦俑专题研究》，三秦出版社，1994年。
② 魏怀珩：《甘肃平凉庙庄的两座战国墓》，载《考古与文物》1982年第5期。

立，作挽引狀。①（見圖7-15、圖7-16）《說文》："輦，挽車也。從車，從㚘，在車前引之。"兩相對照，形義全合。輦車是秦漢宮廷中，皇帝、后妃們代步的工具，適用於短距離、小範圍，因而專闢有"輦道"。由邊家莊五號墓用一棺一槨，隨葬五鼎四簋等銅禮器組合看，墓主當是大夫級的貴族。其葬處秦襄公的汧都，此輦車也提供了宮廷用輦車的最早材料。②因為輦車有衡無軛，只能採用雙手托衡，置於胸前兩人推引的方式，車體輕小，民間時或有用。像卓王孫遷蜀時，夫妻就推輦而行。

由於顯示等級制的不同裝備與使用功能的差別，車的種類與形制更是多種多樣。（見圖7-17、圖7-18）秦車按此標準可分為御駕、華貴乘車、田車、戰車、役車和喪車六類。應該說，這些車活動最集中的舞台還是在咸陽，並由此而發軔走向全國。

有蓋之車多屬高級乘車。據

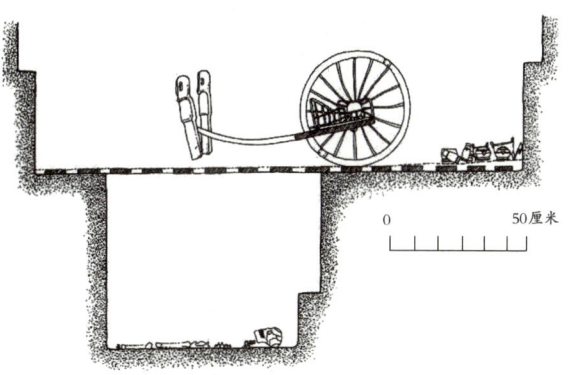

圖7-15 木輦車與墓室剖面圖（邊家莊五號春秋墓）

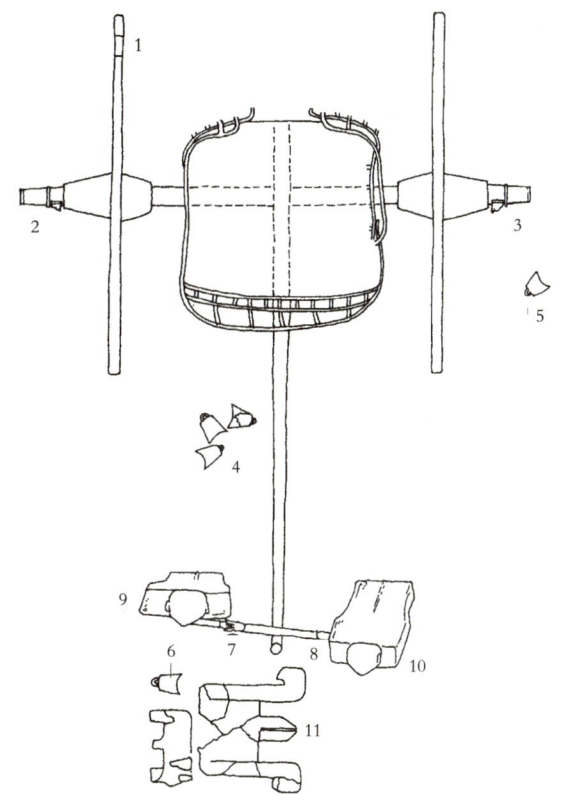

1.銅車牙飾 2—3.銅軎、轄 4—6.銅鈴
7—8.銅兔（衡飾共4個） 9—10.木桶 11.樽飾

圖7-16 木輦車平面圖（邊家莊五號春秋墓）

---

① 陝西省考古研究所寶雞工作站、寶雞市考古工作隊：《陝西隴縣邊家莊五號春秋墓發掘簡報》，載《文物》1988年第11期。

② 《通典·禮》："秦以輦為人君之乘。漢因之，以雕玉為之，方徑六尺。或使人挽之，或駕果下馬。"前邊說輦是秦的宮廷之車，說對了。但後邊說"或駕果下馬"，可能屬於秦以後的情況。

1. 陕西凤翔秦墓出土双辕车模型复原图（《文物资料丛刊》三）
2. 轺车（汉代车模型）（甘肃武威汉墓出土）
3. 輂车（汉代画像石像） 4. 辇车（汉代画像石像）
5. 鹿车复原图 6. 舆复原图

图7-17 车舆示意图

1. 立车（高车、垂带的轺车）（孝堂山石祠画像）
2. 辎车（成都扬子山二号汉墓出土）
3. 轩车（山东福山画像石像）

图7-18 秦汉时期常见的几种马车

载，主要有王车、金根车、王后鸾车、大行载车、辇车、武刚车、轩车、高车和轺车等。其明显的区别在于：王车（即天子车）"黄屋左纛"①；金根车"驾六马"，以金为饰（《独断》《古今注》《通典》），秦始皇所乘之金根车，实是与王车的结合；鸾辂和辇车都是皇后的乘车，"青羽盖，驾四马，龙旗九旒"（丁孚《汉仪》）；大行载车饰如金根，也极其阔绰（《后汉书·舆服志》）；武刚车虽"有巾有盖"，却是作为前驱的战车；轩车有盖，两侧立屏藩，属于乘车。

---

① 《汉书·高帝纪》："纪信乃乘王车，黄屋左纛。"李斐曰："天子车以黄缯为盖里。纛，毛羽幢也，在乘舆车衡左方上注之。蔡邕曰：'以牦牛尾为之，如斗，或在騑头，或在衡。'"应劭曰："雄尾为之，在左骖，当镳上。"

纛，是由竿撑的缨穗。秦始皇陵出土的彩绘铜车马上已见到它的具体形象。不过，它不是装在车衡的左上方，而是安在右骖马的头顶上，可称为"右纛"，同蔡邕说的"或在騑头"的情况吻合。

在这里，我们应该看到秦始皇的御驾，实际是由驾六马的"金根车"，或随五时（春、夏、季夏、秋、冬）分乘五色的"驷马安车"并配备"驷马立车"的所谓"五时副车"组成（《通典》《独断》）。周天子所乘之车称为"路"，王与后均有玉、金、象、革、木"五路"。《诗·秦风·渭阳》有"何以赠之？路车乘黄"之句。其他如鸾车、辇车、大行载车、轩车、辒车、𫐓车①、轺车、安车等，都属于华贵的高级乘车了。始皇陵出土的两乘铜车马，就是轺车和安车的模拟物。

田车是秦君打猎时的一种快速车乘。《诗·秦风·驷铁》有"游于北园，四马既闲，𬨎车鸾镳，载猃歇骄"的句子，描写的是秦襄公打猎所乘之𬨎车，也就是田车。

从秦俑坑提供的140多乘战车实例看，可概括为单辕、双轮、驾四马。舆略呈横向的长方形，广100厘米，进深90厘米，或广143厘米，进深108厘米。轴长一般250厘米，轮径可达到180厘米。车长是370~396厘米。无论是指挥车、攻击型的"轻车"、机动型的"阙车"，或是高速的"骑车"，在形制上都一致，只是体量上略有差别而已。②春秋时代秦的兵车又称作"小戎"，《诗·秦风·小戎》"四牡孔阜，六辔在手"就是四马战车的生动描写。

役车同大车一样，都是民间运载货物的一种牛车。车厢容积大，农民用以运输稼穑、粪土，商贾用以载物贩运，或为官府服役。

丧车，大约是秦始皇死在出巡途中，其所乘之辒辌车后世多设为丧车。《汉书·霍光传》颜师古注："辒辌车本安车也，可以卧息。后因载丧，饰以柳翣，故遂为丧车耳。"秦汉之后，则有殡车、辒车，都是一种高贵的柩车。

（三）行车礼仪述要

秦都咸阳的阁道、复道、甬道以及辇道，均是皇帝专用的御道。不仅一般的车辆闲杂人等不得通行，即使官僚重臣也不能上道。违令者，即是犯法。

驰道路面宽阔，"广五十步"（合今69.3米），而路心的"三丈而树"（6.93米）

---

① 辒、𫐓车多系妇人乘坐的那种有遮护的车。《释名·释车》："辒车，载辒重，卧息其中之车也。辒，厕也，所载衣物杂厕其中也。骈车，骈，屏也，四面屏蔽，妇人所乘牛马也。"《说文解字》："辒𫐓，衣车也。"段注："辒亦有蔽，𫐓亦可载，故每浑言不别。"《重庆市博物馆藏四川汉画像砖选集》载成都扬子山二号汉墓画像砖有图像，车作双轮，曲辕，驾单马，在车舆两侧立屏蔽，上复有前后张大的蓬盖。前作叶脉状的盖弓隆然可见。（见图7-18）但该书定其为"小车"，似不确。《沂南汉画像石墓发掘报告》收有辒车图像，亦可参考。另如山东福山画像石上也有骈车图像，其两侧及后三面树板壁，上复挑檐的蓬盖，前垂帷幕，两侧留窗户。

② 王学理：《秦俑专题研究》，三秦出版社，1994年。

是皇帝车马驰驱的"中道"。即使诸侯、令使持有皇帝特许的"命制",也只能沿中道的两侧行驶。只有"旁道"才是军运、令使和一般车马与行人的路线。

皇帝车驾出行,要让人清道,实行警跸。所有官车与社会人等,给皇帝让道,要回避,这是天经地义的定制。

不仅皇帝的车队按礼仪制度有着一定次序的安排,就是具有较高社会地位的皇族、三公、高层官吏也拥有一定数量的车马,其出行同样也体现着主从的关系。秦始皇陵西侧的两乘彩绘铜车马,共出自一坑的藏室之内,前为携带武器(弩、矢、盾)的驷马立车,后随驷马安车。在这里,安车是主人乘坐的主车,立车只是前导开道、负责安全的从车。[1] 汉代画像石的车马出行图上,那种前呼后拥的场面给我们提供的就是主从关系明确的礼仪说明。

关于秦的车礼不见记载,唯有《左传·僖公三十三年》(公元前627年)的一条记载:"春,秦师过周北门,左右免胄而下,超乘者三百乘。王孙满尚幼,观之,言于王曰:'秦师轻而无礼,必败。'"军车过洛阳之周天子城,按天子之礼是需要"櫜甲(脱去铠甲)束兵(捆束兵器),左右皆下"的。而秦师仅只有车上的戎右(持戈盾的勇力之士)和射者下来,旋即又跳跃上车,虽表现出勇敢,却是对周天子的大不敬。

二、水上交通工具

(一)水上航行与船形

秦都咸阳地跨渭水,沿此东行,有渭水—河水—汾水、渭水—河水—济水、渭水—河水—鸿(沟)等三条水路。人们凭着舟筏沟通了关中盆地同关东广大地区的联系,把黄河中下游广阔地域的粮食、物资源源不断地漕运到首都。这些水路实际是函关道、蒲津道之外又一重要的补给线,而行水之舟则是河面上运载的唯一工具。

渭河属于内河航道,周秦时期的水量远远较现在为大。"泛舟之役""漕挽天下"表明了当时舟船相继、运粮的规模。但水浅、沙深、河道弯曲,形成渭水固有的特点。又加之有三门峡天险,平添了古代漕运中不可忽视的困难。那么,适于航行在渭河上的舟船是什么样子呢?可惜我们今天仍然找不到任何文献与实物作为有力证据。

---

[1] 王学理:《秦陵彩绘铜车马》,陕西人民出版社,1988年。

《易·系辞下》说黄帝、尧、舜之时"刳木为舟,剡木为楫,舟楫之利,以济不通,致远以利天下,盖取诸'涣'"。挖空木头作船、削尖木杆为桨,取自坎下巽上的"涣"卦,正是木船浮于水上的舟楫之象。但这只能说明活动在黄河流域的黄帝部落造独木舟浮水的情形,系舟船的早期形态,还不能勾绘出人工造船的特点。

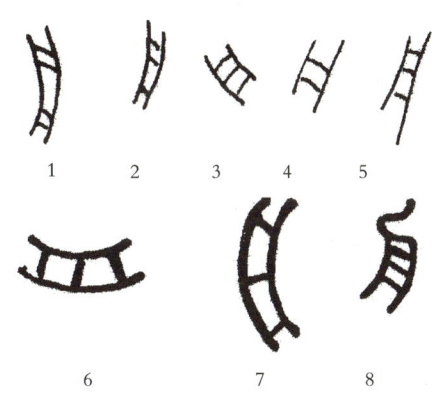

1. 粹1059 2. 粹901 3. 甲1032
4. 粹106 5. 粹901 6. 父子卣(周早)
7. 洹秦簋(周中) 8. 小篆

图 7-19　甲骨文、金文中"舟"字写法举例

甲骨文中的"舟"字,从结构上已看出有首、尾及舷几部分,整体呈长方形[①],同现代渭河上通行的木船完全一样。(见图7-19)渭河木船船体宽,前后平齐,就是人们常说的"方头平底船",无舵无篷,用篙撑行,同江南那种精巧的轻舟与载船的风格迥异。可惜在渭河上多处架桥之后,在河水变小以至断流的情况下,人们再也看不到"长天一色渡中流,如雪芦花载满舟"(清朱集义《渭阳古渡》)那种诗情画意中的现实了。

图 7-20　船形壶
(宝鸡北首岭出土)

宝鸡北首岭仰韶文化遗址出土有红陶"船形壶",腹部黑绘斜方格网纹。(见图7-20)这既是一件船形雕塑与彩绘巧妙结合的艺术品,又是原始人类驾舟结网捕鱼生活的真实写照。还从另一个侧面反映了距今5000年左右的渭河上确有舟楫活动。

春秋战国时期到秦统一,渭河上的行船可说是多种多样的。(见图7-21)除过小渔舟、民间的小木船,还有了官家的游船和大船。当晋国发生饥荒,秦国漕粮接济,"输粟于晋,自雍及绛相继,命之曰泛舟之役"(《左传·僖公十三年》)。

公元前280年,秦昭襄王派司马错攻楚,从陇西出发,经由巴蜀,率十万大军,乘大舶船万艘,载米六百万斛,沿江而下,攻取了黔中。这种大舶船固然是一种大型载

---

① 徐中舒主编:《甲骨文字典》,四川辞书出版社,1988年;高明:《古文字学讲义》,北京大学历史系考古专业,1974年。

船,但作为军事攻击用无异于一种战舰。后来,秦始皇巡行衡山、南郡、湘山,都是乘楼船浮江而行的。而徐福(又作"徐市""徐芾")入海求仙,载三千童男、童女及工匠,一去不返,那只有乘海船才能办得到。

(二)造船业

秦将作少府是主管建造宫室工程的中央官吏,其属官之一的中校令则"掌舟车、杂兵仗、厩牧"(《通典·职官九》)。

广州市于1975年在珠江北岸发现了秦始皇统一岭南后建立的造船工场遗址,发掘出部分船台区和木料加工场地。在船场的中心部位有三个呈东西向平行排列的造船台。一号船台的滑道长100米以上,由两道平行的大滑板组成,下置枕木,上搁承载船体的木墩两两相对。按二、三号船台的宽度推算,可分别建造身宽5~8米,长20~30米,载重25~30吨的大型木船。[1]

广州造船工场能够成批生产内河和沿海船只,是秦汉时期岭南的造船基地之一,反映出2000年前我国造船技术与造船生产能力已达到很高的水平。

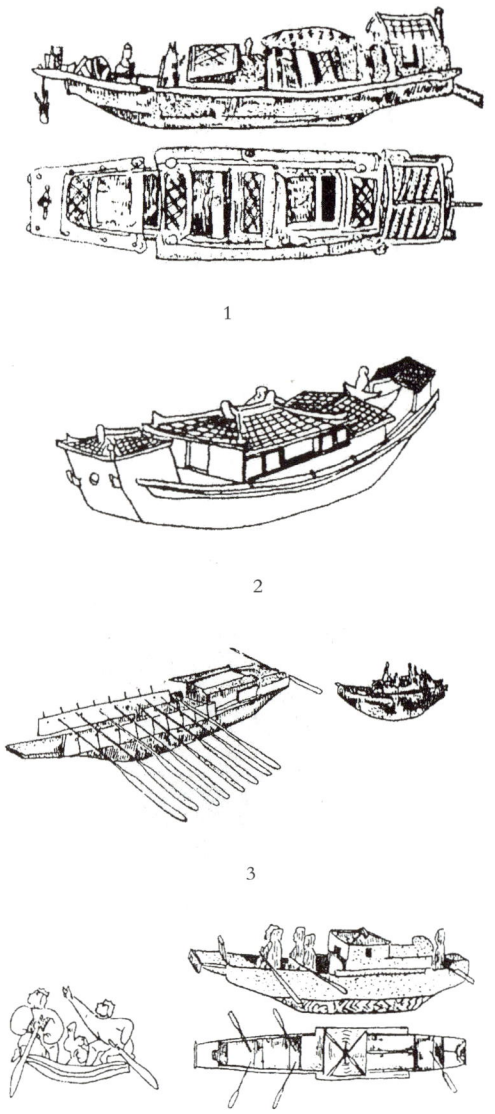

1. 设舵楼的陶船(广川汉墓出土)
2. 陶舵楼船(广东汉墓出土)
3. 西汉平底木船模型(江陵、广川汉墓出土)
4. 舠(广川汉墓出土)
5. 艇(山东武氏祠画像石像)

图 7-21 秦汉时期的船模型数种

---

[1] 《广州市文物志》编委会编著:《广州市文物志》,岭南美术出版社,1990年。

第八章 咸阳的社会风尚与文化科技活动

咸阳所在的关中秦地,自然环境优美,资源丰饶,百姓质朴。"民有先王遗风,好稼穑,务本业"(《汉书·地理志》),规规矩矩,服从管理。荀子称之为"古之民"。秦自商鞅变法以来,经过秦孝公、惠文王、悼武王和昭襄王四代君主的治理,官吏忠于职守,朝廷办事效率高,整个社会呈现出一派生机。

秦文化的发展过程可以分为三个时期,即:西周时代的秦人文化、东周时代的秦国文化和秦文化。还可分为四个阶段(黄留珠《秦文化概说》),总体概述如下。

第一阶段(秦襄公立国前,生活在陇右地区时期):非子居犬丘,受封,为周附庸,以和西戎。秦人从全盘接受到消化周文化,并逐渐孕育自己的文化。因为是深深植根于周文化的大系统之中的,所以说这一时期的秦人文化还只是处于初创阶段。

第二阶段(春秋至战国初期):从秦襄公始国到献公,计24代君主(除不享国者外),以全面吸收继承周文化为主,融合戎、羌、狄等周边少数民族的文化,从而形成具有自己特色的区域文化。这一阶段是秦国文化兼容并蓄的大发展时期,呈现出多彩多姿的面貌,正是此一阶段秦国文化崭露头角。

第三阶段(战国中期至晚期):从秦孝公到秦始皇统一六国之前计140多年时间,作为一个区域性文化,秦文化已经形成了稳定性文化面貌,出现了秦文化的繁荣时期。

第四阶段(统一后的秦朝):秦始皇统一六国后,强行把秦国的这一地域文化推向全国,使"秦文化"在内涵和外延上都发生了质的变化。但秦靠武力灭六国,加之秦朝时间短暂,并没有立即产生文化心态的统一与融合,仍是原来六国文化的存在与延续。只是借助了政权的力量,使秦文化得以扩大与拓展,但又与多种地域文化并存,以致形成多头共融渗透的局面。

秦文化最为辉煌的第三、四阶段都是在咸阳度过的,所以这里集中地展现了继承与发展、吸收与传播等纵向的和横向的关系,在时空上形成了彼此交叉又相互依托的立体文化坐标。

咸阳,映显着秦人文化的影子,表现着秦国文化的博大气魄,更多地突出了秦朝文化的构成图式。

第一节
咸阳的社会风尚

一、政治生态

（一）廷议之制

古代国君出自巩固政治统治、避免重大国事问题失误的需求，允许群臣当庭议事，甚至辩论，最后才做出裁决。这种颇具几分民主色彩的咨政形式，被称为"廷议制"。

秦国实行朝廷议事具有历史传统。最早见载的是秦穆公十三年（公元前647年），晋国发生饥荒，经过丕豹、公孙枝、百里奚等人的辩论，秦穆公决定输粟于晋。（《左传·僖公十三年》）

穆公十五年，秦、晋"韩原之战"，俘虏了背信弃义的晋惠公（夷吾）。秦公子縶主杀，公孙枝主放。在权衡利弊后，"归惠公而质子圉"。（《国语·晋语》）

秦孝公用商鞅，针对栎阳要否变法的问题展开廷议。商鞅驳斥了甘龙、杜挚"法古无过，循礼无邪"的保守论调，提出"治世不一道，便国不法古"的进步主张，（《史记·商君列传》）孝公终于"拘世以议，寡人不之疑矣"（《商君书·更法》），实行变法，秦国卒强。

秦惠文王更元九年（公元前316年）在伐韩抑或是伐蜀问题上"犹豫未能决"，张仪同司马错意见相左，各陈利弊，后采纳司马错的看法，决定先伐蜀。"十月，取之，遂定蜀"，使"秦以益强，富厚，轻诸侯"。（《史记·张仪列传》《战国策·秦策一》）

从以上诸例中可以看出，这种君主虚心问询、臣下积极陈策的廷议，对秦国的发展起了积极的作用。

秦始皇继位前期仍能坚持君臣议事的做法。统一六国后，当庭令丞相王绾、御史大夫冯劫、廷尉李斯与博士共议"帝号"，特别是针对立诸子、实行分封制或中央集权、实行郡县制等重大问题，展开明辩，终于废除分封同姓子弟为王的制度，坚定不移地实行郡县制以确保中央集权的封建主义国家统一。

但是，秦始皇三十四年（公元前213年）"置酒咸阳宫"，周青臣"面谀"，淳于越又提分封，遭到李斯盛气凌人的反驳，竟诱发了全国性的焚书运动。加之次年因"求奇药"未果而发生的坑儒事件，廷议之制就此被彻底地取消了。

廷议有利于集思广益。在有关国家的重大问题上，举凡涉及政治、经济、军事、文化、礼仪、人事等，秦君往往从君臣的争论中权衡利弊，找到解决的对策，从而避免失误。君臣关系相睦，国家相安，事业发展，但随廷议制的取消，秦始皇面对一统天下，唯我独尊，遂走上专制主义统治之路，致使奸邪的权臣钻了空子。政治昏暗，必然导致秦帝国的覆灭。

（二）招揽人才

秦国因为没有传统的、严格的宗法制，因而在选用人才上不以宗室贵族为限，而是唯才是举。秦拥立国君，不是嫡长子继承制，而是不论嫡庶，要"择勇猛者立之"。秦君用人，也是重在能为秦统一战争效力的"客卿"。秦穆公、孝公、惠文王、昭襄王、秦始皇这五代国君在重贤任能方面都有着积极的成就，如：穆公西取由余于戎，东得百里奚于宛，得蹇叔于宋，来丕豹、公孙枝于晋，故能灭国十二，开地千里，遂霸西戎；孝公用商鞅变法，实行耕战，走上富国强兵的道路；惠文王用张仪、司马错，北收上郡，西并巴蜀，南取汉中，终拔三川，制鄢郢，散合纵，使版图更大；昭襄王用范雎，远交近攻，蚕食诸侯，奠定了统一的基础；秦王政文用尉缭、李斯，武用王翦、蒙骜等，离间各国君臣，攻城略邑，逐个攻灭六国，完成统一，终登帝座。

还有一大批曾在秦担任要职、卓有建树者，如春秋时代的内史廖、随会、白乙丙、西乞术、孟明视等，战国时代的公孙衍（犀首）、乐池、魏章、甘茂、向寿、陈轸、齐明、周最、屈盖、田文、楼缓、寿烛、芈戎、白起、任鄙、吕礼、蒙武、尉斯离、客卿胡伤、客卿灶、王龁、司马梗、张唐、蔡泽、将军摎、吕不韦、甘罗、蒙恬、茅焦、尉缭、桓齮、昌平君、王贲、李信、王绾、冯劫、王离、赵亥、隗林、冯无泽、王戊、赵婴、杨樛、宗胜等。他们同秦国统治者没有任何血缘关系，虽不是秦国人，有的甚至来自敌国，甚或出身下层，但因才干而被信任、重用，竟进入统治者上层。相反，嬴姓同族的人进入上流政治集团者却很少，即使见载的公子挚、公子憖、公子鍼等在春秋时期也不见有多大作为。战国时期，秦王政继位的前期，仍能坚持君臣议事的做法。统一六国后，御史公子虔、公孙贾、魏冉、高陵君、华阳君、泾阳君、成蟜等宗室贵族，不是被刑，就是被逐，其下场往往不终。可见，秦国择人标准不是任之以亲，而是任之以贤。

重用外来人才（即战国所谓的"客卿"）是秦国用人政策一大特点。而且待人以诚，表现出礼贤下士的态度：孝公与商鞅谈霸道，不自知膝之前于席，语数日不厌；始皇"见尉缭亢礼，衣服食饮与缭同"（《史记·秦始皇本纪》）。

秦君尊重人才，用之不疑，委以重任的例子很多。当韩人郑国修渠的"疲秦计"败露之后，秦宗室大臣乘机建议"一切逐客"。始皇明白利害关系之后，就立即收回成命。他还听从客卿茅焦的批评，把太后从雍都迎回咸阳。这些都体现了一般治国者少有的大度。

还有不少秦君只要批评合理，就能虚心接受。像秦武王同"中期争论，不胜，秦王大怒。中期徐行而去。或为中期说秦王曰：悍人也"，但武王并未怪罪。（《战国策·秦策五》）顿弱见秦始皇不但不参拜，还批评始皇是"无其名又无其实"，王竟勃然而怒。但听了他的献计之后，又提供重金，使之成为间谍。（《战国策·秦策四》）

没有宗法制的约束，血缘关系也颇松弛，使得秦国引用外来人才时没有太大的思想障碍。而秦人原来落后，面对三晋与齐、楚改革出现的新局面，有被兼并的危险，所以改变积弱现状、富国强兵的欲望更为紧迫。

争辩于朝，接受进谏，顾全大局，表现出秦君的胆识。沿用客卿，深得好处，也就形为制度。

但当天下一统的时候，君权膨胀到了极点，虚心就被傲慢所代替，有限的民主色彩就化作专制独裁。从秦王政到秦始皇，前后虽是一人，但由地位、思想、语言一变而全变，最后政治上导致秦的灭亡。

（三）争权夺利百态

"私"是内核，"权利"是外壳，除少有的"正人君子"之外，古往今来，谁人不是？无权的，削尖了脑袋尽量攫权；掌了权的，欲壑难填，嫌小，还极力往巅峰爬；同僚的，钩心斗角，相拼互挤；霸权的，则机关算尽为保权。因为"权"与"钱"往往同根相连，"权"实属"钱"的根系。于是，贪官污吏们就像一群嗜血成性的大小鳄鱼，为了权，频换假面具者，出卖灵魂者，拳脚相加者……无所不用其极。在秦都咸阳，出现过一副副历史脸谱，演出过一幕幕闹剧，竟成了今日政治、学术舞台上的"照妖镜"。

宣太后芈子在秦国掌权40余年，同两弟穰侯魏冉、华阳君芈戎结为"后党"，威威赫赫；另一派则是以昭襄王为中心形成的"帝党"，同母亲宣太后明争暗斗。昭襄王即位在公元前306年，时年20岁，已属成人，这时宣太后三十五六岁。两人均有才干，但在随后并行的时间里，宣太后把持政柄，虽然干了几件与国有益的大事，但并不应成为"霸权不舍"的理由。因为她明白：还权于帝（尽管是儿子），就是自己地位的丧失。也正因为有她的庇护，魏冉伐齐时才能扩大自己的封邑——陶，欲"长小国率以朝天子"，成"五伯之事"，（《战国策·秦策三》）泾阳君、高陵君也乘机捞钱"富于王室"（《史记·穰侯列传》）。帝、后争权，终于在秦昭襄王四十一年（公元前266年）画上了句号。就是说60岁的国王终于把七十五六岁的太后从政坛上拉了下来。尽管儿子还是如此这般"客气"，但丢了权的妈妈在第二年就告别了人世。可见政治家那脆弱的生命全是靠政治生命来支撑的。

宣太后这个生于南国楚地的水性女子，能耐与权欲使她在政治旋涡里不择手段地施展"才华"，生活作风之"开放"已近乎无耻。韩国使臣靳尚来求秦伐楚时，她举例说"妾事先王日，先王以其髀加妾之身，妾困不支也。尽置其身妾之上，而妾弗重也。何也？以其少有利焉"。风马牛不相及，哪是讲道理，简直是在宣淫！她同来朝不归的义渠王私通，生下了两个孩子，竟诱杀戎王，使秦乘机灭了义渠。从此秦除却心腹之患，有了安定的大后方，可全力东向，确有赖于她用的"女功"。不过，这又成了她"擅行不顾"的资本。尽管被赶下了政治舞台，但在弥留之际，仍公开要求情夫魏丑夫给自己去殉葬。幸有庸芮说情，这才免了魏丑夫一死。（《战国策·秦策》）

秦始皇生前未立皇储，猝死于出巡的归途之中，竟给身边一帮看似恭顺、实则奸佞的丑类提供了篡权弄谋的可乘之机。秦二世开始也能意识到自己"能薄而材谫，强因人之功"（《史记·李斯列传》），但权位的欲望是不顾父兄之情的。在赵高的串通下，他同李斯结帮，害死长兄扶苏，矫诏篡位，迈出罪恶的第一步。随之把屠刀挥向宗室大臣及始皇诸公子。不要说右丞相冯去疾、大将军冯劫被杀，连同伙的李斯父子也未能幸免。剪除异己的结果，自己竟成了赵高玩于股掌之间的傀儡，最后也成了赵氏集团（赵高升为中丞相，弟赵成为郎中令，婿阎乐为咸阳令）的刀下之鬼。昏庸无能又荒淫残暴的秦二世是皇权的攫取者，也是皇权的牺牲品。他虽遭后人唾弃，但"抢非所得"的哲学总不乏步其后尘者。

朝廷之臣拉帮结派，依着权位和私利在转。各自为达到目的，免不了要找政治靠山。于是，在同僚间便使出搞阴谋、耍诡计、纵横捭阖、借刀杀人、趁火打劫、偷梁换柱一类招数。在这里，"笑里藏刀"的一张脸、"三寸不烂之舌"的一张嘴，都能起到意想不到的作用。

张仪为了争宠固位，就要设法干掉所有可能挡自己仕路的人。他建议秦惠文王给樗里疾委以重任使楚，又跑到楚怀王那里唆使请相于秦。然后按照"敌人的朋友就是敌人"的逻辑，抓到樗里疾"叛国"的口实，进谗言给秦王，使"秦王大怒"。这时，就连以"智囊"闻名的樗里疾面对小人的使坏，也有口难辩。三十六计，剩下的只有"出走"一条路！出自同样的心思，张仪又在秦惠文王面前诋毁陈轸。说他"自为而不为国"而要"去秦而之楚"。这次，惠文王来了个实际调查，直接问陈轸是怎么回事。陈轸不仅直言不讳，还来了个绝妙的回答："吾不忠于君，楚亦何以轸为忠乎？忠且见弃，吾不之楚何适乎？"（《战国策·秦策一》）待秦惠文王死后，李雠给公孙衍出了个点子：召甘茂于魏，召公孙显于韩，重新起用樗里疾三人，使张仪这无仁义、善用口舌功夫的小人无权失宠。张仪失相去秦而客死于魏，终使公孙衍升任相位。（《战国策·秦策二》）

嫪毐凭着帝太后的影响同吕不韦形成两大势力集团，以致门下人择主时发出"与嫪氏乎？与吕氏乎？"的感叹。赵高、李斯的合与分，则是为了权位，凭阴谋手段，建立在利用关系上的噬杀行为。

尽管秦朝廷不排挤人才，经常吸收客卿为"智囊团"，但官场的倾轧、明争暗斗正如一股潜流在涌动。秦孝公刚死，惠文王就听信宗室的恶言中伤和挑拨离间，挟私怨，车裂了有功于秦的重臣商鞅，还残酷地杀害了他的全家。（《史记·商君列传》）

白起是秦昭襄王时的一员良将，善于用兵，一生战功卓著。秦王听信了范雎别有用心的一派说辞，不但从长平之役的前线撤兵，失去灭赵的战机，而且逼令白起带病出征，以至于夺爵削职，赶出咸阳，逼杀于西门外10里的杜邮亭。（《史记·白起王翦列传》）其实，置这位杰出的军事家于死地的直接原因不是别的，完全是身居相位又心胸褊狭的范雎的嫉妒和陷害！

但用权整人、害人还要装人的范雎也没能善终。因为他保举的王稽和郑安平二人，一个身为河东守，竟"与诸侯通"，一个率军攻赵时，在邯郸投敌。范雎也就因任人不善,食取了妒贤嫉能、结党营私的恶果——身遭弃市①。

本来韩非和李斯是拜师荀卿门下的老同学,二人各有才学。口吃木讷、著作有成的韩非受到秦王"寡人得见此人与之游,死不恨矣"(《史记·老子韩非列传》)的赞赏,而且韩非确实也来到了秦国。这时,能言善辩、工于心计的李斯担心韩非受到重用而妨碍自己的仕进,就勾结"梁之大盗、赵之逐臣"姚贾,以韩国间谍的罪名进谗言于秦王政。韩非被囚于云阳狱中,李斯就从速用权,步步进逼。不但送去毒药,逼令他自杀,还不准韩非申诉。秦王后来想赦免韩非,并派人去云阳狱查看,而韩非却早已被老同学害死了。

李斯害死有才的老同学之后,由此得意,官至廷尉,后任丞相,也圆了享尽人间荣华富贵、做"仓中鼠"的梦。这个贪而无义、恃才无行的阴谋家尽管善用法、术、势的统治术,在说人话的背后暗藏通向权力之门的杀机,但既以害人取胜,也以被害而终。(《史记·李斯列传》)

渤海郡鄚(今河北任丘兆)人扁鹊(又名秦越人)医病"随俗而变",游历邯郸、洛阳等地,"名闻天下"。来到咸阳后,因秦人爱小儿,他就改治儿科病。也曾为秦武王诊治过病,但遭到太医令李醯的排挤只得离开咸阳东去。就是这个"自知技不如扁鹊"的李醯,竟派人把扁鹊刺杀在半道上。(《史记·扁鹊仓公列传》)②

二、社会风尚

(一)变化中的民风

周文王都丰、武王治镐,利用优良的土壤条件和丰饶的水利资源,规划城市、发展农业、施行教化,民性敦厚,风尚淳朴。故而班固称赞跨有雍、梁二州的"秦地"之

---

① 云梦秦简《编年记》:秦昭襄王"五十二年,王稽、张禄死"。同《战国策·秦策三》《史记·范雎蔡泽列传》不同。范雎从魏国逃出改名张禄,因王稽的引进得幸于秦昭襄王,出任相。反过来,王稽因范雎的保举,由谒者擢升为"河东守",恩人郑安平也拜为将军。《史记·六国年表》也记昭襄王五十二年(公元前255年)"王稽弃市"。据黄盛璋先生研究,范雎也是受了郑安平和王稽的牵连而一同与王稽弃市的。(《云梦秦简〈编年记〉初步研究》,载《考古学报》1977年第1期)

② 据说,扁鹊殉难的地方在今西安市临潼区东30里的戏河沟东岸。今南陈村旁有土冢,曰扁鹊墓。1984年成立"临潼县东周秦越人扁鹊墓文物管理所",1991年更名"临潼县扁鹊纪念馆",1996年更名为"西安市临潼区扁鹊纪念馆"。馆内主要建筑由仿古门楼、神医殿、东西配殿及扁鹊堂五部分组成。陈列有扁鹊生平及医学成就展、中国古代医史展、中国古代十大名医展和中草药保健品展等。

扁鹊一名卢医,在原籍有旧址,称"卢邸",人也多称其为"药王"。其墓地或说在"鄚城东郊"(《河南府志》),或"在汤阴县伏道社"(《明一统志》《彰德府志》),均不可靠。其纪念地甚多,遍及河北、山东、河南、陕西等地,说明他行医范围甚为广阔。

"民有先王遗风"。(《汉书·地理志》)

秦人原来僻处西垂，同戎狄杂居。进入关中，虽积极吸取华夏文化，但并不能完全摆脱旧日陋习。商鞅变法，固然使社会风气为之大变。在耕战政策驱动下，制定全新的授予爵禄的标准，使贵族与平民在军功面前人人平等。"功赏相长"，从而形成民人"勇于公战怯于私斗"的社会风尚。秦统治者"以秦地旷而人寡，晋地狭而人稠，诱三晋之人，耕秦地，优其田宅，而使秦人应敌于外"(《文献通考·兵考》)，正是利用秦人强悍勇敢这一性格特点的。魏国大将吴起通过战场上的接触，就做出概括性的总结："秦性强，其地险，其政严，其赏罚信，其人不让，皆有斗心，故散而自战。"(《吴子·料敌》)

自战国以降，咸阳地区已是"五方杂厝，风俗不纯"(《汉书·地理志》)。商鞅实行什伍之法，相收司连坐，告奸之风兴起，加之严刑峻法与徭役苛赋，弄得人情菲薄，"暴戾刻核"，心常惴惴不安。(《文献通考·职役考》)

秦的宗法观念本来就薄弱，加之变法中以强力手段涤荡着血缘关系的残余，使宗室之亲淡化，刻薄寡恩到了秦二世时能够轻易处死自己宗室子弟的地步！

严肃不华、质朴实用的风尚，在造器上也有着充分的反映。咸阳宫殿建筑经过夯筑，其夯层厚5～7厘米，面平如砥，密度大而质地坚硬，经得起风吹雨打，也足以承载重大的负荷。相反，暗柱之础多用原石，无须精雕细琢，以节省人力。砖瓦及水道等建筑材料，不但造型大，而且坚实牢固。他如塔儿坡铜器群中，固然有不少精品，但也不乏几经修补而继续使用的例证（如两个素面铜钫的颈部有多处补丁存在）。即使器物上的装饰纹样，像云纹、龙纹，本应流畅飞扬，但多呈拘谨规正而图案化之态。有以蟠虺纹为底的作品，排列整齐，无繁缛细腻之感，却显得呆滞而无生气。器物上多刻工匠与地名，兵器铭刻表明三级督造制异常完备。"物勒工名"为的是"以考其诚"，严防伪劣假冒。严肃务实、不尚奢华的风气可见一斑。

（二）功利主义的价值观

秦人"重功利，轻伦理"，不讲仁义道德与自我反省，对自身物质需求赤裸裸地索取。汉代的贾谊对这种功利主义的价值观有着这么一段精彩的描述：

> 秦人家富子壮则出分，家贫子壮则出赘。借父耰锄，虑有德色。母取箕帚，立而谇语。抱哺其子，与公并倨。妇姑不相说，则反唇而相稽。其慈子耆利，不同禽兽者亡几耳。然并心而赴时，犹曰蹶六国，兼天下。功成求得矣，终不

知反廉愧之节、仁义之厚。信并兼之法，遂进取之业，天下大败。众掩寡，智欺愚，勇威怯，壮陵衰，其乱至矣。（《汉书·贾谊传》）

这种对利的锱铢必较、迷信强力，贯穿于秦人的行为中，并不为之羞。连生活在咸阳的吕不韦也看不惯："秦之野人，以小利之故，弟兄相狱，亲戚相忍。"（《吕氏春秋·高义》）

受功利主义的驱动，秦人关心的"是生产、作战等与日常生活密切相关的利、害，而不注意仁义之兴废，礼乐之盛衰以及道德之完善"①。重视耕战，就规定"僇力本业，耕织致粟帛多者复其身，事末利及怠而贫者举以为收孥"《史记·商君列传》，"斩一首者，爵一级；欲为官者为五十石之官。斩二首者，爵二级；欲为官者为百石之官。官爵之迁，与斩首之功相称也"（《韩非子·定法》），"五甲首而隶五家"（《荀子·议兵》）。这种非常明确的追求与具体的保障措施，使秦收到由小到大、由贫转富的实际效益。同样，在接受外来文化、用人制度等方面，选择的根据就是"有利于我者，都要"。

金钱在社会生活中的作用诱惑着人对钱的贪欲。官府虽禁止私人铸钱，但私铸和盗钱的事时有发生，《封诊式》《法律答问》中都有此案例。

有人曾戏说："秦始皇真伟大，喝酒用大瓮，生前住大殿，死后埋大墓。"贪大、求实、务多，可说是秦文化的一大特色，不仅秦始皇如此。雍都诸公南指挥陵区有13座陵园，围沟内的陵区范围达13平方公里，其中的秦景公墓（一号大墓）全长300米，深及24米。三岔村陵区虽有一座陵园，占地仍有1.9平方公里。秦始皇陵原高69.6米，现在周边还有1390米，其陵城周长6321.59米。②陵园地面建筑宏伟，地下从葬品类多样，光陵东的兵马俑三坑计有7000左右，其多、大、真、神的构成特点为世界所无。至于秦的宫殿建筑、通天下的大道、万里长城以及生活用具等，无不体现出一个"大"字。贪大求多的价值观，在政治上就表现出对权力和国土不断扩大的"进取"。即以秦都咸阳而论，早年只是占"山南水北"之地；随之"表河以为秦东门，表汧以为秦西门"；统一六国后，则成了立东门于海，"国"的概念已不限于"都"，真的成为"国家"一体。

"贪狠强力，寡义趋利"是对秦人价值观外在表现的概括。功利主义促使它"进

---

① 林剑鸣：《从秦人价值观看秦文化的特点》，载《历史研究》1987年第3期。
② 王学理：《秦始皇陵研究》，上海人民出版社，1994年。

取"成功,岂知"轻仁义"的结果是对人自身价值的损害。不恤民力、严刑峻法带来的是反抗,是复仇的火焰,是统治的覆亡。

(三) 重男轻女

秦人偏爱小儿,名医扁鹊来咸阳后专治儿科疾病。商鞅变法时曾明令"民有二男以上不分异者,倍其赋"(《史记·商君列传》),目的之一就是鼓励人口增殖。《韩非子·六反》记"产男则相贺,产女则杀之"的话,或说指的就是秦国。

出自战争的需要,"秦人应战于外",是重视男丁的。生男致贺,形为风气。但是,战争残酷,劳役苛重,人们违心地唱出"生男慎勿举,生女哺用脯。不见长城下,尸骸相支柱"(《古谣谚》)的悲愤怨歌。

(四) 厚葬与盗墓

筑墓与葬品,本赖于主人财富而定。二者未必匹配,当同习俗有关。但秦的统治上层都把筑大墓和厚葬紧密地连在一起,这已得到考古资料的验证。从甘肃礼县、陕西凤翔的秦公墓地,咸阳秦文、武二陵,临潼秦东陵、始皇陵,无不是如此。

陵墓之宏大,随葬品之奢丽,形为厚葬之风气。《吕氏春秋》的作者做了如下描述:

> 世俗之行丧,载之以大辁,羽旄旌旗、如云偻翣以督之,珠玉以备之,黼黻文章以饬之,引绋者左右万人以行之,以军制立之然后可。(《节丧》)

> 世之为丘垄也,其高大若山,其树之若林,其设阙庭、为宫室、造宾阼也若都邑。(《安死》)

> 国弥大,家弥富,葬弥厚。含珠鳞施,夫玩好货宝,钟鼎壶滥,舆马衣被戈剑,不可胜其数。诸养生之具,无不从者。题凑之室,棺椁数袭。积石积炭,以环其外。(《节丧》)

厚葬是对财富的浪费,是对人力资源的破坏,毫无意义。生不及养,死则厚葬,对某些人也属欺世盗名之举。若是"侈靡者以为荣,俭节者以为陋"(《节丧》)形为风气,不为死者着想,纯系"生者以相矜尚",就会诱发"奸人闻之,传以相告",刮起盗墓之风,造成"今世欲大乱"。吕不韦在这里完全是采用墨家的主张,提倡节丧以安死,为统治者着想,并向即将主政的秦始皇发出警告:"自古及今,未有不亡之国也;无不亡之国者,是无不扣之墓也。以耳目所闻见,齐、荆、燕尝亡矣,宋、中山已亡矣,赵、魏、韩皆亡矣。其皆故国矣。自此以上者亡国不可胜数,是故大墓无不扣也。

而世皆争为之,岂不悲哉?……宋未亡而东冢抇,齐未亡而庄公冢抇。国安宁而犹若此,又况百世之后而国已亡乎?"《吕氏春秋·安死》

由于大墓中宝物的诱惑,那些"惮耕稼采薪之劳"又"祈美衣侈食之乐"的不逞之徒,终于掀起盗墓狂潮。他们"聚群多之徒,以深山广泽林薮扑击遏夺,又视名丘大墓葬之厚者,求舍便居,以微抇之,日夜不休,必得所利,相与分之"(《吕氏春秋·安死》)。

盗墓之风兴起,秦地尤甚。古之盗墓贼挖诸金银财宝,尔今无所不要。既盗又抢,技高一筹,可谓"盗亦有道"。

第二节
咸阳的宗教信仰活动

一、多神崇拜

（一）天

天是中外一切原始先民普遍崇拜的神。古代生产水平低下，自然灾变对人的生存、生活发生着直接的影响。冥冥之中，人们觉得似乎有一种超人的支配力量，在无形地主宰着社会与人生。于是，就幻化出了至高无上、被人格化了的茫茫上苍。

殷人敬"天"，周人视"天"为道德的神灵，因而提出"敬天保民"的宗教统治思想。在漫长的混沌岁月中，从"畏天"到"敬天"，变化中又赋予积极的含义，可说是人类社会进步的表示。接受周文化影响较深的秦人，在原本的"敬天"宗教思想基础上，更是深信不疑地笃诚。"天所以张生"（《日书》），执掌万物生长，维护自然界秩序，干预人间百事，具有极高的权威。这是秦人对"天"的总意念。

秦人虽然敬天，但目的很明确，绝不含混。"天、地、人"这"三界"观念是异常明晰的。其进取意识，促使其要同"天"沟通，即要把自己的统治天体化。特别是秦统一六国之后，面对偌大的版图要实施统治，志得意满，"法天"的意识就更趋强烈。受这一思想指导，在首都咸阳的建设上就会有很多相应的做法，如：

> 始皇兼天下，都咸阳，因北陵营殿，端门四达，以则紫宫象帝居。渭水贯都以象天汉，横桥南度以法牵牛。（《三辅黄图》）

秦始皇统一六国之后，以为自己德过三皇、功超五帝，审视过去，瞻望将来，对成为全国首都的咸阳也重新做了规划。在他的意识中，"天"是无边无际地大，至高无上，还是主宰万物的神灵。《尚书·泰誓》："天祐下民，作之君，作之师。"《诗·大雅·大明》："天监在下，有命既集。"本着"法天"的设计思想，他把位居首都北部，又地势高亢的咸阳原作为重点，在原来冀阙宫庭、咸阳宫这些宫殿群的基础上，仿造天帝常居的"紫宫"，进行宫殿改造工程，使得"端门"（殿之正门）四开。既然帝宫居京都的上部，具有君临万民之势，同天帝的紫微宫对应，那么，其下部的渭河就犹如亘空的"天汉"（银河），横桥也成了沟通咸阳南北两区往还的鹊桥。

  三十五年（公元前212年）……为复道，自阿房渡渭，属之咸阳，以象天极阁道绝汉抵营室也。（《史记·秦始皇本纪》）

渭河北岸的咸阳宫是政治中枢，随后渭河南岸又建造了更加宏伟的阿房宫作为朝宫，两处都属皇帝的行在，缺一不可。其间以跨渭河的复道相通，便于帝车南北往还。这种格局，又同天象相吻合。所谓"天极"，也就是我们经常说的北极星（又称"北辰"），是天帝（泰乙）所居的星宿。"营室"，即二十八宿之一的"室宿"。天极和营室这两个星座分别位于"天汉"的两侧，它们之间正好有"阁道"六星一线横向排列在天河之上。据占星家说，"天极"，只有经过"阁道"，横绝天河，才能抵达"营室"。

  作信宫渭南，已更命信宫为极庙，象天极。自极庙道通郦山。（《史记·秦始皇本纪》）

信宫是秦始皇统一天下的第二年，就在渭河南岸动工修建的一处生祠。竣工后改名"极庙"，秦二世时又奉为"始皇庙"，尊作"帝者祖庙"。

所谓"极庙"，也就是象征天上的南斗星。"紫微"是北天区域的三垣之一，有右垣七星和左垣八星在两侧护卫着，北极（天极）五星和勾陈六星都处于紫微宫中。古人认为北极中最亮的"帝"星（二等星）就是天帝常居的星，那么，紫宫就构成了"众星共之"（《论语·为政》）的局面。显然，人间的始皇祖庙确也对应了上苍的天极。这里，"天人相应"，是秦始皇"法天"有意为之，还是巧合？无论有意或巧合，"复道行空华盖外，勾陈横极紫微星"（刘纯《阿房宫》诗句）的交通设计，终是耐人寻味的。

不仅重新规划的咸阳在"法天"，而且新建造的始皇陵墓也在"法天"。地宫内"以水银为百川、江河、大海，机相灌输。上具天文，下具地理"。（《史记·秦始皇本纪》）在区区一个陵墓的有限空间里，展现的却是从天上到人间的无限宇宙。其影响所及，不仅扩大了"法天"的范围，也成了后代墓顶画天象图的滥觞。

秦始皇祭天的圜丘（圆形土坛）设在甘泉宫（在今陕西乾县东北注泔镇南孔头村）。在下邽设有天神祠，在沣、镐还设有昭明祠、天子辟池。他把敬天的思想变为祀天的行动。

(二)上帝

秦人敬天,但天毕竟是虚幻的不可捉摸的,于是,就在"天""帝"合一的基础上,产生了多帝崇拜。秦人继承了殷商以来崇敬上帝的传统,又出自政治的需要,视上帝为人间君主的保护神,也即最高的族神。因此,敬祀得勤谨而隆重,自襄公祭上帝以来,累代不绝。多帝、多地、多祀,是秦人祭祀上帝活动的一大特征。

自襄公"始国"之后到战国初年,先后祭祀的上帝有白帝、青帝、黄帝、炎(赤)帝等四帝,其中对白帝祭祀次数最多,也最早。因为白帝是"少皞之神",属于秦的祖先神,故而在对上帝的崇拜中占主要地位,所用牺牲品多可到"三百牢"。(《史记·封禅书》)祭祀的场地名曰"畤",先后立有西畤、鄜畤、密畤、吴阳上畤、吴阳下畤、畦畤等六处。由于随祭随撤,或即有保留也往往因年久而"皆废无祠",所以至秦统一前常做祭祀的"五畤"在雍地的是鄜畤(宝鸡汧、渭之间)、密畤(今陕西凤翔县三畤原上)、吴阳上畤(同前)、吴阳下畤(同前),在栎阳的是畦畤。鄜畤、畦畤均祠白帝,剩下的密畤祠青帝,吴阳上畤祠黄帝,吴阳下畤祠炎帝。

根据阴阳五行学说,五德配五色、五方,秦人对号入座的上帝分别有白帝、青帝、黄帝和炎(赤)帝,而独缺黑帝,是何缘故?应该看到这同先秦时期的祭祀制度有关。秦人祭白、青、黄、赤四帝而立六畤,都行的是祭天的"郊祀"之礼,必须以先祖作配。秦人本为东夷部族,少皞之神(《史记·封禅书》)、风姓太皞(《左传·僖公二十一年》),为东夷鸟图腾集团的共祖,因此自秦襄公、文公至宣公立畤郊祭的白帝、青帝均是秦人的始祖。而在秦穆公成为春秋五霸之后,国力强盛,大有成为天下共主的势头,故秦灵公僭越礼制立上、下畤祀黄帝、炎帝。秦人对自己的高祖黑帝颛顼不立畤郊祀①,而用"禘"礼,即对始祖所自出之帝行禘礼必须在太庙。这就是秦人不立畤祭黑帝的原因。②

秦人不立黑帝之畤,有着祭礼的根据。但后来汉高祖瞅了这个空子,乘机"立黑帝祠,命曰北畤"(《史记·封禅书》)。汉都长安,也"自以为获水德之瑞"(《史记·历书》),所立北畤也当在渭水之北的咸阳故地。

据《史记·封禅书》载,三年一郊,在岁首的十月,"上宿郊见,通权火(烽

---

① 凤翔秦景公大墓出土的石磬上刻文有"天子匽喜,龚(共)?(桓)是嗣,高阳有灵,四方以鼐"十六字。"高阳"即颛顼之号。(《史记·五帝本纪》)在这里,秦景公视高阳氏颛顼为自己的先祖,所以祈求他的在天之灵,能够保平治四方。

② 王晖:《秦人崇尚水德之源与不立黑帝畤之谜》,见秦始皇兵马俑博物馆《论丛》编委会编:《秦文化论丛》第3辑,西北大学出版社,1994年。

火）。拜于咸阳之旁而衣上白"。在这里，用桔槔升火只是为了照远。

（三）自然神

秦人对自然神的崇拜十分广泛，设祠对象也多，所以称之为"杂祠"。即使秦统一后，也还是"未有定祠"的局面。他们认为，大凡日月星辰、风雨雷电、山川河流，甚至一草一木，种种动物，无不是具有意志的神灵。历代秦君在雍都建庙有百余处，供奉着各种天神、星神。其中的星宿神主要是二十八宿（《日书》），雍地还有日、月、参、辰、南北斗、荧惑、太白、岁星、填星（"填"通"镇"，即土星）、辰星、二十八宿、风伯、雨师、四海、九臣、十四臣、诸布、诸严、诸逑之属。秦德公"作伏祠，磔狗邑四门，以御蛊灾"（《史记·封禅书》）。其伏日神，实是时令神的一种。土地是神权体系中尤为重要的神灵，其名目繁多，见有三土皇、土神、地冲、地枸神、田亳主、杜（社）主、田大人等。《日书》的"土忌"章，特别强调要人谨守土忌之日；动物神中的益神，有"马禖"、牛神、土羊神；妖神则有"神狗""女鼠""神虫""地虫"等。人们需要记住马、牛、羊、犬、鸡、蚕的"良日"与"忌日"。妖神固然能祸害人，但秦人通过祭祀也能战胜它，这大概同今日灭菌除害一样，是一种积极的态度。对"室中"（内中土、中霤）、"户"、"行"（租神）、"门"、"灶"等五种生活神的定期祭祀，是普通人为了乞求日常生活的平安所为。另外，秦人对"高禖"（生育神）、"豹踦"（梦神，也作"宛奇"）以及农神、市神、财神都给予了相当的重视。

秦始皇行封禅，礼祠名山大川及齐之八神。据《史记·封禅书》记，八神是：

天主：泉水"天齐"在临淄南郊山下，有五眼涌水。

地主：祠在泰山脚下的梁父。

兵主：主祠蚩尤，地在东平郡陆监乡蚩尤山上。

阴主：祠在三山。

阳主：祠在之罘山。

月主：祠在莱山。以上的三山、之罘山和莱山，都在齐北部，靠近渤海。

日主：成山角在齐国的东北角，插入海中。在此迎接日出，是祭日神的好地方。

四时主：祠地在琅邪山。

礼祠八神"皆各用一牢具祠，而巫祝所损益，珪币杂异焉"。始皇所祠的八神，都在今山东省的齐鲁地区，其中的"日主"设在成山之顶。《三辅黄图》："成山观，成山在东莱不夜县，于其上筑宫阙以为观。"汉之东莱郡不夜县即今胶东半岛上的山东荣成市成山头，上筑成山观"日祠"。过去多有"成山"文物的流传，如"成山宫铜渠斜"、"陈仓成山共金匜"（刘体智《小校经阁金石文字》）、"陈仓成山共鼎"（陕西凤翔县1985年出土）、"成山宫行灯"（山西朔州汉墓出土）等汉代铜器及"成山"瓦当（罗振玉、陈直著录）。成山既在山东又见陈仓，其地望久不能定。1990年前后，终于在陕西眉县西南斜水东岸的第五村发现汉代文化遗址，面积约30万平方米。中心区有两处夯土建筑遗址，厚可1～2米，残存有卵石散水。调查所得建筑遗物中以瓦当为最多，共120余件，云纹占其大宗。一夔凤纹大半圆瓦当经复原，直径约74厘米，高54厘米；文字瓦当则有"成山""长乐未央"；另有铺地砖、条砖、空心砖、板瓦、筒瓦等。①汉成山宫遗址及具秦风格的建筑文物的发现，能否说明这一汉宫是在秦祭祠自然神建筑的基础上建成的？因为《史记·封禅书》说："雍有日、月、参、辰、南北斗……百有余庙。"尽管秦汉异地同名，但汉宫因秦祠而建，由此说明眉县的成山宫同山东的成山观并无矛盾。

五岳四渎皆在东方，及秦并天下后，就处在大一统的版图之内。于是，始皇"令祠官所常奉天地、名山、大川、鬼神"（《史记·封禅书》），四时致祭，牺牲用牛犊牢具珪币各异。

自崤以东名山五：太室（嵩高）、恒山、泰山、会稽、湘山。

大川二：济水、淮水。

自华以西名山七：华山、薄山（衰山）、岳山、岐山、吴岳、鸿冢、渎山（汶山）。

名川四：河水（祠临晋）、沔水（祠汉中）、湫渊（祠朝那）、江水（祠蜀）。

陈宝节来祠。因近天子之都，故加车一乘，騊駼四。

灞、浐、长水、沣、涝、泾、渭等，虽非大川，因为地近咸阳，"尽得比山川祠，而无诸加"。汧、洛二渊，鸣泽、蒲山、岳嶕山之属，为小山川，"亦皆岁祷塞泮涸祠，礼不必同"。

（四）宗祖神

秦人祭祖，既是学自周人，就有团结宗族的政治用意。凤翔秦雍都宗庙遗址的发现，证明"先王庙或在西雍"是正确的。咸阳的"诸庙及章台、上林皆在渭南"（《史记·秦始皇本纪》），见载的就有阴乡东的昭王庙（《史记·樗里子甘茂列传》）。秦始皇追尊父亲庄襄王为太上皇，二世则尊始皇庙为"帝者祖庙"（由信宫更名极庙后再改）。

普通秦人更偏重祭祀父母的亡灵，《日书》就列有"祠父母良日"、"祠亲"的吉日。

---

① 赵丛苍、刘怀君：《陕西眉县成山宫遗址的调查》，载《考古》1998年第6期；眉县文化馆：《陕西省眉县成山宫遗址的再调查》，载《考古与文物》2002年第3期。

（五）鬼神观念

从"万物有灵"的原始宗教观念中产生出的对鬼神的崇拜，长期来存在于中国古代社会人们的思想之中。宗教作为鬼神文化的载体，是哲学意识的反映，包括从人的生存直到宇宙的全部解释，起着沟通人类社会关系的渠道的作用。因此，宗教在秦的社会生活，直至社会机制中都成了不可或缺的部分。

出自鬼神观念，从先秦到秦时已经形成上、下两个世界，即：神仙世界，在天上，有可能还未形成组织系统，故而缺少最高的统治神；鬼怪（包括妖魔）世界，在地下，常活动在暗处。神仙是具有超自然的力量但已赋予了人格化的神灵，是被当作扬善惩恶的偶像崇拜的。除鬼由人死后灵魂所变之外，妖魔鬼怪则是万物自生的精灵，都是以作祟害人为务，用现在的话说就是"捣鬼"（实际上是"鬼捣"）。对付的办法，不是崇敬，而是回击。至于人死后轮回转世或灵魂升天成仙，那是佛教传入中土之后产生的一套理论。

神还有"善神"与"恶神"的区别（《史记·秦始皇本纪》），鬼则是令人生厌而被诅咒的幽灵。

《日书》中记载了很多鬼，如丘鬼、祩鬼、欿鬼（欲望鬼）、棘鬼、凶鬼、䇳鬼（诱惑之鬼）、疠鬼（麻风病鬼）、匀鬼、饿鬼、寎（殍）鬼、哀乳之鬼、粲迓之鬼（露齿鬼）、阳鬼、字鬼、游鬼、外鬼、中鬼、幼殇死不葬为鬼、夭鬼、不辜鬼、遽鬼、大袜（魅）、刺鬼等等。其活动鬼鬼祟祟，常搞恶作剧以戏弄、纠缠、迷惑、威慑、恐吓等手段，至"夜鼓入门，以歌若哭"，栖居人家，捉拿丈夫、调戏妇女、制造噩梦、骚扰牲畜、致人患病（垂涎、抽筋等）、勾人魂魄，极富挑战性，严重影响人的正常生活。

鬼怪无处不在，使人防不胜防而又不能除却，原因在于有成鬼的条件存在。驱鬼有办法，可用桃梗、桑杖条赶打，用良剑、溺器、粪便击之，以"沙人""莎蒂"等中草药治之，也可用水泼、火攻、土攻除之。鬼害人、整人的重要手法之一就是装人，特别是装好人。此法因能迷惑人，也屡屡奏效。清醒者只有揭穿之，才能使之无所藏匿。如果夜行遇鬼挡道，可披发冲过。这些都是随机应变的驱鬼之法。捣鬼在暗处，逞凶在夜间，但一交子时，阳气降临，鬼头鬼脑的作祟气焰随着光明的到来就远遁而逝。

秦人以现实的世俗社会描绘了鬼的世界。认为鬼生活在幽冥之中，同样有着利益的追求与七情六欲的感情。于是，为了鬼不作祟害人，在丧葬上尽量埋入丰富的随葬品，定期祭礼，尽量满足鬼对饮食生活的需要，希望人鬼相通相安，免祸得福。

秦始皇陵园东侧三坑中埋有7000左右兵马俑，陵园为数众多的从葬坑中又有不同内容的从葬品，咸阳、西安地区的秦墓里出土有诸多的随葬之物。这些都是秦人"灵魂不灭"、鬼神人格化、冥域世俗化的宗教意识的反映。

二、信仰

（一）奉行阴阳五行学说

西周末年，人们就用"五行"（即水、火、木、金、土等构成各种物质的"五材"）与八种自然景象（天、地、雷、风、水、火、山、泽）的交感变化来研究宇宙万物构造规律，建构起把复杂变化的事物分类图式的原始理论，这就萌生了"阴阳五行学说"（《尚书·洪范》《易》）。按照这一学说，事物是互有联系和消长变化的，这显然具有朴素的唯物主义辩证法思想。但是，这一理论最初采自巫、史兼一的太史，因此往往同"天人感应"的迷信思想结合在一起。及至战国时期，齐人邹衍又运用"阴阳五行学说"来解释历史上朝代的兴替，创立了"五德终始"说，从而形成一个独立的思想理论体系。

邹衍认为，历史发展是按"五行相胜"的循环顺序进行的，改朝换代以及人的各种活动也都和五行相通。一个新朝代的出现，必定是人君得到了五行（德）中的一德，并由上天显示符应。当其德衰时，也将被五行中另一盛德者起而代之。如此周而复始，循环不已。

秦始皇统一六国，建立了秦王朝，为寻找"受命于天"的理论根据，就完全采用了"五德终始"说。按照五行相克的次序来解释朝代的替换，如：土（黄帝）←木（夏）←金（商）←火（周）←水（秦）。《史记·秦始皇本纪》载："始皇推终始五德之传，以为周得火德，秦代周德，从所不胜。方今水德之始，改年始，朝贺皆自十月朔。"他把老祖先秦文公在500年前出猎时曾获得一条大黑蛇的事，当作以秦代周的符应，还制定了一整套的水德制度，列表如下：

表8-1　秦水德命制表

内容	命制（规定）
岁首、朝贺	十月朔（以十月为正月，建亥）
衣服、旄旌、节、旗色	上黑
数	以"六"为纪
符、法冠长度	六寸（合今13.86厘米）
舆广	六尺（合今138.6厘米，秦俑战车同此）
御乘	驾六马
音	上"大吕"（六阴律中的第四）
步幅	六尺
河（黄河）	更名"德水"
政术	刚毅戾深，事皆决于法

按水德色尚黑，是说以黑为贵，属于上等的主色，并非一切皆黑。秦俑服色绚丽多彩，就有助于我们对"上黑"的理解。

水之生数为一，成数为六，所以"数以六为纪"。据此，秦初分天下为三十六郡；迁天下豪富十二万户咸阳；销天下兵，铸金人十二；咸阳有宫观二百七十，关中"计宫三百"；祭泰山、禅梁父，筑埤皆广长十二丈，坛高三尺，阶三等；使蒙恬发兵三十万，北却匈奴；有"候星气者至三百人"。（《史记·秦始皇本纪》）这些都是六或六的自乘数、倍数或半数。

水主阴，主刑杀，体现在统治思想和方法上就是严刑峻法，是"刚毅戾深，事皆决于法，刻削毋仁恩和义，然后合五德之数。于是急法，久者不赦"（《史记·秦始皇本纪》）。

"五德终始"是五行相生相克、历史循环论向社会学说的移植与理论化，对秦王朝在统治中实施极端的法家思想起了推波助澜的作用。但神秘色彩异常浓厚的"五德终始"说，其臆造和迷信的成分往往陷入不能自圆其说的矛盾之中。像后来刘邦"斩蛇起义"时，编造老妪哭诉自己儿子是白帝子，为赤帝子所杀，兆示"火克金"，自己将代秦而取天下。但后来发现"火胜金"的神话同秦尊黑帝、行水德对错了号，反成了水胜火。于是，先说秦的水德不算数，汉是水德克周的火德；后又说汉是水德，才胜了秦的水德。当然，这是后话，而且是留给2000年来迷信的后话。但秦奉行阴阳五行、施水德的装饰，确实为其统治加上了一圈神圣的光环！

（二）方士求仙

鬼神世界里只有"仙"是不作祟害人、整人的，相反还会给人带来直接的好处。仙居住在海中的神山上，如果能得到他的"不死之药"，人就可以"长生"。战国时，燕齐地区出现一派神仙家——方士，编造了一套神话和通仙术，颇得统治者的信赖。

方士们渲染的海上仙境，是一个圣洁的天堂，现实中的人完全有可能到达。《史记·封禅书》："自威、宣、燕昭使人入海求蓬莱、方丈、瀛洲。此三神山者，其传在勃海中，去人不远。患且至，则船风引而去。盖尝有至者，诸仙人及不死之药皆在焉。其物禽兽尽白，而黄金银为宫阙。未至，望之如云；及到，三神山反居水下。"齐威王、宣王和燕昭王受到蛊惑曾多次派方士入海求仙，尽管一次次落空，但愚弄主上以求富贵的"怪迂阿谀苟合之徒自此兴，不可胜数也"。方士们天花乱坠的吹嘘，对处尊位、乞长生的君主们太富诱惑力，当然"世主莫不甘心焉"。

秦始皇冀求长生，对海上仙山之事是早有所闻的，对"不死之药"也寄有莫大的希望。他立国后曾五次出巡（公元前220、前219、前218、前215、前210年），后四次东巡都是到了燕齐海上。其目的，除宣传秦的威德之外，无非就是遣方士、求仙药罢了。

第二次东行，始皇登罢琅邪后，齐人徐福等上书，说海中有三神山，"请得斋戒，与童男女求之。于是遣徐市发童男女数千人，入海求仙人"。第四次巡行碣石（今河北乐亭县西南），"使燕人卢生求羡门高誓"，接着又"使韩终、侯公、石生求仙人不死之药"。最后一次出巡，始皇北至琅邪，再次见到徐福并听信了他胡诌什么"水神不可见，以大鱼蛟龙为候"。"乃令入海者赍捕巨鱼具，而自以连弩候大鱼出射之"，但沿海自琅邪到荣成山，并没有见到什么大鱼。直至之罘，始皇终于见到了一条巨鱼，还亲手射杀之，随后就折而西返。（《史记·秦始皇本纪》）

海中有仙山，上有仙人和不死之药，本系虚妄之事，而始皇为求长生执迷不悟，即使耗资巨大亦在所不惜。尽管受到方士的哄骗和诽谤，引发出坑儒事件，但始皇对求仙的徐福还是优待有加。其间，卢生入海求仙空手而返，先献上伪造的图书"亡秦者胡也"，致使始皇派蒙恬率三十万大军北却匈奴。后又骗说："臣等求芝奇药仙者常弗遇，类物有害之者。方中，人主时为微行以辟恶鬼，恶鬼辟，真人至。"他建议始皇"所居宫毋令人知，然后不死之药殆可得也"。秦始皇这位精明的一世雄主竟信以为真，进而不再称"朕"而自称"真人"，行动诡秘，"令咸阳之旁二百里内，宫观二百七十，复道甬道相连，帷帐钟鼓美人充之，各案署不移徙。行所幸，有言其处者，罪死"。（《史记·秦始皇本纪》）

秦始皇仰赖方士求仙药，殊不知受方士的捉弄，长途劳顿，行幸美人，加之国事烦扰，精、气、神损耗殆尽，长生不得，50岁就离开了人间！

第三节
诸子在咸阳的活动及其地位

一、在咸阳推行的文化政策

（一）从"塞私门"到"纳六国士"的转变

孝公迁都咸阳，即按商鞅的部署进行变法，实施的是一条重用法家学说、厚赏农战、禁绝儒术的法治方针。"无书简之文，以法为教"（《韩非子·五蠹》），这是人们在文化沙漠中所能看到的一切。

"重法反儒"是商鞅变法中不可避免的政治问题。商鞅反儒是很坚决的，他把儒家的经典《诗》《书》和礼乐列为危害社会的"六虱"之一，指出"农战之民千人，而有《诗》《书》辩慧者一人焉，千人者皆怠于农战矣"，"虽有《诗》《书》，乡一束，家一员，独无益于治也"，（《商君书·农战》）认为是有害于农战两个政策、不利于法治的。他教秦孝公"以连什伍，设告坐之过；燔《诗》《书》而明法令；塞私门之请而遂公家之劳；禁游宦之民而显耕战之士"。（《韩非子·和氏》）此后，秦国在相当长的时间内是没有儒家人物活动的，儒家学说在秦的社会生活中也没有地位。

当变法富强起来的秦国，需要一定的理论支持新兴的地主阶级政权、维持社会的新秩序时，文化改革也开始有了松动。秦昭襄王五十二年（公元前255年），儒家的优秀代表人物荀况应邀从赵国来到秦国游历。他对秦昭襄王强调"法后王""以近知远"（《荀子·儒效》《荀子·非相》），比儒家"法先王"的观点进了一步；并对儒家的"礼"做了新的解释，主张"刑不过罪，爵不逾德"，同法家"法不阿贵"的意见相同。（《荀子·君子》）他还对应侯范雎谈了对富强起来的秦国的感想，指出："四世有胜，非幸也，数也。"（《荀子·强国》）他尊重孔子，采取既主张"隆礼"又要

"重法"的现实主义态度,使秦国统治者开始认识到儒家学派在国家政治生活中的积极作用,毕竟是有"益于人之国"的。

秦国真正实行比较开明的文化政策,是在吕不韦做相邦的十一二年时间内。当时,六国有四公子养士之风,"不韦以秦之强,羞不如,亦招致士,厚遇之",于是诸侯之士斐然争相入秦。吕不韦致食客三千人,兼采各家学说,编纂成一部集大成的杂家著作,这就是包括八览、六论、十二纪总二十余万言的《吕氏春秋》。(《史记·吕不韦列传》)

当秦王嬴政亲政后,虽然镇压了嫪毐集团,罢了吕不韦的相,摒弃了《吕氏春秋》及其规划的建国纲领,重新重用法家人物、推行法家学说,但还是接受了李斯的意见,取消了"逐客令",继续执行招引六国之士为己所用的文化政策。

(二)博士备员

秦始皇执行了较为开明的文化政策,知识阶层的人多愿意投入"事秦"的行列。当时的"知识分子"没有标准的称呼,有叫"文学方术之士""诸生""博士"的,也有因职业较明确而直呼"儒者""候星气者"等等的。其中的"博士"当是最高的衔称,意为"博古通今"的饱学之士。虽然战国时六国设有博士,但"秦博士"作为一种官职,最早见于秦始皇二十八年(公元前219年),是九卿之一的奉常的属官,有员额七十人。因为是由有学问的人担任,博士本人也就成了皇帝左右的顾问。据记载,秦始皇周围有博士七十人,诸生以千数,候星气者三百人,他们对秦政权的建设起了重要的作用。从以后的史实看,秦博士的职责在于待问咨询和教授弟子两个方面。

在秦统一六国之初,始皇还能遵照秦孝公时开创的廷议制度。凡国家大事都经过群臣与博士公开讨论,供皇帝采行,像秦始皇二十六年在咸阳议帝号、立诸子为王与否的辩论,二十八年在邹峄山"与鲁诸儒生议,刻石颂秦德,议封禅望祭山川之事"(《史记·秦始皇本纪》)。

但有些"腐儒"不识时务,所论不入位,往往触犯逆鳞,激起具有刚强自负性格的秦始皇的不满,以致后来廷议制被取消,出现"天下之事无小大皆决于上"的独裁局面。如果说议帝号时,博士七十人没有言中,只是引起始皇不快的话,泰山封禅之议因乖异难用就变成了不满。特别是那些不知趣的诸儒借始皇遇暴雨的狼狈相,对封不如礼的事妄加讥讪,更激起尊大专一的始皇帝的厌弃之心,"由此绌儒生"。三十四年(公元前213年），始皇设宴咸阳宫，博士七十人祝寿，仆射周青臣"面谀"，博得龙颜大悦。但博士淳于越针对社会矛盾日益激化而群臣颂德蒙主的情况，借古讽今，使用分封制的陈词，未料在廷议中遭到李斯的痛斥，从而引出奏可的焚书事件。从此，颇具民主色彩的廷议之制被彻底取消。"博士虽七十人，特备员弗用"，成了摆设品，使秦始皇彻底地走上政治独裁路。至于三十七年出巡海上，梦与海神战，问占梦一事，那纯属个人之间答疑解惑的性质了。

秦始皇重视儒生，而像淳于越这样出身于齐的儒生还是忠于秦王朝的。彼此诚心，充分证明了执行比较开明的文化政策带来了君臣关系之正常，也对笼络和发挥知识分子阶层的作用、维护政治秩序都产生过积极的影响。只可惜在君主集权制下，彼此地位的不同、认识的错位，必然导致最终的破裂。

二、咸阳诸子及其学术成就

（一）法家

战国初期，各诸侯国的封建制度逐渐确立。伴随着土地兼并与劳力争夺的日趋激烈，新兴地主阶级的政治代表开始思考自己的统治，由此产生了相对的古代民主制度。"士"这一特殊的阶层中，有些人收授徒弟专门从事学术研究活动，他们的思想言论也很受各国统治者的重视。由于诸子蜂起，争相发表自己的学术见解和政治主张，因此思想领域里形成了"百家争鸣"的局面。政治改革晚起的秦国，虽然没有完全赶上"争鸣"的那种热潮，但是各个学派的思想随后都直接或间接地传播到了这里。而最早进入并被秦君接受的就是法家思想。

商鞅带着李悝的《法经》应秦孝公的"求贤令"进入咸阳，走上了政治舞台，使法家思想通过变法成为秦国的统治思想。

年仅28岁的商鞅，抱着变法必胜的信念，在秦孝公主持的辩论中，面对大夫甘龙、杜挚的诘难，针锋相对地回答了闪耀着认识论与方法论的思想火花的精彩见解。诸如："有高人之行者，固见非于世；有独知之虑者，必见敖于民。愚者暗于成事，知者见于未萌。民不可与虑始，而可与乐成。论至德者不和于俗，成大功者不谋于众。是以圣人苟可以强国，不法其故；苟可以利民，不循其礼。"（对孝公语）"常人安于故俗，学者溺于所闻。以此两者居官守法可也，非所与论于法之外也。三代不同礼而王，五伯不同法而霸。智者作法，愚者制焉；贤者更礼，不肖者拘焉。"（对甘龙语）"治世不一道，便国不法古。故汤、武不循古而王，夏、殷不易礼而亡。反古者不可非，而循礼者不足多。"（对杜挚语）这些言辞，既富有战斗的激情，又蕴含深邃的哲理，表现了商鞅"年虽少，有奇才"（《史记·商君列传》）的特性。

秦国的变法，正处于新旧生产关系交替的时代，是由上层旧营垒中杀出来的代表人物发动的。其政治改革需要理论武器，因此就产生了商鞅那一篇篇既针对时弊又具解决办法的论文，集结成册就是《商君书》。《商君书》又名《商君》《商子》，成书于战国末年，是商鞅一派（商鞅及其后学）在秦国变法的理论和策略的汇编，属于法家思想实践的重要成果。《汉书·艺文志》著录《商君》二十九篇（今存二十四篇），还有《刑约》一篇有目无文。其中的《垦令》《靳令》《外内》《开塞》等篇，可确认为商鞅在咸阳时期的作品。其余多是商鞅死后由门徒完成的，是对咸阳变法的追忆和总结。成书时间，前后长达80多年。不过，全书主旨明确，一直贯穿着提倡耕战的法家主张。从思想成果看，不难发现：《更法》《开塞》等篇表现其"治世不一道""便国不法古"的历史观，《定分》等篇反映其"以实定名"的认识论，《画策》等篇足见其重"时势"、据"必然之理"的办事思想。

商鞅最终死于当权者秦惠文王的挟私报复，小人公子虔之徒的卑鄙诬告也起了导火索的作用。但他的被害，并不意味着由他推行开来的法家政策在秦国有所改变，更不等于由商鞅变法所确立的封建制有所改变。法家人物在以后的年代里仍然受到重用，咸阳仍然是他们活动的中心。《商君书》在战国、秦汉时期仍然流传甚广，影响很大，韩非曾说："今境内之民皆言治，藏商、管之法者家有之。"（《韩非子·五蠹》）

荀子（约公元前313—前238年），名况，号卿，汉人避汉宣帝刘询讳，称为孙卿。战国末年赵人，早年游学于齐。他广泛吸取各学派的精华，成为先秦百家之学的总结者，主张"隆礼"，又要"重法"，也就是说他既继承了儒家传统的礼制思想，又具法家法治思想的因素，属于从儒家到法家的过渡人物。公元前266年应秦昭襄王之聘入秦，以极大热情盛赞由商鞅变法强盛起来的秦国吏治与民风。主张由霸而王，强调"法后王"，改变了秦昭襄王对儒家学说的态度。（《荀子·儒效》）后，去秦归赵。有《荀子》一书传世。

韩非（约公元前280—前233年），出身于韩国贵族世家，是韩国的公子。他看到韩国丧师失地，受秦威胁，就上书韩王安，建议变法图强。正确意见得不到采纳，他就退而著书立说。当韩非的《孤愤》《五蠹》传到秦国，秦王嬴政读后大加赞赏韩非的政治主张，说："嗟乎！寡人得见此人与之游，死不恨矣！"（《史记·老子韩非列传》）可惜韩非在公元前233年出使秦国后，由于受到老同学李斯的嫉妒和姚贾的谗言，竟冤死在云阳狱中。

韩非是荀况的学生，"喜刑名法术之学，而其归本于黄老"（《史记·老子韩非列传》）。他完成了老师从儒家到法家的过渡，发展其政治思想，成了先秦法家思想的集大成者。他的《韩非子》专著综合商鞅的"法"治、申不害的"术"治、慎到的"势"治，形成了封建专制主义中央集权理论的核心。其法治理论的要点如："术者，因任而授官，循名而责实，操生杀之柄，课群臣之能者也。此人主之所执也。法者，宪令著于官府，刑罚必于民心，赏存乎慎法，而罚加乎奸令者也。此臣之所师也。"（《定法》）"威势者，人主之筋力也。"（《人主》）"权势不可以借人，上失其一，臣以为百。"（《内储说下》）"事在四方，要在中央。圣人执要，四方来效。"（《扬权》）"仁义爱惠之不足用，而严刑重罚之可以治国也。"（《奸劫弑臣》）"明主之国，无书简之文，以法为教；无先王之语，以吏为师。"（《五蠹》）这些完全为秦始皇所采纳，并使韩非的学说从此成了秦国的显学。尽管韩非具有历史进化的观点，其哲学思想包含了"道"（事物运动的普遍规律）和"理"（事物的特殊规律）的唯物主义成分，但"以法为教""以吏为师"的主张却成了钳制人们思想、推行愚民政策的根据。

李斯（？—公元前208年），是荀况的又一名学生。由于没有理论著述，所以只能算作法家思想的实践者。在秦统一战争中，他力主各个击破，害杀韩非即刻取韩。统一后，在任丞相期间，议帝号、废分封、行郡县制、统一文字与度量衡、禁《诗》《书》、废私学、以吏为师等重大决策及巩固中央集权制国家的一些政治措施，多由他建议与实行。他盗用老同学韩非法、术、势并用的理论发展成君主独断专权、对臣下严刑峻法的"督责之术"，成就了以后历史上暴君、独裁者奉为圭臬的理论基础。其贪禄慕荣、不顾廉耻、缺德无义的品行是对"不别亲疏，不殊贵贱，一断于法"（《史记·太史公自序》）的法家的玷污。

（二）儒家

儒家学说传到秦国，大约可追溯到战国中期偏早一些时间。儒家人物在咸阳的活动,一直持续到终秦之世。但是,在法家思想成为秦国统治思想的大环境中,儒家要争取自己的存在是颇费周折的。儒家及儒家思想,在秦国的境遇和地位随着政治斗争的形势,可说是经过了四个历史阶段。

商鞅变法到秦昭襄王前期:最早的儒家学派是拥护周礼、维拥西周的政治统治的。其维护"天下有道"的理论很容易被奴隶制的卫道士用来为其政治服务。甘龙说"圣人不易民而教,知者不变法而治",杜挚说"法古无过,循礼无邪",(《史记·商君列传》)其所抬出的"圣人"与"礼"不正是儒家的学说?商鞅为了推行新法,而要扫除思想障碍,就把《诗》《书》列入应当消灭的"六虱"之中,确也放火烧书以"明法令"。这些就表明,儒家思想被禁锢,在秦国是没有地位的。

秦昭襄王后期至孝文王时期:秦昭襄王急功近利,见到荀况就直接问:"儒无益于人之国?"得到的答复是:"儒者法先王、隆礼义,谨乎臣子而致贵其上者也。人主用之,则执在本朝而宜;不用,则退编百姓而悫,必为顺下矣。虽穷困冻馁,必不以邪道为贪;无置锥之地,而明于持社稷之大义。呜呼而莫之能应,然而通乎财万物养百姓之经纪。执在人上,则王公之材也;在人下,则社稷之臣、国君之宝也。……何谓其无益于人之国也!"针对昭襄王问儒"为人上何如"的发问,指出:"志意定乎内,礼节修乎朝,法则度量正乎官,忠信爱利形乎下。"其对各学派取海纳百川的态度和切中要义的答问,博得昭襄王连声称"善"。(《荀子·儒效》)他对应侯范雎除盛赞秦的政绩外,也指出秦国的问题:"然而县之以王者之功名,则倜倜然其不及远矣。是何也?则其殆无儒邪。故曰:粹而王,驳而霸,无一焉而亡。此亦秦之所短也。"(《荀子·强国》)

以荀子来秦为契机,昭襄王采取了较为开明的文化政策,为儒家思想在秦国的合法存在提供了条件。秦国也出了个大儒牛缺[①],还有秦子(名祖,字子南)、燕子(名伋,字子思)、石作子(名蜀,字子明)和壤驷子(名赤,字子从)等人[②]。

[①] 《吕氏春秋·必己》:"牛缺居上地,大儒也,下之邯郸,遇盗于耦沙之中。"高诱注作牛缺"秦人也"。陈奇猷引《列子·说符》:"牛缺者,上地之大儒也。"此文"者"误为"居",又脱去"之"字耳。上郡当即"上地",原属赵,后属魏,至秦惠文王十年始入秦,则牛缺系战国后期人也。又引《史记正义》"今纳上郡,而尽河西滨洛之地矣",则上地为西河之属地。参见陈奇猷校释:《吕氏春秋校释》,学林出版社,1984年。

关于牛缺遇盗,《淮南子·人间训》说在车马、衣物被夺时"无惧色忧志",盗赞曰"世之圣人也",终被追杀。

[②] 冯从吾:《关学编》,中华书局,1987年。

吕不韦任相邦时期：吕不韦在任相的12年时间内，一改过去秦国推崇法家思想而排斥其他思想文化的传统政策，进行了大量的文化引进工作。在他蓄养的三千门客中，拥有诸子学派的文化名人，儒生占有相当比例。其所主持编纂的《吕氏春秋》一书，主要是由儒生担当完成的。[①]书中有关政治、伦理的思想，多是因袭了儒家的观点。

在吕不韦职掌秦国政权的那段时间里，很多儒者被引进秦国。按照吕不韦的意愿，《吕氏春秋》一书是给嬴政建立新王朝规划的政治纲领，儒家有可能取代法家而占据主要地位。所以说，这是儒家在秦与咸阳最活跃的光辉时期。

统一后，儒家由受重视到被取缔的时期：秦始皇一开始颇能信任儒生，从廷议到立博士都显示了他具有宽大胸襟的政治家气质。但其晚年在求仙无果，遭到方士讥讪非议而有失皇帝面子的情况下，焚书坑儒，取消议事，皇帝独裁，继续推行法家路线，就使儒家成了被排斥的对象。

儒生并没有因秦始皇实行文化专制主义而停止自己的活动，儒家思想仍作为一股不小的“潜流”而存在着。扶苏给秦始皇的谏书中，曾深怀忧虑地说：“诸生皆诵法孔子，今上皆重法绳之，臣恐天下不安。”（《史记·秦始皇本纪》）当然，始皇坑儒那只是镇压儒生中的一部分政敌，大部分儒生依然存在。朝廷中仍有博士官的设立，仍然多由儒生担任。

“孔子西行不到秦”（韩愈《石鼓歌》），这当然指的是儒家学说。要做历史的分析，经过变法富强起来的秦国，其统治者需要的是“霸道”，而不是“王道”，所以是排儒的。在随后的时间里，儒家思想不是也一度渗入秦国的政治生活中了吗？

（三）墨家

墨子学说形成于战国初期的东方，既“学儒者之业”又“背周道而用夏政”（《淮南子·要略》），是唯一能同儒家抗衡的学术势力，二者当时同称为“显学”（《韩非子·显学》）。其兼爱、非攻、尚贤、尚同、节用、节葬、非乐、非命、尊天、事鬼等十项基本内容，包括了其政治、社会和哲学思想，形成一套完密的体系，影响也很大。

墨家学说传播到咸阳及墨者在秦国活动的时间，都发生在秦惠文王时期。

墨家巨子（对墨家学派中道行高者的一种尊称）腹䵍（也写作“䵍”，tūn）居

---

① 《吕氏春秋》高诱序说：“安国君立一年薨……不韦乃集儒士（‘士’原作‘书’，误。依清梁玉绳《史记志疑》改）使著其所闻，为十二纪八览六论训解，各十余万言。”

住在咸阳，受到惠文王的尊敬，称之为"先生"。他的儿子杀了人，惠文王怜悯其年老，又只有这一孤子，特予赦免。但腹䵍说："墨者之法曰，杀人者死，伤人者刑。……王虽为之赐，而令吏弗诛，腹䵍不可不行墨者之法。"（《吕氏春秋·去私》）可见墨家学派组织严密，也反映了当时苦难深重的小生产者阶级忠于信仰和自觉遵守纪律的高贵品质。

《吕氏春秋·去宥》记载了这么一段故事："东方之墨者谢子，将西见秦惠王。惠王问秦之墨者唐姑果①。唐姑果恐王之亲谢子贤于己也，对曰：'谢子，东方之辩士也。其为人甚险，将奋于说以取少主也。'王因藏怒以待之。谢子至，说王，王弗听。谢子不说，遂辞而行。"

齐人田鸠（又名田俅）学"墨子术"，据《汉书·艺文志》有《田俅子》三篇。田鸠来到秦国三年，见不到秦惠文王的面，自己的主张推不出去。后来去了楚国，楚王"与将军之节以如秦"。转而才受到秦惠文王的接待，见而悦之。（《吕氏春秋·首时》）但是，秦国统治者并没有接纳"墨子之术"。因为商鞅变法之后，法治学术已经深深地植根于秦国的政治生活之中，法家政策是既定的国策，不能，也不允许改变，墨家学术自然占不了上风！

咸阳毕竟还是墨家活动的舞台，墨家思想对秦国的政治也发生过深刻的影响。《吕氏春秋》一书中多处录载活跃在秦地的墨者，他们有来自关东的，也有秦国的。他们强化君权的主张，正是秦国确立君主专制制度所需要的，也为自己的存在提供了客观条件。有的学者研究指出：湖北云梦睡虎地秦墓竹简的简文同《墨子》城守诸篇"有许多共同之点，从而可推定为战国后期秦国墨家的作品"②。不难看出：墨家对秦代的法律也产生着直接影响。

（四）道家

道家的创始人李耳是东周管理王室图书的官吏。据《史记·老子韩非列传》记载，老子"居周久之，见周之衰，乃遂去。至关，关令尹喜曰：'子将隐矣，强为我著书。'于是老子乃著书上下篇，言道德之意五千余言而去，莫知其所终"。老子其人其事扑朔迷离，高深莫测，正如孔子问道于老子之后的印象是：像一条乘风云而上天的龙

---

① 《说苑》作"唐姑"，无"果"字。《淮南子·修务训》作"唐姑梁"。
② 李学勤：《秦简与〈墨子〉城守各篇》，见中华书局编辑部编：《云梦秦简研究》，中华书局，1981年。

一样不可把握。司马迁也说："老子，隐君子也。"虽如此，他所著之《道德经》终究还是流传了下来，长沙楚墓就出土有汉文帝时的抄本帛书。不过，帛书《老子》甲、乙两本却是《德经》属上篇，编次在前，《道经》属下篇，编次在后。①今陕西周至县的楼观台，据说是函谷关令尹喜结草为楼迎老子著书授经的地方。

  道家学说在战国中期的秦国就广为流传。据载，老子还同秦献公谈过"霸王出"的问题。但也有说，那个老子是周太史儋。(《史记·秦本纪》)尽管自孝公起，法家思想已据统治地位，但随昭襄王以后文化政策的宽松，道家学说在秦国也深有影响。吕不韦的三千"食客"，绝不是那种寄人门下乞食的"寒士"，而是满腹经纶的各派学者。其中除过儒家，人数较多的大概就是道家了。他们参加《吕氏春秋》一书的编写，使之"以道德为标的，以无为为纲纪"(《吕氏春秋》高诱序)，全盘承袭了"道"的哲学概念。

  尽管秦始皇摒弃了《吕氏春秋》一书作者为自己制定的建国纲领这一教本，但还是接受了道家思想并身体力行着。在《琅邪台刻石》中强调把"法度""仁义"这些法、儒学说作为治理帝国的理论基础，末尾却说要"昭明宗庙，体道行德，尊号大成"。道家认为道为体，德为用，德是道的具体表现，同儒家讲修养的"道德"不同。所以，"体道行德"无疑属于道家的理论。②刻辞中他如"秦圣临国，始定刑名""嘉保太平"(《会稽刻石》)，"大圣作治，建定法度"(《之罘刻石》)，"圣法初兴，清理疆内"(《东观刻石》)，其中的"圣"指的虽是秦始皇，却是来自道家的专称。秦始皇为求仙，竟自称"真人"，明显是接受了老庄思想的影响。以其"圣治"而言，在秦简《为吏之道》中教导官吏要"精絜(洁)正直，慎谨坚固，审悉毋(无)私，微密䜋(纤)察，安静毋苛，审当赏罚。严刚毋暴，廉而毋刖，毋复期胜，毋以忿怒夬(决)。宽俗(容)忠信，和平毋怨，悔过勿重……"俗谚曰："说的仁义礼智信，腰里自有连枷棍。"表面上总是用道家学说来规范秦帝国官吏的行为，把"安静毋苛""廉而毋刖""兹(慈)下勿陵"等当作道德和行为的准则，但又如何呢？

(五) 兵家

  战争由来已久。固然它是随着阶级和国家的出现而产生的斗争手段，但我国的历

---

① 高亨、池曦朝：《试谈马王堆汉墓中的帛书〈老子〉》，载《文物》1974年第11期。
② 熊铁基：《秦代的道家思潮》，见秦始皇兵马俑博物馆《论丛》编委会编：《秦文化论丛》第3辑，西北大学出版社，1994年。

史由春秋进入战国之后，战争规模之大，投入兵力之多，战程之长，都是前所未有的大变化。为了取得战争胜利，人们从战争实践中总结经验、找出规律，上升为理论，再用来指导战争。这种军事理论家和指挥家，就是古代所说的"兵家"。他们那系统的军事著作，就是"兵书"。从齐人孙武所著《孙子》（成书约在公元前496—前453年）开其端，成就兵书者代不乏人，国不乏人。但都不过是在新形势下，根据自己的经验，对《孙子》提出的一系列带普遍性的战争指导规律的补充和延伸而已。

秦军将士勇武、战马精良，在兼并战争中攻城略地，斩将夺旗，胜多败少，足以显示出秦国军事力量的强盛。秦国前后出现过不少优秀的军事指挥家，带兵打仗、战功卓著者如商鞅、公孙衍（犀首）、樗里疾、司马错、庶长奂、芈戎、向寿、白起、蒙武、张若、魏冉、胡阳、王龁、张唐、五大夫陵、将军收、蒙骜、麃公、昌平君、昌文君、王翦、桓齮、杨端和、辛梧、羌瘣、王贲等三十余人。有些人如蒙恬，出生于将门之家，长期过着戎马生活，追随祖业，经历了一些重大战役的锻炼，具有高超的指挥才能；有些人则是才德俱佳的智能之士，地位和形势造就了其军事才干。

商鞅不但是战国中期一位推行封建主义改革的法家代表人物，而且还是一位出色的军事理论家和指挥家。《汉书·刑法志》说："吴有孙武，齐有孙膑，魏有吴起，秦有商鞅，皆禽敌立胜，垂著篇籍。"商鞅的军事著作《公孙鞅》二十七篇，其在《汉书·艺文志》里被列入"兵权谋家"一类。可惜此书早已佚亡。而对商鞅的军事思想，我们只能从《商君书》的《画策》《去强》《境内》《兵守》等篇来看其在秦国实行的一些军事制度和条令。但，这毕竟还不是兵书。

所谓"兵权谋家"，《汉书·艺文志》的解释是："以正守国，以奇用兵，先计而后战，兼形势，包阴阳，用技巧者也。"掌握政治与军事的关系，从战略的高度，根据指导战争的普遍性规律与战况的特殊性，利用形势，兼及敌我，谨慎用兵而出奇制胜，只有具备了把握战争主动权这种高度艺术的人，才可称得上是"兵权谋家"。而"雷动风举，后发而先至，离合背乡，变化无常，以轻疾制敌者"，只能叫作"兵形势家"，显然同"兵权谋家"是有所区别的。前者着重战略又注意战术，后者则更重视战术的变化。商鞅很符合班固划分的"兵权谋家"，其事迹也是极为有力的说明。商鞅先推动秦孝公变法，改革政治，坚决贯彻农战政策，打下富国强兵的基础，在军事上由保守转入进攻，才取得了收复河西地之战的一系列胜利。像商鞅这样有学识、贤而有奇才的法家人物，贵在重视理论又善于总结经验，其著述必然是代表时代潮流的高水平之作。从带李悝的《法经》入秦，变法制定规约（后形成《商君书》）、率兵作战形成兵书看，他很务实，其军事理论著作在战国时期具有很大的影响。故而《汉书》的作者在《刑法志》中把商鞅同吴国孙武、齐国孙膑、魏国吴起相提并论。同样，在《艺文志》的兵权谋十三家中，《公孙鞅》二十七篇仅排在《吴孙子兵法》《齐孙子》之后，列为第三，随后才是《吴起》四十八篇。可以肯定，兵书《公孙鞅》必定是秦在统一战争中的指导性军事理论，其作用和地位也是很明显的。此外，秦国再没有兵书的出现。①

---

① 长期以来，有一部分学者认为秦始皇封的国尉、大梁人尉缭是《尉缭子》一书的作者。笔者在1985年出版的《秦都咸阳》一书中，也支持过这一看法。之后写《秦俑专题研究》这部专著时，认真研习《尉缭子》一书，觉得我们应该历史地分析地看尉缭及《尉缭子》才对。在此，笔者把华陆综先生的考释结果抄录于下：

关于《尉缭子》的作者，尽管说法很多，但主要不外乎两种意见。一种意见是根据《尉缭子》开头就有"梁惠王问尉子曰"的话，认为该书的作者尉缭是梁惠王时人。另一种意见是根据《史记·秦始皇本纪》记述，公元前二三七年（秦始皇十年），有一"大梁（今河南开封）人尉缭"来秦游说，为秦谋划统一，被秦始皇封为"国尉"（最高军事长官），因而认为该书的作者尉缭是秦始皇时人。

我们认为，从梁惠王到秦始皇，其间相距百年左右，就是梁惠王末年到秦始皇十年，也有八十二年的时间，很难说这两个年代的尉缭是同一个人。从《尉缭子》这部兵书本身和有关史料来看，它的作者应是梁惠王时的尉缭，而不是秦始皇时的尉缭。其理由是：（一）《尉缭子》开篇便有"梁惠王问尉缭子曰……尉缭子对曰……"的对话，全书前后语气一贯，表明君臣身份的语句有十处之多，始终以问对形式出现，在没有确实可靠的根据说它是"伪托"之前，就应该把它的作者尉缭看作是梁惠王时人。（二）尉缭在陈述政见和兵法中，反复强调农战和"修号令"、"明刑赏"、"审法制"等思想，这反映了包括魏国在内的山东六国于商鞅变法之后，力求变法图强的政治要求。这些政见如果献给力挽败局、图谋中兴的梁惠王，就比较适宜；如果献给经过变法、日渐强盛的秦始皇，则实属无的放矢。而劝秦始皇"毋爱财物，赂其豪臣，以乱其谋，不过亡三十万金，则诸侯可尽"（《史记·秦始皇本纪》）的那个尉缭的政治主张，在《尉缭子》又不见提及，说明他与该书无关。（三）《尉缭子》两次提到"吴起与秦战"（《武议第八》），称赞吴起"舍不平陇亩"。从避嫌的角度讲，该书的作者有可能是梁惠王时的尉缭，而不可能是秦始皇时的尉缭。（四）《史记》所引用的史料好多从《战国策》而来，而《战国策·秦策》中记载有一个名叫顿弱的人给秦始皇献策，与《史记》中尉缭给秦始皇献策相比较，其言犹为近似。这究竟是《史记》的偶尔疏忽，误把顿弱记为尉缭，还是别的什么原因呢？这个问题尚待进一步探讨。上述理由说明，《隋志》关于"尉缭，梁惠王时人"的说法，有一定道理，较为可信。

关于《尉缭子》这部兵书的成书年代，我们只能作一个大概的推测。公元前三三四年（周显王三十五年，即梁惠王后二年），"惠王数被于军旅，卑礼厚币以招贤者"。之后，各派人物云集大梁，"邹衍、淳于髡、孟轲皆至梁"（《史记·魏世家》）。尉缭很可能就在这时见到梁惠王。《尉缭子》这部兵书很可能就是梁惠王与尉缭谈话的一个记录。西汉前期贾谊在《陈政事疏》中有"夷狄征令，是主上之操也"的话。其中"主上之操也"后半句，宋代王应麟曾指出："语出《尉缭子》"（《困学纪闻》卷十《诸子》条）。《尉缭子》理应是西汉以前的著作。再者，一九七二年在山东临沂银雀山汉武帝初年的墓葬中发现有与今本《尉缭子》基本相合的残简，就更加有力地证明，《尉缭子》至迟在西汉前期就已经流传于世了。

(六)纵横家

战国末年,由秦国兼并诸侯完成统一的趋势渐次明朗,于是就有了六国合纵抗秦,而秦又以连横破纵的往复活动。桴鼓相应,以影随形。游说之士往来各国,游说人主,朝秦暮楚。但秦国有如磁石召铁,异国的士子无不翘首西望,纷纷来到咸阳投在秦王麾下,愿为之效力。像张仪、甘茂、魏冉、田文、芈戎、范雎、蔡译这些人,凭着自己的才干也都先后登上了秦国的相位,对秦完成统一事业统统起到了一定的推动作用。

纵横家形成于战国的中后期,这一派人在各国间从事政治外交游说。班固说纵横家"言其当权事制宜,受命而不受辞,此其所长也。及邪人为之,则上诈谖而弃其信"(《汉书·艺文志》)。"权事制宜",用现在的话说,就是"因事制宜"。受命于主,不囿成说,随机应变,达到目的,本无可厚非。但那些奸邪利禄之辈靠着三分"才"、七分"诈",一旦成为"家",就背信弃义、卖主求荣、欺诈逞私,成为令人齿冷的无耻之徒。张仪花言巧语又耍弄手段,虽首倡"连横"有利秦国,但拆散齐、楚联盟,游说齐、赵、燕,取得"武信君"的卑劣行径却令人生厌,很容易引起"纵横家=张仪=诈骗无信的小人"的误解。正与负,对与错,好与坏,往往相伴而生,古今一理,岂可不察?趋利避害,唯善是举!

《汉书·艺文志》著录《张子》十篇,大概就是张仪弄巧的说辞。还有秦《零陵令信》一篇,注作"难秦相李斯"。

(七)杂家

所谓"杂家",《汉书·艺文志》说它是"兼儒、墨,合名、法,知国体之有此,见王治之无不贯",似乎是战国诸子学说的杂凑。长期来,儒林多以其"兼"杂各家、缺乏"派"性而非议之。殊不知,这正是它的长处。"知国体之有此,见王治之无不贯"的话,就道出了杂家的出现是历史的必然。

"兵戈乱浮云"的战国时期,经过两个半世纪血与火的拼搏,结束割据,趋向统一,势在必行。随着政治、经济即将统一的客观要求,需要有一个统一的思想,为促成和巩固全国政治和经济的统一服务,就成为必然。秦国出现了以吕不韦一派为代表的杂家,其《吕氏春秋》正是吸收先秦诸子学说之精华,博采众长,成为一个综合性的新学派。"杂家"虽则后出,但不失为一支同秦国传统法家相抗衡的劲旅。

秦相吕不韦招徕三晋和秦的宾客三千人,住在咸阳,给予优厚待遇,作为自己的智囊团。令他们"上观尚古,删拾《春秋》,集六国时事"(《史记·十二诸侯年表》),总结得失,又"人人著所闻,集论"(《史记·吕不韦列传》),评品胜负,终于在公元前239年编纂成《吕氏春秋》这样一部"为十二纪、八览、六论,各十余万言,备天地万物古今之事"(《吕氏春秋》高诱序)的皇皇巨著。

《吕氏春秋》是我国最早的一部百科全书。在体例安排上,以纪、览、论三部分加上《序意》,计一百六十篇,对儒、法、道、墨、兵、农、阴阳诸家的理论兼收并蓄。内容上,从哲学、政治、道德伦理等社会学,到天文、农业等自然科学知识,可说是无所不及。而这些又是按阴阳五行家的五行相生说加以综合安排,从而形成自己的理论体系。

对先秦诸子的思想,《吕氏春秋》做了总结性的论述和批判性的吸收。取道家、阴阳家的观点和思孟学派的成分,形成自己的观点,以"道"作为哲学的最高概念,提出"万物所出,造于太一"的宇宙观。其《应同》一篇,则反映了阴阳五行家的"五德终始"论;取儒家和法家及农家的观点,形成自己的政治思想,像强调孝道,"夫孝,三皇五帝之本务,而万事之纪也"(《孝行》),把"孝"作为治国的根本。《慎势》《察今》《君守》诸篇是法家尚权势、论法治思想的反映;《荡兵》《振乱》则继承了兵家的观点;《上农》《任地》《辩士》《审时》四篇,完全是农家的学说;《爱类》《知士》《义赏》《节丧》等篇,是《墨子》"兼爱""尚贤""节葬"思想的反映,但对墨家是批判多于吸收。

对于将要出现的大一统国家,《吕氏春秋》认为必须是中央集权的,说"今周室既灭,而天子已绝。乱莫大于无天子。无天子,则强者胜弱,众者暴寡,以兵相残,不得休息"(《谨听》)。未来的"天子"应当是理想化的人物,既要做到"天子执一"(《执一》),思想作风还要"去私""求贤人",需得"诛暴而不私,以封天下之贤者"(《去私》),懂得"身定、国安、天下治,必贤人"(《求人》)的道理;能够听取劝谏,因为"世主之患,耻不知而矜自用,好愎过而恶听谏,以至于危"(《似顺》),要做到"处虚素服而无智,……无智、无能、无为"(《分职》),要明白"正则静,静则清明,清明则虚,虚则无为而无不为也"(《有度》);做事要顺民意,即"凡举事,必先审民心然后可举"(《顺民》)。在执行农战政策上,天子"以导其民者,先务于农",重视社会生产,认识"农攻粟,工攻器,贾攻货,时事不共，是谓大凶"（《上农》）的道理，从而做到"易关市，来商旅，入货贿，以便民事，四方来杂，远乡皆至，则财物不匮，上无乏用，百事乃遂"（《仲秋》）。至于在用兵时，要兴"义兵"，明白"古之圣王有义兵，而无有偃兵。兵诚义，以诛暴君，而振苦民"（《荡兵》）的道理。在维护和处理君臣、父子、夫妇的关系上，"主执圜，臣处方"（《圜道》）的地位是很明确的，但天子要"仁义以治之，爱利以安之，忠信以导之，务除其灾，思致其福"（《适威》），因为"义也者，万事之纪也"（《论威》）。

吕不韦编纂《吕氏春秋》一书时，秦王嬴政已趋于成年，继王位8年的政治阅历与耳闻目睹使其明白，"仲父"吕不韦的思想作风大概在很多问题上与自己独断专权、刚愎自用的性格不合。而吕不韦担心还政后，嬴政有可能改变自己确定的政治路线。因此，编书立意就是制定治国方案，给嬴政提供一部政治课本。嬴政举行"冠礼"行将亲政的前一年，即公元前239年（秦王政八年），吕不韦把《吕氏春秋》一书公布于咸阳市门，还宣称给"有能增损一字者予千金"的赏格。（《史记·吕不韦列传》）出自"惮相国畏其势"，收到了"无能增损者"（《吕氏春秋》高诱序）的客观效果，借此给嬴政看，俨然以"仲父"的身份，学黄帝诲颛顼的样子（《吕氏春秋·序意》），企图令嬴政就范。但事与愿违，秦王政在亲政的第二年就借镇压嫪毐叛乱集团牵连吕不韦，将他免职，第三年迁蜀被迫自杀。

吕不韦饮鸩而死，其门徒或被逐，或流放，或迁徙。秦王嬴政虽崇尚法家，推翻了吕不韦设计的建国方案，但其执政前期仍能兼容各家，实行较开放的文化政策。这实际上也是受《吕氏春秋》采集百家之长影响的曲折性表现。实际上，《吕氏春秋》一书是先秦时期最后一部文献，唯一不存在真伪问题的文献，其内容之丰富、史料价值之高是不待言的。即以保存后代散失了的先秦诸子思想的资料而言，就极其珍贵，如关于儒家的史料有《劝学》《大乐》等篇，关于道家的史料有《贵生》《重己》《情欲》《尽数》《审分》等篇，关于阴阳家的史料有《十二纪》中各组文章的首篇，关于兵家的史料有《振乱》《禁塞》《怀宠》《论威》《简选》《决胜》《爱士》等篇，关于墨家的史料有《当染》《首时》《尊师》《高义》《上德》《去宥》等篇。总之，它的思想观点对汉代道家书《淮南子》的形成及两汉经学都有着直接的影响，确实开了秦汉哲学史之先河。

三、焚书坑儒

（一）焚书

秦定都咸阳以来，曾经发生过两次大的焚书事件。第一次在孝公用商鞅变法之时，约为孝公四年（公元前358年）①，第二次则在秦始皇三十四年（公元前213年）②。前一次"燔《诗》《书》而明法令"（《韩非子·和氏》），目的在于为推行新法扫除思想障碍；后一次则是在禁"私学而相与非法教"（《史记·秦始皇本纪》）的口实下，使文化政策发生逆转，表明专权的秦始皇对文化界开始了思想禁锢与言路堵塞。

始皇焚书的表面原因固然是宴会上就郡县制与分封制的争论，但其本质实则是面对严重的社会政治危机采取何种态度与对策的问题。功过集于一身的丞相李斯抓住了机会"上纲上线"，又出主意使坏而由上层引发了书的劫难和对有识之士的镇压。《史记·秦始皇本纪》三十四年（公元前213年）做了这样的记述：

> 始皇置酒咸阳宫，博士七十人前为寿。仆射周青臣进颂曰："他时秦地不过千里。赖陛下神灵明圣，平定海内，放逐蛮夷，日月所照，莫不宾服。以诸侯为郡县，人人自安乐，无战争之患，传之万世。自上古不及陛下威德。"始皇悦。
>
> 博士齐人淳于越进曰："臣闻殷周之王千余岁，封子弟功臣，自为枝辅。今陛下有海内，而子弟为匹夫，卒有田常、六卿之臣，无辅拂（弼），何以相救哉？事不师古而能长久者，非所闻也。今青臣又面谀以重陛下之过，非忠臣。"始皇下其议。
>
> 丞相李斯曰："五帝不相复，三代不相袭，各以治，非其相反，时变异也。今陛下创大业，建万世之功，固非愚儒所知。且越言乃三代之事，何足法也？异时诸侯并争，厚招游学。今天下已定，法令出一。百姓当家则力农工，士则学习法令辟禁。今诸生不师今而学古，以非当世，惑乱黔首。丞相臣斯昧死言：古者天下散乱，莫之能一，是以诸侯并作，语皆道古以害今，饰虚言以乱实，

---

① 商鞅于孝公元年入秦，居3年，才说通孝公变法，并同甘龙、杜挚等朝臣辩论，可说是变法前的思想准备时期。只有在孝公四年，法令才得以施行。《战国策·秦一》："孝公行之，十八年疾且不起。"二者时间吻合。

② 秦始皇三十四年，李斯焚书的奏议得到命制曰"可"，足见付诸行动。三十五年，始皇听说侯生、卢生的讥议之后又逃走，大怒，说："吾前收天下书不中用者尽去之"。从二者时间顺序上是连贯的，可见始皇焚书发生在三十四年。

人善其所私学，以非上之所建立。今皇帝并有天下，别黑白而定一尊。私学而相与非法教，人闻令下，则各以其学议之，入则心非，出则巷议，夸主以为名，异取以为高，率群下以造谤。如此弗禁，则主势降乎上，党与成乎下。禁之便。臣请史官非《秦纪》皆烧之。非博士官所职，天下敢有藏《诗》、《书》、百家语者，悉诣守、尉杂烧之。有敢偶语《诗》《书》者弃市。以古非今者族。吏见知不举者，与同罪。令下三十日不烧，黥为城旦。所不去者，医药卜筮种树之书。若欲有学法令，以吏为师。"制曰："可。"

周青臣为取悦秦始皇，颂扬什么"日月所照，莫不宾服"，"以诸侯为郡县，人人自安乐"，"自上古不及陛下威德"。赤裸裸地在拍马屁，实则掩盖了暴政激起的潜在社会危机。只有政治头脑清醒的淳于越才敢在众臣为秦始皇祝寿的场合指斥周青臣"重陛下之过"的面谀，指斥其并非忠臣，建议"封子弟功臣，自为枝辅"，"无辅拂（弼），何以相救哉？"这话本来是针对当时社会现实的，并非在郡县制行了8年之久仍要恢复分封制。但是，具有诡诈性格，自恃有几分才气的李斯，既知在严刑峻法下，百姓苦于力役、酷政，生灵涂炭，社会危机将一触即发，自己当有不可推卸的责任，就凭借着近居帝侧、万人之上的显赫地位，也摸透了秦始皇要搞专权的思想、保持舆论一致的政治意图及其脾性，巧妙地把时局问题的对策争论提高到政治斗争的高度上，把出现的社会危机归罪于士人"不师今而学古，以非当世，惑乱黔首"。他充满霸气的宏论，压倒同僚，当然地也得到首肯，竟成为后来士林投机政治者效法的楷模。岂知文化劫难带来的恶劣影响却不限于它本身！且看李斯奏可并付诸施行的三条意见的主要内容是什么：

第一，除《秦纪》以外的史书，非博士官所藏的《诗》、《书》、诸子著述，统统焚烧。若属于医药、卜筮、种树类的书，则不受此限制。

第二，焚书令颁布后，因从咸阳到全国边远地区的路程关系，限期一月时间，凡是不把禁书上交给郡守和尉的人，要处以"黥刑"（面额上刺字），并罚做"城旦"（筑城四年的苦役）。此后再有敢谈论《诗》《书》者，处以"弃市"的死刑。对以古非今的灭族，对知情不举报的官吏则以同罪连坐论处。

第三，今后要学法令，就以吏为师。

《诗》、《书》、百家语等典籍本身何罪？竟在始皇、李斯们点起的一把大火中化为灰烬。据知，陕西渭南市南5里有个长寿塬，沋河由南向北穿塬而过。蒋家村在河东岸，村北的市党校院内有一大土堆，相传是秦始皇的"焚书台"。状作圆锥形，高可25米，底径50米，顶部平台直径20米左右，遗留有灰土及瓦砾。村南是秦步寿宫遗址。河西岸有村名"灰堆村"，或说是焚书处。无独有偶，在西咸新区窑店西南，有个村子名叫"灰堵村"，传说也是秦始皇焚书的地方。地在咸阳，这是否为商鞅焚书的地方？

秦始皇愚蠢的焚书之举，给我们的告诫大约是：

"秦燔《诗》《书》以愚百姓，六经典籍残为灰炭。"（《后汉书·天文志》）专权者显然在全社会推行了一场弃智绝圣的文盲运动。

一位悟透政治经的新"哲人"说："政策是体现统治阶级意志的。"面谀者奖，非今者族，权衡的标尺是自己的名、利、位，这是无须顾及仁义道德和文化价值的。此后掌权的文化者残害文化人则是对暴秦的继承与创造性的发展，可见民族之不幸尚矣！

李斯以法家学说为基础，重申韩非"明主之国，无书简之文，以法为教；无先王之语，以吏为师"（《韩非子·五蠹》）的思想，故意把学习内容简单化。而"吏"有循、酷、清、浊、污的不同，又何从师之？①

（二）坑儒

谈论、讲授《诗》《书》，用古道评论、非议当时政治的，都是些儒生，属于对社会问题最先"觉醒"的知识阶层那部分人，往往充当革命的急先锋，但又容易被"政治家"所利用。可是这些政治家一旦坐上龙座，成了新的统治者，就要保自己的位子，绝不允许这些有头脑的"知识者"再非议政治。这时，如果遇上几个不知趣的还要摆出"粪土当年万户侯"的架势，那就被"政治家"抓住了"把柄"，变成了整个知识层遭殃的霉头。至于在"万马齐喑"之后，再选几个彼此合胃口的来"尊重"一番，那就成了另外一回事了。儒生的历史就这么怪！秦的焚书同坑儒总是相连的，有趣的却是

---

① 近人康有为在其《新学伪经考·秦焚六经未尝亡缺考》一文中说："欲学《诗》《书》六艺者，诣博士受业则可矣。实欲重京师而抑郡国，强干弱支之计耳。……秦博士如叔孙通，有儒生弟子百余人，诸生不习《诗》《书》，何为复作博士弟子？"如按康的说法，"吏"就是"博士"。实则较为勉强，因为存活的博士是在坑儒时未查出同他们的牵连。焚书本来就在于毁灭儒家经典，怎能让儒生收授弟子去公开讲经呢？显然以后博士授徒不再是合法的了。况且李斯奏议中明明白白说的是："欲有学法令，以吏为师。"

相连的事件总在重演着。商鞅变法时，在"燔《诗》《书》"的同时，于渭水边上一次就杀掉犯禁的儒生七百多人，渭水也为之变色，号哭之声动于天地。(《史记·商君列传》集解)同样，秦始皇在焚书的第二年（即公元前212年），就坑杀了儒生和方士四百六十余人。①

始皇坑儒在太史公笔下有一段寓意深长的文字记载，抄录于下：

> 三十五年……侯生、卢生相与谋曰："始皇为人，天性刚戾自用。起诸侯，并天下，意得欲从，以为自古莫及己。专任狱吏，狱吏得亲幸。博士虽七十人，特备员弗用。丞相诸大臣皆受成事，倚辨于上。上乐以刑杀为威，天下畏罪持禄，莫敢尽忠。上不闻过而日骄，下慑伏谩欺以取容。秦法，不得兼方，不验，辄死。然候星气者至三百人，皆良士，畏忌讳谀，不敢端言其过。天下之事无小大皆决于上。上至以衡石量书，日夜有呈，不中呈不得休息。贪于权势至如此，未可为求仙药。"于是乃亡去。始皇闻亡，乃大怒曰："吾前收天下书不中用者尽去之。悉召文学方术士甚众，欲以兴太平，方士欲练以求奇药。今闻韩众去不报，徐市等费以巨万计，终不得药，徒奸利相告日闻。卢生等吾尊赐之甚厚，今乃诽谤我，以重吾不德也。诸生在咸阳者，吾使人廉问，或为訞言以乱黔首。"于是使御史悉案问诸生，诸生传相告引，乃自除。犯禁者四百六十余人，皆坑之咸阳，使天下知之，以惩后。(《史记·秦始皇本纪》)

从上引有关坑儒的记述中，可抽绎出三个要点：

---

① 关于坑杀儒生的史料，有如下几条。

《史记·秦始皇本纪》三十五年："于是使御史悉案问诸生，诸生传相告引，乃自除。犯禁者四百六十余人，皆坑之咸阳，使天下知之，以惩后。"

《史记·儒林列传》正义引卫宏《诏定古文尚书序》："秦既焚书，恐天下不从所改更法，而诸生到者拜为郎，前后七百人。乃密种瓜于骊山陵谷中温处，瓜实成，诏博士诸生说之，人言不同，乃令就视。为伏机，诸生贤儒皆至焉，方相难不决，因发机，从上填之以土，皆压，终乃无声。"

《文献通考·学校考》："始皇使御史案问诸生，传相告引，至杀四百六十余人。又令冬种瓜骊山，实生，命博士诸生就视。为伏机，杀七百余人。二世时，又以陈胜起，召博士诸生议，坐以非所宜言者又数十人。"

从以上三条文献记载者，坑杀人数有"四百六十余人"和"七百余人"两种；所用手段有"坑杀"和"弩杀"两种；地点则有咸阳和骊山谷两地。始皇因分封的争论引起焚书，进而由方士的欺骗和攻讦而坑儒，前后发生在相连的两年之内（公元前213—前212年）。

卫宏和马端临都说始皇在骊山陵谷中种瓜结实，"令诸生就视"，还诈言"到者拜为郎"，后伏机射杀，再以土掩埋。看来，这些话似有传说演义之嫌。因为秦始皇既以令御史查办，又是儒生们"传相告引"而牵连的。"犯禁"也就是犯罪，自在惩戒之列，就用不着设计诱杀。所以，《史记》就明白地记着"皆坑之咸阳"。这应当是最符合当时情况的历史真实。

第一，侯生和卢生的对话，从生性、作风诸多方面批评了秦始皇，有伤皇帝的面子，同"天下一人"的自诩与颂词截然相反。这是儒生激怒始皇，决计惩戒的导火线。

第二，求仙药急切，又遭非议，双方直截了当。既非观点的争论，就用不着廷议，所以始皇不假于人，就直接交付御史查办。

第三，儒生们相互牵连揭发，涉及同罪案犯四百六十余人。

坑儒何处？《史记》说"皆坑之咸阳"。只有东汉光武时人卫宏在《诏定古人尚书序》中提到"骊山陵谷中温处"。汉初，在"新丰县温汤之处"设"愍（即'悯'）儒乡"（《史记·儒林列传》正义引颜师古注）。唐天宝年间，改愍儒乡为"旌儒乡"，并修建"旌儒庙"。（《旧唐书·玄宗本纪》、《唐文粹》卷二十二）宋人鉴于唐之庙毁碑亡，按唐贾至碑文重刻作序，立于临潼文庙大成殿前，惜再毁于1966年的"文化大革命"之中。无论汉之愍儒乡、唐之旌儒乡，都是为奠祀秦始皇所坑之儒，乡中当有坑儒之处。以骊山温泉向西南作为度量的起点，古文献记载有"三里有马谷"（颜师古说）、"五里坑儒谷"（《临潼县志》《长安志》）、"二十里骊山平原横坑村"（宋人旌儒碑序）的不同说法。经调查，今临潼区斜口街道有沟名曰"马谷"，当地人称"坑儒谷"，东北距温汤20余里。谷岸有冢，群众传曰"坑儒冢"。冢东是秦东陵，北为洪庆堡。据考，洪庆堡宋时叫"横坑村"，清改作"灭文堡"，民国时又称"兴文堡"。①村名的更迭，既寄托着人们的良好愿望，又显现着对被坑儒生的纪念，实际上隐示出秦之坑儒处就在今洪庆堡一带。当然，这里也就属汉之愍儒乡、唐之旌儒乡了。

让人诟病的坑儒活动，留给人们联想的是：

人主始终"正确"，成了天经地义的结论！荒唐逻辑，导致了谬种的留传。

在没有"人权"的君权时代，为了皇帝的尊严，往往以"刑杀为威"，这是历史的正常行为。而后世的欺世盗名者，竟利用权势，借从历史沉渣中学来的统治术横行霸道，则是现实中的不正常行为。在拷问手段下，儒生的自保与怯懦导致悲剧发生，则是这一阶层人的劣根性使然。

（三）文化政策的逆转及其影响

秦的政治路线从根本上讲，实行的是法家路线。至于秦始皇在统一六国后实行较为开明的文化政策，像设立博士、廷议制度、征询儒生意见等措施，其原因除秦国具有历

---

① 赵康民：《西安洪庆堡出土汉愍儒乡遗物》，载《考古与文物》1984年第6期。

史传统这一因素外，秦始皇也意识到包括儒家在内的诸子并不是"无益于人之国"的闲置品，对治理国家同样具有补充的作用。但是，随着时间推移，始皇独断专行的性格与儒生的论理行为愈来愈不合拍。政见各别，就容易导致情绪上的对立。加之逐利怀私的李斯的撺掇、移花接木地煽动和一些方士的作祟行为，就更加激起秦始皇的恶感，于是便采取了行政手段最易办到的镇压之法：焚书坑儒。从此在政治上就直接导致了文化专制主义的实行。用焚书的办法，但是禁止私学，结果是"六艺从此缺焉"（《史记·儒林列传》），使中国的古代文化遭遇了一次空前的浩劫。坑儒的结果，摧残了思想领域里百家争鸣的学术气氛，推行愚民政策"以吏为师"的结果，就是思想被禁锢，社会走向极端化。

焚书坑儒从性质上讲，是野蛮的、反动的。以近期言，一把火烧掉了正常的应变能力，坑杀了有识之士进谏的言路。就远期影响看，极恶劣地开了中国文化专制的先例。历代统治者变换形式地搞禁书令、文字狱，无不是悉心效尤秦始皇的结果。由此而导致了又一个影响，这就是：对学术思想的发展起了极为恶劣的阻滞作用。

但是，禁锢思想的愚民政策和文化专制主义，随着政治的极端化，必然导致王朝的迅速灭亡，这是历史验证了的逻辑。秦焚书坑儒并没有遏制社会的危机，相伴俱来的是疯狂镇压与屠杀，其结果反倒加剧了阶级对立与社会矛盾。终于火山爆发，农民起义推翻了存在不到15年的秦王朝。

第四节
文化艺术

一、国家藏书

（一）藏书历史

秦文公居汧渭之会，于十三年（公元前753年）"初有史以纪事"。（《史记·秦本纪》）有史官纪事，说明秦国开始有自己的史乘典册，有档可稽。《诗》收《秦风》十首诗作，商鞅带入李悝的《法经》，兵书《公孙鞅》，变法总集《商君书》以及《吕氏春秋》等，都是藏之于官的。云梦秦简有"毋敢以火入臧（藏）府、书府中……新为吏舍，毋依臧（藏）府、书府"（《内史杂》）的法律规定，可见在咸阳专门建有收藏文书的府库——书府。当然，那时的书实是手写的简牍，绝不是以后出版的印刷品。但我们不能由此否定它是书，也不能把具有档案馆性质的"书府"说成不是图书馆。看来，秦藏书的历史几乎是从"始国"以后开始的，至秦亡大约有547年的悠久历史。

咸阳的国家级"书府"存有大量的政府档案资料和图书。《汉书·萧何传》载："沛公至咸阳，诸将皆争走金帛财物之府分之。何独先入收秦丞相御史律令图书臧之。沛公具知天下厄塞，户口多少，强弱处，民所疾苦者，以何得秦图书也。"咸阳的财富被掠夺，宫殿城阙遭焚毁，人民妄受屠戮，是刘、项入关后带给咸阳的劫难。但随刘邦先期到达的萧何，具有远见卓识，不为浮财动心，使秦的图书律令完整地保存了下来，对掌握当时的自然地理和经济地理都提供了极大方便。这些秦书以后收藏在汉都长安的石渠阁①里，司马迁就根据所藏的《秦纪》编写了《史记》一书的《秦本纪》和《六国年表》（《史记·六国年表序》）。人们也都很清楚：秦能使法令、政策和巩固中央政权的各项措施很快地推行至全国，效率之高，是令人称赞的。究其原因，既有严苛的法令和强制性手段，还有畅通的交通网络、系统的邮传，而完备的档案图籍资料则是参稽和了解情况的凭借。今日我们所见云梦秦简，虽然只是部分的法律条文，但已是洋洋大观，如果是全部呢？倾其"书府"所藏又该是什么规模？

诚然秦人"尚武"，缺乏文化教养，具有虎狼之野的民族性格。但他们早已走出了沟谷，接受了周人文化的影响，有了国家统治经验的需要与积累，图籍档案的收藏可说是弥足丰富的了。而秦始皇焚书的一把火却把人们的视线搅得迷蒙不清，从而发出秦"无书"或"少书"的浩叹。其实历史情况又如何呢？似有再申述的必要。

首先，焚书是秦以前典籍遭遇的一次空前浩劫。靠传抄的古代，书的数量有限，非博士官所职的《诗》、《书》、百家语，特别是诸侯国的史记被烧毁②，毕竟是不可否认的文化灾难。

其次，收缴与销毁的只是"天下书"，并不包括史官和博士所职的那一部分。收天下藏书焚烧之，对偶语者弃市，足见把框定的那部分书列为禁书。这只是企图把书的社会"流通量"扫地以尽，为推行愚民政策服务。实际上，合法的藏书却集中到了上层的少数人那里，表现在：一则咸阳有全国最大、保存最多的图书档案资料中心——书府；二则在皇帝史官和秦博士官处还藏有《诗》《书》及诸子百家著作；三则在秦焚书时，有不少儒生未受牵连，保存下来了像淳于越、叔孙通、伏生、黄公、正先、卢敖、桂贞、浮丘伯、高堂生等一大批秦博士（缪荃孙《秦博士考》），凭着藏书和记忆，还能在秦亡汉兴之后继续收徒授经。

再次，即使在民间也还暗藏了不少古书，并没有按"挟书令"缴给"守尉杂烧之"。所以，当汉惠帝四年（公元前191年）取消了"挟书令"之后，一些古书就逐渐出现了，像秦时曾为"柱下御史"的学者张苍献出了古文《左传》，在鲁恭王的墙壁中

---

① 《三辅黄图》："石渠阁，萧何造……所藏入关所得秦之图籍；至于成帝，又于藏秘书焉。"石渠阁是一座高台建筑，位于汉长安故城未央宫西北部，东邻天禄阁，因阁下砌石为渠以导水，故名。遗址在今西安市未央宫街道小刘寨村西南，周家河湾村之东，现仍有一夯土台基存留，东西长67米，南北宽65米，高约8米。曾出土有"石渠千秋"瓦当。

② 《史记·六国年表序》："秦既得意，烧天下《诗》《书》，诸侯史记尤甚，为其有所刺讥也。"

还挖出用东土文字书写的《尚书》《礼记》等一大批"壁中经"。①

秦始皇愚蠢的焚书之举，没有征服人心，也不可能真正阻止中国文化的发展。其残忍的坑儒之举，同样不能征服人，也不可能真正阻断中国文化的传播。这，是历史的结论，也是一切霸道者永远弄不明白的真理。

（二）咸阳的图书馆与藏书人

咸阳的图书馆是国家的档案资料中心，规模大，收罗全，管理制度严格。秦简规定：不能带火入书府，给工作人员新盖的"吏舍"也不能靠近书府，以确保安全。把"严禁烟火"的警示牌法律化，足见其保管的严格性。

书府的图籍资料，是通过三个渠道入藏的：一是秦国固有而流传、积累的历史档案；二是收集六国的情报资料；三是统一前后所形成的存档资料。

除书府外，图书资料还分散地保存在丞相府、御史及博士处。丞相是中央行政机构中的最高长官②，辅佐皇帝"助理万机"。御史是副丞相，其职责之一是"掌图籍秘书"（《汉书·百官公卿表》），③又是监察群臣的长官，和丞相、太尉同列为中央的"三公"。其权限很大，不但要对全国各地的历史掌故、地理资料、经济状况了如指掌，以便能临机处断和应付问对，而且要熟悉臣下的情况，"掌讨奸猾，治大狱"（《资治通鉴补》始皇三十五年注）。始皇惩治儒生时，就是令"御史悉案问诸生"，以致"传相告引"，才坑杀四百六十余人的。二世时，李斯被执，"赵高使其客十余辈诈为御史、谒者、侍中，更往复讯斯"（《史记·李斯列传》）。御史掌握图籍秘书及臣僚的档案资料，既有整人的便利条件，也有害人的合法借口。李斯整人又遭整，御史在黑暗政治下也只能充当被利用的工具而已。至于"掌通古今"的秦博士掌握着大量的图书典籍，其存在是允许的合法的，所以李斯的烧书建议中就不包括这一部分。

（三）书目辑存

集中咸阳的图籍资料，内容还是很丰富的，除政治文书档案类的"秘书"外，大致还包括历史、法律、礼制、地理地图、天文历象、诸子百家、科学技术、文学艺术、字

---

① 《汉书·景十三王传》："鲁恭王馀……初好治宫室，坏孔子旧宅以广其宫……于其壁中得古文经传。"《汉书·艺文志》："得《古文尚书》及《礼记》、《论语》、《孝经》凡数十篇，皆古字也。"汉代从孔壁中发现的古书还有北平侯张苍献的《左传》，河间献王挖出的《周官》《礼记》，鲁三老献的《古孝经》，鲁淹中出土的《礼古经》等。

② 《吕氏春秋·举难》白圭对曰："相也者，百官之长也。"

③ 《汉书·张苍传》：张苍"秦时为御史，主柱下方书"，汉初"迁为计相"。因为他"自秦时为柱下御史，明习天下图书计籍，又善用算律历，故令苍以列侯居相府，领主郡国上计者"。

书等种。

《汉书·艺文志》录载的秦书有如下一些：

《奏事》二十篇——"秦时大臣奏事，及刻石名山文也。"

《苍颉》一篇——"上七章，秦丞相李斯作；《爰历》六章，车府令赵高作；《博学》七章，太史令胡母敬作。"

《羊子》四篇——"百章。故秦博士。"

《商君》二十九篇——"名鞅，姬姓，卫后也，相秦孝公，有《列传》。"

《公孙鞅》二十七篇。

《韩子》五十五篇——"名非，韩诸公子，使秦，李斯害而杀之。"

《黄公》四篇——"名疵，为秦博士，作歌诗，在秦时歌诗中。"

《张子》十篇——"名仪，有《列传》。"

秦《零陵令信》一篇——"难秦相李斯。"

《由余》三篇——"戎人，秦穆公聘以为大夫。"

《尸子》二十篇——"名佼，鲁人，秦相商君师之。鞅死，佼逃入蜀。"

《吕氏春秋》二十六篇——"秦相吕不韦辑智略士作。"

《诗》二十八卷，其中《秦风》十首。

商鞅由魏入秦时，带来李悝的《法经》一书。清人姚振宗在《汉书艺文志拾补》①中还有《秦纪》与《秦地图》两种，其中是否包括荆轲刺秦王时带来燕国的《督亢地图》？这些都应藏于书府的。

既然"博士官所职"的《诗》、《书》、诸子著作等不在秦焚书之列，无疑地也收藏在书府之中。汉时司马迁在写《史记》时仍能作为参考的先秦典籍，还见有：《尚书》《五帝德》《帝系姓》《春秋》《国语》（见《五帝本纪·赞》），《夏小正》（见《夏本纪·赞》），《谍记》《历谱谍》《五帝系谍》《尚书》（见《三代世表·序》），《春秋历谱谍》、《左氏春秋》、铎椒《铎氏微》、虞卿《虞氏春秋》、《吕氏春秋》、《荀子》、《孟子》、《公孙固子》、《韩非子》（见《十二诸侯年表·序》），《礼》（见《六国年表·序》），甘德《天文星占》、石申《天文》（见《天官书》正义），《周官》《礼书》（见《封禅书》），《易》《中庸》（见《孔子世家》），《老子》《庄子》《申子》《老莱子》（见《老子韩非列传》），《主运》

---

① 姚振宗：《汉书艺文志拾补》，商务印书馆，1955年。

《慎子》《环渊子》《接子》《田骈子》《驺子》《公孙龙子》《剧子》《李悝书》《尸子》《长卢子》《吁子》《墨子》《淳于子》（见《孟子荀卿列传》），《世家》（见《卫世家》），《秦楚之际》（见《秦楚之际月表·序》），《列封》（见《惠景闲侯者年表》），《传》（见《伯夷列传》），《管子》《晏子春秋》（见《管晏列传》），《孝经》《弟子籍》《论语》（见《仲尼弟子列传》），《商君书》（见《商君列传·赞》），《太公兵法》（见《留侯世家》），《司马穰苴兵法》（见《司马穰苴列传》），《孙武兵法》《孙膑兵法》《吴起兵法》（见《孙子吴起列传》），《魏公子兵法》（见《魏公子列传》），《报燕王书》（见《乐毅列传·赞》），《离骚》《宋玉赋》《唐勒赋》《景差赋》（见《屈原贾生列传》），《禹本纪》《山海经》（见《大宛列传》），《周书》（见《货殖列传》），等等。这些未经火焚的秦书，有可能来自两个渠道：一是石渠阁中所藏，为萧何取自咸阳者；一是汉惠帝取消"挟书令"后，民间所献。

西汉刘向撰的书目《别录》20卷，其子刘歆撰的分类目录《七略》13269卷。特别是后者，成为班固撰《汉书·艺文志》的蓝本。从《艺文志》中约可辑出先秦典籍120种，其中有流传至今的，也有早已佚亡的，但书目的林林总总异常壮观。

近年出土的竹简、帛书中有相当一批先秦古籍。如1975年发掘的云梦睡虎地第十一号秦墓竹简1100多枚，其中就有《编年记》、《语书》、《秦律十八种》、《效律》、《秦律杂抄》、《法律答问》、《封诊式》、《为吏之道》和《日书》（甲、乙），共9种。[1] 1986年甘肃天水放马滩秦墓出土秦简460枚，其中有《墓主记》和《日书》（甲、乙）两种。[2] 银雀山一号汉墓竹简4900多枚，内容包括《孙子兵法》《孙膑兵法》《六韬》《尉缭子》《管子》《晏子春秋》《墨子》等周秦诸子。[3] 长沙马王堆三号汉墓29件计12万字的帛书，涉及战国古书《周易》、《春秋事语》、《战国纵横家书》、《战国策》、《老子》、《五星占》（其占文可能是甘氏或石氏天文书的一部分）、《伊尹·九主》等。[4]

藏于咸阳书府、丞相府、御史所的图书有多少种，数量多少，是个很难弄清的问

---

[1] 除过《日书》，其他几种收入睡虎地秦墓竹简整理小组编：《睡虎地秦墓竹简》，文物出版社，1978年。
[2] 放马滩秦简，见何双全：《天水放马滩秦简综述》，载《文物》1989年第2期。
[3] 山东省博物馆、临沂文物组：《山东临沂西汉墓发现〈孙子兵法〉和〈孙膑兵法〉等竹简的简报》，载《文物》1974年第2期；又：《临沂银雀山四座西汉墓葬》，载《考古》1975年第6期。
[4] 晓菡：《长沙马王堆汉墓帛书概述》，载《文物》1974年第9期。

题。除官府外，博士与民间私藏又有多少？《汉书·艺文志》所录秦时古籍显然只是萧何所得秦书的一部分，同出土的先秦典籍比较，有遗漏，也有重复。即使两者数量相加，也并非秦书府所藏的总和。云梦秦简上如此重要的法律文书，应该源抄于京都，但未见有任何文献记载。

那么，存留在民间传抄的岂是少数！

当然，咸阳的藏书是以秦本位而确定收录范围的。秦始皇焚书时，留的是《秦纪》，毁的是"六国诸史"。但秦国这部史书起自周元王，讫于秦二世，据司马迁说是"不载日月，其文略不具"（《史记·六国年表》）。其粗疏如此，连秦简《编年记》这部记录秦昭襄王元年至始皇三十年间大事的私家著述都不如。而所摧毁的"诸侯史记"看来是焚烧已尽，但在西晋太康二年（公元281年）汲郡人不准盗发魏安釐王冢，得竹简数十车，其《纪年》十三篇，记着自夏至魏安釐王二十年（公元前257年）的大事，"盖魏国之史书"。（《晋书·束皙传》）在这里，具有讽刺意味的是秦始皇烧了先秦史书，尤以六国史书遭受毁灭的程度最为严重，因为同秦相并，抗争关涉，即所谓"为其有所刺讥也"，但在秦亡之后它们陆续又见于世，以至于流传至今，而秦的《秦纪》却在魏、晋时亡佚，永远地无人知晓。由此，历史揭示的真理是：弄权者，欺世盗名，收获的是"臭名昭著"；受压者，遭谗毁誉，反倒是"清白长存"。固然，秦始皇想钳制人们的思想，借用暴力扼杀"异己"的文化是一种愚蠢的徒劳之举，但终究给先秦文化带来不可弥补的损失。如若不是焚书，咸阳的藏书及民间献出的典籍岂止辑存的那么一点？

二、文学

（一）诗歌

同戎狄杂处，草原沟谷的空旷、游牧生活的恬适，养成早期秦人狂放的性格。随之受周文化的影响，关中平原优美的环境与秦人经济、政治生活的巨大变化，使得秦人立国之后创作出《石鼓文》这样的雅体诗。同样，收入《诗》中的《秦风》虽只有十篇，但从内容到形式，以及所表达的思想情感，都足以反映出诗歌远在秦穆公之前就从上层到民间呈普遍发展的趋势。秦穆公曾对戎使由余说："中国以《诗》、《书》、礼乐法度为政，……今戎夷无此，何以为治？"（《史记·秦本纪》）俨然以精通"《诗》、《书》、礼乐"自居。他也往往在一些宴会上以诗唱和，虽然是在故弄风雅，但确实也代表了秦人的文化水平。

但在秦穆公之后,再没有见到秦国有什么著名诗篇传世。据《史记·秦始皇本纪》载,三十六年(公元前211年)"始皇不乐,使博士为《仙真人诗》,及行所游天下,传令乐人歌弦之"。其他还有祠洛水之神歌、姬人鼓琴之歌等。虽有歌词,但终不得曲。《汉书·艺文志》录《黄公》四篇,原注:"名疵,为秦博士,作歌诗,在秦时歌诗中。"也录有"秦时杂赋九篇",同疵诗一样,均已失传。

秦始皇大兴徭役,人民苦不堪言,以民歌的形式表达了怨恨与反抗的情绪。例如:

阿房,阿房,亡始皇。

——《述异记》①

运石甘泉口,渭水为不流。
千人唱万人钩,金陵余石大如坯。

——张华《博物志》②

生男慎勿举,生女哺用脯。
不见长城下,尸骸相支柱。

——《古谣谚》③

(二)韵文

秦诗虽未见欢快、明朗、昂扬之作,"凄怨、悲愤、惆怅和无可奈何"的低调倾诉着抑郁与希冀的心声。但它那押韵上口的形式,却带给其他文体以深刻的影响。韵文的出现,虽则有政治的原因,以《峄山刻石》《泰山刻石》和《琅邪台刻石》等为代表,内容上是歌颂秦始皇削平群雄、建立帝国功德的颂词,性质上属于帝王的文告,但形式上用四字成句,三句或两句一韵的格律,从而打破了官样文章那枯燥乏味的训诫。尽管这些石刻的韵文不在咸阳,但其作者却是随秦始皇从咸阳出发走到东海之滨的。

《泰山刻石》铭文:

皇帝临位,作制明法,臣下修饬。二十有六年,初并天下,罔不宾服。亲巡

---

① 《述异记》属志怪小说,南齐祖冲之所撰十卷已佚,见《隋书·经籍志二》。鲁迅《古小说钩沉》有录。
② 引自《古今图书集成·坤舆典》。诗中的"金陵",笔者以为不是战国时期楚威王所置"金陵"邑(今江苏南京市),而是指始皇陵,详说参见拙著《秦始皇陵研究》,上海人民出版社,1994年,第50页注〔23〕。
③ 引自清杜文澜:《古谣谚》卷三十四。汉人贾捐之说:"长城之歌,至今未绝"(《汉书·贾捐之传》),也许指的就是此首民谣。

远方黎民，登兹泰山，周览东极。从臣思迹，本原事业，祗诵功德。治道运行，诸产得宜，皆有法式。大义休明，垂于后世，顺承勿革。皇帝躬圣，既平天下，不懈于治。夙兴夜寐，建设长利，专隆教诲。训经宣达，远近毕理，咸承圣志。贵贱分明，男女礼顺，慎遵职事。昭隔内外，靡不清净，施于后嗣。化及无穷，遵奉遗诏，永承重戒。

基本上是四字一句，每三句一韵，计十二韵。

秦刻石铭文的总特色是：气魄雄伟，文字典雅，音节中和，把秦帝国的文治武功、版图广大、天下一统精神充分表现了出来。[①]

每四字一句或韵文宣教的格式，大约是先秦时期的一种特殊文体，具有加深印象、便于记忆的作用。两者可单独成文，也可结合为篇。云梦秦简《为吏之道》第五栏有韵文八首，其格式称作"相"[②]，可见它是采用民歌的曲调写给官吏读的政府文件，用以训诫官吏，使之明白做吏的道理，并制定了应当恪守的信条，有如后世的《官箴》。其通俗、活泼、引人入胜，是否同写过《成相》（奏乐）的荀况在秦昭襄王时来咸阳的影响有关？至于每句四字的格式，最早见于《石鼓文》。《诗·秦风》同样继承了这一传统。秦的字书《苍颉篇》《爰历篇》和《博学篇》，也是每句由四字组成。

（三）散文

早在秦穆公时作的《秦誓》一篇，以后被收入《尚书》这部古老的散文集之中。虽属于"罪己诏"性质的誓词，但语言诚挚，采用对比，写得深刻有力，是春秋时期秦国散文的代表作。

李斯的《谏逐客书》写于秦统一的前夜，虽不离乞求为官、劝谏勿逐的主旨，但文章内容充实、说理性强、多用排句、善引比喻、语言形象、文字华丽，不失为秦代散文的典范。在这里，我们略去原文，只依行文次序，试看其逻辑推理上的特点：

首先，他举秦穆公、孝公、惠文王、昭襄王四君招致之"客"皆有功于秦的事实，

---

① 王云度、张文立主编：《秦帝国史》，陕西人民教育出版社，1997年。
② 《礼·曲礼上》："邻有丧，舂不相。"注："相，谓送杵声。"相，是劳动人民舂米时随杵的节拍歌唱的一种曲调。荀况曾以"相"这种民间通俗的文艺形式写成《成相》辞，收入《荀子》一书中。节选几首如下：
请成相，世之殃，愚暗愚暗堕贤良。人主无贤，如瞽无相何伥伥！
主之孽，谗人达，贤能遁逃国乃蹶。愚以重愚，暗以重暗成为桀。
世之灾，妒贤能，飞廉知政任恶来。卑其志意，大其园囿高其台。
治之经，礼与刑，君子以修百姓宁。明德慎罚，国家既治四海平。

责问"何负于秦?"再反问:若果"四君却客而不内(纳),疏士而不用",结果又怎么样呢?那只能是"使国无富利之实,而秦无强大之名也"!

其次,问陛下所用数"宝"(即今所谓物质与精神文化),既然"秦不生一",你为什么喜欢?若果这些穿、戴、声、色的享用"必出于秦然后可"的话,恐怕你只能看到"击瓮叩缶弹筝搏髀",听到"歌呼呜呜"这些敲瓦罐、拍屁股单音节哇哇叫的"秦之声"了!

再次,既然你采用"异国之乐",重视不产于秦的"色乐珠玉",取人却又"不问可否,不论曲直,非秦者去,为客者逐"。这种轻重倒置的行为,只能说是犯了"非所以跨海内制诸侯之术"的大错误,暗喻着"你还能算是有为之君吗?"

最后,反复晓之以理,动之以情,说明地广粮多、国大人多、兵强士勇的辩证关系。若不认识"物不产于秦,可宝者多;士不产于秦,而愿忠者众"的实际,硬要"弃黔首以资敌国,却宾客以业诸侯",实际是在"借寇兵而赍盗粮"。那么,将会"损民以益仇,内自虚而外树怨于诸侯",而要"求国无危",那是万万不可得的。

《谏逐客书》文字优美,富有节奏感,读起来朗朗上口,如"今陛下致昆山之玉,有随和之宝,垂明月之珠,服太阿之剑,乘纤离之马,建翠凤之旗,树灵鼍之鼓。此数宝者,秦不生一焉,而陛下说(悦)之,何也?必秦国之所生然后可,则是夜光之璧不饰朝廷,犀象之器不为玩好,郑、卫之女不充后宫,而骏良駃騠不实外厩,江南金锡不为用,西蜀丹青不为采。所以饰后宫、充下陈、娱心意、悦耳目者,必出于秦然后可,则是宛珠之簪、傅玑之珥、阿缟之衣、锦绣之饰不进于前,而随俗雅化佳冶窈窕赵女不立于侧也"。文中多以排句一唱三叹,语言生动,从而大大增强了说理的感染效果,如"臣闻地广者粟多,国大者人众,兵强则士勇。是以太山不让土壤,故能成其大;河海不择细流,故能成其深;王者不却众庶,故能明其德。是以地无四方,民无异国,四时充美,鬼神降福,此五帝三王之所以无敌也"。(《史记·李斯列传》)

《谏逐客书》无论从文学角度或论说评比而言,都是一篇文理并用的佳作。从中不难发现它受战国策士们纵横说辞的影响,经过文学功底较深的李斯一运作,就文采斐然,引人入胜。而这邀宠固位、曲意承主的文章,却成了后世疏奏文的榜样。

李斯的另一篇《上督责书》是在奸臣赵高用权、自己失宠的情况下,写给秦二世的。强词夺理,曲为之说,缺乏文采,献媚地出坏点子,竟造成咸阳城内"刑者相半于道,而死人日成积于市,杀人众者为忠臣"的白色恐怖。这不仅是无耻,简直是罪恶!

三、音乐、歌舞与杂技

（一）音乐与歌舞

秦人原有的音乐、歌舞是简单而原始的，较多的还是西部游牧民族那种自由歌调。《吕氏春秋》说"秦缪公取风焉，实始作为秦音"（《音初》），说明春秋时代的秦国其所谓的"采风"，实际上接受的还是西周音乐的影响。

在地域分类上，秦音即"西音"。"击瓮叩缶弹筝搏髀，而歌呼呜呜"（《史记·李斯列传》）的这种"秦之声"，风格较为粗犷、昂扬，结构简单，音律平直，缺乏变化，是秦自建国以来的传统音乐。秦昭襄王在渑池会上，迫于蔺相如相逼，还为赵王击缻。（《史记·廉颇蔺相如列传》）秦景公三十三年（公元前544年），吴公子季札到鲁国聘问，当听到为他所唱的秦歌时，就敏感地立即指出，它是来自西周的"夏声"。①宝鸡市太公庙村1978年曾出土秦公钟5件、秦公镈3件，虽然铭文叙述早期秦事，但形状、纹饰都是变化了的周制②。从中我们不难看出，秦国早期的朝廷音乐也是因袭西周庙堂音乐的。（见图8-1、图8-2）

自战国中期以后，秦破关而出，吸收关东诸国文化的养料，就出现了像《郑》《卫》《桑间》《昭虞》《武象》等"异国之乐"。

图 8-1　秦公钟
（宝鸡太公庙出土）

图 8-2　秦公镈
（宝鸡太公庙出土）

---

① 《左传·襄公二十九年》："吴公子札来聘，……为之歌《秦》。曰：'此之谓夏声。夫能夏则大，大之至也，其周之旧乎？'"沈玉成译公子札的话是："这就叫做'夏声'。能发出夏声就是宏大，宏大到极点了，恐怕是周朝的旧乐吧！"见沈玉成译注：《左传选译》，人民文学出版社，1989年。
② 卢连成、杨满仓：《陕西宝鸡县太公庙村发现秦公钟、秦公镈》，载《文物》1978年第11期。

其中前三者是长期流行于中原各国民间的"俗乐",而后二者则是君王郊祀、朝贺等大典用的"雅乐"。

古人对乐歌的教育作用极其重视,常同"礼"配合,称之为"礼乐"。由于它可以起到"通神明,立人伦,正情性,节万事"的潜移默化作用,因此,庙堂乐舞都较为严肃、庄重、静穆。据载,"始皇平天下,六代庙乐惟《韶》《武》存焉"(《通典·乐》《宋书·乐志》)。汉高祖时,原为秦博士的叔孙通"因秦乐人制宗庙乐",连高庙的《五行》之舞也是沿用秦始皇改过名的周舞。(《汉书·礼乐志》)

"俗乐"来自民间。"靡曼皓齿,郑、卫之音,务以自乐"(《吕氏春秋·本生》),系青年男女私会于溱、洧唱和的情歌,即所谓洵盱之乐、芍药之和一类,具有缠绵健美、悠扬细腻的音调,听起来轻松、悦耳。但在统治者守旧派的"大人君子"眼里,"郑、卫之声,桑间之音"却被视为"乱国之所好,衰德之所说(悦)"(《吕氏春秋·音初》)的"亡国之音"。至于子夏说"郑音好滥淫志,宋音燕女溺志,卫音趋数烦志,齐音敖辟乔志……皆淫于色而害于德",是不能用于祭祀的,(《礼记·乐记》)显然是犯了用"雅乐"来要求"俗乐"的错误。事实上,这些出自下层人民的乐歌质朴有加,直抒胸臆,其清新、健康的艺术风格,毕竟区别于沉闷、呆滞、艰涩的庙堂"雅乐"。所以,好古的魏文侯就对子夏说:"寡人听古乐则欲寐,及闻郑、卫,余不知倦焉。"(《汉书·礼乐志》)不论怎样,这种"细已甚"(《汉书·地理志》)、"美哉渊乎,忧而不困"(《左传》载吴公子季札语)、能激发人情绪的郑、卫之声终于传到了咸阳,在统治阶级中上层流行开来,从而改变了秦固有的音乐结构。特别是在秦王朝的大力提倡推进下,俗乐进入宫廷,又经过提炼、加工、发展,就成了宴饮、娱乐演奏的"宴乐"(也称"燕乐")。

在咸阳的宫廷中,有因词谱曲的歌手,名曰"乐人"。秦始皇三十六年(公元前211年)"始皇不乐,使博士为《仙真人诗》,及行所游天下,传令乐人歌弦之"(《史记·秦始皇本纪》)。词、谱、唱结合,形成了一个有分工的完整的音乐创作过程。

咸阳的民间有着自己的歌手。《列子·汤问》里记载着这么一则动人的故事:"薛谭学讴于秦青,未穷青之技,自谓尽之,遂辞归。秦青弗止。饯于郊衢,抚节悲歌,声振林木,响遏行云。薛谭乃谢求反,终身不敢言归。"秦、薛师徒二人,教学相长,成为秦国出众的"善歌者"[①]，他们的故事也成了千百年来虚心学艺的美谈，颇富于教益。

咸阳宫廷里的歌舞自是迷离轻盈、超绝时冠的。《绎史》引《琴苑要录》："秦为无道，奢淫不制，征天下美女，以充后宫。乃纵酒离宫，作戏倡优，宫女侍者千余人。"

"乐所由来者尚也，必不可废"，是说乐器早已产生，本身不可废弃。但其音调、所伴之歌则"有节有侈，有正有淫"，运用效果也大相径庭，"贤者以昌，不肖者以亡"。（《吕氏春秋·古乐》）那些"流辟誂越慆滥"的"靡靡之音"、低级下流的歌舞则消磨人的意志，被视为"伐性之斧"。秦穆公曾采纳了内史廖"遗其女乐以夺其志"的计策，以"女乐二八"献给地处"辟匿，未闻中国之声"的戎王，竟使之"设酒张饮，日以听乐，终岁不迁，牛马半死"，最后在秦兵攻伐下"醉而卧于樽下，卒生缚而擒之"。（见《史记·秦本纪》《韩非子·十过》《吕氏春秋·雍塞》等）秦二世在宫中整日沉溺于声色之中，寻欢作乐。而头脑还算清醒、预感后果严重的丞相李斯劝谏并警告他："放弃《诗》《书》，极意声色，祖伊所以惧也；轻积细过，恣心长夜，纣所以亡也。"但奸臣赵高却别有用心怂恿及时行乐，说："五帝三王，乐各殊名，示不相袭。上自朝廷，下至人民，得以接欢喜、合殷勤，非此和说不通，解泽不流，亦各一世之化。度时之乐，何必华山之騄耳而后行远乎？"（《史记·乐书》）在赵高一伙丑类的蛊惑下，秦二世的"暴慢之行"加速了秦王朝的灭亡。历史就是这么捉弄人，秦穆公用"女乐"（美人计）撂翻了戎王，而他的后人秦二世却被人用同样的手法给撂翻。"乐"何罪？不可废。功过仅在"节"与"侈"、"正"与"淫"之间。

（二）乐理与乐歌

秦的音乐成分主要由三部分构成：一是带来陇右沟谷中游牧民族的传统自由歌调；二是沿袭了西周的庙堂音乐；三是接受了以郑、卫为主的关东民歌。而这三者却是在历史的发展中，经过吸收、消化，改变了各自原来的格调，从而形成秦国自己独特的音乐。

正因为"音乐之所由来者远矣"（《吕氏春秋·大乐》），加上立国以来的音乐发展历程，秦人到战国末年就在乐理方面积累了相当丰富的知识，从而建立起自己的音

[①] 《列子·汤问》张湛注：薛谭、秦青"二人并秦国之善歌者"。

乐理论体系。音乐认识的成果，主要反映在《吕氏春秋》一书的《大乐》、《侈乐》、《适音》（又作《和乐》）、《古乐》、《音律》、《音初》、《制乐》和《明理》等八篇中。对乐产生的根源、作用、美学观点（即道德观点）以及乐的成型过程等，都有详尽的阐述。儒家在先秦诸子学说中最重乐的实用性，所以在宗庙之乐中，有八佾舞于庭；孔子厄于陈、蔡，仍然弦歌不辍。在阴阳之说兴起后，关于乐论的内容逐渐丰富起来。《吕氏春秋》的八篇乐论，很明显地反映出阴阳家治乐的观点。

所谓"乐歌"，即是为入乐而写的歌词。写于咸阳时期的乐歌，流传下来的有《罗縠单衣歌》《祠水神歌》《琴引词》和《仙真人诗》等首。其中除《仙真人诗》失传外，其他几首的歌词如：

罗縠单衣，可裂而绝。八尺屏风，可超而越。鹿卢之剑，可负而拔。（《史记·刺客列传》正义引《燕丹子》①）

洛阳之水，其色苍苍，祠祭大泽，倏忽南临，洛滨醊祷，色连三光。（马骕《绎史》引《古今乐录》②）

酒坐俱无往，听吾琴之所言。舒长袖似舞兮，乃褕袂何曼。奏章而却逢兮，愿瞻心之所欢。借连娟之寒态兮，假厄酒酌五般。泣喻而妖兮，纳其声声丽颜歌长榆兮。

骑美人旖旎纷嬻，柂霜罗衣兮羽旄，夜袖圭玉琢，参差妙丽兮被云髻，登高台兮望青埃，常羊啖还何厌兮归来。（《绎史》引《琴苑要录》③）

（三）乐器、乐官与乐器演奏家

秦统一六国之后，即"收天下兵聚之咸阳，销以为钟镶、金人十二，重各千石，

---

① 据《燕丹子》载，荆轲刺秦王时，右手把秦王袖，左手揕其胸。秦王曰："今日之事，从子计耳。乞听琴声而死。召姬人鼓琴。"秦王听完琴声歌词后，"奋袖超屏风而走"。这段文字同《史记·刺客列传》记荆轲"左手把秦王之袖，而右手持匕首揕之。未至身，秦王惊，自引而起，袖绝。……秦王环柱而走……左右乃曰：'王负剑！'负剑，遂拔以击荆轲，断其左股"的记载不同。从情理言，图穷匕见，荆轲以闪电般的速度刺秦王，岂容秦王从容地听琴声！所以司马迁的记载当是真实的。而《燕丹子》虽记燕太子丹的事迹，但成书时间很晚，在《隋书·经籍志》中才开始著录。据研究，当为六朝时的小说家所撰。

虽然《罗縠单衣歌》不是秦姬鼓琴之词，笔者这里引用的道理在于使人看到，在秦时不纯有乐器演奏，还有为歌伴奏的。其歌就是歌词，合而称"乐歌"。词中的"单衣"，即是"禅衣"。

② 《古今乐录》记秦始皇祠水神于洛，有黑头公从河中出，呼"来，受天宝"，于是始皇乃与群臣作此歌。

③ 《琴苑要录》记："秦为无道，奢淫不制，征天下美女，以充后宫。乃纵酒离宫，作戏倡优，宫女侍者千余人。屠门高见宫女幼妙宠丽，于是扳琴而歌之，作为离□之操。曲未及终，琴折柱摧，弦音不鸣，舍琴而更援他琴以续之。"

置廷宫中"(《史记·秦始皇本纪》)。战国末年,诸侯国虽有精良的钢铁兵器生产,但秦军队的装备依然是以青铜兵器为主。①秦始皇收缴天下兵器加以销毁,目的固然是削弱各地的反抗势力,但把其中的青铜兵器铸成钟镰、铜人,却是一种别具匠心的物质与精神享受。因为前者属于钟架,以方便大型器乐组合的演奏,可悬挂黄钟、大吕及编钟②;后者则属于宫廷建筑前摆设的铜雕艺术品。

据文献记载,秦时的乐器除缶、瓮这些不登大雅之堂的原始性"土乐器"外,真正称得上乐器的大概包括了由铜、石、陶、木、革、竹、弦等质料做成的打击、弹弦、腔管和簧管等四类。《吕氏春秋·仲夏纪》:"是月也,命乐师修鞀、鞞鼓,均琴瑟管箫,执干戚戈羽,调竽笙埙篪,饬钟磬柷敔。"其实还应有鼖、铎、筑、筝、笛、琵琶、阮咸等。其中的鞞,即是鼙、鼙,是军乐器。柷(zhù),也名椌,高诱说:如漆桶,中有木椎,左右击以节乐。敔(yǔ),也名楬,"木虎,脊上有鉏铻,以杖擽之以正乐"。鞀(táo),即长柄的拨浪鼓。筑,似琴,有弦,用竹击之,取以为名(《史记·刺客列传》索隐)。钟、铎,都是铜制的打击乐器,形制略同,大小有差。

秦代的乐器有些奇巧玄妙,又往往同一些传说故事联结在一起,令人难以置信。《西京杂记》里载有一组自行联奏的乐器:"初入咸阳宫……铸铜人十二枚,坐皆高三尺(合今69.3厘米),列在一筵上。琴、筑、笙、竽,各有所执,皆缀花采,俨若生人。筵下有二铜管,上口高数尺,出筵后,其一管空,一管内有绳大如指。使一人吹空管,一人纽绳,则众乐皆作,与真乐不异。"咸阳宫里还有两件珍贵的乐器,一个是"璠玙之乐"琴,"长六尺,安十三弦,二十六徽,皆用七宝饰之";另一个是"昭华之琯",即"玉管长二尺三寸,二十六孔,吹之则见车马山林,隐鳞相次,吹息亦不复见"。《古琴录》和《琴苑》中都记有秦惠文王的两个名琴,一称"宣和",一名"闲邪"。

考古发掘所见的几件秦乐器都是用于庙堂演奏的,如宝鸡市太公庙发现秦武公初即位时(公元前697年)作的5件铜编钟和3件铜镈;《考古图》收的秦公镈钟,过去称"昭和钟"或"盄和钟",自宋以来对其时代众说纷纭,或说宣公时器,或以为康公时

---

① 参见王学理:《秦俑专题研究》第二部分诸文,三秦出版社,1994年。
② 湖北随县擂鼓墩的曾侯乙墓是一座战国早期的大墓。墓中的曲尺形钟架全长7.48米,上下分三层,通高2.73米,由6个佩剑的青铜武士和几根圆柱承托,悬挂65个重达2500多公斤的编钟,其中就有楚惠王大镈。材料引自湖北省博物馆编:《随县曾侯乙墓》,文物出版社,1980年。

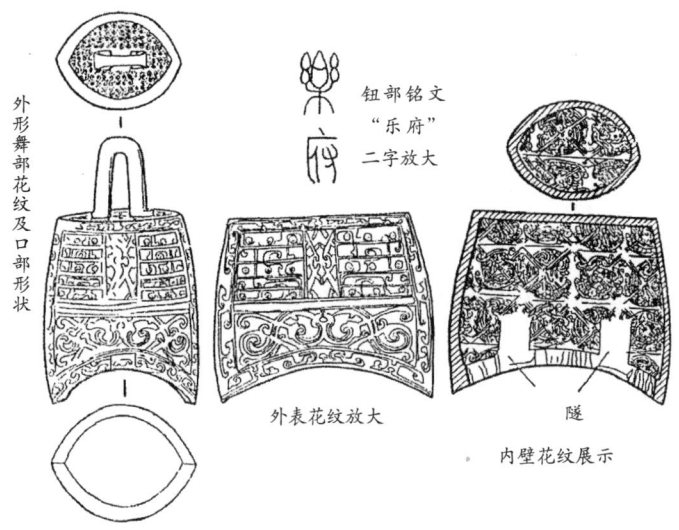

图 8-3 秦乐府编钟的花纹
（秦始皇陵园食官遗址出土）

乐府丞印　　　左乐丞印　　　雍左乐钟

图 8-4 秦乐府封泥印文

器，或认作景公时器。结合民国初年出于甘肃天水秦州区的秦公簋和陕西凤翔秦公一号大墓出土的残磬铭文，可以认定，簋、镈、磬三者都是秦景公初即位时所作，时间约在公元前576年之后。这些大型的金石之乐，虽非出自咸阳，但从中可看到春秋时期秦国庙堂之乐的一斑。而始皇陵乐府编钟的发现，则给我们提供了研究音乐史的重要资料。

铜乐府编钟是1976年2月采集于始皇陵西北的"丽山食官"遗址内。（见图8-3）钟通高13.3厘米，铣距7.2厘米，钮高3.8厘米，重538克。外错金银云纹或蟠螭纹，内壁仍铸出纤细的暗纹并有四条校正音高的"隧"（即凸起的条棱）。经测音，属于"C"调。钮上镌刻小篆书体的"乐府"二字。看来，这枚钟当是一组乐府编钟中最小的一枚。唐杜佑《通典》："秦汉奉常属官有太乐令及丞"，"少府属官并有乐府令、丞"。乐府有三长丞，出土有"乐府丞印""左乐丞印"封泥。（见图8-4）《汉书·百官公卿表》说奉常"掌宗庙礼仪"，少府"掌山海池泽之税，以给共养"。由中央这两卿所职掌的范围知，其属官之一的乐官所从事的工作也不会脱离这种性质。像"太乐"是宗庙礼仪中管奏乐的官署，而"乐府"是储藏乐器以供天子调用的官署。秦乐府封泥和秦始皇陵园乐府钟的出土，不仅说明骊山寝园定期定时祭祀，在食官附近设立乐府便于奏乐，而且为秦有"乐府"官的设立增添了实证，从而消除了汉武帝"始置乐府"的传统误解①。

秦乐府铜编钟，由于有"隧"可以调整音高，所以就能做到音准一定、音阶分明。这也反映出具有传统的好乐的秦人在乐器制造方面，具有高超的技术。

早在秦穆公时代，有位吹箫的高手名叫萧史。据说，他的箫声能引来孔雀、白鹤舞雍于庭。穆公把爱女弄玉给萧史做妻，学凤鸣。夫妇在"凤台"上居数年不下，竟随凤凰飞去。以后秦人在雍宫中筑"凤女祠"，不时还能听到箫声。（刘向《列仙传》）神仙化了的萧史、弄玉，固然杂有道家伪托的成分，但事出有因。萧、笙合鸣，正是春秋时期秦国乐器演奏留给后人的一段佳话。北魏郦道元面对"凤台、凤女祠"遗迹，也发出了"今台倾祠毁，不复然矣"的感叹。（《水经注》）至于华山上的"萧史亭""弄玉井"以及在明星岩下建立的"萧女祠"，则是明、清道士们抬高道教身价之作。

秦昭襄王时，有一次应侯范雎听贾于子鼓琴，问："今日之琴，一何悲也？"贾于子答道："夫张急调下，故使人悲耳。急张者，良材也；调下者，官卑也。取夫良材而卑官之，安能无悲乎？"应侯说："善哉。"（《说苑·尊贤》）生动的对话、透彻的析理，正是琴演奏家贾于子掌握了乐器材质与乐调关系的表现。

高渐离是燕国的击筑演奏家，随荆轲刺秦失败后被逐。他隐姓埋名，"为人庸保，匿作于宋子"，后被推荐给秦始皇。始皇爱其才，赦免原为刺客之罪，"乃曚其目，使击筑，未尝不善"。但因渐离后来慢慢靠近秦始皇，竟以铅置筑中，用以扑打不中而被诛，留下刺秦的又一曲悲歌。（《史记·刺客列传》）

西汉齐哀王的将军魏勃，其父也是一位鼓琴的演奏家，曾见过秦始皇，为之鼓琴。

---

① 《汉书·礼乐志》："至武帝定郊祀之礼……乃立乐府，采诗夜诵，有赵、代、秦、楚之讴。"颜师古注："始置之也。乐府之名盖起于此，哀帝时罢之。"

颜注使后人误以为"乐府"的设立始自汉武帝。实际情况则否，《史记·乐书》："高祖过沛诗《三侯之章》，令小儿歌之。高祖崩，令沛得以四时歌舞宗庙。孝惠、孝文、孝景无所增更，于乐府习常肆旧而已。"这就是说刘邦在汉初回到老家沛县同乡亲聚会所作的《大风歌》的配乐——《三侯之章》已经入乐，令小儿歌唱。高祖死后，至孝景帝时，在其原庙仍四时歌舞之，无所增改。因为少府是秦官，其属官之一的乐府令丞也当然地一仍其旧。汉惠帝时，有乐府令夏侯宽"备箫管"之事，也可证汉初之乐府沿袭秦而来。

颜师古的误译，笔者以为源自他对《汉书·礼乐志》原文断句有错。原句应该是："至武帝定郊祀之礼，祠太一于甘泉，就乾位也；祭后土于汾阴，泽中方丘也。乃立乐府采诗，夜诵有赵、代、秦、楚之讴。"他把"乃立乐府，采诗夜诵"断开，也不完全合乎语法关系。实际上，"乐府"系乐之府，即贮存乐器之所。"府"多出现在战国时代，秦咸阳就有"书府"。大约是汉武帝时，乐府的功能有了变化，从储藏、保管乐器的事业机构扩大到包括"采诗"在内的制乐领导机关。由乐府征集各地的俗乐，加以整理训练，故而夜诵的内容才有"赵、代、秦、楚之讴"。乐府用俗乐配祭的"采诗制度"，可说是汉武帝"始置"，但不能说"乐府之名盖起于此"。

可惜史书上没有留下他的名字。(《史记·齐悼惠王世家》)

屠门高知音,曾作《琴引》一书传世,同样也没有留下自己的故事。(《通志·乐略》)

(四)杂技百戏

秦时,角抵、散乐、百戏等民间歌舞、杂技,作为一种文化,随着秦的统一形势相继集中到咸阳并涌入宫中,成为统治者精神享受的一部分。

角抵,写作"角觚",含有两牛相抵的意思,又名"彀抵"。实际上就是现在的摔跤运动。这是春秋战国时期兴起的一种军事体育项目。①秦二世迷恋声色犬马之好,在咸阳的甘泉宫里以角抵娱乐。②到了汉代,它更加普及。唐代称其为"相扑",为群众所喜爱,以至传播到日本。

秦都咸阳的宫廷里杂技名目繁多,演技也相当成熟。马端临《文献通考·乐考》:"其杂戏盖起于秦汉,有鱼龙蔓延(又名'曼延''曼衍',是鱼、龙形舞)③、高絙(绳技,古亦称'履索')、凤凰、安息(伊朗)五案,都卢寻橦(即长竿杂技,'寻橦',指长竿,据说都卢国人'体轻善缘',戏者在竿上做多种惊险动作)、丸剑(属于手技类杂技。也叫'跳丸剑',是在东周时'跳丸''跳剑'的基础上发展而来。其法为把剑和丸抛向空中,随抛随接)、戏车(在驰骋的马车上立竿建鼓,竿上有小儿做多种惊险的动作)、山车、兴云动雷(杂技和魔术结合的节目)、跟挂腹旋(在竿上脚跟倒挂或竿顶腹部旋转如飞)、吞刀(吃刀子)、履索吐火(前者和'高絙'基本相同,有如今之'走钢丝'。不同的是在履索过程中还要做喷吐火焰的表演)、激水转石、噭雾(喷水成雾)、扛鼎(也叫'乌获扛鼎',道具多用车轮、石臼、大瓮。今称其为'掷坛子')④、象人(装扮各种兽的舞技)、怪兽、舍利之戏。"这些大概就是后来盛行于汉代的"百戏"(包括杂技、武术、幻术、滑稽表演、音乐、舞蹈、演唱等多种技艺的串演)的前身。(见图8-5)

当然,这些杂技未必都是秦廷中演出的原貌,如"安息五案",显系汉武帝"闻天

---

① 《汉书·刑法志》:"春秋之后,灭弱吞小,并为战国,稍增讲武之礼,以为戏乐,用相夸视(音'示'),而秦更名角抵,先王之礼没于淫乐中矣。……至元帝时,以贡禹议,始罢角抵,而未正治兵振旅之事也。"

② 《史记·李斯列传》:"是时,二世在甘泉,方作彀抵优俳之观。李斯不得见……"这里的甘泉不在云阳,实是咸阳的甘泉宫,说详见前。

③ 曼延,兽名。张衡《西京赋》:"巨兽百寻,是为曼延。"薛综注:"作大兽长八十丈,所谓'蛇龙曼延'也。"李善曰:"武帝作漫衍之戏也。"

④ 扛鼎,举鼎。张衡《西京赋》:"乌获扛鼎,都卢寻橦。"乌获、孟说和任鄙是秦武王时的三个大力士,因为武王"有力好戏",他们也当了大官。一次,孟说同武王举鼎,王"绝膑"而死。

马蒲陶,则通大宛、安息"(《汉书·车师后国传》)之后传来的节目,"嗽水作雾"也来自西方①。但秦确实吸收了春秋以来各国创造的优秀节目。《国语·晋语》中就有"侏儒扶卢"(矮子爬上长兵器杆)的记载。谁能说秦统一天下后没有把临淄那一套"吹竽鼓瑟,弹琴击筑,斗鸡走狗,六博蹹踘"的乐舞、技艺、杂耍接收过来?

秦代的杂技艺术创造,在长期的历史过程中不断地充实着自己的内容。像今日很多传统的杂技节目,如果我们索本求源的话,都会在秦汉时代的"百戏"中找到它们的雏形。

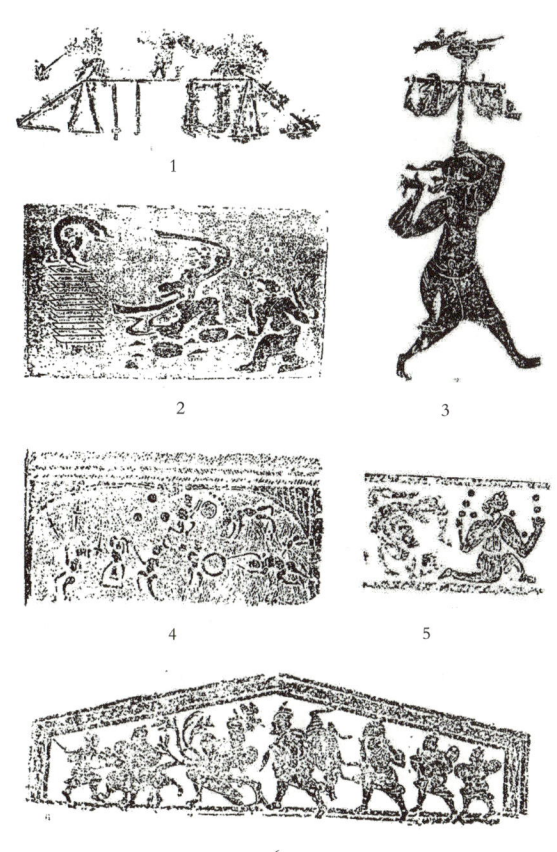

1. 高絙(沂南画像石像) 2. 安息五案(汉画像石像)
3. 都卢寻橦 4. 反弓丸剑(宜宾石棺画像石像)
5. 跳丸 6. 乌获扛鼎(铜山汉墓画像石像)

图 8-5 杂技百戏画像石像

四、绘画、雕塑

(一)绘画

王嘉《拾遗记》上关于"刻玉善画工"烈裔的两则故事颇为有趣。

一是他"口含丹墨,喷壁即成龙云之队"(或说"使含丹青以潄地,即成魑魅及诡怪群物之象");"以指历地,如绳界之,转手方圆,皆如规矩度(或作'以指画地,长百丈,直如绳墨'),方寸内,五岳四渎,列土备焉(或作'方寸之内,画以四渎五岳列国之图')。善画鸾凤,轩轩然惟恐飞去(或作'又画为龙凤骞翥如飞,皆不可点睛,或点之必飞走也')"。

又一个烈裔的故事是说,他"刻白玉为兽,毛发若真(或作'刻玉为百兽之形,毛发宛若真矣,皆铭其臆前,记以日月')。秦始皇叹曰:'刻画之形,何得飞去?'

---

① 《后汉书·孝安帝纪》李贤注引《汉官典职》:"作九宾乐,舍利之兽从西方来,戏于庭,入前殿,激水化成比目鱼。嗽水作雾,化成黄龙,长八丈,出水遨戏于庭,炫耀日光。"

使以淳漆点两玉虎眼睛，旬日失之。明年献两白虎，各一目，视其胸，果是年所刻玉虎也（或作'使以淳漆各点两玉虎一眼睛，旬日则失之，不知所在。山泽之人云："见二白虎，各无一目，相随而行。毛色形相，异于常见者。"至明年，西方献两白虎，各无一目。始皇发槛视之，疑是先所失者，乃刺杀之。检其臆前，果是元年所刻玉虎'）"。①

据说烈裔来自骞霄国（或作"骞涓国"）②，其画技甚高，所画无不逼肖，令人惊叹。他不但是个画家，而且还是雕刻能手和地理学家，堪称艺术全才。我们若果剔除人们因称羡而附加在他身上的那些传奇成分，其精湛的艺术造诣，可说是来自域外、生活在咸阳的一代艺术之尊。

烈裔以"丹墨喷壁"反映了那时绘画的实际。古代宫廷建筑的装饰画多是涂绘在墙壁上的，即所谓"宫墙文画"。楚的爱国诗人屈原遭谗放逐，面对先王之庙及公卿祠堂壁上的图画，才向所绘的"天地山川神灵"自然现象、神话传说、"古贤圣"的怪物事迹驰骋想象，发出愤懑的《天问》。《孔子家语》《韩非子·外储说上》，同样也有关于东方国家宫殿与庙堂壁画的论述，也正因为中国的古代建筑是土木结构，最后连鲁殿灵光也不存在于世了。但是，经过2000多年时间，于20世纪60年代初期秦都咸阳北阪宫殿遗址中出土的壁画残块（见图8-6），则给我们提供了管窥蠡测、稍睹秦画风采的机会。③

秦宫壁画遗迹见于冀阙宫庭群体建筑的第一号和第三号宫殿建筑。1961年11月，笔者同吴梓林对一号宫殿基址做过试掘，即发现壁画残块和装饰性铜构件，1974年正式发掘则出土更多④，随后于1979年又在三号宫殿基址中发现了长达32.4米的画廊建筑⑤。概括起来，这些壁画内容包括两个方面：一是绘画，二是图案。（见图8-7）

画廊所绘，是些有场景的具体形象，尽管支离破碎，但如果把出土部位及其内容联系起来研究，一个气势磅礴、风韵生动的横幅长画就展在我们面前：

由红、黄、黑的"纯驷"分驾独辀轩车7乘，陪衬以道路、树木和建筑物，表现的

---

① 引自《太平御览》、张彦远《历代名画记》。括号内为《拾遗记》卷四所载。
② 马非百在其《秦集史》一书的按语中说："骞霄一作骞涓。（《渊鉴类函》三二七引）当是由霄伪消，再由消伪涓耳。《庄子》书有建德之国，《汉书·地理志》谓之黄支，《大唐西域记》谓之建志补罗国（Kanchipura）。若骞霄者岂谓是耶？"
③ 陕西省社会科学院考古研究所渭水队：《秦都咸阳故城遗址的调查和试掘》，载《考古》1962年第6期。
④ 秦都咸阳考古工作站：《秦都咸阳第一号宫殿建筑遗址简报》，载《文物》1976年第11期；学理、采梁等：《秦都咸阳发掘报道的若干补正意见》，载《文物》1979年第2期。
⑤ 咸阳市文管会、咸阳市博物馆、咸阳地区文管会：《秦都咸阳第三号宫殿建筑遗址发掘简报》，载《考古与文物》1980年第2期。

第八章　咸阳的社会风尚与文化科技活动

图 8-6　壁画残块（一号建筑）

图 8-7　壁画图案

是"车马出行图"由11个着各色长袍、戴武冠的人物,分上下排列,很可能是一组仪仗队列;着戎装、载弁帻的武士乘棕红色马,转体弯弓欲射,显系一幅骑马驰射图;重檐建筑,附有角楼,柱间垂幔,屋顶立凤,下有门吏,俨然一座宫廷建筑的形象。

至于所见除马以外,有虎、麒麟、野猪、凤鸟等动物,松、竹、墨、柳等植物,甚至还有麦穗类农作物,均应是组成画面的点缀品,只是因画面遭到破坏而不明其所属罢了。

从这些秦宫的彩画看,其题材广泛,构图合理,生活气息强烈,给人以深刻的感染力。像奔驰的驷马轩车,成组驰驱,前留有开阔的空间,以路旁树木为参照物,留给人以速度、力量、奋进和想象的余地。那幅武士力挽强弓、纵马驰射的图画,表现的正是一代英雄姿态。如果说秦陵兵马俑的战车兵和骑兵只是处于营垒和列阵时的静态,那么秦宫壁画则是被激活了的动态画面。宫殿建筑入画,往往显得厚重、呆滞,而这里的四重檐大屋分上下两层,在画家笔下却用立凤、门吏衬托,正体现了当时盛行高台建筑的风格。即使一些小景的刻画,也颇见功夫。过去有"画工不画柳,画便装丑"(《绘事微言》)之说,但这里画的柳枝婀娜多姿,似微风荡漾。由于表现客观存在着的现实生活、重视人的本质,就使得一幅幅画面栩栩如生,这是秦宫壁画区别于前此描写神灵鬼怪的庙堂绘画的根本点。其次,用黑、赭、黄、大红、朱红、石青、石绿、蓝、白等颜色及其间色造型,以线为辅,经过渲染,浓淡有致,就能产生出圆的立体感和较强的质感;平涂,跳动性的对比设色,则绚丽多姿,能收到深刻的视觉效果。总之,色形语言艺术的纯熟运用,现实主义作风的成功实现,就造就了秦代伟大的艺术作品。

图案,本来是一种装饰画,但秦宫壁画中图案的构成及其装饰的位置很有特色。秦宫壁画把图案用作大幅墙壁的边饰,现在我们看到的只是下部的残存,从堆积土的图案画残块中可以断定墙壁上部也有同样的边饰。再由图案构成的条带边饰看,图案构成有两类:一类是单色图案,即在粉底墨绘的条带上,用粉白的一颗颗连珠组成几何纹样,或黑、白、红三色套绘作卷云纹;另一类是彩绘的图案,即用黑、褐、朱红、湖蓝、橘黄绘成流云纹或四方连续的几何纹图案。图案母题多是变化着的菱形纹、轵菱纹,线条处理则由粗细穿插、宽窄疏密而变化,给人以有节奏的运动感。总之,8种边饰通过多彩、多变,形成了稳重、庄严、富丽而欢快的艺术效果,从而表现出秦艺术家对色彩及其色阶关系的深刻理解和对菱形图案的高度驾驭能力,必然对后代图案装饰艺术产生深远的影响。

（二）雕塑

1. 十二个大铜人——巨型铜铸圆雕艺术品

说到秦代的雕塑，不能不首先提到秦始皇销毁兵器铸造的十二个铜人。（见图8-8）因为它们是雕塑成型、铜铸的艺术品，体现着那时审美意识、工艺技术的最高水平。可是，2000年来笼罩在它们身上的是一重重扑朔迷离的轻纱，使人看不真切，再加之自有的神奇色彩和历史性的附会传说，令人难以置信，甚至怀疑其历史的存在。在此，笔者根据史载承认其有，而且可以断言其乃世界上立体造型艺术的极品。

《史记·秦始皇本纪》：二十六年"收天下兵聚之咸阳，销以为钟鐻、金人十二，重各千石，置廷宫中"。《三辅黄图》："销锋镝以为金人十二，以弱天下之人，立于宫门，坐高三丈，铭其后曰：'皇帝二十六年，初兼天下，改诸侯为郡县，一法律，同度量。'大人来见临洮，其大五丈，足迹六尺。铭李斯篆，蒙恬书。董卓悉椎破铜人，铜台，以为小钱……余二人，魏明帝欲徙诣洛阳清明门里，载至霸城，重不可致，便留之。"

关于金人历经沧桑之变，《三辅旧事》说："秦作铜人，立在阿房殿前，汉徙著长乐宫大夏殿前。"（《长安志》引）但铸铜人在前（公元前221年），建阿房宫在

图8-8 十二铜人模拟像（部分）

后（公元前212年），相差10年时间，况且阿房宫的前殿至秦灭亡还处在施工的停辍状态，不可能过早地把铜人迁来，很可能是"甘泉宫前殿"之误。台湾年轻学者王裕民认为立在咸阳宫前，也可备一说。但这应是刚铸成的情况，随后因为政治重心由北而南转移，就将之迁到了渭南的甘泉宫前殿。《三辅旧事》载："汉徙长乐宫。"《关中记》说："董卓坏铜人，余二枚，徙清门里，魏明帝欲将诣洛，载到霸城，重不可致。后石季龙徙之邺，苻坚又徙入长安而销之。"（《史记·秦始皇本纪》正义引）。但《后汉书·蓟子训传》作："后人复于长安东霸城见之，与一老公共摩挲铜人。相谓曰：'适见铸此，已近五百岁矣。'"在此，我们先撇开始皇铸造铜人的缘起、取名"翁仲"的由来、未入洛而徙邺的真假、全部销毁还是留在霸城等考释问题，就其艺术价值而言，笔者以为起码有两点值得称道。

第一，体量之大，堪称雕塑之奇。

"重各千石"，即每个铜人重30750公斤，合30.75吨。① "坐高三丈"，即连同底座高7.26米。② 《汉书·五行志》载："秦始皇二十六年，有大人长五丈，足履六尺，

---

① 《三辅旧事》说"铸铜人十二，各重二十四万斤"（即二千石），而清梁玉绳在其《史记志疑》里据《三辅旧事》中之数及《三辅黄图》中"钟镰高三丈，钟小者皆千石"而认为"千石者乃钟镰重数，史误并之"。此间，笔者还是以《史记》为据。秦1石=120斤。由高奴铜石权测知，秦1斤合今256.25克，则秦1石折今30.75公斤。那么，"千石"等于30750公斤。

② 《三辅黄图》一书最早的著录见于《隋书·经籍志》，晁公武定为梁、陈间人所作。程大昌则定为唐肃宗以后人所作。经我师西北大学陈直教授考订，认为"原书应成于东汉末曹魏初期"，后经多次补缀，在中唐以后才形成全本。先生之成果见《三辅黄图校证》，陕西人民出版社，1980年。

尽管"今本序言，既乏汉魏醇古之气，又无六朝骈偶之体"，又有《黄图》引用《汉书》颜注之嫌，且原本"经过各次之补缀，原书之成存在者已属不多"（陈序中语）。毕竟"东汉末曹魏初期"人所见的秦汉遗迹、遗物不会有大的差错。故这里引用《黄图》关于铜人"坐高三丈"的数据当为时人目见所测的结果。

今人曾武秀在其《中国历代尺度概述》一文中，据《九章算术·商功》刘徽注，推算出"魏尺约当今24.2厘米弱"。那么，秦铜人"坐高三丈"即合今7.26米。

另外，关于铜人"坐高"的理解问题，似有必要确定。有说铜人作坐姿，理由是张衡《西京赋》有"高门有闶，列坐金狄"之句，而且《汉书·王莽传》有"梦长乐宫铜人五枚起立"的记载。笔者以为铜人的姿势采取立相而非坐相，根据是：

首先，器物托底的基础部件为"座"，《正字通·广部》："座，古作坐，俗作座。"铜人的"座高"，即是铜人连同其底座之高度，也就是考古学上常说的"通高"。

其次，大型的人体雕塑多取立姿。因为立姿比坐姿更雄伟、更气魄。在军队操练动作中有一种称作"坐"的姿势，《左传·昭公二十七年》杜预注说："坐行，膝行。"《礼记·玉藻》孔颖达疏就明确说："坐，跪也。"既然秦陵兵马俑坑是表现秦代军事生活的主要场景，数千件武士俑除少数习射的跪姿俑外，多为立姿，而且阵形也没有采用坐阵。如果在巍城的兴乐宫前跪坐着十二件铜人，气氛是何等不协调！尽管它"坐高三丈"。平地跪坐三丈，无底座则不相称；若底座升高再置跪坐铜人，又有失比例。故而铜人取立相的可能性最大。

再次，铜人置宫殿前，既表示销毁兵器，不再有战争，"以弱黔首之民"（贾谊《过秦论》），又是仿造出现在临洮身长五丈、足履六尺的"大人"（《汉书·五行志》），就没有以跪坐表现其"大"的道理。

皆夷狄服，凡十二人，见于临洮。……销天下兵器，作金人十二以象之。"此"大人长五丈，足履六尺"，分别为11.55米和1.39米，显然是不可信的。出自何种原因，我们暂不理会。"十二"是六的倍数，符合秦"数以六为纪"的规定。因为始皇统一六国，志得意满，又有"大人"出现在临洮，故视之为祥瑞，铜铸"以象之"。那么，"皆夷狄服"，站高可7.26米，就是我们获得关于铜人艺术形象的全部内容了。但笔者相信这十二个铜人的塑造，必定是在秦始皇陶质兵马俑和铜车人马等艺术实践与经验积累的基础上产生的。①其面相各别，形象生动，神韵具备，塑造技术更趋成熟，是一批无与伦比的艺术佳作。

秦十二金人作为铜铸的人像雕塑艺术品，虽不是空前的孤品，却属于前此所无的雄伟之作。四川三星堆出土古蜀文化的青铜立人像及方座高才2.62米，而灵彻三界的青铜通天神树被认为"是迄今发现的中国青铜文物中形体最大的一件"，残高只有3.95米，比起秦十二个金人还矮了3.31米。但不同地域，又不同时代的两个不同内涵的文化，其诡谲神秘的艺术意义，却永远是个难解的谜。

第二，铜人与环境的协调，更能显示整体的艺术效果。

秦始皇销兵铸作钟镰、金人十二，并非无为之举。金人作为喜庆的纪念物，只有同皇帝的国事活动联系起来才有意义。从秦"立在咸阳宫前"，"汉徙长乐宫大夏殿前"（《三辅旧事》），东汉明帝徙置洛阳不得而另"发铜铸为巨人二，号曰翁仲，置之司马门"（《晋书·五行志》）的情况看，只有把高大的铜人竖立在朝宫殿前或司马道两侧，壮丽威严，才更能体现帝王之气、皇家风采。

秦十二金人铸成后最早置于大朝的咸阳宫，这里位居高亢的"北陵"之地，周围既有冀阙宫庭扩建增修后的群体建筑，又有仿造的六国宫室，星罗棋布，蔚为壮观。渭河南岸的甘泉宫建于昭襄王时，秦始皇又起了前殿，还筑甬道直通渭北，成了皇帝又一大朝的地方。前后这两处宫殿布局严整，建筑巍峨。皇帝朝办的政治中心由咸阳宫转移到甘泉宫，十二金人也随之搬迁。那么，可以想见在殿前放置两排共计十二个金光灿灿、高可7.26米的大铜人，建筑与装饰浑然一体，相得益彰。既突出了它在宫殿建筑群中的地位，显出了主次，又使都城高居郡县城之上，特别是压倒原来六国都市，气势夺人，

---

① 笔者在《秦王政陵研究》一书中认为兵马俑的塑造约在秦统一战争取得决定性胜利的局势下开始的，具体时间可能是秦王政二十四年（公元前223年）灭楚之后。秦始皇筑坑置俑，取"陈兵"形式的想法也只能是在这时产生，此说笔者在《秦俑专题研究》一书的"一幅秦代的陈兵图"部分也有论述。

无怪服役于咸阳的刘邦也发出"大丈夫当如此"的喟然长叹。

2. 始皇陵彩绘铜车马——铜铸艺术的奇葩

1980年,在秦始皇陵西侧出土的两乘彩绘铜车马(见图8-9),以驷马安车为主,前有驷马立车为导,真实地再现了宫廷副车的形象。(图版柒)尽管它们仅及真物的一半大小,但四马入套,驾具齐全,御手握辔,表现的正是待令欲驰的静态。

图 8-9 秦陵彩绘铜车马

作为写实主义的作品,铜俑、马和车造型准确,装饰齐全,手法细腻,成功地雕塑出一个个活生生的艺术形象。铜俑两件,作一立一坐(跽)的姿态,其头与躯干的比例正符合古代艺人"立七坐五盘三半"的歌诀,"面大如手",五官"三停五部"的安排也得到了印证。他们脸庞丰满,目视车前,双唇紧闭,又带着一丝淡淡的微笑。戴切云之冠,着袍,登履,挎剑,一望可知是些英俊、潇洒又御术娴熟的美男子。铜马8匹,姿势略同,其头高仰,棱骨分明而肉少。颈浑圆而长,挺胸,广膺,大腿宽厚,汗沟(由尾基到会阴的褶缝)分明。铜马全躯丰肥,四肢劲健,显然是挽曳型的"良马"。其眼眶四满,上弓下直;睛如悬铃,口裂深长;双耳前倾,坚厚有如削竹。其机警神骏与力大耐久的表征,使人佩服其时相马学之发达与雕塑家观察力和表现力之高超。

静中寓动,神态生动,再加之白马素车、彩绘龙凤,就使得皇帝车驾的模拟物获得艺术的潜力。虽然车马处于静态，但御俑双手前举，目视白驷；马的胸筋暴起，两耳前耸，两骖受靷的牵动而头向外偏以及鞁、缨略往后飞扬，这些细节的刻画，正预示着车马待发的动势。四马纯白，御者颜面粉红，车的不同部位彩绘多种图案纹样，特别是车盖、箱围上的变体夔龙戏凤及流云纹、杯文，使铜车既绮丽多姿又典雅高洁。

在铜车马成型上，圆雕、线雕结合，铸、錾并用，做到了雕塑与冶铸相济、绘画与装饰同工。一整套科学的工艺流程、精到细腻的浇铸技术和设计者高超的审美意识，使之成为铜铸艺苑中的一枝奇葩。

3. 秦陵兵马俑——气势磅礴的陶塑艺术群像

7000左右陶质武士俑，或簇拥战车，包括步、骑、车、弩4个兵种，按阵、营、战、幕这几种军事生活中的主要场景，布置在4个不同形状的、占地24780平方米的地下坑中，罗织在一个统一的构图之中，宏观上构成一种整体的艺术美。（见图8-10）在武士俑与车马的布置上，采用对称结构（如一号坑和三号坑）与方块（或长方块）结构（如二号坑）两种手法。前者在轴线关系上具有延伸、展开的特性，能使画面更加整齐划一，给横向或纵向以宽度或深度的变化留下了无限的空间；后者给人的视觉效果是均衡、稳定、严密，具有无穷的连续性，可使数千件兵马俑延展成一个浩浩荡荡的军事实体。这两种布置手法的交互运用，就使得高大如真的秦俑这

图8-10　秦俑一号坑俑群侧视

一造型艺术群像在立体空间上，气势磅礴、威威赫赫，具有一种艺术的震撼力。

作为刻画将卒形象的武士俑群，大多数个体比例合适，造型准确，面貌不一。塑绘匠师能注意到对不同类型（将卒、民族、年龄、军职等）人物性格的细腻塑造，从而使之成为秦代写实主义雕塑的伟大丰碑。通过脸盘、眉目、鼻梁、嘴唇、下颌的"搭配"，以及对眼角、胡须、嘴角、发型等细部的"刻画"，显现出喜、静、思、怯、骄、慢、猾的不同表情。秦俑塑造的成功还表现在形神兼备，既有老将多谋善断、稳健大度的风姿（图版柒：将军俑），壮年"智将"血气方刚、威猛刚毅的气质，一般士卒

坚定沉着、机智勇敢、威武刚强的性格特征，还能深刻地揭示出武士们"勇于公战"的精神境界。即以这些将卒形象的冠戴、服饰而言，从战袍、铠甲、胫缴、跗注、行縢、履靴到带钩、甲扣、发带等，都刻画得细致真切，符合实战的需要。再加之俑表绘彩，在不同部位敷色计达15种，浓淡相间，对比强烈。塑型与绘彩的成功统一，就使得秦俑这些黄泥塑造、经陶窑焙烧再经染色的模拟物获得勃勃生机，呼之欲出。

秦兵马俑群雕是杰出的艺术佳作，是2000年前划时代的成就。在佛教传入中国之前，秦俑拔地而出，作为前此传统造型艺术的最高成就，土生土长的创造，当为民族的骄傲，是秦代艺术家对人类文化财富的特别贡献。①

4. 始皇陵园的陶俑——小吏与劳动者的形象

秦始皇陵园出土的陶俑，见有管理和饲养马匹的圉俑，有官长随员的文吏俑，也有伎乐百戏俑。

最早见到的圉俑有两种：一种是陵西曲尺形马厩坑出土的10余尊与真人同大的立姿袖手陶俑，戴长冠，着长袍；另一种是陵东侧垣墙外马厩坑出土的跽坐陶俑，因为着袍，头梳椎髻，长期来人们误作"女俑"，实际上是些男性马夫的形象。周代把养马的劳动者称作"圉人"，而管理圉人的称"圉师"。云梦秦简对前者叫"小隶臣""皂者"或"徒"，对后者叫"厩啬夫"。这两者往往是师徒关系。无论是啬夫俑或是圉俑，都属于富有艺术价值的陶塑珍品。姿势或取侍立拱手，或取跽坐伸手搭膝，均五官端正，造型准确，其恭谨唯命、尽职尽责的安详态度，艺术地再现了秦代下层劳动者的形象。

文吏俑出自陵冢西南角的K0006坑中，有12件，除御手俑外，文吏俑戴双版长冠，着长袍，袖手胸前，右侧腰带上垂有砺石与削刀。个个表情安详，显出一副唯命恭谨的姿态。

百戏俑有11件，出自陵园内城外东南角的K9901坑中，无衣着，仅腰部围以短裙束带。姿势或右臂曲肘举手，一指向天；或双手在胸前握物，体格健壮，肌肉外鼓。秦代多种杂技表演，在这里只露出冰山的一角。

陵北的K0007出土原大的陶俑15件，戴软帻，着长袍，穿薄袜，或作长跪举右臂，或箕坐伸手膝上，似为在园林水边演奏的一批乐人。②

---

① 王学理：《秦俑专题研究》，三秦出版社，1994年。
② 雷玉英：《揭开秦跽坐俑性别之谜》，载1984年8月25日《西安晚报》第3版。

（三）工艺美术

秦都咸阳的宫殿巍峨雄壮，其建筑装饰继承了春秋以来的传统，并进一步发展，使之在建筑空间、体量与细部配置上无论是从表现生动场景的内容分析，或是从工艺美术的角度看，都达到了很高的水平。同时，更加烘托出整体建筑博大瑰玮的艺术风格。

在咸阳宫殿建筑遗址和长陵车站沙坑窖藏中出土的铜建筑构件上，都有平雕的夔凤纹、流云纹和几何形图案。（见图8-11）临潼零河的铜门楣上，多为盘曲绞结的盘虺纹。而宫殿的一些壁面、台阶、地面铺砌以饰有方格纹、回纹、菱纹、米格纹、花卉及⌒、X等多种纹样的方形砖。（见图8-12）其中规正的云纹、柿蒂纹和回纹是组成复合纹样的母体纹样。特别是一块线刻珥蛇的水神乘着驮璧的凤鸟花砖，属于反映神话题材的艺术珍品水神骑凤花纹砖。（见图8-13，秦北阪宫殿遗址区采集）渭北多块线刻苍龙抱璧空心砖、渭南浅浮雕双龙戏璧空心砖，其龙纹躬体反首，四爪伸张，呈现出"飞龙在天"的艺术形象。（见图8-14）这些地面建筑材料同屋檐上各式纹样的瓦当、脊饰结合起来就大大增加了建筑物外观的艺术美，同屋内朱红色地面、彩画墙壁配合，互为呼应，构成了建筑的整体美。

瓦当的各式纹样，变化多端，极富视觉的艺术美感。（见图8-15）早期流行半瓦当，随后出现圆瓦当。纹饰有葵纹、叶纹和辐射纹、变形云纹、动物纹。动物纹样在春秋时期的秦国已经出现，如雍都故城址有鹿纹、双兽纹瓦当。咸阳宫殿遗址的瓦当纹饰繁多，云纹是装饰性图案的主体，一号宫殿遗址则有以鹿、鸟、昆虫、蜻蜓和青蛙等动物纹样组成的四区圆瓦当。渭河南岸宫殿用瓦还见有四鹿、四兽、子母鸟（阿房宫）、豹（西安北郊）等多种动物纹样，构图清新而严谨。特别是始皇陵园的一种大型夔凤纹檩当，面径61厘米，布局对称遒劲。如此诸多的画瓦，当年施朱或涂白垩，整齐地列之檐前，同木衣绨绣、土被朱紫、雕梁画栋的建筑设施交相辉映，就使宫殿楼阁更显雄伟壮观。

模印画像砖表现的是另一种装饰艺术风格。（见图8-16）它是用印模在砖坯未干时捺印的，因此在画像砖上既出现不同印模的画面，也有同一印模的重复。1957年临潼出土的一块画像砖上，模印着线条凸起如浅浮雕的乘马射猎图，武士纵马追逐，猎物受惊奔逃，一种紧张竞速的场景跃然画面。藏于陕西历史博物馆的秦代狩猎纹空心砖，运用五种印模，分别捺印出宫廷侍卫、宴享宾客、苑囿景色和骑马射猎的四区画面，异常生

图 8-11 铜构件图案

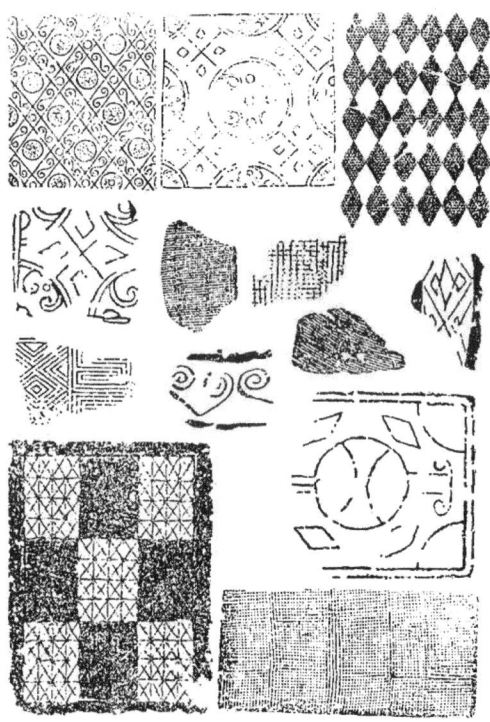

图 8-12 花纹砖纹样

图 8-13 水神骑凤空心砖残片

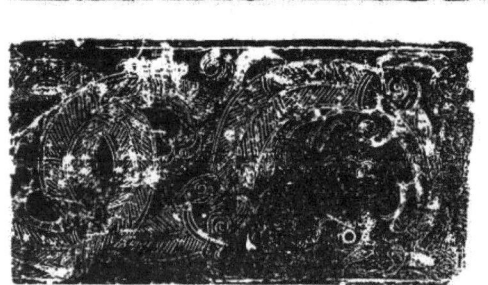

龙纹空心砖素描
（阿房宫遗址出土）

图 8-14 龙抱璧空心砖纹样

图 8-15 宫殿遗址出土的瓦当图案

动传神。侍卫五人相向而立,虽是侧面的剪影,但戴武弁大冠、着过膝战袍、拱手握戟的姿势则是对其严于职守的深刻描画;宾主对坐宴乐的画面,二人的手势似在对语,前有盘,杯后置酒尊,侧有一乐人演奏,具有呼应关系;表现苑囿的画面,则是有山峦起伏、野兽出没,有着一派自然风光;射猎的画面,把猎手的飞骑、猎犬逐鹿的场面表现得淋漓尽致,又以树木、屋舍和流云做背景,在对比中产生一种紧张的运动感。总之,整个画像砖构图明快、造型自然,具有强烈的艺术感染力。

器物的装饰首先是在服从

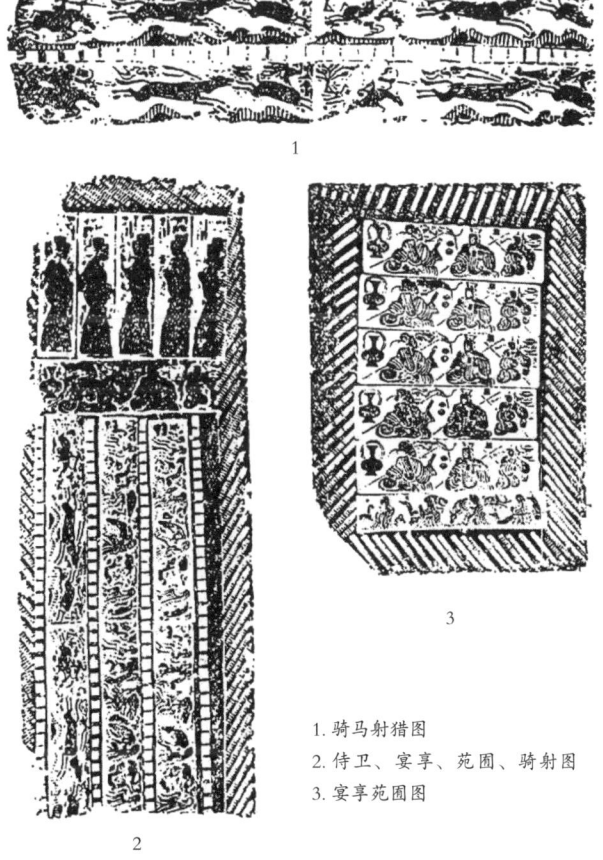

1. 骑马射猎图
2. 侍卫、宴享、苑囿、骑射图
3. 宴享苑囿图

图 8-16 模印画像砖
（临潼出土）

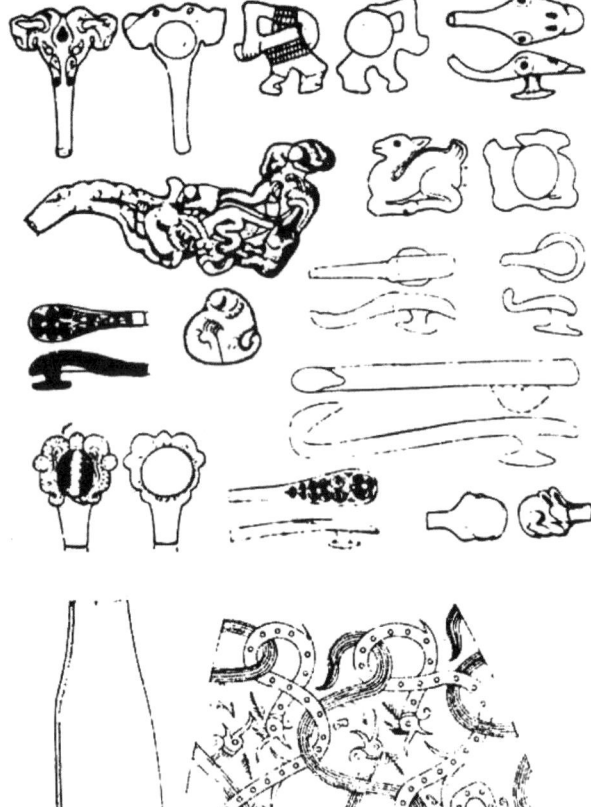

图 8-17　带钩与车軎花纹
（长陵车站沙坑中出土）

图 8-18　鎏金铜虎
（西安市出土）

实用的前提下，才做艺术性处理的。塔儿坡铜錞于的龙钮，曲体反首，卷尾接臀，腭背相连，首尾上翘而均衡，体躯阳雕双翼，阴刻鳞甲，弓腰以便悬挂，但四爪伸张紧踞顶盘的中心，则显示龙有无所不能的力度。长陵车站沙坑中出土的铜带钩，尽管可被利用的面积是如此有限，但仍要铸出雏鹿、鸭、兔等动物形象，特别是在一盘曲错节的树干式铜带钩上铸有5只猴子，嬉戏枝间，甚富艺术情趣。（见图8-17）西安出土的鎏金铜卧虎，双目凝视前方，张口喘息，富有随时猛扑的动势。（见图8-18）值得一提的是长陵车站沙坑铜器窖藏中出土的一个铜武士俑，头戴罕见的雕饰云纹的武弁大冠，面庞丰满，五官端正，表情严肃，雕刻手法极为成熟。另外，从一些器物造型或器物附件造型上，都可以看到秦人的审美情趣及工艺美术水平，即如秦陵铜车马的金当卢（金钖）、络头的银泡，咸阳宫殿的铜铺首、雁足灯等等，都显示了装饰艺术的效果。

把图案花纹织进丝织品，在咸阳一号宫殿遗址发掘中找到了实例。（见图8-19）由十一种丝、麻制作的衣服已经炭化，但仍可辨认出丝绸的质地，其种类大致有锦、绮、绢等。锦和绢地锁绣（又称"编织绣"）上的图案是杯菱纹，间以豹纹，上下夹以几何条带，空间以三角、团点、弧线及多种连线填充。整个横幅作二方连续排列，显得规正大方。以举爪回望的豹纹图案打破机械连续的构图，有静有动，动静结合。可以想见，这种质地细微的编织绣（绣线径0.6毫米/根；两根合股，拈向5拈）原本色彩鲜艳，图案

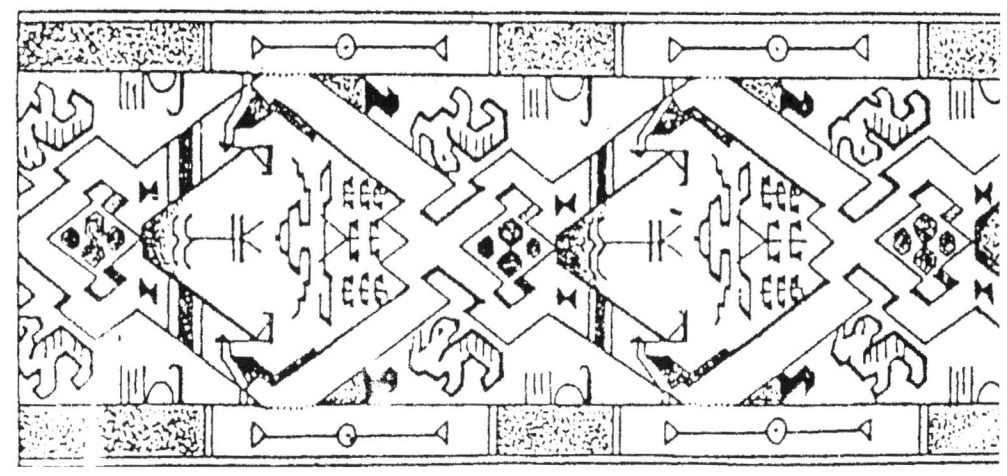

图8-19 丝绸图案

华丽，不但是技艺高超的丝织品，而且是实用的工艺美术品，无论在纺织史或美术史上都具有重要意义。

秦俑将甲上的图案，排列整齐，色彩艳丽，或作二方连续、四方连续，都是别开生面的美，也反映了当时绣绘的水平。（见图8-20）

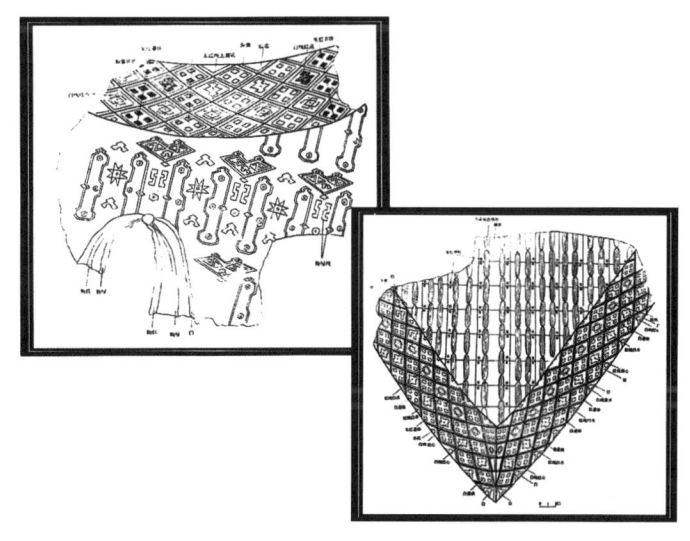

图8-20 将甲衣饰花纹

五、书法艺术

（一）秦书法资料检索

1. 铜器、金属权量上的铸铭或刻文

宝鸡市太公庙发现秦武公初即位时公元前697年的铜编钟5件、镈钟3件，通常称"秦公钟""秦公镈"。（见图8-21、图8-22）甲、乙两种铭文连读，计一百三十五字，其中重文四、合文一。丙、丁、戊三种为另一组，下缺一钟。3件镈钟铭文与甲、乙两种完

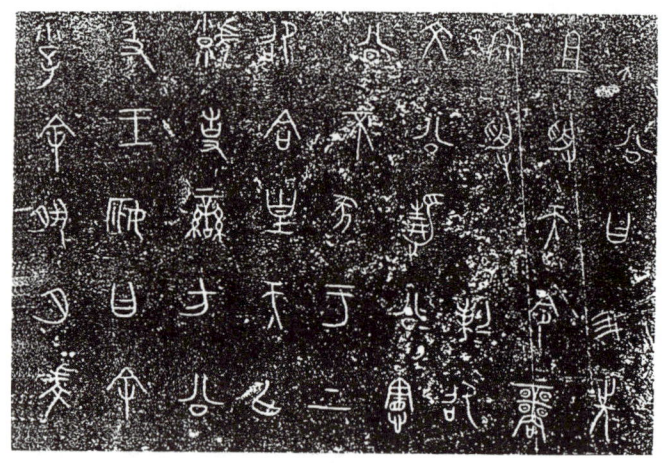

图 8-21 秦公钟（2号）铭文拓片　　　　图 8-22 秦公钟（甲）铭文拓片

全相同，只是行款有别。①

民国初，在甘肃天水附近出土了考定为秦景公元年（公元前576年）左右的"秦公簋"。（见图8-23）器、盖共有一百零五字，其中合文一、重文四，另刻款十八字，合计一百二十三字。②现收藏于中国国家博物馆。

以上两器虽然分别制作于秦建都咸阳前的春秋早期与晚期，受周的影响较明显，但其书体毕竟属于秦系文字。从以下辑录的资料中，我们还可以窥见秦文字书法艺术演变的轨迹。

秦孝公十八年（公元前344年）铸造的"商鞅方升"（也称"商鞅量"），现藏于上海博物馆。器左侧刻三十二字，内合文一，前端刻"重泉"（今陕西蒲城县东南龙池镇重泉村）。秦统一全国后，调回商鞅方升，重新校量，在底部刻始皇二十六年

---

① 卢连成、杨满仓：《陕西宝鸡县太公庙村发现秦公钟、秦公镈》，载《文物》1978年第11期。
② 郭沫若：《两周金文辞大系图录考释》，科学出版社，1957年。

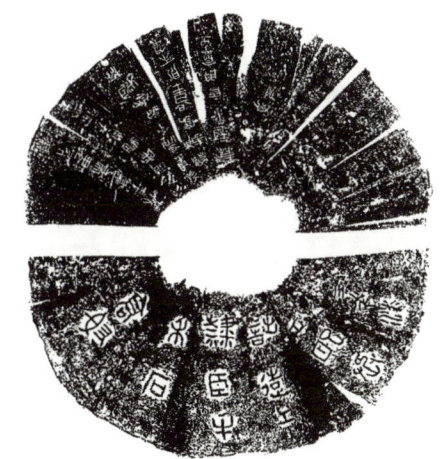

图 8-23 秦公簋铭文拓片　　　　图 8-24 高奴铜石权铭文拓片

诏文四十字，并在一侧刻上新的置用地"临"字。①此外，录载或传世始皇诏的铜方升椭量有10多件，诏文均同，还有始皇二世的两诏铜椭量数件。

秦阿房宫遗址范围内的高窑村，于1966年出土一件秦昭襄王三年（公元前304年）铸造的铜石权。现藏于陕西历史博物馆。因为是秦政府颁行给"高奴"称量粮食的，所以常称作"高奴禾石铜权"或"高奴铜石权"（见图8-24）权正面铸凸起的阳文十六字，反面后加刻始皇和二世的两诏书及"高奴石"三字。②此外，录载、传世或出土始皇诏的铜权、斤权、铁石权有40多件。著名的"大騩权""旬邑权""平阳权""美阳权"（见图8-25、图8-26、图8-27），都是置用地特有的标准权。

秦始皇统一六国后，为推行度量衡制的统一，把皇帝命令颁行的诏书刻在量器和权上。又往往将此诏文刻在一块铜板上以便镶嵌在度量衡器上，此物就是常说的"秦诏版"。二世元年依葫芦画瓢地也作诏版，或在权量上始皇诏文后加刻上自己的诏文，表明继续贯彻统一度量衡的既定方针。这两诏铜版在长陵车站沙坑中都有出土，其文字，同样是研究秦书法的资料。

2. 刻石文字

迄今为止所知的我国最早的刻石文字莫过于"石鼓"，而它又是迄今为止所知的我国最早的文字刻石。因为文字是刻在如鼓的石上，就称之为"石鼓"，其内容是歌颂秦君游猎苑囿的，所以又被称为"石碣""猎碣"，其文字曰"石鼓文"。（见

---

① 罗振玉编：《秦金石刻辞》，1914年；马承源：《商鞅方升和战国量制》，载《文物》1972年第6期。
② 陕西省博物馆：《西安市西郊高窑村出土秦高奴铜石权》，载《文物》1964年第9期。

图 8-25　铜椭量上的秦始皇诏文拓片

（旅顺博物馆藏）

图 8-26　大驰铜权两诏文拓片

（南京博物院藏）

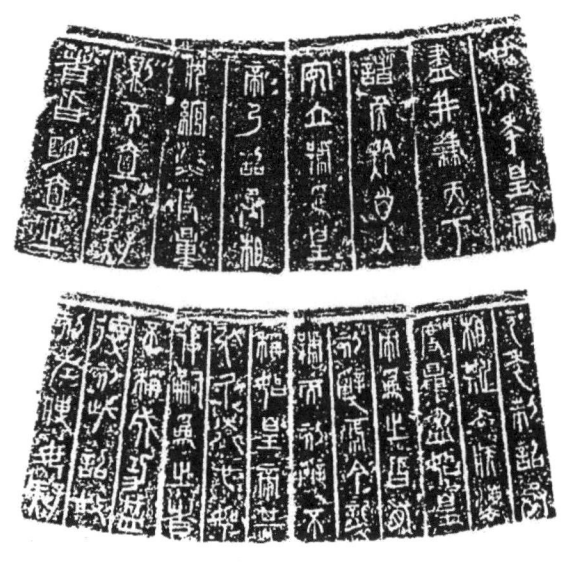

图 8-27　旬邑铜权两诏文拓片

（天津历史博物馆藏）

图 8-28　石鼓文字选

图8-28）共有刻字的"石鼓"10个，每石高约100厘米，直径60厘米，竖向环刻一篇有韵的四言诗，仿《诗》大小雅体裁。石鼓于唐初贞观年间发现于陈仓县的石鼓山原野中。肃宗驻跸凤翔时，县令迁石鼓于"雍城南"。唐末又迁至凤翔文庙。宋迁石鼓于汴京（今河南开封市），金人又掳至燕京（今北京市），并弃之于荒野。这时，其中的第八鼓已漫漶无字。日本帝国主义侵华时，马衡、吴玉章等先生保护石鼓南迁上海，后又辗转宝鸡、汉中、成都、峨眉等地，费尽千辛万苦。1958年，才得由南京运到北京，现

藏于故宫博物院内。石鼓制作年代至今并无定论，断为秦国者，亦有秦襄公、文公、穆公、灵公、献公之说。① 时间跨越春秋时代到战国中晚期，刻石文字呈现出籀文到小篆的书法特点，其价值更具历史意义。如果按10个石鼓的字数计算，有七百余字。现流传最早的是明人安国旧藏三种北宋拓本（称为石鼓先锋本、中权本或后劲本），剩下五百零一字。而今石鼓上因岁月风尘的消磨，也只留下二百七十二字。

诅楚文刻石共计有3件。《祀巫咸神文》刻石据苏轼记出于凤翔开元寺，《祀朝那湫文》石出朝那湫旁，《祀亚驼文》石出要册（今甘肃正宁县东60里原有要册湫）。此三石均发现于宋代，刻文相同，埋于山川。祀神巫咸、大沈厥湫（《即《史记·封神书》之"湫渊""沈湫""朝那湫"》）、亚驼三位。原疑诅楚文刻石为伪，经先后多位学者辩证确系战国秦物。文有"昔我先君穆公及楚成王，是缪力同心，两邦若壹，……今楚王熊相，庸回无道，……兼倍（背）十八世之诅盟"。

秦自穆公之后，经18世正是秦惠文王。刻石时间当在秦惠文王更元十三年、楚怀王十七年，即公元前312年。楚受张仪之欺欲伐之，秦命宗祝向三神祷告，祈求降祸给楚。文是诅咒，书体则表现了秦文字发展到小篆的阶段。三石佚亡于南宋之后，字存

---

① 关于石鼓年代，自唐以来，聚讼纷纭。据马非百先生统计有五说：
一、周代说
1.周成王时：宋董迪、程大昌、洪适，清翁方纲、古华山农（沈梧），近人郑业敩等主之。
2.周宣王时：唐苏勖、张怀瓘、韩愈、郑余庆，宋释梦英、沈括、赵明诚、薛尚功、郭忠恕，明王世贞、赵宦光，清朱彝尊、段玉裁、钱大昕、洪颐煊、孙星衍等主之。
二、秦代说
1.秦襄公时：明杨慎、清全祖望、近人郭沫若主之。
2.秦襄公至秦献公时：宋巩丰，清程廷祚、陈鳣等主之。
3.秦文公时：震钧、罗振玉、马叙伦、日本中村不析等主之。
4.秦穆公时：马衡主之。
5.秦惠文王至始皇时：宋郑樵主之。
6.秦灵公时说：唐兰主之。
7.秦昭襄王时：蒋志范主之。
三、汉代说
清武亿主之。
四、后魏说
1.元魏世祖太武帝太平真君七年时：清俞正燮、姚大荣主之。
2.西魏文帝十一年时：元陆友主之。
五、北周说
金马定国，明焦竑，清顾炎武、万斯同、庄述祖等主之。
经王辉先生考证，石鼓文的时代定在秦景公五至三十二年（公元前572—前545年）。参见其《秦文字集证》，台北艺文印书馆，1999年。
宝鸡文理学院的彭曦先生从成诗的季节、石质与技术研究，认为石鼓"作成于战国中、晚期"。参见其《中华瑰宝石鼓文——石鼓新韵共赏析》，三秦出版社，2010年。

琅邪台刻石残字　　泰山刻石残字

图 8-29　泰山刻石与琅邪台刻石拓片（局部）

《张帖》《汝帖》本，容庚重刊在《古刊零拾》上，后在郑振铎《中国历史参考图谱》一书中亦有收录。

秦开刻石的先河，到秦始皇时发展到了极致。据《史记·秦始皇本纪》载，秦始皇五次出巡，就在邹峄山、泰山、之罘、东观、琅邪台、碣石、会稽等六地曾七次封禅刻石。（见图8-29）。秦二世巡行时，"尽刻始皇所立刻石，石旁著大臣从者名"。而《史记》只录载泰山、琅邪台、东观、碣石和会稽等五石文字，唯峄山和之罘第一次的刻文失载。之罘、东观、碣石和会稽刻石，早已遗失。今残留的刻石文字只见：峄山刻石——西安碑林博物馆藏宋郑文宝复刻南唐徐铉的摹本。（见图8-30）宋邹县令获长安摹刻拓片，再刻衙后峄阴堂，元代宋德因其残缺而再度复刻，现存孟庙中。泰山刻石——今藏泰山泰庙中，仅存七字，其中有三个是半边字。北宋存留的二百二十字本今已难觅，明存二十九字的翻刻本较多。琅邪台刻石——清光绪二十六年崩毁于雷雨，1921年诸城县在琅邪台拾得断石数块粘合，今藏中国国家博物

图 8-30　峄山刻石拓片（局部）

馆，但剥泐严重，字迹漫漶。罗振玉据明拓本收入《秦金石刻辞》中。据前述略，泰山与琅邪台刻石残字、峄山刻石摹本于我们虽是管窥豹斑，但于领略李斯手书秦篆的风韵毕竟是弥足珍贵的资料。

今临潼博物馆收藏有一块秦石，上刻"右卯""廿六"等字编号，出自工匠之手，同始皇刻石相比似有文野之别。

3. 戳印、刻画、模压在陶制品上的秦文字

把君主的命书刻在泥坯上，经窑烧制陶的处理，成为政府文件的凭证，也是秦人的一种管理性创造。这种被称作"瓦书"的最早实物，就是1948年出土于陕西户县沣河沙中的战国"秦封宗邑瓦书"。埋在封疆地下，作为右庶长歜（即寿烛）宗邑的凭证，时在秦惠文王四年（公元前334年），全铭正背面共九行，一百二十一字，内合书三、重文二，书体为秦式小篆间有隶书。①以瓦书作为陶文的载体，这是最长的一篇陶器铭文。

研究秦国书法和统一后秦系文字的流布，陶文是万万不可忽视的材料。（见图8-31）秦陶文大量地涌现还是20世纪60年代以来的事，多出土于秦咸阳、栎阳和始皇陵园。表现形式：一是用印章戳印在砖、盆、瓮、罐、釜、壶等陶器和武士陶俑身上，可称为"戳印陶文"；二是用锐器刻画在上述制品上，可称作"刻画陶文"；三是模作的"文字瓦当"或"文字砖"。这些多成自泥坯未干之时，由工匠或监工的小吏所为，篆隶混用，文野并存，具有一种自由活泼的质朴美。

始皇统一度量衡的诏书有

1. 左胡 2. 右仓 3. 左贝 4. 齐 5. 胡 6. 戎 7. 左水 8. 胡 9. 寺水 10. 王 11. 咸 12. 宫章 13. 贝 14. 安末 15. 咸郦里駔 16. 咸亭阳安驲器 17. 四十 18. 寺

图 8-31 戳印和刻画的陶文

---

① 陈直：《史记新证》，天津人民出版社，1979年；郭子直：《战国秦封宗邑瓦书铭文新释》，见陕西省考古研究所、中国古文字研究会、中华书局编辑部合编：《古文字研究》第14辑，中华书局，1986年。

图 8-32 陶量上廿六年诏文拓片

模印在陶量上的。以二行四字的阳文反书印戳，依次钤印在陶量器上，再经窑烧。全篇诏文需要10个印戳。由于陶器易碎，今见到的陶量诏文都是些残片。①（见图8-32）

4. 青铜兵器上的铭文

青铜兵器上的铭文多为錾刻，细如发丝，因受到工具材质及刻者技术的限制，字体往往走形。但字体、书风因带有时代烙印，仍不失其研究书法的价值。刻铭字数多，成篇；铸铭仅一二字。

秦的铭文兵器较多，传世、录载和发掘者从春秋早期的秦子戈、秦子矛起，战国兵器除在咸阳由中央铸造外，还有授权于郡造的。依时间顺序略见有：秦孝公十六年（公元前346年）大良造鞅殳镦、大良造鞅戟、十九年商鞅殳镦②，秦惠文王前元四年（公元前334年）相邦樛斿戈、王五至七年上郡疾戈、十三年相邦张义戈、吾宜戈，昭襄王七年（公元前300年）上郡守𤴐戈、十二年守寿戈、广衍矛、□□年上郡守戈、十四年相邦冉戈、□□年丞相触戈、十七年丞相启状戈、十八年上郡戈、廿年相邦冉戈、廿五年上郡守厝戈、廿六年丞相戈、丞广铜弩机、廿七年上郡守趞戈、卅一年相邦冉戈、卅三年诏事戈、卅八年上郡守庆戈、卌年上郡守越戈、廪丘戈、广衍戈，庄襄王二年（公元前248年）上郡守冰戈、二年少府戈、三年上郡守冰戈，秦王政二年（公元前245年）寺工𦁐戈、三年相邦吕不韦矛、三年相邦吕不韦2戈、四年吕不韦2戈、四年吕不韦戈、五年吕不韦3戈、七年吕不韦戈、八年吕不韦戈、少府矛、高奴矛、十三年少府矛、十四年属邦戈、十五年寺工3铍、十六年寺工铍、十七年寺工6铍、十八年寺工铍、十九年寺工5铍、二十二年临汾守曋戈、寺工3矛、寺工铜镦、二十六年蜀守武戈、属邦矛、

---

① 罗振玉编：《秦金石刻辞》，1914年。

② "十九年商鞅殳镦"，系1995年发掘塔儿坡秦墓时出土于27063号墓中。与之相邻的28057号墓中，出土有两件彩绘的陶骑马俑。此两墓的时代，约为战国中期秦惠文王、武王时。

为减少注释的工作量，以下秦兵器不再赘引原始出处，一律用王辉先生的《秦铜器铭文编年集释》一书。

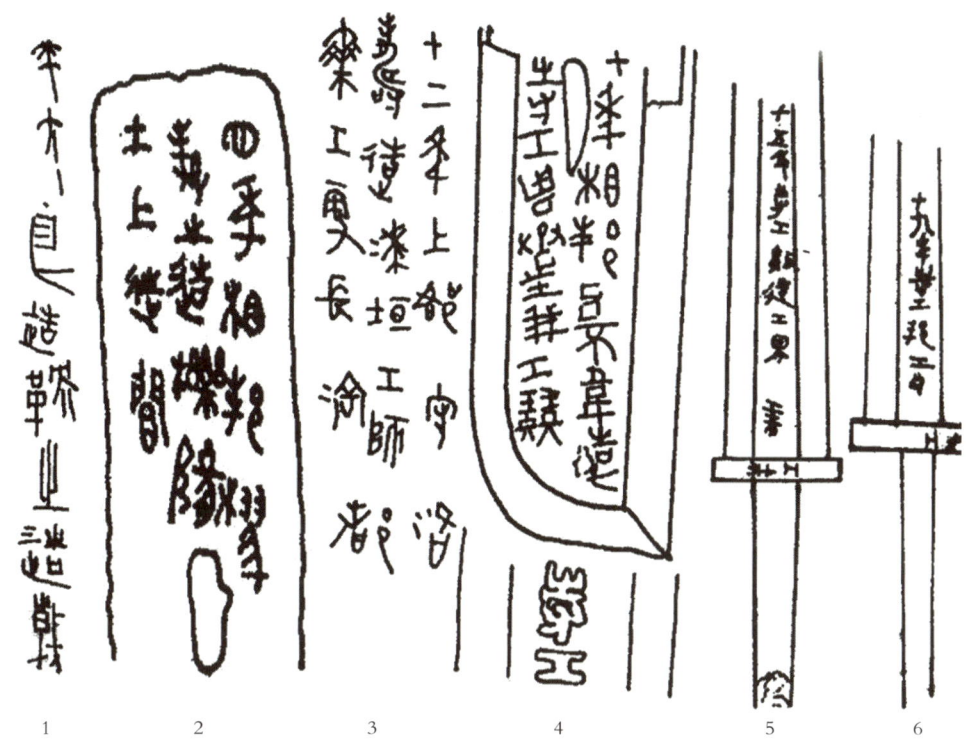

1. 大良造戟 2. 相邦樛斿戈 3. 上郡守寿戈 4. 七年相邦吕不韦戟 5. 十五年寺工铍 6. 十九年寺工铍

图 8-33 铜戈与长铍铭文摹本

蜀西工戈、武都矛、诏吏矛、枸矛，秦二世元年（公元前209年）丞相斯戈等。（见图8-33）

在秦俑坑铜弩机的部件上多錾有编码刻记，如数字、天干、地支、库名、图案、符号等。均甚简单，却有艺术趣味。[①]

5. 竹简与木牍文字

秦竹简和木牍的发现显示，上面确是墨书文字。在湖北云梦秦墓中与之伴出的还有墨、石砚及毛笔。这才使我们看到真正的秦代书法。（见图8-34）

云梦睡虎地第十一号秦墓发掘于1975年，其主人狱吏喜下葬于秦始皇三十年（公元前217年），在他周围堆放的墨书竹简总数达1150多支，大致包括了9种书稿[②]。从《编年记》所记自秦昭襄王元年（公元前306年）至秦始皇三十年（公元前217年）的情

[①] 王学理：《秦俑专题研究》，三秦出版社，1994年。
[②] 孝感地区第二期亦工亦农文物考古训练班：《湖北云梦睡虎地十一号秦墓发掘简报》，载《文物》1976年第6、9期。

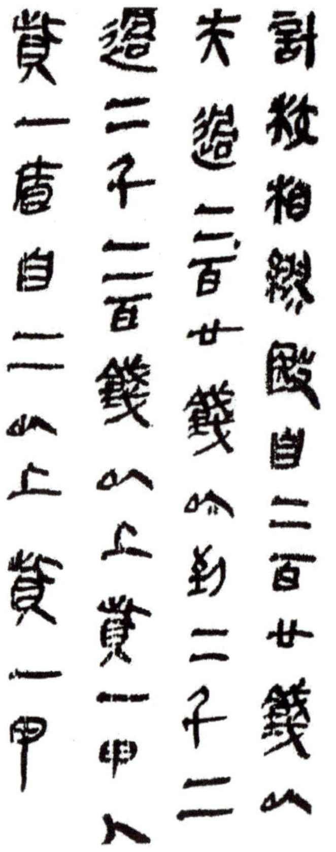

况看，这批墨书资料反映的是秦统一前后"古隶"的面貌。

云梦睡虎地第四号秦墓出土木牍两件，上面是士卒黑夫与惊于秦王政二十四年（公元前223年）写给家中的信，两面墨书。①

湖北云梦县龙岗秦墓出土竹简200余枚，文字多有残缺。有《禁苑》《驰道》《马牛羊》《田赢》等，时间为秦王政二十四年（公元前223年）至二世三年（公元前207年）。

2002年，湖南省龙山县里耶镇一秦代古井内发现简牍37000余枚，是迄今秦简出土最多的一次。这批简牍多为文书，时当秦始皇后期至二世时。

从书体角度往前追溯，战国晚期到秦统一前的"古隶"资料要数1986年发掘的甘肃天水放马滩一号秦墓了。该墓出土竹简460支，保存完整，字迹清晰。②再往前的资料是1980年，四川青川县郝家坪秦墓出土秦武王二年（公元前309年）的两块木牍，内容是关于田地律

图8-34 秦简文字选（云梦秦墓）

令的，近二百字。③

6. 兵符信节文字

兵符文字有三，分别刻在杜虎符、新郪虎符和阳陵虎符上。属战国以来的信物，其文字书体因时间有先后而别呈异趣。

杜虎符1973年冬出土于西安市南郊北沈家桥，地属秦杜县。从虎颈起，錾刻错金九行四十字："兵甲之符，右才（在）君，左才（在）杜。凡兴士被甲，用兵五十人以上，必会君符，乃敢行之……"④（图版捌：杜虎符）虎符年代当为秦惠文王十四年

---

① 黄盛璋：《云梦秦墓两封家信中有关历史地理的问题》，载《文物》1980年第8期。
② 甘肃省文物考古研究所、天水市北道区文化馆：《甘肃天水放马滩战国秦汉墓群的发掘》，载《文物》1989年第2期；同期刊何双全《天水放马滩秦简综述》一文。
③ 四川省博物馆、青川县文化馆：《青川县出土秦更修田律木牍——四川青川县战国墓发掘简报》，载《文物》1982年第1期。
④ 黑光：《西安市郊发现秦国杜虎符》，载《文物》1979年第9期；朱捷元：《秦国杜虎符小议》，载《西北大学学报》（哲学社会科学版）1983年第1期。

（公元前324年）称"王"之前。

新郪虎符现藏法国巴黎，文字错金，计四行四十字。①文中右半在王，不称君，不称皇帝，左半在新郪（今安徽太和县北），用符时间当在秦灭韩至统一之前（公元前230—前221年）。

阳陵虎符据说出自山东临城（今山东枣庄市薛城区），现藏中国国家博物馆。错金铭文最短，只有"甲兵之符，右才（在）皇帝，左才（在）阳陵"十二字。②为秦统一后物。

符传信物用竹、木制作、书写，但易腐朽。至今未见"验""符""符券""符传"类实物，更没有见到鄂君启金节那样的秦"节"。

7. 货币、钬印和封泥文字

货币文字很具书法艺术特色，又是时代的见证，有着多方面的研究价值。秦的货币形态主要是铜圜钱，最早的是一两圜钱，面文作"珠重一两"，后续"十二""十三""十四"等三种编号。较小者，则有半圜钱，属于秦惠文王二年（公元前336年）的"初行钱"。

半两圜钱外圆内方，其体量是中国钱币的基本形态，影响达2200多年。秦半两最早的实物，是四川青川县郝家坪第五十号秦墓中出土的7枚半两铜钱。秦始皇统一货币，把半两钱推行全国，其字文更为规正化。

秦在战国末年，半两钱的变异品两甾钱、吕不韦的文信钱、成蟜的长安钱，数量极少，使用区域有限。

历来人们喜爱秦汉玺印，其书体、布白的影响深远，治印人常有"印宗秦汉"之说。1962年在长陵车站南沙坑窖藏铜器中，经笔者手清理出"彭祖""徒唯"两枚有日字界格的白文铜印章。③1976年，在秦始皇陵东的陪葬墓中出土"荣禄"和"阴嬬"两枚有日字界格的铜私印，④印主前为男后为女。塔儿坡墓群出土4枚印章，印文分别是"犀印""士仁之印""安众""郑印"。（见图8-35）此外，湖北江陵秦墓里还出土两颗秦昭襄王时期的玉印，都刻"冷贤"两字，作有边栏的白文。两印文体，一用小

---

① 罗振玉编：《秦金石刻辞》，1914年；刘体智：《小校经阁金文拓本》，1935年；郭沫若：《两周金文辞大系图录考释》，科学出版社，1957年。
② 罗振玉编：《秦金石刻辞》，1914年；容庚：《秦汉金文录》，1931年。
③ 陕西省博物馆、文管会勘查小组（王学理）：《秦都咸阳故城遗址发现的窑址和铜器》，载《考古》1974年第1期。
④ 秦俑考古队：《临潼上焦村秦墓清理简报》，载《考古与文物》1980年第2期。

篆,一用草篆。(见图8-36)

近年在汉长安故城内的桂宫东北部(当相家巷和黄庄之间)出土2000多枚秦代封泥。最先,流落在北京的一批,为梦斋收购,共得千余枚,归类200余种。其内容包括中央、首都、郡县等官署的官印及一部分私印,印面为有田字或日字界格的阳文,标准小篆字体,纤细而规正。[①]

在咸阳、临潼的秦代陶器、砖瓦和兵马俑身上的戳印陶文,同封泥一样,都是使用印戳的结果。过去,笔者在咸阳的制陶作坊遗址中也发现过陶印章。可见这些陶工的印,实际上是专为其产品负责的,同"物勒工名"制度一致。其印文粗疏,具有自由的风格,同金属钵印显然有别。

前面所述,只是按秦书法资料赖以存留的载体之材质分类。如果依研究家按载体及其形成文字的特点,则有另一种分法,即常说的金文、陶文、玺印、货币、契刻等类。

(二)秦书法艺术鉴赏

1.文字发展史呈现着书法的变化

文字同书法是一体的两种表现形式。

出土地:1—4.塔儿坡墓 5—6.始皇陵葬墓
7—8.长陵车站沙坑铜器群 9.滩毛村南
印文:1.屌印 2.士仁之印 3.安众 4.郑印
5.阴嫕 6.荣禄 7.徒唯 8.彭祖 9.咸新安盼

图8-35 秦都咸阳出土的私印

图8-36 江陵秦墓出土的"冷贤"印章

---

① 秦封泥出土地在汉长安城相家巷之南,黄庄之北。据知已有四批封泥资料面世,其中一大批为北京梦斋先生求得,藏北京古陶文明博物馆;西安市书法艺术博物馆傅嘉仪先生又收藏了一批秦封泥300多枚;西安市文物考古研究所于1997年3月发掘了一批秦封泥,有300多枚;中国社会科学院考古研究所2000年发掘,又出土325枚,计100种。
已公布的资料有周晓陆、路东之:《空前的收获 重大的课题——古陶文明博物馆藏秦封泥综述》,载《西北大学学报》(哲学社会科学版)1997年第1期;周晓陆、路东之、庞睿:《秦代封泥的重大发现——梦斋藏秦封泥的初步研究》,载《考古与文物》1997年第1期;中国社会科学院考古研究所汉长安城工作队:《西安相家巷遗址秦封泥的发掘》,载《考古学报》2001年第4期。

书法依附文字而存在，是外在的美，同时也随文字的发展而变化。

文字是交流思想的重要工具和传记手段，而我国的汉字同自己民族的文明史一样源远流长。早在6000多年前，处于母系氏族公社阶段的西安半坡人，就在陶器上刻画出20多种符号。同样，在姜寨新石器时代遗址里，不但见有38种类似文字的刻画符号，而且也有了原始笔、砚、颜料的发现。显然，中国文字这时已经萌芽。郭沫若先生就肯定这些刻画符号是"中国原始文字的孑遗"，"创造它们的是劳动人民，形式是草率急就的，从这种观点出发，我认为广义的草书先于广义的正书"。[①]

殷周时期的文字结构，尽管笔画和形体不尽同一，但从甲骨文到金文，其整形结体比较固定，遵循着严密的构成规律，反映出前后承续的关系，表明都属于同一的汉文字系统。《汉书·艺文志》《说文解字叙》《周礼》释注所谓的"六书"，即"指事""象形""会意""形声""假借""转注"这六种造字的原则，都可从"金文→甲骨文"的溯本求源中找到发展轨迹。但是，它是构成汉字的因素，便于学童识字，却不是字体。

由于我国幅员辽阔，历史悠久，文字在长期的书写过程中渐渐产生了差别。特别是在春秋以降，到战国时期，因为封建割据状态的存在，汉字在演化中逐渐形成"文字异形"的局面；另一方面随着经济、文化的发展，各地商品交换和交通的畅达，公务往来频繁，文字得以广泛应用，特别是下层公务人员和民间为了书写方便常使文字趋向简化、草率，于是，就产生出区域性的不同。这时，不但各国间的文字书写按文化区域有所区别，就是同一字在同一国家内也往往会有不同的写法。统而言之，从书法角度讲，统一而工整严谨的"正体"与多形而急就简化的"俗体"并行。

按照王国维先生的研究，周代文字分成籀文与古文两大派系，实际上秦国用的是籀文，六国用的是古文。据他考证，"古文、籀文者，乃战国时东西二土文字之异名，其源皆出于殷周古文。而秦居宗周故地，其文字犹有丰、镐之遗，故籀文与自籀文出之篆文，其去殷周古文反较东方文字（即汉世所谓'古文'）为近"。[②] 他以潼关为界分"东土"和"西土"两大系统的文字，除西土的秦系文字较为稳定外，东土文字在繁衍中仍有新的分化，像以齐、晋为代表的北方大国（包括燕、中山、两周和卫）就同以

[①] 郭沫若：《奴隶制时代·古代文字之辩证的发展》，人民出版社，1973年。
[②] 王国维：《观堂集林·战国时秦用籀文六国用古文说》，中华书局，1959年。

楚为代表的南方大国（包括吴、越、徐等）分道扬镳。所以，当时在我国至少就存在着黄河流域、江淮流域、渭河流域三大文字地区。即使处于同一地区的各大国之间的文字也是有差异的，甚至一国之内的同一字的写法也多种多样。像"马"字在齐国有三种写法，在楚、燕和三晋也各有两种写法；"安"字在三晋有四种写法，而在齐、楚、燕各国又不尽相同。具体可参见马非百《秦始皇帝传》（江苏古籍出版社，1985年）所附下表：

表8-2　统一前六国文字异形情况举例表

今字	国别	对本字的不同写法	出处
马	齐		《古陶文香录》10.1 《尊古斋古钵集林》一集1.27"右闻司马"印 《簠斋古印集》1.17"闻司马钵"
	楚		鄂君启节（《文物参考资料》1958年第4期） 仰天湖楚简第6号（《考古学报》1957年第2期）
	燕		《两周金文辞大系》郾侯载簋 辽宁北票新出郾王职戈
	三晋		《古钱大辞典》"马雍"布 《集古印谱》6.27"荣易氏马"印
襄字偏旁的字	齐		《古陶文香录》附36
	楚		《尊古斋古钵集林》一集1.3"下蔡戠□"印 信阳楚简212号襄字偏旁(《文物参考资料》1957年第9期）
	燕		《古钱大辞典》"襄平"布"纕"字偏旁 《燕陶馆藏印》"□纕"印"纕"字偏旁
	三晋		《古钱大辞典》"襄垣"布 纕安君钘"纕"字偏旁，《三代吉金文存》18.15 《古钱大辞典》"襄城"布"襄"字偏旁

续表

今字	国别	对本字的不同写法	出处
安	齐		《两周金文辞大系》陈猷釜 《古陶文香录》7.2
	楚		《西周金文辞大系》曾姬无恤壶
	燕		《古钱大辞典》"安阳"布 《簠斋古印集》1.10"文安都司徒"印
	三晋		《古钱大辞典》"武安"布 《古钱大辞典》"安阳"布 《古钱大辞典》"安邑一釿"布 《古钱大辞典》"安臧"布
乘	齐		《古陶文香录》
	楚		《两周金文辞大系》鄂君启节
	燕		《三代吉金文存》廿年距末
	三晋		《三代吉金文存》十三年鼎"勶"字偏旁

容庚先生在其《金文编》一书中所收录的"宝"字竟有194种形态，"眉"字也有104种。

既然古文与籀文同源于"殷周古文"，二者的区别何在？看来"古文"实际上是春秋战国之间的六国文字，而"籀文"在古文字学界仍是个众说纷纭尚未取得一致看法的字体。《汉书·艺文志》小学载《史籀》十五篇注作："周宣王太史作大篆十五篇，建武时亡六篇矣。"叙录又说："《史籀篇》者，周时史官教学童书也，与孔氏壁中古文异体。"由此可见，所谓《史籀》十五篇实际上是经过太史整理后用以教授学童的大篆字书，从时间上又被后世称为"古文"。在这里，有一点可以肯定：秦人早就接受了周文化，春秋时期用的确实是大篆书体。秦公钟、镈钟铭文以及石鼓文，就是以大篆为基础所形成的秦系文字。显然，西土的古文（籀文）比东土的古文还要"古"。

无论怎样，文字异形的结果对社会经济发展和文化交流所产生的阻滞作用是异常明显的。那么，统一文字，成了社会前进的要求。实际上，不但大篆文字在不停地演化，出现了秦式的"小篆"，而且民间也早已采用了"隶书"。齐国有"临淄人发古冢，得桐棺，前和外隐为隶字，言齐太公世孙胡公之棺也。惟三字是古，余同今书。证知隶自出古，非始于秦"（《水经注·谷水》）。秦"大发隶卒，兴役戍，官狱职务繁，初有隶书，以趣约易，而古文由此绝矣"（许慎《说文解字叙》）。高奴铜石权的"奴"字、睡虎地秦墓竹简上的"好"字，其"女"旁都不是篆体，可称"草篆"，也就是早期的隶书，很早有人就管它叫"古隶"。同样，在简牍上凡是从"水"的偏旁都作三点。有意思的是江陵秦墓两颗玉印，都刻"冷贤"二字，却一印用小篆，一印用草篆，其中的"三滴水""令""又"等偏旁迥然不同，风格异趣。由此可见，早在秦昭襄王时期，篆与隶两种书体已同时存在。况且比起东土多形的文字来，秦系文字要简单约易得多。所以，当秦始皇进行"书同文字"改革时，与其说含有"秦本位"的思想，毋宁说是历史优选的结果。因此，秦统一文字是以西土的秦文字为基础，"罢其不与秦合者"，把原来已比大篆有所简化的小篆作为官书用来书写庄重的石刻铭文，同时在官府文书中大量采用更为简化的隶书，并以法令的形式把官方统一的标准文字推向全国，从而取代了"东土文字"。（许慎《说文解字叙》）

为达到"书同文字"的目的，当时采取了一项积极的措施，就是颁发了统一文字与书法的范本。秦始皇令丞相李斯、中车府令赵高、太史令胡毋敬（胡母敬）三人对长期来已经在演化着的大篆字形结构、笔画走向等做以省改，削繁就简，分别写出《苍颉篇》七章、《爰历篇》六章和《博学篇》七章三个小篆样本——字书，做到字形规矩（大小、位置笔数）、走向匀称（书写次序）、偏旁部首统一（形体、位置、神态和性质），得到结构紧凑、笔画整饬的总体效果。[①]我们现在从泰山、琅邪的刻石残字上，仍能看到李斯书法古朴秀逸的神韵。据载，西汉初曾将李斯的《苍颉篇》同《爰历篇》《博学篇》合并为五十五章，仍称《苍颉篇》，但以后失传了。1977年，在安徽省阜阳的西汉汝阴侯夏侯灶墓中出土了《苍颉篇》竹简，虽然残缺严重，但仍清理出三百六十多个字，比前见两次汉简中保留的要丰富。这些字运笔苍劲，是研究秦汉书法的重要资料。

2. 秦书八体

《说文解字叙》："秦书有八体，一曰大篆，二曰小篆，三曰刻符，四曰虫书，五曰摹印，六曰署书，七曰殳书，八曰隶书。"这些当然指的是书体，绝不是异形的文字。虽然其中明显地还包括李斯等人规范化了的书体之前的秦文字，但毕竟属于秦系文字，表现的是秦之书体。我们再从秦都咸阳范围出土的文字资料看，所谓"八体"未必

---

① 《汉书·艺文志》："文字多取《史籀篇》，而篆体复颇异，所谓秦篆者也。"

那么多，笔者以为那不过是在遵循篆、隶的前提下，或保留大篆书体之美，或创意美术体，再加之受到书写、刻画对象材质的限制，用途、施书工具和方法的不同，就形成了效果各异的"八体"。

下面结合咸阳、始皇陵等地出土的文字材料，来探索一下秦书八体的书法艺术。

（1）大篆

许慎说秦文字"皆取史籀大篆，或颇省改，所谓小篆者也"。可见大篆是小篆的前身，犹如父子关系。

秦人开始接受周文化是亦步亦趋的，西周末年的"不其簋"，其铭文同周金文在书体上并无二致。（见图8-37）应该说大篆是秦人早已熟悉了的字体，其吸收、改进就顺理成章。早已享名的石鼓文，书体整齐，体态长方，布局严谨而骨肉亭匀，书法上字画圆蕴凝重而雍容大雅。明显是继承了西周金文大篆体或"玉箸体"某些传统，由大篆向小篆过渡并为秦篆的普及奠定了规范化的基础。春秋时期的秦公钟、秦公镈、秦公簋，其字画纤细有如游丝，但精神劲健，字体近似石鼓文，已开小篆之先河，章法也多严整宽裕。他如"商鞅量""大良造鞅镦"上的铭文，同样是纯粹西土的秦系文字，但已流露了走出大篆的倾向。

图 8-37　不其簋铭文拓片

秦始皇统一文字之后，大篆虽不再是通用字体，但从秦人的书写习惯与书法艺术角度考虑，却保留了一定的合法性。

（2）小篆

秦始皇五次出巡中的七次刻石，其文多是出自丞相李斯的手笔。从泰山刻石、琅邪台刻石的残铭中可以看到，虽然原来是书写于石再施刀刻，对书写风味有所降低，不露锋芒波磔，不显徐疾弹动，但形态稳定、沉厚大度、笔画整齐、转折圆润，布局上字体

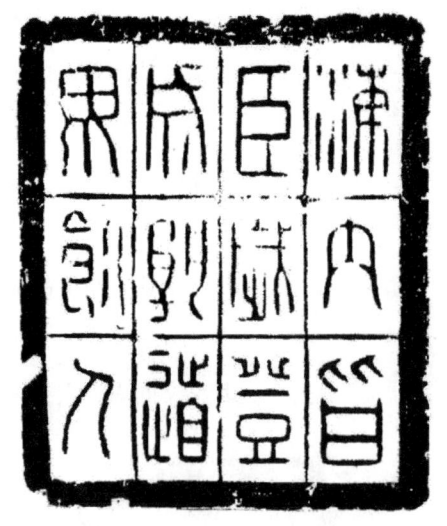

图 8-38　秦十二字砖拓片

端正、间架结构疏朗有致，是标准化了的小篆。上同石鼓文的风格都存在着继承的关系。

小篆字体的秦代作品还有符刻、权量、钵印等。新郪虎符与阳陵虎符的铭文虽然笔画前瘦后肥，但笔道圆融，结构严密，是如出一人之手的小篆书体。秦十二字字砖上文作"海内皆臣，岁登成熟，道毋饥人"（中国国家博物馆藏），书体小篆，布局饱满，笔画圆润有力。（见图8-38）同杜虎符、商鞅方升书体风格显有区别，同秦俑坑出土吕不韦戟内上"寺工"二字的铸铭接近。陶量上的始皇诏文、陶俑身上的印戳及陶器上模印"咸亭"章，规正娟秀，风格一致。而铜诏版上的刻铭，虽属小篆，但因系錾凿之故，在笔画转折处往往坚挺趋方，走刀涩滞，留有明显的痕迹。至于二世诏版，其刀法散乱，浮浅潦草，则是些缺乏小篆精神的败笔。

小篆是秦代的一种标准字体，常用于皇帝刻石、符玺等庄重严肃的环境之中。

（3）刻符

按"刻符"是指兵符车节上的书体，但兵符只见到如杜虎符、新郪虎符和阳陵虎符等铜质错金文字，未见金、玉、竹木制作者，还不能具体说清刻符书体的情况。若按秦虎符上的篆书言"刻"，是没多大意义的，必另有所指。或说像楚鄂君启节一样，但似乎也不尽恰切。

（4）虫书

春秋战国的兵器上，出自装饰美化，有时刻意使字画流动盘回，或粗细变化如飘带，或趋锐尖似麦芒。把字端增饰鸟、虫、鱼形象的一种称作"鸟书""虫书"，或合称"鸟虫书"。（见图8-39）这种很抽象的动物形态被注入书法，在南方诸国的铜器上也常可见到。汉代还有错以金银的，繁复至极。有一种"永寿嘉福"的汉瓦，其文也属于虫书。

灶

莽胥

图 8-39　虫书

秦的"虫书"文字实物未见到，但可以断定，它必是小篆的美术字体。

（5）摹印

摹印体实际是稍加变化了的小篆。因为战国以来的秦印质地以青铜为主，并有少量的金、玉印，陶工多用陶印戳，而印面又有方形、半通、曲尺的不同，先围边栏（秦代又加界格）。于是，在治印前对印面的布局就不能不有疏密、简繁的考虑，字形也不能不有屈曲缠绕的变形，再加之印文用篆又参以隶意，从而就形成了"摹印篆"。所以，古人把这种书体专列，另命名称之。

江陵秦墓出土的两枚"冷贤"印章，属昭襄王时的玉印，字体分为小篆和隶意的草篆。虽刻文只有两字，但印面方正，围以边栏。阴文字画变化灵活，既有厚重沉稳的一面，也有起落弹性之感，充分体现了战国秦印的特点。

"彭祖""徒唯""荣禄"和"阴嬳"都系半通铜印，用日字界格。字用阴文草篆体，比较方正，唯"阴嬳"字画拉长，但都是印面布满，很少露白。只有"咸新安盼"的陶文铜印用反阳文篆体，是很少有的印例，但具田字界格，是典型的秦印风格。

咸阳的戳印陶文无论是六字章或四字章，都呈长方形，字形也同印面保持一致。文字雄浑严整，笔画宽博有力，布局疏朗有致。"咸亭右里道器""咸亭当柳昌器"等印文规正，笔画光洁而转折徐缓，是具有更多隶意的草篆。"咸郦里驵""咸蒲里奇"一类四字章，印面宽大，字体粗犷，在规矩中透漏出更多的奔放，隶意甚浓。兵马俑身上的戳印多为阳文，如"宫系""宫彊""系"等，不讲对称、均衡，显得自由、拙朴；"得"还用反字；知其为陶工所作。看来戳印陶文作为"摹印"的一种补充，也许是出乎许慎意料的。（见图8-40）

汉长安故城内出土的秦封泥都是钤封的印记，印面多有田字界格（方印）、日字界格（半通印）、横日字界格。文字疾浅纤劲，凸

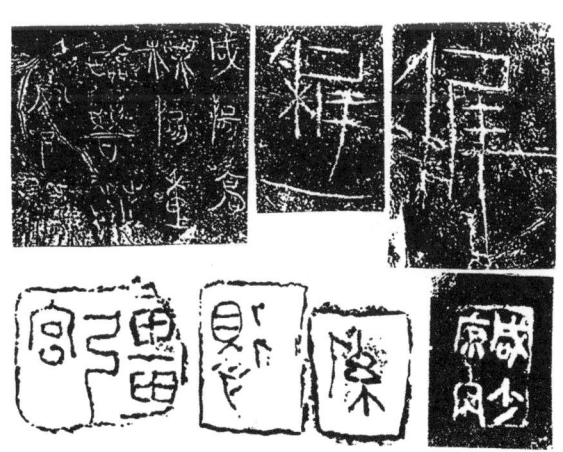

图8-40　秦俑刻文、印文与戳印文字的书法风格

起不高，是接近小篆体的"摹印篆"风格。印面尺码是：方印1.62×1.6～2.2×2.2（厘米），半通印1.6×0.9～2.1×1.2（厘米），接近传世的秦代玺印。这批秦公用玺印封泥

用于护封呈送给皇帝的物品，钤印的是官印，专物专印。其印文书体风格同白文秦印俨然有别。

(6) 署书

段玉裁在《说文解字注》中说："凡一切封检题字皆曰署，题榜亦曰署。"既是题字，必然用毛笔，无论是用之于封检或是榜木上，也无论书体用篆用隶或是其他，都不应该脱离秦统一规范了的文字，当不会有太大的区别。退言之，"署书"既已专列为一种书体，可见有其特殊之处，但可惜的是秦署书材料，至今还未确知。

(7) 殳书

殳是古代一种撞击性长柄兵器，虽有"殳书"一名，但在秦俑坑出土的22支青铜殳头上并未发现刻铭或书写文字。如果其字体笔画状若由粗趋锐的殳头，显然有点近似于公元前3世纪苏美尔人、巴比伦人及亚述人写在软泥版上的楔形文字，但这在中国历史上是没有过的事。相反地，我国青铜兵器戈、戟、矛、铍、剑、刀、弩机上多有铭刻文字，所以笔者认为："殳"只是兵器的代称，"殳书"实际上是指刻在兵器上的文字的书体。

秦俑坑所出与传世的吕不韦戈（戟）、寺工铍、郡铸兵器上的铭文，除戈内上"寺工""诏事"等铸铭的字画宽博粗深又较规正外，刻铭都纤细如毫发，字体草率急就，甚或笔画艰涩阻滞，通体大小、行距不一，篆隶兼有，别具一格。这，应该就是秦的"殳书"。

(8) 隶书

篆书的笔画要求书写时圆转勾连，力度均匀。反之，潦草急就的结果就是使圆转变为方折，均衡变成散开，整个字形和笔法就成了"以趣约易"的隶书。

秦用隶体书写带有普遍性。

秦简的书体是典型的早期隶书——"古隶"。如果说青川秦墓的秦武王二年（公元前309年）更修田律木牍的"古隶"还遗留有较浓重的小篆气息的话，那么，时在统一前夕的天水放马滩秦简的隶意就明显地加重了。可反映出古隶真实面目者，具有代表性的当推云梦睡虎地秦简。其字"书写较重倚斜，率意多变，使字具有飞扬的动感，笔划多以藏锋，亦有露锋，少见波磔，在稚朴间见秀丽。这批秦简章法不一，既有端庄齐整的，也有灵动而随活的。例如《效律》、《秦律杂抄》体态端庄，或圆笔藏锋，或稍露锋芒；《封诊式》用笔疾厉沉着，表现了沉雄的气势，每字向左上耸起的倾斜之姿，为前所罕见；《法律答问》则向右上耸起，笔势精严；这些都是为后世书法创作横竖正倚轻重的笔法、章法变化，提供了最早的范例"①。

始皇陵陶俑身上的刻画陶文，虽然同运笔书写的简牍文字在书法风格上迥异，但能使我们充分体味到"草篆"急就的真谛。如"六"字不作"宂"而作"介"；"咸"字的"口"竟用三道竖画代替，成了"戍"；"马"字同楷书繁体的"馬"相同，只是把下面的四点拉成四竖画；"咸阳赐"的"耳"旁之折，竟是一笔飞快地"扭"出来的。这些若果再同陵西居赀役人墓的瓦志刻文联系起来看，其约易简从的书写方式是可以想见的。因为出自工师或小吏之手，风格同书法大家比，有如山野村姑，同样也具有天然质朴之美。宁夏固原头营镇坪乐出土的战国秦鼎口沿錾刻"咸阳一斗三升"六字，整体隶书，而"阳"字把"日"变作"口"，下部又少一横画，同秦俑刻字全同，足见由篆而隶的趋势与写法的普遍性，故而笔者称其为"黔首的书法"②。

3. 秦通行文字的书法归纳

秦"书同文字"的真正内容，不仅是小篆的统一，而且是隶书的统一。因为篆与隶早在各国已经发生，只不过因地区不同而发生了"异形"的情况。秦始皇统一文字，实际上是以秦人习用的小篆和古隶为基础，吸收了"古文字系统"中的合理成分，统一篆和隶的字形、笔画和书体，再推行全国。

统一后的文字，书体仅用小篆和古隶。从秦书八体的排比看，总的形体不外乎大篆（小篆的前身，即古篆或说是小篆的古体）、小篆（统一后的正体）和古隶（"以趋约易"的俗体）三种。此外，还有一种美术字"虫书"（即"花体"），那不过是篆或隶体的变态或说是装饰体而已。至于刻符、摹印、署书和殳书，只是小篆用在不同场合因材质、工具不同而形成不同的风格而已。从许慎排列书体的次序看，大篆最前，表明它是秦通行文字之前的字体，如同在汉字简化后仍有人在某种场合用繁体字的情况一样，给予合法的存在正是行将过去的必然。隶书列在最后，也正是它最具文字社会基础的表现。那么，秦书八体实际上只有篆、隶两种。由于二者早已萌发于西土文字之中，篆书又是"书同文字"的基础，隶书最具实用性，两者都成为并行的官书。只不过前者用在记功刻石、兵符印信、权量诏书一些更为庄重的场合，属于标准的官书；而后者因草率急就，容易辨识，方便书写，就广泛地用在书写公文、简牍和日常记事上，故而被定为

---

① 周晓陆：《汉字艺术——结构体系与历史演进》，贵州人民出版社，1997年。
② 宁夏铜鼎材料见锺侃：《宁夏固原县出土文物》，载《文物》1978年第12期；论书法文参见王学理：《秦俑专题研究》，三秦出版社，1994年。

常用文字。

(三) 秦书法家及其遗事辨识

秦的书法大家首推丞相李斯，其贡献之一是帮助秦始皇统一文字，同赵高、胡毋敬一起省改大篆整理小篆，并写出习字的范本《苍颉篇》七章。始皇巡行刻石、销兵铸造铜人上的铭文，都是出自李斯之手。他说："上古作大篆，颇行于世，但为古远，人多不能详。今删略繁者，取其合体，参为小篆。"他删略大篆，取其合体的认识和参与小篆的行动，有益于文化的发展。其次，他总结自己的书法经验，论用笔之法是"先急回，后疾下，如鹰望鹏逝，信之自然，不得重改。送脚若游鱼得水，舞笔如景山兴云，或卷或舒，乍轻乍重。善深思之，此理当自见此"（《书史会要》）。这一理论，对后人学习书法具有一定参考价值。

说到秦的书法家，还有一个受历史唾弃并为君子所不齿的卑鄙小人，那就是阴谋奸诈、玩权术、制造血腥恐怖的中车府令赵高。靠一手好字，其作之《爰历篇》六章，竟成为当时人学"小篆"的范本！原来这个生于"隐官"（相当今之劳教所）的赵高也犯了死罪，本该交由秦三代忠良的上卿蒙毅依法惩治，但秦始皇被赵高"强力，通于狱法""私事公子胡亥，喻之决狱""敦于事"的表面现象所蒙蔽，而赦免了他。（《史记·蒙恬列传》）懂法、知道"决狱"，就能钻法律的空子；私通皇帝的小儿子，就有政治后台和保护伞；"敦于事"就是工作勤恳、态度谦和，很能得领导赏识和群众称赞。这条钻营谋权的投机之道，赵高创之于前，其子孙行之于后。其结果是坏人当政，好人挨整，毁了事业，古今的教训也是一脉相承的。学赵高的书法，当然也使人的良心受到折磨。庆幸的是历史没有留下他的真迹，这大概是因他缺德又挟势而被正人所唾弃的结果。

参与"省改大篆"的第三位小篆书法家胡毋敬，曾写出《博学篇》七章。据说他原来是栎阳狱的官吏，因为"博识古今文字"，后官至太史令。[①]可惜他的字学书到西汉就失传了。

变革文字，力图从籀文、古文的书写繁难中跳出来，创出一种急速便写的隶书、草书，早在战国时期各国民间就已经开始。面对千百万人长期书写实践中约定俗成的新体字，搜集、整理，加以规范化，配合流行着的正体字再推广开来，就成为"书同文字"前后汉字发展的必然趋势。这时候涌现出两个功不可没的文字学家：王次仲、

---

① 马非百：《秦集史》引张怀瓘《书断》。

程邈。

王次仲，秦上谷郡（治今河北怀来县东南）人。年少好学，对天文、术数、哲学研究都有很深的造诣。但"隐居庸山中，不为禄仕"。鉴于仓颉所造的"古文"难于掌握，年次弱冠（20岁）时就立意改造，"更为隶法，简略径直，急速即可成章。时秦方燔书，废古训，官狱多事。得次仲所易书，大喜。遣使三召，次仲皆辞不至。始皇怒，因令程邈增损其书行之"①。

程邈，字元岑，下杜人。据《书断》载，程"始为县狱吏，得罪始皇，幽系云阳狱中。覃思十年，益小篆方圆而为隶书，三千字。奏之，始皇善之，用为御史。以奏事烦多，篆字难成，乃用隶字。以为隶人佐书，故曰隶书"（《太平广记》引）。

从王、程事迹中，我们可以得到这些认识：第一，王次仲着手规范隶书在前，程邈完成在后，只因为王不愿做官，不赴召，随之程邈得到始皇的诏令后拿到王稿，"增损其书"，再参考小篆，终于完成隶书的通用本三千字；第二，他们既不是凭空"创造"隶书，也不是简单地搜罗散字，而是花费了"覃思十年"的创造性劳动，可说是一次文字改革活动；第三，秦尚严刑峻法，公务繁忙，在处理众多的民事问题上或刑事问题上，因为这种字体书写方便急就，才取"隶书"。

小篆，或小篆走样，急就的隶书，以至隶书走样带草的情况，在秦俑身上的刻画中都可找到例证，如四、八、九及耳旁等。可见下层社会的这些劳动者，既是文字改革的参与者，也是书法活动的推动者。最后才由程邈等知识分子做了搜集、研究和加工整理，形成书写体字——初期的隶书，也称"古隶"或"秦隶"。

小篆源自大篆（籀文），同时也孕育了隶书。二者并行，用场有别。篆书用在庄严场合，像皇帝的诏书、军令如山的虎符与兵器刻铭、歌功颂德的刻石、社会流布的货币、玺印封泥。而隶书多见于简牍。秦始皇"书同文字"，不仅推行秦篆给予其正统地位，而且减少了文字的图画成分，确立了偏旁的形体与位置。这应该说是汉字演进史上一次最大而又深刻的变革。因为它彻底地改变了小篆及其以前文字的面貌，使汉字由形象化改变为笔画化，并为以后楷书的诞生奠定了基础。至于隶书，则是汉字走简化道路的必然产物。因为篆体书写不便，要急速省时就使得字体走形。战国时期，各国都有隶书流行。秦高奴铜石权的"奴"字是隶篆混合，青川木牍用隶书写成，可见秦始皇用程邈不过是规范定型的整理而已。

---

① 《秦集史》引《水经注·㶟水》、《古今图书集成·职方典》卷一百六十二引《镇志》。

第五节
科学技术

一、天文历法

（一）天象观测与制历

古人观察天象，辨明季节，为了授时，以便指导农业生产（播种、管理、收获、储备）和生活（迁徙、建筑工程等）。秦人继承周人观象授时的优秀传统，在建立人为的、与天象相符的历法方面，也取得了积极的成果。首都有一支三百人的队伍，专门观测星气。（《史记·秦始皇本纪》）而咸阳既是在"法天"思想指导下，按天象规划布局进行建设，又作为国家观象中心，总结天文学成果，把当时编制出的较为先进的颛顼历推向全国。

《吕氏春秋》一书的"十二纪"，记载着秦人观星定月的成就。对一年12个月中，太阳在天空的位置、晨昏的中星，以及相应的天气、物候等都有详细的观察记录。如"孟春之月，日在营室，昏参中，旦尾中"，即是说：孟春这个月，太阳位置在二十八宿之一的"营室"（北方），黄昏时参宿中天（正南），日出前尾宿中天。书中提到立春、立冬、日短至（冬至）、蛰虫始振（惊蛰）、始雨水、小暑、溽暑、白露、霜始降等等，表现出同农事有关的二十四节气正在形成过程之中。应该说，它对12个月天象及二十八宿的描述，都是现存古籍中最早的记录。

《史记·封禅书》载，德公二年（公元前676年）初"作伏祠"。在此之前周无伏，只有秦人把夏至后第三个庚日开始的30或40天这最热的时期称作"伏日"（又称"三伏"）。这是秦人对中国历法的一大贡献。特别是取消了各诸侯国行用的不同历法，把颛顼历颁行全国，历法统一，使之成为中国第一部通行历法。①

出自制定历法的需要，我国古代对恒星的观测还取得了阶段性成果。春秋时期，已能由月亮的位置推算出每月太阳的位置。在此基础上，战国时期就建立起二十八宿体系。《吕氏春秋·有始览》将地球上看到的北天极划作"天有九野，……中央曰钧天，其星角、亢、氐。东方曰苍天，其星房、心、尾。东北曰变天，其星箕、斗、牵牛。北方曰玄天，其星婺女、虚、危、营室。西北曰幽天，其星东壁、奎、娄。西方曰颢天，其星胃、昴、毕。西南曰朱天，其星觜嶲、参、东井。南方曰炎天，其星舆鬼、柳、七星。东南曰阳天，其星张、翼、轸"。人们又将这二十八宿所在的地球赤道和黄道带附近的星空，划出东、南、西、北四个星区，分别用苍龙、朱雀、白虎、玄武这"四象"命名。（见图8-41）每象分七宿，四象共二十八宿：

东方苍龙七宿：角2、亢4、氐4、房4、心3、尾9、箕4。

北方玄武七宿：斗6、牛6、女4、虚2、危3、室2、壁2。

西方白虎七宿：奎16、娄3、胃3、昴7、毕8、觜3、参7。

南方朱雀七宿：井8、鬼4、柳8、星7、张6、翼22、轸4。

二十八宿犹如太阳、月亮的行宫，古人根据日、月在二十八宿的位置来推算一年的季节。

（二）"盖天说"的宇宙理论

在天文观测的基础上，周秦时期已经形成最早的天文科学理论——"盖天说"（又

---

① 西周后期，随着"朔"（是看不到的月象，只能靠计算确定月亮的位置）的概念产生及二十八宿体系和二十四节气的建立，太阳周年运动和回归年的规律也被人们掌握，安排年、月、日的分法就逐渐形成。

据《汉书·艺文志》载，汉时历谱十八家中尚有《黄帝五家历》33卷、《颛顼历》21卷、《颛顼五星历》14卷、《夏殷周鲁历》14卷。可见春秋战国时期各诸侯国行用的历法是不同的。人们把黄帝、颛顼、夏、殷、周及鲁历合称为"古六历"。因为它采用的365又1/4日为一年，故又称"四分历"。实际上，"古六历"按历元（即历法的计算点）看，据其年首的月份不同可以合并为三种历法，即夏历、殷历和周历。此三历的主要区别在于岁首的月建不同：

夏历——以冬至所在的建寅之月为岁首（即后世常用的阴历正月）。

殷历——以建丑之月为岁首（相当于阴历的十二月）。

周历——以建子之月为岁首（相当于阴历的十一月）。

秦采用颛顼历，以建亥三月（即阴历十月）为岁首，与夏、殷、周三历皆不同。一直沿用到西汉中期，前后长达100多年。由于误差积累渐大，历日与天象不符，所以太史令司马迁等人提出改历建议。经过仪器制造、观测和激烈的学术争论，终于采纳了邓平、落下闳等人制定的历法，并于汉武帝太初元年（公元前104年）颁行，这就是著名的太初历。太初历以正月为岁首，冬至所在月为十一月，以无中气之月为闰月。这些规定就形成了中国历法的基本格局，在以后2000年间改历五十次而基本不变。其所记日食、月食周期，为日月食预报打下基础。它所测定的五星运动也比过去有显著进步。西汉末，经天文历法家刘歆加工整理，改名为三统历。到东汉章帝时，因太初历行用近200年，误差又渐大，才由李梵、编䜣等人测算，编制了四分历。

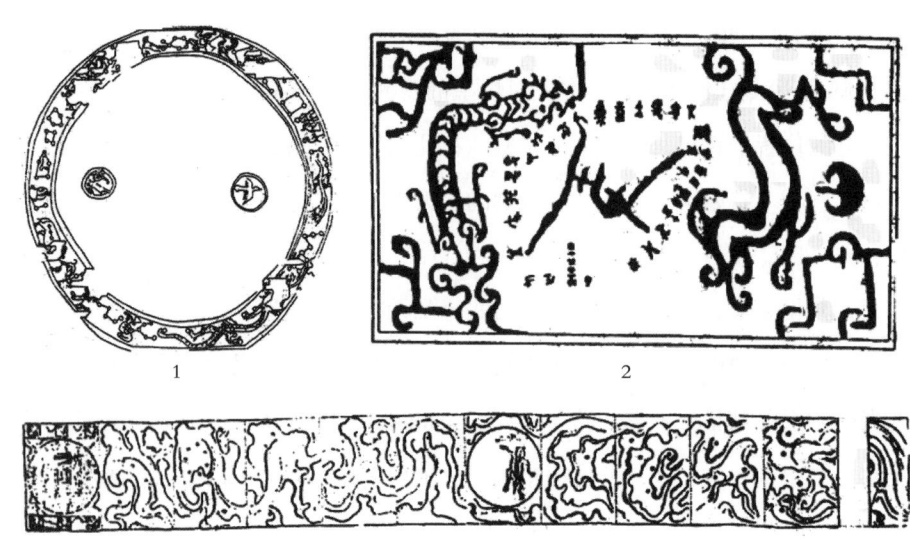

1. 西安交通大学西汉墓壁画中的二十八宿图
2. 湖北曾侯乙墓漆衣箱盖上的二十八宿图
3. 洛阳西汉壁画墓中的星象图

图 8-41　星象图

叫"周髀说")。

盖天说系统化与数学化的论说，见于战国末期的《周髀算经》一书。这一学说起初认为"天圆如张盖，地方如棋局"，即：天圆，在上；地方，在下。具体的描述则是《晋书·天文志》："天似盖笠，地法覆盘。天、地各中高外下。北极之下，为天地之中，其地最高，而滂沲四隤，三光隐映，以为昼夜。"这记载虽源自关中地区周人、秦人对天象观察所做的解释，但毕竟是人类对天体结构最原始、最直观的认识。它在描述天体的视运动方面具有一定的历史意义。

《吕氏春秋》力主天圆地方的盖天说观点，说"天道圜，地道方"(《圜道》)、"大圜在上，大矩在下"(《序意》)，并提出"太一"(即"道")是世界的本源这一哲学基本问题。《大乐》载："太一出(生)两仪(事物的两个对立面)，两仪出阴阳。……日月星辰，或疾或徐，日月不同，以尽其行。……万物所出，造于太一，化于阴阳。"这些论说虽然是秦人继承周人的盖天说而有所发展，但同样也是对这一理论所做的积极贡献。

盖天说理论反映的只是自然界的一些表象，随着天文计算方面的进步，它就陷入了不能自圆的矛盾之中，逐渐为后起的"浑天说"所替代。西汉武帝时的落下闳制造了浑天仪，昭帝时的天文学家鲜于妄人用以测量、检验数据，宣帝时的大司农耿中丞创造浑象，都为这一学说奠定了基础。

（三）天人理论的实践

《周礼·春官宗伯·保章氏》："掌天星，以志星辰日月之变动，以观天下之迁，辨其吉凶。以星土辨九州之地所封。封域皆有分星，以观妖祥。"周王朝设职观天，其作用之一就是从星象的变动来预测人事的吉凶，为此也把天上的星宿分野以便同地上的封域一一对应起来。"天垂象，圣人则之"（《易》），就表明人对天象的应策。这种思想，实际上是来自天、人同处于一个大的、息息相通的系统的认识，是早期占星术所建立的"天人感应"（或作"天人相应"①）理论。

"天人感应"的本来含义是天与人双向感应的神秘学说，即天能干预人事，人的行为也能感应上天。那么，秦始皇在统一六国之后，重新规划秦都咸阳时极力"法天"，俨然同天帝对应，已超出"感应"的意义。例如：

第一，以咸阳宫为中心，对应天帝（泰一，或太一）居住的"紫宫"，按北天规划咸阳。

文献："始皇兼天下，都咸阳，因北陵营殿，端门四达，以则紫宫象帝居。"（《三辅黄图》）

提示："紫宫"，是天帝的居所。中垣有紫微十五星分左右，成为屏藩，作为天皇大帝的北极星居中。始皇在冀阙宫庭群落的"北陵"之地，突出咸阳宫的地位，以象天帝居紫宫有众星拱卫，临制四方，上下相应。

第二，渭水流经咸阳比附天上银河，横桥连接北南二区恰是便利牛郎、织女相聚的鹊桥。

文献："渭水贯都以象天汉，横桥南度以法牵牛。"（《三辅黄图》）

提示：织女、河鼓（牛郎星）隔河相望。"维天有汉，监亦有光。跂彼织女，终日七襄。虽则七襄，不成报章。睆彼牵牛，不以服箱。"（《诗·小雅·大东》）春秋战国时期，民间最早构筑的神话框架，已被秦始皇巧妙地用在都市建设上，既具有深层寓意，也是一种美的结合。

第三，信宫改名为"极庙"，以象中宫的天极星。

---

① 战国时，子思和孟子提出"天道"和"人道"（或"自然"和"人为"）合一的观点，到西汉董仲舒则强调"天人之际，合而为一"（《春秋繁露·深察名号》），这就是"天人合一"的理论。他在"天人一也"的前提下，提出"天亦有喜怒之气，哀乐之心"，从而把"天人感应"说作为封建神学体系的基础。

文献：始皇二十七年"作信宫渭南，已更命信宫为极庙，象天极"，二世元年"今始皇为极庙……尊始皇庙为帝者祖庙"。（《史记·秦始皇本纪》）

提示：把信宫改名为极庙是为了像天帝之有"天庙"一样，其地位之重要犹如处"紫宫"的天极。"天极"，即北极星。"南斗为庙"（《史记·天官书》），所以，"天庙"也就是南斗。天极星处中宫，有北斗绕行。二十八宿虽分属苍龙、玄武、白虎、朱雀等四宫，却是众星朝北斗的。秦始皇按天都有天极、天庙，在帝都就安排有咸阳宫、极庙。亦步亦趋地仿效，表明他追求的是无论生前或死后都要同百神中最尊贵的天帝一样，永远处在中心中的中心位置。

第四，阿房宫有复道凌空，横绝渭水，连接渭北诸宫，同"天极"星有"阁道"跨过天河到达"营室"相似。

文献：始皇三十五年"乃营作朝宫渭南上林苑中。先作前殿阿房……为复道，自阿房渡渭，属之咸阳，以象天极阁道绝汉抵营室也"（《史记·秦始皇本纪》）。"始皇作离宫于渭河南北，以象天宫。"（《水经注·渭水》）

提示：秦都咸阳是政治中心所在，在144年间随着政治、军事形势的发展，有着历史阶段性的变化。秦惠文王筑冀阙宫庭处理政务军机大事；秦昭襄王以后则有转移渭南的倾向；秦始皇一开始也并没有放弃咸阳宫，随之转向信宫，继而甘泉宫，最后才确定阿房宫为朝宫。阿房宫规划宏大，"表南山之颠以为阙，络樊川以为池"，通过跨渭的复道连接北区的宫殿，①不仅占地范围辽阔，其布局构思也同天象契合。天帝出自"天极"，经过横绝天河的"阁道"，抵达作为离宫别馆的"营室"（《周礼·冬宫》："营室，北方玄武之宿，与壁连体为四星。"在室宿二星之周围又有"离宫"六星分三处作为附座）。

第五，咸阳的宫苑、池囿、府库等重大设施，似都能在天上找到相应的星宿。

文献："自雍门以东至泾渭，殿屋复道，周阁相属"，"令咸阳之旁二百里内，宫观二百七十，复道甬道相连"。（《史记·秦始皇本纪》）

---

① 秦始皇既确定阿房宫为朝宫，对渭北的诸宫就视若离宫别馆的性质，"令咸阳之旁二百里内，宫观二百七十，复道甬道相连，帷帐钟鼓美人充之，各案署不移徙"（《史记·秦始皇本纪》）。

阿房宫有"阁道"直抵南山，又东通郦山。独筑"复道"渡渭，直通咸阳北区的离宫别馆，这完全是取法于"天极阁道绝汉抵营室"的天象的。《史记·天官书》："紫宫左三星曰天枪，右三星曰天棓。后六星绝汉抵营室，曰阁道。"《史记正义》："汉，天河也。直度曰'绝'。抵，至也。营室七星，天子之宫，亦为玄宫，亦为清庙，主上公，亦天子离宫别馆也。王者道被草木，营室历九象而可观。阁道六星在王良北。飞阁之道，天子欲游别宫之道。"

提示：天地对应关系如下。

毕宿"五车"与"咸池"——兰池宫与兰池形似；昴宿"天苑"——宜春苑、上林苑；奎宿"天府"、胃宿"天囷""天廪"——咸阳诸库；娄宿——厩囿；牛宿"辇道"、奎宿"阁道"——咸阳御道；等等。

咸阳城市规划"法天"主要是采用秋季的北天天象，以正投影对照，天、地暗合（渭河与银河的走向、宫苑与星宿位置）。（见图8-42）秋夜的天幕，明星朗朗，银汉斜挂，气爽肃杀，是否同尚水德、崇法的政治思想有关？

当我们研究始皇重新改造首都时，由文献明载的"法天"来对照天象，或据天象在地上找对应物，都应该看到那是一个相对的比附或象征，绝不是位置不差的全等。如极庙所示的南斗，本不应在渭南的正南方向，而应在西南。况且咸阳建筑所涉及的星象还主要是北方七宿和西方七宿中的部分星宿。天上星宿的命名，多是春秋战国时期的星占家按地上中央政权建制确定的。后来的秦始皇却本末倒置地仿效，不过是强调君权神授，维护至高无上的地位而已。其间也没有太多的神秘之处，我们也就无须硬性地对照与苛求。

规划咸阳的"法天"意识，我们也找到了一些考古学证据。在北阪的秦宫遗址中，出土有苍龙绕璧纹空心砖和凤纹空心砖。凤凰，是传说中的瑞鸟，同麟、龟、龙合称"四灵"（《礼·礼运》）。凤，即朱雀（也称"朱鸟"），在天上作

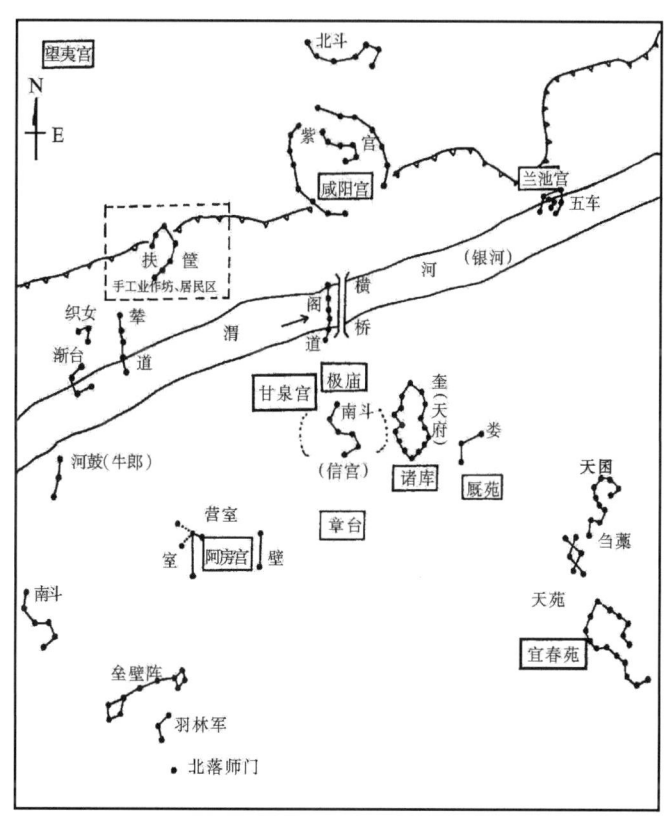

1. 时间：秋夜九月9—10时，十月晚8—10时，十一月晚7—9时
2. 地点：西安、咸阳观测
3. 天象与地面对照法：取正投影

图8-42 秦都咸阳规划中"法天"意识示意图

为二十八宿中南方七宿的总名，汉代制作成瓦当图像用以表示方位。《三辅黄图》："苍龙、白虎、朱雀、玄武，天之四灵，以正四方，王者制宫阙殿阁取法焉。"而秦宫遗址的龙、凤纹空心砖虽然不完全具有四灵，也没有明确的方位，但其用意毕竟是清楚的。

始皇陵墓内"上具天文，下具地理"（《史记·秦始皇本纪》），可说是天地一体的宇宙模拟，既是法天范围的扩大，也是大千世界的缩小。

（四）气象观测、记录与农事关系

对水汽在大自然中的循环运动，经长期观察已能做出科学的解释。《吕氏春秋·圜道》："云气西行，云云然，冬夏不辍；水泉东流，日夜不休。上不竭，下不满；小为大，重为轻。圜道也。"云向西行，必雨。否则，正如农谚说的："云向东，一场风。"水向东流，日夜不息，是因为上流不竭，下至海不满。集源泉溪流变为大海，是为重。水升为云变轻，又西行为雨，永不止息。

《吕氏春秋》一书对于雪、霰、霜、雹等，都有明确的记载与合理的认识。

正常的物候知识，集中地表现在《吕氏春秋》"十二纪"的二十四节气中。叙述上采用韵文形式，可看作千百年农谚的滥觞。如"东风解冻，蛰虫始振（惊蛰）。鱼上冰，獭祭鱼，候雁北"，"始雨水（雨水），桃李华。苍庚鸣，鹰化为鸠"，"日夜分（春分），雷乃发声，始电。蛰虫咸动，开户始出"，等等。同时，该书的"十二纪"还记叙了很多物候反常现象，以告诫人们加以防范，如"孟春（初春）行夏令（出现夏季天气），则风雨不时（不按时来），草木早槁（枯），国乃有恐（因农业歉收而发生动乱）；行秋令，则民大疫（流行疾病），疾风暴雨数至，藜莠蓬蒿并兴（田间野草疯长）；行冬令，则水潦为败（天气严寒，池水结冰），霜雪大挚（频繁），首种不入（不能播种）"。对其他各月出现错行节令的情况，都列举了气候反常带来的影响。而这些都同农业生产的利害攸关，因此在《上农》等四篇中都有论述，特别是《任地》篇中强调了物候在农事活动中的应用。

二、地理

（一）大地测量与地图编绘

出自统一战争的军事目的，战国时期秦国就注意到地图的绘制与搜集。那时，既有各诸侯国的全图，也有大比例的区域性地图。荆轲刺秦王时，进献的就是燕国督亢（今河北涿州市、高碑店市、固安县等地）的地图。

甘肃天水放马滩秦墓出土的7幅邽县地图，是我们目前能看到秦国，也是中国最古老的地图。成图年代为秦王政八年（公元前239年），图示范围虽是秦国的邽县，东西312里，南北204里，包括今天水市秦州区、麦积区、清水县、秦安县，而实际上已经南到两当、徽县北缘，东近陕西宝鸡市。（见图8-43）除过图七，其余6幅图可编缀成《邽县地理全图》，而据内容侧重点的不同可分为《政区图》（标出县、乡、里治所的位置）、《地形图》（描绘地形、地貌、河流走向、道路、关口位置和形状）、《经济图》（在地形图的基础上，注明森林分布、木材种类、各地相距里程）。经过对古今该地区地理、地形的勘比，可知放马滩的秦地图相当准确，显然是经过实地测量后绘制的。读图方式，取上北下南、左西右东，与今之正读方向完全相同。除没有明确的分率（比例尺）之外，其他诸项如表示准望（方位）、道里（距离）、高下（地势起伏）、方邪（倾斜角度）、迂直（河流、道路的曲直）等，都是符合制图六原则的。其采用的统一图例一直为后代所沿用，足见绘图技术水平是相当高的。①

秦始皇巡行天下，既有地图为本，又做实地考察，所形成的地图数量必多。看来藏之秘阁后为汉所得的《秦地图》绝不是一份地图，而是多幅具有不同用途的地图总称。

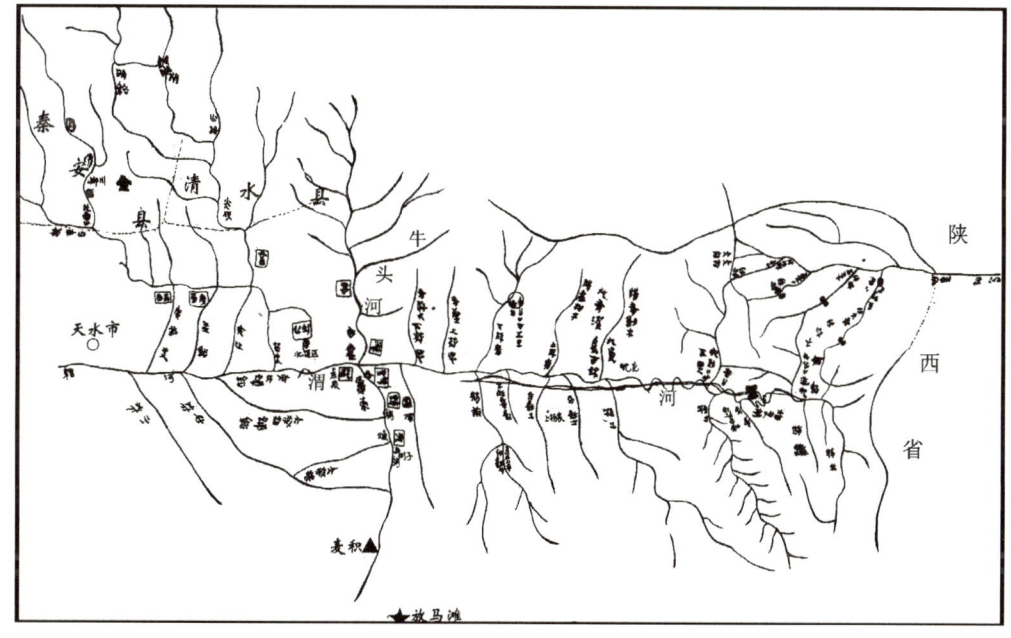

图 8-43　战国秦邽县地理全图

---

① 何双全：《天水放马滩秦墓出土地图初探》，载《文物》1989年第2期。

它代表秦代的地理科学水平，也是大地测量、实用数学水平的反映。

20世纪60至70年代，笔者在咸阳的秦都宫殿遗址上发掘和测量时观察到一个有趣的现象：固然在所有的建筑平面上，墙基走向无论做何种转折，其拐角走向始终都呈90°，但所有南北墙同磁北方向都呈北偏西14°的夹角。这可能是秦咸阳所在地，磁子午线与真子午线间的磁偏角所致，故而有西偏的发生。无论如何，通过现代科学仪器检测出秦代的测量精度还是相当高的。

秦始皇修建阿房宫时，"表南山之颠以为阙"。从文字表面看，似乎气魄大到把终南山作为宫之南阙门，实际上那是以"南山之颠"作为控制点对这一范围极大的园林施工。同样，修筑始皇陵墓时，《两京道里记》载："陵南岭尖峰作'望峰'，言筑陵望此为准。"经笔者测定，始皇陵园的围墙不但四角呈90°，异常规正，外

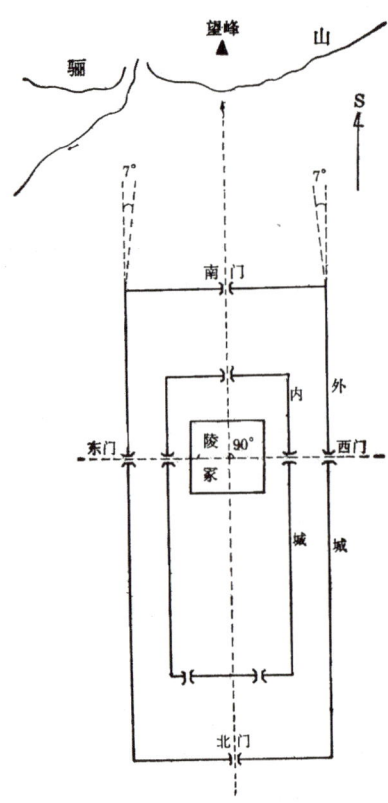

图 8-44　望峰与秦始皇陵园控制关系示意图

城南北垣均同望峰的象限角呈90°对称，从而形成以望峰为顶的等腰三角形；而且望峰同南城的外内两重门、陵冢、北城外垣门、北门外神道，处于一条正南北向的连线上，长达近10公里，同真子午线的夹角不超过±0°30′。这条以始皇陵冢为中心的南北向主轴，使得内外两重城垣及九道门作左右对称式排列，完全符合中国传统的建筑格局。[①]（见图8-44）以望峰作为始皇陵施工测量的控制点，代表了工程测量技术的最高成就。

战国时期秦国的大地测量技术达到的水平，使人惊奇。骊山本是秦岭向北延伸的一个支脉，首起陕西临潼东南，九岭会合的仁宗庙海拔1302米，然后山势稍杀，并随主脉迤逦而东，尾抵河南灵宝，长达150多公里。整个山势南缓北陡，从卫星影像图上看，恰似一条腾空的巨龙，背依渭河、黄河，南浮于有如云海的群峰之上。秦始皇陵位居龙额，极像一颗明珠。（见图8-45）如果对大地地貌没有了如指掌的熟悉，择地而葬只能是在小的区域里进行，而不可能安排得如此准确、妥帖。可见蒙恬"绝地脉"的感悟，

---

① 王学理：《秦始皇陵研究》，上海人民出版社，1994年，第29页及第48页注[20]。

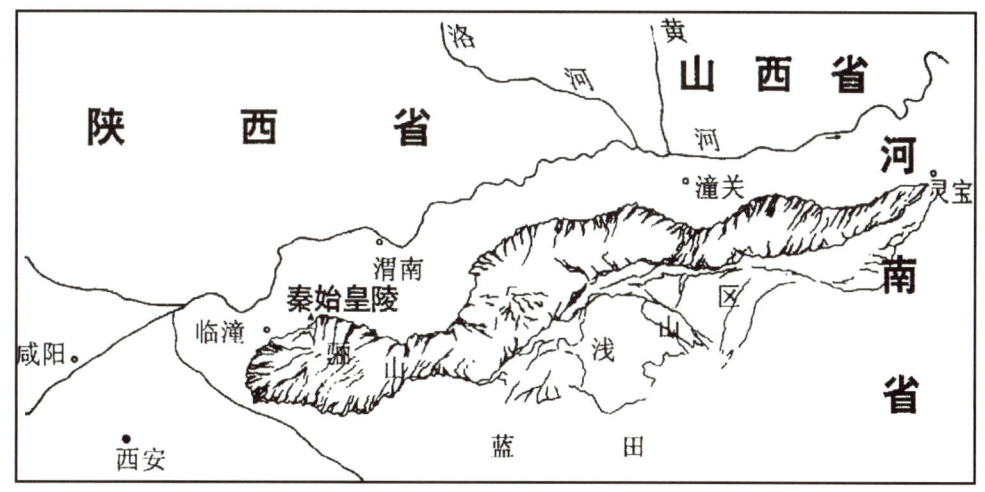

图 8-45　骊山走向与始皇陵选穴位置图

并非凭空而发（《史记·蒙恬列传》），同他监修长城一样，完全基于对大地测量结果的准确掌握。所以，始皇陵选穴龙首不是偶然的巧合，而是已经超出一般立表定向、北极星定位的技术水平。

（二）地理模型与进军路线的选择

秦始皇陵墓里"上具天文，下具地理"，并以"水银为百川、江河、大海，机相灌输"（《史记·秦始皇本纪》）。笔者著文坚持认为，这是我国"最早的一幅山河模型图"①。

"地理"据《易·系辞》疏释作"地有山川原隰，各有条理，故称理"，所以郦道元就具体为"下以水银为四渎、百川、五岳、九州，具地理之势"（《水经注·渭水》）。可见"下具地理"的重要内容，就是国家的疆界范围。秦始皇既统一天下，他的这幅具有陆疆与海疆的地理模型必定是"东至海暨朝鲜，西至临洮、羌中，南至北向户，北据河为塞，并阴山至辽东"（《史记·秦始皇本纪》）的秦帝国之版图。毋庸置疑的是：模型采用立体的形象，既表现出当时的行政区划（即46郡），又显示了华夏气魄的"五岳"（即岱、华、恒、衡、嵩等五大名山）、奔流不息的"四渎"（即入海的江、淮、河、济等四大水）。而山林、川泽、丘陵、原隰、通谷、险塞、通都大邑等，无不包罗其中。

---

① 始皇陵墓内"上具天文，下具地理"，是我国"最早的一幅山河模型图"的观点，笔者在《秦代的科技珍闻》（《文博》1986年第2、3期）一文中做了论述。随后，香港的《龙语》又全文转载（1991年第9期）。在《秦始皇陵研究》一书中，对此，笔者就"地理模型""水银河"做了专题研究，可参阅。

立体的地理模型，是以表现平面的地貌、地物为基础的。而缩小比例的平面地图，却是大地测量的结果。战国以来形成的总图和各种不同要求的分图，首先是为了满足军事行动与防守的需要。

秦惠文王更元九年（公元前316年），张仪、司马错、都尉墨率军，经石牛道入蜀，次第灭了蜀、巴和苴。秦昭襄王二十七年（公元前280年），司马错从陇西出发，经蜀郡，进攻楚的黔中，又割取楚的上庸、汉北地。随后，秦军兵分两路攻楚，一路由大将白起攻鄢，另一路由蜀守张若攻巫、笮、黔中，并沿长江顺流而下，使楚首尾不能相顾。这种大范围、长距离、多路军配合的运动战，如果没有地图作为指挥的凭借是不可想象的。

秦始皇消灭六国之后，为进军岭南曾派史禄测绘地形。后派尉屠睢统领五十万大军，分五路进攻东越（又称瓯越）、闽越、南越和西瓯地区。这一带地形复杂，进军路线的选择尤为重要，详尽的地图更是不可缺少。

三、建筑技术

（一）夯土版筑的高台建筑

中国的地质构造决定了土木建筑体系的方向，特别是古代的北方人利用黄土团粒结构细密、具有黏结力的特性，用加夯以增加密实度，就能在干燥状态下获得较好的稳定性和承载力。因而夯筑技术早为新石器时代的人们所掌握，并逐渐被后人广泛用于处理建筑地基、墙体工程。

秦国夯土版筑城垣，从春秋雍都到战国栎阳遗址就足以反映城防工程的浩大与夯筑技术的高超。雍城坐北朝南，临雍水北岸，东西长3480米，南北宽3130米，总面积10892400平方米。筑城施工程序是先处理墙基后筑城即平整地面后，再下挖1.4～2.5米深、宽于墙垣的基槽。从底部层层夯筑出地面，接着版筑厚约4～6.75米的垣墙。木版夹筑，分层施夯，虽城墙高度不明，但确实是采用束状夯杆施夯的，其夯面直径为2～4厘米。在南垣和西垣上留有版筑的夹棍眼，孔径8～10厘米。城垣拐角处的夹棍眼直径稍大，为12～15厘米，眼间距为0.75～1.25米。[①]夹棍眼遗迹给我们提供的是版筑墙垣时夹版的构造方法。

战国时期兴起的高台宫殿建筑，在秦国得到广泛的推广。秦孝公的冀阙宫庭建筑群之

---

① 王学理主编：《秦物质文化史》，三秦出版社，1994年。

一号遗址，其东端已遭破坏，但残留西端的夯土台基东西长60米，南北宽45米，仍高出地面6米。台基系层层夯筑而成，用平夯，夯径7～8厘米；夯土纯净、坚实，夯层厚6～9厘米。咸阳原上除一号建筑遗址和东去400米仍有一座高8米的夯土台基残存外，其他的高台多已平毁。

秦阿房宫建筑宏伟，把居高临下、气势突兀的高台建筑物发展到了顶点。《史记》说："前殿阿房，东西五百步，南北五十丈，上可以坐万人"。实际上，这说的是"阿房宫前殿"夯土基址上的建筑。至于今存留的遗址经测量，东西长1320多米，南北宽约426米，总面积近55.44万平方米。这才是"阿房前殿"的夯土台基，属于朝宫建筑及"前殿阿房"等附属建筑的高台基础。现在，我们看到的这座大型夯土台基，虽然遭到历年破坏，仍高出地面7～12米，其夯层一般厚7～8厘米，窝径7.8厘米。夯层平整，处于同一水平，反映出当时建筑持平的严格要求。（见图8-46）今阿房宫村周围有10多座单体建筑遗址，其中俗称的"始皇上天台"，其夯土地基东西长400米，南北宽110米，残留的台基仍高出地面15米。在阿房宫区，夯土台基有多处存留，当是"夏屋广大，沙堂秀只"（《楚辞·大招》）的见证。

图8-46 建筑夯土

我们今天所能见到秦咸阳附近的离宫别馆遗址，其主体建筑无不采用夯筑的高台形式。望夷宫、步高宫、步寿宫、林光宫、渭北甘泉宫、梁山宫及咸阳西侧6处滨渭的宫殿遗址，都有夯土台基的存留。至于咸阳附近270多座宫殿至今不见踪影，大概是由于后期的破坏而在地平线上永远地消失了。

（二）木构架技术

高台建筑是秦代大型建筑普遍采用的一种土木混合结构方式。在空间上，它增加了建筑的高度；在平面上，连接附属建筑具有无限的拓展功能。总之，高耸凌空、翼戴宽宏、结构灵活、错落有致，就构成了一种气势独有的建筑风韵。

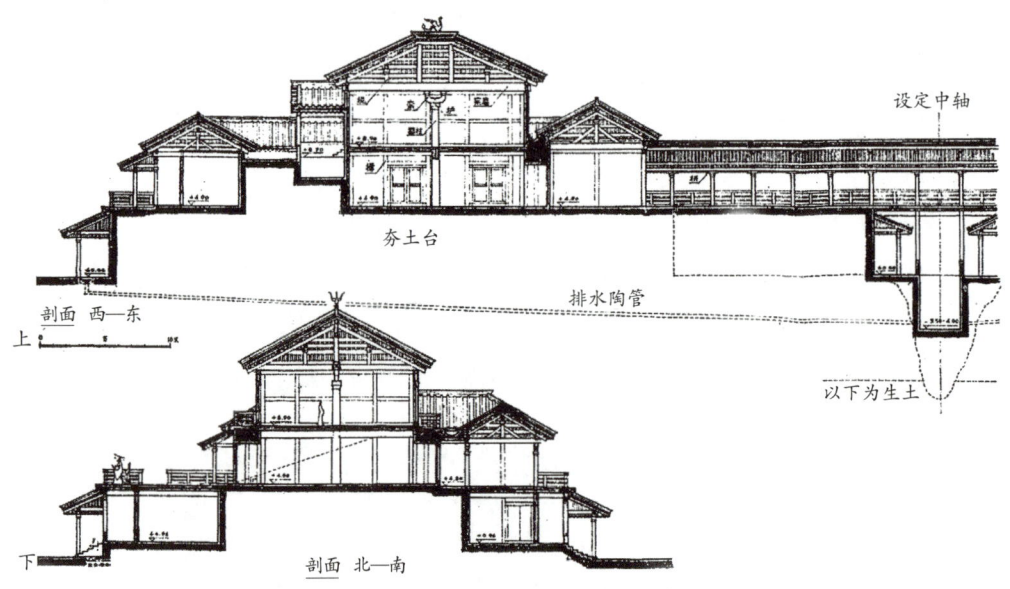

上：南立面　下：横剖面

图 8-47　秦咸阳一号宫殿遗址复原剖面图

经过考古发掘与建筑史家复原的咸阳第一号宫殿建筑遗址（见图8-47），可作为高台土木结构的杰出代表。其特点概括如下：

第一，高可6米的夯土台基作为核心是它赖以支撑的基础。顶部作主体殿堂（1室），其他10室分别位于台面或台侧，底部南北与西侧三面环卫曲廊，从而形成自上而下的三重层次。

第二，建筑结构方面，从宏观上看，它同横跨牛羊沟的另一半已被破坏的建筑有飞阁连接成一，构成对称的"二元构图的两观形式"[1]。而作为两观之一的西端台基，其顶部采取四阿顶大屋，脊高达17米。屋内居高3.5米，内容跨度12米，进深13.4米，为主体宫室呈现出一种博大峥嵘的气魄。木构屋架中有都柱（俗称"将军柱"），顶部则以栌（柱上的大斗）栾（初期的拱）承托宋廇（大梁），再上立棁（即"侏儒柱"）载栋，从而取得逐层抬梁举高的效果。

第三，围绕夯土台筑屋的木构部分具有特殊的做法，主要表现在墙体上。房间的墙壁有两种：一种是在夯土上挖出的台壁，壁内隔一定距离嵌以壁柱，拐角处用并柱。壁柱同土墙连为一体，负荷的楼层大梁或屋顶梁架，压在柱顶（或墙头）的枋木上，柱底

---

[1] 杨鸿勋：《秦咸阳宫第一号遗址复原问题的初步探讨》，见杨鸿勋：《建筑考古学论文集》，文物出版社，1987年。

以原石作础。另一种承重墙，则是夯土与土坯（墼块）混用。承重木柱间的墙体，另用竹笆或荆笆固定，两面涂泥。一般墙面的做法是底层涂掺有麦草茎的粗泥（墐），而表面则涂掺有谷糠的细泥。

第四，高台建筑上的排水管道是夯筑台基时预设的，底层冷藏窖则是后期凿挖的。

始皇陵兵马俑坑，提供给我们的又是一种特殊的地下建筑形式。（见图8-48）它是在平地上下挖5米多深的大坑，在坑底并行地夯筑一道道隔墙（承重墙）。沿坑的周壁及隔墙两侧立木柱，柱下垫以地栿。在排柱顶部搭接一根根枋木，使之同隔墙顶保持水平。然后在枋木上横向密排以木桁（棚木），最后上盖席、覆土。

秦俑坑的构筑，也有如下一些特点：在排柱下不设础而采

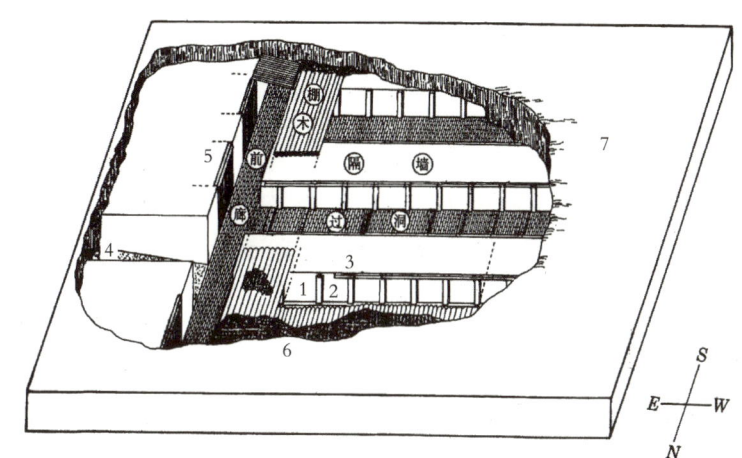

1.立柱　2.地栿　3.枋木　4.斜坡门道　5.封门木　6.盖席　7.封土
图8-48　秦俑一号坑建筑结构示意图

取地栿，对分散压力有实际作用；由棚木、席子和覆土三部分构成的静荷载，堆积厚度可达到3~4米，是由承重墙同柱、枋组成为受力的整体；地栿顶端以舌形榫头套合，再嵌入细腰形栓板，也增加了拉力和抗扭曲力。

以上这些措施固然从整体上解决了大跨度建筑的难题，但在木构架中还存在一定的缺陷，像无拱的使用，由柱直接顶枋，使得支承面小，以致二者脱离；拐角处用并柱，枋木伸向不同方向，缺乏连接，没有相互牵制的力量。这就造成夯土墙承重过大，再加之地下潮湿的影响，隔墙下陷，大大削弱了它的稳定性，因而俑坑出现塌陷也就不足为奇。[①]但秦俑坑毕竟给我们提供了纵架木结构的实例。

（三）建筑材料的科学

从考古资料看，咸阳宫殿的建筑用材不外乎木、石、沙、灰、砖瓦、管道、荆、箔、席等，但存留下来的多属石质和陶质类遗物。

---

① 王学理：《秦俑专题研究》，三秦出版社，1994年。

秦砖有长方形条砖、方形薄砖和杂砖三种。条砖仅用于秦俑坑铺地，数量达23万块之多。其色青灰，表饰细绳纹，制作规矩，质地细密，烧成温度约950～1000℃。有一种大型条砖重14.5公斤，群众称之为"铅砖"，实际上是由云母类黏土矿物与多元低共熔混合物组成，其中含有较多的石英，少量的长石、白云母、黑云母、赤铁矿和极少量的岩屑等矿物。人们通常以"秦砖汉瓦"对称，秦砖的使用固然并不普遍，但珍稀可贵，机械性能良好却是事实。秦砖有42（长）×19（宽）×9.5（厚）、42×14×9.5、28×14×7、37×14×6和23×19.5×9.5（厘米）五种规格，其中以28×14×7（厘米）的数量最多，属于通用型，其长度大于宽度一倍，宽度又大于厚度一倍，这种递次减半的配比关系，正是出自搭接整齐的考虑。

方形薄砖有素面的，火候较低，色呈浅灰。在咸阳一号宫殿遗址的第八号房中，用这种53×38平方厘米的素面砖铺地约19.82平方米。花纹砖图案花样繁多，是装饰性很强的艺术品。简单者只是一道道平行线，或棋盘状的乳钉纹。复杂的则是各种几何纹样组成四方连续排列，或是变化着的画面。

咸阳和阿房宫宫殿区都出土过龙纹抱璧空心砖，而始皇陵区则有根据不同用途烧制的五棱砖、拐子砖、画像砖等杂砖。

板瓦与筒瓦二者配合覆盖屋面，而早期在雍都使用的那种槽形板瓦于战国时期已经消失。始皇陵园食官遗址出土的大板瓦，色青灰，质地坚硬，烧成温度较高。瓦长52厘米，前端宽而厚，分别为43厘米和1.7厘米；后端窄而薄，分别是41厘米和1.5厘米。其弧度的半径大，圆心角为85°，即占1/4.2规。板瓦的这种形制与结构，甚符合苫瓦时参互接缝的要求。

筒瓦弧度的半径小，圆心角大到133°，占1/2.7规。前有折唇，以便含接。通长43～54厘米，宽10～16厘米。

有一种脊瓦是带马鞍形的筒瓦，确实也是施之于屋脊之上的，通长45.4～51厘米。而另一种顶端带瓦当的脊瓦，却是施之于屋脊之端的，竟长达89厘米。

施于檐口的筒瓦，其顶端护椽头的瓦当，是极富艺术色彩的部分。花纹图案变化多端，是些装饰性很强的工艺美术品，令人赏心悦目。

陶质下水管道有两种，即圆筒管道和五棱管道。前者的口径一端粗，径28.5～29.5厘米。另一端细，径22.5～23厘米，长可56～59厘米；后者通长65～68厘米，通高45～

47厘米。两种管道中的圆筒管道是细流水管，在秦宫一号遗址中用于接引室内之水，拐角用"弯头"管道，节节相套，上承陶漏斗。五棱管属于地下引水的主管道，也是节节相连的。后围寨高台建筑遗址的地下，五棱管道接引长达30米。始皇陵西，穿过内城的五棱管道竟是五道并列，排水量之大可想而知！

石水道独见于始皇陵区。上下两石相合，中凿圆形孔道，有单、双之别，更有三孔的。

四、陶瓷

（一）陶制品与陶窑

陶制品同秦人的生活联系得太紧密了，上层社会也并非都是"钟鸣鼎食"之家。"击瓮叩缶"可说是战国时期秦人物质文化生活的剪影，因为作为生活食具的陶瓮和锅、碗、瓢、盆都可充当演奏的乐器，登上大雅之堂而不牵强，舍弃了春秋时期赋诗和歌、故弄风雅的儒士风韵，剩下来的当然就是赤裸裸的对武力和抢夺的崇尚。所以，当时社会生活中满目皆"陶"就成了值得社会学研究者注意的现象。

秦国在春秋时期受地理环境的限制，铜料不足，统治者上层的生活用品不能不以仿铜的陶礼器所代替。随建筑、生活、随葬用陶量的增大，战国时期的制陶业已发展成一个同国计民生攸关的手工业生产部门。其所有制形式由中央官署、地方官营和民间私营三大类构成，从而使制陶专业化，从事着日常生活陶器、建筑材料和随葬品的制造。在西咸新区西起黄家沟，东到柏家咀一带的原边，长达8公里，多有秦汉陶窑址的发现，1982年还见到秦窑14座、汉窑75座。而胡家沟残存的窑场占地7936平方米，仍有排列整齐的陶窑近30座，主要是为宫殿提供砖、瓦、管道等建筑用材。[1]秦都北区遗址在南部的滩毛村、店上村一带，则是民营的制陶手工业作坊区，曾发掘过3座窑址，[2]以生产日常用陶器为主。秦始皇陵区的制陶内容较为驳杂，既有一般陶器的生产，而围绕陵墓工程则以建筑用陶为主，在赵背户村、上焦村、西黄村、陈沟村、下和村及鱼池村都分布有陶窑，陵西的赵背户村向北到郑庄，南北长达2公里，东西宽1公里的范围内，早年都有

---

[1] 秦都咸阳考古工作站：《秦都咸阳古窑址调查与试掘简报》，载《考古与文物》1986年第3期。
[2] 陕西省博物馆、文管会勘查小组（王学理）：《秦都咸阳故城遗址发现的窑址和铜器》，载《考古》1974年第1期。

陶窑的发现，[①] 7000件左右的陶兵马俑当然又是由一支庞大的独立的烧造队伍完成的。

秦国制陶尚处于灰陶步入成熟的阶段，秦代陶工业发达，表现在制烧技术提高、器形稳定而带有标准化、系列化的倾向。不但质量指数超过前代，也为铅釉陶的出现创造了条件。即使今天沿用的某些制陶工艺技术，也可以从秦汉时期找到渊源关系。

从测试秦陵文物给出的数据知，战国后期到秦代的陶制品质量堪称上乘。秦瓦的烧成温度最高，可达到1000~1050℃，抗压强度为224kgf/cm^2，抗弯强度为125kgf/cm^2；砖的烧成温度次之，约为950~1000℃，但偏近于1000℃，其抗压强度为465kgf/cm^2，抗弯强度为113kgf/cm^2；陶俑和马的烧成温度约为950℃。尽管烧俑的陶窑至今没有发现，但从某些物理性能看（体积密度：1.84g/cm^3，吸水率：17.53%，孔隙率：32.24%），这体高1.75~2.00米、重达105.5~265.35公斤的庞然大物只能是在还原气氛中严格控制火候烧成。[②]

陶窑结构涉及温度控制，是产品烧成率和质量的关键。首先，秦窑的容量比战国窑大。其次，结构更趋合理。滩毛村南制陶作坊遗址的第四号窑，经笔者发掘，较为完整，它是一座由土坯砌筑的马蹄窑，由窑床、火膛、烟囱和窑门四部分组成。窑床长2.3米，中宽2.2米，床面前高后低呈斜面，坡度7°。据研究，这种斜面窑床上放着的陶坯，其重心稍向后移，当焙烧时前半面首先接触火焰，受热发生收缩，重心即移到中心线，不至于发生前倾现象；而且窑床升高，火膛降低，使原来的立焰变成半倒焰，既增加了焙烧量，也利于火候的均匀提高。

烧砖瓦、水道之类的陶窑，其规模较烧陶器的窑稍大。除穹隆顶外，窑床平面有马蹄形、方形和三角形。后者见于始皇陵园西侧的赵背户，其窑床、火膛呈等腰三角形，后壁有等距的三个烟囱，火膛低于窑床20厘米；窑床也是前高后低呈斜坡状，进深2米，宽1.6~3.92米。此三角形陶窑的火膛接窑床处呈弧形，再加三个烟囱的抽风作用，就使得火力均匀分布、窑温平衡，可说是创造性的窑烧工艺。

（二）秦代的瓷器遗物

陕西瓷器的历史以耀州窑的黑釉瓷和青瓷为代表，最早只能追溯到唐代。尽管中国的瓷器滥觞于商代，但过去考古发掘所获原始瓷的出土地点并不在陕西。而周原凤雏村

[①] 秦俑考古队：《秦代陶窑遗址调查清理简报》，载《考古与文物》1985年第5期。
[②] 陕西省考古研究所、始皇陵秦俑坑考古发掘队编著：《秦始皇陵兵马俑坑一号坑发掘报告（1974—1984）》，文物出版社，1988年。

西周建筑遗址出土的瓷豆、瓷罍，内外施黄灰色或青灰色薄釉，却把陕西的原始瓷上推到3000多年前。

秦都咸阳确已有瓷器的发现。1974年在发掘一号宫殿遗址时，在主室的秦文化层中有瓷片出土，是一只残破的黄褐釉瓷碗。它同多块布纹瓦片，被发掘者当作"杂土"倾倒在牛羊沟里，又囿于"汉瓦"（布纹）、"晋瓷"旧闻的影响，也没有敢写进《简报》中去，随后才由我们亲自发掘的知情者做了补正。[①]

无独有偶，时过8年，1982年发掘秦始皇陵园"丽山食官"遗址时，又出土了有完整器形的瓷器。计有瓷罐2件、器盖5件、瓷罐残片若干。[②]瓷罐作短颈、鼓腹、圈足的球体，盖有子母口，顶立半环钮，通体施青绿釉，腹径22.6厘米、口径14.8厘米、底径14.5厘米，胎厚1厘米，通高24.5厘米。有的瓷盖表面施茶黄色釉。

丽山食官瓷器确属秦瓷，除考古学地层的关系外，刻字瓷片则提供了不容置疑的时代证据。在T2出土的一片瓷片上阴刻"丽邑九升"四个秦篆字，这同该遗址伴出器物上的"丽邑五升""丽山食官"陶文是一致的，当属"秦置丽邑"（《史记·秦始皇本纪》）之后，是专用于始皇陵园具有量化标准的用具。[③]

秦瓷表施釉有黄褐、青绿等色，器形作碗、罐等食具，使人第一次看到秦代已经有了成熟的瓷器。秦瓷出土于秦宫殿与陵园内，数量较少，说明极为珍稀，只供皇室使用，在社会生活中还是难得一见的。

秦瓷的面世，把陕西生产瓷器的历史上推了800多年！

五、冶金与机械制造

（一）冶金的成果

秦代冶金技术的成果，有两种无与伦比的代表，这就是十二个大铜人和始皇陵西侧的铜车马。

秦始皇并灭六国，收缴天下兵器铸作钟镰与十二个铜人，属于无可争辩的历史事

[①] 秦都咸阳考古工作站：《秦都咸阳第一号宫殿建筑遗址简报》，载《文物》1976年第11期；学理、采梁等：《秦都咸阳发掘报道的若干补正意见》，载《文物》1979年第2期。
[②] 秦始皇陵考古队：《秦始皇陵西侧"丽山饮官"建筑遗址清理简报》，载《文博》1987年第6期。
[③] 王学理：《秦始皇陵研究》，上海人民出版社，1994年。书中对秦始皇置丽邑及丽山食官有专文论述。

实，但长期来人们对"重各千石""坐高三丈"的数据则表示大惑不解。核心问题就在于每个铜人重30.75吨，高7.26米，在秦代是否能铸造得出？结论是2000多年前人们并没有条件和能力去掌握这种技术复杂的铸造工艺，因而只能把它当作表现秦始皇"贪大"的传说故事对待。现在，对铜人如载之重、之高的存在，到了应予承认的时候了。因为，第一，始皇贪大求实的追求与实践已取得考古的验证：阿房宫以前殿为主体的宫殿群落遗址、始皇陵及陵园的各类从葬设施、7000左右大同真人的兵马俑群、陵西的彩绘铜车马、陵东的石甲府库坑①等，就是真实的再现。第二，属于整体浑铸还是分铸拼接，或是多种铸造手段结合运用的技术问题早已解决：四川广汉三星堆古蜀国的青铜立人像高2.62米，而灵彻三界的通天神树残高3.95米就是采用分段铸造法而成。那么，始皇铸造的十二个大铜人当是世界冶金史、雕塑史上的奇迹！

秦始皇陵西侧出土的彩绘铜车马与铜御俑，则以其铸造与金银细工见长。前导的驷马立车，全长2.25米，由3064个零部件组成，总重1061千克。车上站有握辔挎剑的铜御俑，弩弓、箭箙、盾牌等兵器也全系铜制，车上撑起的一柄圆盖铜伞由地面至顶就高达1.68米；作为主车的驷马铜安车，通长3.17米，高1.06米，由3462个大小不同的铜、金、银零部件组成，重1241千克。这两乘彩绘铜车马与铜御俑，采用了浑铸、嵌铸、焊接、镶嵌成型、表面加工彩绘，再以子母扣连接、转轴连接等10多种连接方法，拼接组装而成，多道、多种工艺手段交互并用的综合性技术，是把以青铜为主体的大件铸物同玲珑剔透的金银小件巧妙地组合成巨型金属工艺品的典范。

销毁兵器重新铸造钟𬭼与铜人的冶炼场，据《元和郡县志》记载，在户县东北25里的钟官故城（亦名"灌钟城"）。今西安市鄠邑区大王街道兆伦村的钟官城遗址内，曾出土大量的秦汉半两铜钱、汉五铢、莽钱与钱范、封泥、秦汉瓦当等。因为这里是秦代一处大规模的冶铸中心，不但进行过销兵铸𬭼、铜人的活动，也铸造半两铜钱。西汉时，水衡都尉的属官钟官在此基础上继续铸钱，成为上林三官之一。汉武帝元鼎四年（公元前113年）上林三官五铢钱的出土，证实了销毁旧钱、通行三官钱的那段历史。《三辅黄图》一书却因传抄而误将"钟官"当作"钟宫"。②

---

① 在始皇陵东南的内外城之间，有一个纵横百米以上的从葬坑，在过洞内有一领领石甲仆地，叠次参压，相当整齐，估计是原来挂在如兵阑（木架）上，经火焚而无存。甲衣如真，前后甲及披膊完全。札叶小于秦俑铠甲上的，均用青石片雕刻琢磨，再以铜丝连缀。

② 《三辅黄图》："钟宫，在户县东北二十五里。始皇收天下兵销为钟𬭼，此或其处也。"既是宫殿，又何言"销为钟𬭼"？把"官"传抄作"宫"，是明显的错误。

青铜铸造中，对合金成分配比的掌握极为重要。因为这是对合否实际效用的具体回答，不容含糊。青铜剑是随身便携式近刺武器，锋利而坚韧就是人们对其物理性能的要求。我们对三柄秦俑坑出土的铜剑检测的结果是：铜含量占71%～76.32%，锡占18.02%～22.13%。二者的比例接近3∶1，大体符合《考工记》一书中关于"三分其金而锡居一，谓之大刃之齐"的配比要求（3∶1，即铜75%，锡25%）。剑的希氏硬度为106度，大约相当于中碳钢调质后的硬度。青铜镞首的铜锡比为6.6∶1～7.21∶1，虽不符合"削杀矢之齐"，但锡铅总量达到18.7%～20.28%，获得了"戈戟之齐"的坚韧性能。铜矛头的铜锡之比是5∶2，正符合"削杀矢之齐"，但镦的铜锡比接近6∶1，显然铜量高于矛头，这种反差说明这样一个道理：正因矛头是刺兵的着力点才需要加强，而镦则不需要。从秦青铜兵器冶金成分按人的需要配制，足见铸造技术达到了很高的水平。

对青铜器表面做铬盐氧化处理，是秦人一种独特的发明。对秦俑坑剑、矛、镞、殳、镈样品经激光显微光谱、X光荧光、电子探针、光谱分析，在其光洁而色灰的表面都有一层致密的含铬化合物的氧化层。如三棱铜镞表面铬的含量为0.87%～2.23%，平均1.98%，厚度10～15微米；287号剑表层铬量是0.6%～2%，厚10～15微米；戈镦表面含铬0.23%。这种处理使合金表面发生铬盐氧化还原反应，从而生成浅灰或深灰色的薄层，以增加青铜抗腐蚀的能力。2000多年前的我国，已能就地取材，通过铬铁矿、火硝、草木灰的参与而实现这一目标。德国人是1937年实验成功，美国人是1950年才掌握铬盐氧化处理技术的。①

（二）机械加工的创造

咸阳的机械产品出自中央手工业作坊，规正大器，代表着国家级的水平。兵器铭刻、秦俑陶文，多有咸阳工师或匠工的名号。青铜及金银制品的兵器、车马器属于"王者之器"，多同民事无关，按照秦简《工律》"为器同物者，其大小、短长、广（狭）亦必等"的规定，就能做出符合统一规范的产品。

经笔者测量和统计的秦俑坑76束箭表明：一般箭长70厘米左右，前端装镞，竹筶（杆）后设羽、括。箭杆表涂黑、红、赭三色漆，其占杆长的比例依次是1∶9.6∶3.2。羽毛占后端13厘米，基本符合《考工记》"五分其长而羽其一"的规范要求。据5769支

---

① 王学理：《秦俑坑青铜兵器的科技成就管窥》，载《考古与文物》1980年第3期。后经修改，收入《秦俑专题研究》一书中。

铜镞统计，其中三棱式"羊头镞"占99.76%，首长、三底边与铤长也同《考工记》"刃长寸，围寸，铤十之"的杀矢标准一致。特别值得注意的是铜镞首作钝头三棱锥体，截面作凸边三角形，无论是每面或每边，误差甚微，表现出加工技术的高超。

秦俑铜弩机虽然没有郭，但悬刀的宽厚、望山下部的宽度与基厚、牛的厚度，因涉及咬合关系，加工要求严格，平均误差仅在1.7608～1.9192毫米之间。枢孔直径8.54～12.9毫米，销钉具有互换性。其他如戟、铍、剑等制作规正，都是些标准化的制品。剑无砂眼，内部结构紧密，表层硬度为HRC22～24度，又高于内部。除纯熟的冶铸技术外，这也同加热锻打、消除内应力使组织细化有关。再经表面的抛光处理，光洁度可以达到▽9～▽10。

车属乘载工具，制作上是多工种、多部件的综合产物，也往往是衡量工艺水平高下的标尺，所以就有"一器而工聚焉者，车为多"（《考工记》）的说法。从秦俑坑的戎车与辎重车这两种军车看，车舆宽150厘米，进深120厘米，辕长3.7～3.9米。其毂、牙、辐、衡、轫及其他铜构件，都是些标准化了的通用件。而两乘秦陵彩绘铜车马尽管是真车的二分之一，但其机械加工和表面处理的精细，同今日车床产品比，都毫不逊色。但是，仅用锉、钻一类简单的工具是不可能对大型金属部件进行切削、锉磨、抛光、铆接、拉拔、弯曲和矫直的。由秦俑坑铜剑、铍、矛、戈、钺、殳、镞等看，其几何体对称，表面光洁，锋刃尖利，显然是经过切削加工的产品。河北满城汉刘胜墓的五铢钱上刀花痕迹均匀，振动波纹清晰，椭圆度很小，估计是把很多铜钱穿叠在方轴上夹于车床，用车刀或锉刀加工的。郑州二里岗商代铜钻，汲县山彪镇春秋时代青铜刀、锯、锉，河北满城汉刘胜墓的三棱青铜钻、铁凿、铁锉等工具的出土，使我们有理由说像秦陵铜车马这样的大件，一定是用了多种机械进行加工的。[①]

另外，一些金银细工的金属制品非常精致，往往是冶金、机械加工、表面处理同造型美的结合。像咸阳出土的铜戈镦，错金银出的涡纹与凤鸟纹，图案规矩而生动。（见图8-49）其他如秦陵铜车马上的鞧、辔、联索、络头上的金当卢、金银泡，以及秦雍城、咸阳塔儿坡秦墓出土的铜镜（见图8-50、图8-51），以及错金银的铜带钩（见图8-52），都是一些华贵而实用的艺术品。

---

① 王学理：《秦陵彩绘铜车马》，陕西人民出版社，1988年。

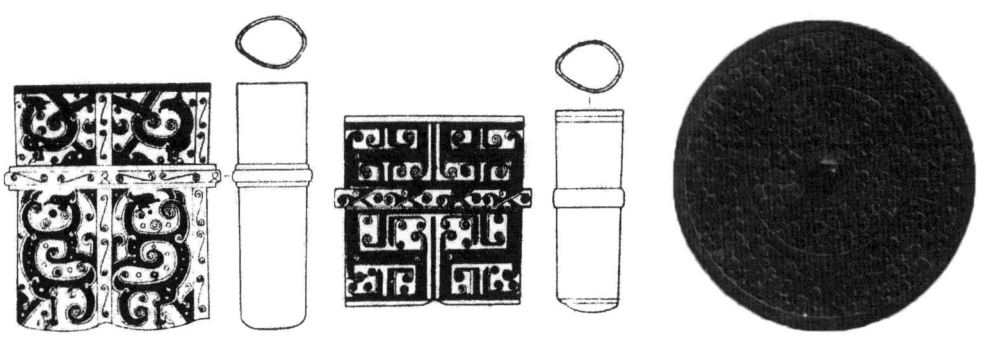

图 8-49　错金银铜戈镦　　　　　图 8-50　蟠螭纹铜镜
（咸阳出土）　　　　　　　　　（秦，凤翔出土）

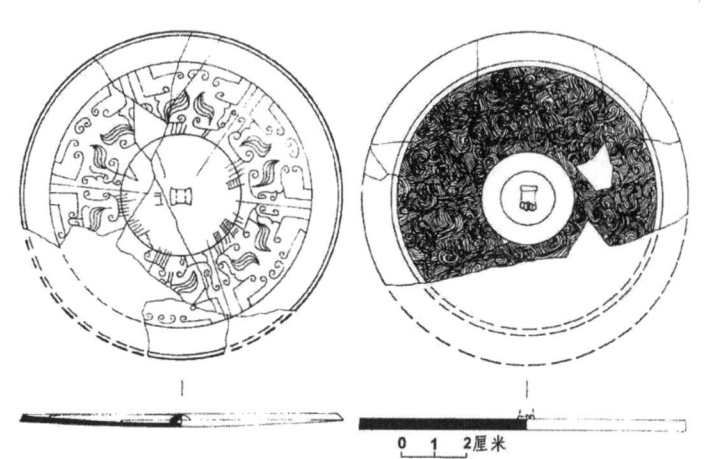

铜镜摹本

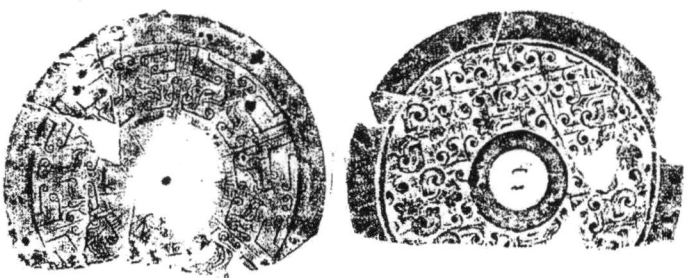

铜镜拓片

图 8-51　铜镜
（塔儿坡出土）

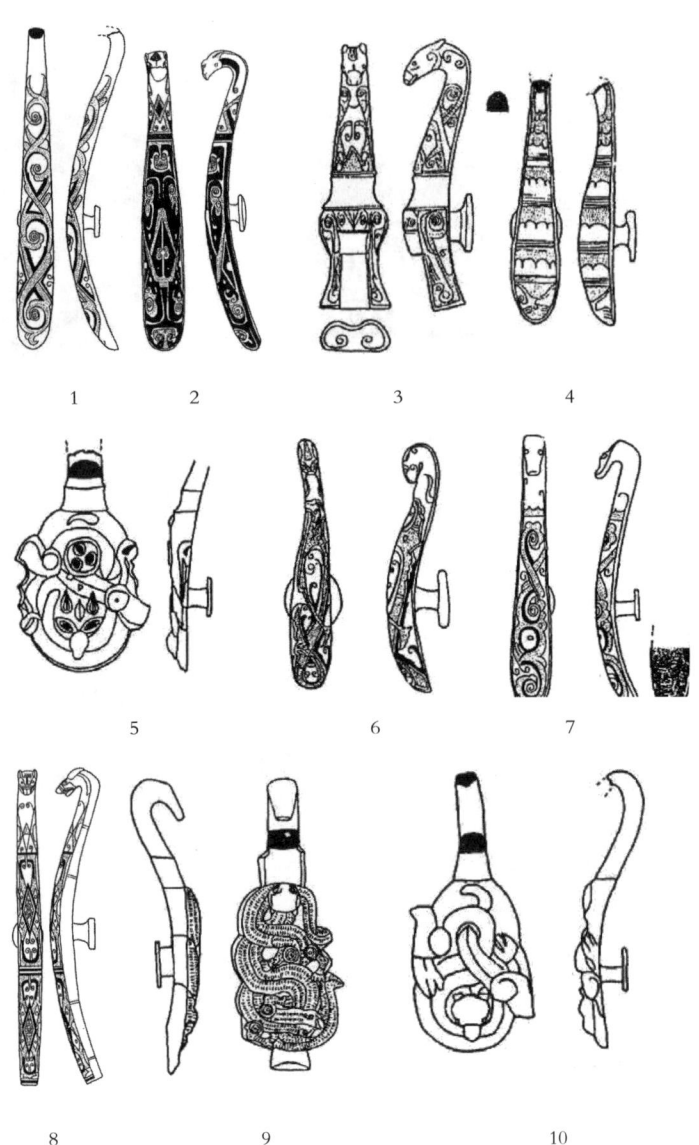

1、2、6—8.错银 3.包金错金银 4.包金银 5、9、10.铜带钩

图 8-52 带钩

（塔儿坡出土）

第九章 秦咸阳的毁灭与当代考古收获

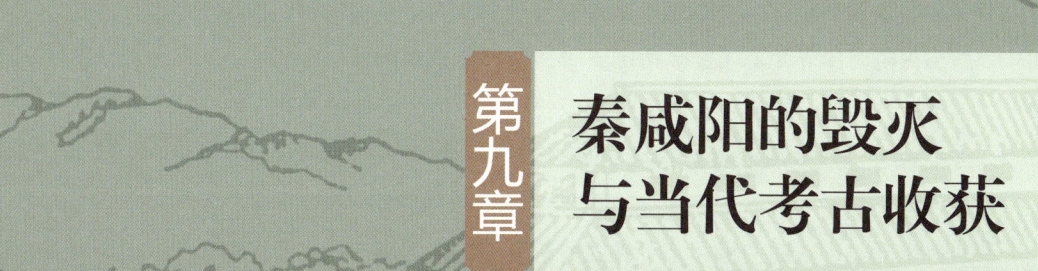

以农民为主体的劳动者被驱赶到战场上，通过血肉拼搏，以生命为代价，建立起秦王朝的帝国大厦。但在秦始皇的残暴统治下，各类社会矛盾日趋严重，终又刮起以农民为主体的反压迫风暴，最终摧毁了这座大厦。秦帝国威威赫赫，"初并天下，罔不宾服"（《梁父刻辞》），成为自诩的空言；始皇"威德"不可一世，"讨伐乱逆，威动四极"（《峄山刻石》），至二世而亡。秦王朝只存在了15个年头，成为历史上短命政权的先行者。

首都咸阳，在秦王朝存在的年代里，曾有过前世所无的繁荣与辉煌。但在昌盛的外表之下，已是危机四伏。当农民起义和社会上各种反秦烽火连天的仇恨情绪洒向秦统治中心的时候，它又首当其冲。项羽的劫掠，一把无情之火竟使百年来劳动人民天才创造的结晶——所有的宫殿建筑、物质财富、文化艺术等等，化为灰烬，也使这个具有144年历史的世界名城在地平线上永远地消失了。

考古资料是学术研究不可或缺的凭借，多年来已为治史者所重视。秦都咸阳的考古工作是从20世纪60年代开始的，经过大面调查、选点试掘、部分发掘，在今咸阳市渭城区、西安市临潼区这广阔的地域上有了重大的发现。其中有些考古项目已有发掘报告出版，如秦始皇陵园、秦俑一号坑和秦陵铜车马，塔儿坡秦墓群和任家咀墓群，随之还有一批颇具影响的专题研究成果问世。这些考古资料的出现，有力地推动了秦都咸阳相关领域的学术研究。

鉴于前几章分专题研究了秦都咸阳的主要内容，本章分区简单介绍一下相关考古发现。这可说是对秦都咸阳考古的回顾，也包含着对待解之谜的期望。

第一节
起义的烽火与咸阳的毁灭

一、社会处于动荡中

（一）反抗情绪

中国人是最具忍耐力的民族，对于人事的纷争、生计的重压，一般都能取容让的态度。但是，人心又是不可征服的，对于政治压迫、超量剥削和极度的精神侵害，自有一种反抗的精神。而秦王朝徭役繁兴、横征暴敛、谪戍不已，把人民推入水深火热之中，又企图通过严刑峻法来巩固自己的统治地位。终适得其反，反抗情绪在滋蔓，反抗力量在积聚。亡国的贵族还在，新仇旧恨也没有因岁月的短暂流逝而消失。

社会的反抗情绪在酝酿中，且看：

秦始皇二十九年（公元前218年），当他第三次出巡滨海和中原地区路过阳武的博浪（今河南原阳县东南），车行沙丘中，突然遇到刺客袭击，险遭不幸。原来，派人行刺的是张良。他出身于"五世相韩"的贵族之家，当韩国被秦消灭之后，就破财结交刺客，图谋杀害秦始皇，为韩报仇。这次，仓海大力士用的是重120斤（合今61.5斤[①]）的铁椎，但遗憾的是并不曾击中秦始皇，而误中了随从的副车，使暗杀未遂。（《史记·留侯世家》）虽然张良与力士利用黄河北岸的这处沙丘地形隐藏，借沙尘弥漫便于狙击，但是目标不准，只得乘机撤离。秦始皇惊魂甫定，即下令搜索，结果是一无所获。他于心不甘，接着又在全国范围内大规模地搜查了10天。（《史记·秦始皇本纪》）张良的这次刺秦，真是"报韩虽不成，天地皆震动"（李白《经下邳圯桥怀张子房》），可谓具有"轰动效应"。为实现抱负，张良"乃更姓名，亡匿下邳（今江苏睢

[①] 此大铁椎重120斤，也就是秦的1石。由高奴铜石权知：1秦石=61.5斤。

宁县）"①，把暗杀计划变成研究兵法以便打击秦王朝的行动。

三十一年（公元前216年），"始皇为微行咸阳，与武士四人俱，夜出逢盗兰池，见窘，武士击杀盗，关中大索二十日"（《史记·秦始皇本纪》）。在首都咸阳竟"逢盗兰池"，令始皇很尴尬，可见不是偶然；"微行"既被侦知，可知必有预谋。所以，始皇不能容忍。在首都抓不到作案集团，就把范围放大到整个关中。在闭关搜查的20天内，竟使粮价都直线上涨。

三十二年（公元前215年），燕方士卢生入海求仙归来，向秦始皇奏录图书，借鬼神的口气说："亡秦者胡也。"（《史记·秦始皇本纪》）始皇竟一怒而发军攻胡，使不满同镇压变为直接的对抗。

三十四年（公元前213年），丞相李斯说："今诸生不师今而学古，以非当世，惑乱黔首。……率群下以造谤。"用"以古非今"的言论罪，诱发了一场全国性的焚书运动。（《史记·秦始皇本纪》）

三十五年（公元前212年），方士侯生、卢生以始皇"贪于权势至如此，未可为求仙药"，"于是乃亡去"。始皇以诸生"或为訞言以乱黔首"的诽谤罪，在咸阳坑儒四百六十余人，"使天下知之，以惩后"。（《史记·秦始皇本纪》）

三十六年（公元前211年），有陨石落在东郡（治今河南濮阳市西南）的地面上，"黔首或刻其石曰：'始皇帝死而地分。'"秦始皇接到报告，立即派遣御史查问，没有追究出个结果来，就把陨石旁居住的人尽数杀死，还愤愤然烧毁了这块天外来石。刻写"寓言"，寄托着人民的不满情绪，正如夏王朝行将灭亡之际，国人指着太阳发出"时日曷丧？予及女（汝）偕亡"（《孟子·梁惠王上》）一样。

这年秋天，有使者郑容（《水经注·渭水》引《春秋后语》）从关东返回咸阳，夜过华阴平舒道，有个人捧着一块玉璧挡住他说"为吾遗滈池君"，还说"今年祖龙死"。接着，就不见了人影，只是把玉璧留给了郑容。始皇令御府检验，原来这是二十八年始皇渡江时沉入水中的那块玉璧。他默然良久，虽然口里说那不过是"山鬼"，但心里明白那所谓"祖龙"实际指的就是自己。因为"祖"者，始也；"祖龙"乃是人君之象。"滈池"就在首都咸阳的南侧，是周武王所建之都。把代表秦始皇的玉

---

① 《史记·项羽本纪》正义："下邳，泗水县也。应劭云：'邳在薛，徙此，故曰下邳。'按有上邳，故曰下邳。"

璧交给伐纣灭商的"滈池君"（指周武王），不是寓意秦的灭亡吗？这个带谶纬色彩的预言，固然不足凭信，但它被司马迁郑重地写进了《史记·秦始皇本纪》里，反映了秦施暴政引起人心愤怨的情绪。

作恶施暴于人者，未必不知自己也将受到清算。但秉性难改，害人不忘被害，既要多疑，又要防范。按秦法，臣下是不能带兵器上殿的，即使宫廷中的宿卫也只能执兵站在殿下"陛戟"而立。所以，当刺客荆轲同秦王政在殿上发生了你死我活的搏斗时，没有诏进命令，"诸郎中"也不敢近前。（《史记·刺客列传》）以后，尽管始皇认出了燕人高渐离是当年的刺客，但因想听他击筑而赦免之，此前仍不忘记"矐其目"（据说用马屎熏眼，使之失明）。据载，秦始皇建阿房宫时，北门做成"磁石门"（又名"却胡门"），使"隐甲怀刃"者不能通过。（《三辅黄图》《水经注·渭水》）始皇对宫廷人员也是严加控制的，以提防怀有二心，更不允许越轨，一旦可疑即行处置。《西京杂记》有这么一则故事：秦宫"有方镜，广四尺，高五尺九寸，表里有明。……女子有邪心，则胆张心动。秦始皇常以照宫人，胆张心动者，则杀之"。方镜能有如此功能？很不合乎科学。不过，一连串的遇刺，确使这位不可一世的统治者神经紧张得很！

被压迫、被剥削、被损害者，当无路可走时，反抗必有一线生机。在秦始皇统治的晚年，小规模的反抗斗争已在全国各地发生。

黥布"论输丽山"，同修筑始皇陵墓的"丽山之徒"的"徒长豪杰"结交。后率领一批人逃亡到"江中为群盗"，后来参加了讨秦的起义军。（《史记·黥布列传》）

彭越，昌邑（今山东金乡县西北）人，在巨野泽（今山东巨野县北）①捕鱼为生。秦末，聚集渔民为盗百余人，后起义。（《史记·魏豹彭越列传》）

刘邦是原楚属沛丰邑（今江苏沛县）②中阳里人，做泗水亭长时，常以吏的身份到咸阳。后押送服役的人到骊山修筑陵墓，半路上"徒多道亡"，就干脆隐匿芒砀山（在

---

① 巨野，大泽名，又作"大野泽"。《书·禹贡》："大野潴。"元代末年，黄河泛滥淹没巨野泽，水退后，泽干涸为平地。

② 现在丰、沛分为两县，刘邦出生地应在沛县。今江苏沛县围绕大风歌碑建起"歌风台""泗水亭公园""高祖原庙""汉街""汉城公园"等一大批现代人文景观，规模宏大，《大风歌》不绝于耳。1997年7月22日，我等《中国皇帝》拍摄组到沛县采风。在县博物馆指出几处误释，并见到刘邦的71世孙、做狗肉精加工生意的刘忠新。交谈甚欢，其乐融融。并题《游汉高祖原庙》诗一首：

大风卷神州，猛士守四方。
同是归故里，刘项差霄壤。

今河南永城市东北）①，积蓄力量，等待反秦时机。（《史记·高祖本纪》）

秦始皇毕竟是以武力统一天下的，六国的贵族地主对国破家亡不甘心，同秦政权有着新仇旧恨，他们时刻都企图夺回失去了的"天堂"。像"世世为楚将"的项氏家族在地方拥有党徒，存在势力。曾被秦将王翦所杀的楚将项燕，其子项梁教其侄项籍（字羽）学剑法及兵法，后因杀人，从家乡下相（今江苏宿迁市西南）逃到吴中（今江苏苏州市吴中区、相城区），暗中"以兵法部勒宾客及子弟"，崇信楚南公"楚虽三户，亡秦必楚"的训示，伺机起事。（《史记·项羽本纪》）韩国贵族之后张良狙击秦始皇未中，后藏匿下邳，研究圯上老人所赠《太公兵法》，等待机会。

（二）反秦烽火

秦始皇极端专制统治、秦二世政治上倒行逆施，把秦王朝推上火山之巅。社会上各阶层的人再也难以生活下去，火山终于爆发了。（见图9-1）

秦二世元年（公元前209年）七月，一支被征发去戍守渔阳（今北京市密云区西南）的队伍，约九百人，屯驻在蕲县大泽乡（今安徽宿州市南大泽乡镇涉故台村）②。适逢阴雨连绵，泥泞载道，无法行进。按照秦法：失期当斩。在这生死关头站出来两个人，就是陈胜和吴广，举起了义旗。

陈胜（又名陈涉），阳城（今河南登封市东南）人③，是出卖劳力、"为人佣耕"的雇农阶层的一员。吴广（字叔），阳夏（今河南太康县）人，也是位贫苦的农民。当大泽乡遇雨，他们二人看到"天下苦秦久矣"的民情，私下计议："今亡亦死，举大计亦死。等死，死国可乎。"于是，以公子扶苏和楚将项燕为号召，通过"鱼腹丹书"和"篝火狐鸣"活动聚集群众，杀掉押送这批"适戍"的将尉，发出"王侯将相宁有种乎"的呐喊，

---

① 芒砀山位于河南永城市东北30余公里处，是芒山、保安山、夫子山、铁角山、僖山等小山峦的总称，面积约10平方公里，主峰海拔只有156.8米。这里今有刘邦斩蛇碑、高祖庙银杏和陈胜墓。

芒砀山是西汉梁国王陵区，多已探明并做发掘。1996年11月20—22日，笔者应邀到商丘市参加"中国汉梁文化研讨会"，参观了芒砀山汉墓群。1997年7月16日，同《中国皇帝》拍摄组第二次来此拍摄，晚上持灯照"斩蛇碑"，十步之内即可见碑上有戴鍪擐铠的幻象出现，均以为奇。

② 1997年7月19日，笔者同电视系列片《中国皇帝》拍摄组在安徽灵璧拍过虞姬墓、垓下古战场之后，进发宿州市南境，从西寺坡才找到了当年的"大泽乡"。

大泽乡镇涉故台村有陈胜、吴广起义纪念馆——"鸿鹄苑"，北有"涉故台遗址"，台高5米，顶长、宽各60米。台前立巨型石雕群像，通高11米，系1986年所建。台上有"龙眼井"一口，旁有近人题碑数通。大泽乡镇至今仍是一片汪洋的"泽国"。据说南有陈胜妹之墓。

鸿鹄苑题联曰："义旗动天地，丰碑照日月。"

③ 陈胜的籍贯有说在今河南商水县，或在安徽宿县（今安徽宿州市）湖沟一带。均是"阳城"一地解释上的歧异，应以今河南登封为是。

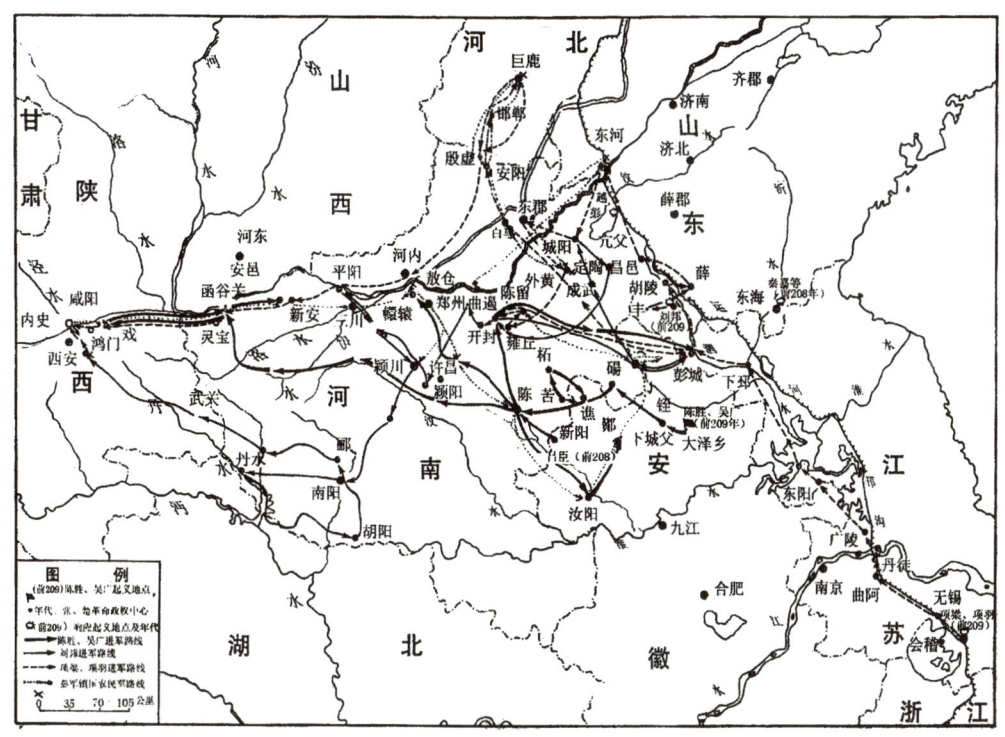

图 9-1　秦末农民起义图

自立为将军，提出"伐无道，诛暴秦"的战斗口号，正式率众起义，占领陈县（今河南周口市淮阳区），正式称王，竖起"张楚"旗帜。没有武器，就"斩木为兵，揭竿为旗"。这支以陈胜为首的起义军，以陈为根据地，建立起中国封建社会第一个农民起义的政权。（《史记·陈涉世家》）这，在汉代人眼里标志着秦的灭亡，所以把"张楚"政权直接承接在秦始皇三十七年之后。①

受陈胜起义的影响，各地反秦力量迅速做出反应。"诸郡县苦秦吏者，皆刑其长吏，杀之以应陈涉。"（《史记·陈涉世家》）"家自为怒，人自为斗，各报其怨而攻其仇，县杀其令丞，郡杀其守尉。"（《史记·张耳陈馀列传》）这时，"陵（今江苏泗阳县）人秦嘉、铚人董緤、符离（今安徽宿州市埇桥区符离镇）人朱鸡石、取虑（今江苏睢宁县西南）人郑布、徐（今江苏泗洪县南大徐台子）人丁疾等皆特起，将兵围东海，守庆于郯（今山东郯城县北）"（《史记·陈涉世家》）。黥布"聚兵数千人"叛

---

① 1973年，长沙马王堆三号汉墓中出土帛书《五星占》，记录了秦王政元年至汉文帝三年这70年间五星运行的情况。其中的五星行度和刑德佚书的干支表中，都有"张楚"国号的记录。但是，"张楚"是直接同始皇三十七年相接，并不出现秦二世年号，可见张楚政权早已被汉人所承认。见马王堆汉墓帛书整理小组：《〈五星占〉附表释文》，载《文物》1974年第11期。

秦，活跃在鄱阳湖地区。(《史记·黥布列传》)彭越在巨野泽聚集百余人起事，"乃行略地，收诸侯散卒，得千余人"。(《史记·魏豹彭越列传》)

当刘邦得知陈胜至陈而王，号为"张楚"时，即纠集数百人，杀沛令，自立为"沛公"，率领"沛子弟二三千人，攻胡陵（今山东鱼台县东南）、方与（今山东鱼台县西），还守丰"。(《史记·高祖本纪》)

一些地主阶级分子、野心家也乘机起兵，如项梁、项羽在会稽郡治所在的吴县（今属江苏苏州市）以欺诈手段杀了假守殷通，"遂举吴中兵，使人收下县，得精兵八千人……梁为会稽守，籍为裨将"。(《史记·项羽本纪》)

还有一些原来出逃的旧贵族，也纷纷投奔到反秦的起义队伍中来，如魏公子魏咎、陈国的"贤人"周文、孔子的八世孙孔鲋等。

秦之大地，遍举反字旗，帝国统治摇摇欲坠。

陈胜的"张楚"政权一建立，就抓紧时机，向秦王朝展开了全面攻势。部署三路大军，分别南攻九江郡，北略河北，西进关中。

陈胜派将军周文（即周章）率领十万大军，带车千乘，向秦的统治中心进攻。当时，由假王吴广统率的农民军把秦的三川郡守李由（李斯子）带的政府军围困在荥阳城内，使得周文军得以顺利地穿过这一咽喉地区，突破函谷，攻入关内，直抵今陕西临潼东北的戏水一带。此时，秦二世才如梦初醒。但调发近县的军队显然来不及，就采纳了少府章邯的建议，赦免了还在修筑始皇陵墓的刑徒和"奴产子"（奴隶）。把这些被奴役的人临时编入军队，授予武器，同农民军对抗。

周文率领的农民起义军同章邯率领的郦山徒军进行了激战。由于孤军深入，又缺乏战斗经验，几经搏击，义军终因寡不敌众，被迫退出函谷关。岂料面对善于指挥的秦将章邯，周文节节失利，从曹阳（今河南灵宝市东北）败到渑池（今河南渑池县西），于十一月自杀。军中无将，溃散不战。此时，适逢吴广攻荥阳不下，"不知兵权"又同李由军呈僵持状态，无法抽兵策应周文，竟被部下田臧杀害。

至此，起义内部发生分裂倾向，像武臣徇赵地，受赵国贵族出身的张耳、陈馀鼓动，自立为王，非但不出兵援助关内，还派韩广带兵徇燕以扩大地盘。韩广一入燕地，却自立为燕王。齐贵族田儋自立为齐王，反击周市。周市败回魏地，拥立咎为魏王，自任魏相。

起义军分裂，出现割据，从内部削弱了战斗力，给章邯造成各个击破的可乘之机。

章邯指挥秦军猛扑义军。在敖仓击破田臧主力军，田臧死；攻破荥阳，李归死；在郏县击败邓说军；在许县击败伍余军。接着，猛攻张楚的国都陈县，房君、张贺均战死。十二月，陈胜退到汝阳（可能是今河南商水县汝水之南），还至下城父（今安徽涡阳县东南），即遭自己的车御庄贾杀害。

陈胜、吴广领导的起义，从秦二世元年（公元前209年）七月至十二月（秦以十月为岁首，当二世二年），前后只有半年时间。虽大军被击败，陈胜王死，但他的部下依然奋起反秦。"故涓人将军吕臣"组织"苍头军"，在二世二年（公元前208年）的春天，攻下陈，杀了庄贾，"复以陈为楚"。随即，陈又被秦军攻陷。吕臣军后同黥布的当阳军联合，在青波败秦军，再次夺得陈县，恢复"张楚"，继续反秦。

二、秦帝国的覆灭与项羽的暴行

（一）刘邦、项羽入关的灭秦之战

陈胜、吴广领导的农民起义军被章邯统率的秦军击败，而那些乘机起兵的旧贵族、地主武装力量，在争权扩地中不可避免地成为反秦的骨干。经过军事力量的重新组合，最后形成以项羽同刘邦为代表的两大军事集团。

项梁、项羽叔侄本是凶残狠斗之徒，当诈杀会稽守殷通，得吴中八千精兵后，听广陵人召平的矫命，拜项梁为楚王上柱国。遂渡江而西，先有陈婴率众归附，渡淮后又有黥布、蒲将军率兵投奔，兵力迅速发展到六七万人，屯下邳（今江苏睢宁县）。此时，秦嘉立景驹为楚王，军驻彭城（今江苏徐州市）东，对抗项氏。项梁攻击，在胡陵杀秦嘉，景驹走死梁地。在粟邑（今河南夏邑县），项氏队伍同章邯军遭遇。项梁派别将出击，余樊君战死，朱鸡石军败后被杀。项梁攻取薛（今山东枣庄市西），项羽攻下襄城（今河南襄城县），随后把秦的降军全部坑杀。

二世二年（公元前208年）六月，项梁得知陈胜遇害，即在薛召集各路义军将领计事。这时，刘邦也从沛来薛参与。项梁听信了谋士、居巢（今安徽巢湖市）人范增"立楚之后"的建议，从民间找来前楚怀王之孙心。把这个沦为牧羊儿的楚裔拥立为王，并用了容易激起楚人仇秦情绪的称号，仍称"楚怀王"。陈婴为上柱国，项梁自号"武信君"，都盱台（今江苏盱眙县北）。

七月，项梁、刘邦救齐，大破秦将章邯军于东阿（今山东阳谷县阿城镇）。九月，章邯夜袭项梁于定陶（今山东菏泽市定陶区附近），楚军大败，项梁战死。正在攻打陈留的项羽、刘邦闻讯东返，把楚怀王从盱台迁都到彭城。共保彭城的是三员大将：吕臣驻军城东，项羽驻军城西，刘邦驻军砀郡（治砀县，在今河南永城市北）。

章邯败项梁后，移兵攻赵，派王离、涉间围巨鹿（今河北平乡县西南）。赵王赵歇求救。出自救赵即自救的战略考虑，楚怀王命宋义为上将军、项羽为次将、范增为末将，引兵救赵。宋义在安阳（今山东曹县东）驻留四十六日按兵不动，不顾被围困城内赵军的死活，不顾"天寒大雨，士卒冻饥"，也拒绝项羽引兵渡河夹击秦军的建议，而是坐观秦、赵相拼，自己整日饮酒高会。项羽怒杀宋义，报于楚怀王。怀王任项羽为上将军。项羽派当阳君、蒲将军率二万人渡漳水救赵，不胜。于是，项羽率楚军渡河，"破釜沉舟"，遭遇秦军。楚军勇敢，以一当十，杀声震天，救赵的诸侯军都不敢攻秦，只作"壁上观"。经九战，绝秦甬道，杀苏角，虏王离，打败秦军，取得了巨鹿大战的彻底胜利。

巨鹿一战，秦军失败，驻棘原，同漳南的项羽军呈相持状态。章邯派长史欣请事，赵高拒见。章邯受到秦二世的责备，面对赵高专权，"有功亦诛，无功亦诛"。就在项羽引兵大破秦军于污水之际，章邯在洹水南殷墟上投降了。（《史记·项羽本纪》）

当项羽引兵救赵时，楚怀王已在安排向秦的统治中心——咸阳进军问题。他"与诸将约：先入定关中者王之"。当时，诸将看到秦兵尚强，谁也不认为先入关有利，唯独项羽出于替项梁报仇的原因愿同刘邦入关攻秦。楚怀王考虑到项羽为人"剽悍"，刘邦"素宽大长"，出于"秦父兄苦其主久矣，今诚得长者往，毋侵暴，宜可下"，就确定刘邦入秦。刘邦西略地，一路上收陈胜、项梁的散兵，取道砀（今安徽砀山县），到达城阳，在杠里败秦军，在城武南击破王离军。过高阳（今河南杞县西南），攻陈留（今河南开封市祥符区陈留镇）夺粮草。西行，在曲遇（今河南中牟县东）败杨熊军。略韩地轘辕（今河南偃师市东南关口）。攻平阴，绝河津，战洛阳，还阳城（今河南登封市东南）。略南阳，封宛守，"引兵西，无不下者"。由于刘邦"所过不虏掠，秦民喜"，就很顺利地沿武关道北上，绕道峣关（在今陕西蓝田县东南）。在蓝田一战，堵截的秦军全线溃败。公元前206年十月，刘邦先诸侯一步到达霸上。秦王子婴虽然英明果断地除去祸国殃民的"猾臣贼酋"赵高，但在不可挽回政治颓败的形势下，只有"素车白马，系颈以组，封皇帝玺符节，降轵道旁"（《史记·高祖本纪》）。秦始皇建立的秦帝国只存在了15个年头，就被推翻了。

（二）秦咸阳的毁灭

刘邦受降后，进入首都咸阳，"欲止宫休舍"。他听从了樊哙、张良的进谏，"乃封秦重宝财物府库"，"萧何尽收秦丞相府图籍文书"，即还军霸上。此时，刘邦召集诸县的"父老豪杰"约法三章："杀人者死，伤人及盗抵罪"。尽除秦的严刑峻法，令各级官吏不予更动，百姓也可守其业。这些安定社会秩序的措施，派人与秦吏在关中各地的县、乡、里广为宣传，赢得了秦人的热烈欢迎和拥护。"秦民大喜，争持牛羊酒食献享军士。沛公让不受，曰：'仓粟多，不欲费民。'民又益喜，唯恐沛公不为秦王。"（《汉书·高帝纪》）

就在这年十一月，项羽听到刘邦已入定关中，大为恼怒，派出黥布攻破函谷关（在今河南灵宝市东北）。十二月进军戏下，准备进攻驻军霸上的刘邦。当时，项羽有兵四十万而号称百万，刘邦虽说有二十万，充其量也不过十万。力量对比悬殊，刘邦自知莫如。于是，刘邦听从张良的建议，亲自带了百余骑到鸿门（今陕西临潼区新丰街道东南鸿门堡）同项羽会见。在宴席上，项羽的谋士范增设计要杀害刘邦，而项羽不作理会。接着，项庄出来舞剑，名曰"助兴"，实际上是想伺机刺杀刘邦。但有项伯出来对舞，遂使范增谋刺计划未能得逞。酒席宴上，剑来剑往，杀气腾腾，使人屏息。刘邦借故退席，便带了樊哙、夏侯婴、靳强、纪信等四人，从骊山脚下，取道芷阳，逃回自己营中。留下张良献出玉璧、酒杯辞谢，项羽也无可奈何，只得作罢。这，就是历史上有名的"鸿门宴"。

在鸿门宴后不多日，志得意满、骄横逞力的项羽带兵进入秦都咸阳。烧、杀、虏、掠，无所不用其极。《史记·项羽本纪》载："项羽引兵西屠咸阳，杀秦降王子婴，烧秦宫室，火三月不灭。收其货宝妇女而东。"

宏伟的咸阳都城及其宫阙建筑，在项羽的一把火下，统统化为灰烬。有名的冀阙宫庭、咸阳宫、阿房宫等从地平线上消失了，留下来的是累累夯土，火红色的瓦砾！

项羽不但把咸阳的财富席卷而去，即使死人的随葬品也未能幸免。后来，刘邦在广武战场上当面历数项羽的罪状，把"烧秦宫室，掘始皇帝冢，收私其财"列为第四大罪（《汉书·高帝纪》）。郦道元在其《水经注·渭水》中记下了这一历史的细节："项羽入关发之，以三十万人，三十日运物不能穷。关东盗贼销椁取铜，牧人寻羊烧之，火延九十日不能灭。"①同样，始皇陵园的礼制建筑留给我们的只是一片废墟而已。从发掘的兵马俑坑看，这处地下建筑遭到焚毁，俑仰马翻，兵械被"缴"，大概就是那次厄运光顾的结果！

项羽"为人剽悍猾贼"，生性残暴，攻襄城（今河南襄城县），人民无复活者（即"无噍类"），一次坑杀秦降卒就有二十万人。他"所过无不残灭"，已使人民恐惧不安，而在咸阳的屠城，更使"秦民大失望"。他自伐其功，兵力过人，把刘邦封为汉王，领巴蜀、汉中地，而把关中分给三个秦降将：咸阳以西属雍王章邯，咸阳以东至黄河间地属塞王司马欣，上郡地属翟王董翳。三分关中的目的是阻塞刘邦向关中发展的道路。另外，他割地分封，一共封了十八个王，自己为"西楚霸王"，领有九个郡的地方，都城设在彭城（今江苏徐州市）。这一系列倒退措施完成之后，在"富贵不归故乡，如衣绣夜行"的夸富思想支配下，把关中破坏成一个烂摊子，带着从咸阳抢走的财宝、宫女，扬长而去。②

"富十倍于天下"的秦中，经过项羽的破坏，已是满目疮痍。在项羽同刘邦的5年楚汉战争之后，这段"逐鹿中原"的历史以刘邦建立西汉王朝而胜利结束。③汉高祖终

---

① 这条记载，笔者在《秦始皇陵研究》一书做过辩证，认为是一种误传，不可靠。事实证明，始皇陵墓没有被项羽掘开。不是说项羽没有追求珍宝的欲望，而是说陵家高大，地宫深远，警戒设施严密，要在短时间内挖开陵墓，其难度之大，在当时是绝对办不到的。我们考古队经过探测，在陵家周围、方城、墓道上，均未发现通向地宫的盗洞。1981年，中国地质科学院物探所用汞测量方法，发现在封土表层有一个面积达12000平方米的强汞区，证明《史记》记载墓室内"以水银为百川、江河、大海"确属事实。据测汞含量在 $70 \times 10^{-9} \sim 1500 \times 10^{-9}$ 之间变化，比周围正常地带高出5.9倍。如果地宫被盗焚，水银早就挥发殆尽，岂能保留到今日继续挥发！

不可否认项羽确实在始皇陵园盗宝并抢劫、焚烧。据考古事实，笔者认为秦末兵燹破坏包括三项内容，即：烧毁了地面建筑；掘毁了地下的从葬设施；劫取了陵园的地面财物。

② 流落海内外的秦器，不可否认的是，其中有相当一些同这次劫掠、散失、流传有关。1978—1980年，在山东淄博窝托村西汉齐王刘襄墓从葬坑出土银器130余件，其中一件鎏金银盘口径37厘米，高5.5厘米。在盘的口沿、内外腹部各饰六组龙凤纹图案，内底饰盘龙三条。盘外底、口沿背面刻四组铭文，其中有"卅三年"等字。汉初不论文帝还是齐王均无在位33年的，再从龙凤纹图案看具有战国时代特点。据此推断，此鎏金银盘系秦始皇三十三年（公元前214年）制作的宫廷用物。大概是项羽劫掠以后流散到齐国的器物。现存中国国家博物馆。

③ 笔者1997年随同《中国皇帝》拍摄组野外采风，在涉及项羽这位末路英雄"业绩"的景点咸阳原宫阙、阿房宫前殿、始皇陵墓与兵马俑的焚毁遗址，想到火烧咸阳三月不灭，人民逃亡的惨状；在荥阳的"鸿沟"，领略了刘、项对垒，似乎听到刘邦历数项羽十大罪状的指斥声，似乎看到项羽恼羞成怒，无言以对，用"伏弩射"作答的窘相；在徐州周围见到的有关景物，更是勾起对那段风云变幻历史的回顾。小说《水浒传》第四回有这么一首山歌：

九里山前作战场，牧儿拾得旧刀枪。
顺风吹动乌江水，好似虞姬别霸王。（转下页）

于在秦帝国首都咸阳的故墟上,又建立起更为强盛的汉帝国的新都长安。渭水两岸这"天地之隩区",迈入了一个新的历程。

政权易手,昔日繁盛的北阪宫区经过大火也日趋荒僻。在牛羊村秦宫遗址内,发现有多座中小型汉代洞室墓。1980年经过清理的16座汉墓中,除一座瓦棺葬外,其余均为竖井或斜坡道洞室墓。出土各类文物1912件。其中铜钱1555枚,时代最早的是汉初四铢半两,大量的是王莽时的大泉五十、货泉、货布。有一块刻东汉明帝年号的"永平十三年"(公元70年)文字砖。事实说明,北阪的秦宫殿建筑,有些在西汉中期以前尚被利用,到了西汉晚期已彻底毁弃,而这一地区竟成了汉人的墓葬区。

汉人对秦的旧宫除修葺再用者外,或有沿用故名而重建的,如汉之兰池宫;也有择地新建的,像毛王沟和后排村的汉宫虽处于北阪的秦宫殿区范围之内,却纯属汉的建筑物。毛王沟建筑遗址面积10余万平方米,地面散布有大量的绳纹板瓦、筒瓦、陶水管道、陶井圈。也发现过汉文帝时轻薄而不规则的半两铜钱140枚。1968年,在村东平整土地时出土马蹄金1枚,直径5.2厘米,重265克,含金量98%,同出的文物还有西汉五铢铜钱、表饰卷云纹的金器圈等。① 1978年5月,在村北耕地时又发现马蹄金、麟趾金各2枚,分别重256.47克、266.51克、284.095克和244.34克,均系赤金成分,錾刻重量的铭文有"廿朱""十五两十朱"和"斤一两二十三朱"等字。②

出土金器的地区内发现建筑遗址,有秦有汉,正是那里历史交替与变迁的反映。以毛王沟为中心,村北出土马蹄金和麟趾金各2枚,村东250米出土马蹄金1枚,村西北1000米处的路家坡出土陈禹金币8枚,村南下原的灰堆村也出土过金饼。在这东西2.5公里、南

(接上页)彭城曾作楚怀王之都,伐秦诸将从这里出发,推翻了秦的专制政权。随后,又成了西楚霸王项羽的都城,王九郡。胜利于斯,失败于斯,彭城城墙残迹似乎讲述了这段曲折的历史:

"霸王戏马台"项羽的塑像固然英俊,纪念性浮雕描述着赫赫战功,过多地寄托着今人对这位"霸王"的惋惜,但掩饰不住他残暴、凶狠的性格。就在他足下的土地上,"放杀义帝",可谓大逆不道。逼死王陵之母不算,还要将她的尸体再放进锅里去煮。历史上"霸王"的榜样,是否是对今日"霸道"者的启发?

"彭城之山,岗岭四合",城周山头44座,其中的九里山是徐州北面的天然屏障。韩信伏兵,樊哙挥旗,大战项羽。双方投入兵力六十万,战斗激烈,至今仍有"旗眼""旗磨石"遗迹。

7月19日,《中国皇帝》拍摄组在安徽灵璧县寻迹垓下古战场,并访虞姬陵园。笔者赋诗一首:

　　　　垓下数百里,灵璧接大荒。
　　　　兹事越千载,犹闻鼓角狂。
　　　　大营香玉焚,旷野争战忙。
　　　　乌骓不逝兮,无颜过江东。
　　　　英雄安在哉,令人涕感伤。

① 咸阳市博物馆:《咸阳市近年发现的一批秦汉遗物》,载《考古》1973年第3期。
② 王丕忠、许志高:《咸阳市发现的麟趾金和马蹄金》,载《考古》1980年第4期。

北2公里的范围之内，可以想见自战国末年到汉武帝年间，虽然中经秦末大火与丧乱，仍不失其繁华殷实的地位。至于后排村北遗址，地表见有大量的几何纹或方格纹铺地砖及绳纹板瓦、筒瓦和云纹瓦当，文化遗存面积达3.7平方公里，这当同高祖长陵有关。

由于秦咸阳的城阙宫殿毁废，汉高祖元年（公元前206年）择地渭城湾设立新城，名新城县。七年并入长安县。武帝元鼎三年（公元前114年）复设，因邻近渭河而改名渭城县，辖属右扶风。后赵石勒元年（公元319年）改置石安县。隋文帝九年（公元589年）改泾阳为咸阳，十一年迁治秦杜邮亭附近。唐高祖武德三年（公元620年），县治由鲍桥迁到白起堡（任家咀一带），六年（公元623年）徙便桥西北。武则天天授二年（公元691年）曾更名赤县，过了15年又复咸阳旧名。虽然前后隶辖与县治多有变更，但咸阳之名沿用至今。据调查，虽汉渭城县故城形制不明，但地当今长陵车站西北的渭城湾一带，是大体可定的，现看到残存的南北向城垣有三段，分别长10米、94米和2米，基宽3米。地面也多散布有绳纹瓦片等遗物。

第二节
当代考古收获

一、秦都咸阳考古的意义

（一）研究都城史中不可缺少的一环

古今中外的城市，从功能到性质其类型多种多样，因而其形成的历史和受到的地理条件的制约就千差万别，表现出来的特点也就丰富多彩。咸阳从秦国的国都到秦王朝的首府，一直是政治、经济、文化的中心，又处于四关之中的盆地，除渭北区毁于突发的秦火之外，渭南新区后来则出现了秦、汉两代都城重叠的现象。因此，历史的、地理的因素就赋予这座历史文化名城以更多的鲜明的特色，也给城市史研究者提供了更多的有意义的课题。

实际上，城市史的研究，总是围绕城市的形制与布局而展开的。那么，咸阳有没有城？如果有，又在哪里？如果没有，就得有个道理。这都需要做出考古学的回答。笔者根据过去多年来的调查研究，在1985年出版的《秦都咸阳》一书中首先提出了"秦咸阳无城"的观点。自此开始，关于秦都咸阳城，学术界分为两派意见。笔者当然属于少数派了，但这种观点还是慢慢地被学人所理解并给予申说。笔者说的"无城"，是指没有人们意念中那种外郭城；而"有城"论者，在其内部只存在着"毁"与"存"（或部分"存"）的争论。"有城"论者认为，秦咸阳不但有城，而且"有大小二城"。不过，主张城"存"的学者，多年来也未能提供"存"的事实；主张城"毁"的学者，则用渭水北移而冲毁，或以始皇陵园的形制来复原咸阳城。笔者以为，"陵制"与"都制"，彼此虽有借鉴，但二者性质不同。因为各有发展完善的轨迹，所张类比也就形同参商，其结论也显然难以成立。

秦都咸阳的布局，体现着秦人城制上继承与发展的关系：

第一，多次迁都，均有都城的设立。汧渭之会、平阳这些春秋早期的秦都虽未发掘，却有线索可寻。①雍、栎阳，随地势而走向不正，但咸阳宫城却是较为规整的。

第二，宫殿区多分布在都城的中北部。在雍都城内三大宫殿区中，姚家岗（包括凌阴遗址）和马家庄（包括宗庙、朝寝）两处春秋秦宫殿建筑区位于城西部偏北处，凤尾、高王寺宫殿建筑区位于东北部。②而秦咸阳宫城内布满了8处宫殿建筑遗址，从早期咸阳的范围看，仍然居于北部。

第三，墓葬划区，安排在近郊。雍都的秦公陵园在南郊三畤原上，一般平民墓区则在城南同陵园之间的八旗屯一带。栎阳王陵在东北郊，一般墓区在东南郊。③而早期咸阳把王陵安排在西郊的毕陌中，平民墓区则处在宫城与毕陌陵区之间。只有中期以后，才把王陵、帝陵安排在秦都的东南部。这种城制布局的一致性，即可说明秦之立都，尽管因时间和条件而有所变化，但毕竟还是遵循着这个"近都"的传统。

张光直先生针对夏、商、周三代都城屡迁，提出"俗都围着圣都团团转"的都制观点。他说："圣都是先祖宗庙的永恒基地，而俗都虽也是举行日常祭仪之所在，却主要是王的政治、经济、军队的领导中心。"④我们不难看出：难怪立都294年的雍城，其宗庙、朝寝遗址的结构是那么完备尽礼，符合古之庙制！从而解开了秦始皇加冕之礼要去雍都、秦始皇改信宫为极庙、二世改作"帝者祖庙"之谜。

随着秦国政治、军事的发展，带着传统烙印的都城咸阳也在变化着，接受着新时代因素的影响。同诸侯国相比，在城制上既有共性，也有其特殊性，这表现在：

第一，单城制，没有六国那种双城。

第二，咸阳仅有宫城而无大的郭城。

第三，墓葬区在都城近郊，呈分离状态，绝不杂处。⑤

第四，官营手工业作坊区接近宫殿区。城市这种接近与相区别的情况，就为人们的

---

① 王学理主编：《秦物质文化通览》，科学出版社，2015年。
② 陕西省雍城考古队：《秦都雍城钻探试掘简报》，载《考古与文物》1985年第2期。
③ 中国社会科学院考古研究所栎阳发掘队：《秦汉栎阳城遗址的勘探和试掘》，载《考古学报》1985年第3期。
④ 张光直：《考古学专题六讲·三代社会的几点特征》，文物出版社，1986年。
⑤ 关东诸国的都城如东周洛阳王城、齐临淄、燕下都、中山国都、楚郢都内，多有王陵和贵族墓的分布。但在秦的各时代都城内没有这种情况。

研究提供了新的课题。

由于秦王朝的建立，声播域外，咸阳有如一颗耀眼明珠镶嵌在世界东方的天宇上，和与它同期的一些世界古国如古印度、两河流域古国、古埃及或古希腊的首都一样，都随文明的昌盛而熠熠闪光。咸阳在世界都城中占有重要的一席之地，因此，研究世界都城史少不了秦都咸阳。

（二）丰富的物质文化史内容

都城不同于一般意义上的城市。它首先是政治中心，在古代必然也是经济、文化的中心。其财富集中，包含着两个重要的内容，一属物质方面的，二属精神方面的。举凡本书所述各项，无不属此，恕不再增赘。但人们要研究的深度与广度，却不在此书里，而在书外。

研究都市史的凭借，很重要的近期对象是考古资料。但对都城考古资料的研究，所开拓的领域却不受都城史本身的限制。物质文化史、科学技术史、礼制思想史、管理制度史、军事史等等，无论是综合的或是专题的，都可以从这里吸取养料。

二、当代考古收获

（一）渭北区

1. 最早的考古调查与发掘

1959年秋，陕西省考古研究所派出渭水队来到咸阳故地进行调查，从此揭开了秦都咸阳考古的序幕。

渭水队于1960年春和1961年，对今咸阳市龚家湾到杨家湾这一渭北区间进行了广泛的考古调查和试掘。在长陵车站附近的长兴村、滩毛村和店上村这一连片内，在北原的聂家沟东向牛羊村、赛家沟、姬家道、刘家沟一线，共发现灰坑100多个，有陶井圈的水井70多眼、陶窑1处、建筑基址12处、铺设的陶水管道11处。获得的初步印象是：以滩毛村为中心的渭河北岸，文化层堆积厚，制陶遗迹及陶质遗物丰富，光灰坑就有80多个，水井20多眼；牛羊村原上建筑基址集中，断崖的夯土层叠叠累累。经过选点试掘，不仅获得了有地层关系的从战国至秦统一的实物资料，而且也初步确认并被以后证实，这两地分别为制陶作坊区和北阪宫殿区。[①]

---

① 陕西省社会科学院考古研究所渭水队：《秦都咸阳故城遗址的调查和试掘》，载《考古》1962年第6期。

1961年11月,渭水队的吴梓林、王学理(笔者)二人对咸阳原的第六号建筑遗址(后改编为第一号)做了勘测,并在顶部(即后编的第五室)试掘。红褐色的硬土地面、彩色壁画残块、部分烧熘的具有精致图案的青铜梁架构件等,使人耳目一新。

滩毛村南经初步勘查,确认是一处制造日用陶器的作坊区。它东到店上村,西及长兴村,跨度1600多米,南界早已沦入河底在千米左右。从渭河北岸暴露出的文化层厚度可达2米,灰黄土中夹杂有灰坑、叠垒的陶井圈、各类陶器及窑具。1962年到1963年,我等在此做重点发掘,出土陶窑3座,陶器则见有鬲、甑、盆、罐、瓮、钵、鼎及拍、垫等窑具。陶器上戳印的陶文多是咸阳的亭里陶文,主要是"郦里"。①

2. 长陵车站的沙坑铜器窖藏

长陵车站附近沙坑中前后三次发现过铜器窖藏,内容异常丰富。1961年11月,吴梓林和笔者在车站北沙坑中清理出1000多斤铜器和铁器,因为经过火烧,已熘结成大铜板、铁块,很多铜器零件已经粘连在一起。表面上虽残存有精美的花纹图案,但整个器形是不可辨识的了。尤为珍贵的是,一块秦始皇统一度量衡的铜诏版却完整地保留了下来,长10厘米,宽6.5厘米,厚0.2厘米,小篆书体刻文作:"廿六年皇帝尽并/兼天下诸侯黔首大/安立号为皇帝乃诏/丞相状绾法度量则/不壹歉疑者皆明/壹止。"②(见图9-2)

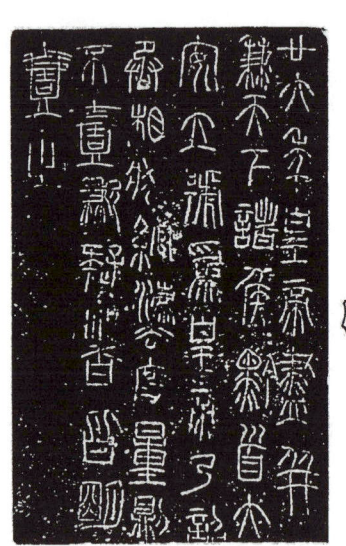

图9-2 始皇诏版拓片与铜铺首
(1961年沙坑出土)

1962年初,正当省考古研究所业务冬训期间,接到报告,笔者即赶赴滩毛村工地。在长陵车站南沙坑中,又清理出一个铜器窖藏。其中有铜器280多件,诸侯

---

① 陕西省博物馆、文管会勘查小组(王学理):《秦都咸阳故城遗址发现的窑址和铜器》,载《考古》1974年第1期。
② 陕西省社会科学院考古研究所渭水队:《秦都咸阳故城遗址的调查和试掘》,载《考古》1962年第6期。

国货币140枚和一些铜料。铜器包括鉴、鼎、鉴、罐、盒、勺、三足架、镜残片等生活用具，铜弩机件、戈、矛、镞等兵器。货币除秦半两钱外，还有齐、燕、魏、楚等国的铜货币15种136枚之多，其中的蚁鼻钱竟有124枚。还有车马器、始皇诏版（残）、铜印章及装饰品。而动物造型的各式铜带钩和金银错铜戈镦，甚富艺术美感。铜镞与铜铃样式繁多，也很具特色。（见图9-3）^①在铜车䡅的面上铸一"公"字，而阴刻"大后"二字，是否表明此为秦昭襄王之母宣太后的专用车乘？铺首的背面錾"北库"二字，表明这批铜器绝非私人之物，专属宫廷的库藏品。这批铜器窖藏的出土，大大增长了人们对秦文化及其同关东诸国文化关系的认识。

第三批窖藏铜器出土于车站西南的沙坑中。时间为1982年。铜器有车饰、构件、生产工具、兵器、生活用具、货币及装饰品，计320余件，其中一件铜武士头像和一件秦二世诏版尤为珍贵。（见图9-4）武士面庞丰满，五官端正，戴云纹的武冠，通高11厘米，是一件罕见的铜雕艺术品，个性描述上与秦始皇陵兵马俑、陵墓彩绘铜车马之御俑比，有着异曲同工之妙！二世诏版完整，四边出耳，长12.6厘米，宽0.3厘米，刻诏文六十字，但部分诏文漫漶不清。

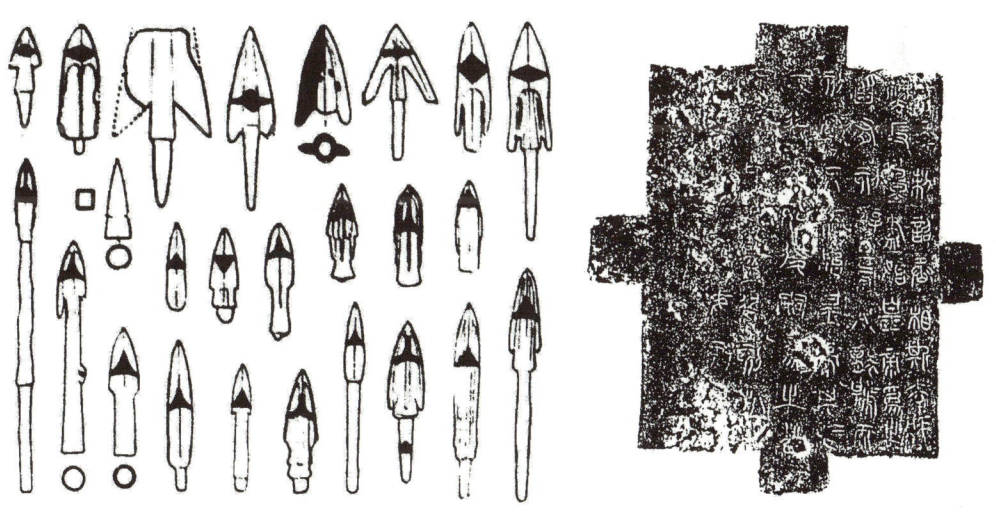

图9-3　铜镞　　　　　　图9-4　秦二世诏版拓片
（咸阳沙坑窖藏）　　　　（1982年沙坑出土）

---

① 陕西省博物馆、文管会勘查小组（王学理）：《秦都咸阳故城遗址发现的窖址和铜器》，载《考古》1974年第1期。

3. 北阪宫城探测与几处宫殿建筑遗址发掘

都城考古首先得摸清城制，因为它是其他设置附着的载体，有如"皮"同"毛"的关系。咸阳城的有无，如有又在哪里，等等，一直是困扰人们的一大难题。因政治运动，咸阳考古工作第一次停工10年。（1963年12月18日之后，研究所"四清运动"又接续全国"文革"。1969年笔者被下放劳动并转公安战线，1972年才"专业归队"）1973年开春，笔者即踏上久违了的秦咸阳故土。考虑到人去物非的情况，于六、七月份对遗址又做了一次大面积复查，随后向省文化局写了情况报告。9月15日成立"咸阳考古工作站"，笔者同廖彩梁、孙德润以牛羊村为中心，对原上下展开钻探测绘工作。终于在地表之下1.4~2.2米深处，发现一座东西长方形的城墙遗迹。其北墙在原上，长843米，基宽5.5~7.6米；南墙在原下，长902米；东西两道城墙依地势跨越原之上下，东墙破坏严重，西墙长576米。从解剖牛羊村至赛家沟一段墙基知，不但墙内包含有战国时期的瓦片和陶器片，而且这段夯土墙被后期的夯土基址所打破。据此，笔者断定它是初建冀阙宫庭时的宫墙，随后即为咸阳宫群的宫城。大体可确认它就是历史上所谓的"咸阳城"。

咸阳原上的宫殿建筑群主要集中分布在西起聂家沟、东到刘家沟之间的广阔地域。目前探明的夯土遗址，虽多连绵相接，但大体可以划出27处独立的单元建筑。其中的8处分布在宫墙之内，有3处还保留着夯土台基，最高者可达6米。经正式发掘的有3处，即一、二、三号宫殿建筑遗址。

第一号建筑遗址（1961年编为第六号）是1974年3月4日至1975年11月发掘的。（见图9-5）经探测知，此遗址平面呈"凹"字状，地跨今牛羊沟，东西长130米，南北宽45米。牛羊沟是后期形成的，正从遗址中部穿过，至今沟的东西断崖上仍可看到殿基的夯土层和预埋的下水陶管道。在"凹"字遗址的西端即牛羊村西侧是一个现残高6米的大夯土台，略呈长方形，东西60米，南北45米。在沟东对应的位置上，原来也应有同样的一个夯土台，只是在岁月的流逝中被人们给夷毁了。从发掘知，此建筑是诸多大小不一的居室围绕夯土台由下到上分三层布置的，顶层是主体殿室，面积大，结构复杂，采光好。另外有回廊、露台、榭、走廊、过道一类建筑及室内取暖、窖藏、供排水设施，使之成为配套合理、布置灵活、功能多样的一个整体。借助科学发掘出的遗迹、遗物及各种参数，复原其原貌，不但使我们获得了对秦宫殿建筑的一般认识，也从建筑遗物（如

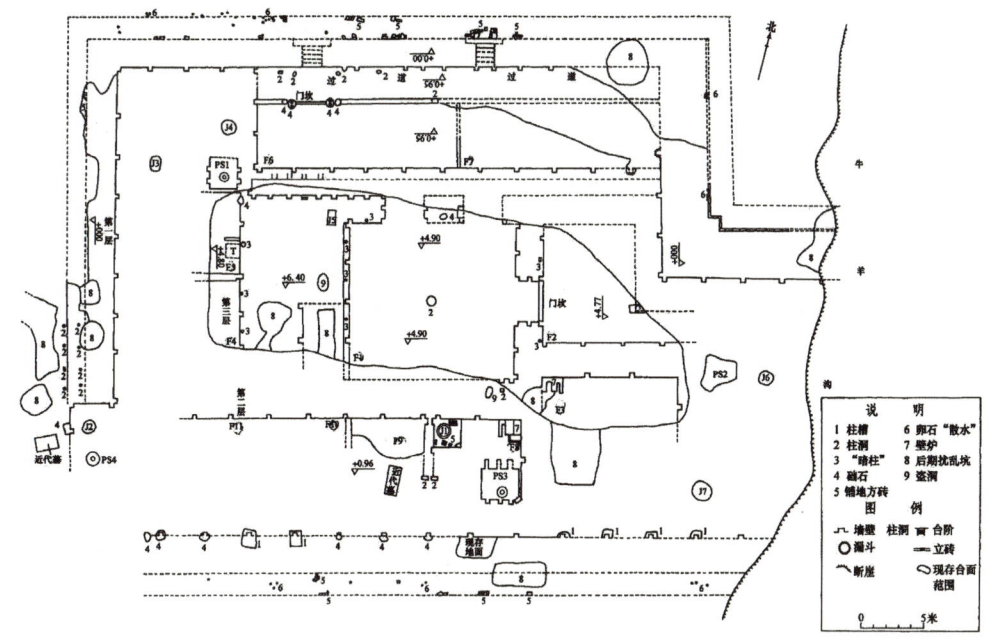

图 9-5　一号宫殿遗址平面图

砖、瓦、空心砖、管道等）特别是壁画的出土，明白了它们同建筑本身的依存关系①。

1979年3月至9月，对咸阳第三号宫殿建筑遗址进行了部分发掘。（见图9-6）该建筑遗址处于一号建筑遗址西南方一片隆起的地段上，东西长123米，南北宽约60米，台基残高1.5米。由发掘范围看，约当三号建筑的西北部，面积约624平方米，有两殿室（即一、二室）呈直角相连，各出后门下踏步，即是共用的角形回廊。一室东西长18.6米，南北宽6.5米，由南门出，则连接一个南北长32.4米、东西宽5米的长廊建筑。长廊内相对的东西壁上原来绘有连续性的大幅壁画。由残壁上的壁画内容知，有房屋建筑、车马出行、仪仗、树木和麦穗等。经碳-14年代测定，三号建筑遗址距今2290±80年（公元前340±80年）。②

咸阳第二号宫殿建筑遗址位于一号建筑西北约93米处，南距三号建筑遗址70余米，其东有一回廊同一、三号建筑遗址贯通。由陕西省考古研究所重新组建的秦都咸阳考古

---

① 秦都咸阳考古工作站：《秦都咸阳第一号宫殿建筑遗址简报》，载《文物》1976年第11期。同期有陶复：《秦咸阳宫第一号遗址复原问题的初步探讨》。

② 咸阳市文管会、咸阳市博物馆、咸阳地区文管会：《秦都咸阳第三号宫殿建筑遗址发掘简报》，载《考古与文物》1980年第2期。

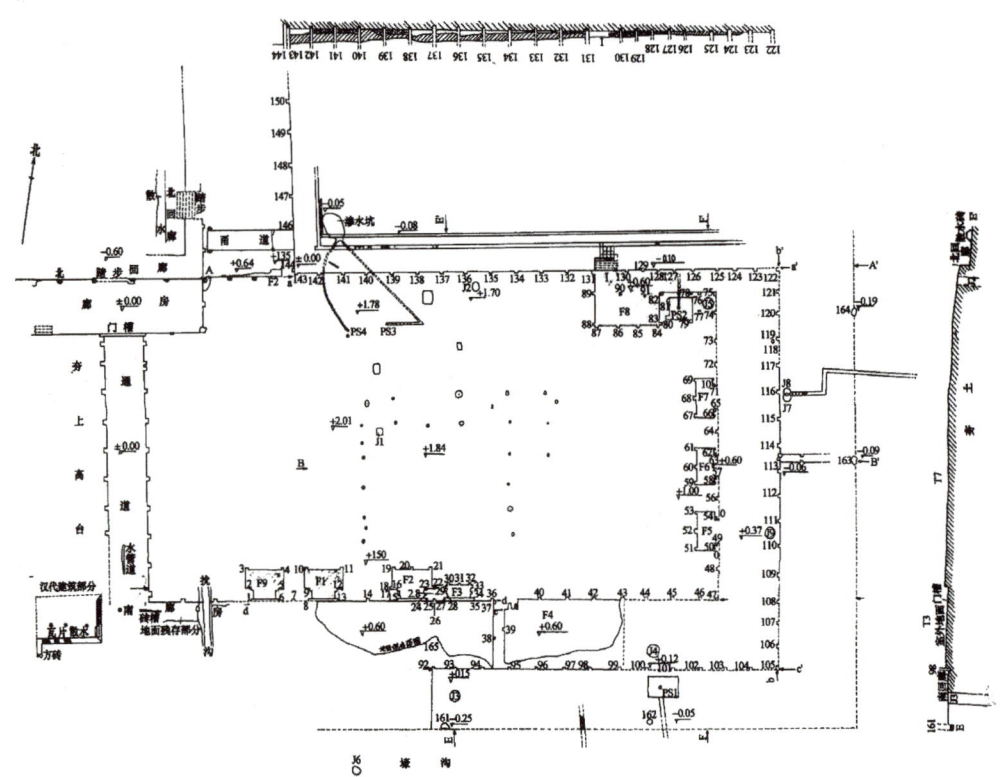

图 9-6　三号宫殿遗址平、剖面图

工作站于1980年10月至1982年9月对二号建筑进行了正式发掘。（见图9-7）该建筑仍是以夯土台为核心，围绕土台分层筑屋的。其顶部三室中有一主要殿堂，平面基本方形（19.8米×19.5米），底层只有两室。整个建筑平面呈东西长条状，约127米，东段宽32.8米，西段向北突出宽可45.5米。外周环以回廊，多有壁画的残留。①

4. 近郊几处宫殿遗存

今西咸新区正阳街道的柏家咀上曾有秦宫殿建筑群，因毁于秦末大火而夷为平地。今传为汉"戚夫人墓"的周围和封土中，还多夹杂战国秦时的瓦片、夔龙纹瓦当、几何纹方砖、空心砖残块及烧渣，说明此汉墓是埋在秦建筑区内，而对原地基有所破坏的。目前残存的夯土基址有6处，在文化堆积层中，包含有细绳纹筒瓦、云纹瓦当等。其中的一号遗址已有房屋地面的露头，居住面长及6.5米。②这里曾有"兰池宫当"文字瓦当

---

① 秦都咸阳考古工作站：《秦咸阳宫第二号建筑遗址发掘简报》，载《考古与文物》1986年第4期。
② 王丕忠：《秦咸阳宫位置推测及其他问题》，载《中国史研究》1982年第4期。

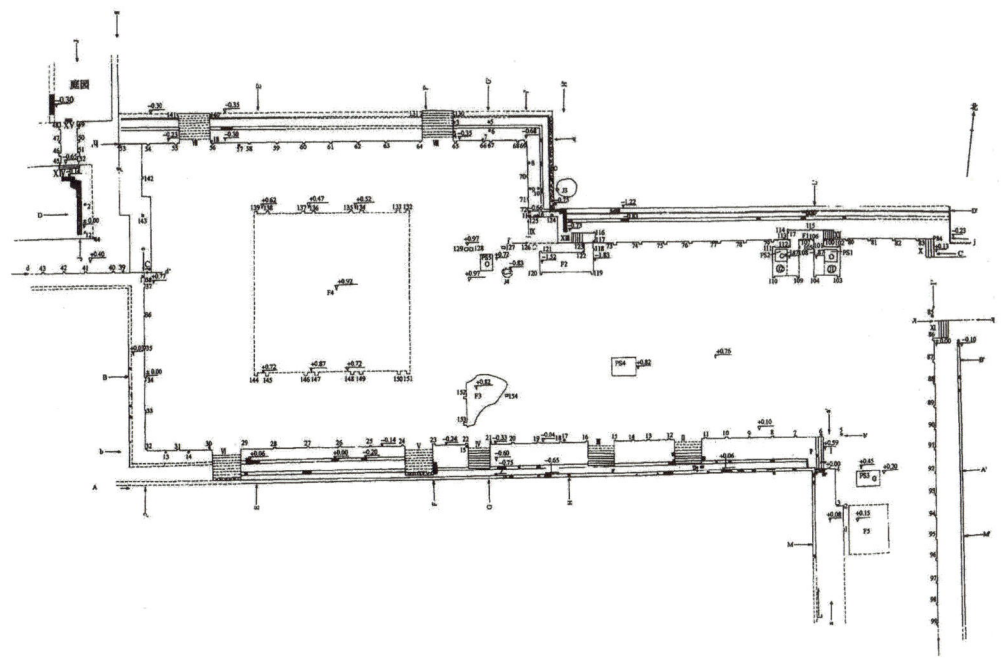

图 9-7　二号宫殿遗址平面图

出土，当是秦兰池宫的旧地。

今西咸新区正阳街道东史村、徐家寨和西侧泾阳县高庄镇福隆庄、余家堡四地，都有大片夯土和建筑遗存。其中余家堡东北，夯土范围东西长1000米，南北宽100余米，其中一宫殿基址东西长98米，南北宽34米，夯基残厚3.2米。地表存有战国到秦时期的各式瓦当、方砖、空心砖等建筑遗物。由临泾的地位判断，这里当是秦的望夷宫遗址。汉代仍有沿用的迹象。①

塔儿坡附近有雍门宫，可惜地面已遭破坏，无迹可寻，但经常有宫廷铜器出土。②

5. 散见的手工业作坊遗存

秦时陶业生产的主要内容分为两大类，一类是日常生活用陶，另一类是建筑用陶。渭北的制陶作坊区主要分布在两大区域里，一处是滩毛村以南，属于以生产日用陶器为主的民营制陶作坊区。这里除1961至1962年我们发掘了4座陶窑及大量陶器之外，后来的人再没有做什么考古工作。对作坊的规模、结构、技术措施及相关的问题等，一直不

---

① 参见本书第151页注①。
② 王学理：《雍门宫室今安在　塔儿坡前寻踪迹》，载2011年12月15日《中国社会科学报》第12版。

清。恐怕随着岁月的流逝,渭水侧蚀,渭岸崩塌,这个问题的解决会越来越困难。

生产建筑材料的陶窑遗址集中分布在西起黄家沟、东至柏家咀长达8公里的原坡一线。1974年以来,经过多次调查。特别是1980年9月至1983年初,陕西省考古研究所秦都咸阳考古工作站较为集中地调查,并做过部分发掘。①这一带共发现陶窑遗址108座,其中有秦窑32座、汉窑75座。②秦窑集中分布在黄家沟至胡家沟、聂家沟之间,以胡家沟最为密集。胡家沟发现陶窑29座,纵横排列有序,占地7936平方米,作坊在西北部,见有素面瓦当、绳纹瓦及龙凤纹空心砖残块。而汉窑主要分布在聂家沟以东至三义村、柏家咀一带。秦窑建于原生土上,称作"土壁窑",容积较小,直径约2.5米,高3米左右;汉窑属于"砌壁窑"(用土坯或砖),容量显然增大,最大径都超过3米。秦窑中出土板瓦、筒瓦、铺地砖、水道、井圈,以及戳印的陶文,都同宫殿遗址所见相同,知其属专为宫殿烧制陶质建筑材料的官窑。这些陶窑往往成组分布,如十数座连成一片。胡家沟西北又是一处作坊遗址,可见其生产规模之宏大。

从制陶的官窑分布地知,由冶铁、铸铜、制砖瓦组成大型的综合手工业作坊区,就在北阪宫殿群的西侧附近。聂家沟村西北有一处地方,遍地可见铁渣、炉渣、铁块、红烧土和灰土,显然是冶铁作坊遗址。在沟东岸一次就曾有大小不等的7个秦权出土。村西北断崖上在南北长150米、东西宽60米的范围内,有黄绿色铜锈的堆积物,还采集到铸造铜器的陶范。在这一区域内,地下铺设有南北向的圆筒状陶水管道,则是生产规模大的证明。在沟的尽头有陶窑4座,向西则同密集的陶窑遗址相接。

黄家沟南可能是一处制玉的作坊。1979年,在这里一次就出土了半成品的玉环100多件,其中还有玉印坯一方。

聂家沟是一处制骨作坊,已做清理。③

6. 几处大型的士民墓地

(1) 嫣王、黄家沟墓群

嫣王、黄家沟墓群是1975年初平整土地时发现的。当地农民挖土2~3.5米深时,发现了墓葬,随之秦都咸阳考古队即配合工程清理了32座墓。1975年秋和1977年春,又分

---

① 秦都咸阳考古工作站:《秦都咸阳古窑址调查与试掘简报》,载《考古与文物》1986年第3期。
② 吕卓民:《从考古资料看秦汉时期咸阳的制陶业》,载《文博》1989年第3期。
③ 陕西省考古研究院、咸阳市考古研究所、渭城区秦咸阳宫遗址博物馆:《陕西咸阳聂家沟秦代制骨作坊清理简报》,载《考古与文物》2019年第3期。

段清理了两次，除两座唐墓外，发掘战国墓48座。在6年之后，即1983年和1984年又做了第四次发掘。前后总计清理墓葬136座，出土器物623件。①

通过秦都咸阳考古队前后9年时间的四次清理，才确认了这个以嫣王为中心的黄家沟墓地的范围是：西起西咸新区摆旗寨，东到窑店街道毛王沟西侧，长4公里多，南北宽3公里，占地约120万平方米。

嫣王、黄家沟墓葬分布密集，形制由长方形竖穴和土洞构成，一般有棺具，在竖穴墓里还套有木椁。由土洞代替椁室，表明殷周以来流行的竖穴墓已经发生动摇，椁制遭到破坏，这无疑是战国中期到统一秦墓在葬制上的一大进步。这批墓葬在时间上有连续性，但在葬俗上有其特点。

（2）任家咀墓群

1990年冬，长庆油田在咸阳市渭城区任家咀建助剂厂，发现了大量古墓葬，由原咸阳市主管会和渭城区文物文化局联合成立考古队，在11月25日至1991年1月25日进行随工清理。共清理古墓葬285座，其中有春秋时期墓葬24座，战国时期墓葬142座，秦代墓葬77座，汉代墓葬42座。出土文物计1650件。②

任家咀位于今咸阳市东郊渭河北岸的二级台地上，古遗址、古墓葬分布密集，过去常有文物出土。这次集中发掘的墓葬时代上起春秋中期，下至汉代，中间无缺环，表明秦孝公迁都之前，秦人已进入此地，当是一处延续时间较久的墓地。因地处秦都咸阳的西郊，对探讨都城布局提供了新线索。特别是墓葬形制、葬俗、器物组合关系的变化，对研究秦文化的形成具有重要作用。

（3）塔儿坡秦墓群

塔儿坡墓地位于今咸阳市东北5公里渭阳街道塔儿坡村东。在这一带曾有几次对秦墓的考古发掘：1987年，咸阳涤纶纤维厂发现竖穴墓6座；1989年，铁一局新运处服装厂在市制线厂北发现秦墓43座，其中洞室墓30座、竖穴墓13座；1995年，咸阳钢管钢绳厂秦墓群的发掘，规模大，所获资料多，有助于认识整个墓地情况。

咸阳钢管钢绳厂邻铁一局服装厂的东北侧，1995年征地80余亩，经咸阳市考古钻探

---

① 秦都咸阳考古队：《咸阳市黄家沟战国墓发掘简报》，载《考古与文物》1982年第6期；陈国英：《咸阳市黄家沟战国秦墓》，见中国考古学会编：《中国考古学年鉴 1985》，文物出版社，1985年。
② 咸阳市文物考古研究所：《咸阳任家嘴春秋墓清理简报》，载《考古与文物》1993年第3期；曹发展：《咸阳任家咀秦人墓地发掘的主要收获》，载《泾渭稽古》1995年第2期；咸阳市文物考古研究所编著：《任家咀秦墓》，科学出版社，2005年。

管理处钻探，发现古墓381座。在陕西省考古研究所的指导下，由咸阳市文物考古研究所于3月至8月发掘，共清理古墓葬399座，其中战国秦墓381座、汉墓11座、唐墓6座、宋墓1座。笔者作为咸阳市文物考古研究所的顾问，有幸参与其事。咸阳市文物考古研究所经过紧张的资料整理工作，于1998年8月出版了《塔儿坡秦墓》考古发掘报告。① 在陕西省考古研究所近40年秦咸阳考古中拿不出城制资料的情况下，地市级研究所在结束野外工作3年后就出版了关于这座古城一处墓区的专题考古成果，确是值得嘉许。

1995年发掘的塔儿坡墓群，可以看出其分布密集，极有规律，是战国到统一秦的都城平民墓地。在381座秦墓中，洞室墓281座，占墓总数的73.75%；竖穴墓100座。屈肢葬式268座墓，占总数的70.34%；直肢葬45座，葬式不清的68座墓，随葬器物包括陶、铜、铁、玉、料、骨等类，计1374件。有彩绘的骑马陶俑2件。兵器虽系常见的戈、镞、殳、镦，且量极少，仅有12件，但殳头作弧顶圆筒状，是秦俑三棱殳之外的又一形式。特别是殳镦铭刻"十九年大良造庶长鞅之造殳䥯郑"等十四字，尤为重要。带钩237件，其中除67件铁钩之外，铜钩包括包金错金银、错金银、错银及普通四类，造型别致，体型特大，是极为珍贵的艺术品。同样，49种陶文戳记刻文对研究咸阳陶业和行政区划都很有价值。

（4）坡刘村墓地

坡刘村墓地位于西咸新区渭城街道坡刘村东北部，地处咸阳原的南缘地带，地势北高南低，属于秦都咸阳西部陵区的重要组成部分。

2010年7月，咸阳市文物钻探管理处进行了钻探，随后由陕西省考古研究院与咸阳市文物考古研究所联合组队，至2011年7月对该墓地进行了考古发掘。共有108座战国至秦统一的秦墓，主要分竖穴土坑墓、竖穴墓道洞室墓两种类型，其中洞室墓又分单室和双室两种。共出土文物741件（组），其中陶器444件、铜器136件、铁器45件和玉器45件，以及部分骨器、瓷器、银器、泥器、铅器等。

7. 零星出土的重要文物

塔儿坡一带既有秦都咸阳北区的一处墓地，又距雍门宫不远，经常有重要文物

---

① 王学理：《秦都咸阳》，陕西人民出版社，1985年；王学理：《咸阳帝都记》，三秦出版社，1999年；王学理：《秦陵彩绘铜车马》，陕西人民出版社，1988年；王学理：《秦始皇陵研究》，上海人民出版社，1994年；王学理：《秦俑专题研究》，三秦出版社，1994年；王学理：《轻车锐骑带甲兵——秦始皇陵兵马俑发现与研究》，百花文艺出版社，2002年；王学理：《解读秦俑——考古亲历者的视角》，学苑出版社，2011年；袁仲一：《秦始皇陵兵马俑研究》，文物出版社，1990年；袁仲一：《秦始皇陵考古发现与研究》，陕西人民出版社，2002年。

出土。

1966年4月，咸阳市砖厂在塔儿坡原边取土时挖出一个长3米、宽2米的坑。据说是"墓葬"，但咸阳市博物馆派人赶赴现场时，"已基本挖完，没有发现其他遗迹，只清理出20多件铜器"①。既没有"遗迹"，从来也没有见过纯以"20多件铜器"随葬的先例，故而应排除此坑属于墓葬的可能性。笔者断定它是一处秦代末年在雍门宫附近设置的铜器窖藏。这批制作精美的铜器共有24件及若干漆器的鎏金铜口沿，明显的是漆器已腐朽无存，才仅留下釦器。铜器计有鼎9件、钟1件、修武府温杯1件、钫3件、提梁钫1件、提链炉2件、盆2件、蒜头形扁壶1件、雁足灯2件、鎏金器座2件。其中有刻铭的私官鼎盖上刻"厶（私）官"二字，器铭作："卅（三十六）年，工帀（师）瘨、工疑。一斗半正，十三斤八两十四朱。"此器制作的时间，学者认为是秦昭襄王三十六年（公元前271年）；刻"修武府"三个秦篆书体的修武府温杯，却是秦昭襄王四十七年（公元前260年）占领魏修武地后造的。刻铭的还有平鼎、牟文鼎、中敀鼎、安邑下官钟等器物，其中有相当一些是关东诸侯国的铜器作为战利品俘获来秦的。

1978年11月，咸阳市砖瓦厂在塔儿坡原边原来出铜器的地方取土时，又挖出铜錞于1件。铜錞于作束腰状，通体饰变形夔龙纹，平盘顶上有回首、躬腰的龙纽，通高69.6厘米，底围118厘米，重19公斤。②錞于本是军中打击乐器兼作指挥物，常见于长江流域的中上游，尤以湖南、四川巴人地区为多。而这件铜錞于是一件罕见的秦器，其形制、纹饰都同南方的錞于有别，可能是受巴蜀文化影响的秦人制品。

1972年2月，窑店西毛大队路家坡村北1000米处出土陶器，内盛陈爯金版8块，周围也采集到秦半两铜钱和素面铜镜。金版有两种形状：一种是圆饼状，有3块，重249～250克；另一种是瓦状，重230～265克。含金量都在95%～96%之间。表面钤印"陈爯"方模。"陈"为楚的故都之一，地当今河南周口市淮阳区。陈爯金版系楚居陈期间（公元前278—前241年）制作的称量货币。出土地当北阪宫殿遗址北部，应是秦人在战争中取自楚国的战利品。

1970年，咸阳正阳公社柏家咀一处建筑遗址中出土1件错金银云纹球形盖鼎。体作扁球状，有双附耳，三只细长蹄足，盖上有三环纽。通体错金银花纹，盖顶以四片花瓣

---

① 咸阳市博物馆：《陕西咸阳塔儿坡出土的铜器》，载《文物》1975年第6期。
② 王丕忠：《咸阳塔儿坡出土秦代铜錞于》，载《考古与文物》1981年第4期。

为心，外绕以两周云纹带。口沿下，依次为流云纹、弦纹和垂叶纹，鼎足也是云纹。造型精巧别致、装饰华美、工艺精湛，是战国晚期秦制造业高度发展的表现。

1974年，黄家沟出土青铜提梁盉1件，有流有柄，作扁腹、圜底、三矮足、隆盖状，通高12.9厘米，刻铭"僇大""大官四斗""四斤"。

1980年，在窑店北出土陶瓮1件，内存秦半两铜钱25公斤。

渭城湾多年来屡有秦戈、铜矛、货币等文物出土。

咸阳市博物馆于1973年征集到两件带铭文的铜器。一件是寺工壶，形似魏安邑下官钟。腹部刻铭："二年，寺工师初、丞拑、禀（廪）人莽。三斗，北寖。"圈足刻铭："茜府。"另一件是雍工敁壶，腹铭："雍工敁。三斗，北寖。"圈足铭："茜府。"①"茜府"，即酒府。秦始皇陵园的鱼池遗址曾出土陶盘，在圈足上刻"一斗二升，丽山茜府"。咸阳收藏的二年寺工壶和雍工敁壶，可能是秦庄襄王时物。

（二）渭南区

"渭南"是指秦都咸阳渭河南岸的新区，其范围很大，在这里暂定沣、灞二水之间的渭河南岸，由汉长安城到今草滩街道南的阁新村一带。"渭南"原来是秦咸阳的离宫别馆之地，虽然兴起时间比渭北要晚，但发展很快，地域广阔。所谓"渭南"，固然《史记》有"诸庙及章台、上林皆在渭南"的话，笔者也常以"秦都咸阳渭南区"相称，但考虑到"上林"占有很大的地域，为叙事方便，就把上林作为"阿房区"单独列出，于此仅谈诸庙、章台、兴乐、甘泉等重要宫殿集中、道路交通频繁的区间。

"渭南"在战国到秦代虽然是繁华的所在，但也遭到秦末大火的波及。不过，由于汉长安城的兴起，渭南的一些秦宫曾被改造、扩修，还保持了200多年兴旺的势头。西汉之后，随长期动乱而陷入了荒凉。隋、唐长安城南移，汉代故都及其东北郊被划入禁苑。历史沧桑，兴衰无常，这块地方长期来人事活动稀疏，竟使秦汉的一些建筑基址和陵墓保存了下来，为我们考知那段消逝的历史提供了机缘。

1. 阁家寺秦宫殿建筑遗址

阁家寺村位于今西安市北郊草滩街道东南。它东临灞河，正处灞、渭交汇的广阔平原上，隔渭水西北与秦都北区相望。这里有成组的高台建筑夯土台基；在一大型夯土

---

① 李光军、宋蕊：《咸阳博物馆收藏的两件带铭铜壶》，载《考古与文物》1983年第6期。

基址前面，有对称的四座台基分布在中轴线两侧。大土台基的东南角已在修筑厂区铁路时被截断，剩下的部分，1956年上半年陕西省文管会做过抢救性清理。大土台有两个房间、两座梯道。其墙壁、方砖墁地、渗井、暖炉、排水陶管道的设施与做法，同发掘的咸阳一号宫殿建筑完全相同。其整体构筑是：围绕夯土台基分三层筑屋。居室方正，间有夹室和斜坡廊道。墙壁版筑或土坯叠砌，壁面粉刷。地面平整、光滑、坚硬，敷一层朱红色涂料。壁柱全用暗柱，转角用并柱，以原石作柱础承载梁架负荷。室内墙角处有取暖的地炉，烧木炭，烟道隐于墙内，烟排室外，利于提高室温，又可防污染，从而收到经济、卫生的效果。室内有深入地下的储冰窖藏，用陶质井圈叠垒，既护壁又防污。此高台建筑，有着一套完整的排水设施，像室内有砖砌池，下接陶水道，引流之污水由地下通道排向远方。①

由打破关系看，这一处建筑持续的时间很久。可惜前面4个土台与地面设施早已平毁，无材料可凭，只可付之阙如，而剩下的这主殿建筑已被取土弄得面目全非，恐怕也"不久人世"了！

当年10月份，有刘致平等五位古建筑专家受中央文化部文物局的委托来进行勘查，面对"暴露出了许多古代建筑遗址……一经建厂便永无翻身之日"的严峻情况，建议之一就是"赶快在西安较远处建卫星城，使工厂建到卫星城去"。但保护文化遗产的呼声，只能是早识者的无奈。过几十年之后，面对一片空白，又由上边发出一派"发挥文物资源的优势"的呼叫，同时连人力资源也跟着栽了进去，剩下来就只有一半个"活国宝"的自我吹嘘了。请看事实：1974年，正发掘咸阳原上的第一号宫殿建筑遗址，有很多未知的问题需要我们弄清。利用夏收停工的几天时间，6月6日，笔者来到谭家公社阎新村，对这一处已被清理过的建筑遗址做了考察。但1999年3月2日，笔者再去照相时，大台的周长所剩不到30米，高不及3米。要不了多久，恐怕什么也没有了。

2. 章台宫的影子

秦惠文王的异母弟樗里疾，臣事三代国君，死葬章台之东。其墓北有汉武库，左侧临长乐宫。汉张敞"走马章台街"的台下之街也就是安门大街。武库遗址已经发掘，长安、未央两宫的范围，安门及安门大街也被勘定。那么，汉未央宫前殿遗址当是秦章台

---

① 刘致平：《西安西北郊古代建筑遗址勘查初记》，载《文物参考资料》1957年第3期。

改制的遗留。

章台，必有台，这同战国以来盛行高台宫殿建筑的风格是一致的。现在汉长安故城内西南部的未央宫前殿遗址，位于今西安市未央宫区马家寨村西北、大刘寨村西南。现地面上那座南低北高、进深长的大土台，范围约为400米×200米，高出地面15米，就应是秦的章台遗址了。当然，汉未央宫前殿是萧何利用秦章台所在的龙首山丘陵建造的，在"重威"的指导思想下"亡令后世有以加"①，所以雄伟壮丽的程度在当时是空前的。那么，作为未央宫前殿既非全是秦章台之旧，汉未央宫也全非秦章台宫的原貌。这些只是给我们提供了追溯秦宫的启示，而且是不容忽视的线索。

3. 追寻兴乐、甘泉宫的线索

渭南秦宫在市中区有迹可考者，在本书第三章提供的线索是：

秦兴乐宫→汉长乐宫。（《关中记》）

秦甘泉宫（南宫）→汉桂宫。（《三秦记》《关中记》）

汉宫范围经考古探测，较为明确。不再赘述。

中国社会科学院考古研究所和日本奈良国立文化财研究所联合成立考古队，于1997年11月至1998年5月对汉桂宫二号建筑遗址进行了发掘。地当今西安市未央区六村堡街道夹城堡村东200米处。发现主殿台基及其附属建筑，出土有砖瓦类建筑材料和兵器，时代当在西汉中晚期。文字瓦当有"长生无极"。发掘者认为"桂宫第二号建筑遗址的主殿遗址与未央宫皇后所居椒房殿遗址和孝宣王皇后陵寝殿址之规模、布局结构基本相同。……应属于桂宫之内的后妃使用的重要宫殿建筑"②。通过考古发掘资料，结合文献记载，更加证实汉之桂宫是在秦太后所在之甘泉宫基础上建筑的。

4. 秦代封泥的重大发现

1995年，汉长安故城遗址内的相家巷村村民发现了大批秦封泥，随即流向市场。此消息一传出即引发了学术界的振奋。在前后3年间，收藏并拥有封泥资料的主要是四家，情况是：1955年夏天，北京古陶文明博物馆馆长路东之首先收藏一批，并于次年举

---

① 《汉书·高帝纪》："萧何治未央宫，立东阙、北阙、前殿、武库、大仓。上见其壮丽，甚怒。谓何曰：'天下匈匈，劳苦数岁，成败未可知，是何治宫室过度也？'何曰：'天下方未定，故可因以就宫室。且夫天子以四海为家，非令壮丽亡以重威，且亡令后世有以加也。'上说。"

② 李毓芳：《汉长安城桂宫二号建筑遗址发掘有重大收获》，载1998年12月13日《中国文物报》第1版。

办瓦当封泥展，还将其中一部分捐赠给西北大学文博学院历史博物馆。西北大学文博学院提前于1996年12月26日借考古专业成立40周年之机，召开了学术座谈会，并在《西北大学学报》（哲学社会科学版）上率先公布了这批资料2000余枚，同期也刊载了李学勤、周晓陆等多位学者的研究文章。随后，周晓陆、路东之出版了《秦封泥集》，公布了封泥1360枚。①还在1997年的《考古与文物》第1期上公布了170幅拓片②；西安市文物园林局考古研究所于1997年3月，在相家巷、六村堡、铁锁、黄庄、何家寨之间传出封泥的地方，重新布方，做了抢救性发掘，获得封泥300多枚；就在这年春天，傅嘉仪及西安市中国书法艺术博物馆又从民间获得一批相家巷出土的秦封泥，有300多枚，资料最先发表在《收藏》1997年第6期上，后又结集成多种版本；2000年，中国社会科学院考古研究所汉长安城工作队又对相家巷秦封泥遗址进行考古发掘，获封泥325枚。③除以上四批外，上海博物馆、北京文雅堂及西安、东京个别藏家也收有少量秦封泥。据估计，就目前出土的加上传世的秦封泥，总数或在4000枚以上，品种有数百。（见图9-8）

现就周晓陆、路东之《秦封泥的发现与研究》（见《周秦汉唐研究》第1册）一文，摘录印文如下：

（1）中央三公九卿的职官及属官

其中包括丞相以下分管宗庙礼仪、宫廷事务、宿卫、武官、刑律、仓储、府库、厩苑、田官、工官、食货、交通、民族事务、市亭等类的官印，如：丞相之印、左丞相印、右丞相印、御史之印、奉常之印、卫尉之印、中尉之印、郎中丞印、宗正、少府、少府工丞、车府、中车府丞、骑马丞印、廷尉之印、泰内丞印、都水丞印、尚书、泰医丞印、祝印、祠祀、郎中左田、永巷、永巷丞印、驺丞之印、公车司马丞、宦走丞印、卫士丞印、家马、上家马丞、下家马丞、泾下家马、章厩丞印、宫厩丞印、中厩、中

---

① 北京梦斋先生将多批流入市场的秦封泥收购，得1000余枚，几近200品种，并将部分封泥捐赠给西北大学文博学院历史博物馆。路东之：《秦封泥图例》，载《西北大学学报》（哲学社会科学版）1997年第1期。

② 周晓陆、路东之、庞睿：《秦代封泥的重大发现——梦斋藏秦封泥的初步研究》，载《考古与文物》1997年第1期；周晓陆、路东之编著：《秦封泥集》，三秦出版社，2000年。

③ 西安市所的资料一直还未公布。而傅嘉仪的封泥资料见载于傅嘉仪主编：《历代印匋封泥印风》，重庆出版社，1999年；傅嘉仪编著：《新出土秦代封泥印集》，西泠印社，2002年；傅嘉仪编著：《秦封泥汇考》，上海书店出版社，2007年；张建锋：《西安相家巷遗址秦封泥的发掘》，载《考古学报》2001年第4期。

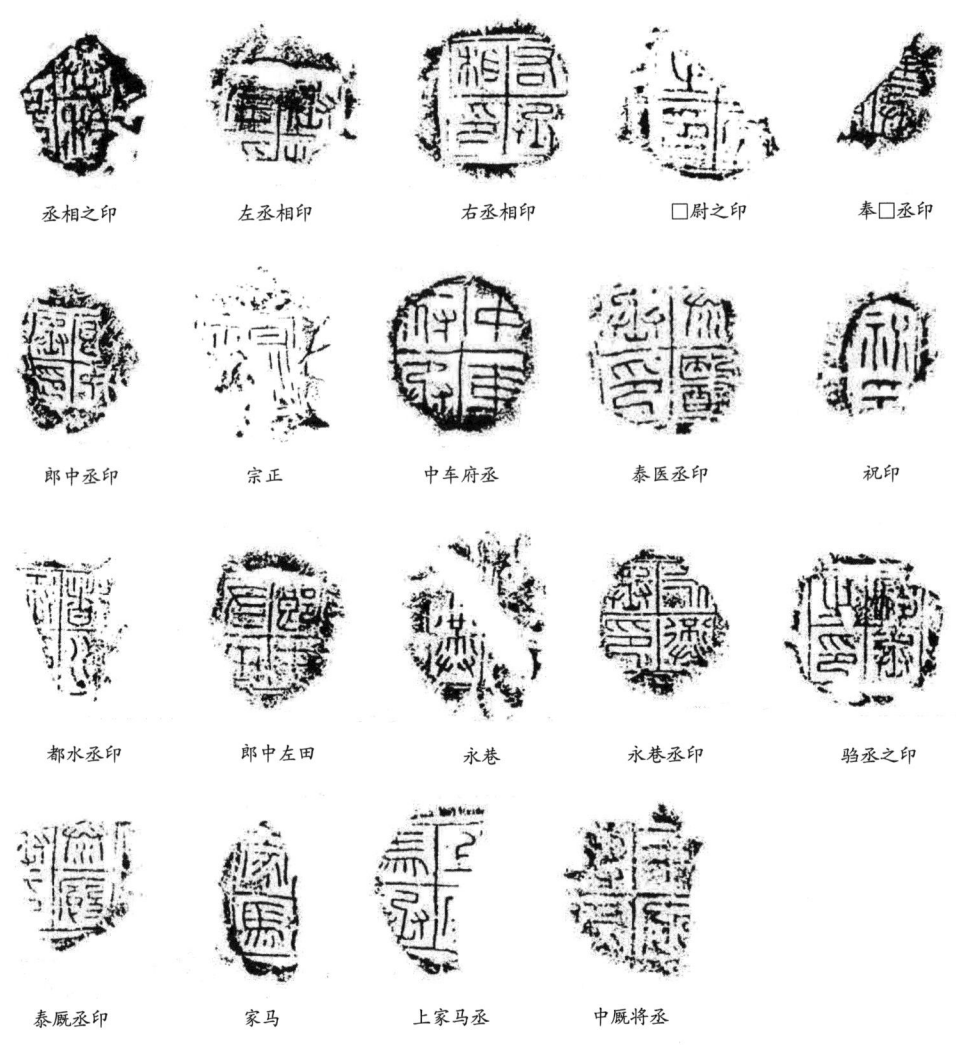

图 9-8 秦封泥印文（部分）

厩丞印、中厩马府、中厩将马、下厩丞印、左厩丞印、右厩、右厩丞印、小厩丞印、小厩将马、泰行、郡左邸印、郡右邸印、宫司空印、宫司空丞、内者、内官丞印、泰仓、泰仓丞印、泰官库印、泰官丞印、榦厘都丞、少府榦丞、乐府、乐府丞印、外乐、左乐丞印、佐弋丞印、居室丞印、居室寺从、寺从、寺从丞印、寺工之印、寺工丞印、铁市丞印、谒者之印、西方谒者、御府之印、御府丞印、宦者丞印、左司空丞、右司空丞、采司空印、泰匠丞印、上林丞印、御羞丞印、中羞、中羞府印、中行羞府、中羞丞印、武库丞印、都船丞印、内史之印、诏事之印、诏事丞印、属邦工室、属邦工丞、寺车丞印、私府丞印、弄阳御印、弄阴御印、上寝、尚佩、尚衣府印、尚浴、尚浴府印、中官丞印、中府丞印、中宫、中谒者、南宫郎丞、北宫、北宫榦丞、北宫工丞、北宫弋丞、北宫私丞、北宫宦丞、章台、高章宦者、高章宦丞、安台丞印、华阳丞印、泰厩丞印、宫厩、宫厩丞印、左厩、御厩丞印、下厩、东苑丞印、杜南苑印、白水之苑、麋圈、具园、左云禁丞、左礜桃支、右礜桃丞、左田之印、典达、罟趋丞印、吴炊之印、走士丞印、走翟丞印、特库丞印、官臣丞印、宰胥、隧夫等。

（2）都郡等地方职官

其中包括从国都到郡、县道、乡里、市亭，如：咸阳、咸阳丞印、咸阳工室丞、雍丞之印、雍左乐钟、栎阳右工室丞、苣阳丞印、杜丞之印、高陵丞印、蓝田丞印、下邽丞印、翟导（道）丞印、瀕（频）阳丞印、云阳丞印、氂丞之印、美阳丞印、废丘、废丘丞印、鄷（丰）丞、宁秦丞印、重泉丞印、临晋丞印、南郑丞印、商丞之印、洛都丞印、上郡侯丞、四川太守、成都丞印、西共丞印、代马丞印、邯郸之丞、邯郸造工、邯造工丞、安邑丞印、蒲反丞印、襄城丞印、女阴丞印、长平丞印、建陵丞印、西盐、兰干丞印、西采金印、江右盐丞、游阳丞印、堂邑丞印、任城丞印、邓丞之印、蔡阳丞印、济阴丞印、吴丞之印、南顿、南顿丞印、相丞之印、般阳丞印、卢丞之印等。

（3）私印

司马歇、苏段、桓段、上官□等。

秦都咸阳南区封泥的出土，更加证实了笔者原来提出秦昭襄王以后政治重心南移的看法。由此还可以进一步指出的是：这批封泥的印文中有"丞相"，分左、右而无"相邦"，其于断代尤为重要。铭年兵器中，相邦戈最晚的是四川青川出土的秦王政九年（公元前238年）相邦吕不韦戈[①]，最早的丞相戈是秦王政十七年（公元前230年）丞相启状戈[②]，但"丞相"一职早在秦武王二年（公元前309年）已经设立，并得到四川青川"更修田律"木牍的证实。可见"相邦"同"丞相"并存，只是到吕不韦免相于秦王政十年（公元前237年）之后，再没有"相邦"铭器的出现。可见由此不但废除了自秦惠文王以来"相邦"的称号，而且为避免相权独专故有数相的并设。封泥中职官级别最高的"丞相之印"有3枚，"左丞相印"3枚，"右丞相印"6枚，以右为尊，自是明显。换言之，这批始皇封泥的时间上限不应早于公元前237年。这也同他亲政后每日阅奏简

---

① 尹显德：《四川青川出土九年吕不韦戟》，载《考古》1991年第1期。
② 田凤岭、陈雍：《新发现的"十七年丞相启状"戈》，载《文物》1986年第3期。

册120斤、不中程不得休息的记载是相互印证的。那么，除大典庆封之事得去咸阳宫之外，他日常处理政务必在渭南皇宫了。秦封泥出土地在汉桂宫东北角。按本书第三章考订，汉桂宫是在秦甘泉宫基础上建立的，原有甘泉前殿，正是秦始皇处理政务之所。由此不难说明，时代与出土地既明的这批秦封泥，对研究咸阳布局、城制演变史是极为重要的。

秦咸阳南区封泥提供给学术界研究的价值是多课题性的。举凡历史、官制、地理、文字、书法、玺印、封简等等，无不涉及。

5. 平民墓区

（1）尤家庄墓地

墓地西距汉都长安城2~3公里，当今西安市北郊张家堡以南。以尤家庄为中心，扩及翁家庄、南里村一带，西及北康村，向东可到西十里铺。从1994年到1998年，西安市文物考古研究所等单位清理古墓葬2000座左右，其中有战国墓葬八九百座。陕西省考古研究所于1998年5月至2001年12月，在尤家庄、北康村、翁家庄，清理战国中期至统一秦晚期的墓葬123座，其中除4座墓形较大之外，余119座都是小型墓；[1] 1998年7月至2001年5月，陕西省考古研究所在尤家庄南的12处发掘点共清理战国中期至统一秦晚期的小型秦墓197座。[2] 村东的陕西移动通信大楼也有一批秦墓，再向东长庆油田征地千亩之内还有一批墓葬，但至今还没有公布发掘材料。

（2）山门口墓地

1988年秋天，西安市文物管理处在电子城205工地清理出战国时期的秦墓有11座，特点是采用竖穴式土洞墓室，以屈肢葬式为主，有棺无椁。随葬简单，仅日用陶器而已，有的或无。时代当在战国晚期到秦代，属于秦都咸阳渭南新区一处平民墓地。

（3）杜城墓群

西安市文物保护考古所自1989年开始，至2003年，发掘了1500多座秦墓。涉及秦杜县的平民墓葬有3个墓地，计315座墓。其中，茅坡村光华胶鞋厂墓地的秦墓93座，邮电学院南区墓地的战国墓葬162座，潘家庄墓地的战国至西汉的秦墓62座。[3]

（4）半坡墓地

分布稠密，时代延续长，占地范围也大。南北向的铁路支线和东西向公路从墓中心

---

[1] 陕西省考古研究所编著：《西安北郊秦墓》，三秦出版社，2006年。
[2] 陕西省考古研究院编著：《西安尤家庄秦墓》，陕西科学技术出版社，2008年。
[3] 西安市文物保护考古所编著：《西安南郊秦墓》，陕西人民出版社，2004年。

十字穿过，很自然地把剩余的墓葬分成了东、西、北三区。1954年至1957年，中国科学院考古研究所在三区计20000平方米的范围之内，清理发掘了古墓240余座。分布整齐，排列有序，保存完好，其中有战国秦墓112座，显然是秦咸阳城市规划的又一处平民墓地。墓形结构以洞室墓为主，墓向仍是以西首葬为多数。在112座秦墓中，洞室墓有101座，占总数的90.2%，竖穴墓只有11座，仅占9.8%。墓东西向者92座，约占82.1%，南北向者18座，约占16.1%，另有2座洞室墓的方向不明。①

（三）阿房区

阿房宫遗址在西安市西咸新区的沣东新城管辖范围内，包括主要的朝宫——阿房前殿及众多的附属宫殿建筑、池沼。秦始皇原计划"表南山之巅以为阙，络樊川以为池"，但施工仅及朝宫的基础部分，尚未完成，秦朝即已灭亡。

阿房宫不仅享有历史盛名，其所在地又是历史上人类活动频繁的区域。历来是破坏与保存结伴而行，留给我们的只能是残缺、零碎。出土重要文物时有所闻，但面对隐现在茫茫广野中的建筑群落遗址及复杂的人事关系，面对夯土台被鲸吞蚕食（砖瓦厂、城市建筑、农民生活取土），考古工作者往往望而兴叹，所以长期来不能明其范围及其构筑布局。当20世纪90年代初期，盗掘古墓与文物走私狂潮席卷关中时，阿房宫遗址在1994年的公路施工中也遭到破坏，在社会各界人士的关注、专家学者的多次呼吁下，才引起上级部门的重视。西安市文物局、文物保护考古研究所在保护区10平方公里的范围内进行了文物普探与现状调查，拟定了《秦阿房宫遗址保护规划》。尽管亡羊补牢、抱残守缺，是多年来破坏—保护—破坏……老规矩的重复，但毕竟还是比"没有保护"好得多。

在阿房宫遗址10平方公里的保护区内，据1994年11月的统计，有国营及乡镇企业232家，其中有造纸厂18家、砖瓦厂18家、钢厂11家、化工厂24家，占地面积2409亩。他们一方面从遗址上展开"吃土"竞赛，另一方面排放污染物，使得这一重要遗址在日益恶化的自然环境中被改造、侵蚀，迅速地改变着自己的面貌。但对"蚀"余夯土遗迹的钻探和调查所得，经过整理，毕竟是关于这一重要遗址的第一份报告。②

西安市文物保护考古研究所阿房宫考古队，近几年对阿房宫展开大面积钻探，除探清阿房前殿基址之外，对其他宫殿建筑遗址也进行了详探，取得一定成果，为文物保护

---

① 金学山：《西安半坡的战国墓葬》，载《考古学报》1957年第3期。
② 韩保全：《秦阿房宫遗址》，载《文博》1996年第2期；西安市文物局文物处、西安市文物保护考古所：《秦阿房宫遗址考古调查报告》，载《文博》1998年第1期。

与研究提供了第一手田野资料。

从阿房宫地区今残存20多处夯土遗迹整个平面布局看，占地范围大、地面标志显著的"前殿"遗址居中前部正位，坐北面南，前有广场，形为主体；右侧以纪阳寨南到"烽火台"，形成又一个小区域的建筑群；左侧南起"上天台"北到武警工程大学，东至皂河西岸，散布有湖泊、宫殿建筑群，构成一处风景区；后部经小苏村、闫庄、十里铺，北迄后围寨、车张村一线，分布着一些大型宫殿建筑，但随西户公路的开通与人事活动而破坏殆尽，唯见后围寨还残存有一个夯土台。关于阿房宫的主体建筑、附属建筑及其他设施的探测、内容定性，可参看本书第三章中有关阿房宫的记述。

阿房宫遗址范围之内，常有秦汉文物出土。

蔺高村（原高窑村）位前殿遗址东北1000米的地方，其西侧的夯土基址残存已是支离破碎的状态，但秦代那种麻点纹板瓦、筒瓦、云纹瓦当和屋脊式陶水管道等建筑材料及陶釜、盆之类的生活用器，还是常有所见。1964年3月，村民发现了著名的秦"高奴铜石权"[1]，上有三段铭文，分别为秦昭襄王三年（公元前304年）铸铭、秦始皇和秦二世的刻诏。前属秦王廷颁发给高奴县（今陕西延安市安塞区西北）以称量谷物的标准衡器，后两次是调回校核后刻诏令以发还的记录。可惜二世未及发还高奴而秦亡。所以说高奴铜石权不仅是秦统一度量衡的物证，而且也是秦廷政治重心南移的物证。这里出土的铜蝉，制作精美，也当是宫廷的装饰器。1961年，在蔺高村发现一处汉代的铜器窖藏，内储武帝天汉四年（公元前97年）经宣帝、元帝到成帝鸿嘉三年（公元前18年）四个时期的大型铜器22件，其中有铜鉴10件、鼎5件、钟5件、钫和锏各1件。围绕这批"上林"铜器出土的四周附近都是大型的建筑基址，其中有些是两次修整后的建筑。[2] 附近多有铜容器、度量衡器出土。汉上林苑中的一些宫殿实际上是在秦宫的基础上重修、扩建而成，就是人们常说的"秦宫汉葺"那种情况。"上林"铜器群的出土，表明蔺高村至少是秦、汉两代的重要宫殿之所在。（见图9-9至图9-13）

小苏村在蔺高村之西2000米处。这里是一处被平毁了的秦代建筑区，尽管夯土地基无存，但地面上仍留有一些绳纹瓦的残片。1974年1月，在村东南100米的地方曾出土有固定铜柱的外箍、户枢等三种6件铜建筑构件。[3]其造型厚重粗大，正是这批建筑宏伟富丽的反映。

---

[1] 陕西省博物馆：《西安市西郊高窑村出土秦高奴铜石权》，载《文物》1964年第9期。
[2] 西安市文物管理委员会：《西安三桥镇高窑村出土的西汉铜器群》，载《考古》1963年第2期。
[3] 朱捷元、黑光：《陕西长安县小苏村出土的铜建筑构件》，载《考古》1975年第2期。

1976年9月，在车张村出土1件高足玉杯，质地属青玉，色呈橘黄，通体以点阵式的虺纹为主，口沿（上部）与杯底（下部）由云纹和柿蒂纹组成条带，造型由长筒形的杯体与短束腰的柄构成，极其精美高贵。通高14.5厘米，口径6.4厘米，足径4.5厘米。

1978年，阿房宫村西出土错银的铜车马饰件，工艺精湛，堪称上乘。

（四）骊山区

骊山区包括芷阳地在内。秦始皇陵位居骊山之阴，东陵虽

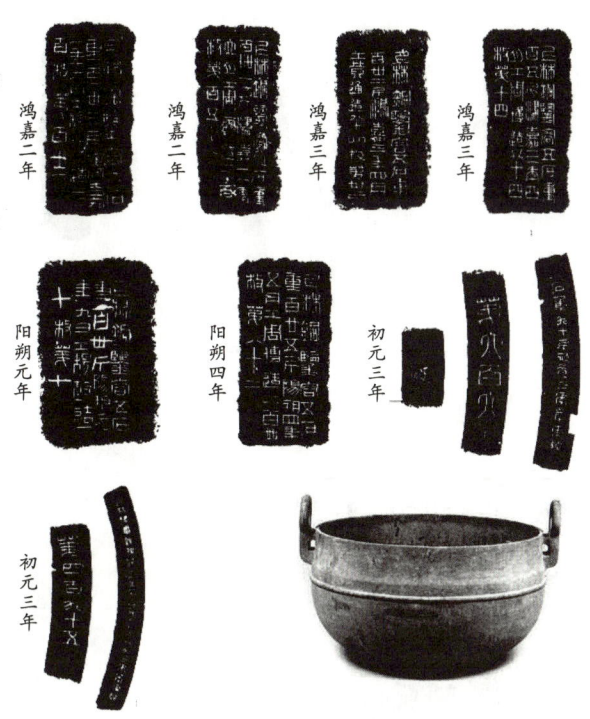

图 9-9　上林铜鉴与铭文

属芷阳地域实在骊山西麓，况且二者在地理上比邻，所以很自然地归在一个大的范围之中。

因为东陵实是秦都咸阳范围扩大及政治重心南移之后重新规划的王陵区，考古的重大发现固然多出自东陵陵区和秦始皇陵园，但秦都考古内容却不限于二者，像芷阳城也应属于这一区域。

1. 秦始皇陵园考古成就盘点

日本人足立喜六于1906年考察并测量了始皇陵，尽管他所言的陵墓实属于墓圹上口的施工范围，但毕竟是涉足此陵做科学记录的第一人。法国人维克多·萨加林等三人于1917年又做了一次实地考察，他们描述陵冢"像是三座小山重叠在一起"，实际上就是"上崇山坟"（《汉书·楚元王传》）的反映。①

1956年8月，秦始皇陵被列入"陕西省名胜古迹第一批重点文物保护单位"。1961年3月，始皇陵即被国务院正式公布为第一批全国重点文物保护单位。1962年2月，陕西省文物管理委员会对陵园进行调查和初探，获得了大量的有关陵园形制、建筑遗迹的文

---

① 王学理：《秦始皇陵研究》，上海人民出版社，1994年。

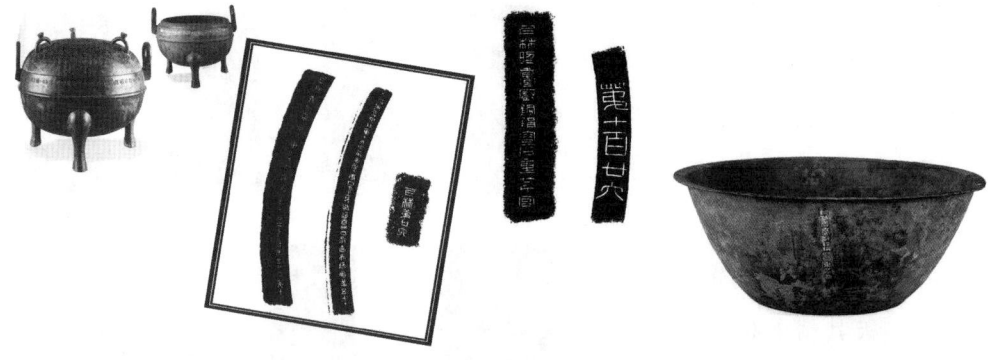

图 9-10 上林铜鼎与铭文

图 9-11 上林共府钫

图 9-12 上林八棱钟

图 9-13 上林单柄铜椭量

物资料。

当1974年3月，临潼县西杨村农民凿井时，无意中掘出陶武士俑残片和铜兵器后，7月15日由陕西省成立考古队先行试掘。秦兵马俑坑的面世，正式揭开了陵园考古的新纪元。

秦始皇陵园的形制规模、地面建筑遗迹、陪葬墓群、从葬设施、工程保障等具体内容，由调查、探测、试掘到正式发掘并取得一系列惊世的成果，基本上是前后两个考古队奠基与完成的。陕西省文物管理委员会的"秦俑坑考古队"和陕西省考古研究所的"秦始皇陵考古队"，给世人勾绘出始皇陵园的平面布局及各项具体内容，从而掀起秦文化与"秦俑学"研究的热潮。从20世纪90年代以来，先后由陕西省考古研究院（所）与秦始皇帝陵博物院对陵园做重点复探与试掘，取得了更丰富的成果。

秦始皇陵园的考古工作，从1974年以来，除对陵园内外围墙、小城及陵冢重新勘测之外，发现地面建筑遗址8处、陪葬墓150座、郦山徒墓404座、大小从葬坑464个。鉴于前面对其面貌多有详述，在此不再重复，只围绕陵墓这个中心点，由里到外，分三个同心圆简单罗列于后。

（1）内圈（陵冢边缘到内城墙之间）（见图 9-14）

① 陵冢四周的御府坑（近陵）

除1980年在陵西发掘的秦陵彩绘铜车马坑外，其他三面也都探测出有大型的从葬坑，总计在二十六七个，内容各不相同。经最新探测资料，封土北半部有一未闭合的长方形砖坯围墙，其西边南段和南边西段深入陵冢内，是否封口不清。只有北边和东边暴露在封土之外的地下。御府坑在陵冢东侧有K0202—K0204计3个东西向长条状的组合从葬坑，北侧砖坯墙内有K0201、K0205和K0101等3个大型从葬坑，墙外中部也有1个从葬坑。[①]

② 秦陵彩绘铜车马（陵西侧）

两乘驷马铜车是1980年11月从陵西侧一御府坑出土的，是有主有从的编组，当为秦始皇卤簿中"五时副车"之一种。[②] 前曰"立车"（又名"高车"），属于前导之车；后车名"安车"（又名"辒辌车"）[③]，属于主人坐的华贵车乘，皇后、皇太子、公列

---

① 陕西省考古研究院、秦始皇兵马俑博物馆编著：《秦始皇帝陵园考古报告（2001~2003）》，文物出版社，2007年。

② 王学理：《五时副车铜偶所反映的秦代銮驾制度》，见陕西省秦俑考古队、秦始皇兵马俑博物馆编：《秦陵二号铜车马》（考古与文物丛刊第1号），1983年。

③ 王学理：《秦陵铜车马——辒辌车的再现》，载1983年9月20日《陕西日报》。

侯、中二千石、仕老专用，但装饰有别。

③御驾府坑和散坑（陵西南）

在秦始皇陵南侧阻排水渠之外、石道遗迹之北，探出的有K0001—K0003和K0006等4个不同形状的从葬坑。除K0006外，其他坑钻探出木炭、动物骨骼。

经发掘的K0006，出土有乘车、刀笔吏陶俑8尊、御俑4尊、24匹马骨及铜钺4柄等。①

④公子高墓（陵西北角）

位于陵冢西北角，作墓道在西的"甲"字形。

⑤寝殿建筑遗址（北偏西）

在陵北偏西的53米处。

⑥便殿建筑（陵北）

寝殿北、小城南到东城间地带。1976年冬和1977年3月，临潼县博物馆对一至四号建筑做了清理，出土有巨型夔纹瓦当。②

⑦陵园内小城墓区

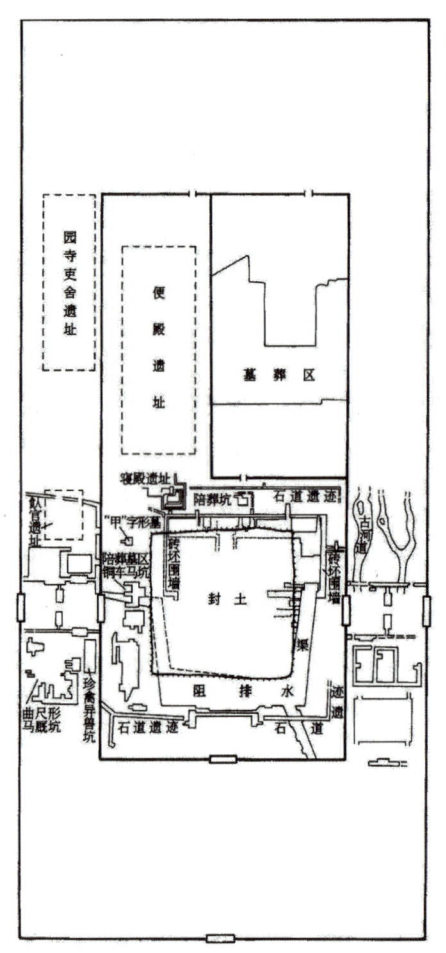

图9-14 秦始皇陵城内遗迹分布图

秦俑考古队在小城内探出中小型墓99座，墓作南北向，墓道在北。未经发掘，情况不明。

（2）中圈（内城之外与外城之内）

①阙门建筑（东西内外城间）

在东西内外城之间，各有一处阙门建筑，分别同内外城门对直，由东到西的图式应该是：外城东门→东阙门→内城东门→陵墓中心→内城西门→西阙门→外城西门。

②珍禽异兽坑（陵西南）

西内外城城门之南，从葬坑31个，对其中的4个进行了清理。分三排南北展开排

---

① 陕西省考古研究所、秦始皇兵马俑博物馆编著：《秦始皇帝陵园考古报告（2000）》，文物出版社，2006年。

② 赵康民：《秦始皇陵北二、三、四号建筑遗迹》，载《文物》1979年第12期。

列，中间一排17坑全是放动物的陶棺，东西两排坑均放踞坐俑。动物坑中伴出的有陶钵、铜环等物。①

③双门道马厩坑（陵西南）

在西阙门之南、珍禽异兽坑之西，面积580多平方米。内有马骨。

④曲尺形马厩坑（陵西南）

东西长117米，南北宽84米。马骨密集排列，还有大型陶俑。

以上两处马厩坑中埋入的活马700多匹。

⑤两个不明动物坑（陵西南）

K0004和K0005在曲尺形马厩坑西北，平面分别呈"十"字形和"U"形。

⑥空墓区（陵西）

当西门以北的内外城之间，北邻食官遗址。发现的61座空墓，未发现任何文物。

⑦食官建筑遗址（陵西北）

"丽山食官"建筑遗址，在西城两门之北的内外城间，北及陕西缝纫机架厂。过去发现"丽山食官"器盖，对南端东段清理，发现有6座单元建筑，出土有大量建筑遗物、错金银乐府铜编钟、两诏斤权及生活器具、兵器等。②

⑧园寺吏舍建筑区遗址（陵西北）

在"丽山食官"以北的内外城间，有两处大型建筑，各作四合院形式，多有建筑遗物及红烧土。

⑨百戏坑（K9901，陵东南）

位陵东内外城间的南段，在内城东南角正东。出有百戏俑，但在棚木之上有歪放着的一个大铜鼎，应该说二者之间没有内在联系。铜鼎作为宗庙的重器，原来可能放在寝殿中。当秦末丧乱之时，有忠秦之士在荒乱中临时藏入该坑的上层。③

⑩武库坑（K9801，陵东南）

位陵东内外城间的南段，当陵冢的东南方向，在百戏俑坑之北。多有石甲衣及车马

---

① 秦俑坑考古队：《秦始皇陵园陪葬坑钻探清理简报》，载《考古与文物》1982年第1期。
② 秦始皇陵考古队：《秦始皇陵西侧"丽山饮官"建筑遗址清理简报》，载《文博》1987年第6期；王学理：《丽山食官（东段）复原的构想》，载《考古与文物》1989年第5期。
③ 陕西省考古研究所、秦始皇兵马俑博物馆编著：《秦始皇帝陵园考古报告（1999）》，科学出版社，2000年；王学理：《秦鼎石甲二论》，见秦始皇兵马俑博物馆《论丛》编委会：《秦文化论丛》第8辑，陕西人民出版社，2001年。

器、兵器等。①

⑪"巨"字形动物坑（K9902）与神道10坑（陵东）

在东内外城之间，当东阙门南墙之外，平面形成"巨"字形。东外城门内在神道附近有小坑10个。②

（3）外圈（外城之外的四周）（见图9-15）

①上焦村陪葬墓（陵东）

东城外上焦村探出陪葬墓群17座，均作面西的"甲"字形，南北一字展开。经发掘的8座墓尸骨凌乱、不全。③

②马厩坑（陵东）

上焦村马厩坑作南北向展开，有三行，400余坑。清理了其中的51座。④

③秦兵马俑阵营坑（陵东）

4个地下巨型土坑⑤，组成矩阵（一号坑）、营垒（二号坑）、示战（四号坑）和帐幕（三号坑），展示秦国军事生活的主要场景。⑥根据探测，可出土陶武士俑7000件左右、陶马634匹、木质战车130乘。按兵种，可分为步兵近5000、骑兵116、车兵（含指挥车）387、弩兵1400。由四个兵种携带戈、矛、戟、铍、殳、剑、钩、弩弓等兵器，体大如真的俑、马，塑造写实，在雕塑艺术史上占有极重要的地位。

④食府之一的家养动物坑（陵北偏东）

动物坑中有马、羊、猪、狗等动物骨骼。底层伴有铜镞、半两铜钱。

⑤禁苑水禽坑（K0007）（陵东北）

有象征河道，Ⅰ区有水禽（天鹅20只、鹤6只、鸿雁20只）计46只。Ⅱ区放置着15尊奏乐陶俑。⑦

---

① 陕西省考古研究所、秦始皇兵马俑博物馆编著：《秦始皇帝陵园考古报告（2000）》，文物出版社，2006年；陕西省考古研究院、秦始皇兵马俑博物馆编著：《秦始皇帝陵园考古报告（2001~2003）》，文物出版社，2007年。

② 陕西省考古研究所、秦始皇兵马俑博物馆编著：《秦始皇帝陵园考古报告（1999）》，科学出版社，2000年。

③ 秦俑考古队：《临潼上焦村秦墓清理简报》，载《考古与文物》1980年第2期。

④ 秦俑考古队：《秦始皇陵东侧马厩坑钻探清理简报》，载《考古与文物》1980年第4期。

⑤ 陕西省考古研究所、始皇陵秦俑坑考古发掘队编著：《秦始皇陵兵马俑坑一号坑发掘报告（1974—1984）》，文物出版社，1988年；皇陵秦俑坑考古发掘队编著：《秦始皇陵东侧第二号兵马俑坑钻探试掘简报》，载《文物》1978年第5期；秦俑坑考古队：《秦始皇陵东侧第三号兵马俑坑清理简报》，载《文物》1979年第12期。

⑥ 王学理：《秦俑专题研究》，三秦出版社，1994年。

⑦ 陕西省考古研究院、秦始皇兵马俑博物馆编著：《秦始皇帝陵园考古报告（2001~2003）》，文物出版社，2007年。

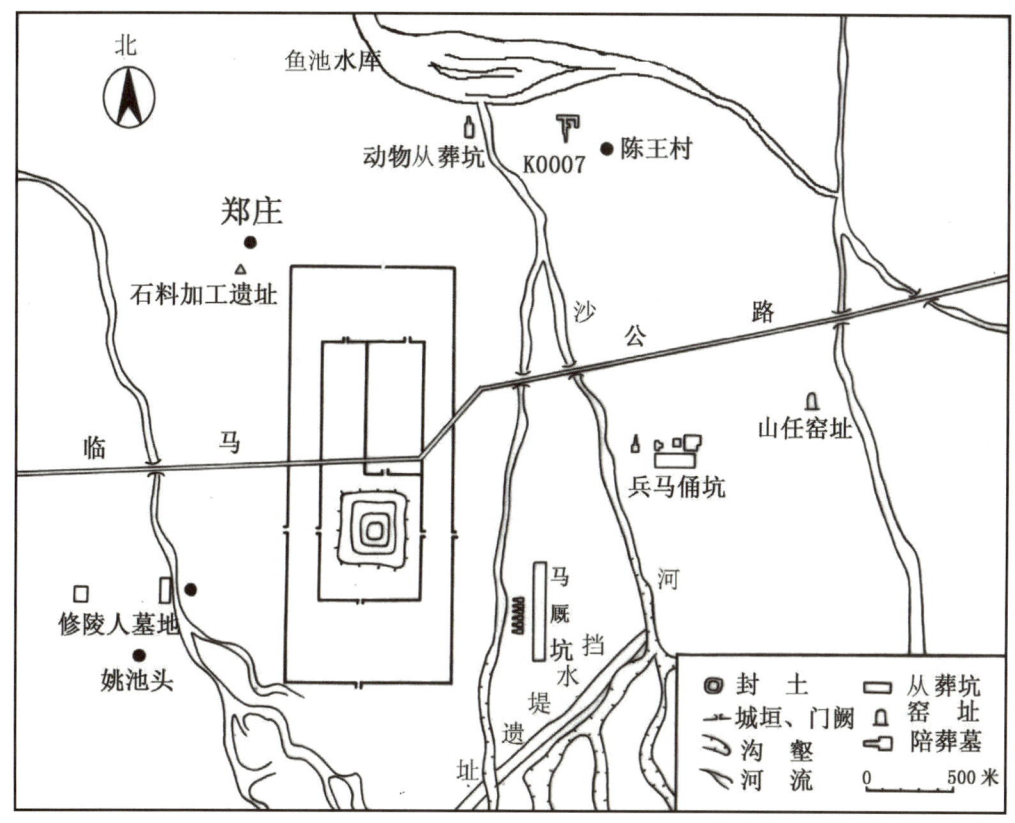

图 9-15　秦始皇陵城外重要遗迹分布图

⑥石材加工场遗址（陵西北）

从砖房村到郑庄村，出土劳动工具、石料与刑具等。①

⑦砖房陪葬墓区（陵西北）

有"中"字形墓1座（M1）、"甲"字形墓5座（M2—M6）、小型墓葬30座、从葬坑1个，呈东西向一线排开，墓葬均南北向。②随后，秦俑博物馆又探出"中"字形墓3座。

⑧障堤遗址（陵南）

陵南大水沟口有呈西南—东北走向的大堤，起自陈家窑，向东经杨家、李家、下杜家，至王硷村西。此夯土大堤长约1400米。堤南是人工渠，同堤平行，使来自大水沟的

---

① 秦俑考古队：《临潼郑庄秦石料加工场遗址调查简报》，载《考古与文物》1981年第1期。
② 陕西省考古研究院、秦始皇兵马俑博物馆编著：《秦始皇帝陵园考古报告（2001~2003）》，文物出版社，2007年。

水东入鱼池,西入董沟,后再入渭。①

⑨下和村陪葬墓(陵东)

在秦俑三号坑之西,坐南向北。平面呈"甲"字形。

⑩赵背户的"居赀"役人墓地(陵西)

在赵背户到姚池头探出墓葬114余座,清理过42座。②

⑪姚池头刑徒墓地(陵西南)

在姚池头村南,尸骨凌乱,上下叠压者厚达5厘米左右。③

⑫第五砂轮厂郦山徒墓地(陵西)

在临潼区骊山街道东街的第五砂轮厂东侧的南北向台塬上,发现243座秦墓。④

⑬山任村窑场乱葬坑(陵东)

山任村一秦窑场遗址的一乱葬坑中,清理出尸骨121具。

⑭鱼池村官邸、军防建筑遗址(陵东北)

在"鱼池"东北,建筑群遗址,迤逦而东,经安沟,直抵代王街道一带。在吴中到吴东村之间有夯土城垣,吴东村有房屋建筑遗迹,有多处排水设施和灰坑。吴西村附近有两处高岗,东西对峙,很可能是设防的所在。出土兵器、生产工具、生活用具。⑤

⑮陶窑遗址(陵周围,分散)

始皇陵周围分布有很多陶窑。陵南的陈家沟,陵东的上焦村、西黄村、下和村,陵北的鱼池村等地,1973年以来都有窑址的发现,并进行过清理。而陵西南自赵背户,北到郑庄,长达2公里、东西宽1公里的范围之内,早年都有密集的窑址。这些陶窑多半在陵园建筑或从葬坑周围。⑥

2. 秦芷阳与东陵

1982年10月,为配合基建工程,陕西省文管会派员对临潼县韩峪公社油王村西南

---

① 《史记·秦始皇本纪》正义引《关中记》:"始皇陵在骊山,泉本北流,障使东西流。"王学理、秦勇:《秦始皇陵工程与兵马俑从葬坑浅探》,载《人文杂志》1980年第1期。
② 始皇陵秦俑坑考古发掘队:《秦始皇陵西侧赵背户村秦刑徒墓》,载《文物》1982年第3期。
③ 王学理、秦勇:《秦始皇陵工程与兵马俑从葬坑浅探》,载《人文杂志》1980年第1期。
④ 临潼县博物馆、临潼县文管会:《临潼县城东侧第一号秦墓清理简报》,载《考古与文物》1993年第1期;林泊:《临潼发现秦人砖室墓群》,载1990年5月10日《中国文物报》第1版;林泊:《秦始皇陵新发现建陵匠师墓》,载1994年11月20日《中国文物报》第1版。
⑤ 始皇陵秦俑坑考古发掘队:《陕西临潼鱼池遗址调查简报》,载《考古与文物》1983年第4期。
⑥ 秦俑考古队:《临潼县陈家沟遗址调查简记》,载《考古与文物》1985年第1期;秦俑考古队:《秦代陶窑遗址调查清理简报》,载《考古与文物》1985年第5期。

的遗址做了调查和试掘，发现了房屋建筑、水池、陶窑遗迹，出土了建筑遗物、生活用具、兵器和秦汉到新莽时期的货币。① 但从动物植物纹瓦当、图案方砖、龙纹空心砖看，都具战国、秦的特点，特别是"芷"字陶文的出现，这些情况都同由秦芷阳宫→秦芷阳县→汉霸陵县的历史沿革符合，其地望也表明秦芷阳就在油王一带。

1986年初，考古工作者在临潼县韩峪乡（1984年改乡）骊山西麓，发现了几座大型墓葬。② 2010—2013年，又展开全面复查和钻探。已确知芷阳陵地西近乡政府，东到三冢坡，北及武家坡北，南跨小峪河抵马斜村南，占地约150万平方米。在这一范围之内，分布着4座独立的陵园，都有人工水沟围护。一号陵园内有"亚"字形大墓2座、从葬坑14个、陪葬墓161座，地面建筑遗迹11处。二号陵园在一号陵园东北，内有"中"字形大墓1座、"甲"字形墓5座、陪葬墓17座、从葬坑9个。三号陵园位于西北，内有"中"字形大墓2座、陪葬墓106座、从葬坑6个。四号陵园位于西南，有"亚"字形大墓1座、"中"字形大墓1座、"甲"字形大墓3座、建筑遗存3处。③

（五）远郊区

今临潼区渭河以南，如刘庄、新丰、苗家坡的秦墓，多属秦芷阳县的平民墓地，鉴于前面多有详解，故于此从略。

三、秦都咸阳考古的期待与希望

笔者于1976年离开咸阳故都遗址，进入秦始皇陵区考古领地。在发掘秦兵马俑的同时，出于从事故都工作10多年的情结，在交出手头资料的情况下，拾散集零，终于在1985年出版了《秦都咸阳》一书。大概以此为开端，学者们才对这一课题展开了探索。虽然见解迭出，但仍嫌浮浅，也还不能从总体上给予把握。又14年过去，在零星研究性文章未见有突破性进展的情况下，笔者于1999年又推出了《咸阳帝都记》一书，可惜后来的一些学者还是未能跳出笔者划定的框架。那么，对秦咸阳问题的探讨，笔者以为还有待于深化的几个课题应该是：①咸阳立都的历史背景与地理选择；②建设咸阳的指导思想；③咸阳有无郭城的认识；④咸阳的范围、形制与布局；⑤宫殿建筑遗址性质与作

---

① 张海云：《芷阳遗址调查简报》，载《文博》1985年第3期。
② 陕西省考古研究所、临潼县文管会：《秦东陵第一号陵园勘查记》，载《考古与文物》1987年第4期。第二号陵园材料刊《考古与文物》1990年第4期，第四号陵园材料刊《考古与文物》1993年第3期，又见《秦东陵考察述略》（内刊）。
③ 王学理主编：《秦物质文化通览》，科学出版社，2015年。

用的确认；⑥手工业、商业专题调查与讨论；⑦出土壁画的分析；⑧陶文、封泥的释读与使用；⑨墓葬分期与性质；⑩对出土物本身的研究。

秦都咸阳地域辽阔，内容多样，由所做工作的多寡，就显出资料完备的程度。自然，在研究工作上也就表现出它的不平衡性。秦始皇陵兵马俑的考古工程，后来居上，研究的深度和广度已略胜一筹。

学术是在争鸣中发展的。对前出的见解，承认者，援引；不足者，补充；错误者，纠谬；未及者，新发。这是不言而喻的规矩和德行，往往又是后来者研究更上一层的可敬之处。

2000多年前渭水两岸的这座都城，曾是宫阙嵯峨、市廛鼎沸的一派热闹景象。但赫赫烈烈的秦王朝却在短促的15年里走到了尽头，留给后人的仅余残垣颓壁、断砖破瓦、一抔黄土，难怪踏访者触景伤秦，发出思古之幽情。唐代刘沧《咸阳怀古》一诗写道：

经过此地无穷事，一望凄然感废兴。
渭水故都秦二世，咸原秋草汉诸陵。
天空绝塞闻边雁，叶尽孤村见夜灯。
风景苍苍多少恨，寒山半出白云层。

但是，咸阳毕竟是奠基中华版图的第一个封建王朝的首府，确确实实是一个伟大时代的缩影。钩沉终竟可以发现精粹，也可以透过它窥见我们这个民族所具有的蓬勃的创造精神。明代熊鼎在《咸阳怀古》诗里则表达了一种更为积极的情绪：

立马平原望故宫，关河百二古今雄。
南山双阙阿房近，北斗连城渭水通。
龙去野云收三气，鹤巢陵树起秋风。
英雄事业昭前哲，看取秦皇汉武功。

今日生活在秦都故土上的咸阳人，在"西咸一体化"的道路上前进，也向秦都咸阳考古工作提出了迫切要求，千万莫让现代化建设毁掉文物古迹而留下永远的遗憾！

结 语

当秦都咸阳作为一个大课题，进入笔者的研究视野之后，笔者结合自己参加这一都城考古的经历与长期琢磨，于1985年出版了《秦都咸阳》一书。当时就冲破传统观念，大胆地提出了一些看法，也为后来诸多学者所接受。现在对这些观点再稍作申述，也许对进一步深入研究有所帮助。

第一，咸阳作为国都，经历了一个由小到大的发展过程。

公元前350年商鞅变法，秦孝公迁都咸阳，筑"冀阙宫庭"（《史记·商君列传》），实开"因北陵营殿"（《三辅黄图》）之端绪，地在西咸新区窑店街道牛羊村北的原上。自秦昭襄王之后，咸阳范围急趋扩大，政治重心逐渐南移，寝庙遂迁渭南，王陵区重新规划于芷阳。公元前221年秦始皇统一六国前后，"殚天下财力，以事营缮"（《三辅黄图·序》），是咸阳土木工程以前所未有的规模急趋膨胀的时期。当然，这时建设的重点仍在渭北，尽管处理政务常在渭南诸宫，但朝会、庆典、祝寿、群臣议定国家大事仍在咸阳宫举行。到了秦始皇统治的后期，即三十五年（公元前212年），在上林苑中重新营造朝宫。前期工程是在"阿房前殿"的基础上先作"前殿阿房"，其用意是宣示它将取咸阳宫的地位而代之。只有到了这个时候，原来带有离宫别馆性质的渭南诸宫，才发生了同北阪诸宫倒置的变化。

《关中记》说："孝公都咸阳，今渭城是，在渭北。始皇都咸阳，今城南大城是也。"（《史记·高祖本纪》注引）把秦孝公和始皇建都截然分成渭北和渭南，难免过于绝对，当属缺乏分析的武断之论。若以营建阿房宫为时间界标，倒有点近似。但晋人潘岳说的"今城南城"是否指的就是汉长安城南的"阿城"？诚若此，诸庙、章台、兴乐、甘泉又该何属呢？我们知道：秦惠文王时，已在渭河南岸建造离宫别馆。昭襄王时，政治重心已有了南移的趋势，从而在渭河南岸形成了一座"新城"，这就是笔者命名的"渭南新区"。秦始皇统一中国之初，仍想"因北陵营殿"，重新规划城市布局，但随后则承认了历史形成的城市现实，只有在更大的地域范围内建设国都——把朝宫从咸阳宫移向阿房宫。秦始皇统治时期，咸阳达到了繁盛顶点，其市中区相当于今西咸新区窑店街道辖区和西安市的北半部。所以说，秦都咸阳之所以具有"渭水贯都"的规模，是经过七代秦君130余年时间而逐渐形成的。

那么，"咸阳"（古人以山南水北俱为阳）这个带有地域特点的称呼，作为国都之名，由于跨渭筑宫和国事往来而变得名不副实，纯粹成了历史性的代号。而当人们提到"秦都咸阳"时,就不能把眼光局限在今咸阳市东的渭河北岸一带。也应认识到:相对的渭河南岸——渭南新区,成了后来汉都长安的基石。秦汉都城在这里的重叠,正是两朝历史地位的翻转。同样,今日的咸阳市与西安市在这一地区演绎的历史,竟镜映出这么一个有趣的现象:当年,前者大于后者,前管后;今日,后者大于前者,后管前。"西咸一体化",是个早已结缘的历史硕果。

第二,咸阳是个有宫城而无郭城的集聚型城市。

秦孝公筑冀阙宫庭时,随之夯筑宫城。它和以后诸多宫殿群落"各自为城"的不同之点,仅在于是秦君朝寝之所。从雍城、栎阳看,城垣仅有一座,无复大小。咸阳除早期小城外,随着秦国军事外拓,人民急赴耕战,国都范围自北而南地扩展,关中隔限不存在敌军兵临城下的发生。形格势禁,军务倥偬,没有必要建立一座跨越渭水南北的大城,也不需要在南岸再筑一座城,即潘岳说的"城南城"。

秦国的统治者气吞山河,国、都不分,早把关中看作国都的门限,所以"表河以为秦东门,表汧以为秦西门"(《长安志》引《三辅旧事》)。及至秦始皇并灭群雄、统一华夏之后,竟"立石东海上朐界中,以为秦东门"(《史记·秦始皇本纪》)。既然国门面向大海,已经同域外未知之国为邻,何须再筑咸阳城?咸阳既然没有外郭城,就同诸侯国都那种郭附于城或两城相并的城制截然不同。历史上所谓的"咸阳城"实际上指的就是早期的"咸阳宫城"。故址就是今牛羊村经笔者测绘的那座城。① 也许无郭的"单城制"原本就是秦都城的历史性特征。学者们还在笔者这"无郭城"论之外申说"郭城",无异于缘木求鱼。

第三,咸阳在布局上,呈中轴线关系朦胧的散点交错型结构。

咸阳在其发展过程中,由小到大地突破原先的城市规划,日益增多的土木建筑工程择地而上,就不可避免地带有很大的堆砌性倾向,以致形成城市有范围、无郭城,有重心、轴线关系朦胧的格局。

由冀阙宫庭遗址向南,端直跨渭河上的横桥,是一条南北向的横门大道。入汉长安城横门,便是南北向的横门大街。入未央宫,对直的是未央宫前殿。正南是南宫门和西安门。联系冀阙、横桥、章台(汉未央宫前殿)这几个点,似乎构成一条南北向的轴

---

① 参见本书第一章第三节的"更筑宫城"。

线，但纵观秦都咸阳的宫殿、府市、寝庙、工商、居民、陵墓等等，从北向南的分布则呈块状的散点交错分布，因此整个城市总体布局既不体现"左祖右社，前朝后寝"的周制，也不是宫城在上、俯察百业的封建都制（如隋唐长安城、明清北京城）。

从中国都城发展史看，秦都咸阳属于由战国都城向汉、唐长安城转变的过渡类型。既有战国时代都城的共同特点，也有在特定历史环境中形成的特殊性。

第四，秦始皇对首都咸阳的建设，是其"法天"意识的实践。

秦都咸阳的城市建设，在秦始皇统治期间是一个大发展的时期。统一战争正在进行，他仿作六国宫殿于咸阳北阪之上。秦帝国刚一建立，他就重新调整城市规划，统统纳入统一安排的轨道。至此，正宫、行宫和离宫别馆的总数就达到"关中计宫三百，关外四百余"的规模，"咸阳之旁二百里内，宫观二百七十，复道甬道相连"，"自雍门以东至泾渭，殿屋复道，周阁相属"。（《史记·秦始皇本纪》）以咸阳为中心的渭河两岸宫殿密集，形为"既成事实"，不能改变。那么，秦始皇就把穿过都中的渭水、水上之横桥、渭北的咸阳宫等三处地上景物，同天上的"天汉"（银河）、阁道、紫宫等三处天象联系起来，在确定咸阳宫象征天帝所居的紫宫后，就开始了模拟建筑：

"因北陵营殿，端门四达"，是对咸阳宫的改建与扩大；"更命信宫为极庙，象天极"，同样在确定"帝者祖庙"的地位之后，做到"天人相应"；在渭河南岸上林苑中新作朝宫——阿房宫，以复道联系渭北的咸阳宫，则是刻意仿效天极、阁道和营室的结果；始皇陵墓内"上具天文，下具地理"，更是微缩"法天"计划的实施。

第五，对"诸庙及章台、上林皆在渭南"等宫址的确认。

《史记》所言"诸庙"指昭襄王以下至秦始皇的寝庙。昭王庙位当汉长乐宫中部偏北处，即今张家巷附近。始皇庙在今西安市汉长安城遗址的北部。

章台宫在西汉改建为未央宫。未央宫前殿即秦之章台，遗址在今汉长安城西南，即马家寨西北的大夯土台基。

秦之甘泉宫有二，渭北的甘泉宫是一处离宫，地不在今淳化县北，那里的汉甘泉宫是在秦林光宫的基础上建造的。而郊外的秦甘泉宫在乾县东北注泔镇南孔头村，那里有建筑基址的存留。秦又一甘泉宫，又名"南宫"，地在渭南。这里系秦宣太后到帝太后所居之宫，曾一度是秦始皇的朝寝之处，汉武帝时才改建为桂宫。宫址位于今汉长安故址西北部，即今六村堡街道夹城堡、黄家庄一带。

秦、汉的北宫，同名而异地。秦宫在渭北咸阳北阪上，而汉宫则位于渭南汉长安故城内桂宫之东，地当今北徐寨、何家寨一带。

上林，系秦之苑囿。早在秦惠文王时，就于苑中建造离宫。秦始皇扩大阿房宫规模，先建朝宫"阿房前殿"。在基本完成阿房前殿的地基处理之后（今见之夯台），在东、西、北三面围墙（阿城），并在北墙中段建起了"前殿阿房"这一附属建筑。在前殿的主体工程、门阙、南墙还未展开之际，秦亡。阿房前殿遗址，地在今三桥街道古城村到赵家堡一带。但阿房宫范围则大到三桥街道以南的皂河与沣河之间，其间当然包括战国以来的秦离宫建筑。

秦芷阳宫是秦昭襄王在秦穆公霸宫的基础上修建的，地在芷阳县，汉改霸陵县，位今临潼区西斜口街道油王村一带。

第六，始皇陵园不是对秦咸阳城的模仿。

秦始皇陵是从芷阳茔地独立出来的一座陵园。从严格的意义上讲，还应属于东陵范围。它同芷阳地诸陵、咸阳西部之二王陵一样，都属于秦都咸阳的组成部分，但脱离城市的倾向已经抬头。"丽山园"在性质上系陵城，是从雍都秦公陵园中兆、外兆沟，经公陵陵园的演变，由地下之"沟"转为地上之"城"的，同咸阳的"都城"（事实上的宫城）有着本质的区别。因此，不能认为秦始皇陵园的二重城就是对咸阳城的仿效，更不能用始皇陵园来复制秦都咸阳城。①同理，陵东的兵马俑坑和陵园内外的诸多坑一样，都是供亡灵在阴间世界享用的从葬坑，是阳间生活的缩影。为数众多的兵马俑群按照列阵、营练、对战、军幕几个典型的军事生活内容设置，绝非仿都城的禁卫军而塑造的守陵部队。否则，对陵东独有、其他三面所无的情况既不能自圆其说，又有违军事学的守备常识。同样，秦俑面东，旨在"防备六国反扑"的说法也嫌勉强。

第七，从亭里陶文解读中，破译工匠的里居。

咸阳范围内陶文资料极为丰富，其中主流的印戳文字只有采取自右至左的竖读法，不但能通晓其含义，而且能揭示出咸阳市亭管辖下的里名，对探讨首都咸阳的行政区划也有意义。笔者利用这一发现，截至目前已经搜索到渭北的里名54个，渭南区在里之上

---

① 杨宽先生在1984年第3期《文博》上著文《秦始皇陵园布局结构的探讨》，曾引《吕氏春秋·安死》上的话，说天子、诸侯陵园"设阙庭，为宫室，造宾阼也，若都邑"，认为秦咸阳与始皇陵园同制，还说咸阳城是以西边宫城连接东边大郭的布局，显然同事实不符。

还有乡一级的行政建制，这可能同早期咸阳在渭北有关。①

咸阳从诸侯林立时的秦国之都，到帝国首府，跨越了战国分裂到集权统一两个时期，这在中国都城史上是绝无仅有的一个特例。军事实力的增长，外扩进取的态势，是不设城廓的内因，而不具防卫的凭借是其特殊性的外因。

世界上的城市林林总总，多种多样。其兴起，或人事，或战争，或生存……原因不尽一致；其选址，或近水，或靠山，或交通便利……地理限制不一而足；其形制，或集聚，或围城，或分散……千差万别；至于其性质、功能，或是单一的如商业、文化、军事等等，或是综合的，或是兼而有之。总之，不可胜计。但是，古代的国都，多半是以政治为中心的综合性城市。

总之，秦通过政治改革，推行耕战政策，富国强兵，削平群雄，建立起专制主义中央集权的帝国。其在政治制度、文化建设上的创新，影响了中国2000年。历史性的原因，形成秦都咸阳散点结构的都城布局，虽不可改变，却巧妙地与天象印证，体现出君临天下的追求。但最后又由于不恤民力、横征暴敛、用人不善等多种原因，威威赫赫的帝国顷刻灭亡，连秦都咸阳这座雄伟博大的都城也在农民起义中焚毁殆尽。

秦都咸阳，无论是存还是亡，都在世界都城史上有着不可忽视的地位，其影响是深远而广泛的。

---

① 王学理：《亭里陶文的解读与秦都咸阳的行政区划》，见陕西省考古研究所、中国古文字研究会、中华书局编辑部合编：《古文字研究》第14辑，中华书局，1986年。

参考文献

[1] 司马迁.史记[M].北京：中华书局，1959.

[2] 班固.汉书[M].颜师古，注.北京：中华书局，1962.

[3] 孔安国，传.孔颖达，等正义.尚书正义[G]//十三经注疏.阮元，校刻.北京：中华书局，1980.

[4] 逸周书[M].孔晁，注.北京：中华书局，1985.

[5] 毛公，传.郑元，笺.孔颖达，等正义.毛诗正义[G]//十三经注疏.阮元，校刻.北京：中华书局，1980.

[6] 王弼，韩康伯，注.孔颖达，等正义.周易正义[G]//十三经注疏.阮元，校刻.北京：中华书局，1980.

[7] 杨伯峻.春秋左传注[M].北京：中华书局，1981.

[8] 国语[M].上海师范大学古籍整理组，校点.上海：上海古籍出版社，1978.

[9] 战国策[M].高诱，注.上海：上海书店，1987.

[10] 郑元，注.贾公彦，疏.周礼注疏[G]//十三经注疏.阮元，校刻.北京：中华书局，1980.

[11] 何晏，注.邢昺，疏.论语注疏[G]//十三经注疏.阮元，校刻.北京：中华书局，1980.

[12] 郭璞，注.邢昺，疏.尔雅注疏[G]//十三经注疏.阮元，校刻.北京：中华书局，1980.

[13] 列子[M].张湛，注.上海：上海书店，1986.

［14］赵岐,注.孙奭,疏.孟子注疏[G]//十三经注疏.阮元,校刻.北京:中华书局,1980.

［15］章诗同.荀子简注[M].上海:上海人民出版社,1974.

［16］陈奇猷.韩非子集释[M].上海:上海人民出版社,1974.

［17］管子[G].房玄龄,注.刘绩,增注//二十二子.上海:上海古籍出版社,1986.

［18］高亨.商君书注译[M].北京:中华书局,1974.

［19］陈奇猷.吕氏春秋校释[M].上海:学林出版社,1984.

［20］刘安.淮南子[G].高诱,注.庄逵吉,校//二十二子.上海:上海古籍出版社,1986.

［21］许慎,撰.段玉裁,注.说文解字注[M].许惟贤,整理.南京:凤凰出版社,2007.

［22］王国维.水经注校[M].袁英光,刘寅生,整理标点.上海:上海人民出版社,1984.

［23］赵岐,等撰.张澍,辑.三辅决录;三辅故事;三辅旧事[G].陈晓捷,注.西安:三秦出版社,2006.

［24］何清谷.三辅黄图校注[M].西安:三秦出版社,1995.

［25］刘庆柱.三秦记辑注;关中记辑注[M].西安:三秦出版社,2006.

［26］葛洪.西京杂记[M].北京:中华书局,1985.

［27］李泰,等著.贺次君,辑校.括地志辑校[M].北京:中华书局,1980.

［28］程大昌.雍录[M].黄永年,点校.北京:中华书局,2002.

［29］顾祖禹.读史方舆纪要[M].贺次君,施和金,点校.北京:中华书局,2005.

［30］李吉甫.元和郡县图志[M].贺次君,点校.北京:中华书局,1983.

［31］宋敏求.长安志[M].辛德勇,郎洁,点校.西安:三秦出版社,2013.

［32］徐松,撰.李健超,增订.增订唐两京城坊考[M].西安:三秦出版社,1996.

［33］乐史.宋本太平寰宇记[M].北京:中华书局,2000.

［34］徐坚,等.初学记[G].北京:中华书局,1962.

［35］毕沅.关中胜迹图志[M].张沛,校点.西安:三秦出版社,2004.

［36］梁禹甸.长安县志[M].刻本,1668(清康熙七年).

［37］张仲清.越绝书校注[M].北京:国家图书馆出版社,2009.

［38］刘向,编著.石光瑛,校释.新序[M].陈新,整理.北京:中华书局,2009.

［39］刘向.古列女传[M].尚蕊,张佩芳,编译.哈尔滨:哈尔滨出版社,2009.

［40］刘向,撰.程翔,译注.说苑译注[M].北京:北京大学出版社,2009.

［41］张衡.西京赋[G]//萧统.昭明文选.北京:华夏出版社,2000.

参考文献

[42] 蔡邕.独断[M].北京：中华书局，1985.

[43] 马缟.中华古今注[M].李成甲，校点.沈阳：辽宁教育出版社，1998.

[44] 肖作政.九章算术今解[M].沈阳：辽宁人民出版社，1990.

[45] 杜佑.通典[M].王文锦，王永兴，刘俊文，等点校.北京：中华书局，1988.

[46] 周博琪.古今图书集成[G].北京：中国戏剧出版社，2008.

[47] 睡虎地秦墓竹简整理小组.睡虎地秦墓竹简[M].北京：文物出版社，1978.

[48] 王子今.睡虎地秦简《日书》甲种疏证[M].武汉：湖北教育出版社，2003.

[49] 罗振玉.三代吉金文存[M].北京：中华书局，1983.

[50] 罗振玉.贞松堂集古遗文[M].北京：北京图书馆出版社，2003.

[51] 罗振玉.秦金石刻辞[M].1914.

[52] 柯昌济.金文分域编[M].1935.

[53] 刘体智.小校经阁金文拓本[M].北京：中华书局，2016.

[54] 容庚.秦金文录[M].1931.

[55] 于省吾.双剑誃古器物图录[M].1940.

[56] 郭沫若.两周金文辞大系图录考释[M].北京：科学出版社，1957.

[57] 康有为.新学伪经考[M].北京：中华书局，2012.

[58] 王国维.观堂集林[M].北京：中华书局，1959.

[59] 郭沫若.中国史稿[M].北京：人民出版社，1976.

[60] 郭沫若.奴隶制时代[M].北京：人民出版社，1973.

[61] 杨宽.战国史[M].上海：上海人民出版社，1980.

[62] 林剑鸣.秦史稿[M].上海：上海人民出版社，1981.

[63] 马非百.秦集史[M].北京：中华书局，1982.

[64] 马非百.秦始皇帝传[M].南京：江苏古籍出版社，1985.

[65] 陈直.史记新证[M].天津：天津人民出版社，1979.

[66] 陈直.汉书新证[M].天津：天津人民出版社，1979.

[67] 陈直.摹庐丛著七种[M].济南：齐鲁书社，1981.

[68] 陈直.关中秦汉陶录[M].北京：中华书局，2006.

[69] 李学勤.东周与秦代文明[M].北京：文物出版社，1984.

[70] 李仲操.西周年代[M].北京：文物出版社，1991.

[71] 武伯纶.西安历史述略[M].西安：陕西人民出版社，1979.

[72] 王学理.秦都咸阳[M].西安：陕西人民出版社，1985.

[73] 王学理.秦陵彩绘铜车马[M].西安：陕西人民出版社，1988.

[74] 王学理.秦始皇陵研究[M].上海：上海人民出版社，1994.

[75] 王学理.秦物质文化史[M].西安：三秦出版社，1994.

[76] 王学理.秦俑专题研究[M].西安：三秦出版社，1994.

[77] 王学理.咸阳帝都记[M].西安：三秦出版社，1999.

[78] 王学理.轻车锐骑带甲兵：秦始皇陵兵马俑发现与研究[M].天津：百花文艺出版社，2002.

[79] 王学理.解读秦俑：考古亲历者的视角[M].北京：学苑出版社，2011.

[80] 王学理.秦物质文化通览[M].北京：科学出版社，2015.

[81] 袁仲一.秦始皇陵考古发现与研究[M].西安：陕西人民出版社，2002.

[82] 杨鸿勋.建筑考古学论文集[M].北京：文物出版社，1987.

[83] 西安市交通局史志编纂委员会.西安古代交通志[M].西安：陕西人民出版社，1997.

[84] 童恩正.古代的巴蜀[M].成都：四川人民出版社，1979.

[85] 李之勤，阎守诚，胡戟.蜀道话古[M].西安：西北大学出版社，1986.

[86] 方国瑜.中国西南历史地理考释[M].北京：中华书局，1987.

[87] 张维华.中国长城建置考[M].北京：中华书局，1979.

[88] 彭曦.战国秦长城考察与研究[M].西安：西北大学出版社，1990.

[89] 陈全方.周原与周文化[M].上海：上海人民出版社，1988.

[90] 周晓陆.汉字艺术：结构体系与历史演进[M].贵阳：贵州人民出版社，1997.

[91] 宫玉海.《山海经》与世界文化之谜[M].长春：吉林大学出版社，1995.

[92] 中国社会科学院考古研究所.新中国的考古发现和研究[J].北京：文物出版社，1984.

[93] 中国科学院考古研究所.三门峡漕运遗迹[M].北京：科学出版社，1959.

[94] 中国社会科学院考古研究所.殷墟妇好墓[M].北京：文物出版社，1980.

[95] 中国社会科学院考古研究所.汉长安城未央宫：1980~1989年考古发掘报告[M].北京：中国大百科全书出版社，1996.

[96] 陕西省考古研究所.秦都咸阳考古报告[M].北京：科学出版社，2004.

[97] 陕西省考古研究所.西安北郊秦墓[M].西安：三秦出版社，2006.

[98] 陕西省考古研究院.西安尤家庄秦墓[M].西安：陕西科学技术出版社，2008.

[99] 陕西省考古研究所，商洛市博物馆.丹凤古城楚墓[M].西安：三秦出版社，2006.

[100] 陕西省考古研究所.西汉京师仓[M].北京：文物出版社，1990.

[101] 陕西省考古研究所.镐京西周宫室[M].西安：西北大学出版社，1995.

[102] 陕西省考古研究所.陕西兴平侯村遗址[M].西安：三秦出版社，2004.

[103] 陕西省考古研究所，秦始皇兵马俑博物馆.秦始皇帝陵园考古报告：1999[M].北京：科学出版社，2000.

[104] 陕西省考古研究所，秦始皇兵马俑博物馆.秦始皇帝陵园考古报告：2000[M].北京：文物出版社，2006.

[105] 陕西省考古研究院，秦始皇兵马俑博物馆.秦始皇帝陵园考古报告：2001~2003[M].北京：文物出版社，2007.

[106] 秦始皇兵马俑博物馆，陕西省考古研究所.秦始皇陵铜车马发掘报告[M].北京：文物出版社，1998.

[107] 陕西省考古研究所，始皇陵秦俑坑考古发掘队.秦始皇陵兵马俑坑一号坑发掘报告：1974—1984[M].北京：文物出版社，1988.

[108] 西安市文物保护考古所.西安南郊秦墓[M].西安：陕西人民出版社，2004.

[109] 咸阳市文物考古研究所.塔儿坡秦墓[M].西安：三秦出版社，1998.

[110] 咸阳市文物考古研究所.任家咀秦墓[M].北京：科学出版社，2005.

[111] 咸阳市文物考古研究所.西汉帝陵钻探调查报告[M].北京：文物出版社，2010.

[112] 河北省文物研究所，秦皇岛市文物管理处，北戴河区文物保管所.金山咀秦代建筑遗址发掘报告[J].文物春秋，1992（增刊1）.

[113] 河南省文物研究所，中国历史博物馆考古部.登封王城岗与阳城[M].北京：文物出版社，1992.

[114] 四川省博物馆.四川船棺葬发掘报告[M].北京：文物出版社，1961.

[115] 盖山林.和林格尔汉墓壁画[M].呼和浩特：内蒙古人民出版社，1977.

[116] 徐中舒.甲骨文字典[M].成都：四川辞书出版社，1988.

[117] 高明.古文字学讲义[Z].[北京大学历史系考古专业]，1974.

[118]《广州市文物志》编委会.广州市文物志[M].广州：岭南美术出版社，1990.

［119］王云度，张文立.秦帝国史[M].西安：陕西人民教育出版社，1997.

［120］陕西省社会科学院考古研究所渭水队.秦都咸阳故城遗址的调查和试掘[J].考古，1962（6）.

［121］陕西省博物馆，文管会勘查小组（王学理）.秦都咸阳故城遗址发现的窑址和铜器[J].考古，1974（1）.

［122］秦都咸阳考古工作站.秦都咸阳第一号宫殿建筑遗址简报[J].文物，1976（11）.

［123］秦都咸阳考古工作站.秦咸阳宫第二号建筑遗址发掘简报[J].考古与文物，1986（4）.

［124］咸阳市文管会，咸阳市博物馆，咸阳地区文管会.秦都咸阳第三号宫殿建筑遗址发掘简报[J].考古与文物，1980（2）.

［125］秦都咸阳考古工作站.秦都咸阳古窑址调查与试掘简报[J].考古与文物，1986（3）.

［126］秦都咸阳考古队.咸阳市黄家沟战国墓发掘简报[J].考古与文物，1982（6）.

［127］咸阳市文物考古研究所.咸阳任家嘴春秋墓清理简报[J].考古与文物，1993（3）.

［128］曹发展.咸阳任家咀秦人墓地发掘的主要收获[J].泾渭稽古，1995（2）.

［129］咸阳市博物馆.陕西咸阳塔儿坡出土的铜器[J].文物，1975（6）.

［130］王丕忠.咸阳塔儿坡出土秦代铜錞于[J].考古与文物，1981（4）.

［131］李光军，宋蕊.咸阳博物馆收藏的两件带铭铜壶[J].考古与文物，1983（6）.

［132］陕西省文管会，陕西省博物馆，咸阳市博物馆杨家湾汉墓发掘小组.咸阳杨家湾汉墓发掘简报[J].文物，1977（10）.

［133］西安市文物管理委员会李家翰.阿房宫区域内的一个汉代建筑遗址[J].考古与文物，1980（创刊号）.

［134］陕西省博物馆.西安市西郊高窑村出土秦高奴铜石权[J].文物，1964（9）.

［135］西安市文物管理委员会.西安三桥镇高窑村出土的西汉铜器群[J].考古，1963（2）.

［136］朱捷元，黑光.陕西长安县小苏村出土的铜建筑构件[J].考古，1975（2）.

［137］韩保全.秦阿房宫遗址[J].文博，1996（2）.

［138］西安市文物局文物处，西安市文物保护考古所.秦阿房宫遗址考古调查报告[J].文博，1998（1）.

［139］阿房宫考古队.咸阳上林苑1、2号建筑遗址考古发掘取得重要收获[N].中国文物报，2005-12-09（1；2）.

［140］阿房宫考古工作队.陕西西安发掘上林苑3号和5号建筑遗址[N].中国文物报，

2006-11-01（2）.

［141］李毓芳，王自力.西安秦汉上林苑四号、六号建筑遗址发掘[N].中国文物报，2007-07-06（5）.

［142］赵康民.秦始皇陵北二、三、四号建筑遗迹[J].文物，1979（12）.

［143］秦始皇陵考古队.秦始皇陵西侧"丽山飤官"建筑遗址清理简报[J].文博，1987（6）.

［144］秦俑考古队.临潼上焦村秦墓清理简报[J].考古与文物，1980（2）.

［145］秦俑考古队.秦始皇陵东侧马厩坑钻探清理简报[J].考古与文物，1980（4）.

［146］秦俑考古队.临潼郑庄秦石料加工场遗址调查简报[J].考古与文物，1981（1）.

［147］始皇陵秦俑坑考古发掘队.秦始皇陵西侧赵背户村秦刑徒墓[J].文物，1982（3）.

［148］始皇陵秦俑坑考古发掘队.陕西临潼鱼池遗址调查简报[J].考古与文物，1983（4）.

［149］秦俑考古队.临潼县陈家沟遗址调查简记[J].考古与文物，1985（1）.

［150］秦俑考古队.秦代陶窑遗址调查清理简报[J].考古与文物，1985（5）.

［151］始皇陵秦俑坑考古发掘队.临潼县秦俑坑试掘第一号简报[J].文物，1975（11）.

［152］皇陵秦俑坑考古发掘队.秦始皇陵东侧第二号兵马俑坑钻探试掘简报[J].文物，1978（5）.

［153］秦俑坑考古队.秦始皇陵东侧第三号兵马俑坑清理简报[J].文物，1979（12）.

［154］临潼县博物馆，临潼县文管会.临潼县城东侧第一号秦墓清理简报[J].考古与文物，1993（1）.

［155］林泊.临潼发现秦人砖室墓群[N].中国文物报，1990-05-10（1）.

［156］林泊.秦皇陵新发现建陵匠师墓地[N].中国文物报，1994-11-20（1）.

［157］陕西省考古研究院.2010年度秦始皇帝陵园礼制建筑遗址考古勘探简报[J].考古与文物，2011（2）.

［158］赵康民.西安洪庆堡出土汉愍儒乡遗物[J].考古与文物，1984（6）.

［159］张海云.芷阳遗址调查简报[J].文博，1985（3）.

［160］陕西省考古研究所，临潼县文管会.秦东陵第一号陵园勘查记[J].考古与文物，1987（4）.

［161］刘致平.西安西北郊古代建筑遗址勘查初记[J].文物参考资料，1957（3）.

［162］中国社会科学院考古研究所栎阳发掘队.秦汉栎阳城遗址的勘探和试掘[J].考古学报，1985（3）.

［163］卢建国.陕西铜川发现战国铜器[J].文物，1985（5）.

［164］王兆麟.渭南发现秦皇行宫遗址[N].西安晚报，1988-11-18.

［165］姚生民.汉甘泉宫遗址勘查记[J].考古与文物，1980（2）.

［166］王根权，姚生民.淳化县古甘泉山发现秦汉建筑遗址群[J].考古与文物，1990（2）.

［167］刘向阳，田志明.乾县发现秦始皇梁山宫确凿遗址[N].中国文物报，1993-04-01（1）.

［168］卢连成，杨满仓.陕西宝鸡县太公庙村发现秦公钟、秦公镈[J].文物，1978（11）.

［169］王光永.凤翔县发现羽阳宫铜鼎[J].考古与文物，1981（1）.

［170］罗昊.武功县出土平安君鼎[J].考古与文物，1981（2）.

［171］雍城考古工作队.凤翔县高庄战国秦墓发掘简报[J].文物，1980（9）.

［172］陕西省雍城考古队.秦都雍城钻探试掘简报[J].考古与文物，1985（2）.

［173］陕西省考古研究所雍城考古队.陕西凤翔凹里秦汉遗址调查简报[J].考古与文物，1989（4）.

［174］陕西省考古研究院，咸阳市文物考古研究所，周陵文物管理所.咸阳"周王陵"考古调查、勘探简报[J].考古与文物，2011（1）.

［175］刘亮，王周应.秦都雍城遗址新出土的秦汉瓦当[J].文博，1994（3）.

［176］陕西省考古研究院秦直道考古队.陕西富县秦直道考古取得突破性成果[N].中国文物报，2010-01-01.

［177］宝鸡市考古工作队，眉县文化馆.陕西眉县成山宫遗址试掘简报[J].文博，2001（6）.

［178］魏效祖.长安县东马坊的先秦建筑遗址[J].考古与文物，1986（4）.

［179］姜宝莲，赵强.陕西澄城良周秦汉宫殿遗址调查简报[J].文博，1998（4）.

［180］陕西省雍城考古队.凤翔马家庄一号建筑群遗址发掘简报[J].文物，1985（2）.

［181］尚志儒，赵丛苍.《凤翔马家庄一号建筑群遗址发掘简报》补正[J].文博，1986（1）.

［182］陕西省博物馆.介绍陕西省博物馆收藏的几件战国时期的秦器[J].文物，1966（1）.

［183］陕西省考古研究院.陕西长安神禾塬战国秦陵园遗址田野考古新收获[J].考古与文物，2008（5）.

［184］陕西省考古研究所宝鸡工作站，宝鸡市考古工作队.陕西陇县边家庄五号春秋墓发掘简报[J].文物，1988（11）.

［185］赵丛苍，刘怀君.陕西眉县成山宫遗址的调查[J].考古，1998（6）.

［186］眉县文化馆.陕西省眉县成山宫遗址的再调查[J].考古与文物，2002（3）.

[187] 王久刚.西安市南郊山门口战国秦墓清理简报[J].考古与文物，1994（1）.

[188] 金学山.西安半坡的战国墓葬[J].考古学报，1957（3）.

[189] 王红武，吴大焱.陕西宝鸡凤阁岭公社出土一批秦代文物[J].文物，1980（9）.

[190] 秦建明，张在明，杨政.陕西发现以汉长安城为中心的西汉南北向超长建筑基线[J].文物，1995（3）.

[191] 中国社会科学院考古研究所洛阳汉魏故城工作队.偃师商城的初步勘探和发掘[J].考古，1984（6）.

[192] 尹显德.四川青川出土九年吕不韦戟[J].文物，1991（1）.

[193] 田凤岭，陈雍.新发现的"十七年丞相启状"戈[J].文物，1986（3）.

[194] 辽宁省文物考古研究所.辽宁绥中县"姜女坟"秦汉建筑遗址发掘简报[J].文物，1986（8）.

[195] 山西省考古研究所，晋城市文化局，高平市博物馆.长平之战遗址永录1号尸骨坑发掘简报[J].文物，1996（6）.

[196] 平朔考古队.山西朔县秦汉墓发掘简报[J].文物，1987（6）.

[197] 陈应祺.北戴河发掘出秦始皇父子行宫遗址[N].人民日报，1986-09-25.

[198] 四川省博物馆，青川县文化馆.青川县出土秦更修田律木牍：四川青川县战国墓发掘简报[J].文物，1982（1）.

[199] 魏怀珩.甘肃平凉庙庄的两座战国墓[J].考古与文物，1982（5）.

[200] 山东省博物馆，临沂文物组.山东临沂西汉墓发现《孙子兵法》和《孙膑兵法》等竹简的简报[J].文物，1974（2）.

[201] 山东省博物馆，临沂文物组.临沂银雀山四座西汉墓葬[J].考古，1975（6）.

[202] 甘肃省文物考古研究所，天水市北道区文化馆.甘肃天水放马滩战国秦汉墓群的发掘[J].文物，1989（2）.

[203] 何双全.天水放马滩秦简综述[J].文物，1989（2）.

[204] 锺侃.宁夏固原县出土文物[J].文物，1978（12）.

[205] 新疆社会科学院考古研究所.新疆克尔木齐古墓群发掘简报[J].文物，1981（1）.

[206] 谭其骧.秦郡新考[J].浙江学报，1948，2（1）.

[207] 陈直.秦陶券与秦陵文物[J].西北大学学报（人文科学），1957（1）.

[208] 陈直.秦汉瓦当概述[J].文物，1963（11）.

［209］唐兰.西周铜器断代中的"康宫"问题[J].考古学报，1962（1）.

［210］马承源.商鞅方升和战国量制[J].文物，1972（6）.

［211］李学勤.秦国文物的新认识[J].文物，1980（9）.

［212］李学勤.秦简与《墨子》城守各篇[G]//中华书局编辑部.云梦秦简研究.北京：中华书局，1981.

［213］李学勤，艾兰.最新出现的秦公壶[N].中国文物报，1994-10-23.

［214］高亨，池曦朝.试谈马王堆汉墓中的帛书《老子》[J].文物，1974（11）.

［215］黄留珠.秦文化概说[G]//秦始皇兵马俑博物馆研究室.秦文化论丛：第1集.西安：西北大学出版社，1993.

［216］黄盛璋.云梦秦墓两封家信中有关历史地理的问题[J].文物，1980（8）.

［217］熊铁基.秦代的道家思潮[G]//秦始皇兵马俑博物馆《论丛》编委会.秦文化论丛：第3辑.西安：西北大学出版社，1994.

［218］白光琦.秦公壶应为东周初期器[J].考古与文物，1995（4）.

［219］李朝远.新出秦公器铭文与籀文[J].考古与文物，1997（5）.

［220］郭子直.战国秦封宗邑瓦书铭文新释[G]//陕西省考古研究所，中国古文字研究会，中华书局编辑部.古文字研究：第14辑.北京：中华书局，1986.

［221］朱德熙，裘锡圭.战国铜器铭文中的食官[J].文物，1973（12）.

［222］王丕忠.秦咸阳宫位置推测及其他问题[J].中国史研究，1982（4）.

［223］吕卓民.从考古资料看秦汉时期咸阳的制陶业[J].文博，1989（3）.

［224］晓菌.长沙马王堆汉墓帛书概述[J].文物，1974（9）.

［225］王子今.秦人经营的陇山通路[J].文博，1990（5）.

［226］何双全.天水放马滩秦墓出土地图初探[J].文物，1989（2）.

［227］荆三林，宋秀兰，张量，等.敖仓故址考[J].中原文物，1984（1）.

［228］王晖.秦人崇尚水德之源与不立黑帝畤之谜[G]//秦始皇兵马俑博物馆《论丛》编委会.秦文化论丛：第3辑.西安：西北大学出版社，1994.

［229］瓯燕，叶万松."上郡塞"与"堑洛"长城辨[J].考古与文物，1997（2）.

［230］周晓陆，路东之.空前的收获　重大的课题：古陶文明博物馆藏秦封泥综述[J].西北大学学报（哲学社会科学版），1997（1）.

［231］周晓陆，路东之，庞睿.秦代封泥的重大发现：梦斋藏秦封泥的初步研究[J].考古

与文物，1997（1）．

[232] 中国社会科学院考古研究所汉长安城工作队.西安相家巷遗址秦封泥的发掘[J].考古学报，2001（4）．

[233] 李仲操.羽阳宫鼎铭考辨[J].文博，1986（6）．

[234] 姚生民.关于汉甘泉宫主体建筑位置问题[J].考古与文物，1992（2）．

[235] 黑光.西安市郊发现秦国杜虎符[J].文物，1979（9）．

[236] 朱捷元.秦国杜虎符小议[J].西北大学学报（哲学社会科学版），1983（1）．

[237] 裘锡圭.战国货币考：十二篇[J].北京大学学报（哲学社会科学版），1978（2）．

[238] 杨宽.西汉长安布局结构的探讨[J].文博，1984（1）．

[239] 杨宽.西汉长安布局结构的再探讨[J].考古，1989（4）．

[240] 刘庆柱.秦都咸阳几个问题的初探[J].文物，1976（11）．

[241] 刘庆柱.论秦咸阳城布局形制及其相关问题[J].文博，1990（5）．

[242] 孙德润.秦都咸阳故城形制[J].泾渭稽古，1995（1）．

[243] 尚志儒.郑、棫林之故地及其源流探讨[G]//中国古文字研究会，陕西省考古研究所，中华书局编辑部.古文字研究：第13辑.北京：中华书局，1986.

[244] 尚志儒.奠井国铜器及其史迹之研究[G]//《中国考古学研究论集》编委会.中国考古学研究论集：纪念夏鼐先生考古五十周年.西安：三秦出版社，1987.

[245] 马振智，焦南峰.蕲年、棫阳、年宫考[G]//《考古与文物》编辑部.陕西省考古学会第一届年会论文集：考古与文物丛刊第3号，1983.

[246] 何汝贤.秦始皇梁山宫遗址初探[J].泾渭稽古，1993（2）．

[247] 常勇，李同.秦始皇陵中埋藏汞的初步研究[J].考古，1983（7）．

[248] 林剑鸣.从秦人价值观看秦文化的特点[J].历史研究，1987（3）．

[249] 上海交通大学"造船史话"编写组.秦汉时期的船舶[J].文物，1977（4）．

[250] 房仲甫.中国人最先到达美洲的新物证[N].人民日报，1978-08-19（4）．

[251] 刘卫鹏，岳起.咸阳塬上"秦陵"的发现与确认[J].文物，2008（4）．

[252] 刘卫鹏.秦孝文王寿陵位置蠡测[G]//秦始皇兵马俑博物馆.秦俑博物馆开馆三十周年秦俑学第七届年会国际学术研讨会论文集.西安：三秦出版社，2010.

[253] С.И.鲁金科.论中国与阿尔泰部落的古代关系[J].考古学报，1957（2）．

[254] 安志敏.论徐福和徐福传说[J].考古与文物，1997（5）．

[255] 秦人（王学理）.徐福东渡考略[G]//陕西人民出版社文艺编辑部.汉唐文史漫论.西安：陕西人民出版社，1986.

[256] 王学理.东陵和西陵[J].考古与文物，1988（5/6）.

[257] 王学理.从"陵墓近都"到"自成茔域"：国君陵墓同都城关系探索之一[G]//王学理.王学理秦汉考古文选.西安：三秦出版社，2008.

[258] 王学理.秦君葬地蠡测：君王陵墓同都城关系探索之二[G]//王学理.王学理秦汉考古文选.西安：三秦出版社，2008.

[259] 王学理.秦代的科技珍闻：一[J].文博，1986（2）.

[260] 王学理.秦代的科技珍闻：二[J].文博，1986（3）.

[261] 王学理.丧乱庙堕失重器[N].陕西日报，2000-08-08.

[262] 王学理，秦勇.秦始皇陵工程与兵马俑从葬坑浅探[J].人文杂志，1980（1）.

[263] 王学理.神禾塬秦墓墓主考[G]//成建正.陕西历史博物馆馆刊：第15辑.西安：三秦出版社，2008.

[264] 王学理.五时副车铜偶所反映的秦代銮驾制度[G]//陕西省秦俑考古队，秦始皇兵马俑博物馆.秦陵二号铜车马：考古与文物丛刊第1号，1983.

[265] 王学理.秦陵铜车马：辒辌车的再现[N].陕西日报，1983-09-20.

[266] 王学理.以讹传讹"咸阳宫"——扫蒙尘显"冀阙"：对秦都咸阳1号宫殿遗址定性的匡正[J].文博，2011（2）.

[267] 王学理.雍门宫室今安在 塔儿坡前寻踪迹[N].中国社会科学报，2011-12-15（12）.

[268] 中国大百科全书出版社编辑部.中国大百科全书[M].北京：中国大百科全书出版社，1986.

[269] 丹尼尔.考古学一百五十年[M].黄其煦，译.北京：文物出版社，1987.

[270] 杨建华.外国考古学史[M].长春：吉林大学出版社，1995.

[271] 苏埃德.美索不达米亚考古[M].杨建华，译.北京：文物出版社，1990.

[272] 陕西省考古研究院.临潼新丰：战国秦汉墓葬考古发掘报告[M].北京：科学出版社，2016.

秦世系表

颛顼……女修 ── 大业 ── 大费（亦名伯翳、伯益，舜赐嬴姓）┬─ 大廉（鸟俗氏）……
                                                      └─ 若木（费氏）……费昌

┬─ 孟戏
└─ 仲衍 ──[ ]── 胥轩 ── 中潏 ── 蜚廉 ┬─ 恶来革 ── 女防
                                    ├─ 恶来
                                    └─ 季胜 ── 孟增（宅皋狼）

── 衡父 ── 造父……[经过六世]……奄父（自蜚廉生季胜，以下居赵，为赵国之祖）

── 旁皋 ── 太几 ── 大骆 ┬─ 成
                       └─ 非子（秦嬴）── 秦侯 ── 公伯 ── 秦仲 ──

┬─ 庄公[44] ┬─ 世父
├─ 二弟   └─（1）襄公（777BC）[12] ──（2）文公（765BC）[50] ──
├─ 三弟
├─ 四弟
└─ 五弟

──（3）静（竫）公（不享国）──（4）宪公（《史记》作宁公，715BC）[12] ──
                                              ┬─（6）武公（697BC）[20]
                                              ├─（7）德公（677BC）[2] ──
                                              └─（5）出子（前，703BC）[6]

┬─（8）宣公（675BC）[12]
├─（9）成公（663BC）[4]
└─（10）穆公（任好，659BC）[39] ──（11）康公（罃，620BC）[12] ──

──（12）共公（貑，608BC）[5] ──（13）桓公（荣，603BC）[27] ──

└─(14)景公（一作僖公，名后伯车，又名石，576BC）[40]──(15)哀公（毕公、瑾公，536BC）[36]┐
└─(16)夷公（不享国）──(17)惠公（前，500BC）[10]──(18)悼公（490BC）[14]┐
└─(19)厉共公（剌龚公、厉公，476BC）[34]──┬─(20)躁公（442BC）[14]
　　　　　　　　　　　　　　　　　　　　└─(21)怀公（428BC）[4]
└─(22)昭子（不享国）──(23)灵公（424bc）[10]──┬─(27)献公（师隰、连、元，384BC）[23]
└─(24)简公（悼子，414BC）[15]──(25)惠公（后，399BC）[13]──(26)出子（后，出公、少主、小主，386BC）[2]
└─(28)孝公（渠梁，361BC）[24]──(29)惠文王（驷、惠文君，337BC）[27]
└─(30)（悼）武王（荡，310BC）[4]
└─(31)昭襄王（则、稷，306BC）[56]──(32)孝文王（柱、式，250BC）[3天]
└─(33)庄襄王（初名异人，改子楚，249BC）[3]──(34)秦王（赵政，246BC）/秦始皇（嬴政，221BC）[37]
└─(35)秦二世（胡亥，209BC）[3]
└─(36)子婴（207BC）[46天]

说明：

（一）鉴于过去学者所做的秦世系或简略，或名号有误，或承接关系错乱，今对文献记载做一详细梳理，故成此表。或有违误，待后改正。

（二）谥前（ ）内数字为秦立国后世系顺序代数，谥后数字为即位年，"BC"表示公元前，[ ]内数字系在位年数。如：(28)孝公（渠梁，361BC）[24]，即是秦第二十八代国君渠梁谥秦孝公，于公元前361年即位，执政24年。

（三）横线后按辈分垂直继承，拉通为计；同辈相承者，则并列，横线中折。

（四）万国鼎《中国历史纪年表》、陈梦家《六国纪年》，均在秦简公之后有秦敬公（405BC—394BC），但不见于秦《二纪》，故省略不计。

（五）秦襄公至二世的秦世总年数，各书不同，如：

610年——《史记·秦始皇本纪》后秦世系；576年——《史记·秦始皇本纪》正义引《秦本纪》；617年——《史记·秦本纪》索隐；571年——《中国历史纪年表》。

大事记

秦孝公十二年（公元前350年）

- 令卫鞅在咸"筑冀阙，秦徙都之"。
- 合并小乡聚，普遍设县。计立三十一县。
- 开裂原"井田"上的阡陌封疆。

秦孝公十三年（公元前349年）

- "初为县"。
- 在县设立秩史。

秦孝公十九年（公元前343年）

- 周天子始封秦孝公爵，为"伯"（霸）。

秦孝公二十年（公元前342年）

- 秦派公子少官率师参加诸侯的逢泽之会，并朝见周天子。
- 各诸侯向秦祝贺。
- 齐君率卿大夫到秦国聘问。

秦孝公二十二年（公元前340年）

- 封大良造鞅于商于，为列侯，号"商君"。

秦孝公二十四年（公元前338年）

- 秦军渡河，与魏战于岸门，虏其将魏错。
- 孝公去世，惠文君立，车裂商鞅于彤。

秦惠文王元年（公元前337年）

- 楚、韩、赵、蜀派使来咸阳朝见。

秦惠文王二年（公元前336年）

- 周天子祝贺。
- "初行钱"。

秦惠文王三年（公元前335年）

- 秦惠文王行冠礼。

秦惠文王四年（公元前334年）

- 周天子"致文武胙"。
- 魏夫人来咸阳。

秦惠文王五年（公元前333年）

- 阴晋人犀首（即公孙衍）被任命为秦大良造。

秦惠文王八年（公元前330年）

- 魏献纳河西地给秦。

秦惠文王十年（公元前328年）

- 秦始设相邦，张仪为秦相。
- 魏献纳上郡十五县给秦。

秦惠文王更元三年（公元前322年）

- 韩、魏太子来咸阳朝秦。
- 张仪免相后，去魏国为相。

秦惠文王更元五年（公元前320年）

- 惠文王抵达戎地北河，到灵、夏州黄河一带。

秦惠文王更元七年（公元前318年）

- 乐池为秦相。

秦惠文王更元八年（公元前317年）

- 张仪复相秦。

秦惠文王更元十年（公元前315年）

- 伐取韩地石章，韩太子苍来咸阳做人质。

秦惠文王更元十二年（公元前 313 年）

- 秦惠文王与梁王会于临晋。
- 张仪相楚。

秦惠文王更元十四年（公元前 311 年）

- 蜀相壮杀蜀侯来降。

秦武王二年（公元前 309 年）

- 张仪死于魏。
- 秦初置丞相，樗里疾、甘茂分别任左、右丞相。

秦武王三年（公元前 308 年）

- 秦武王与韩襄王会于临晋城外。

秦武王四年（公元前 307 年）

- 魏太子来咸阳朝见。
- 武王同大力士孟说举鼎，绝膑，八月死。族孟说。

秦昭襄王元年（公元前 306 年）

- 武王死，诸弟争立。异母弟昭襄王为质于燕，送归而立。魏冉支持最力，于是任冉为将军，卫守咸阳。
- 严君疾为相。
- 甘茂去魏。

秦昭襄王二年（公元前 305 年）

- 武王弟庶长壮勾结大臣诸公子在首都进行反对昭襄王的叛乱，魏冉受命镇压。
- 公子壮、公子雍及其党羽全被处死，支持作乱的惠文后忧死，武王后被驱逐。

秦昭襄王三年（公元前 304 年）

- 昭襄王行冠礼。
- 与楚王会于黄棘。

秦昭襄王五年（公元前 302 年）

- 魏王来朝应亭（一说临晋）。

秦昭襄王七年（公元前 300 年）

- 樗里疾死。魏冉为相。

秦昭襄王八年（公元前 299 年）

- 楚怀王受骗朝秦，被扣留。

秦昭襄王九年（公元前 298 年）

- 孟尝君薛文来相秦。

秦昭襄王十年（公元前 297 年）

- 薛文"以金受免"，逃回齐国。
- 赵楼缓入秦为相。

秦昭襄王十一年（公元前 296 年）

- 楚怀王走赵，不受，还之秦，即死，归葬。

秦昭襄王十二年（公元前 295 年）

- 秦免楼缓相，用魏冉为相。

秦昭襄王十六年（公元前 291 年）

- 魏冉因病辞谢，免相，以客卿寿烛为相。
- 分别封公子市、悝及魏冉为诸侯。

秦昭襄王十七年（公元前 290 年）

- 东周君及城阳君来咸阳朝秦。

秦昭襄王十九年（公元前 288 年）

- 十月，魏冉约齐称帝，齐为东帝，秦为西帝。
- 十二月，齐用苏秦计放弃帝号，秦也放弃帝号。

秦昭襄王二十二年（公元前 285 年）

- 秦昭襄王会楚王于宛，与赵王会中阳。

秦昭襄王二十三年（公元前 284 年）

- 秦昭襄王会魏王于宜阳，与韩王会新城。

秦昭襄王二十四年（公元前 283 年）

- 秦昭襄王与楚王会鄢，又会穰；魏冉免相。

秦昭襄王二十五年（公元前282年）

- 秦昭襄王与韩王会新城，与魏王会新明邑。

秦昭襄王二十六年（公元前281年）

- 魏冉复为相。

秦昭襄王二十九年（公元前278年）

- 周君来咸阳。
- 秦昭襄王与楚王会襄陵。
- 封白起为武安君。

秦昭襄王四十年（公元前267年）

- 质于魏的悼太子死，归葬芷阳。

秦昭襄王四十一年（公元前266年）

- 昭襄王用范雎谋，除宣太后支持下的穰侯、华阳君、泾阳君、高陵君等结成的"四贵集团"。
- 魏冉被罢相，其他人不得留咸阳，均出关就封邑。昭襄王拜范雎为相，封应侯。

秦昭襄王四十二年（公元前265年）

- 安国君为太子。
- 九月，穰侯魏冉出关赴封地陶。
- 十月，宣太后死葬芷阳。

秦昭襄王四十八年（公元前259年）

- 正月，嬴政生于赵都邯郸。

秦昭襄王五十年（公元前257年）

- 武安君白起遭贬，不得留咸阳，出咸阳西门至杜邮，自杀。
- 异人得吕不韦助，逃出邯郸，返秦。

秦昭襄王五十一年（公元前256年）

- 西周君武公背秦，秦使将军摎攻西周。西周君来咸阳谢罪，尽献其邑三十六城，口三万。灭西周，西周君迁居𢠸狐，旋死。

秦昭襄王五十二年（公元前 255 年）

- 周赧王去世，周民东逃，秦收取周的九鼎宝器，除一丢失，其余八器入秦。
- 处死有间谍行为的王稽于咸阳市。
- 范雎谢病免相。

秦昭襄王五十三年（公元前 254 年）

- 诸侯宾客来咸阳。
- 韩王入秦朝见。

秦昭襄王五十四年（公元前 253 年）

- 昭襄王郊礼，祀于雍。

秦昭襄王五十六年（公元前 251 年）

- 秋，昭襄王死，韩王着丧服来咸阳吊，各诸侯国派使参加葬礼。
- 昭襄王子柱53岁。继立为秦王。

秦孝文王元年（公元前 250 年）

- 十月，除丧，柱继位。立三日而亡。
- 减少首都及国中的苑囿建设和娱乐。

秦庄襄王元年（公元前 249 年）

- 在首都纪念先王的功臣，布惠于民。
- 用吕不韦为相。灭东周，迁其君。

秦王政元年（公元前 246 年）

- 嬴政初立，年十三。
- 吕不韦仍为相，封十万户，号文信侯。
- 开凿郑国渠。

秦王政四年（公元前 243 年）

- 秦质子归自赵，赵太子出归国。

秦王政六年（公元前 241 年）

- 庞煖组织最后一次合纵，率赵、楚、魏、燕、韩五国兵攻秦至蕞（今陕西西安市临潼区东北），被击败。

秦王政七年（公元前240年）
· 夏太后死。

秦王政八年（公元前239年）
· 封嫪毐为长信侯，予山阳地，令居之，又以太原郡更为"毐国"。

秦王政九年（公元前238年）
· 秦王嬴政满22岁，在旧都雍举行冠礼，嫪毐借机发兵欲攻雍蕲年宫。相国昌平君、昌文君率军截击，战于咸阳，平定此次叛乱。

秦王政十年（公元前237年）
· 丞相吕不韦因嫪毐叛乱坐免。
· 齐、赵来置酒。
· 迎太后于雍，入居咸阳甘泉宫。
· 撤销"逐客令"，任用李斯为国卿。
· 魏人尉缭来咸阳，任国尉。

秦王政十二年（公元前235年）
· 吕不韦畏惧自杀。

秦王政十三年（公元前234年）
· 王之河南洛阳一带视察。

秦王政十四年（公元前233年）
· 韩非使秦，李斯逼死云阳狱中。

秦王政十六年（公元前231年）
· 登记成年男子（即"令男子书年""自占年"）。
· 设置丽邑。

秦王政十九年（公元前228年）
· 秦王到邯郸，与母家有仇者皆坑之，从太原、上郡回到咸阳。
· 母太后死。

秦王政二十年（公元前227年）
· 燕太子丹派荆轲入秦献图，在咸阳宫刺杀秦王未遂，被杀。

秦王政二十五年（公元前222年）

- 因秦平定韩、赵、魏、燕、楚五国，五月令天下欢庆饮酒作乐首都更热烈。

秦始皇帝二十六年（公元前221年）

- 灭齐，统一中国，隆重庆祝。
- 议帝号，除去谥法，嬴政由秦王改称始皇帝。
- 分天下为三十六郡，设守、尉、监。
- 收天下兵器，销以为钟鐻、铜人，置咸阳宫前。
- 把诸侯国家的豪强富户十二万户迁徙到咸阳。
- 秦每破诸侯，仿作六国宫室于咸阳北阪上，地在今牛羊村北原。

秦始皇帝二十七年（公元前220年）

- 秦始皇第一次由咸阳出发，巡视陇西、北地。
- 在渭南建造信宫，后更名为极庙，并筑复道通郦山、筑甬道连接渭北咸阳诸宫。
- 作甘泉前殿。
- 修治驰道，起自咸阳，东通燕齐，南极吴楚。

秦始皇帝二十八年（公元前219年）

- 第二次出巡，上邹峄山、泰山、之罘、琅邪，刻石纪功。
- 过彭城，临泗水捞鼎。
- 南至衡山、南郡，浮江祠湘山。
- 经武关回到咸阳。

秦始皇帝二十九年（公元前218年）

- 第三次出巡，东游至阳武博浪沙遇刺客。
- 登之罘，刻石。
- 经琅邪由上党返回咸阳。

秦始皇帝三十一年（公元前216年）

- "使黔首自实田"，即核实田数，把土地私有权推向全国。
- 始皇微服私行咸阳，夜间在兰池遇"盗"，有武士救护。在关中大搜捕。

秦始皇帝三十二年（公元前215年）

- 第四次出巡至碣石，刻石纪功。
- 拆除旧日城郭，并决通阻碍交通的堤防。
- 巡视北边后由上郡返回咸阳。
- 遣将军蒙恬发兵三十万人北击匈奴，略取河南地。

秦始皇帝三十四年（公元前213年）

- 咸阳宫设宴，因群臣争论分封，采纳李斯建议：焚书。

秦始皇帝三十五年（公元前212年）

- 修筑直道自云阳到九原。
- 营造朝宫于渭南的上林苑中，先作前殿阿房。
- 移民三万家到丽邑，五万家到云阳，免除其赋税徭役十年。
- 继续修丽山陵墓。
- 把咸阳旁二百里内的二百七十座宫观用复道相连。
- 群臣朝会、决事都去咸阳宫。
- 在咸阳坑杀犯禁的儒生四百六十余人。

秦始皇帝三十七年（公元前210年）

- 第五次巡行游云梦，望祀九疑山。
- 沿江而下，至钱塘临浙江，祭大禹，刻石会稽。
- 傍海北至琅邪，经之罘，返至平原津染病，死在沙丘平台。
- 宦官赵高勾结胡亥、李斯密谋篡权，矫诏，赐死公子扶苏，载灵柩至咸阳始发丧。
- 胡亥袭位为秦二世皇帝，赵高专权；九月葬始皇郦山。

秦二世元年（公元前209年）

- 十一月，作兔园于咸阳。
- 十二月，就阿房宫，登帝位。
- 轶毁襄公以来的先王庙。只设七庙，尊始皇庙为帝者祖庙。
- 春天，秦二世东行郡县，到碣石，会稽，刻石始皇所立石之旁，至辽东返咸阳。

- 二世、赵高集团杀先帝大臣、诸公子、公主，下及三郎，使得"黔首振恐"。
- 复作阿房宫。
- 征材士五万人屯卫咸阳，令教射狗马禽兽。令郡县输送粮草到首都，"咸阳三百里内不得食其谷"。
- 用法苛刻严峻。
- 七月，陈涉起义，天下响应。

秦二世二年（公元前 208 年）

- 陈胜起义军在周章（即周文）率领下攻入关中，抵戏水，秦朝廷大乱。
- 郦山陵园工程停辍，秦二世免郦山徒人，授予武器编入队伍，由章邯带领对抗起义军。
- 用赵高计，把进谏的右丞相冯去疾、左丞相李斯、将军冯劫逮捕办罪。李斯入狱就五刑，其他二人不肯受辱先行自杀。

秦二世三年（公元前 207 年）

- 李斯父子被腰斩咸阳市。
- 赵高欲为乱，在殿上指鹿为马，逼杀二世于望夷宫。
- 立子婴为秦王，子婴刺杀赵高于斋宫，夷其三族。
- 子婴立四十六日，奉天子玺印，于轵道旁投降入关的刘邦。
- 刘邦入咸阳，封存宫室府库，还军驻霸上。
- 月余，项羽入关。杀子婴及诸公子宗族，屠咸阳，烧秦宫室火三月不灭。焚毁始皇陵园及其设施。
- 咸阳毁弃，关中残破。项羽虏得妇女宝货而出关。

索引

A

安处里 / 338

安台 / 147

安邑 / 006—007, 034, 075, 086—087

B

八神 / 450

巴蜀 / 073, 391—392

霸桥 / 254, 388

霸上仓 / 357

白里 / 337

白庙墓地 / 301

白起 / 074—078, 098, 372—373, 398, 441

白水道 / 396

白亭 / 373

半坡墓地 / 308, 586

褒斜道 / 394

北阪 / 036—039, 099, 127, 565, 572

毕陌陵区 / 227

渑池 / 206

兵家 / 464

博士 / 457

卜里 / 337

步高宫 / 155

步寿宫 / 156

C

长安宫 / 134

长安钱 / 110, 211

长安亭 / 374

长安乡 / 340

长平大战 / 077, 398

长平亭 / 373

长杨宫 / 158
长夷泾桥 / 387
车府坑 / 279
臣西里 / 337
陈仓道 / 394
陈爯金币 / 088，579
陈里 / 335
成山宫 / 179，451
成阳里 / 334
驰道 / 398，417—419
重成里 / 337
重里 / 338
重泉城 / 028
樗里 / 341
樗里疾 / 073，130，188—189，341，441
厨城门桥 / 385，386
楚怀王 / 073—074，401
瓷器 / 546
磁石门 / 145

D

大良造 / 065
大良造鞅殳之镦 / 035，301，514
大骆 / 018
大内 / 361
大郑宫 / 172
丹阳 / 007，073
当里 / 336
当柳里 / 329

刀币 / 088，210
悼太子冢 / 242，254，257
道家 / 463
得市里 / 338
雕塑 / 497
鼎湖苑 / 201
定都咸阳 / 031
东观刻石 / 512
东里 / 331
东苑 / 200
都江堰 / 056—057
杜城墓群 / 306，586
杜虎符 / 070—071，516
杜南苑 / 200
杜市 / 221
杜亭 / 063，221
杜邮亭 / 098，119—121，372，425

E

阿房宫 / 104，135，344—345，377—378，534，541，587
阿房宫赋 / 146，344
恶来 / 017
恶来革 / 017

F

法家 / 456，458
反里 / 337
非子 / 017—018
蜚廉 / 017

焚书坑儒 / 470，472，477

封泥 / 128，423—425，518，525，582

郿畤 / 032，449

复道 / 379，534

蕲阳宫 / 157

G

隑州 / 199

盖天说 / 531

甘谷 / 297

甘泉宫 / 104，132，161，166，582，602

甘泉前殿 / 104，133—134，380，498

高里 / 336

高栎苑 / 202

高泉宫 / 170

阁道 / 377，448，534

耕战政策 / 059—060

公陵 / 231

官市 / 105

谷口宫 / 165

故仓里 / 334

广里 / 336

虢宫 / 171

H

邯郸故城 / 006

镐池 / 205

禾里 / 335

合阳 / 029—030

河西地 / 028—030，072，397—398

横桥 / 038，097，125—126，381

洪渎原 / 037

虎圈 / 203

户县禹王庙秦墓 / 312

华阳宫 / 135

华阳苑 / 201

华阴 / 028，030

圜钱 / 088，210，213，340，517

绘画 / 493

惠文君 / 072

J

极庙（信宫）/ 104，133，189，448，533—534

棘门 / 048—049，120

季胜 / 017

冀阙宫庭（冀阙）/ 041—052，102，124，540—541

尖首刀 / 088

建章乡 / 342

谏逐客书 / 083，483—484

焦亭 / 063，105，213，216，220

碣石刻石 / 512

金牛道（石牛道）/ 395

禁卫军 / 316，369

禁苑水禽坑 / 280，594

泾里 / 329

泾水桥 / 387

泾阳 / 023，150，566

酒府 / 362

具苑 / 202

军市 / 221

K

会稽刻石 / 512

L

兰池 / 148，206

兰池宫 / 149—150

阑里 / 333

蓝田温汤 / 205

狼圈 / 203

琅邪台刻石 / 464，512，523

嫪毐 / 080，083，132，151

冷窖 / 352

骊山汤 / 204

釐里 / 339

礼县 / 018—020

李冰 / 056

李斯 / 083—086，316，442，460，
　　470—472，478，483—484，
　　522，528

丽山园 / 258，603

丽市 / 063，213，220，221，290，326

丽亭 / 063，216，220，221，290，326

丽邑 / 082，221，259

利里 / 336

郦山徒墓地 / 286，591，596

连坐法 / 052，320

梁宫 / 167

梁山宫 / 167

粮仓 / 354—358，363—365，367—368

两甾钱 / 211

林光宫 / 161

临晋 / 028，396，413

临潼姜寨 / 002，113，204，519

临潼刘庄墓地 / 310

临淄 / 002—003

六国宫室 / 127

陇关 / 414

路家坡墓群 / 302

洛城门桥 / 385—386

吕不韦 / 079，236，258，457，462，469

M

马额秦墓 / 311

马厩坑 / 274，593，594

貌宫 / 182

蒙骜 / 075，078，079

蒙武 / 083

米仓道（巴岭路） / 395

密畤 / 032，449

苗家坡秦墓 / 311

民仓 / 358

"明"刀 / 088

墨家 / 462

N

内府 / 363

内史 / 106，342，363

年宫 / 178

牛里 / 338

牛首池 / 205

奴市 / 221

暖炉 / 352

女防 / 017

P

平市 / 220

平首方肩方足小布 / 088

平阳 / 022，170

平阳封宫（平阳宫）/ 022，170

平阳里 / 339

坡刘村墓地 / 301，578

蒲津大道 / 396

蒲里 / 334

Q

漆渠 / 412

齐去（法）化（货）/ 088

岐西之地 / 018，024

畤畤 / 032，449

蕲年宫 / 177

汧 / 020—021

汧水道 / 389，390

汧渭之会 / 021—022

堑洛（秦长城）/ 028—030

秦二世 / 011，151，199，200，285，291，294，370，440，487

秦公镈 / 022，485，508

秦公钟 / 022，485，508

秦惠文王 / 055，072，095—097，157，228—229，233—234，441

秦陵兵马俑 / 270，499，502，603

秦始皇陵 / 062—063，085，192，229，258，444，538—539，547—548，564，589—596，603

秦书八体 / 522

秦王嬴政 / 079—083，258

秦王子婴 / 291

秦武公 / 170—171

秦武王 / 065—066，073—074，234，492

秦献公 / 029，212，227

秦襄公 / 020—021，024

秦孝公 / 030—032，036，041—042，124—125，227

秦昭王 / 054，074—078，189，239，241，252，440，461

秦仲 / 018

秦庄襄王 / 094，200，241，251，253—254，257

青铜铸造 / 061—062，547—552

求贤令 / 030

曲江 / 152，199

曲台宫 / 129

曲邮亭 / 374

屈里 / 327，340

犬丘 / 106

犬亭 / 216，220

R

戎里 / 338

如邑里 / 335

儒家 / 456，460

芮柳里 / 329

S

散关 / 394，415

沙寿里 / 330

山门口墓地 / 305，586

商里 / 336

商鞅变法 / 030—031，034—035，055，064，067，068，207—208，224，315，320—321，445，456，470

商鞅方升 / 065，210，213，508

上焦村陪葬墓区 / 284，594

上林苑 / 198，351

少府 / 061，128，215，351，359—361

少梁 / 028，030，072，397，398

少内 / 361

少原里 / 333

十二铜人 / 489，497，547—548

石鼓 / 509—511

石鼓文 / 509—511，521，523

食府动物坑 / 282，594

市阳里 / 332

寿陵 / 231，241，256

私官鼎 / 092，255

T

塔儿坡墓地 / 086，299，577

太仓 / 356，367—368

泰山刻石 / 482—483，512—513

傥骆道 / 393

陶俑 / 270，282，502

天极 / 145—146，190，448，533—534

天水 / 017，537

亭里陶文 / 326—340

童墓 / 302

橐泉宫 / 177

W

瓦书 / 108—109，513

外府 / 363

完里 / 328

王翦 / 081—083

望夷宫 / 150，373，575

尉缭 / 466

渭北区秦人墓 / 295，576—578

渭北宗庙 / 188

渭河航运 / 409

渭南区秦人墓 / 303，586—587

渭水桥 / 381

魏惠王 / 006—007，029—030，034，086—087

文信钱 / 079，110，211

"吴王孙无土"铜鼎 / 089

吴阳上畤 / 032，449
吴阳下畤 / 032，449
五国联军 / 072，075，400
五苑 / 197
武都里 / 338
武关道 / 400
武库 / 061，130，188—189，341，358，366，368
武库坑（K9801） / 278，593

X
西安半坡 / 002，113，519
西长城 / 030—031
西垂 / 018—020
西垂大夫 / 018
西犬丘 / 018
西戎 / 018，024
西畤 / 032，449
下处里 / 339
下阳里 / 339
夏太后墓 / 200，256
夏太后墓园 / 292
咸里 / 332
咸亭 / 063，326—327
咸阳城 / 113，567—569，572，601，603
咸阳宫 / 046，103，125，600，602
咸阳市 / 105，213，219
咸阳西门 / 119
萧关 / 415

新安里 / 339
新丰屈家村秦墓 / 311
新郪虎符 / 070—071，517，524
信安君鼎 / 086—087
兴乐宫 / 104，131
徐福 / 455

Y
嫣王、黄家沟墓地 / 298，576
燕下都 / 004
阎家寺秦宫殿遗址 / 154，580
阳安里 / 330
阳陵 / 106，241，253，257
阳陵虎符 / 070—071，517，524
阳陵苑 / 200
冶家台墓群 / 302
冶金 / 547
宜春宫 / 152
宜春苑 / 199
蚁鼻钱 / 088—089，210，571
义渠 / 027—028，073，077
峄山刻石 / 512—513
阴乡 / 341
阎里 / 333
郢陈 / 007
雍城 / 022，173—174，179，540
雍都 / 022，024，032，033，115，186，188，568
雍门 / 120，123—124

雍门宫 / 086，121，151，575

永陵 / 228，233，234，238

甬道 / 133，380

邮传 / 422

邮亭 / 215，424

右里 / 329

于里 / 338

羽阳宫 / 171

棫阳宫 / 174

御府 / 362，368

御府坑 / 275，591

圜丘 / 166—167，448

栎阳 / 023，032—033，115，155

栎阳仓 / 060，358

栎阳宫 / 154

Z

杂家 / 467

张若 / 076，213，355，540

张仪 / 065—066，072，073，355，401，
　　437，441，467，540

章台 / 048，129，581

章台宫 / 096，104，129，581，602

昭王庙 / 188

赵高 / 132，133，151，285，291，440，
　　487，528

郑国渠 / 057—059，356

郑韩故城 / 005

之罘刻石 / 512

直道 / 161—162，165，402，417—419

直市 / 219

旨里 / 333

芷陵 / 241，252，257

芷阳宫（霸宫） / 153，603

芷阳陵区（东陵） / 239，596

轵道亭 / 373

中府 / 363

"仲盖簋"铜簋 / 088

周平王 / 024

周幽王 / 024

诸庙 / 186，226，602

砖房陪葬墓区 / 283，595

传舍 / 321，424—425

传食 / 424

壮邑里 / 335

子午道 / 392

子傒陵 / 235

纵横家 / 467

诅楚文 / 511

后记

中国古代都城科学考古，最早起于20世纪30年代的燕下都，即马衡、常惠先生于1929年11月开始调查，1930年4月至5月对老姆台进行发掘。可惜的是进行一个多月后，因为军阀干扰而告终。

新中国成立后，首开都城科学考古的是秦都咸阳，由刚成立不久的陕西省考古研究所于1959年进行。刚走出西北大学校门的笔者作为研究所渭水考古队的一员，随同吴梓林队长在渭河北岸，为寻找秦帝国的都城，开始做起了寻访、踏勘、试掘到正式发掘的拓荒工作。在三年严重困难时期，尽管艰苦，我们还是取得了可喜的、丰富的田野资料，让世人第一次目睹了来自咸阳的秦物质文化资料——宫殿遗址、制陶作坊区、壁画、铜器窖藏、陶器……而且从农民手里买到了土地，有了住宿、工作用房。这些，都为以后的考古工作打下了基础。

星移斗转，世代交替，人事更迭。秦都咸阳的考古工作截至目前，经过了60余年的时间。

本来，笔者打算把这里的考古工作从田野发掘到考古报告做出完满的结果，给中国都城考古一个满意的答复。但是，天不遂愿。1975年，笔者把亲手完成的发掘记录、测绘图纸、个人手记，片纸不留地全部交给了秦都咸阳考古工作站。接着，笔者开始了与秦始皇陵兵马俑为伍的14载考古生涯。

笔者人在秦陵，心系咸阳。因为那里的普通人纯朴真诚，包括市博物馆的讲解员、炊事员、守门员、清洁工，农村的老头老太太，都愿同笔者往来。出于为咸阳人还愿的心态，在手无咸阳考古资料的情况下，笔者于百忙中集散拾零，硬是写出了《秦都咸阳》一书，于1985年由陕西人民出版社公开发行。这当是研究秦都咸阳的第一部学术专著。尽管简括，但勾勒出了秦帝国都城的轮廓。

时不待人，在《秦都咸阳》出版之后，笔者希望那里的考古人能拿出高于笔者的学术成果来。但时隔14年，其仍是"后无来者"的白板一块。于是，1999年，笔者又出版了一部较为详尽的《咸阳帝都记》。

关于秦都咸阳考古研究，笔者在《秦都咸阳》和《咸阳帝都记》两书中阐明了自己的基本观点，也得到了学术界的认可。

《咸阳帝都记》出版之后，考古学术界反响较为强烈。适逢李炳武先生主编的"长安学丛书"面世，卷帙浩繁，成果累累。随之，又有八卷本《西安城市史》系列的创意，笔者有幸名列其中。从2010年起，笔者就开始编写《西安城市史·秦都咸阳卷》。在陕西师范大学同人侯甬坚教授、侯海英主任和其他朋友的热心帮助下，几经易稿，终于即将付梓。应该说，《秦都咸阳卷》是《秦都咸阳》和《咸阳帝都记》两书的细化与提高。其学术价值概括起来，有下列几个方面：

第一，关于秦都咸阳的考古学框架与基本观点未变，已如前述，只是做了详细的展开与补充。

第二，梳理过去的认识，加以研究，给予正确的定位。过去轻信"信宫遗址在渭河南岸草滩镇东南阎家寺村"的调查结论，这次经过详细考证，确认了始皇庙在今汉长安城遗址北部的说法。

第三，辩证文献记载，详审考古资料，纠正过去配合政治斗争形势，硬把咸阳原上秦一号宫殿遗址定性为"荆轲刺秦"的咸阳宫的说法。经过多次详辨，再次确认它是"冀阙"中的"西阙"。同样，相当多学人在谈阿房宫时，总是混淆概念。笔者根据《史记》原文和考古资料，在《"阿房宫"、"阿房前殿"与"前殿阿房"的考古学解读》一文中指出了三者的区别："阿房宫"是包括群宫建筑的大概念;"阿房前殿"是阿房宫中拟建的主体建筑,位居前中部显赫位置;"前殿阿房",是阿房前殿的一处附属建筑。"阿城三面有墙"的记载,既是阿房前殿正处于施工期间(处理夯土地基),也是整体建筑在施工程序上的一种安排。特别是有人把"阿房前殿"错当"阿房宫",还一再在媒体上强调阿房宫是"半拉子工程","没有火烧",甚至说是"上了杜牧的当","要为项羽平反"等。显然,都是未读懂《史记》原文而说出的话。

第四,《史记》中有"前殿阿房"一语,一直未引起人们的注意。经笔者首先指出,它是阿房前殿最早起造的附属建筑。

第五,有学者硬把秦上林苑中除前殿遗址外的宫殿建筑说成是"战国时期上林苑建筑",否认秦朝改建、沿用的事实,为"阿房宫没有建成"找根据。显然,战国时期上林苑建筑不应也不可能凭空跳过秦朝的15年。

第六,调整结构,省去对咸阳所处地理环境的阐述,把最新的考古资料增加到书中来。像公陵、永陵、子傒陵、夏太后陵、始皇陵园陪葬墓、咸阳渭北、渭南、骊山区等地平民墓地,都是新添的资料。陶工匠人所居的里名,由过去的44个增加到54个。汉长安城北新发掘多座渭水桥遗址,详加介绍,有利于秦汉时期交通研究的开展,对丝绸之路、文化交流以及都城防务的研究都有帮助。本书除新添"关隘"一节之外,还对"焚书坑儒"详加剖析,从而展现出文化专制主义是"秦速亡"的因素之一。

第七,研究秦都咸阳,不能不关心秦咸阳遗址上的考古发现、资料的真实性、研究的水平,那么,以事实为据,指出《秦都咸阳考古报告》存在的问题,既是对后来研究者的提醒,也是对纠正学风的一种警示。

《秦都咸阳卷》的创新之处在此不一一列举了,相信读者是能够慧眼识珠的。

在此需要说明的是,书稿中引用了一些其他学者绘制的图片,已在图下方标注图片来源。因绘制年代较早,图中个别地方区域调整后名称、管辖范围均有所变化,为了尊重图片绘制者的科研成果,更为了体现前后区域变化的客观过程以及学术的流变,引用时保留原图中的所有信息,不做修改。特此说明!

在《秦都咸阳卷》面世之后,相信读者会跟笔者有一样的感受,即这本书从开题